本书受到西北政法大学中华法系与法治文明研究院资助

陕派律学文献丛书

闫晓君 陈涛 主编

大清现行刑律讲义

吉同钧 纂辑
闫晓君 整理

知识产权出版社
全国百佳图书出版单位

图书在版编目（CIP）数据

大清现行刑律讲义／吉同钧纂辑；闫晓君整理．—北京：知识产权出版社，2017.4

ISBN 978－7－5130－4726－5

Ⅰ.①大…　Ⅱ.①吉…　②闫…　Ⅲ.①清律—研究　Ⅳ.①D929.49

中国版本图书馆 CIP 数据核字（2017）第 005141 号

责任编辑：齐梓伊　　　　责任校对：谷　洋

封面设计：乔智炜　　　　责任出版：刘译文

大清现行刑律讲义

吉同钧　纂辑　闫晓君　整理

出版发行：知识产权出版社有限责任公司　　网　　址：http://www.ipph.cn

社　　址：北京市海淀区西外太平庄 55 号　　邮　　编：100081

责编电话：010－82000860 转 8176　　责编邮箱：qiziyi2004@qq.com

发行电话：010－82000860 转 8101/8102　　发行传真：010－82000893/82005070/82000270

印　　刷：北京嘉恒彩色印刷有限责任公司　　经　　销：各大网上书店、新华书店及相关专业书店

开　　本：787mm×1092mm　1/16　　印　　张：31

版　　次：2017 年 4 月第 1 版　　印　　次：2017 年 4 月第 1 次印刷

字　　数：450 千字　　定　　价：78.00 元

ISBN 978－7－5130－4726－5

陕派律学文献编委会

关于“陕派律学”

（代序）

闫晓君　陈　涛

吴建璠曾说，自“拨乱反正”以来，我们的法制史研究取得的成绩不小，但也要看到，不足之处还很多。爱因斯坦以在木板上钻窟窿来比喻搞科研，说人们喜欢在薄的一头钻许许多多窟窿，就是不敢碰厚的地方。他说的是自然科学，其实社会科学也一样。请看法制史领域里不也存在这种现象吗？比较容易的题目，你写，我写，大家写，可以写上几十上百篇论文；而难度比较大的问题无人问津，连一篇文章也没有。大约十五年前，在一次法史界同人的聚会中，有人提出一个问题，沈家本在一篇文章中说，光绪初年律学家分豫、陕两派，豫派以陈雅侬、田雨田为代表，陕派以薛允升、赵舒翘、张成勋为代表。他问，两派除沈氏指明的律学家外还有哪些人，各有哪些代表作，两派的分野何在，对清代法律发展有何影响。大家相顾茫然，答不上来，一致认为这是一个需要研究的问题。然而，十五年过去了，我还未见有哪位学者就这个问题提出过一篇论文。[①] 吴建璠先生的这段话发人深省，迄今为止，有关“陕派律学”的研究仍未有引起足够的重视。

一、“陕派律学”的提出

在晚清同光之际，刑部作为当时“天下之刑名总汇”，由于司法审判等实际工作

① 吴建璠：“我的研究之路”，载中国社会科学院网站。

的需要，聚集了一批精通律例的法律人才，并逐渐在其内部形成了两个律学学派，即"陕派律学"和"豫派律学"，这两个律学学派分别以陕西、河南两地研究律例之学的人为主，他们都在传统的律例之学上卓然有成，且各具学术特点。"豫派律学"以"简练"为主要特点，但光绪末年，豫派渐衰。陕派以"精核"为主，对传统律学有自己独到的见解和成就，学术成就斐然，学术著作流传于世，受到当时及后来学者的称誉。

"陕派律学"和"豫派律学"的说法，首先是由沈家本提出来的。他在《大清律例讲义》序中说：

"独是《律例》为专门之学，人多惮其难，故虽著讲读之律，而世之从事斯学者实鲜。官西曹者，职守所关，尚多相与讨论。当光绪之初，有豫、陕两派，豫人以陈雅依、田雨田为最著，陕则长安薛大司寇为一大家。余若故尚书赵公及张麟阁总厅丞，于《律例》一书，固皆读之讲之而会通之。余尝周旋其间，自视弗如也。近年则豫派渐衰矣，陕则承其乡先达之流风遗韵，犹多精此学者。韩城吉石生郎中同钧，于《大清律例》一书，讲之有素，考订乎沿革，推阐于义例，其同异轻重之繁而难纪者，又尝参稽而明辨之，博综而审定之，余心折之久矣。"①

还有一位提到"陕派律学"和"豫派律学"的是董康，他在《清秋审条例》中讲："凡隶秋曹者争自磨砺，且视为专门绝学。同光之际，分为陕、豫两派，人才尤盛。如薛允升云阶、沈家本子惇、英瑞风冈皆一时已佼佼者。"②董康还在《我国法律教育之历史谭》一文中指出了"陕派律学"和"豫派律学"形成的原因。他说，清代学校之科目"一以经义及策论为主，并缺律令一课，固无足称为法律教育"。但在刑部，其官员大多为进士或拔贡出身，在签分到部后，由于职责所在，这些官员"一方读律，一方治事。部中向分陕豫两系，豫主简练，陕主精核。"③

沈家本、董康二人都曾长期在晚清的刑部供职，对于其中的情形稔熟，对秋曹掌故了如指掌，那么，晚清刑部分陕豫两派的说法必确信无疑。

二、"陕派律学"之形成

"陕派律学"形成于同光时期，与薛允升密不可分。

---

① (清)沈家本：《历代刑法考》(第4册)，中华书局1985年版，第2232页。
② 何勤华编：《董康法学文集》，中国政法大学出版社2005年版，第420页。
③ 何勤华编：《董康法学文集》，中国政法大学出版社2005年版，第737页。

自有清以来,陕籍人士任职刑部且有声望和影响者,代不乏人。山阴吴怀清为镇安晏安澜作《家传》云:“吾秦当近代京朝官著才望者以秋曹为最,论者多谓有秘授。”①

吉同钧曾在《薛赵二大司寇合传》中指出:

“秦人钟西岳秋肃之气,性情多刚强严威,故出仕之后,其立功多在刑曹。前清入关之初,第一任刑部尚书则为宝鸡党崇雅,诘奸刑暴,颇立功业。然以明臣而仕清,入于《二臣》之传,识者鄙之。康、雍之间,韩城张廷枢作大司寇,崇正除邪,发奸擿伏,权倖为之敛迹,天下想望丰采,然太刚则折,卒罹破家亡身之祸。后虽昭雪,追谥文端,然律以明哲保身之道,未免过于戆直也。”乾隆朝又有王士棻,嘉庆朝有王澧中,道光朝有王鼎。

关于党崇雅的生平事迹见于《清史稿》《清史列传》《续修陕西通志稿》和清人的笔记中。

但“陕派律学”的形成却在同光时期,而且与薛允升这个人有着莫大的关系。换句话说,没有薛允升,就不可能有“陕派律学”。薛允升是“陕派律学”的创始人。作为“陕派”创始人,薛允升具备三个条件:(1)本人有不凡的律学成就和学术造诣;(2)其学术成就和人格魅力产生了巨大影响;(3)受其影响律学家以“陕籍”人士为主。

自 1856 年考中进士就分在刑部,从此他的一生就和法律结下了不解之缘,而且他本人似乎对法律有着天然的兴趣。吉同钧在《薛赵二大司寇合传》中说:

“允升字云阶,咸丰丙辰科进士,以主事分刑部,念刑法关系人命,精研法律,自清律而上,凡汉唐宋元明律书,无不博览贯通,故断狱平允,各上宪倚如左右手,谓刑部不可一日无此人。不数年,升郎中,外放江西饶州知府,七年五迁,由知府升至漕运总督,以刑部需才,内调刑部侍郎,当时历任刑尚者,如张之万、潘祖荫、刚毅、孙毓汶等,名位声望加于一时,然皆推重薛侍郎。凡各司呈划稿件或请派差,先让薛堂主持先划,俗谓之开堂。如薛堂未划稿,诸公不肯先署,固由诸公虚心让贤,而云阶之法律精通,动[令]人佩服,亦可见矣。后升尚书,凡外省巨案疑狱不能决者,或派云

① 参见国家图书馆出版社整理:《近代人物年谱辑刊》(第 4 册),《晏海澄先生年谱》,国家图书馆出版社 2012 年版。

阶往鞫，或提京审讯。先后平反冤狱，不可枚举。”

李岳瑞在《春冰室野乘》中说：“其律学之精，殆集古今之大成，秦汉至今，一人而已。”

如果说薛允升仅仅是自己对法律产生极大的兴趣，那么，在清代的历史上，最多再出现一位伟大的律学家。但薛允升偏偏是这样一个人，他不但对法律有着超乎寻常的理解，而且非常重视“乡谊”，对刑部中初来乍到者往往给予不惮其烦的指导和帮助，尤其是新分部的陕西乡党。他性格上的这个特点使得刑部内逐渐形成了一个以陕西人为主的学术团体，即“陕派律学”。当然，重视“乡谊”也成了他被人讥讽的把柄。《近代名人小传》就这样说：

薛允升“长身瘦削而意气勤恳，有关中故家之风，掌秋曹日，所属多以律书求解，辄为解导，不惮烦也。然俗学无识，立朝未尝有建白，复私乡谊，卒被弹去。”

《续修陕西通志稿》谓薛允升“尤好诱掖后进，成就颇多，如赵舒翘、沈家本、党蒙、吉同钧辈，乃门生故吏中之杰出者，其它不可枚举”。

俗话说，独木不成林。在刑部，在薛允升的周围，还有很多以陕籍人士为主的律学家。吉同钧在《薛赵二大司寇合传》说：“陕派律学”继起者为赵舒翘。

赵舒翘“同治联捷成进士，以主事分刑部，潜心法律，博通古今，《大清律例》全部口能背诵，凡遇大小案无不迎刃而解。十年升郎中，任提牢、秋审处坐办、律例馆提调。盖律例馆为刑部至高机关，虽堂官亦待如幕友，不以属员相视。展如任提牢时，适遇河南王树汶呼冤一案，时云阶为尚书，主持平反以总其成，其累次承审及讯囚、取供、定罪，皆展如一手办理。案结后所存爰书奏稿不下数十件，各处传播奉为司法圭臬。”

“陕派律学”的出现，在当时的刑部成了一道独特的风景。当时人们就有各种解释。曹允源在《慎斋文集》序中说：

“国家政事分掌于六曹，而秋官一职关人生命，视它曹尤重。为之长者类多擢自曹司重望，谙习法令。即叙劳外简，往往不数年骤跻右职，入掌部纲。故它部长官迁调不常，而秋官任独久，盖非精研其学者不能尽职也。陕西人士讲求刑法若有神解夙悟。自康熙间韩城张文端公为刑部尚书，天下想望风采。厥后释褐刑部者，多本所心得以著绩效，如为学之有专家，如汉儒之有师法。同治间，长安有薛公云阶，声望与文端埒。越十数年，光绪中叶，赵公展如继薛公而起，由刑部郎中出典大郡，洊膺疆寄，内召为侍郎，旋擢尚书，决疑平法有张释之、于定国之风。薛公平反冤狱，啧啧人口，视刑律为身心性命之学，尝以律例分类编订，手录积百数十册，又著《汉律辑存》、《唐明律合刻》、《读律存疑》等书。公亦采古人有关刑政嘉言懿行，成《象刑录》。任提牢厅时，辑《提牢备考》，皆足为后世法。然薛公在刑部先后垂四十年，年逾八秩，虽间关行在，卒以寿终。而公则以尚书兼军机大臣，值拳匪构乱，为外人所持，竟不得其死。其学同，其名位同，乃其所遭悬绝如此，得不谓之命也邪。”

刑部作为天下之刑名总汇，关乎人的生杀大事。在某种程度上，刑部是一个专业性很强的部门，在刑部任职者必须是专业技术人员，这在客观上为律学的繁荣提供了前提条件。但说“陕西人士讲求刑法若有神解夙悟”，这仅仅只是一种溢美之辞。当时的清政府中央有六部，在刑部当差被视为最苦的差事，而陕西僻处西北边陲，地瘠民贫，因此陕籍人士在通籍后往往能吃苦耐劳，更加励志。如《旧京琐记》云：

“刑曹于六部中最为清苦，然例案山积，动关人命，朝廷亦重视之。故六堂官中，例必有一熟手主稿，余各堂但画黑稿耳。薛尚书允升既卒，苏抚赵舒翘内用继之。赵诛，直臬沈家本内调为侍郎，皆秋审旧人。凡稿须经沈画方定。余在刑曹时，见满左右堂既不常到，到则各司捧稿，送画辄须立一二小时，故视为畏途，而愈不敢至。其庸沓可笑，然尚虚心，盖每画必视主稿一堂画毕否，既画则放笔书行。若间见有未画者，则曰‘先送某堂，看后再送’云。”①

同光时期在刑部形成了以薛允升为中心，以陕籍人士为主的“陕派律学”，其人员有雷榜荣、吉同钧、党蒙、张成勋、段燮、萧之葆、武瀛、段维、高祖培等。当然，“陕派律学”不纯粹都是由陕籍人士组成，如从学术关系上看，沈家本的学术成就与“陕派律学”在某种程度上有着密不可分的关系，从学术渊源上讲，沈家本当属于“陕派

① 其他文献亦有类似说法，如《国乘备闻》：“部务之不振也，曹郎积资十余年，甫谙部章，京察保一等，即简放道府以去。侍郎多起家翰林，初膺部务，临事漫不訾省，司员拟稿进，涉笔占位署名，时人谓之‘画黑稿’。尚书稍谙练，或一人兼数差，年又耄老，且视六部繁简次序，以调任为升迁（旧例由工调兵、刑，转礼，转户，至吏部，则侍郎可升总宪，尚书可升协办），势不得不委权司曹。司曹好逸恶劳，委之胥吏，遂子孙窟穴其中，倒持之渐，有自来矣。唯刑部法律精，例案山积，举笔一误，关系人生死。历朝重狱恤刑，必简一曾任刑曹、熟秋审者为尚、侍。薛允升薨，江苏巡抚赵舒翘内用为尚书。舒翘诛，直隶臬司沈家本内用为侍郎，皆刑部秋审处旧僚也。薛、赵、沈之治刑部也，薛主严，赵、沈主宽。”

律学”。[①]

三、“陕派律学”的衰落

庚辛(1902 年)之后,“陕派律学”渐趋衰落。

辛丑年(1901 年),赵舒翘、薛允升先后死去。吉同钧、张成勋、萧之葆在清亡后亦陆续辞官。

吉同钧《送萧小梅郎中归田序》:“小梅仕秋曹十余年,以廉隅气节期许,不屑于法律,而法律知识自非同列所及,事长官羞作婀态,亦非故以崖岸自高,太史公所谓‘事亲孝,与士信,临财廉,取与义’者,殆兼有之。当民国建设之初,众人恋恋官职,首鼠两端,甚者多方奔求,惟患失之。小梅独决然舍去,如弃敝屣,宁终老于乡间,而不贪非分之爵禄;宁力农以食苦,而不作伴食员,诚士大夫中之鸿鹄、骅骝也。世俗不察,或目为迂腐不识时势,或嗤为矫激不近人情,是亦燕雀不知天地之高,驽骀不知宇宙之大也,何足怪哉?”

四、“陕派律学”的学术成就

薛允升是清末著名的法学家,是沈家本一生都极为敬重的前辈和老师,其学术成就尤为沈家本所推崇。沈氏在为薛允升的名著《读例存疑》作序时写道:“国朝之讲求律学者,惟乾隆间海丰吴紫峰中丞坛《通考》一书,於例文之增删修改,甄核精详。其书迄於乾隆四十四年。自是以后,未有留心斯事者。长安薛云阶大司寇,自官西曹,即研精律学,於历代之沿革,穷源竟委,观其会通,凡今律、今例之可疑者,逐条为之考论,其彼此抵捂及先后歧异者,言之尤详,积成巨册百余。家本尝与编纂之役,爬罗剔抉,参订再三。司寇复以卷帙繁重,手自芟削,勒成定本,编为《汉律辑

---

① 甚至有些学者认为,“正式的经历及非正式的赞助是仕途当中最明显的部分,但是加入一个律学博士学会也是相当重要的,这类学会同时具有学派以及地方派系的特色。当沈家本被允许加入当时主控刑部的两个学派之一陕派(陕西)之后(另一个是豫派),他自 1875 年起就开始攀升。”尽管沈家本祖籍非陕西,他与民国时期主持司法部、大理院的著名法律人物许世英、董康等皆为“陕派律学”的门生。参见巩涛(Jérôme BOURGON):“西方法律引进之前的中国法学”,林惠娥译,载《法国汉学》丛书编辑委员会编:《法国汉学》(第 8 辑),中华书局 2003 年版。徐忠明也在“中国法律史研究的可能前景:超越西方,回归本土?”一文中“顺便指出,虽然沈家本是浙江归安人氏,但是他的律学研究属于陕派范围”。参见徐忠明著:《案例、故事与明清时期的司法文化》,法律出版社 2006 年版,第 2 页。

存》、《唐明律合编》、《读例存疑》、《服制备考》各若干卷，洵律学之大成而读律者之圭臬也。”①

沈家本在《薛大司寇遗稿序》中说：“大司寇长安薛公，自释褐即为理官，讲求法家之学，生平精力，毕瘁此事。所著有《唐明律合编》、《服制备考》、《读例存疑》、《汉律辑存》诸书。”②

薛允升的律学研究成就对后来的清末法律改革起了重要的作用，曾参预修订《大清现行刑律》的董康说：“《现行刑律》大致采长安薛允升《读律（例）存疑》之说。”③沈家本在《故杀胞弟二命现行例部院解释不同说》中指出：“原任刑部尚书薛允升，近世号称专精刑律者，其所著《读例存疑》一书，於此条颇有微词。大致谓，争夺财产、官职谋杀弟侄分别年岁问拟斩绞办理，尚无歧误。至‘仇隙不睦’一层，是否专指胞弟及胞侄之年未及岁者而言，碍难悬拟。盖非素有嫌隙，决不致蓄谋致死。……上年法律馆修改现行刑律，于《读例存疑》之说，采取独多。”④华友根通过详细地研究，认为《读例存疑》为中国近代修订新律的先导。⑤

《薛赵二大司寇合传》：

“至于著书共分四种：尝谓刑法虽起于李悝，至汉始完全，大儒郑康成为之注释。乾嘉以来，俗儒多讲汉学，不知汉律为汉学中一大部分，读律而不通汉律，是数典而忘祖，因著《汉律辑存》；又谓汉律经六朝北魏改革失真，主唐两次修正，始复其旧，明律虽本于唐，其中多参用金辽酷刑，又经明太祖修改，已非唐律真面目，因纠其缪戾，著《唐明律合编》；又刑律所以补助礼教之穷。礼为刑之本，而服制尤为礼之纲目，未有服制不明而用刑能允当者。当时欧风东扇，逆料后来新学变法，必将舍礼教而定刑法，故预著《服制备考》一书以备后世修复礼教之根据，庶国粹不终于湮殁矣。”

薛允升逝世后，沈家本奏请清廷，刊刻其名著《读例存疑》，并对《读例存疑》予以高度评价：

---

① （清）沈家本：《历代刑法考》（第4册），《寄簃文存》卷六，邓经元、骈宇骞点校，中华书局1985年版。
② （清）沈家本：《历代刑法考》（第4册），《寄簃文存》卷六，邓经元、骈宇骞点校，中华书局1985年版。
③ 董康：《中国修订法律的经过》。
④ （清）沈家本：《历代刑法考》（第4册），《寄簃文存》卷三，邓经元、骈宇骞点校，中华书局1985年版。
⑤ 华友根：《薛允升的古律研究与改革——中国近代修订新律的先导》，上海社会科学出版社1999年版。

《薛赵二大司寇合传》:

赵舒翘任提牢时,适遇河南王树汶呼冤一案,时云阶为尚书,主持平反以总其成,其累次承审及讯囚、取供、定罪,皆展如一手办理。案结后所存爰书奏稿不下数十件,各处传播奉为司法圭臬。主要著作如下:

1.《提牢备考》,曹允源在《慎斋遗集序》中说:"公采古人有关刑政嘉言懿行,成《象刑录》。任提牢厅时辑《提牢备考》,皆足为后世法。"《慎斋别集》卷一中载有《提牢备考序》:"光绪乙酉五月长安赵舒翘识於宣武城南寓斋。"

2.《慎斋文集》,原名《映沣山房文集》十四卷,由眉县王仙洲先生编订。后改名《慎斋文集》十卷,长安沈幼如先生校字,民国十三年(1924 年)西山书局印刷。

3.《慎斋别集》四卷,由《映沣山房文集》十四卷分出。眉县王仙洲先生编订,长安沈幼如先生校字,民国十三年(1924 年)西山书局印刷。

4.《象刑录》。《慎斋别集》卷一中载有《象刑录序》。

5.《雪堂存稿》。

6.《豫案存稿》。

吉同钧,字石笙(石生),陕西韩城人。在其所著的《审判要略》的跋中又有关于其生平的记述:"石笙先生本文章巨手。其治律也,直登其乡先生薛云阶尚书之堂而蒇其醢。西曹中久推老宿,比年名益隆,以法部正郎承政厅会办兼光法律馆总纂,并分主吾律学馆及法律、法政两学堂、大理院讲司所四处讲习,一时执弟子礼者千数百人。所著法律书稿綦富,而《大清律例讲义》一种乃至风行半天下。"

清末,沈家本、伍廷芳主持变法修律,修订《大清现行刑律》的五位总纂官中吉同钧名列首位。沈家本、伍廷芳奏请专设法律学堂,开设的课程有《大清律例》,请吉同钧主讲。后来,将吉同钧的讲义编成《大清律例讲义》一书,由当时的法部核定出版,沈家本欣然为之作序,弁诸卷首,此书在当时风行全国。在《大清律例讲义序》中,沈家本对吉同钧的学术成就予以高度评价,他说:"韩城吉石生郎中同钧,于《大清律例》一书,讲之有素,考订乎沿革,推阐乎义例,其同异重轻之繁而难纪者,又尝参稽而明辨之,博综而审定之,余心折之久矣。"沈家本又说:"其於沿革之源流,义例之本末,同异之比较,重轻之等差,悉本其所学引伸而发明之,辞无弗达,义无弗宣,洵足启法家之秘钥而为初学者之津梁矣。”[①]

五、“陕派”的司法审判

“陕派律学”的代表人物皆熟读律例，有很高的从事司法审判的能力，这表现在他们对疑难重大刑狱的审判上。

薛允升执掌刑部数四十年，执法不阿，甚有政声。薛允升一生审理了许多大案，其中太监李苌材一案，能够秉公执法，坚决顶住来自慈禧及李莲英等的压力，将罪犯正法，显示其刚正不阿之风骨，并以此被排挤。

“李苌材、张受山等愈无忌惮，竟敢于辇毂之下明目张胆纠众打闹娼遼[寮]，行凶殴杀捕人。拿交部问，云阶时为尚书，以此案关系重大，若非严加惩办，涓涓不灭将成江河，前朝刘魏之祸将复起矣，前后分三折大放厥词，痛苦上陈，谓：‘皇上开一面之网，不妨量从末减。臣等为执法之吏，不敢稍为宽纵，且从犯或可稍轻，而首犯断不容免死。’其意以为宁可违皇上之命、致一己获咎戾，不能变祖宗之法令、国家受后患也。折上，皇上大为感动，宁可违慈命，而不敢违祖法，降旨依议，李苌材著即处斩，张受山斩监候，秋后处决。当时行刑，民间同声称快。”

薛允升对权贵刚正不阿，但也绝不冤枉任何一个人，“江宁案”即周五杀朱彪案，在他的主持下最终平反冤枉。

《清稗类钞》“江宁二牌楼枉杀二命案”：

光绪辛巳（1881 年），沈文肃公葆桢督两江，江宁有三牌楼（在仪凤门内）命案，轻率定谳，枉杀无辜，世多冤之。时陈伯潜阁学宝琛方为翰林院侍讲学士，以参将胡金传承缉谋杀朱彪之命盗，妄拿教供，刑逼定案，业将曲学如、僧绍宗处决。虽已由继任总督刘忠诚公坤一另获凶犯周步畛、沈鲍洪供认杀彪，并讯出金传嚇贿眼线教串各节，旋奉旨令忠诚严行刑讯，以成信谳，即疑窦孔多，犹待澈究，遂具疏以上闻。

此案真相，实为步畛挟仇起意杀彪，商同鲍洪潜携篾刀遇彪，以纠邀行窃为名，至三牌楼竹园旁，将彪砍斃，三人同逃，固未移尸，嗣经地保报县验详。文肃遂饬会办营务处洪汝奎悬赏购线，并派金传密访。盖金传时为缉捕委员也，先后拿获学如、绍宗及张克友三人，并贿教方小庚作证，金传与间官候补县严堃同讯，喝令用刑，威

① 《寄簃文存》。

逼成招。初供杀死谢某，旋供为薛泳全，继复称为薛春芳。金传辗转诱令改供，汝奎于覆审后，以案情重大，禀请派员覆讯。文肃以为此乃会匪之自相残杀也，即批饬将学如、绍宗正法。及辛巳拿获窃犯李大凤，供出步畛、鲍洪杀彪，与办结前案地方时日相符。当将步畛、鲍洪讯供，不稍讳。

壬午(1882年)，德宗以宝琛具疏上闻，遂派麟相国书、薛尚书允升前往查办，时麟为刑部尚书，薛为刑部侍郎也。既至江宁，反覆推勘，步畛、鲍洪均各供认商同杀彪不讳，金传亦以刑讯教供各情，据实供吐，小庚、克友等俱各脗合，于是步畛、金传皆论斩，鲍洪论绞，汝奎、堃均革职，发往军台效力赎罪，文肃以已薨免议。[①]

清末，“不肖州县玩视民命，多尔草率从事。该管上司不肯认真详细推勘，非巧为弥缝，即多方掩饰。其能平反更正者，百无一二。而固执原拟者，则比比皆是。推原其故，总由各该督抚徇庇属员，回护原审。其尤甚者，明知案情实有冤抑，即据实更正处分，亦轻以为与全省局面有碍，终不肯自认错误。积习相沿，牢不可破。即如河南镇平县王树汶呼冤一案，始而迭经御史参奏，该省仍敢饰词入奏，入人死罪。继而奉特旨提交臣部审办，该前抚李鹤年犹复强词，哓哓置辨，希图摇惑众听，颠倒是非，在已发觉者平反尚如此其难，其余未经发觉者更必任意消弭，安望其自行更正耶。”[②]而审理河南王树汶临刑呼冤一案的，正是“陕派律学”的第二号重要人物赵舒翘。

《清稗类钞》“王树汶为顶凶案”：

王树汶，邓州人，幼以被掠为镇平盗魁胡体安执爨役，体安，镇平胥也。河南多盗，州县故广置胥役以捕盗，有多至数千人者，实则大盗即窟穴其中，时遣其徒党出劫，捕之急，即贿买贫民为顶凶以销案。体安尤凶猾，一日，使其徒劫某邑巨室，巨室廉知体安所为，乃上控。时涂制军宗瀛方抚汴，檄所司名捕之。镇平令捕体安急，则贿役，以树汶伪为之，俾役执之去。树汶初不承，役以非刑酷之，且谓即定案必不死，始诺。树汶年十五，尫羸弱小，人固知其非真盗也。县令马翥闻体安就获，狂喜，不暇审真伪，遽禀大府，草草定案。既定谳，当树汶大辟，时体安已更姓名，充他已缌胥矣，树汶未知也。刑之日，树汶始知之，呼曰：“我邓州王树汶，非胡体安，若辈许我不

① 徐珂：《清稗类钞》(第3册)，中华书局1984年版，第1154页。

② “河南司议覆光禄寺少卿延茂失入案件宽免处方奏稿”，见《慎斋文集》卷三。

死,今乃戮我乎!”监斩官白宗瀛,大骇,命停刑,下所司覆鞫,卒未得要领。树汶自言父名季福,居邓州,业农,乃檄邓州牧朱杏簪刺史光第逮季福为验,未至而宗瀛督两湖去。继任者为河督李鹤年。开归陈许道任愷者,先守南阳,尝谳是狱,又与鹤年有连,于是飞羽书,阻光第,令毋逮季福,且百端诱怵之。光第不为动,慨然曰:“民命至重,吾安能顾惜此官以陷无辜耶!”竟以季福上,则树汶果其子,愷乃大感,鹤年以祖愷故,持初谳益坚,豫人之官科道者,遂交章论是狱。

鹤年恚言路之持之急也,遂力反宗瀛前议,而益傅会律文,谓树汶虽非体安,亦从盗,在律盗不分首从,皆立斩,原谳者无罪。然树汶初止为体安司炊,亦有谓其为娈童者,而实非盗,谳者必欲坐以把风接赃之律,树汶至是遂为正凶。而官吏之误捕,体安之在逃,悉置不问。谏臣益大哗,劾鹤年庇愷,于是朝廷有派河督梅启照覆讯之命。河工诸僚佐,率鹤年故吏,不敢违鹤年恉,启照亦不欲显树同异,竟以树汶为从盗,当立斩。狱成,言者争益力。

时潘文勤公方长秋官,廉知其概,提部研鞫,而赵舒翘方以郎中总办秋审,因以是狱属之。阅数月,乃得实,将上奏矣,而鹤年使故为文勤门生之某道员入都游说,文勤入其说,遽中变。舒翘方力争,文勤忽以父丧去官,南皮张文达公之万继其任,文勤亦知为某道员所卖,贻书文达,亟自引咎。疏上,奉旨释树汶归,成翥及知府马承脩极边,鹤年启照及臬司以下并承审各官皆降革有差。

而光第已先以他事劾罢,则愷嗛鹤年为之也。有以持愷羽书直揭部科讽者,光第笑谢之,贫不能归,竟卒於豫,年五十五。光第去官二十年,邓人谋以其治状上於朝,请祀名宦,以其子祖谋时官礼部侍郎,格于例,不果行。祖谋,字古微,以道德文章著称於时,更名孝臧,学者称沤尹先生者是也。[①]

六、研究“陕派律学”的意义

“陕派律学”出现在中国法律古今交替的时候,其代表人物具有较高的传统文化素养,出身科举,且长期在刑部供职,具有丰富的司法实践经验和精湛的传统律学知识,既有“理论”又有“经验”。

但是,迄今为止,学术界对“陕派律学”还没有给予足够的重视和进行系统的研

① 《清稗类钞》(第3册),第1133页。

究。因此,研究“陕派律学”有着重大的学术意义。几年前,俞江在《倾听保守者的声音》一文中介绍了“陕派律学”一个代表人物吉同钧及其学术成就,最后他对眼下的法学研究提出批评说:“没有参照系,连经验积累也不系统;没有思想渊源,连方法论传统也被丢弃,法律和法学在虚假繁荣里高歌猛进。”[①]我们认为,研究“陕派律学”至少有以下学术价值:

首先,“陕派律学”对传统法律做了一个完美的总结。其所取得的传统律学成就无疑是相当高超的,代表着几千年传统律学的最高水平。“陕派律学”的奠基者薛允升对历代刑法的渊源《汉律》有精深研究,著有《汉律辑存》、《汉律决事比》,其中的《汉律辑存》直接对沈家本的《汉律摭遗》产生了学术影响;薛允升还对《唐律》、《明律》进行了比较研究;其《读例存疑》更是集中在长达几十年的司法实践和学术研究中对清代律例的独到见解,被视为第一部“例学”著作。而赵舒翘的《提牢备考》则是反映古代监狱制度的珍稀资料。因此,研究“陕派律学”对于了解传统法律有着非常重要的意义。

其次,“陕派律学”的代表人物在晚清已提出了一些法律改革的建议。虽然这些建议仍跳不出传统法律文化的樊篱,但都是针对清代法律实施过程中存在的一些实际问题而提出的,这些正是中国法律近代化的基础。正如沈家本所说,“不深究夫中律之本原而考其得失,而遽以西法杂糅之,正如枘凿之不相入”。例如,吉同钧《上修律大臣酌除重法说帖》比沈家本著名的《删除律例内重法折》还要早,薛允升、赵舒翘也都曾上过诸如此类建议改进法律制度的奏折,研究这些资料无疑对了解清代法律存在的问题、清末法律改革的历史背景以及清末修律的内容有重要的学术价值。

再次,“陕派律学”中代表人物参与晚清的变法修律活动。例如,吉同钧不但亲自编纂《大清现行刑律》,而且在《大清新刑律》出台后,对修律的工作不断地予以关注和评论,他曾对《大清新刑律》发表这样的看法,“新订之律,表面仅四百余条,初阅似觉简捷,而不知一条之中,实蕴含数条或数十条,将来判决成例,仍当取现行律之一千余条,而一一分寄与各条之内,不过体裁名词稍有不同耳”。[②] 清末变法,力

---

① 俞江:“倾听保守者的声音”,载《读书》2002 年第 4 期。

② 《律学馆第四集课艺序》,见《乐素堂文集》。

主“会通”中西法律，研究“陕派律学”可以了解到传统法律与现代法律之间如何冲突，又如何进行调整并整合的，也可以了解传统的法律人如何面对几千年以来首次出现的法律大变局，这样可以使我们能对中国法律的近代化会有进一步的认识，对今天的法律改革也能提供有益的借鉴。

又次，“陕派律学”的代表人物在长期的司法审判历史中表现出了良好的司法官素质，他们一般都能够严格执法，不畏权势。例如，大司寇薛允升宁肯丢官，也要将太监李苌材等绳之以法。在司法审判中，一丝不苟，认真负责，“与其杀不辜，宁失不经”。例如，赵舒翘审理的河南王树汶临刑呼冤一案，最终水落石出，将庇护地方、草菅人命的河南巡抚等一干官员参劾夺职。研究“陕派律学”中这些刚直不阿的代表人物，继承和发扬传统法律文化中的精华，无疑对构建我们今天的法治文明不无裨益。

最后，“陕派律学”除了薛允升、赵舒翘在清末去世以外，吉同均、张麟阁等一直生活到民国时期，他们的著作一般在民国时期都刊刻印行，但以后就默默无闻，似乎被人们遗忘了。我们今天研究“陕派律学”，除了回顾中国法律近百年走过的这段曲折历史，汲取历史的经验与智慧，还可以重新评估陕西人对中国传统法律的继承和发展，对中国法律近代化所做的准备与贡献，振奋我们的学术信心，使陕西乃至西北的法学研究和法律教育在今天取得更大的发展。

七、研究的难点

就目前掌握的资料看，除沈家本、董康二人之外，其他人提到“陕派律学”和“豫派律学”的似乎就没有，因此，研究“陕派律学”首先遇到的难题是史料问题。关于史料的搜集，特别是有关近代历史人物史料的收集，有着其特殊性。梁启超在《中国历史研究法补编》分论——《人的专史》第二章“人的专史的对相”中指出：

“研究近代的历史人物，我们很感苦痛，本来应该多知道一点，而资料反而异常缺乏。我们应该尽我们的力量，搜集资料，作一篇，算一篇。尤其是最近的人，一经死去，盖棺定论，应有好传述其生平。……此时不作，将来更感困难。此时作，虽不免杂点偏见，然多少尚有真实资料可凭。此时不作，往后连这一点资料都没有了。”①

① 梁启超：《中国历史研究法》，东方出版社 1996 年版，第 206 页。

徐一士在《一士谭荟》中也讲：

“史料为治史者所注重，近代史料为时未远，关系尤切，更应特加之[注]意。从事收集保存，以供镜览，而资史家之要删。乃往往徒知古昔史料之可贵，于近者则忽之。或知其足重矣，而以为得之可不甚废力，未若古昔史料之难于发见，因之不肯亟亟访求，孜孜辑录，不知斯固有稍纵即逝者，久且放失淹没，不易复睹。盖史料缘是而沈冥不彰者甚夥，可喟也。……此种感觉，当不仅梁氏一人为然，其过要在从事搜集之不早耳。”①

徐一士熟悉近代掌故，长期从事近代历史资料的搜集整理与研究，他是有感而发。为了不使“陕派律学”的资料“放失淹没”，为后人不易复睹，本书将对“陕派律学”的史料“亟亟访求，孜孜辑录”。

① 徐一士：《一士谭荟》，中华书局2007年版，第211页。

整理说明

1906年,清朝变法修律活动紧锣密鼓地进行着。法政成为一时之显学,仅京师一地就有法部开办的律学馆,沈家本、伍廷芳奏请开办的京师法律学堂,此外还有大理院讲习所、京师法政各学堂等。《大清现行刑律讲义》就是吉同钧在以上各学堂主讲中律亦即《清律》时所编的讲义。

吉同钧最先编写的为《大清律例讲义》,仅止三卷,即《名例律》两卷,《刑律》中"贼盗"为一卷。虽未为完璧,但"风行一时,学者得其片纸,珍若拱璧焉"。由于求索讲义者众多,1908年律学馆铅印了数千部,"远近征索,不数月而一空"。吉同钧又在《大清律例讲义》三卷的基础上,"续著《刑律》人命、斗殴各项及《吏》、《户》、《礼》、《兵》、《工》各门",至1910年脱稿,即取名为《大清律讲义》,共十六卷,内容除讲义外,卷十六附有吉同钧教学所作课卷《律例馆季考拟作》一篇,《上修律大臣酌除重法说帖》等说帖五篇,《论大清律与刑律草案并行不悖》论义一篇,卷末附有吉同钧《审判要略》。但脱稿后,清朝《现行刑律》颁布,吉同钧在同人协助下,又以《大清律讲义》为基础,对内容加以调整修改,最后形成《大清现行刑律讲义》。

《大清现行刑律讲义》共八卷,虽由《大清律讲义》改编而来,但内容却有较大不同。比较明显的变化:一是刑罚制度不同。《大清现行刑律》废除了笞杖刑,一律以罚金刑替代。徒流刑虽不改,但都收入习艺所工作,由一年至十二年不等。二是条目内容较少。总之,律文变,其讲义亦变。讲义至少有以下特点和价值:

首先,吉同钧逐条讲解每条律文的沿革,"标明此律根源,或系由《唐律》变通,或系《明律》所创造,某年修改,某年增入,并某年添入小注,务使读者得以因流溯源”，寥寥数字，使读者对法律沿革有总体把握。

其次，推阐义例，尤其是对于律与律之同异，例与例之同异，律与例之同异，参稽而明辨之；对于律轻例重之故，律重例轻之故，古律与今律重轻之故，此律与彼律重轻之故，博综而审定之。“更于涣者萃之，以见律义之贯通，幽者显之，以见律义之浑括”。崇芳说吉同钧讲律“有如土人指路，若者为某水，若者为某山，若者为某津梁，若者为某关隘，无不了然于心，决然于口也”，前人的评价都不能以溢美之词视之。

最后，《大清现行律讲义》历引东西各国刑法与中律合参，比较其优劣得失，对当时修订新律提供参考，于新律前途已具明修栈道、暗度陈仓之妙用，非徒撰述博洽。

此外，讲义《给没赃物门》附《六赃比较表》，《强盗门》附《古今中外强盗罪名列表》，《当赦所不原门》附光绪三十四年《恩赦条款》，使治律能一目了然，一览而知。

此次整理，以清宣统二年法部律学馆石印本为底本，与《大清律讲义》《大清律例讲义》《大清律例》《唐律疏议》互相校订，除了施加标点外，对原文有如下调整：

一，原律文中小注，改为与正文同样大小字体，放在圆括号内。

二，文中衍字不删，但放在圆括号之中。误字亦不删，也放在圆括号之中，在方括号中标出正字。脱字亦在方括号中标出。

三，文中所引《唐律》条文及疏议多为节引，在不影响正确理解文义时概不补足全文。间有脱字，亦在方括号中标出。

闫晓君

二〇一六年十一月十四日

序

法部律学馆开办已五历寒暑，平日课目以讲授中律为独多，吉石笙先生适领斯席。先生为署中名宿，确窥其乡先正薛云阶尚书堂奥，故其于律也，有如土人指路，若者为某水，若者为某山，若者为某津梁，若者为某关隘，无不了然于心，决然于口也。官西曹阅二十年，经手准駮稿件不可以数计，历掌署中要差，以能名著。近年自吾馆而外，并充法律馆总纂，先后主讲大理院讲习所、京师法律、法政各学堂，内墙桃李殆数千人。所著讲义风行一时，学者得其片纸，珍若拱璧焉！岁戊申，馆中尝取其《名例律》及《刑律》贼盗一项铅印数千部，远近征索，不数月而一空。续著《刑律》人命、斗殴各项及《吏》、《户》、《礼》、《兵》、《工》各门，至今春一体脱稿，学员亟谋合全书付印，而《现行刑律》适值修订告成，先生乃一依核定修正之本斟酌而损益之，期有当目前引用，又匝月而始就。吁！先生之学精，先生之力亦瘁矣！夫以今日而言，法令新旧过渡，头绪纷繁，安所得一寻源导流之定本，俾用法者援引而不迷，读法者研究而不误哉？兹编一出，直省各级职审判者，其必奉为指南车、首东马也。断可识已！芳以秋署副郎提调馆务，去秋改官谏院，重承同人厚爱，公禀奏留兼差法院，津涯茫未有得，而独幸与先生同事久，朝论夕讨，霑溉良多，且也志趣冷落，风格睽孤，彼此又复相类，每馆课之余，兀坐退室，烹杯茗作竟日谈，先生辄轩渠曰：以君之学之才，若能久任法司，壹志法律，当为生民造福非浅。斯言虽誉非其人，而先生存心与法律本旨从可知矣。讲义印既竣，同人以弁言属，谨撮举颠末而喜付之。

宣统二年六月长白崇芳序

序

岁戊申,律学馆刷印《大清律例讲义》三卷,同年友韩城吉君石笙主讲是馆所手著以课同人者也。顾仅有名例、贼盗两门,其后修订法律馆亦以是编付印,虽卷数较多,均未完备,同人以未窥全豹为憾,相率请君纂著成书,用资快睹,正拟续为排编,适值颁布《现行律》,一切多改从轻,君乃分门别类反覆推求,抉异参同,重加论说。书成,以付同人校订登版而属序于余。余惟刑名与道德相为表里者也,《书》曰:明于五刑以弼五教,刑期于无刑,盖圣人制刑,非期于刑杀人,凡以辅吾教之不逮而已。董仲舒云:天道之大者在阴阳,阳为德,阴为刑,刑主杀而德主生,是故阳常居大夏而以生育长养为事,阴常居大冬而积于空虚不用之地,此以见天之任德不任刑也。然其实四时之运,寒凉肃杀常居其半,而涵育发生之心未始不流行乎其间,自周道衰微,士皆习于申韩家言,其学专务深文,于是刑名与道德歧而二之,而世遂薄刑名而不为。逮至于秦,诛腹诽偶语,刻苛极矣。汉兴,除秦苛政,约法三章,由是法网疏阔,文景之世,几至刑措。历唐而宋而元明,宽严互尚,代有增损,其间尤以《唐律疏议》为最善,洵足为百王之矩矱也。我朝《大清律》一书虽沿仍《明律》,实用《唐律》为根据,加以圣圣相承,慎重审定,参酌得中,今上御宇,继志述事,为立宪之豫备,允当首定新律以与薄海同风,而又恐吾民狃于习惯,骤与之语更张,或有扞格而不相入者,爰命修订法律馆就前此删定旧律,再加删繁就简,以为接递新律之用,名之曰《现行律》,君实分承馆务,预于斯役,则是编之作,其于因仍沿革之源流了如指掌,直不啻自道其心得焉!是足以津逮后学,为世宝贵无疑也。余与君既同兰谱,复同隶秋曹,顾十余年间虽私衷倾慕,而踪迹则疏,比来共事律学馆,朝夕聚首,相与上下其议论,乃知君性情之真挚,品概之卓越,其学问实有大过乎人者,而固不徒以文章见长也!然则读是编者,岂遂足尽君之生平也哉!

宣统二年季夏法部律学馆监督慈谿陈康瑞书于振雅堂之南窗

序

光绪戊申，筹备立宪之第一年，为京师审判开办之始，由是商埠省城州县乡镇分年次第举行，可见国无法不立，审判固宪政之先鞭也。律学馆之设，创自三十二年，实为司法前途，预备数年以来，成效颇著，各级审判厅员取材于本馆者最多，此皆由云亭前后长官平日尽心规画而始有今日也。吉石笙先生为律学名家，中外交推，咸资师表，主讲本馆，口授之余，复手著讲义以饷同学，律中之义固已发明，律外之义尤能推阐，更于涣者萃之，以见律义之贯通，幽者显之，以见律义之浑括，上而考诸古今之沿革，旁而参诸欧亚之异同，引征博洽，疏证详明，学者手置一编，如获珍异。馆课而外，又分日试以稿判，论批诸作，每课皆百余人，佳作如林，迭选成集，人才如此其众，皆先生之教导有以致之。曩者将先生纂定《名例》《贼盗》讲义付之铅印，一时争取，求者洛纸顿贵，然只略见一斑。今年四月，《现行刑律》颁行，其中因革损益多有变更，先生职总纂修，笔削皆出其手，又将暇时旧著讲义详加改定，而续撰全书一体脱稿。凡经宪政编查馆、法律馆核订修正者，先生皆一一参考，而规定之无遗意、无泛词，语不离宗，言皆有物，使读律之人浅者见浅，深者见深，是编真法家之秘宝也。监督陈雪樵正郎、提调崇秋浦侍御并谨与同馆诸友均百回读之，爱不释手，醵资付印，将蒇事，催谨序。谨不敏，何敢赞一词？第思开馆伊始，即充提调，于兹今已三年矣。每日办事之暇，随时听讲，藉以监堂。自公退食，尤喜问难质疑，受益实非浅尠。谨兼理北方审判厅刑科庭长，倏亦两载有余，经手之案已千百计，以平时之讲求证临时之经验，窃喜知识日进，此又云亭前后长官爱谨深而先生之所以成谨者愈厚也。故不揣譾陋，援笔而为之序。

宣统二年七月法部郎中刘敦谨书于律学馆之还盦

原　序

天下之学，必讲焉而后明，矧在专门，义博而科繁，安有不讲而能明者。讲读律令，旧载《吏律》。乾隆初，吏部以内外官员各有本任承办事例，律例款项繁多，难概责以通晓，奏请删除官员考校律例一条，上不允。诚以律例关系重要，非尽人所能通晓，讲读之功不可废也。乃今之说者谓律例当使官吏尽谙，颛愚共喻。信斯言也必使人人皆能通晓，无待于讲焉而后可，必深辞古义非讲不明者概加芟薙焉而后可。不然官吏尚未能尽谙，又安望颛愚之共喻哉？讲读之文，载在功令，乌可诬也。夫读者但记诵其辞，讲者必解说其意，举凡教礼之精微，事情之繁赜，一字一句，皆有至理存焉。是即讲之读之，尚恐有不能通晓者，属在官吏职当尽谙，而官吏之谙之者已不多觏，若欲颛愚之人莫不喻之，能乎？否乎？在昔《汉律》各为章句，叔孙宣、郭令卿、马融、郑玄诸儒十有余家，家数十万言。凡断罪所当由用者，合二万六千二百七十二条，七百七十三万二千二百余言。魏世诏用郑氏章句，不得杂用余家。夫以康成一代大儒，其所以讲之者，犹如是之详且尽也。其后《唐律》，则有《疏议》三十卷。在唐初，律学专家颇有其人，奉敕纂修《疏议》，其所以讲之者，又如是之详且尽也。洎乎有明，说律之书不下数十家，《琐言》、《读法》、《纂注》、《笺释》诸书，世尚有传本。或自申己见，或汇集群言，其所以讲之者，又如是之详且尽也。使果人人皆能通晓，古之人何若是之不惮烦哉？《大清律例》承《明律》而损益之，雍正、乾隆以来，叠经修改，其条例视明代增千数百条，律文则因者多而革者少。顺治初，以律文有难明之义，未足之语增入小注。雍正三年又纂总注附于律后，并列圣垂训，命官撰集。岂非以礼教之精微，事情之繁赜，正有非官吏之所能尽谙，颛愚之所能共喻者乎？此其所以讲之者，又如是之详且尽也。

然则《律例》一书，将欲考其沿革，辨其同异，权其轻重，是非讲不为功。今试进司牧之自负能名，幕府之素称老手者，举律例而周咨焉。其阅历非不深也，其办案非不精核也，若夫历代之沿革亦尝考订之乎？法经之义例亦尝推阐之乎？律与律之同异，例与例之同异，律与例之同异，亦尝参稽而明辨之乎？律轻例重之故，律重例轻之故，古律与今律重轻之故，此律与彼律重轻之故，亦尝博综而审定之乎？将皆逊谢不遑曰，未也。夫不明沿革必至修一例而贻害无穷。不明义例必至断一案而情法失当。不明同异必至援引不衷，于是甲罪用乙例，乙罪用甲例。不明轻重必至权衡不得其平，重者失之轻，轻者失之重。夫孰非不讲之为害哉。独是《律例》为专门之学，人多惮其难，故虽著讲读之律，而世之从事斯学者实鲜。官西曹者职守所关，尚多相与讨论。当光绪之初，有豫、陕两派，豫人以陈雅侬、田雨田为最著，陕则长安薛大司寇为一大家。余若故尚书赵公及张麟阁总厅丞，于《律例》一书，固皆读之讲之而会通之。余尝周旋其间，自视弗如也。近年则豫派渐衰矣，陕则承其乡先达之流风遗韵，犹多精此学者。韩城吉石生郎中同钧，于《大清律例》一书讲之有素，考订乎沿革，推阐于义例，其同异轻重之繁而难纪者，又尝参稽而明辨之，博综而审定之，余心折之久矣。迨偕顺德伍秩庸侍郎奏请专设法律学堂，于丙午九月开学，学堂科目特设有《大清律例》一门，即延吉石生主讲。于今已阅五学期，所编讲义积成六册。其于沿革之源流，义例之本末，同异之比较，重轻之等差，悉本其所学引伸而发明之，辞无弗达，义无弗宣，洵足启法家之秘钥而为初学者之津梁矣。余奉命修律，采用西法互证参稽，同异相半。然不深究夫中律之本原而考其得失，而遽以西法杂糅之，正如枘凿之不相入，安望其会通哉？是中律讲读之功，仍不可废也。余嘉是编之成，幸斯学之未坠，而后来者有门径之可寻也，故乐为之序。

宣统建元(1909 年)六月

自序

上古律无专书,《风俗通》云:"《皋陶谟》:虞造律。"《易》云:师出以律。《左传》云:百官戒惧,不敢易纪律。观于兵有律、官有律,可知刑亦有律也。特是三代以前,刑律与道德合为一体。试观六经为载道之书,而刑律即寓其中。如《易》之"讼"与"噬嗑",《书》之《皋陶》、《吕刑》,《诗》之鼠牙雀角①,《周礼》之《秋官司寇》,《春秋》之晋鼎、郑书,皆后世言法律者之鼻祖也。

迨及战国,道德衰微,而法律乃为专门之学,当时法家之书,《李悝》三十二篇,《商君》二十九篇,《申不害》六篇,《处子》九篇,《慎到》四十二篇,《韩非》五十五篇,《游棣子》一篇,各立门户,专务深文,从此刑名与道德始分两途。言道德者以刑名为苛刻,言刑名者亦以道德为迂阔,后世儒者薄刑名而不为,皆自战国诸子始。

汉兴,除秦苛政,约法三章,酂侯取李悝《法经》六篇,增益三篇,名曰《九章律》,叔孙通益《旁律》十八篇,文帝除收孥、诽谤律及肉刑,故史迁有"斫雕为朴"、"网漏吞舟"之喻。武帝诏定律令,张汤益《越宫律》二十七篇,赵禹益《朝律》六篇,合旧律为六十篇三百五十九章,渐涉繁密。宣帝时路温舒请删除不果,成帝诏删律为二百章。和帝命陈宠钩校律令溢于《甫刑》者除之,余悉改为故事。宠子忠又奏除蚕室之刑,而马融、郑玄诸儒为之章句,从此律学昌明,士遂不敢鄙刑名为小道矣。

魏太和时命陈群、刘合等修《新律》十八篇。晋武帝复命贾充、羊祜、杜预等十四人定《新律》二十篇。齐高帝命竟陵王子良、宗躬、孔稚圭等定律为二十卷。梁武帝命蔡法度、沈约、范云等损益旧律为三十卷,又修令三十卷,科三十卷。陈复命范泉、

① 《诗·召南·行露》:"谁谓雀无角,何以穿我屋?谁谓女无家,何以速我狱……谁谓鼠无牙,何以穿我墉?谁谓女无家,何以速我讼?"原谓强暴侵凌引起争讼。后因以"鼠牙雀角"比喻强暴势力。指讼事或引起争讼的细微小事。

徐陵等定律为二十卷，令三十卷，科二十卷，法网复繁密矣。北齐文宣帝命赵郡王叡删除重刑，造齐律十二卷，新令四十卷。周命赵肃等定律二十五卷。隋文帝命高颎、杨素定律十二卷，后复命苏威、牛宏[弘]等除死罪八十一条，约为十二篇，炀帝又更为十八篇。故律书至隋已可谓简要得中矣。

唐高祖命裴寂等定律五十七卷，太宗命房元[玄]龄等益为九十一卷，大致一依隋律，而改绞罪之半为断右趾，后除断趾改为加役流，又降大辟为流九十余条，高宗又命长孙无忌等十九人定为三十卷，共五百条，撰制为疏，即今所传之《唐律疏义》是也。其后刘仁轨、韦安石、姚崇、宋璟、斐光庭迭有增删，要以永徽之疏议三十卷为最善，论者谓《唐律疏义》集汉魏六朝之大成而为宋金元明之矩矱，诚确论也。

五代承用《唐律》，周世宗改名《刑统》，宋显德[①]时定《刑统》二十卷，开宝时益为三十卷，此外又有编敕十五卷，天圣四年命夏竦重删编敕，咸平时李范等又加删修。降及南宋，辽、金崛兴[②]，辽始制凌迟重刑而金因之。元初循用金律，世祖简除烦苛，始定新律名曰《至元新格》。仁宗又集格例成书，名曰《风宪宏纲》，英宗复命儒臣大加损益，名曰《大元通制》，其刑较唐宋尤为轻恕，然其失在于缓驰而不知检。

明太祖矫元之弊，初作《大诰》，颇流严刻，后命丞相李善长等总修律令，为律二百八十五条，令一百四十五条。洪武六年，又诏刑部尚书刘惟谦审定《明律》，续律一百二十八条，旧令改律三十六条，因事制律三十一条，掇《唐律》以补遗一百二十三条，合旧律共为六百六条，分三十卷。九年又厘正十三条，然当时止有律令，尚无条例。十六年，命翰林官同刑部官取历年所增条例以类附入。三十年，又命刑官取《大诰》条目撮要附于律后，从此律令以外又有条例之名。宏[弘]治十年，命尚书白昂等增历年条例经久可行者二百九十七条。嘉靖三十年复加修续。万历十三年，刑部尚书舒化等重定为三百八十二条，此有明一代律例之大凡也。

我朝定鼎之初，即命刑部尚书吴达海、侍郎党崇雅等详译《明律》，参以国制。书成，命大学士范文程、洪承畴等审定，名曰《大清律集解附例》十卷。康熙六年，命对喀纳等复行校正。十八年，又命刑部将定律之外所有条例应去应存，详加酌定。二十八年，又命尚书图纳、张玉书等为修律总裁，书成进呈，留览未发。雍正元年，复命

---

① “显德”，《续修陕西通志稿》卷二百十六卷《文徵》十六《大清律讲义序》作“建隆”。

② “降及南宋，辽、金崛兴”，《续修陕西通志稿》卷二百十六卷《文徵》十六《大清律讲义序》作“与宋对峙者为辽、金”。

大学士朱轼等详加分析，至五年颁行。乾隆元年，又命尚书三泰等总修律例，逐条考正，分律为四百三十六门，四十七卷，定例一千四百九条。此后定为十年大修、五年小修。嘉庆、道光、咸丰年间迭次增修，至同治九年纂修以后，例文增至一千九百九十二条。迄今近四十年未加修订，故例外又增章程百有余条。此历代法律之沿革也。

总之，法律与时为变通。开创之初，法网疏阔；叔季之朝，科条繁重，其大较也。统观上下四千年来，唐虞三代，刑法简矣。降及春秋，渐失烦密，至秦而刻酷极矣！由秦至汉初，为刑律由重变轻之世；由汉至六朝，为刑律由轻变重之世；周隋以迄唐宋，复由重而变为轻；南宋以迄辽金，复由轻而变为重；元代金而复尚宽大；明代元而矫用严威。若专论一代之法，汉律始宽终严，《明律》始严终宽。秦法始终严酷，元法始终宽纵。得宽严之中者，其为唐、宋二代乎？国初虽沿用《明律》而修订之本仍根源于《唐律疏议》，此《大清律》所以斟酌百王为损益尽善之书也。近来条例虽涉纷繁，惟光绪三十一年已经刑部奏请，删除三百四十四条，上年又经修律大臣奏准，删除数十条，现又奉旨大加修订。将来书成，更当删繁就简矣。

又尝综观外国法典，《英律》有成文法、不成文法共一百二十余篇。其法，死刑用绞不斩，生刑分徒刑、囚狱、苦役、隘牢、笞刑、罚金数种。《美律》五千五百余条，死刑亦用绞不斩，生刑分囚狱、苦役、罚金数种。《俄律》十二卷，共一千七百十一条，死刑用斩处决，生死分作苦工、发极边边远看押监禁身刑、的决、申饬、罚缓数种，死刑间有用枪毙者，则为特别之法。《德律》二十九章，共三百七十条，死刑亦用斩不绞，生刑分惩役、禁锢、拘留、罚金数种。《法律》四编，共四百八十四条，死刑亦斩不绞，其弑亲应死者于刑场使跣足蒙黑绢，以示特别之制，生刑分徒、流、囚禁、徒役、追放、禁锢、罚金数种。《日本刑法》初亦用中国《唐律》，后仿法国变为四百三十条，死刑则用绞不轧，生刑分无期流、有期流、无期徒、有期徒、轻重惩役、轻重禁狱、拘留、罚金、科料十余种，迫又改照《德律》缩减为二百九十八条，废除流徒禁狱，止死刑、惩役、禁锢、罚金、拘留、科料。至于瑞士，刑法二编，共二百五十六条，其刑止惩役、禁锢、罚金三项。和兰刑法二编，共四百七十五刑，主刑为禁锢、拘留、罚金三项，而均无死刑。意、比、西、葡诸国，大略同于和、瑞，亦无死刑。此外洋各国刑法之大略也。而[1]

① “而”字以前《乐素堂文集》无，今据《续陕西通志稿》卷二百十六《文征》十六补。

论者谓现在变法自强，当改用东西各国法律，反鄙薄《大清律例》不适于用，不知外国法律行之外国则尽善，行之中国难尽通。夫以中国政教统一之邦，而直、奉、川、陕各省犹有专条，蒙古有《蒙古之例》，回民有《回民之例》，苗蛮有《苗蛮之例》，彼此犹难强同，况中外风俗不同，宗教各异，而欲屈我之法就彼之范，岂非削足适履乎？且外国刑法亦各不同矣，无论流徒禁役，各因所宜，即死罪一项，现在法学家均主张废除不用，然如瑞士、和（荷）兰，地狭人少，教育普及，故可不用死刑。德、法则幅员较广，虽欲废除死刑而势有所不能，若英、俄则更地大物博，不但死刑难废，即身体之刑亦不能遽除。观于英有笞刑，俄有身体的决之刑，其明证也。夫笞杖为五刑之至轻，英俄尚不能全去，中国废之，近来已有窒碍，况其它重于此者乎？再，外国均有习惯之法，虽政教日趋新异，而本国习惯之法终不能废，西儒斯宾塞尔有言：一国之法律必须与本国之历史及国体有同一之性质，否则实行之际，流弊不可胜防云云。此即我国变法之药石，当道大吏有鉴于此，惧新学之心醉欧风，数典而忘其祖也，故法政、法律学堂均设"大清律"一科以示保全国粹之意，延钧分膺讲席。上课以来，不敢放弃责任，每日入署办公而外，必分四钟余暇以登堂讲解。窃以律义精深，非口说能尽，更作讲义以笔代舌。一篇之中先溯根源，继揭宗旨，如篇幅过长，更为字梳句栉，俾令脉络明晰，遇有深奥之处，或援经史以阐其理，或引刑案以实其事，此外如王氏之《笺释》、洪氏之《辑注》、吴中丞之《律例通考》、薛尚书之《读例存疑》，苟有发明，均为采入，盖理惟求其显露，故词无取乎文深，篇末又杂引外国之律与中律比较，彼法所长者必加以褒美，彼法所短者不曲为附和，或彼此宗旨符合，不过名词文法之歧异，亦必剖析明白，俾阅者不至迷误。虽采辑外国之新法，仍恪守中国之旧典。

现在修订法律大臣将旧律删繁就简，均照新章一一改定，名之曰《现行刑律》，删去二十余门，共存律文四百十四条，又经宪政编查馆核定，更去数条，刻已缮写黄册，请旨颁行，故《讲义》照此改定，与旧律大有不同，从时尚也。今春律学馆诸同志欲付石印，以广流传，余深惭浅俚无文，贻笑大雅，而又未便拂其所请，故详考律书之源流，并志其事之颠末，以质诸海内之深于法学者。

宣统庚戌（1910 年）仲夏法部郎中韩城吉同钧序于律学馆

凡 例

一,本《讲义》系本学堂教员吉石笙先生所纂辑,原著《大清律讲义》尤为适用,但所授未能一律,爰将兹著付印以惠同学,俾资考证。

二,全书今春脱稿,适值《现行律》告成,先生复斟酌而损益之,抉异参同,务期吻合,以裨实用。

三,是编所列律文例文均照《现行律》案语及核定修正各原文本逐条刊载,无敢稍易。

四,是编悉依律文逐条讲解,间亦有剖析例文之处,故各门末附载条例以备参考。

五,是编体例首律文,次讲义,次例文,例文讲义,皆低二格,惟讲义则备加一“按”字以间之,务使读者一目了然。

六,《给没赃物门》附《六赃比较表》,《强盗门》附《古今中外强盗罪名列表》,俾读者一览而知。《当赦所不原》门附光绪三十四年《恩赦条款》,尤有切于实用,最宜注意。

七,文武官员犯公罪及私罪本分两门,兹编并入《职官有犯》门内,以义本一贯,无取枝节。《骂詈》门本系八条,讲义汇为一处,以免繁琐,均与点窜二典者不同。

八,旧律沿明旧制,罪名间有严重之处,现在改从轻典,渊源于《唐律》者实多,作者据《唐律》及元明之制参观互证,尤足使读者兼收博古通今之益。

九,《现行刑律》本将来新律之过渡,篇中历引东西各国刑法与中律合参,于新律前途已具明修栈道、暗度陈仓之妙用,非徒撰述博洽。

十,法令为民生命所由关,故引据不厌详明。是编各门下必首先标明此律根源,或系由《唐律》变通,或系《明律》所创造,某年修改,某年增入,并某年添入小注,务使读者得以因流溯源，虽寥寥数言，实法学星宿海也，幸勿忽过。

十一，申韩学说易流苛刻，儒者辄目为一家言。兹编于评骘法律处时露恻然蔼然之旨，绝非专治刀笔。

十二，刑律出入关系甚重，故同人于校对时深致意焉，虽鲁鱼亥豕之误未必绝无，而严密确实，反复数次于其间，特刊“精校”二字非无故也。

目录

卷一

名例上

按：名例者，本刑名、法例之约词。《唐律疏议》云：名训为命，例训为比，命诸篇之刑名，比诸篇之法例。又，宋孙奭云：主物之谓名，统凡之谓例。东西各国谓之总则，名异而义则同，其原始于李悝《法经》六曰《具法》，魏改为《刑名》，晋分为《刑名》、《法例》，北齐合为《名例》，隋唐至今相沿不改，以其为各律之纲领，故冠于诸律之首。详见《唐律名例序文》，兹不多赘。

五刑

罚金刑十

一等罚（银五钱。收赎折半。下同。）
二等罚（银一两）
三等罚（银一两五钱）
四等罚（银二两）
五等罚（银二两五钱）
六等罚（银五两）
七等罚（银七两五钱）
八等罚（银十两）
九等罚（银十二两五钱）
十等罚（银十五两）

徒刑五

一年(依限工作。收赎银十两。)
一年半(依限工作。收赎银十二两五钱。)
二年(依限工作。收赎银十五两。)
二年半(依限工作。收赎银十七两五钱。)
三年(依限工作。收赎银二十两。)

流刑三

二千里(工作六年。收赎银二十五两。)
二千五百里(工作八年。收赎银三十两。)
三千里(工作十年。收赎银三十五两。)

遣刑二

极边足四千里及烟瘴地方安置(俱工作十二年。)
新疆当差(工作十二年。收赎银数俱与满流同。)

死刑二

绞、斩(内外死罪人犯除应决不待时外,余俱监固,候秋审、朝审分别情实、缓决、矜疑,奏请定夺。收赎银四十两。)

按:此现在修订清现行刑律。五刑也分罚金、徒、流、遣、死五项,与旧律以笞杖徒流死为五刑之制大不相同。

罚金分十等,旧律笞一十至笞五十改为一等罚至五等罚。旧律杖六十至杖一百改为六等罚至十等罚。一至五以五钱为一等,自五钱起至二两五钱止。六至十,以二两五钱为一等,自五两起至十五两至。凡无力出银者,以银五钱折工作二日,惟十恶奸盗等项不准罚金,从重实行工作,此罚金之等第也。徒罪五等照旧,但均在本地收所工作,并不发配。流罪三等,亦仍其旧,惟分别情节轻重,其为赦款所不原者照旧发配,若非赦款所不原者免其发配,均收入本地习艺所按年工作,流二千里者工作六年,二千五百里者八年,三千里者十年,限满释放。其情重发配者,均在配所照上年限工作。凡徒流所附杖罪一概删除，此徒流之等第也。至旧律五军之名一律改易，近军三项并入流罪，远军二项改为安置。附近充军改为流二千里，近边充军改为流二千五百里，边远充军改为流三千里。旧律极边四千里充军，改为极边四千里安置，旧律烟瘴充军改为烟瘴安置。旧律发遣新疆当差为奴，并发驻防黑龙江为奴各罪，其情轻者改为烟瘴安置，重者改为新疆当差，废除为奴之罪。极边与烟瘴两项谓之内遣，新疆当差谓之外遗，合为三遣，以为满流加等之用。内遣到配工作十二年，外遣到配亦工作十二年，惟外遣人犯限满不准释回，即在配所安插，此遣罪之等第也。死罪仍分斩绞两项，删除凌迟、枭示、戮尸、剉尸各项。旧律凌迟枭示之罪均改为斩立决，旧律斩立决均改为绞立决，旧律绞立决均致为绞监候，秋审入于情实。旧律斩监候均改为绞监候。凡旧律内戮尸、剉尸、缘坐、枷号、夹棍、铁杆石墩、迁徙、鞭责各名色一概废除，此新修律例五刑之名目细则也。至赎罪之法，除捐赎另设本例外，其旧纳赎、赎罪各项图说一概废除，止留收赎之名，而银数仍较旧增多数倍。凡例应收赎者，均照罚金数目各减一半，一等罚收赎银二钱五分，以次递加，至十等罚，收赎银七两五钱。徒一年者收赎银一十两，一年半十二两五钱，二年十五两，二年半十七两五钱，三年二十两，流二千里二十五两，二千五百里三十两，三千里三十五两，内遣外遣亦三十五两，死罪四十两。凡老幼废疾及过失杀伤情可矜悯者，均照以上数目收赎。其为律不应收赎者，无论徒流遣罪均不准赎。妇女有犯，仍照旧罚金，亦不准收赎。此收赎之等第也。此外又有条例数则，可与律文合参。

一，凡处罚刑，无力完缴者收入习艺所工作，应罚一两，折工作四日，以次递加，限满开释。

一，凡妇女犯罚金罪名，依律处罚。其犯该徒流以上，除犯奸及例内载明应收所习艺者一律按限工作，不准论赎外，其寻常各案准其赎罪，徒一年赎银二十两，每等加银五两，至徒三年赎银四十两，流二千里赎银五十两，每等加银十两，至流三千里赎银七十两，应安置发遣者照满流科断。如无力完缴，按银一两折工作四日，其未设有女犯习艺所地方，照工作时日改为监禁，俱限满释放。

一，凡关系十恶犯奸等项应处罚金者，按应罚之数，以一两折算四日，改拟工作。

一，凡罪犯应死证据已确、不肯供认应行刑讯者，概用竹板长五尺五寸，大头阔一寸五分，小头阔一寸，重不过一斤，每次刑责不得过三十板，至初次讯供时及徒流以下罪名概不准刑讯，如有违例用刑者，该管上司即行据实参处。

一，凡问刑各衙门除例载刑具外，不得任意私设，违者按违制律科断。

一，凡京外职官下及军人等犯徒流以上除诈伪、犯奸、略诱、和诱及常赦所不原外，准其捐赎。徒一年，三品以上官捐银一千两，四品官捐银五百两，五六品官捐银四百两，七品以下及进士举人捐银三百两，贡监生员捐银二百两，平民捐很一百两，每徒一等，三品以上官加银二百五十两，四品官加银一百二十五两，五六品官加银一百两，七品以下及进士举人加银六十五两，贡监生员加银五十两，平民加银三十五两。由徒入流，三品以上官以五百两为一等，满流赎银三千五百两，四品官以二百两为一等，满流赎银一千六百两。五六品官以一百五十两为一等，满流赎银一千二百五十两。七品以下及进士举人以八十两为一等，满流赎银八百两。贡监生员犯流二千里，赎银四百六十两，每等加银七十两。平民犯流二千里二百七十两，每等加银四十五两。遣置各照满流捐赎，俟银数完缴，俱准免罪。若斩绞缓决各犯，如遇恩赦，查办减等后有呈请赎罪者，法部核准奏明，各照所减罪名捐赎。

十恶

按：律重纲常，首严十恶。十恶之犯，皆无君无亲，罪大恶极，为天地间所不可容之罪，故特列篇首以昭炯戒，其中不必尽大辟重典也。如不孝、不敬、不睦三项死罪而外，亦有罪仅徒杖者，然事关名教，虽小难宽，论刑虽不至死，亦为常赦不原。《辑注》云：罪至死者固为法所难宥，即罪不至死者亦俱有乖伦理，即此意也。

一曰谋反（谓谋危社稷）。

按：臣下将图逆节，危及天下，不敢斥指，故曰社稷也。

二曰谋大逆（谓谋毁宗庙、山陵及宫阙）。

按：宗庙山陵，先君之辞。宫阙者，一人之辞。不敢明言，故曰宗庙宫阙，以其干纪犯顺，违背道德，故曰大逆。

三曰谋叛（谓谋背本国，潜从他国）。

按：如翻城投伪、率众外奔之类。

四曰恶逆（谓殴及谋杀祖父母、父母、夫之祖父母、父母，杀伯叔父母、姑、兄姊、外祖父母及夫者）。

按：五服之亲，自相屠戮，蔑绝人伦，伤残天性，故曰恶逆。

五曰不道（谓杀一家非死罪三人及支解人，若采生折割、造畜蛊毒、厌魅）。

按：凶忍残贼，背弃正道，《汉律》云：杀不辜一家三人为不道，故曰不道。

六曰大不敬（谓盗大祀神御之物、乘舆服御物；盗及伪造御宝；合和御药，误不依本方及封题错误；若造御膳，误犯食禁；御幸舟船，误不坚固）。

按：伪造御宝以上数项关系至大，治罪宜重，而和合御药以下数项，不过一时疏忽，然亦列于不敬者，君父之前不敢言误，误即由于轻忽，不敬莫大焉，故亦曰大不敬。

七曰不孝（谓告言、咒骂祖父母、父母、夫之祖父母、父母及祖父母、父母在，别籍异财，若奉养有缺，居父母丧，身自嫁娶，若作乐释服从吉；闻祖父母父母丧，匿不举哀，诈称祖父母父母死）。

按：以上各项皆不孝之显著于律者，大曰恶逆，小曰不孝，治罪轻重不同，详见各律。至咒骂之"咒"，据《唐律》及薛氏《存疑》一书，"咒"当作"诅"，求爱媚解，若谓诅欲令死及疾苦，则罪干大辟，应入恶逆，不仅不孝而已也。

八曰不睦（谓谋杀及卖缌麻以上亲，殴告夫及大功以上尊长、小功尊属）。

按：《书》云：九族既睦。此条皆亲族相犯之事，彼此不相协和，故曰不睦。凡与父同辈者曰尊属，与己同辈曰尊长，谋杀及卖，《唐律》无间尊卑长幼，《明律》专指尊长言，各不相同，而《现行律》注谓卑幼犯上则重，尊长犯下则轻，可见原包尊长卑幼在内，且止言谋杀而不言故、斗杀，若故、斗杀讫，亦在不睦之列。凡律之意，举重以赅轻，此谋杀未伤，轻者尚为不睦，况故、斗杀讫，较谋杀未伤更重，自在包括之中。至卖缌麻以上亲，卖者卖为奴婢也，如卖为妻妾，未便即入此条。

九曰不义（谓部民杀本属知府、知州、知县，军士杀本管官吏，卒杀本部五品以上长官，若杀见受业师及闻夫丧匿不举哀，若作乐释服从吉及改嫁）。

按：上条五服亲属以天合者，此项部属、师生、夫妇皆非天合，以义相维，背义而行，故曰不义。

十曰内乱（谓奸小功以上亲、父祖妾及与和者）。

按：此专指小功以上亲而言，若小功亲之妻不在此限。至父祖之妾，虽无服制而分亲义重，不问有子无子，并同。"及与和者"谓妇人共男子和奸，亦问此律，此皆禽兽其行，朋淫于家，紊乱礼经，故曰内乱。

按：此条律目、律注系《唐律》之文，明仍用之，小有异同，国朝迭加修改。十恶之名，古书不见，起于后周、后齐，当时仅有其名而无其目，至隋开皇始创制此科，唐遵其制，至今因之。《礼记·王制》云："凡置五刑必即天伦。"又，"凡听五刑之讼，必原父子之亲，立君臣之义"，可见，《律例》一书，所以正纲纪而明人伦，此篇首严乱臣贼子之防，次设蔑理犯分之戒，圣贤垂教之意与帝王御世之道毕具于此。独怪当世学士、士大夫高谈《诗》《书》，反目此为法术刑名之家，鄙之不屑寓目，及至身膺民社，一遇疑难，茫然无所措手，反委于幕府胥吏之手，欲不偾事，得乎？因论律义，有感记此，愿我学友发愤读律，一雪此耻。

八议

一曰议亲谓皇家袒免以上亲及太皇太后、皇太后缌麻以上亲，皇后小功以上亲，皇太子妃大功以上亲。

按：以上分有尊卑，故礼有隆杀，虽同属懿亲而差等之不同如此！

二曰议故谓皇家故旧之人，素得侍见，特蒙恩待日久者。

按：此盖指从龙辅佐之人，如宠幸之人不得谓之故也。

三曰议功谓能斩将搴旗，摧锋万里，或率众来归，宁济一时，或开扩疆宇，有大功勋铭功太常者。

按：太常，旗名，古者人臣有大功劳，则书于太常以引驾也。

四曰议贤谓有大德行之贤人君子，其言行可以为法则者。

按：贾谊有言，廉耻礼节以治君子，有祸死而无戮辱，即此议贤之义也。

五曰议能谓有大才业，能整军旅，治政事，为帝王之良辅佐者。

按：贤止言其德行，能必见之军旅政事，非寻常所能及者方是。

六曰议勤谓有大将吏谨守官职，早夜奉公，或出使远方、经涉艰难有大勋劳者。

按：守官奉法必曰大将吏，可见小者不得与也。出使远方，必有大勋劳方谓之勤，寻常涉历外洋，出使之人不得与于其间。

七曰议贵谓爵一品及文武职事官三品以上，散官二品以上者。

按：《周礼》郑司农注云：若今时吏墨绶有罪先请是也。

八曰议宾谓承先代之后为国宾者。

按：《书》曰：虞宾在位。《礼》曰：天子存二代之后，即议宾之典所由昉。

按：此条律文及注亦仍《唐律》，明添入注，国朝迭次修改。《现行律》仍从其旧，并无修改。八议之法乃国家优待亲贤勋旧之典，凡有所犯，应于法外优容。《周礼》

云：以八辟丽邦法。今之八议，其目全同《周礼》，不过次序之间少有移易耳。程明道先生云：八议设而后轻重得宜。又，《会典》载八议之条不可为训，虽仍其文，实未尝行。二说不无少异者，各有所指而言也。伏读雍正六年上谕有曰：八议之条，乃历代相沿之文，其来已久，我朝律例于此条虽具载其文，而实专尝照比例行者，盖有深意存焉。夫刑法之设，所以奉天罚罪，乃天下之至公至平，无庸意为轻重者也。若于亲故功贤人等之有罪者故为屈法以示优容，则是可意为低昂而律非一定者矣，尚可谓之公平乎？且亲故功贤人等或效力宣劳，为朝廷所倚眷，或以勋门戚畹为国家所优崇，其人既异于常人，则尤当制节谨度、秉礼守义以为士民之倡率，乃不知自爱而致罹于法，是其违理道而蹈愆尤，非蚩蚩之氓无知误犯者所可比也，倘执法者又曲为之宥，何以惩恶而劝善乎？如所犯之罪果出于无心而情有可原，则为之临时酌量特与加恩，亦未为不可。若豫著为律，是于亲故功贤等人未有过之先即以不肖之人待之，名为从厚，其实乃出于至薄也。且使恃有八议之条，或任意为非慢无顾忌，必有自干大法而不止者，是又以宽容之虚文而转陷之于罪戾，姑息之爱尤不可以为优恤矣。今修辑律例各条，务须详加斟酌以期至善，惟此八议之条，若概为删去，恐人不知其非理而害法，故仍令载入，特为颁示谕旨，俾天下晓然于此律之不可为训，而亲故人等亦各儆惕而重犯法，是则朕钦恤之至意也。钦此！

按：《会典》不可为训之说即本于此，可见八议虽古来宽厚优恤之典，惟法行先自贵始，今读谕旨，圣人大公无私之心更有溢于寻常定例之外者，故备录于后以备参考。

应议者犯罪

凡八议者犯罪（开具所犯事情），实封奏闻取旨，不准擅自勾问。若奉旨推问者，开具所犯（罪名）及应议之状先奏请议，议定（将议过缘由）奏闻，取自上裁；其犯十恶者（实封奏闻，依律议拟），不用此律（十恶，或专主谋反、叛、逆言，非也。盖十恶之人，悖伦逆天，蔑礼贼义，乃王法所必诛，故特表之，以严其禁）。

按：此系《明律》，顺治三年添入小注，《唐律》谓之“议章”，盖言以上八议之人犯罪分作三层办法，前后共奏三次：始则奏闻所犯之事，应否勾问，如奉旨免问，即作罢论，若准其勾问，然后推问是第一层；推问已毕，即将所取供状及所犯罪名应议之处，奏请简派多官会议，是第二层；会议以后仍行具奏，如有死罪，惟云依律合死，不敢正言斩绞，取自上裁是第三层。缘八议之人皆朝廷素所优待，除十恶之外有犯一切罪名皆当取决于上以定予夺，不许迳自擅拟，其慎重如此，所以笃亲亲、敦故旧、尚功尊贤、劝能恤勤，敬大臣而崇宾礼，盖即《论语》周公谓鲁公之义，而与《中庸》、《九经》之旨隐隐符合也。考之《周礼》，王之同姓有罪，则死刑焉。郑注引《文王世子》：公族有死罪，罄[磬]之于甸人。又曰：公族无宫刑，狱成，致刑于甸人。又《掌戮》：王之同族与有爵者，杀之于甸氏。李氏光坡谓杀之于甸师氏者谓不踣。踣者，陈尸使人见之。既刑于隐处，故不踣也。此律即本于此。律外又有宗室觉罗有犯，与民人科罪不同各条，与律相辅而行，可并参之。

一，凡宗室犯案到官，罪在流遣以上者，交大理院审理。如在徒罪以下，及觉罗犯罪，交京师高等审判厅审理。至东三省移居宗室，所犯案件俱归各该省高等审判厅审理。

一，凡宗室觉罗，除犯该罚金及初犯流徒遣，或再犯徒罪，或先经犯徒后犯流罪，仍由宗人府照例分别折罚圈禁外，如有三次犯徒，或二次犯流，或一次犯徒一次犯至安置者，均拟实发盛京。如二次犯徒一次犯流，或一次犯流一次犯至安置者，均拟实发吉林。如二次犯应安置或三次犯流，或犯至外遣者，均拟实发黑龙江。若宗室酿成命案，按律应拟斩绞监候者，大理院知照宗人府先行革去宗室顶戴，照平人一律问拟斩绞。秋审时法部分别实缓，仍由宗人府进呈黄册。

一，凡宗室觉罗人等告讦之案，察其事不干己，显系诈骗不遂者，所控事件立案不行，仍将该原告咨送宗人府，照违制律治罪。如妄捏干己情由耸准，追提集人证质审，仍系讹诈不遂，串结捏控者，将该原告先行摘去顶戴，严行审讯，并追究主使教诱之犯。傥狡辩不承，先行掌责讯问，审系控款虚诬，罪应斩绞者，照例请旨办理。其余无论诈赃多寡、已未入手，但经商谋捏控，不分首从，俱实发吉林安置。主使教诱及助势之犯，无论军民，不分首从，俱流二千五百里。旗人有犯，并销除旗档，其或所控得实，但审因串诈不遂捏情图准者，亦照此例定拟。不准以事出有因量为援减。

一，已革宗室之红带、已革觉罗之紫带，除有犯习教等重情另行奏明办理外，其寻常各案照例科断。应销档者免其销档，仍准系本身带子。

一，凡宗室觉罗犯罪时，系黄红带者，依宗室觉罗例办理。若系蓝带及不系带者，即照常人例治罪。

一，宗室缘事发遣，遇赦减释。如系由盛京释回者，即令回京。若由吉林、黑龙江释回者,即令其在盛京移居宗室公所,酌给房屋居住。

一,宗室犯事到官,无论承审者何官,俱先将该宗室摘去顶戴,与平民一体长跪听审。俟结案时,如实系无干,仍分别奏咨,给还顶戴。

一,凡宗室觉罗妇女出名具控案件,除系呈送忤逆照例讯办外,其余概不准理。如有擅受,照例参处。傥实有冤抑,许令成丁弟兄子侄或母家至戚抱告。无亲丁者,令其家人抱告,官为审理。如审系虚诬,罪坐抱告之人。若妇女自行出名刁控,或令人抱告后覆自行赴案逞刁及拟结后渎控者,无论所控曲直,均照违制律治罪。有夫男者,罪坐夫男,无夫男者,罪坐本身,折罚钱粮。

一,凡宗室有犯圈禁之罪者,即行革去顶戴。

应议者之父祖有犯

凡应八议者祖父母、父母、妻及子孙犯罪,实封奏闻取旨,不许擅自勾问。若奉旨推问者,开具所犯及应议之状先奏请议,议定奏闻,取自上裁。若皇亲国戚及功臣(八议之中,亲与功为最重)之外祖父母、伯叔父母、姑、兄弟姊妹、女婿、兄弟之子,若四品、五品(文武)官之父母、妻(未受封者)及应合袭廕子孙犯罪,从有司依律追问,议拟奏闻,取自上裁(其始虽不必参提,其终亦不许擅决,犹有体恤之意)。其犯十恶及奸盗杀人,受财枉法者(许径决断),不用此(取旨议奏封之)律。其余亲属、家人、管庄、佃甲倚势虐害良民,陵犯官府者(事发,听所在官司径自提问),加常人罪一等(非倚势而犯,不得概行加等),止坐犯人(不必追究其本主),不在上请之律。若各衙门追问之际,占悕不发者,并听当该官司实封奏闻区处(谓有人于本管衙门告发,差人勾问,其皇亲国戚及功臣占悋不发出官者,并听当该官司实封奏闻区处)。

按:此亦《明律》,顺治三年添入小注。《唐律》谓之"请章"。《唐律》,皇太子妃大功以上亲不在"八议"之列,而入于"请章",与此条各项并论,盖因上"八议"而更推恩于其尊卑至亲,而"八议"之中,亲与贵更重,故又推恩于皇亲国戚功臣之以次至亲,至四品、五品之官,虽不在议贵之列,然亦官阶尊崇,故亦推恩于其父母、妻、子孙,惟情分亲疏,故法有等差。皇亲国戚之外祖父母以下各项,虽亦不许擅决,其始究不必奏闻请旨,是于体恤优渥之中仍分轻重厚薄之等。至其余亲属奴仆人等每多倚势陵人,狐假虎威,若非从严惩治,则恃宠骄恣,必无恶不作,累及其主,故治罪加凡人一等而仍不追究其本主,虽以禁遏,实则保全优待勋戚者至矣。使汉、明二祖依此法以行，何至醢韩、彭而杀李、傅，使后世有薄待功臣之议；使魏晋诸帝依此法以行，何至剪枝叶以伤本根，致当时有相煎何太急之歌。详绎律意，参以往事，可见法律一书仁之至而义之尽，与圣经贤传相表里，元儒柳赟谓经传载道以行万世，律文垂法以正人心，不其信欤？考之《史记·平原君列传》，李同战死，封其父为李侯。《后汉书·独行传》，小吏所辅捍贼，代县令死，除父奉为郎中。《蜀志》庞统为流矢所中卒，拜其父议郎，迁谏议大夫。以上皆死国事者之父，今例：子孙阵亡声请，即本此意，附录于此以备参考，亦以见例文与史事，其理本相贯通云。

职官有犯

凡在京、在外大小官员有犯公、私罪名，所司开具事由，实封奏闻请旨，不许擅自勾问（指所犯事重者言，若事轻，传问不在此限）。若许准推问，依律议拟奏闻区处，仍候覆准方许判决。若所属官被本管上司非礼陵虐，亦听开具（陵虐）实迹，实封径自奏陈（其被参后，将原参上司列款首告，不准行，仍治罪）。

一，文职道府以上、武职副将以上，有犯公私罪名应审讯者，仍照例题参，奉到谕旨再行提讯。其余文武各员于题参之日，即将应质人犯拘齐审究。

一，凡文武官犯罪，本案革职，其罚金轻罪，免其罚赎。若革职后另犯罚金者，照律处罚。其犯徒罪者，依应徒年限奏请发往军台效力赎罪，限满释放。应流遣者奏请发往新疆効力赎罪，有呈请捐赎者，法部核其情节，分别准赎不准赎二项扣定，奏明请旨，不得以可否字样双请入奏。其贪赃官役概不准赎。

一，凡被参革职讯问之员审系无辜，即以开复定拟，不得称已经革职，无庸议奏。覆其原参，重罪审虚，尚有轻罪，应以降级罚俸归结者，开复原职，再按所犯分别降罚。

一，凡进士、举人、贡监生员及一切有顶戴官有犯罚金轻罪照律纳赎。如系寡廉鲜耻、不顾行止及好讼多事与罪至十等罚者，分别咨参除名。犯该徒流以上应收所工作，饬令充当书识等项杂役，仍于办结后知照该部存案。其寻常例应罚赎之生监应否褫革开复，会同礼部或学部办理。

一，文武生员犯该徒流以上等罪，地方官一面详请斥革，一面即以到官之日扣限审讯，不必俟批回始行究拟。贡监生有犯同。其情节本轻罪止戒饬者，审明生员，移会该学教官照例发落，详报提学使查核。贡监生由地方官照例发落。

一，僧道官有犯，径自提问，及僧道有犯奸盗、诈伪并一应赃私罪名，责令还俗，仍依律例科断。其公事失误、因人连累及过误致罪者，悉准纳赎，各还职为僧为道。

一，各处大小土官有犯徒流以上，依律科断。其罪应处罚者，交部议处。

文武官犯公罪（凡一应不系私己而因公事得罪者曰公罪）

凡内外大小文武官犯公罪该处一等罚者，罚俸一个月，二等、三等罚各递加一月（二等罚两月，三等罚三月）。四等罚、五等罚各递加三月（四等罚六月，五等罚九月）。该处六等者罚俸一年，七等罚降一级，八等罚降二级，九等罚三级，俱留任。十等罚降四级调用（如吏部、陆军部《处分则例》应降级革职，戴罪留任者，仍照例留任）。吏典犯者，罚金讫，仍留役。

文武官犯私罪（凡不因公事，己所自犯皆为私罪）

凡内外大小文武官犯私罪该处一等罚者俸两个月。二等，罚俸三个月。三等、四等、五等各递加三月（三等罚六月，四等罚九月，五等罚一年）。该处六等罚者降一级，七等降二级，八等降三级，九等降四级，俱调用。十等罚革职离任（犯赃者不在此限）。吏典犯者六等罚以上，罢役。

按：以上三门均系《明律》，雍正三年修改，乾隆五年改定，盖言上司不得任意擅勾属员，下属亦不得挟嫌妄控上司也。《唐律》，七品以上官犯流罪以下，减一等。九品以上官犯流罪以下，听赎。又有以官当徒流之法："诸犯私罪，以官当徒者，五品以上，一官当徒二年；九品以上，一官当徒一年。若犯公罪者，各加一年当。以官当流者，三流同比徒四年"云云，与此不同。凡不系私己而因公事得罪者曰公罪，凡不因公事、己所自犯皆为私罪，此律大致与《吏部则例》相同，惟《吏部则例》公罪处十等罚者革职留任，与此降四级调用稍有歧异耳，盖视所犯之公私定处分之轻重，既论其事，又察其心，故犯者不得幸免而误犯者亦不至冤抑。原系分为三门，兹以先后文义相承迸为一处，从简省也。现例，"文职道府以上、武职副将以上犯罪应审讯者照例题参，奉到谕旨再行提讯，其余文试各员于题参之日即将应质人犯拘齐审究"云云，较律稍为变通者，总系速行审结之意。若官员而外，例载"贡监生员犯徒流以上等罪，地方宫一面请革，一面审讯，不必俟学政批回，其轻罪应戒饬者，移会教官发落，详报学政"云云，应与上条一并参看，盖《唐律》减等、听赎、官当之法，固为宽典，即明初运炭运米等法，亦系优待之意，今例官员犯笞，准其罚俸相抵，尚与《唐律》相合。其公罪处十等罚，私罪处六等罚以上即分降调、革职，已较古律为重。至犯徒不准官当，犯流亦不减等，而近来办法，官员犯徒者从重发往军台，犯军、流者从重发往新疆，不惟较平人不能减轻，反较平人格外加重，古今之不同如此，虽后世文法日趋繁重，亦可以观人心而察世变矣。律外又有条例，可以合参。

犯罪得累减

凡一人犯罪应减者，若为从减（谓其犯罪以造意者为首，随从者减一等）、自首减（谓犯法，知人欲告而自首，听减二等）、故失减（谓吏典故出人罪，放而还获止减一等，首领不知情以失论，失出减五等，比吏典又减一等，还获又减一等，通减七等）、公罪递减之类（谓同僚犯公罪失于入者，吏典减三等，若未决放，又减一等，通减四等。首领官减五等，佐贰官减六等，长官减七等之类），并得累（减而复）减（如此之类，俱得累减科罪）。

按：此仍《明律》，国初添小注，雍正三年修改。言一人若犯数罪，其情节俱轻，按之各律，均在可以减等之列者，准其以次递减。盖加罪有限制而减罪无限制，寻常加罪止准加二等，即各律有递加专条者亦只加至满流而止，不能加入于死。若减则不然，如果情有可原，由一等可减至五等，且有减至七等、九等者，更有减尽不科者。再，加罪，则斩绞为两项，三流分三层，逐层递加，共作五层。减罪则二死为一减，均减为流；三流为一减，均减为徒，此皆律之精义，惟恐问官涉于严酷，枉入人罪，故制为定律，所以杜深刻罗织之渐而开宽大轻宥之门，圣人之仁民者至矣。律文止言"为从"、"自首"、"故失"、"公罪"四项，不过略举大概而言，名分服制之尊卑亲疏而累减者，其事甚多，不能悉举，细绎"之类"二字，可见其余皆在包括之中也。

以理去官（以理谓以正道理而去，非有别项事故者）

凡任满得代、改除、致仕等官与见任同（谓不因犯罪而解任者，若沙汰冗员，裁革衙门之类，虽为事解任降等，不追诰命者，并与见任同），封赠官与（其子孙）正官同，其妇人犯夫及义绝（不改嫁）者（亲子有官，一体封赠），得与其子之官品同（谓妇人虽与夫家义绝及夫在被出，其子有官者得与子之官品同，为母子无绝道故也，此等之人）犯罪者并依职官犯罪律拟断（应请旨者请旨，应径问者径问，一如职官之法）。

按：此仍《明律》，雍正三年修改，乾隆五年删定，盖言以正道理去官，非有别项事故，所以别于缘事革职得罪者也。《唐律》："**诸以理去官，与见任同。赠官及视品官，与正官同。视六品以下，不在廕亲之例。若藉尊长廕而犯所廕尊长，及藉所亲廕而犯所亲祖父母、父母者，并不得为廕。即殴告大功尊长、小功尊属者，亦不得以廕论。其妇人犯夫及义绝者，得以子廕。其假版官犯流罪以下，听以赎论**"云云，《明律》即本于此而不如《唐律》详备。凡以理去官，既不追夺诰命，则原品犹存，故得与见任相同，若未有诰封者，即难同于见任，自应以降等之级论也。妇人与夫家义绝，及夫在被出，犹得与子之官品同者，夫妻之义虽绝而母子无绝道也，此但指未改嫁者而言，若改嫁头节，即不得同子之官。即未嫁受封，若改嫁后亦必追夺原封，盖改嫁虽例所不禁，而失节究不准受封，于体恤孀嫠之中仍寓嘉奖贞节之意。旧注又载有子孙缘事革职，其父祖诰敕不追夺者，仍得与正官同，若致仕及封赠官犯赃与无禄人同科，其任满得代、改除未补，虽未食禄有犯，应照有禄人科断云云。现已另纂为例，律文但言与正官同者，例则兼及不同者，所以补律所未及，其中同而异、异而同之处，俱有精理存焉！详绎合参，自知其妙。

一，子孙缘事革职，其父祖诰敕不追夺者，仍与正官同。若致仕及封赠官犯赃，与有禄人同科。

无官犯罪

凡无官犯罪，有官事发，（所犯）公罪笞杖以上俱依律纳赎。卑官犯罪，迁官事发，在任犯罪，去任（考满、丁忧、致仕之类）事发，公罪笞杖以下依律降罚，处十等罚以上依律科断本案，黜革笞杖以上折赎俱免，若事干埋没钱粮、遗失官物，虽系公罪，事须追究明白（应赔偿者赔偿，应还官者还官），但犯一应私罪，并论如律，其吏典有犯公私罪名，名依本律科断。

按：此仍《明律》，雍正三年修改，乾隆五年删定，《唐律》："**诸无官犯罪，有官事发，流罪以下以赎论。十恶及五流，不用此律。卑官犯罪，迁官事发；在官犯罪，去官事发；或事发去官：犯公罪流以下各勿论，余罪论如律。其有官犯罪，无官事发；有廕犯罪，无廕事发；无廕犯罪，有廕事发：并从官廕之法**"云云，较《明律》为详，而《明律》稍加严厉。凡律称公罪，本系就官职上说。若无官之时，似不得有公罪。此所谓公罪，如因人连累、不由自己之事，亦可谓之公罪。公字正不必拘泥。至于钱粮官物,无官之时并不得经手,自系专指迁官去任、黜革二项而言,无官一层并不在内。钱粮官物追究明白者,谓应赔偿者须赔偿,应还官者须还官,不得以罪准宽免,并此亦与宽免也。此系慎重公款之意。律文统言有犯公私之罪,若此等人犯赃,后例另有专条,足补律所未及。又《吏部则例》载官员升转后遇原任内事发,应以降调者,俱于现任内议以降调。又,已革官员遇有前任内事故议处,必分晰应降应革应罚之罪注册。傥事后还职,仍将前任内处分查核。如尚有应革之罪,不得即与还职。有应降之罪,即照原职降级。有应罚之罪,仍于补官日罚俸。其有级可抵者,查明抵销。又匿丧例载:官吏丁忧,除公罪不问外,其犯赃罪及系官钱粮依例句问。又官吏受财例:书吏差役作弊扰民,系知法犯法,加平人罪一等云云,皆与此律互相发明,当合参之。

一,无官犯赃,有官事发,照有官参提,以无禄人科断。有官时犯赃,黜革后事发,不必参提,以有禄人科断。

除名当差

凡职(兼文武)官犯(私)罪,罢职不叙,(应)追夺(诰敕)除名(削去仕籍)者,官(阶勋)爵皆除(不该追夺诰敕者,不在此限)。僧道犯罪,曾经决罚者,(追收度牒)并令还俗(职官僧道之原籍)。军民灶户各从本色,发还原籍当差。

按:此仍《明律》,雍正三年修改,乾隆五年改定。原律本系匠灶,国朝无匠户,遂将匠灶为灶户。《唐律》:**“诸除名者,官爵悉除,课役从本色,六载之后听叙,依出身法。免官者,三载之后,降先品二等叙。免所居官及官当者,期年之后,降先品一等叙。若官尽未叙,更犯流以下罪者,听以赎论。不在课役之限云云。”**均系弃瑕录用之意,《明律》删去后数节,凡官员一经犯罪,即无听叙之文。凡职官犯罪,私罪重于公罪,而赃罪尤重于私罪。例载凡失陷城池行间获罪及贪赃革职,各官封赠俱行追夺。其别项革职者免追。又官员事后受财,不追夺诰敕云云。此律所谓除名,系指有犯贪赃应追夺诰敕、削去仕籍者而言。若止罢职不叙,而例不追夺诰敕尚不在官爵皆除之列。官阶谓出身以来之官。勋爵谓世袭相承之职。至于僧道犯罪,例本分别公私,如系公事失错,或因人连累及过误致罪,悉准纳赎,仍还职为僧道。若犯奸盗一应赃罪,责令还俗。此律所谓决罚还俗即系有犯私罪之人,若犯公罪不在此例。若军民灶户系统承上职官僧道而言,谓职官除名,僧道还俗之后,仍查其原籍为军为民，或系灶户，各从本色发回，仍当本等之差也。

一，凡失陷城池，行间获罪及贪赃革职各官，封赠俱行追夺。其别项革职者免追。

常赦所不原

凡犯谋反叛逆、子孙谋杀祖父母、父母、内乱、妻妾杀夫、雇工人杀家长、杀一家非死罪三人、采生折割人、谋杀故杀、蛊毒、厌魅、毒药杀人、强盗、妖言、十恶等真正死罪及侵贪入己、军务获罪者，虽会赦并不原宥，其余咸得赦除（律未赅载者，一以现奉恩赦条款为断。）若奉减等恩旨则减死从流，流从徒，徒从罚金，亦准此查办（恩赦所不得免者，即恩旨所不得减。）

按：此律沿明旧文，雍正乾隆年间修定。定律本意原系分别常赦与恩赦两层。常赦应严，恩赦应宽，两项截然不同。盖常赦为恒有之事，过宽则人思苟免，反开儌幸之门，故界限不妨从严。恩赦乃非常之典，过严则恩难普及，恐阻自新之路，故条款不妨从宽，其义固各有当。现在改易原文，以恩赦之条款作为常赦款目，大失定例本意。而现律凡常赦所得原者均准捐赎，亦均准留养，从此以后，凡犯非十恶等项者均可捐赎，岂不反长犯罪者之胆力乎？此律殊多窒碍。

一，凡关系军机兵饷事务，俱不准援赦宽免（关系行间兵饷者乃坐）。

一，凡侵盗仓库钱粮入己数在一千两以上拟斩监候之犯，遇赦准予援免。如数逾一万两以上者，不准援免。

一，诬告叛逆未决应拟斩候者不准援赦。又，捕役诬拿良民及曾经犯窃之人威逼承认，除被诬罪名遇赦尚准援免者，其反坐捕役亦得援赦免罪外，若将平民及犯窃之轻罪人犯逼认为谋杀、故杀、强盗者不准援免。

一，以赦前事告言人罪者，以其罪罪之。若干系钱粮、婚姻、田土等项罪，虽遇赦宽免，事须究问明白。（应追取者仍行追取，应改正者仍行改正）。

一，文武官员、举人、监生、生员及吏典兵役但有职役之人犯奸盗诈伪并一应赃私罪名，遇赦取问明白，罪虽宥免，仍革去职役。

一，凡问拟徒罪奏请发往军台效力官犯不论已未发配，遇赦减免，令该都统及各督抚造册咨部汇奏存案，其有关人命拟徒常犯遇赦减等，另册报部核办，不得与寻常徒犯按季册报。

一，凡触犯祖父母、父母发遣之犯，遇赦查询伊祖父母、父母愿令回家，如恩赦准其免罪者即准释放。若只准减等者仍行减徒。其所减徒罪照律收赎，追缴释放。傥放回后复经祖父母、父母呈送者，发遣新疆当差。

一，凡宗室觉罗及旗人民人触犯祖父母、父母呈送圈禁发遣之犯，除恭逢恩赦仍遵定例查询办理外，若遇有犯亲病故许令亲属呈报各该旗籍咨明宗人府，并行知配所督抚查核原案只系一时偶有触犯，尚无怙终屡犯重情，并察看本犯果有闻丧哀痛迫切情状，如系宗室觉罗，由宗人府奏请释放。如系旗人、民人，由各督抚咨报法部核明，奏请释放。如在逃被获，讯明实因思亲起见，又有闻丧哀痛情状者，即免其逃罪，仍发原配安置，不准释回。其逃回后自行投首及亲属代首者，遇有犯亲病故，准其察看情形，如实系闻丧哀痛，免其发回原配，仍照不应重律治罪。若本系桀骜性成，屡次触忤干犯，致被呈送者，不准释回。

一，直省地方偶值雨泽愆期，应请治理刑狱者，该督抚一面奏闻，一面饬令问刑衙门将无关人命徒罪以下及牵连待质人犯酌量分别减免省释，办结后汇册咨部存查。

一，凡三流安置人犯系属常赦所得原毋庸发配者，如原犯系流二千里，在本地习艺所工作已过三年，原犯系流二千五百里，工作已过五年，原犯系满流工作已过七年，原犯极边及烟瘴地方安置工作已过八年，遇有减等恩旨，即照满徒人犯例减折罚金，追缴释放。

一，凡在京在外已徒而又犯徒，律应总徒四年及原犯总徒四年准徒五年者，若遇赦减等，与寻常徒犯一律办理。其诬告人死罪未决应流三千里加徒役三年者，遇赦减等，减为总徒四年。如所加徒役已满，照寻常流犯减为徒三年。

又查康熙六十一年上谕：援赦豁免人等，详记档案，如不悛改，后再有犯，加一等治罪云云。条例虽无明文，现俱照此办理。又乾隆十九年部议：凡事犯在恩诏以前，而到官羁禁在恩诏以后，例不援免。至妇女事犯在恩诏以前者俱应援免，并不以到案羁禁为断云云。从前大恩诏亦有不拘此例者，无论到官前后但犯在赦前，亦俱准其援免。但此等旷典，惟大恩诏有之，非通例也。

光绪三十四年恩诏不准援免各犯罪名共五十一条：

一，谋反及大逆但共谋者

一，谋杀祖父母父母者

一,妻妾因奸同谋杀死亲夫者
一,杀一家非死罪三人者
一,奴婢谋杀家长者
一,采生折割人为首及为从者
一,蛊毒杀人者
一,实犯大逆知情故纵隐藏者
一,光棍为首及为从者
一,奴婢殴家长者
一,兴贩私盐聚众十人以上带有军器拒捕伤人者
一,图财害命得财因而杀死人命者
一,奸夫起意同谋杀死亲夫者
一,恶徒伙众抢去良人子弟强行鸡奸为首者
一,抢夺杀人为首者
一,罪人拒捕杀人情节凶恶者
一,厌魅杀人者
一,毒药杀人者
一,飞报军情隐匿不速奏因而失误军机者
一,造谶纬妖言惑众者
一,谋杀造意及贪贿挟嫌因奸因盗从而加功者
一,故杀者
一,谋故杀而误杀旁人者
一,番役诬陷无辜妄用脑箍等刑致毙人命者
一,诱卖不从杀死人命者
一,守边将帅失陷城寨者
一,强奸缌麻以上亲之妻致本妇羞忿自尽者
一,窃盗拒捕杀人为首者
一,奸兄弟妻者
一,卑幼逞凶犯尊刃伤期亲尊长者
一,雇工人诬告家长者

一，监禁罪犯在监殴斃人命者

一，官军征讨私逃再犯者

一，官私差人捕获罪人聚众打夺伤人者

一，故杀妻理曲残忍者

一，奴奸家长之妾者

一，强夺良家妻女奸占为妻妾者

一，投递匿名文书告言人罪者

一，奸夫自杀其夫案内不知情之奸妇审系恋奸忘仇者

一，有禄人实犯枉法赃八十两者

一，诬告将案外之人拖累拷禁致死一二人者

一，听从母命殴死逼母改嫁之胞兄者

一，误伤胞兄致死并非逞凶干犯者

一，救亲情切及尊长蔑伦以致殴斃并刃伤期亲尊长者

一，强奸十二岁以下幼女因而致死者

一，强盗及共谋为窃临时行强者

一，窃盗首从各犯执持火器拒捕伤人临时盗所护赃护伙者

一，发塚为从开棺见尸帮同下手者

一，发塚为从开棺见尸在外瞭望三次及三次以上者

以上各条均系从前奏明不准援免之案，应遵照办理。此次由臣部酌拟增入者一条

一，凡犯绞立决罪名照章改为监候入实者（谨按：此次系钦奉光绪三十一年删除重刑谕旨，自应于此次赦款内增入，拟以不准援免，理合声合。）

统计不准援免罪名各犯共五十一条，其余如有不在各项罪名之内，核其情罪较重，与不准之条相似者，应一律议以不准。

光绪三十四年恩赦不准援免酌入缓决各犯罪名共四十九条

一，语言调戏致本夫羞忿自尽者（此条系嘉庆元年奏明不准援免，酌入缓决。）

一，强奸未成本妇羞忿自尽者（此条系嘉庆二十五年奏明不准援免，酌入缓决。）

一，故杀同堂弟妹理曲残忍者

一，谋杀卑幼致死依故杀法理曲残忍者

一，抢夺刃伤人未死者

一，窃盗临时拒捕刃伤人未死者

一，威力制缚主使人致死情重者

一，卑幼殴本宗缌麻兄姊尊属至死者

一，谋杀人从而加功并无贪贿挟嫌因奸因盗别情及被杀之人理曲者

一，罪人拒捕杀人情有可原者

一，抢夺满贯及窃盗并奴婢雇工人行窃家长赃至五百两以上者（以上九条系道光三十年奏明不准援免，酌入缓决。）

一，窃盗抢夺杀人为从帮殴刃伤及折伤者（此条从前系在准免之列，因同治元年奏准抢窃罪至军流以上，均不准援免。此系例实之案，是以酌入缓决。）

一，强奸未成刃伤本妇者（此条从前系在准免之列，因道光三十年奏准通行，强奸妇女未成拟流，不准援免。此系例实之案，是以酌入缓决。）

一，火器误杀旁人者

一，火器杀人情有可原者

一，谋故杀情有可原者

一，殴死祖妾父妾情重者

一，斗杀金刃十伤以上及铁器二十五伤以上情节较凶者

一，斗杀刃伤要害奇重及洞胸贯胁者

一，共殴致斃彼造四命以上案内下手致斃一命者

一，互殴致斃六命以上案内下手致斃一命者

一，聚众共殴致斃一家二三命为从下手伤重者

一，听纠致斃一命复听从谋杀不加功者

一，纠殴金刃九伤以上听纠十伤以上者

一，因疯杀死平人非一家三命及一家二命者

一，致斃老人幼孩妇女情伤较重者

一，窃匪斃命情伤较重者

一，奸匪斃命情伤较重者

一，赌匪斃命情伤较重者

一，擅杀四五命以上情节惨忍者

一,邪术医人致死情轻者

一,假差吓诈致令自尽者

一,故杀恩养未久义子者

一,抢夺妇女已成伙犯拒杀事主或枪伤事主或致本妇亲属自尽并乘机分抢财物案内为从尚未入室架拉及伙抢不止一次并被抢数至三人者

一,抢夺路行妇女尚未奸污未聚众为首者

一,抢夺良妇未成致令自尽者

一,聚众抢夺妇女未成为首者

一,诱拐幼孩被诱之人无下落者

一,行窃库银至一百两以上并非纠众肆窃者

一,窃盗刃伤事主伙贼遗火延烧致毙人命者

一,伙众跟踪行窃逾贯尚无积惯凶恶情事者

一,聚众十人以上中途夺犯未伤差者

一,刁民听从聚众罢考照光棍为从并未殴官者(以上三十条系光绪十五年奏明不准援免,酌入缓决。)

一,窃盗执持火器如首犯实因图脱情急及事后拒捕放枪并帮同放枪伤人情轻者

一,发冢为从开棺见尸在外瞭望一二次者(上二条系光绪二十年奏明不准援免,酌入缓决。)

以上各条均系从前拟以不准援免、酌入缓决之案,应遵照办理。此次由臣部酌拟移改者共四条

一,强奸已成者(谨按:此项乾隆以前本在准免之列,嘉庆元年改为不准援免、酌入缓决,已属从严。咸丰元年复改为不准援免,则更严矣。查此项人犯既无人命可言,又不在十恶之条,似应查照嘉庆元年成案,仍将此条酌入缓决,理合声明。)

一,强盗闻拏投首及情轻者(谨按:闻拿投首本皆有畏法之心,若一概不准援免,似嫌过重。近年核办秋审、朝审案内遇自始终被逼勉从盗犯,均得上邀宽典,免其勾决。此次赦款自应仰体恩施,拟将此项人犯酌入缓决,理合声明。)

一,凿棺抽窃帮同下手三次及三次以上者

一,凿棺抽窃在外瞭望六次者(谨按:此二条系光绪二十年奏明不准援免之案,维时因初定发塚章程,故办理较严。查凿棺抽窃较开棺见尸为轻,今拟将原定二条

仍拟酌入缓决，以亦区别，理合声明。）

统计酌入缓决各犯共四十九条，其余如有虽在应赦之条而情浮于法或在不赦之列而法重情轻亦应仿照酌核，归入缓决，临时随案详慎办理。

光绪三十四年恩赦不准援免仍准减等各犯罪名共九条

一，窃赃满贯并无积惯凶恶情状者（此条减发极边安置）

一，窃盗三犯赃至五十两以上者（此条减发极边安置）

一，诱拐子女被诱之人不知情情节较轻者（此条减发极边安置）

一，共殴人致死及斗杀拟绞起意故折人肢体成废者（此条减为流三千里）

一，捉人勒赎案内拟绞仅止一人一次并无凶暴重情者（此条减发极边安置）

一，抢夺妇女已成为从并无入室架拉及伙犯拒杀事主各重情（此条减发极边安置）

一，凿棺抽窃在外瞭望一二次者（此条减发极边安置）

以上七条系从前准免之案，嗣以例案加严，均拟减为军流，近年奏请删除五军名目，是以改为安置，此次臣部复移改减等共两条

一，凿棺抽窃帮同下手一二次者（此条减发烟瘴安置。）

一，凿棺抽窃在外瞭望三次至五次者（此条减发烟瘴安置。谨按：上二条系光绪二十年奏明酌入缓决之件。此次赦款，臣部既于前二项酌加移改，自应将此二条拟以烟瘴安置，以别等差，理合声明。）

统计不准援免仍准减等各犯共九条，均应照章发配收所习艺，按限办理。其抢夺之犯到配后免其监禁，仍充折磨苦工，限满分发各州县安置。

光绪三十四年恩赦准予援免各犯罪名共三十三条

一，文武生员欺压平民殴人致死者

一，诬良为窃逼毙人命者

一，诬告人因而致死者

一，比照子孙因奸致父母自尽量减问拟绞候者

一，奸夫拒捕刃伤应捉奸之人者

一，奸夫自杀其夫奸妇不知情审非恋奸忘仇者

一，用药迷人未得财为从者

一，悔过拒奸谋杀奸夫者

一，奴婢殴良人致死者

一，贩私拒捕十人以上并未携带军器伤人者

一，伪造印信诓骗财物十两以上为首者

一，故杀妻理直不残忍者

一，故杀同堂弟妹理直不残忍者

一，谋杀卑幼至死依故杀法理直不残忍者

一，威力制缚主使人致死情轻者

一，斗殴杀人者

一，同谋共殴人因而致死下手者

一，原谋共殴亦有致命重伤者

一，斗殴而误杀旁人拟绞者

一，殴小功亲之雇工人至死者

一，家长故杀雇工人者

一，夫殴妻致死者

一，尊长殴缌麻小功大功卑幼之妇至死者

一，殴死期亲尊长犯时不知以凡论者

一，无禄人枉法赃一百二十两者

一，罪人已就拘执及不拒捕而擅杀拟绞者

一，平常发遣人犯逃后行凶为匪犯该军流发遣者

一，受贿故纵罪囚赃未满贯者

一，本夫登时杀死奸妇奸夫当时脱逃被获者

一，致斃缌麻兄姊尊属遇赦已经酌缓情轻者

一，殴姊之夫至死者

一，外姻尊长殴缌麻卑幼至死者

一，良人殴他人奴婢至死者

以上各条俱系循照旧章酌核准免之案，此次应遵照办理，其有不在此内而案情似此者，亦一律酌量缓免。

光绪三十四年十一月初九日恭逢恩诏查办军罪以下人犯不准免条款共三十一条

计开：

一，大逆案内知情不首者

一，真正邪教等案内实系甘心听从入教罪应发遣者

一，纠结添第第会名目案内随同入会者

一，事关贻误军务及引惹边衅者

一，祖父母、父母呈首子孙发遣查询犯亲不愿领回者

一，子贫不能養赡致父母自尽并因奸因盗致纵容之父母自尽及教令之父母被人谋故殴杀者

一，妻妾殴夫及妾殴伤正妻者

一，祖父母父母被杀子孙受贿私和者

一，殴伤期功尊长及逼迫功服尊长致死者

一，奸本宗缌麻以上外姻舅母及同母异父姊妹者

一，强奸小功以上亲并强奸子妇未成者

一，藉充人牙将领卖妇人逼勒卖奸图利月日经久者

一，奴仆及雇工人诱卖家长期亲以下亲属者

一，凡用药饼及一切邪术迷拐幼小子女为从罪应拟遣者

一，恶徒图财放火故烧官民房屋公廨仓库并谋财挟仇放火当被救熄及已经延烧尚未抢掠案内罪应军流者

一，有禄人实犯枉法赃未至八十两者(比照定拟，及无禄人准免。)

一，官吏故出入人罪者

一，卑幼误告尊长奴仆雇工人诬告家长者

一，刁徒直入衙门挟制官长并聚众辱官案内情凶人恶者

一，实系积惯讼棍屡次主使教唆挟制官府者(止系教唆一人一事，比照积惯例办理者准免。)

一，强娶强抢孀妇室女致令自尽罪应军流者

一，军民吏役殴伤制使本管官及夺犯殴官罪应军流者

一，官员家丁骚扰驿站倚势行凶致酿人命者

一，教诱人犯法致陷人死罪已决或致酿人命者

一，偷窃蒙古四项牲畜罪应拟遣者

一，凶恶棍徒屡次滋事怙恶不悛安在为害闾阎及致酿人命者

一,强奸妇女未成者

一,捉人勒赎案内罪应遣军者

一,抢窃罪在军流以上者

一,强窃盗窝主罪在军流以上者

一,发掘坟塚案内罪在军流以上者

以上不准援免遣军流徒各罪共三十一条,徒罪收入习艺所按限责令工作,余俱发配安置。其强盗、抢夺、会匪、棍徒应免其监禁,与不准免之遣军流犯一体照章分别充当苦工及收所习艺,依限办理。如有在配在所脱逃被获者,军流免其逃罪,仍发原配依限工作,徒罪人犯毋庸从新起限,按日补工。其余不在不准援免条款单内各犯,无论遣军流准予一律援免。其有情罪实在重大者,仍随案酌核办理。

犯罪存留养亲

凡犯死罪,非常赦所不原而祖父母(高、曾同)、父母老(七十以上)疾(笃废)应侍(或老或疾),家无以次成丁(十六以上)者,(即与独子无异,有司推问明白,)开具所犯罪名(并应侍缘由)奏闻,俟取旨后照律收赎,犯徒流(而祖父母、父母老疾无人侍养)者,亦照所犯收赎,存留养亲(遣罪人犯准满流收赎)。

按:此仍《明律》,国初添入小注,乾隆五年改定。现又删改。乃法外之恩,矜恤罪人之亲以广孝治,即经所谓轻重诸罚有权,亦即《王政》恤无告之意。《唐律》:**"诸犯死罪非十恶,而祖父母、父母老疾应侍,家无期亲成丁者,上请。犯流罪者,权留养亲。若家有进丁及亲终期年者,则从流。即至配所应侍,合居作者,亦听亲终期年,然后居作云云。"**可见留养之律由来已久,《唐律》所谓老疾必八十以上及笃疾方是,且所谓成丁者以年二十一以上、五十九以下为断,现在律注改作七十为老,废亦曰疾,十六岁曰成丁,则较《唐律》更从宽矣。王者以孝治天下,犯罪之人虽无可矜,而其亲老疾无依,若不许其存留侍养,未免有伤孝治,故设此律以施法外之仁。凡非常赦所不原之死罪及遣流徒犯均准其收赎以存留养亲,情法兼备,义之尽仁之至也。国朝推广律义,权其轻重,又设条例,虽斗殴杀人之犯,若系情伤稍轻,俱准留养,而遣流徒犯之情重者,仍不准其留养。盖不以罪之大小为区别,而以情之轻重为区别,实足补律所未备。又改收赎为死者埋葬银两,凡斗杀留养之案,追银四十两,案关人命,以一半给付死者家属。又孀妇独子守节逾二十年者,亦准留养,殴死妻及故杀妻之案，虽无父母可养，如系独子，准其承祀，此历来未有之旷典，曲体人情之极至者也。律外又有数例，与律互相发明，附录于后以备参考。

一，大理院及各级审判厅审结遣流以下人犯，有告称祖父母、父母老疾应侍及其母系属孀妇守节二十年，家无以次成丁者，若例得准留养如属大、宛二县民人，该县出结，府尹确察报部报院。属内外巡警厅管辖地面居住者，该区官出结，巡警厅厅丞确察分报部院。如属外省民人，州县官出结，确察分报部院。俟收赎银两完缴，俱准存留养亲。其各省审结人犯亦照此确察办理。

一，死罪及遣流徒各犯到案之初，该承审官务将该犯有无祖父母、父母、兄弟、子侄及年岁若干，是否孀妇之子，详细取具确供。若漏未取供，交部照例分别议处。若祖父母、父母无存，或现存而未老疾及伊母本非孀妇，或守节未至二十年，或该犯并非独子，或家有以次成丁之人，与留养之例不符，该地方官知情捏报者，以故出论。如有受贿情弊，以枉法论。失察者交部议处。其邻保族长人等有假捏出结者，照证佐不言实情减本犯罪二等律治罪。若地方官查报后，复将假捏情弊自行查明，或上司复饬察出及邻保人等自行首送者，除本犯仍行按照律例拟罪外，官员及邻保人等俱免议。

一，凡死罪案件除谋故杀及连斃二命秋审时应入情实无疑之犯，虽亲老丁单毋庸声请留养外，其余各案核其情节秋审时应入可矜者，如有祖父母、父母老疾应侍及孀妇独子，伊母守节二十年者，该督抚查取各结声明，具奏法部随案核覆，声请留养。其余秋审并非应入可矜之案，该督抚于定案时止将应侍缘由声明，不必分别应准、不应准字样，统俟秋审时法部核定后，先将此项人犯开单进呈，恭候钦定。俟奉有谕旨，法部行文各督抚，将准留各犯饬令该管州县取具犯属族邻人等甘结，加具印结详报，并追取收赎银四十两，如案关人命，以一半给付死者家属养赡，一半入官。将该犯保释，存留养亲。若定案时非例应留养之人，迨至本届秋审，或已经秋审一次归入旧事缓决以后，核其祖父母、父母已成老疾，或伊母守节年分符合以及成招时家有次丁嗣经身故或被杀之人先有父母后经物故，与留养之例符合者，亦准其随时随案奏请留养。京师秋审案件一体遵行。至留养之后复有不安分守法、别生事端，无论罪名轻重，即照现犯定拟，不准再行声请。

一，至殴妻致死之案，除亲老丁单，或孀妇独子应准查办留养外，如父母已故，别无兄弟子孙，定案时将应行承祀缘由声明法部，俟秋审后与寻常留养人犯一体开单进呈，其或定案时声请留养之犯遇有父母先存后故，与承祀之例相符者，该省按察司或提法司亦于秋审时确查报部，统俟奉有谕旨再行取结办理，惟所追赎银尽数入官。

一，凡卑幼殴死本宗期功尊长，定案时皆按律问拟，概不准声请留养。其有所犯情节实可矜悯，奉旨改为绞监候者，统俟秋审情实，二次蒙恩免勾，奏明改入缓决之后，由该省按察司或提法司查明该犯应侍缘由，于秋审时报部核办。至殴死本宗缌麻，外姻功缌尊长，如有亲老丁单应行留养，均俟法部于秋审时分别准留不准留开单奏明办理。

一，尊长故杀卑幼之案，如有亲老丁单，定案时于折内声明，仍俟秋审时分别情罪轻重办理。

一，杀人之犯有秋审应入缓决，应准存留养亲者，查明被杀之人有无父母，是否独子，于本内声明。如被杀之人亦系独子，但其亲尚在，无人奉侍，不论老疾与否，杀人之犯皆不准留养。若被杀之人平日游荡离乡，弃亲不顾，或因不供养赡，不听教训，为父母所摈逐及无姓名籍贯可以关查者，仍准其声请留养。至擅杀罪人之案与殴毙平人不同，如有亲老应侍，照例声请，毋庸查被杀之家有无父母、是否独子。

一，凡犯罪有兄弟俱拟正法者，存留一人养亲，仍照律奏闻请旨定夺。

一，凡曾经触犯父母犯案，并素习匪类，为父母所摈逐及在他省获罪，审系游荡他乡，远离父母者，俱属忘亲不孝之人，概不准留养。若系官役奉差，或客商贸易在外，寄资养亲确有实据，及两省地界毗连相距在数十里以内者，该督抚于定案时察核明确，按其情罪轻重，照例将应侍缘由于题咨内声叙。

一，流遣人犯核其罪名系常赦所不原者，毋庸声请留养。若赦款得原之犯自定案时以至工作未满以前遇有祖父母、父母老疾应侍或孀妇守节已至二十年与例相符合者随时咨部，准其留养一次，各照所犯本罪追取收赎银两入官（其入所工作有年者得平均按限折减）。若留养之后复犯流置等罪，概不准再行声请。徒罪非有关十恶，俱得照例留养。

按：合参律例，有律严而例从宽者，亦有律宽而例从严者，其中因时制宜，皆有精义。此乃历朝教孝之典，为我中国国粹所存，盖百行以孝为先，移孝方可作忠，未有不孝于亲而能忠君者。外国重忠而不重孝，是以律内均无此条，非但无所谓留养也。查俄律：谋杀父母者亦不拟死，日本殴死父母者虽拟绞而殴伤者仅加平人伤罪二等，虽殴至笃疾，亦仅治以无期徒刑，较之中国但殴即拟斩决，虽无伤亦坐，骂父母者亦拟绞决之律轻重大有不同。此等刑法各国自为风气，原不能以强合，但我中国现行新政，修订新律，此外各项皆可舍短取长，惟此本原之地，伦纪攸关，万不可以迁就从人，所愿讲新学者勿以此言为河汉则幸矣。

徒流人又犯罪

凡犯罪已发（未论决）又犯罪者，从重科断。徒流遣已决而又犯罪重于本罪者，亦同（安置复犯当差，仍以当差为重）。其重犯遣者加役五年，重犯流者加役三年，重犯徒者加役一年。（若加役并原犯并计不及后犯年限者，仍从重论，但总不得过四年。）后犯之罪轻于本罪者，亦准此。（例如遣罪犯流，加役三年，遣流犯徒加役一年之类）。若犯罚金以下，仍各依数处罚

按：此系《明律》。其小注系国初修改，现又删易。言犯罪已发已决而又犯罪之通例也。《唐律》：**"诸犯罪已发及已配而更为罪者，各重其事。即重犯流者，依留住法决杖，于配所役三年。若已至配所而更犯者，亦准此。即累流、徒应役者，不得过四年。其杖罪以下，亦各依数决之，累决笞、杖者，不得过二百云云。"**与此律大致相同。惟《唐律》流又犯流，止役三年，此役四年。《唐律》杖不得过二百，现律止处十等罚，则稍有异耳。盖犯罪尚未论决，自应再科后犯之罪，不准仍援从重之律，所以恶其怙终也。然重犯虽曰不悛，而立法宜有限制。如重犯流者倘再加流，则地过远，故有拘役之法。重犯徒者如再加徒，则年过久，故有不过四年之法。律文止言流又犯流，徒又犯徒，及流徒又犯罚金，不言流又犯徒及徒又犯流者，已该括于再科后犯一句之内，如徒人又犯流者，自应决遣。流人又犯徒者，仍当拘役也。再律止言流徒又犯，例又补出外遣人犯又犯各条，如外遣人犯在配复犯斩绞监候者，改为情实，复犯外遣者拟于配所监禁六年，应安置者监禁四年，应流者三流俱监禁三年，应徒者五徒俱监禁一年。复犯罚金以下，酌量惩罚。又徒流安置各犯如工作未满复犯分别加役云云。皆足补律未备。现已删除，各例止留二三条，未免涉于太简矣。

一，凡流遣应行发配人犯于经过处所滋生事端者，核其所犯罪名，俱照在配复犯例分别治罪。

名例下

老小废疾收赎

凡年七十以上，十五以下及废疾（瞎一目折一肢之类）犯流罪以下，收赎。（犯死罪者不用此律。其余侵损于人一应罪名并听收赎，犯该遣罪者亦照流罪收赎。）八十以上、十岁流下及笃疾（瞎两目、折两肢之类）犯杀人（谋故斗殴）应死者议拟奏闻，（犯反逆者不用此律）取自上裁。盗及伤人（罪不至死）者亦收赎（谓既侵损于人，故不许全免，亦令其收赎），余皆勿论（谓除杀人应死者上请，盗及伤人者收赎之外，其余有犯皆不坐罪）。九十以上、七岁以下，虽有死罪不加刑。（九十以上犯反逆者不用此律。）其有人教令，坐其教令者。若有赃应偿，受赃者偿之。（谓九十以上、七岁以下之人皆少智力，若有教令之者，罪坐教令之人。或盗财物，旁人受而将用，受用者偿之。若老小自用，还著老小之人追征。）

按：此仍《明律》。国初及乾隆五年增入小注。现又删改。盖恤老慈幼矜不成人之义也。律文全用《唐律》原文，不过稍易数字。《唐律疏义》：笃疾，戆愚之谓。此律注以瞎两目、折两肢为笃疾，则与《唐律》解释不同。考之《周礼》：七十以上及未龀者并不为奴，此律首段七十以上云云即本于此。又《周礼》三赦之法：一曰幼弱，一曰老耄，一曰戆愚，此律次段八十以上云云即本于此。又《礼记》云：九十曰耄，七岁曰悼，悼与耄，虽有死罪不加刑云云，此律三段九十以上云云即本于此。律注谓瞎一目折一肢之类为废疾，而条例又指出瞎一目之人不得以废疾论赎，盖以此等人原与平人无异也。杀人谓谋故斗殴杀，应抵偿之罪若杀一家三人、采生折割、造畜蛊毒等项杀人重罪不在此限。应死谓杀人而外，一切应斩应绞之罪。此律分作三等，七十以上、十五岁以下及废疾犯流罪收赎，惟犯死罪者不用此律。凡犯遣罪者亦照流罪收赎，此一等也。八十以上、十岁以下及笃疾除杀人应抵者上请，盗及伤人者收赎，其余皆不坐罪，惟犯反逆者不用此律，此一等也。九十以上、七岁以下虽犯杀伤人及死罪，皆不加刑而九十以上犯反逆者仍科其罪，盖以力虽不能任事，智犹可以与谋，至七岁以下，智与力皆不及此，虽反逆亦不加刑，此一等也。至坐其教令之人，亦有分别，如教小儿殴打父母，教令者以殴凡人之罪，不以殴父母论。教老人故杀子孙，坐教令者以杀凡人之罪，不以杀子孙论。此本律注，现已纂为条例。此外又有数例较律从重，如律文笃疾犯死罪止请，例则仍照本律问拟，毋庸声请，入于秋审，分别实缓，如系缓决，俟查办减等时减为流置再行收赎。又律文十岁以下杀人上请，例则十岁以下斗殴杀人如死者长于凶犯四岁以上方准依律声请，若所长止三岁以下，按例拟绞，不得概行声请。又七十以上、十五以下及废疾犯流，准其收赎一次，再犯不准收赎云云，此皆律宽例严，现在问案有例概不用律，此例应与律文一并参究。

一，每年秋审人犯，现在年逾七十，经覆核拟以可矜，蒙恩宥免减流者，俱准其收赎。

一，凡年七十以上、十五以下及废疾犯流罪以下者，准其收赎一次，详记档案。若收赎之后复行犯罪，除因人连累过误入罪者，仍准其照例收赎外，如系有心再犯，即各照应得罪名按律治罪，不准再行收赎。

一，凡瞎一目之人有犯徒流遣等罪，俱不得以废疾论赎。若殴人瞎一目者，仍照律科罪。

一，凡笃疾杀人之案，如衅起理直回殴适毙者，随案减为流三千里，收赎。若理曲肇衅或伤痕较多及其余犯一应死罪者，各照本律本例问拟，毋庸随案声请，俱入秋审，分别实缓办理。其缓决之犯，俟查办减等时核其情节，应减流置者再行依律收赎。

一，幼孩杀人之案，除七岁以下、十岁以下仍律声办理外，至十五岁以下幼孩致毙人命，如死者年长四岁以上恃长欺凌、力不能敌，回抵适伤者随案诚为流三千里。若死者亦幼孩及伤痕较多者，仍按律拟绞监候。如衅起护亲，不论是否互斗及护伯叔父母兄姊，并无互斗情形者，亦减为流三千里。

一，教令七岁小儿殴打父母者，坐教令者以殴凡人之罪。教令九十老人故杀子孙者，亦坐教令者以杀凡人之罪。

犯罪时未老疾

凡犯罪时虽未老疾而事发时老疾者，依老疾论（谓如六十九以下犯罪，年七十事发，或无疾时犯罪有废疾后事发，得依老疾收赎。或七十九以下犯死罪八十事发，或废疾时犯罪笃疾时事发，得入上请。八十九犯死罪九十事发，得入勿论之内）。若在徒年限内老疾亦如之（谓如六十九以下徒役三年，役限未满年入七十，或入徒时无病，徒役年限内成废疾，并听准老疾收赎。以徒一年三百六十日为率，验该徒若干，应赎银若干，除去应役月日，余该银若干，照律收赎。）犯罪时幼小，事发时长大，依幼小论（谓如七岁犯死罪，八岁事发，勿论。十岁杀人，十一岁事发，仍得上请。十五岁时作贼，十六岁事发，仍以赎论）。

按：此仍《明律》。国初时添入小注。与《唐律》原文一字不差。盖承上条恤老慈幼矜不成人之义而更推广之也。依老疾幼小论者，或赎或请或勿论，俱依老小三等年岁及废疾笃疾分别拟断，流罪已至配所不能复还，徒罪限内年入七十及成废疾者俱听收赎。若小时犯罪事发年虽长大，仍以幼小论，盖优老则据其现在发觉之年，矜幼则原其从前犯罪之岁，所以补前律之不及，而国家宽大忠厚之意亦可于言外见之。至于徒罪限内老疾，除役过年月折算收赎余罪之法略举一节，可以类推，如徒三年全赎应该出银二十两，以三年一千八十日计算，每日该银一分八厘五毫零，如已役过一年之三百六十日，准去银六两六钱六分六厘六毫，未役二年之七百二十日该赎银十三两三钱三分三厘二毫零，此等细微未数虽不必见诸实事，惟公牍之上，丝毫不能含糊，自应照此计算，亦以见读律之家不可不兼明算术也。

一，凡遣流应行收所习艺之犯，如于工作限内已成老疾，得除役过月日，按限折银收赎。

给没赃物

凡彼此俱罪之赃（谓犯受财枉法、不枉法，计赃，与受同罪者）及犯禁之物（谓如应禁兵器及禁书之类）则入官。若取与不和，用强生事，逼取求索之赃并还主（谓恐吓诈欺，强买卖，有余利，科敛及求索之类）。○其犯罪应合籍没财产，赦书到后，罪（人）虽（在赦前）决讫（而家产）未曾抄札入官或罪未处决，（籍没之）物虽（已）送官，（但）未经分配（与人守掌）者，并从赦免。其已抄札入官守掌及犯谋反叛逆者，（财产不分已未入官）并不准免。○若以赃入罪，正赃见在者还官主。（谓官物还官，私物还主。又若本赃是驴，转易得马及马生驹、羊生羔，畜产蕃息，皆为见在。其赃）已费用者，若犯人身死，勿征（别犯身死者亦同。若不因赃罪而犯别罪，亦有应追财物，如埋葬银两之类），余皆征之。若计雇工赁钱（私借官车船之类）为赃者，（死）亦勿征。○其估赃者皆据犯处（地方）当时（犯时）中等物价估计定罪。若计雇工钱者，一人一日为银一钱二分五厘，其牛马驼骡驴、车船、碾磨、店舍之类，照依犯时雇工赁值(计算定罪追还)。赁钱虽多,各不得过其本价(谓船价值银一十两,却不得追赁值一十一两之类)。○其赃罚金银并照犯人原供成色从实追征入官给主。若已费用不存者,追征足色(谓人原盗或取受正赃金银,使用不存者,并追足色)。

按:此系《明律》,国初加入小注,现又删改。盖于追赃之中仍存矜恤之意也。《唐律》分为三门,一为彼此俱罪之赃,一为以赃入罪,一为平赃者,此合为一章,大致悉依《唐律》原文。惟《唐律》赃费用者死及配流均勿征,现律删去配流一层,惟死勿征,则较严矣。又,《唐律》小注:凡赃皆征正赃,惟盗赃倍备,若盗一尺,须征二尺之类。现律无此。再,《唐律》计庸者,每人一日为绢三尺,现律改为银一钱二分五厘,亦与《唐律》不同。通章五段看,首节言赃物入官给主之法。二节言入官财产赦免不赦免之法。三节言赃物应征勿征之法。四节言估赃追赃之法。总之赃物有入官,有给主,有还官,而入官、给主、还官三项中又有赦免者,有勿征者,必罪恶重大而始不赦,如谋反叛逆之事。此外即应遇赦免追矣。必人赃见存而始追征,如其人已死即不必征或未死而十分赤贫,亦有量追一半及勘实治罪豁免之例。其中纤细毕具,情与法可谓曲尽矣。至于断付死者财产,遇赦不得免追一项,本系律后总注,现已纂为条例,缘断付死者之家财产系优恤生者以备养赡之用,与应合入官不同。盖入官者可免而优恤死者之家不可免也,当分别观之。此外又有与律互相发明者,如律称身死勿征,然官员侵盗钱粮入己者,该员身故,仍有将伊子监追之例。又,侵盗应追之赃,著落犯人妻及未及分家之子名下追赔。如果家产全无,取结豁免,不得株连亲族。又应行查抄资产而兄弟未经分产者,将所有产业按其兄弟人数分股计算,只将本犯名下应得一股入官,其余兄弟名下应得者概行给了。又官员应追因公核减及分赔代赔之项,查明家产尽绝者照例题豁,毋庸再于同案各员摊追,亦不追其妻子。又抢窃之赃,定案时严行比追,如果力不能完,即将本犯治罪,取结豁免。又命案内减等发落应追埋藏银两,勒限一个月追完,如系十分贫难者,量追一半,如限满勘实,力不能完,取结豁免。又应该偿命罪囚遇赦宥免追银二十两给其家属,赤贫者量追一半。又强盗赃不足原失之数,将无主赃物赔补。如仍不足,将盗犯家产变价赔偿。又监守侵盗仓库有限四个月、八个月、十二个月监追及一年、二年、三年监追之条,以上数例散见各门,皆与此律互相牵涉,宜一并参考。再,给没一法,外国均有,日本谓之征偿、没收。其没收之法分为三项,一为法律禁制之物,二为供犯罪所用之物,三为因犯罪而得之物。征偿之法,如犯人放免,若被害者请求,其应还给赃物,及赔偿损害仍不得免。若赃物尚在犯人之手，虽无请求即还给之云云，与中律大意相同，特文法与细则略有变通耳。诸学友现习《日本刑法》，故将中律与日法符合之处附录于后，以为好学者深思之一助。

六赃细数比较

一，凡问刑衙门自理罚金及收赎银两岁底造册，申详上司，报法部察核，并应开明罚赎人姓名及数目晓示各该地方。如有以多报少及隐漏者，督抚奏参，以贪赃治罪。

一，京城现审案内，凡应追赃、罚赃、变赃赎银两，俱将该犯发交本旗籍该管官定限一年追完。如逾限不行追交，法部即行查参，将承追各官照例议处。

一，大理院及京师各级审判厅现审案内违例入官住房、铺面各项房屋于定案后，大理院则径咨民政部办理，各级审判厅则径咨内外城巡警总厅办理，毋庸原问衙门估变。

一，京城现审窃盗案内无主赃物及一切不应给主之赃，如系金珠人参等物交内务府，银钱及铜铁铅锡等项有关鼓铸者交户部，硫磺、焰硝及砖石、木植等项有关营造者交农工商部，洋药及盐、酒等项有关税务者交崇文门，其余器皿、衣饰及马骡牲畜均行文民政部，札行内外城巡警总厅督同该区官当堂估值变价，交度支部汇奏，并将变价数目报法部及大理院查核。傥有弊混及变价不完，由法部奏参。

一，地方官吏有将入官田房私租于人者，除照数追赔外，仍照侵盗钱粮例治罪。其一应变卖什物俱勒限一年，眼同本犯家属照数变卖。如逾限未变，器皿衣服仍于本地方勒变，一应金银珠玉等物兑明分两数目造具清册，眼同本犯家属封固，取具并无更换甘结，具文解交藩库。遇有便员附搭解部，转交崇文门变价。若有窃换等弊，许家人及旁人首告，加倍追赔，仍照侵盗钱粮例治罪。

一，田房产业已经入官，即令本犯家属将契券呈堂出业，该管官眼同原主秉公估定，开明价值出示速售，有愿买者即给与印照，不许原主勒索找价，仍令买主出具并无假冒影射甘结存卷。如该管官纵容原主据占影射，将据占之家属、影射之父兄俱照隐瞒入官财物律坐赃治罪。该管官并该上司俱照例分别议处。如并无影射等弊，首告之人捏词陷害，按律反坐。至所典房地及质当物件勒限令原主取赎，归还原本。如逾限不赎，即开明原本价值，出示招卖。

一，凡追赃人犯除侵贪官吏仍照例限监追外，其抢夺窃盗之赃，问刑衙门于定案之日严行著追。如果力不能完，即将本犯治罪，分别奏咨豁免。

一，凡内外官员名下应追因公核减借欠等项及该员本系分赔代赔，经地方官查明结报家产尽绝无力完缴者，俱照例奏豁，毋庸再于同案各员名下摊追。

一，亏空贪赃官吏一应追赔银两，该督抚委清查官产之员会同地方官，令本犯家属将田房什物呈明时价，当堂公同确估，详登册记，申报上司，仍令本犯家属眼同售卖完项。如有侵渔需索等弊，许该犯家属并买主首告，将侵渔需索之官吏照侵盗钱粮及受枉法赃律治罪。

一，缘事获罪应行查抄赀产而兄弟未经分产者，将所有产业查明，按其兄弟人数分股计算。如家产值银十万，兄弟五人，每股应得二万，只将本犯名下应得一股入官，其余兄弟名下应得者概行给予。

一，凡侵贪之案，如该员身故，审明实系侵盗库帑图饱私橐者，即将伊子监追。

一，强窃盗贼现获之赃，各令事主认领外，如强盗赃不足原失之数，将无主赃物赔补，余剩者入官。如仍不足，将盗犯家产变价赔偿。若诸色人典当收买盗赃及窃赃，不知情者勿论，止追原赃，其价于犯人名下追征给主。

一，应该偿命罪囚遇蒙赦宥，应给被杀家属养赡银二十两，及命案内随案减或罪应徒流人犯应追埋葬银两并老小废疾收赎、过失杀伤收赎、留养收赎各银两，俱勒限一个月追完。有物产可抵者，亦著于限内变交。如审系十分贫难者，量追一半，分别给属入官。若限满勘实，力不能完，其由死罪减等及例应流徒人犯即行收所习艺，一面取具地邻亲族甘结，详请督抚核实咨部豁免。如有隐匿发觉者，地邻人等照不应重治罪，承追官照例议处。其应援免及收赎释放人犯仍再限一月，将减半银两著落本犯或亲属完交，不得概行请豁。

一，断付死者之财产，遇赦不得免追。

犯罪自首

凡犯罪未发而自首者，免其罪，（若有赃者，其罪虽免，）犹征正赃。（谓如枉法、不枉法赃征入官。用强生事、逼取诈欺、科敛求索之类及强窃盗赃征给主。）其轻罪虽发，因首重罪者，免其重罪。（谓如窃盗事发，自首又曾私铸铜钱，得免铸钱之罪，止科窃盗罪。）若因问被告之事而别言余罪者，亦如（上科）之。（止科见问罪名，免其余罪。谓因犯私盐事发被问，不加拷讯，又自别言曾窃盗牛，又曾诈欺人财物，止科私盐之罪，余罪俱得免之类。）〇其（犯人虽不自首）遣人代首，若于法得相容隐者（之亲属）为（之）首及（彼此讦发互）相告言，各听如罪人身自首法。（皆得免罪。其遣人代首者，谓如甲犯罪，遣乙代首，不限亲疏，亦同自首，免罪。若于法得相容隐者为首，谓同居及大功以上亲，若雇工人为家长首及相告言者，皆与罪人自首同得免罪。卑幼告言尊长，尊长依自首律免罪，卑幼依干犯名义律科断）。若自首不实及不尽者，（重情首作轻情，多赃首作少赃），以不实不尽之罪罪之。（自首赃数不尽者，止计不尽之数科之）。至死者，听减一等。其知人欲告及逃（如逃避山泽之类）叛（是叛去本国之类）而自首者，减罪二等坐之。其逃叛者虽不自首，能还归本所者，减罪二等。〇其损伤于人（因犯杀伤于人而自首者，得免所因之罪，仍从本杀伤法。本过失者听从本法，损伤）于物不可赔偿（谓如弃毁印信、官文书、应禁兵器及禁书之类，私家既不合有，是不可偿之物，不准首。若本物见在，首者听同首法免罪）。事发在逃（已被囚禁，越狱在逃者，虽不得首所犯之罪，但既出首，得减逃走之罪二等，正罪不减。若逃在未经到官之先者，本无加罪，仍得减本罪二等）。若奸者并不在自首之律。〇若强窃盗诈欺取人财物而于事主处首服，及受人枉法不枉法赃悔过回付还主者，与经官司自首同，皆得免罪。若知人欲告而于财主处首还者，亦得减罪二等。其强窃盗若能捕获同伴解官者，亦得免罪，又依常人一体给赏。（强窃盗自首免罪。后再犯者不准首）。

按：此仍《明律》，国初及乾隆五年增入小注。现又删改。大致与《唐律》相同而稍有增删。《唐律》私习天文者亦在不准首之列，现律删去此句，其末后一段，《唐律》谓之盗诈取人财物，另列一门，现律合为一篇。自首者将已身所犯之罪自作词状而首告于官，必在事未发觉、人未到官之先方见悔过畏法出于本心，故律准免罪，所以重改过也。然情必实、赃必尽、事必不由人告发方得全免其罪，若稍有不实不尽及知人欲告而首，均不得全免其罪。即全免其罪者，犹必追取其赃以给主还官。通篇分为四节，首、二节言犯罪准自首，的以开乀自新之路。三节分别不准首，所以绝人倖免之心。末节推广自首之法，使人知免于罪，而获同伴者既免本身之罪，仍赏获盗之功，弭盗微权并寓于是。此为律文最长之篇，意思委曲详尽而文法仍简老该括，其中一句一字均有精义，读者宜详味之。至于现行条例有足补律未备及与律互相发明者，如律云大功以上亲首告得免其罪，例又补出小功、缌麻亲首告得减本罪三等，无服之亲减一等，其谋反叛逆未行而亲属首告，正犯同自首律免罪。若已行者，正犯不免。又律云，知人欲告而首减罪二等，例又补出闻拿投首之犯于本罪上减一等科断云云。诚以闻拿投首与知人欲告而首，虽均无悔罪之真心，而情节稍有缓急之分，故此准减一等，彼准减二等也。又律云，逃叛而首得减二等，例又有被掳从贼不忘故土乘间来归免罪之条，盖以被掳从贼与有心逃叛不同，故全免其罪，不仅如律得从末减也。又如律云越狱在逃者不免本罪仅免逃罪，例又补出越狱半年投首者仍照原拟罪名，如同伙越狱有一人于限内投首供出同伙于半年内尽行拿获者，减原罪一等。又监犯因变逸出投首者，除反逆外余俱减原罪一等，拿获者不减云云，盖因变而逸，与自行越狱不同，故此得减等而彼仍不免也。又诱拐之案已被奸污者不准自首，若未被奸污分别到案远近减一等减二等拟罪。至于强盗自首律本从轻，悔过还主者免罪。知人欲告而干财主处首还者减二等，捕获同伴者又准给赏。现例从严，立有专条，除杀人放火、奸人妻女、殴事主折伤以上不准首外，未伤人并伤轻平复之强盗以事未发而自首，与闻拿投首分别量减。又伙盗指获同伴者以五日内外拿获分别量减。近又续纂伙盗供获首盗及首盗伙盗供获伙盗于四个月内拿获分别减等之例，皆较律文加严而其中区分亦过于烦琐，不如律文之简易可行。惟《功令》所垂，现俱遵照办理。学者须将律与例异同之处、轻重之别苦心分明，考其沿革之原，察其创制之意，临事方有把握，不致无所依据，授人指駮之具。再，自首之法，外国亦设此例，《日本刑法》：凡犯罪，除谋故杀外，于事未发觉以前首官者减一等，犯财产罪自首而还给赃物、赔偿损害者，于自首减等外仍照本刑减二等，其偿还不及全数而在半数以上者减一等。又犯财产罪而向被害人首服者与首于官同，此与中律大意相同而办法略异中律，损伤于人者不准首。此则除谋故杀外均准自首，可见斗杀、斗伤、奸罪均准首矣。此较中律界限为宽而中律事未发觉者全免其罪，此则仅减一等二等，又较中律稍严。再中律必给还赃物，方准自首免减。若赃未追偿即不准首，此则全偿赃物者通减三等，还半者减二等，可见未偿还而首者仍准减一等矣。此又较中律为宽。总之，刑法者因时因地因人而异，一国有一国之风俗，法制即因此而立，或宽或严，其中各有作用。无论殷监于夏，周监于殷，秦汉唐明各有损益，不能强同，即现在本国之例。如蒙古与内地亦自不能尽同者，况乎五洲之大，地隔数万里，人分数十类，风俗嗜好种种殊异，而醉心欧化者辄欲吐弃中国一切法律，尽换面目以效他人，不但削足就履，未适于用，即揆诸言称，先职乐操土风之道，毋乃非仁人君子之用心乎？愿我诸学友深表同情，共保国粹，或者障百川而回狂澜，于世道人心不无小补也夫！

一，小功、缌麻亲首告，得减罪三等，无服之亲减一等。其谋反叛逆未行，如亲属首告或捕送到官者，正犯俱同自首律免罪。若已行者，正犯不免。采生折割之案，亦照此办理。

一，凡遇强盗系律得容隐之亲属，首告到官，同自首法照例拟断。其亲属本身被劫因而告诉到官者，依亲属相盗律科罪，不在此例。

一，强盗同居之父兄伯叔与弟明知为匪或分受赃物者，许其据实出首，均准免罪，本犯亦得照例减等问拟。

一，被虏从贼，不忘故土，乘间来归者，俱免其罪。

一，在监斩绞重囚及遣流徒人犯，如有因变逸出，自行投归者，除谋反、叛逆之犯仍照原拟治罪不准自首外，余俱照原犯罪名各减一等治罪。若被拿获者，仍照原犯罪名定拟。

一，一人越狱半年内自行投首者，仍照原拟罪名完结。如同伙越狱多人，有一人于限内投首供出同伙，于半年内尽行拿获者，将自行投首之犯照原罪减一等发落。倘供出之同伙内尚有一二人未获者，亦仍照原拟罪名完结。如系有服亲属拿首者，亦照本犯自首之例分别完结。

一，凡强盗，除杀死人命、奸人妻女、烧人房屋罪犯深重及殴事主至折伤以上首伙各犯俱不准自首外，其伤人首伙各盗伤轻平复，如事未发而自首，及强盗行劫数家止首一家者，均发遣新疆当差。系闻拿投首者拟绞监候。未伤人之首伙各盗及窝家盗线事未发而自首者流三千里，闻拿投首者发烟瘴地方安置。以上各犯，如将所得之赃悉数投报及到官后追赔给主者，方准以自首论。若赃未投报，亦未追赔给主，不得以自首论。

一，凡诱拐不知情妇人子女，首从各犯除自为妻妾或典卖与人已被奸污者不准自首外，其甫经诱拐尚未奸污，亦未典卖与人，即经悔过自首，被诱之人即时给亲完聚者，将自首之犯照例减二等发落。若将被诱之人典卖与人现无下落，诱拐之犯自首者，仍各按例拟罪监禁，自投首到官之日起三年限满，被诱之人仍无下落，或限内虽经查获已被奸污者，即将原拟绞候之犯入于秋审办理。原拟流罪之犯即行照原罪发配。倘能限内查获，未被奸污，给亲完聚者，各于原犯罪名上减一等发落。

一，遣流人犯在配在所或中途脱逃，如有畏罪投回，并该犯得徂容隐之亲属赴官禀首拿获，俱准免其逃罪，从前役过日月并得准理。若准免一次之后，复敢脱逃，虽自行投首及亲属再为首告，俱不准宽免。

一，不论强窃盗犯有捕役带同投首者，除本犯不准宽减外，仍将捕役严行审究，傥有教令及贿求故捏情弊，将捕役照受财故纵律治罪。

一，闻拿投首之犯，除律不准首及强盗自首例有正条外，其余一切罪犯，俱于本罪上减一等科断。

二罪俱发以重论

凡二罪以上俱发，以重者论，各等者从一科断。若一罪先发，已经论决，余罪后发，其轻若等，勿论。重者更论之，通计前（所论决之）罪以充后（发之）数。（谓如二次犯窃盗，一次先发，计赃一十两，已工作四月，一次后发，计赃四十两，该工作十月，合贴工作六月。如有禄人节次受人枉法赃四十两内二十两先发，已徒一年，二十两后发，合并取前赃通计四十两，更科全罪徒三年。不枉法赃及坐赃不通计全科）。其应（赃）入官（物）赔偿（官）罢职，罪止者（罪虽勿论，或重科或从一仍）各尽本法。（谓一人犯数罪，如枉法不枉法赃合入官，毁伤器物合赔偿，职官私罪处十等罚以上合罢职，无禄人不枉法赃一百二十两以上罪止流三千里之类，各尽本法拟断）。

按：此仍《明律》。国初时添入小注。乾隆五年删改。现又改易。盖拟断数罪俱发之通例也。与前徒流人又犯罪不同，彼谓一罪已决而日后又犯，此谓平时曾犯数罪，或一时俱发，或先后并发。一曰又犯，一曰俱发。“犯”字“发”字用义各别，故彼则重科后犯，此则通计前罪也。盖罪不再科，既不失于严，仍尽本法，又不流于纵也，此正用法之权衡。然其中亦有涉于轻纵致滋流弊者，如人命之案，一命与数命同一拟罪，并不加重，岂不启凶徒多杀之机，是以此外又有杀一家三人加重之律，而例内斗杀三命均拟加重。又人命案件，律不应抵罪止流徒之犯，如至三命以上，俱按人数以次递加，罪止发遣新疆为止，至过失杀数命者，按死者名数各追银二十两给各亲属云云，此皆变通律法而补律未备，须彼此合参，方无挂漏之弊。

又按：此律虽本《唐律》原文，而较《唐律》为轻。《唐律》此外尚有以赃致罪者累科，若罪法不等，以重赃并满轻赃各倍论之语。倍者，谓二尺为一尺，如三处受絹一十八疋，倍为九疋科断。现律删去此层，是止有从一从重之法，而无累科之法，殊失古意。**考之《日本现行法》所载：一罪先发，已经论决，余罪后发，其轻或相等者不论，**

其重者更论之，以先发之刑通算后发之刑，但没收及征偿处分各从本法云云，不但与中律用意相合，而文法亦复相同，当是采用唐明律意而仍其原文者，但《改正刑法草案》已变其宗旨，谓从一处断之规是犯一罪与犯数罪受刑相同，自犯人计之，犯一罪不若犯数罪之利益矣。刑法之目的本为预防犯罪，而此法却有奖励犯罪之趋向，是与刑法之本旨相背矣。复采德意志刑法并科主义，除死罪及无期惩役、禁锢不科他刑外，余俱于并合罪中加其刑期之半，盖其改正之注虽较中律从严，实与《唐律》用意吻合，且切中近今情弊，附记于此，以备参考。即此可见外国立法不惮再四推勘，精益求精，其所长人者在此，其可取法者亦在此，独怪新学之家仅于文法名词之间袭其皮毛，讵非买椟还珠乎？

一，凡人命案件按律不应拟抵，罪止流徒人犯，除致死二命照律从一科断外，如至三命者，于本罪上各加一等。三命以上者，按照致死人数递加一等，罪止发遣新疆当差，不得加入于死。若致死三命以上例有专条者，仍各照定例办理。至过失杀人至数命者，按死者名数各追银二十两给各亲属收领，毋庸加等治罪。（此等案件必须详细研鞫，若核其案情近于过失而情节较重，或耳目所可及及思虑所可到，并非初无害人之意者，应仍照例分别定拟，不得滥引过失杀律收赎）。

犯罪共逃

凡犯罪共逃亡，其轻罪囚能捕获重罪囚而首告，及轻重罪相等但获一半以上首告者皆免其罪。（以上指自犯者言，谓同犯罪事发，或各犯罪事发而共逃者，若流罪囚能捕死罪囚，徒罪囚能捕流罪囚首告，又如五人共犯罪在逃，内一人能捕二人而首告之类，皆得免罪。若损伤人及奸者不免，仍依常法）。其因（他）人（犯罪）连累致罪而（正犯）罪人自死者，（连累人）听减本罪二等。（以下指因人连累而言，谓因别人犯罪连累以得罪者，如藏匿、引送、资给罪人及保勘供证不实，或失觉察关防钤束、听使之类，其罪人非被刑杀而自死者，又听减罪二等）。若罪人自首告（得免）及遇赦原免或蒙特恩减罪收赎者，（连累人）亦准罪人原免减等赎罪法。（谓因罪人连累以得罪，若罪人在后自首告，或遇恩赦全免，或蒙特恩减一等、二等，或罚赎之类，被累人本罪亦各依法全免、减等、收赎）。

按：此仍《明律》，其小注系乾隆五年修改。与《唐律》大致相同。盖即古者以功赎罪之义。前自首律内犯罪在逃者不准首免，此又推广在逃之囚有捕首逃亡者亦准免罪也。分二节看，上是自犯罪者，下是因人连累致罪者。自犯罪者既能服罪，又能除恶，故得全免。因人连累者，一则正犯既死，则首恶已除；一则首恶既恕，则余可矜悯，故得分别减免收赎也。但必轻罪捕获重罪及罪相等者捕获一半以上方准免罪，若捕获不及一半及重罪捕获轻罪，律无明文，应同损伤于人及奸者不免本罪，得免在逃之罪。盖于赏功之中仍防倖免之弊。此与自首门内捕获同伴解官相同，而彼兼给赏，此仅免罪者，彼尚未到官，原无在逃之罪，此已被禁，兼有在逃之罪，故彼给赏而此止免罪也。律文细若毫发，参观详绎，方知字字均有精义，不但文法奥妙也。

同僚犯公罪

凡同僚犯公罪者（谓同僚官吏联署文案，判断公事差错而无私曲者），并以吏典为首，首领官减吏典一等，佐贰官减首领官一等，长官减佐贰官一等（官吏如有缺员，亦依四等递减科罪。本衙门所设官吏无四等者，止准见设员数递减）。若同僚官一人有私，自依故出入人罪（私罪）论，其余不知情者，止依失出入人罪（公罪）论。（谓如同僚联署文案，官吏五人，若一人有私，自依故出入人罪论，其余四人虽联署文案，不知有私者，止依失出入人罪论，仍依四等递减科罪）。○若（下司）申上司（事有差误，上司）不觉失错准行者，各递减下司官吏罪二等。（谓如县申州，州申府，府申布政司之类。）若上司行下（事有差误而）所属依错施行者，各递减上司官吏罪三等（谓如布政司行府、府行州、州行县之类），亦各以吏典为首（首领、佐贰、长官依上减之）。

按：此仍《明律》，其小注系国初时修改，与《唐律》大致相同而稍有删易。《唐律》亦分四等，各以所由为首，与现律通以吏典为首不同。盖言同官犯罪，其轻重各有差等也。公罪即下失出入罪之类，分两节看，首节言同僚共犯，以吏典、首领、佐贰、长官分为四等递减科罪，官内如有缺员，亦依四等递减。其本衙门所设官吏无四等者，止准见设员数递减。若同僚四人连署文案，内中一人有私，故出入人罪，其余三人不知有私，则一人以故出入人罪论，余俱以失出入论，仍依上递减。如失出应减五等，吏典为首减以五等，以次递减，至长官则应减八等也。后节言下司申上，上司不行驳正，上司行下，下司失于点检，而俱依错施行者，各递减科罪。但上司止减二等而下司得减三等者，盖上临下得以专制，故议罪稍重，所以责上司之怠忽，而下奉上难以拒违，故议罪略轻，所以原下司之受制也。各递减云者，所谓官减官而吏减吏,如县吏为首,州吏减县吏二等,府吏减州吏二等,通减四等,司吏又减府吏二等,通减六等之类。官亦类是。递者依次挨推,各者彼此分承,一竖一横,用意各殊。故上节止是递减之法,而下节加一各字,则大有区别,律法之细如此,读者不可忽过。

公事失错

凡(官吏)公事失错,自觉举者免罪。其同僚官吏(同署文案法)应连坐者,一人自觉举,余人皆免罪。(谓缘公事致罪而无私曲者,事若未发露,但同僚判署文案,官吏一人能检举改正者,彼此俱无罪责。)〇其断罪失错(于入),已行论决者,(仍从失入人罪论),不用此律。(谓死罪已决,流徒罪已收所工作,罚金已处罚讫,此等并为已行论决,官司虽自检举,皆不免罪,各依失入人罪律减三等,及官吏等级递减科之,故云不用此律。其失出人罪,虽已决放,若未发露,能自检举贴断者,皆得免其失错之罪)。其官文书稽程,(官)应连坐者,一人自觉举,余人亦免罪,(承行)主典(之吏)不免。(谓文案,小事五日程,中事十日程,大事二十日程,此外不了,是名稽程。官人自检举者并得全免,惟当该吏典不免)。若主典自举者,并减二等。(谓当该吏典自检举者,皆得减罪二等,官全免)。

按:此仍《明律》,其小注系国初修改。现又改易。文义一本《唐律》而字法稍有改易。盖承上条而言同僚犯公罪,虽共有处分而能检举即得免罪,即上条自首免罪之意。同僚一人觉举,余人俱免,亦即上条亲属代首之意。彼以情当相隐,此以义当相纠,故同得免罪也。若失错论决,则死者不可复生,刑者不可复挽,犹上条损伤于人不可赔偿之意,故不准免,仍科以失入之罪。若失于出者,或其人脱逃不能贴断,仍难免罪。若放决之后检举贴断,则事可挽回,故注云准其免罪,所以补律之未备也。至文书稽程觉举,主典不免罪者,以承行文书是其专责,而稽程之罪亦多由于主典,若概免罪,是开怠忽之门矣。故止减二等坐之,而官仍得免,是亦严于吏而宽于官之意。

共犯罪分首从

凡共犯罪者以(先)造意(一人)为首(依律断拟),随从者减一等。〇若一家人共犯,止坐尊长(如僧道徒弟与师共犯亦同)。若尊长年八十以上及笃疾,归罪于共犯罪以次尊长。(如无以次尊长,方坐卑幼。谓如尊长与卑幼共犯罪,不论造意,独坐尊长，卑幼无罪，以尊长有专制之义也。如尊长年八十以上及笃疾，于例不坐罪，即以共犯罪次长者当罪。又如妇人尊长与男夫卑幼同犯，虽妇人为首，仍独坐男夫）。侵损于人者，以凡人首从论。（造意为首，随从为从。侵谓窃盗财物，损谓斗殴杀伤之类。如父子合家同犯并依凡人首从之法，为其侵损于人，是以不独坐尊长）。若共犯罪而首从各别者各依本罪首从论。（仍以一人坐以首罪，余人坐以从罪。谓如甲引他人共殴亲兄，甲依弟殴兄，徒二年半，他人依凡人斗殴论处二等罚。又如卑幼引外人盗己家财物一十两，卑幼以私擅用财加二等处四等罚，外人依凡盗从论，工作两月之类）。○若本条言皆者，罪无首从。不言皆者，依首从法。○其（同）犯擅入紫禁城宫殿等门若（同）避役在逃及（同）犯奸者，（律虽不言皆）亦无首从。（谓各自身犯，是以亦无首从，皆以正犯科罪。）

按：此仍《明律》，其小注系国初及乾隆五年修改。现又增易。大致与《唐律》相同而稍有删节。《唐律》分作两条，此合为一。《唐律》强盗及略人者亦无首从，若共监临主守为犯，虽造意仍以监主为首，凡人以常从论，现律删此数语，未免阙略。盖此律之意详言断罪首从各有不同也。造意为首，随从共谋之人为从，此法之常也。然有不可概论者，如一家共犯，虽系卑幼造意而尊长有专制之责，则不可以常法首从论，应以尊长或以次尊长为首矣。小注所谓罪坐男夫，又推广律文所未尽，盖妇人虽系尊长而不能在外专制，故独坐男夫之卑幼者，则不可以尊长为首也。然此止就户婚、田土等事而言，若侵损于人，如盗窃殴伤之类，不论尊卑长幼，仍以造意为首，随从者为从，则又不拘一家共犯罪坐尊长之法也。如一家同他人犯罪各有本条应得罪名者，或轻或重，各依本律，往往有首犯之罪反轻于从犯，而从犯反重于首犯者，此又特别之法，非首从之常例所可拘也。至于律言皆者无首从，不言皆者依首从法，本属律之通例。然亦有律不言皆而仍无首从者，如擅入皇城犯奸等项，此又出乎通例之外，不可以常律论矣。**总之，律者有定而无定，无定而有定，详绎此条文义，往复回环，层层衔接，笔笔转换，百余字中具有千变万化之观，非特义蕴宏深，即以文章论，亦得与《史》《汉》并传，非魏晋以下所可及矣。当此欧学醉人，国文堕落之会，此等文字实为国粹攸寄，学者作律文读可也，即作古文读亦无不可也。**

再，律言损伤于人以凡人首从论，例又补出一家共犯奸盗杀伤等案，如子弟起意而父兄同行助势而同谋共殴杀人之案，则以下手伤重者抵命，原谋减一等，此皆补律之未尽，不能以常律拘者。又例载妇人犯罪，罪坐夫男，若夫男不知情及无夫男者仍坐本妇云云，与此律小注互相发明，但彼曰夫男，此曰男夫，颠倒之下用意即大不同。男夫，犹言男子也，夫男者，二人之称，男夫者，一人之称，即此一端，可见律文字法之细而国文之精妙不可及处亦在于是，然自此以后，斯道如广陵散矣。首从之法，外国刑法亦有此说而范围不同。如日本之法，二人以上共同实行犯罪者，皆为正犯，教唆犯罪者亦为正犯，知人犯罪而给予器具或诱导指示帮助正犯者为从犯，减正犯刑一等云云。推其治罪之法，与中律同而办法迥异，中律数人共犯只以一人为首，除律言皆者无首从外，此外从无一案办数人为首之法，彼以二人以上皆为正犯则是一案中有无数首犯矣。又中律教唆者虽与正犯同罪，至死减一等，仍以从论，被以教唆犯罪者为正犯，与中律至死减等者异矣。至于为从之法，中律凡同行犯罪除造意一人为首外，其余均为从犯。至于给予器物或诱导指示之人，若未同行，中律并不以为从论。彼概以此等各项为从，亦较中律为严。总之，中国刑法斩绞错出，罪名虽重，而办法实宽。《日本刑法》有绞无斩，罪名虽轻，而办法甚严。且中律死刑虽多于外国，而外国生刑实重于中国，若概谓中刑重而外刑轻，是犹皮相之见，此皆读律者所当知也。故附及之！

一，凡父兄子弟共犯奸盗杀伤等案，如子弟起意，父兄同行助势，除律应不分首从及其父兄犯该斩绞死罪者仍按其所犯本罪定拟外，余俱视其本犯科条加一等治罪，概不得引用为从字样。

犯罪事发在逃

凡二人共犯罪而有一人在逃，现获者称逃者为首，更无(人)证佐，则(但据其所称)决其从罪。后获逃者称前获(之人)为首，鞫问是实，还(将前人)依首论，通计前(决之)罪以充后(问之)数。○若犯罪事发而在逃者众证明白，(或系为首，或系为从)即同狱成，(将来照提到官，止以原招决之)，不须对问。(仍加逃罪二等，逃在未经到官之先者不坐。)

按：此仍《明律》，乾隆五年增添小注。上段原本《唐律》而略为删减，下众证明白即同狱成一段，《唐律》不载，全系明代作纂。本律之义，盖承上条而分别在逃与现获者办理之法也。上条言共犯罪分首从，此言共犯中有在逃者，先定现获人首从之法。证佐谓亲见亲闻之人，及现获赃物可以为证者。前段言更无证佐，后段言众证明白，可见证佐二字是两段关键之处。上段言别无证佐，若止据见获而悬坐为首，恐后日难以复改，故不嫌于少宽。下段言众证已明，若不同狱成而停囚对待，恐日久或多避脱，故又不嫌于果决。总是罪疑惟轻、不准迁延之意。律言先决从罪，后又纂监候待质之法，除强盗人犯不应宽释，其余人命等案原拟遣军流罪已过十年，徒罪已过五年，杖罪已过三年，未定罪名之人已过二年者，分别发配保释，虽系变通律意，实为问案者开一方便之门，近已将此例删除矣。再，监候待质而外，又有咨部展限一节，更为拖累无穷。监候待质业已拟定罪名年限，满日尚可出狱。展限之犯未定罪名，证佐一日未到，犯人常此羁禁，势必瘐毙后已。近来虽有遇赦查办之法，然例内不载，办理诸多参差，此亦断狱中一大弊政，故附记之。

又，律云事发在逃者，众证明白即同狱成，现例又补出未逃办法，死罪人犯必须取有输服供词，毋得节引众证明白即同狱成之律，如有实在狡供不认者，遣流以下果系众证确凿，即行照例定拟奏请。其寻常咨行事件咨部覆核完结云云。虽系慎重之意，但与律意不符。此律据证定罪，犯在逃者尚可定拟完结，其未逃者即可以此类推。若舍律遵例，必取输服供词，则是众证不足为据，而酷刑拷掠畏刑诬服之弊从此生矣。《唐律》云若赃状露验，理不可疑，虽不承引，即据状断之。《疏议》：谓计赃者，现获真赃。杀人者验[检]得实状也。此律众证明白即同狱成之论即本于此。现查东西名国虑囚之法，均系重证而不重供，深得唐明律意。长安薛氏谓案情以众证为凭，固已十得八九，舍众证而信犯供，供亦未可尽信。亦是此意。盖据证定罪之法，古今中外同此机括，而现例必取输服供词一节，刻下虽尚遵行，日久必在所废矣。此亦刑典中一大关键，附录于后以备参考。

一，凡二人以上共犯罪，现获者称逃者为首，除首从罪在遣流以下仍应照律办理外，若人命强窃盗及拒捕等案，正犯在逃未获，为从罪应绞候者，按例定拟，入于秋审，分别情实缓决办理。其拟入缓决之犯，遇有恩诏查办，所避罪名应准减免者一体减罪省释。如本罪应得援赦，所避系不准减免者，仍行监禁三年。倘正犯无获，再行收所工作，或取保释放。其为首罪应斩绞、为从罪止遣流徒或罚金之案，现获自称逃者为首，如现获多于逸犯，供证确凿以及逸犯虽多而现获之犯系先后拿获，或虽同时并获经隔别研讯实系逃者为首，或事主、尸亲、旁人指证有据者，即依律拟罪，案内牵连无干之人一概省释，缉获逸犯不须对问。若案内人数众多，仅获一二名，无事主、尸亲证佐指认者，俱照现供定罪。系强盗案件，仍令待质三年，限满视正犯有无弋获，再行发配。其余罪应流徒者，分别发配留籍，均收入习艺所按限工作，限满发配人犯即交配所地方官管束，不准回籍。本地工作人犯与罪应罚金者均取具的保释放。逸犯就获时，无论限内限外俱提回质讯，如原供属实，即照例完结，若实系前获之人为首，还依斩绞罪名问拟，承审官如因定拟在先有意回护者，以出入人罪论。

一，内外问刑衙门审办案件，除本犯事发在逃，众证明白，照律即同狱成外，如犯未逃走，鞫狱官详别讯问，系死罪人犯务得输服供词，毋得节引众证明白即同狱成之律遽请定案。若遣流以下人犯本犯狡供不认，果系众证确凿，复经层递亲提研讯，皆无疑义，即照例定拟。系本应具奏之案，照例奏请。其寻常咨行事件，即具众证情状咨部覆核完结。如再行控告，均不准理。

一，内外现任文武职官，除擅离职役查明尚非实在脱逃者仍照本律办理外，如负罪潜逃一经拿获，本犯罪应死者依常律。如该徒以上发往新疆效力赎罪，仅处罚金者仍照律加逃罪二等。

一，旗下未经赎放之家人逃走属实者，准赴该管衙门投递逃牌，逃走之人不计次数俱处十等罚，给主领回。年六十岁以上、十五岁以下及有自行投回者俱免罪。如有不服传唤抗拒避匿致伊主报逃者，照子孙违犯教令律治罪。其逃人带逃物件载在原递册内准行提，如原册未载，虽告不准行。如所载审系虚开，免其行提，逃人仍治逃罪。庄头拖欠地租，偷典地亩，并带家业逃走者，将带逃家业分为三分，一分给出首之人，二分给主。

亲属相为容隐

凡同居（同谓同财共居亲属，不限籍之同异，虽无服者亦是），若大功以上亲（谓另居大功以上亲属，系服重）及外祖父母、外孙、妻之父母、女婿，若孙之妇、夫之兄弟及兄弟妻（系恩重），有罪（彼此得）相为容隐。雇工人（义重）为家长隐者皆勿论（家长不得为雇工人隐者，义当治其罪也）。若漏泄其事及通报消息，致令罪人隐匿逃避者，（以其于法得相容隐）亦不坐。（谓有得兼容隐之亲属犯罪，官司追捕，因而漏泄其事及暗地通报消息与罪人，使令隐避逃走，故亦不坐）。○其小功以下相容隐及漏泄其事者，减凡人三等。无服之亲减一等（谓另居小功以下亲属）。若犯谋叛以上者，不用此律。（谓虽有服亲属犯谋反、谋大逆、谋叛，但容隐不首者，依律科罪，故云不用此律）。

按：此仍《明律》，国初增修小注。现止删去奴婢二字。大致与《唐律》相同而稍有修改妻之父母、女婿及无服之亲减一等数语，《唐律》不载，均系明所增添。本律之义是寓情于法，使恩义不相妨也。凡人知情藏匿罪人及容隐漏泄指引给资致罪人逃避者，减罪人一等治罪，此则亲属容隐皆得免罪，所以重人伦厚风俗也。同居共财之亲属，情之最亲者也。大功以上之亲属，服之最重者也。外祖父母等，服虽轻而情亲者也。至雇工于家长，则以恩义联属。又不论同居另居，皆可为之容隐，而家长不丁为雇工隐者，以义相临，当治其罪，正《唐律》所谓部曲奴婢，主不为隐，听为主隐是也。此皆指事未发觉之先而言，即事发之后，官司拘捕而漏泄通报致令逃避者亦不坐罪。至于小功以下恩义渐杀，有容隐者虽不全免其罪，然亦得分别减等，此皆权恩义之中而教人以亲睦之道。若谋反、谋叛则大义灭亲，理当举发，又不得拘以此律矣。

以上各节皆言亲属犯罪，官司未经拘执入禁，故设此容隐之法使得以恩掩义，若拘执到官，即当以义断恩，故刑律又有窃放囚徒亲属与旁人同科，及与囚金刃解脱，子孙雇工止减狱卒一等治罪之条，两比合参，自知义各有当也。

再者，此律与干名犯义、犯罪留养各律均系扶植纲纪、敦叙伦常之意，刑法之可弼教化者在此，中律之所以为国粹者亦在此。检查东西各国刑法，均无此条，亦可知其好尚之所在矣。夫证父攘羊，群称为直，以方城汉水之名区，民望如岁之慈父，尚不解此道理，而何论于异俗异教之人乎？现奉明诏遵孔，此即孔教之精粹，而由父子推及亲属，更为周密无遗，朱子以为天理人情之至，足见律义、经义，法学、理学，其道一而已矣。此外又有与律互相发明者，如女婿、妻父母得相容隐，若翁婿义绝，如逐壻嫁女、纵女犯奸及以妻为妾、殴妻折伤之类，则亦不得容隐矣。又如亲属行强窃盗，其被盗之亲属得相告发，亦不在容隐之例。又亲属犯遣流罪而逃回者，惟祖父、子孙、夫妻、雇工得相容隐，其余亲属均不得援引此律容隐。又，此项亲属非但得相容隐也，若代为自首，则有免罪之律。到官以后，更有不许为证之律，详见各门，足资参考。

又，此律后又有一例：父为母杀，其子隐忍者，分别拟杖。若母为父杀，其子准其依律容隐云云。又考之史监，东魏时颁麟趾新制，有母杀其父，子不得告，告者死一条。时窦瑗上议，谓如有此事，可临时议罪，何庸预制斯条云云，二者议论不同。此例现已删除，惟其事甚奇，录之以备参考。又《唐律疏义》云：有五服内亲自相杀者，疏杀亲，合告；亲杀疏，不合告；亲疏等者，卑幼杀尊长得告，尊长杀卑幼不得告。其应相隐者，疏杀亲，义服杀正服，卑幼杀尊长，亦得论告；其不告者，亦无罪云云。此皆伦常之变，律虽不设专条，然亦事所或有，备录于后，当亦研究律学者所愿闻也。

处决叛军

凡边境(重地)城池若有军人谋叛,守御官捕获到官,显迹证佐明白,鞫问招承,申报督抚提镇审问无冤,随即依律处治,具由奏闻。如在军前(有谋叛能)临阵擒杀者,(事既显明,机系呼吸),不在此(委审、公审之)限。(事后亦须奏闻)。

按:此仍《明律》,国初及雍正三年修改。原系鞫问招承,行移都指挥司委官审问无冤,依律处治,具由申达五军都督府奏闻。若有布政司、按擦司公同审问处治,此改为申报督抚提镇审问无冤,依律处治,具由奏闻。以本朝权归督抚统辖文武,武职并无指挥司、都督府等官,而文职布、按二司亦归督抚节制,官制不同,故办法稍异。此外,又有吏卒犯死罪并杀害军人及在京犯罪军民三条。凡各衙门吏典禁子有犯死罪,从各衙门长官鞫问,不须禀申,依律处决死缓,申报上司转达法部。又杀死军人者,依律处死,仍将正犯人余丁抵数充军。又在京军民若犯杖八十以者,军发外卫充军,民发别郡为民云云。本朝军民无甚分别,犯罪一同问拟,吏典虽有加等治罪之例,而死罪亦不区分,故现律删去前后三条,止留此处决叛军一条。其实此条现亦虚设。近来督抚权重,动即就地正法,而依律处治,具由奏闻者盖寥寥矣。此律之意,盖言边城重地,当用军法以申国法也。边方军叛,事系安危,机贵神速,若待请命而后处治,恐有外援内应,迟留生变,故即依律处治,具由奏闻,所谓先斩后奏,不必如寻常之命盗重案,必侍奏请交议核准然后行刑,然亦须委审覆审,招承无冤,方可处治者,恐其擅杀也。至军前对敌,如有谋叛之人机系呼吸,更宜迅速擒杀,则可不拘委审公审之限,然亦必事后奏闻者,防其滥杀也。均系慎重人命之意。东西各国普通刑法而外,另有陆海军刑法,别于普通刑法,亦较普通法稍严。中国虽有《兵律》而简略不完,且夹杂于普律内。现在陆海军设立专部,订有新章,可与此律合参。

蒙古及入国籍人有犯

凡蒙古人犯罪,照理藩部《蒙古例》定拟。其余藩属并因归化入籍者仍依律科断。

按:此仍《明律》,国初及雍正三年增修。现又删改。《唐律》系化外人相犯:

(凡)[诸]**化外人，同类自相犯者，各依本俗法；异类相犯者，以法律论。**此律即本于此。凡入籍之人既来归降，即是王民，若有犯罪，一律科断，不得另立条科，所以示王者无外之意而法令须昭均平也。惟隶理藩部者如内外及青海各蒙古部落，风俗不同，嗜欲不通，若照口内地一律问拟，未免窒碍实多，是以另设蒙古条例以示因地制宜之意。但律只浑言照蒙古例办理，例则条分缕析，皆补律所未备，宜并研究。再，归化人所包甚广，本门止言蒙古一项，此外苗猺土蛮各种均属归化之人，犯罪有照民人一体科断者，亦有独设专条者，散见各门，参差不齐，亦当参合比较，临事方免歧误。

一，凡内外蒙古死罪案件，不论所引何律，概归理藩部主稿，咨送大理院覆判会同具奏，奉旨之后，系立决人犯，由理藩部行文该将军都统处决，系监候人犯，由理藩部、大理院分咨法部，秋审时由法部会同理藩部办理。其遣罪以下人犯，应发遣者由理藩部咨送大理院覆判，应改折者由原审衙门判结，其在京蒙古案件咨交地方审判厅审理，仍由部派员繙译。

一，青海、蒙古人有犯死罪应正法者，照旧例在西宁监禁。其余一切应拟绞候之犯，俟部覆后，解赴甘肃按察使衙门监禁，于秋审时将该犯情罪入于该省招册，咨送三法司查核。

一，蒙古与民人交涉之案，凡遇斗殴、拒捕等事，该地方官与旗员会讯明确，如蒙古在内地犯事者照《刑律》办理，如民人在蒙古地方犯事者即照《蒙古例》办理。

一，蒙古地方抢劫案件，如俱系蒙古人专用《蒙古例》，俱系民人专用《刑律》。如蒙古与民人伙同抢劫，核其罪名，《蒙古例》重于《刑律》者，蒙古与民人俱照《蒙古例》问拟。《刑律》重于《蒙古例》者，蒙古与民人俱照《刑律》问拟。

一，凡苗人土蛮獞猺犯罪，例无专条者，无论罪名轻重，悉照民人一律问拟。

按：此外如回民、旗人犯罪，旧例亦有特别之例，与民人多半不同，以其均非化外之人。且现在大半删除，故不录入此门。统观以上律例，足征刑法因人因地而异，风俗不同，嗜好各殊，若概治以普通之法必多扞格不入，非但中国立法如此，即考之泰西各国如德之刑法，帝京柏林即与各联邦少异矣。英之伦敦三岛即与印度少异，俄之欧洲地方即与西比利亚少异，美则各省自为一法，不必尽同，惟东瀛三岛地势狭小，现行刑法整齐画一，然新属之台湾，其治法亦有与本岛不同之处，**此可见因利而利，以人治人，修其教不易其俗，齐其政不易其宜，法律所垂，悉本经传遗义，即外国**

法律日新月异，矜言改良，然亦不外此因地制宜之道，期于变通宜民而已。今之墨守旧法者无足论矣，而新学变法则又尽弃所学，依样葫芦，不特离经背本，恐反为外国法学家所窃笑矣。总之，形下之器，我固不如彼巧，而形而上之道，彼实不如我精。法律之学，固形而上者之道，非形而下者之器也。中律义理精深，文词简奥，实足包含万象，彼法所剌剌不休，矜为创获者，皆我古律所吐弃之、删除之而不屑载诸简册者也。世有知律之士，窃愿以此说证之。

再者，此律所言化外之人系指向化归附地方已属于我，故可操纵由己，若列强并峙，势均力敌，彼此人民交涉相犯之案，即不可骤以此律相加。然现在各强国逞其势力，均援此律之意，悉使外国人民受其范围，其法惟德国最详，日本倣之，采入改行刑法，名为关国交罪，缘非此则主权不伸，不可列于同等之国，故刑法以此项冠于篇首，良有深意。中国各埠，外国领事裁判有权，彼法可加我民，我法不能施于彼族，以致民人受负，酿成交涉，论其表面，均藉口中法严重，不受约束，现拟改轻刑法，拒回各国领事治外法权，未知能否如愿以偿，拭目俟之。

本条别有罪名

凡本条自有罪名与名例罪不同者，依本条科断。○若本条虽有罪名，其（心）有所规避罪重者（又不泥于本条），自从（所规避之）重（罪）论。○其本应罪重而犯时不知者，依凡人论。（谓如叔侄别处生长，素不相识，侄打叔伤，官司推问始知是叔，止依凡人斗法。又如别处窃盗偷得大祀神御之物，如此之类，并是犯时不知，止依凡论，同常盗之律。）本应轻者听从本法，（谓如父不识子，殴打之后方始得知，止依打子之法，不可以凡殴论）。

按：此仍《明律》，其小注顺治三年增修。与《唐律》大意相同，惟字句略有修改。盖为断狱者明其引律之法也。《名例》虽为诸律纲领，而文义简要，不能尽为赅括，亦有自见于各条者，故本条自有罪名，即当依本条断科，不得拘用《名例》。如《名例》逃叛自首者减罪二等，而《军政门》官军在逃一百日内能自出官首告者免罪，此本条较《名例》为轻，则当用《军政》也。又，《名例》犯罪以造意为首，而《人命门》同谋共殴下手伤重者绞，原谋减一等，此本条与《名例》首从办法不同，则当用《人命》之类是也。如本条虽有罪名，而有规避求脱之情重于本罪，则当从重科断，又不拘于本律。如越府城者本罪十等罚，但因避窃盗赃重而逃，则当坐窃盗赃重之罪，不得仅论越城之轻罪。又如漏报文卷一宗，本罪二等罚，但因避侵欺库银而漏报，则当坐监守自盗之罪，不得仅论漏报轻罪之类是也。此皆权事情之轻重而务得其中。盖人之情伪百出，故律之权衡亦异，引律者必须知此活动之法而诛心定案，然后奸人乃无所逃于法矣。又查《日本刑法》载有刑法上无正条而于他法律规则有刑名者，各从其法律规则。若于他法律规则别无总则者，从此刑法总则云云。与中律用意相合，可见此系古今中外通行之法，读者更宜留意。

加减罪例

凡称加者，就本罪上加重（谓如人犯处四等罚，加一等即坐五等罚，或犯处十等罚，加一等即坐徒一年。或犯徒一年，加一等即坐徒一年半。或犯徒三年加一等，即坐流二千里。或犯流二千里，加一等即坐流二千五百里之类。）称减者，就本罪上减轻。（谓如人犯处五等罚，减一等即坐四等罚，或犯徒一年，减一等即坐十等罚，或犯徒三年，减一等即坐徒二年半之类。）惟二死、三流各同为一减。（二死谓绞斩。三流谓二千里、二千五百里、三千里。各同为一减，如犯死罪，减一等即坐流三千里，减二等即坐徒三年。犯流三千里者减一等，亦坐徒三年）。加者数满乃坐。（谓如赃加至四十两，纵至三十九两九钱九分，虽少一分，亦不得科四十两罪之类）。又加罪止于流三千里，不得加至于死。本条加入死者依本条。（加入绞者，不加至斩）。

按：此仍《明律》，其小注国初修改。现又改易，亦即《唐律》原文，惟删去篇末数语耳。盖总括各律言加言减之通例也。二死三流各同一减者，二死不分绞斩，皆减满流。三流不分远近，皆减满徒。若至于徒，则依五徒年分逐层递减，不得同减为罚金。罚金十等，递减亦然。盖死流罪重，故可同为一减，徒罚罪轻，必须层累而下，既不失之于刻，亦不失之于纵。至于加罪，由徒至死分作四等，而减罪止作二等者，显开宽厚之门而隐杜深刻之渐，圣王仁恤之怀毕露于斯。然亦有本条加入死罪者，如《斗殴门》雇工人殴家长缌麻亲至笃疾，妾殴夫及正妻至废疾者，皆得加入于绞，所谓本条自有罪名者依本条科之，不得以《名例》为拘。再，律文加罪止于满流，而例文又有由满流加遣之法。律文二死一同减流，而例文又有由立决减为监候，由斩绞监候减遣之法，此皆变通律法，不得以律为拘也。又例载发遣新疆罪名除官犯及例有正条应照例办理外，其余三流安置以下人犯不得擅拟发往新疆云云，与律相辅而行。律之不加于死者，系慎重人命之意，并不准擅加发遣，尤见钦恤罹刑之心，近来督抚跋扈，凡参革职官动辄发往新疆，若不知有此例者，以致良法仁政视同具文，是以上年二月经刑部奏请申明此例，凡官犯军流应改发新疆効力赎罪者，仍恭候钦定，其罪应革职及杖徒之犯不准以不足蔽辜等词率请从重发遣新疆云云，经此次通行之后，此例或不至虚设矣。

再者，加减罪例，东西各国均有此法，而日本更为详备。日本之刑分违警罪、轻罪、重罪三等。违警罪，拘留科料之刑，止得由十日加至十二日，由二圆加至二圆四十钱，不得加入轻罪。轻罪，禁锢之刑，止得由五年加至七年，不得加入重罪。无论轻重罪，不得加入死刑。其减法，则死刑一减为无期徒流，无期徒流一减为有期徒流，有期徒流一减为重惩役、重禁狱，重惩役、重禁狱一减为轻罪禁锢、罚金之刑，禁锢、罚金之刑得递减为违警罪拘留科料之刑，而禁锢罚金应加应减者以本条所载刑期金额四分之一为一等，如应禁锢五年者，减一等只禁锢三年九个月，应罚金一百圆者减一等只罚七十五圆之类。《现行刑法》又改四分之一为二分之一，则更轻简。总之，减法从略，加法从详，易于减而难于加，与中律节目虽殊，要皆同此钦恤宽厚之意。现在参习东法，故详释此节于后以备参证。

一，发遣新疆罪名，除官犯及例有正条应照例办理外，其余三流安置以下人犯，悉照本条律例问拟，不得用不足蔽辜、无以示惩、从重加等及加数等字样，擅拟改发新疆。其案情错出，律无正条，应折衷至当援引他律他例酌核，或实在案情重大，罪浮于法，仍按本律例拟罪，将应行加重发遣缘由均于折内声明，恭候圣裁。如拒捕、脱逃等项载明照本罪加等者，仍各遵照办理。

称乘舆车驾

凡（律中所）称乘舆车驾及御者（如御物、御膳所、御在所之类。自天子言之而）太皇太后、皇太后、皇后并同。称制者，（自圣旨言之而）太皇太后、皇太后、皇太子令并同（有犯毁失制书，盗及诈为制书，擅入宫殿门之类，皆当一体科罪）。

按：此仍《明律》，顺治三年增入小注，雍正三年修改。现又删去皇太子一层，上半与《唐律》同，下半称制一层，《唐律》太皇太后、皇太后、皇后、皇太子令减一等，此则并同。又，《唐律》称制有皇后一项，此则称乘舆车驾有皇后，而称制内无之，亦有深意，或者鉴唐时武后、韦后之专政而酿为乱阶，故稍抑其权而不使与天子同尊也。天子所临曰御，律称御者如擅入御膳所、御在所之类。天子所言曰制，律称制者，如制书有违之类。盖臣下事上，尊同则敬同。凡律称乘舆服御物之类，自天子言之，而太皇太后、皇太后至尊，皇后齐体，一并同论。如擅入御膳所绞监候，车驾行处，军民冲突仪仗者杂犯绞罪，而擅入三后住所及冲突三后仪仗者亦同上拟绞也。制书自天子言之，而太皇太后、皇太后懿旨同，如有违制书者十等罚，诈为制书者绞监候，而违犯及诈为两宫懿旨亦同上拟罚拟绞也。

称期亲祖父母

凡（律）称期亲及称祖父母者，曾、高同。称孙者，曾、元同。嫡孙承祖，与父母同。其嫡母、继母、慈母、养母（有犯），与亲母（律）同（改嫁、义绝及殴杀子孙，不与亲母同）。称子者，男女同。

按：此仍《明律》，其小注系顺治三年及乾隆五年增修。现又删易，大致与《唐律》相同，惟删去《唐律》篇末数语耳。盖言亲属之情义相等者有犯，皆同科也。一年之丧曰期，如伯叔兄弟及在室之姊妹，至祖父母皆服期年，曾祖止服齐衰五月，高祖三月，虽无期年之服，而皆天亲伦理之重，有犯依期亲及祖父母，与其他五月、三月之服不同，如谋杀祖父母及期亲尊长皆斩立决，犯高曾者亦同。闻期亲尊长丧匿不举哀处八等罚，高曾亦同之类是也。祖为嫡孙服期年，众孙大功，曾孙、元孙缌麻，服虽有降，然既统称曰孙，则曾高祖有犯曾元孙者，仍依祖孙本法，与其他缌麻服亦不同。如故杀亲孙者徒一年，故杀缌麻姪孙者绞监候。若高曾祖故杀曾元孙，则依亲孙拟徒，不依缌麻拟绞之类是也。至于长子死而嫡孙承重者，一切干犯祖父母则依与［犯］父母律科断。若妾子谓正妻曰嫡母，母死、父后娶之妻曰继母，所生母死、父令他妾抚养曰慈母，自幼过房与人曰养母，此四者虽非亲母，然礼皆持服。若未改嫁及非殴杀子孙，其余一切有犯皆与亲母同论。如亲母改嫁及被出者，其子降服期年，而嫡继慈养［母］改嫁被出，则无服。亲母殴杀子十等罚而嫡继慈养杀者加一等，致令绝嗣者绞监候。例又有因奸杀子分别嫡继生母治罪之条，则较律注更细矣。盖律文断罪之例，本以服制分别轻重，惟此数项恩义名分至重，不以服制为拘。故设此专条以示变例，惟其间异中有同，同中又有异，须统小注读之，不可专执律文也。又养母一项，此律及服图均注三年之丧，道光四年经大学士、九卿奏明改为齐衰期服，与律注不同，现已删除矣。

再者，服制一项，历代相传，虽少有变易，而大纲严正，乃中华国粹所存，西法诸多精细，惟此从略。《日本刑法》虽有亲属一条，亦与中律诸多不合，如谓高曾祖父母、外祖父母均称祖父母，继父母、嫡母均称父母，庶子、曾元孙、外孙均称子孙，异父异母之兄弟姊妹均称兄弟姊妹云云。夫高曾父母均称祖父母，继母、嫡母均称父母，庶子、曾元孙均称子孙，此尚与中律不差。若外祖父一项，虽较寻常小功服为重，中律有犯，比之期亲已觉尊严。若统与本宗祖父母并论，未免无外内之分矣。至于异父异母之兄弟姊妹，中律大有分别，异母之兄弟姊妹固可与同胞兄弟姊妹并论，若异父之兄弟姊妹，则系异姓，不同一宗，并无服制。中律虽有犯奸较凡加重之文，然究与同父兄弟姊妹轻重悬绝，彼则相提并论，不但无内外之别，并无同姓异姓之分矣。再彼法所称配偶者之兄弟姊妹之子是即中国之妻姪也，配偶者之父母之兄弟是即中国之叔岳也，在中律有亲无服，有犯均以凡论，而彼均列亲属之中，亦与中律不合。若以中学论之，殊觉骇人听闻矣。现在变法，诸倣东律，此等恐不易行。因论期亲之文而纵言及此，仍未脱平日守旧积习，恐不值新学高明家一噱也。

称与同罪

凡（律）称与同罪者，（谓被累人与正犯同罪，其情轻）止坐其罪。（正犯）至死者，（同罪者）减一等，罪止流三千里，不在绞斩之律。若受财故纵与同罪者，（其情重）全科（至死者绞）。其故纵谋反叛逆者皆依本律（绞）。○（凡称同罪者，至死减一等。称罪同者，至死不减等。）○称准枉法论、准盗论之类，（事相类而情轻）但准其罪，亦罪止流三千里。称以枉法论、以盗论之类（事相等而情并重），皆与正犯同，绞斩皆依本律科断。（然所得同者律耳，若律外引例发遣等项，则又不得而同焉。）

按：此仍《明律》，其小注系顺治三年、雍正三年增修。现又删易，下二节与《唐律》大致相同，上节稍有变易。《唐律》：**称“与同罪”者，止坐其罪；死者，止绞而已。**今律罪止流三千里，又添受财故纵数语，可见惟受财故纵一项与同罪去始坐以绞，此外与同罪者均止于流，并无死罪，较《唐律》界限为宽。首节言称同罪与罪同之异。后二节言称准、称以之异。同罪者，此之所犯即照彼罪名科之，而犯罪之因则异。罪同者，谓推其过恶，情与相类，权其轻重，实与相等。同罪系被相累之人与正犯有别，故止坐其罪而不尽本法，如正犯系窃盗，同罪者止坐窃盗之罪，正犯系斩绞之罪，同罪者减一等，止流三千里也。此皆指不受财言之，若正犯之罪应死，受其财而故纵，则又不拘罪止满流之例，亦与正犯同科死罪。但虽科死罪，仍止于绞，不坐以斩，此同罪之中有不同者如此也。其故纵谋反大逆者,又与寻常故纵不同,不问受财与否,则依本律坐以斩绞。虽故纵而不科同罪,此又故纵之中有不同者如此也。至于称准称以,读律八字分析已明,称准即同罪之义,称以即罪同之义。盖律定在前,例增在后,凡引例者不得援《名例律》同论,故注曰:律外引例,又不得而同焉。此等精细文法乃中学擅长之处,亦即国粹所存,读者宜细玩之。

称监临主守

凡(律)称监临者,内外诸司统摄所属,有文案相关涉及(别处驻札衙门带管兵粮水利之类)虽非所管百姓,但有事在手者即为监临。称主守者,(内外各衙门)该管文案吏典专主掌其事及守掌仓库、狱囚、杂物之类,官吏、库子、斗级、攒拦、禁子并为主守。○其职虽非统属,但临时差遣管领提调者,亦是监临主守。

按:此仍《明律》,其小注系顺治三年增入。大意本之《唐律》而名色字句较为充畅完备。监临专指官言,主守兼官役言。库子掌库藏,斗级掌仓厫,攒谓攒典,拦谓巡拦,禁子守狱囚之人。监临谓监察而临莅也,以上下统摄言。主守谓主掌而看守也,以经费责任言。监临之官分得自专,势可相制,统摄之权至重。主守之人收掌在己,出入自由,经管之责自重。文案相关涉,谓于所属下司有申呈劄帖文书往来之类。律内称监临者,如监临官吏盗钱粮及娶为事人妻女并中盐放债、嘱托求索、借贷财物之类。称主守者,如主守盗仓库、损坏财物及不觉失囚、故纵、教囚反异之类。以其事权,财物在己,故犯罪较凡人为重。至于虽非统摄而既奉差遣,即有管领提调之责,则权势可行,亦是监临专掌其事,亦是主守。故上节是常时之监临主守,下节是暂时之监临主守。东律虽无此项名目,而官吏不守法律规则,犯罪者亦较凡人加重,即是此意。

称日者以百刻(今时宪书每日计九十六刻)

凡(律)称一日者,以百刻。(犯罪违律,计数满乃坐,仍遵照时宪书,每日计九十六刻。)计工者从朝至暮(不以百刻为限)。称一年者以三百六十日(如秋粮违限,虽三百五十九日,亦不得为一年)。称人年者,以籍为定(谓称人年纪以附籍年甲为准)。称众者,三人以上。称谋者,二人以上(谋状显迹明白者,虽一人同二人之法)。

按:此仍《明律》,亦即《唐律》原文。顺治三年增修小注。现又增添。盖解律中称日称年称人之义，使断罪不致错误也。称日百刻乃沿律之旧文，明历十二时，每时八刻，子、午二时十刻，合为一日百刻。今时宪书子午亦八刻，每日共九十六刻，与此稍有不同。计日论罪，如人命保辜之类，不满刻者不得以限满论。如初一日辰时伤人，保辜二十日者，必至二十一日辰时方为限外，卯时犹为限内也。至于计工则夜无役理，止今朝作暮息，不得以刻为论。计年论者，如追赃缉盗之类，不满三百六十日，不得以限满论。小建之日［月］，则增算遇闰之年，亦扣算也。计年论罪者，如老幼收赎、存留养亲之类，恐其增减捏报，故以附籍入册之年数为准。众者，人多之词，如聚众打夺、斗殴之类，不及三人不可谓众。谋者，共为之事，如同谋共殴、共谋为盗之类，若止一人，不可谓谋。惟谋杀律内，独谋诸心，虽一人亦称曰谋，故注云：同二人之法。律义如此，惟现在成案办法亦有不尽遵此者，如计算工料钱粮者，照律扣小建、增闰月。若限年承追承催之案，则今年二月初一日起至明年正月三十日即为一年限满，不照三百六十日计算。又丁忧俸银，俱不计闰而徒犯著役及承审等项仍计闰月，亦不照三百六十日之律也。又嘉庆十六年上谕：凡以年定罪之案，如谋杀十岁幼孩及奸十二岁以下幼女之类，罪名出入甚巨，遇有此等，只应核其现在年岁为定。若照生年月日核算，恐犯供有心欺饰，反开官吏挪移高下之弊云云，皆足补律未备，当并参之。至于称年以籍，现在户籍淆乱，无可查究，办案并不依此。凡关犯人年岁者，只取具亲族邻里甘结，并不关查户籍，是亦变通办理之法。若日本刑期计算，凡称一日者，以二十四点钟计。称一月者，以三十日计。称年者从历云云。与中律小有参差，中律无称月一层，而现定《诉讼法》第七条：称时者，即时起算。称日者，二十四小钟。称月者，三十日。称年者，三百六十日。是称年仍遵用中律而称日称月则参用东律也。

称道士女冠

凡（律）称道士、女冠者，僧尼同。（如道士、女冠犯奸，加凡人罪二等，僧尼亦然）。若于其受业师，与伯叔父母同。（如俗人骂伯叔父母徒一年。道、冠骂师罪同。受业师谓于寺观之内亲承经教，合为师主者。）其于弟子，与兄弟之子同。（如俗人殴杀兄弟之子徒三年，道冠、僧尼殴杀弟子，同罪）。

按：此仍《明律》，亦即《唐律》原文，惟删去末节数语。国初增修小注。凡出家之人，教而兼养，衣钵相传，师弟之恩义最重。道士、女冠与僧尼虽不同，而皆系出家之人，故犯罪同论。如道士、女冠犯奸，加凡人罪二等，僧、尼亦然。犯受业师者，同伯叔父母，如俗人骂伯叔父母徒一年。道冠僧尼骂师亦然。其于弟子，与兄弟之子同。如俗人殴杀胞侄徒三年，道冠、僧尼殴杀弟子亦然。若同师僧道并无尊卑长幼之分，相犯者仍照常人论。此皆指亲承经教者而言。如未经受教，止依雇工人或乞养子孙论。又如年未四十，违例招徒，或避役或私自簪剃投拜者，皆系例应还俗之人，有犯均照凡人科断，不得援此为例。旧例有弟子谋故殴杀殴伤业师者，业儒弟子照期亲卑幼论，道冠僧尼及匠人照大功卑幼论。如因弟子违犯教令以理殴责死者，儒师照期亲尊长拟徒，道冠僧尼及匠人照大功尊长拟绞。若因奸盗别情谋杀弟子及挟嫌故杀弟子并持金刃非理殴杀弟子者，均照凡人拟罪云云，见《斗殴门》，与此律互相发明，足补律所未备，可见我朝尊崇儒术之意。现已删除，未免尊方外而贱儒师矣，古法益形荡然矣。外国并无簪剃之事，亦无道士女冠名目，故不设专律。

断罪依新颁律

凡律自颁降日为始，若犯在以前者，并依新律拟断。（如事犯在未经定例之先，仍依律及已行之例定拟。其定例内有限以年月者，俱以限定年月为断。若例应轻者，照新例遵行）。

按：此仍《明律》，乾隆五年添入小注。《唐律》无此一条，当系明代所纂。盖律设大法，历代不易，而斟酌损益又必因时制宜，故事犯未经结案者，即当依新颁之律科断，不得仍泥旧文。注云：新律轻者，照新律遵行，可见此言新颁之例较旧例为轻，故当从轻照新例科断。若新例重者，其犯[在]例前，仍当遵照旧例，不得拘泥此条仍以新律处断，致涉苛刻，此与犯罪未老疾律同一宽恤之意。后例又有恣任喜怒引拟失当或移情就例刻苛显著者，依故失出入人罪论之条，与此律相辅而行，均系恐人拟罪游移不引本律，故律后复设条例以示警诫。又，《日本刑法》第三条云：法律不得及于颁布以前之犯罪，若所犯在颁布以前未经决判者，比照新旧法从轻处断云云，与中律用意正相符合，而文义亦极简明，当并参之。

一，律例颁布之后，凡问刑衙门敢有恣任喜怒引拟失当，或移情就例故入人罪，苛刻显著者，各依故失出入律坐罪。

断罪无正条

凡律令该载不尽事理，若断罪无正条者，（援）引（他）律比附应加应减定拟罪名，（申该上司）议定奏闻。若辄断决致罪有出入，以故失论。

按：此仍《明律》，雍正三年删定。易“转达刑部”四字为“申该上司”，并入“援”字、“他”字，文义较为明显。《唐律》亦有此目，而文稍不同。《唐律》云：**“诸断罪而无正条，其应出罪者，则举重以明轻；其应入罪者，则举轻以明重云云。”**虽未明言比附，而举此明彼即隐寓比附加减之意，盖天下之事变无穷而律例之所载有限，若不比照加减，则高下出入无所准绳，故承审官临时裁酌，务祈平允，申该上司议定奏闻，不得以律无正条辄任之一时之臆见，迳自决断，致罪有出入也。

再者，比附之法由来已久。《书》云：上下比罪。《礼》云：比以成之。汉尚书有决事比，公府有辞讼比。《刑法志》云：比者，例也。三千之律不能尽天下之罪，不免上下以求其比，可见事变无穷，法制有限，全在比附酌量以适于中，故律后有比引律条一门，而刑部亦称为比部，即此意也。但现在泰西各国刑法惟《俄律》尚有比例一法，其余各国均无此例。日本采用法、德二国刑制，凡法律上无正条者，无论何种所为不得处罚，现在新定《民刑诉讼法》第七十六条采用其意，亦有律无正条，不论何项行为不得判为有罪之语。此法若行，则此律即应议废。惟中国情刑［形］不同，比附一法恐不能骤除。现在外省已有顶驳者，将来能否行之无弊，尚难预决也。

一，引用律例，如律内数事共一条，全引恐有不合者，许其止引所犯本罪。若一条止断一事，不得任意删减以致罪有出入。其律例无可引用，援引别条比附者，问刑衙门务宜详斟酌情节，声明律无正条，今比照某律某例科断，或比照某律某例加一等、减一等科断。案应具奏者，详明奏明，恭候谕旨遵行。若律例本有正条，承审官任意删减以致情罪不符，及故意出入人罪不行引用正条比照别条以致可轻可重者，该上司查出或干部院驳诘，将承审之司员指名奏参，按律治罪。

五徒三流二遣地方

凡徒役各照应徒年限，收入本地习艺所工作，限满释放。流犯照依本省地方计所犯应流道里定发。该内遣者发往极边足四千里及烟瘴省分（广东、广西、云南、贵州）安置，该外遣者发往新疆，酌拨种地当差。

按:此条律目系明旧文,雍正三年改定。五刑而外,尚有充军及外遣名目,虽属闰刑,然五军系前明创设,原本实边之意,国朝裁撤军卫,犹沿用充军之名。至于发遣一项,国朝于情罪较重者始第发尚阳堡、宁古塔、乌喇地方,后又发新疆分别为奴、当差。同治以后新疆多事,又改发内地充军,其制屡经变易,早已名实不符。现在修律,删除充军名目,第留极边、烟瘴,改名安置,是谓内遣。从前发遣新疆各处者,现止留新疆当差一项,是谓外遣。至迁徙之制,久未实行,现亦一律废弃,故现在刑制止留五徒三流二遣数项,其从前一切旧例已经删除殆尽,止录新例于后,以备参考。

一,各省民人流寓在京、在外,犯该徒流安置罪名,并免死减等之犯,其有应追银两,讯明本犯原籍有产可赔者,移查明确,将该犯解回原籍追银,完交后,徒犯即收入习艺所按限工作,流置各犯无庸发配者,亦即收所工作。应行发配者,即由原籍督抚定地,将所完银两移交犯事地方分别给主。如无应追银两或赃项已经追完及移查原籍并无产业者,徒犯与毋庸发配之流置人犯均在犯事地方收习艺所,其流置应行发配之犯即于犯事地方按本犯原籍应配地方起解发配。若计原籍应配地方即系该犯流寓之所,令各该督抚按所犯流置道里远近分别改发,仍回避原籍相近之地。

一,凡流置人犯发配,查明道里表内应发省分,预行咨明配所各督抚,毋庸指定府州,各督抚接咨后除有土司及苗猺黎獞等杂处地方不得派拨发往外,余俱视所犯罪名按照各州县道里远近,在配人犯多宽[寡],均匀定地,先期饬知首站州县,随到随发,不必解赴督抚衙门。其起解省分并于解犯兵牌内填明解往某省,入境首站州县遵照定地转解配所,投收申缴字样。

一,凡各省应发烟瘴人犯,无论在四千里内外,均编发有烟瘴省分安置。其籍隶烟瘴之云南、贵州、广东、广西四省应发烟瘴人犯,应于隔远烟瘴省分调发。广东省与云南省互调,广西省与贵州省互调。至不足四千里邻近烟瘴之湖南、福建、四川三省应发烟瘴人犯,湖南省发往云南,福建省发往贵州,四川省发往广东。其余各省有距烟瘴省分较远者,如奉天、吉林、黑龙江应发烟瘴人犯编发广西、贵州二省。甘肃之甘州、凉州、西宁、安西、宁夏、肃州等府州及新疆各属应发烟瘴人犯,编发云南、贵州二省,均预行咨明各该督抚,先期酌量定地,饬知入境首站州县径行解往,照例办理。

一,凡流遣应行发配人犯未起解者,十月至正月终及六月俱停其解发。若已至中途,初冬十月经过州县照常接递,至十一月初一日方准截止,俟次年二月转解。如遇六月照前停留。倘抵配不远并于未起解之先本犯有情愿前进赴配者，取具该犯确供一体起解，并将不行停解缘由移咨前途接递，仍报法部。惟云南省并无盛暑严寒，各省应配人犯已入该省边境者，照常转解。至流遣各犯脱逃被获，例应解回原配，虽遇隆冬盛暑不准停止。其民人在外省犯罪应行递回原籍发配者，若离籍在一千里以外，遇例应停解月分，亦准停解。其起解及接递州县如有将应行停解之犯而不停解及将不应停解之犯擅行停解者，均交吏部照例议处。

一，回民犯罪应发极边安置者，毋庸编发甘肃等省回民聚集之处，其犯该发遣新疆者，亦不得发往回疆地方。

一，凡犯总徒四年、准徒五年者俱照应徒年限收入习艺所工作，限满释放。其犯三流及极边或烟瘴地方安置者，其所犯罪名如系常赦所不原，即按道里表定地发配，到配一律收所习艺。流二千里者限工作六年，二千五百里者限工作八年，三千里者限工作十年，极边及烟瘴地方安置者工作十二年，限满俱释放。有不愿回本籍者，并准在配所地方入籍为民。如系常赦所不原，无论流置，俱毋庸发配，即在本籍或犯事地方收所习艺，工作年限照前科算，限满即行释放。犯至外遣者，到配工作十二年，限满仍令种地当差，不准回籍。

一，凡新疆民人犯该外遣者，改发广东、广西烟瘴地方，到配收入习艺所工作工作十二年，限满由该地方官酌量安插，不准回籍。

一，凡三流、安置、外遣人犯，如犯系强盗、抢夺、会匪、棍徒等项，到配收入习艺所充当折磨苦工，工作年限俱照本例科算。限满，系外遣人犯，仍令种地当差。系三流、安置人犯，分拨配所各州县安插，令地方官严加管束，不准回籍。

一，凡苗蛮猺獞及夷猓人等有犯流置等罪，无论常赦是否得原，俱收入本地习艺所，按照例定年限工作，限满释放。本罪系外遣者，工作十二年后察看情形，如尚知改悔，从宽开释。若仍怙恶不悛，再加工作五年，限满保释。

一，发遣新疆人犯到配后，该抚即将该犯收入习艺所工作十二年，限满酌量所属地方派拨种地，责令当差，并于每年十二月初旬将该处一年内发到遣犯名数同节年问发到配遣犯现存共计若干名，并该处安插遣犯有无脱逃拏获详细声叙，咨报法部照例汇奏。

一，犯罪发往新疆种地人犯，如年老力衰，不能耕种纳粮者，令该抚酌量该犯年力，应当差使责令承充，官给与半分口粮以资养赡，仍令该管官管束。

一,凡文武员弁犯五徒及总徒四年、准徒五年者,均发军台效力。其年限以应徒之年为断,限满即行释放,毋庸呈缴台费。如系侵贪之案,仍令完缴台费,限满后奏请释回。其无力完缴者,于应徒年限已满之后奏明再行留台三年,限满即行释放,分咨法部、陆军部存查,不必再行奏请。

一,发遣新疆效力废员,如该省巡抚酌量差使,十年期满,原犯系流置等罪加重改发者,该抚即奏请释回。如原犯已至外遣由本罪发往者,再行留戍五年,限满仍具奏请旨。

一,各省遣流人犯定地发配及到配安置,俱声明何司案呈专咨报部。

卷　二

职　制

《唐律疏议》曰:《职制律》者,起自于晋,名《违制律》。爰至高齐,此名不改。隋改为职制律。言职司法制,备在此篇云云。《唐律》凡事涉官吏及公务者均入此门,今只有三分之一。唐律目十有二篇,最为赅括。明洪武六年谓刑部尚书刘惟谦详定《大明律》,篇目一准于唐,曰《名例》,曰《卫禁》,曰《职制》,曰《户婚》,曰《厩库》,曰《擅兴》,曰《贼盗》,曰《斗讼》,曰《诈伪》,曰《杂犯》,曰《捕亡》,曰《断狱》。二十四年始改为《吏》、《户》、《礼》、《工》、《兵》、《刑》六门,全非旧律面目矣。国朝因仍不改,《职制》以官员袭廕一条移之篇首,又移《公式》信牌一条入于《职制》,又删去选用军职与官吏给田二条,篇中共分十四条,与《明律》稍有不同。现在吏部既另有则例,与此律亦稍有参差,读此律者须与《吏部则例》合参,庶不至顾此而失彼矣。

官员袭廕

凡文武官员应合袭廕者,并令嫡长子孙袭廕。如嫡长子孙有故(或有亡殁、疾病、奸盗之类),嫡次子孙袭廕。若无嫡次子孙,方许庶长子孙袭廕。如无庶出子孙,许令弟侄应合承继者袭廕。若庶出子孙及弟侄不依次序搀越袭廕者徒一年。(仍依次袭廕。)○其子孙应承袭者,(本宗及本管衙门保勘明白)移文(该部)奏请承袭支俸。如所袭子孙年幼,候年一十八岁方预朝参公役。如委绝嗣无可承袭者,准令本人妻小依例关请俸给,养赡终身。若将异姓外人乞养为子瞒昧官府诈冒承袭者,乞养子流二千里。本家所关俸给(事发)截日住罢。他人教令(搀越、诈冒)者,并与犯人同罪。○若当该官司知(其搀越、诈冒)而听行,与同罪。不知者不坐。(若受财扶同保勘,以枉法从重论。)

按：此仍《明律》，雍正三年修改，顺治初年添入小注，乾隆五年修改。现又改军为流，改满徒为一年。盖言爵禄不可假借，亦即古者世官世禄之遗意也。《明律》列于《职制门》第四条，国朝冠于篇首，最为得体。《唐律》谓之非正嫡诈承袭，载于《诈伪门》：**诸非正嫡，不应袭爵，而诈承袭者，徒二年；非子孙而诈承袭者，从诈假官法，（流二千里）；若无官廕，诈承他廕而得官者，徒三年云云**。本系三层，《明律》并作二层，袭廕并列，与《唐律》不同而罪名轻重互异。袭谓祖、父有功于国，锡以世职，子孙依次承袭。廕有二：特恩廕其子孙曰恩廕。祖父殁于王事，优恤其后曰难廕。袭者承其官也。廕者承其余廕也。此与立嫡违法条参看。通篇分三段，首言搀越，次言诈冒，末言官司听行，盖总承上二段也。于嫡子中分长幼，如嫡长子有故，则令嫡长孙袭廕，不及嫡次子也。凡称孙，曾、元同。如嫡长孙有故，乃次嫡次子。如亦有故，则令嫡次孙袭廕，不及庶长子也。无嫡子嫡孙，然后及庶子，而庶子之中又分长幼。如庶长子有故，则令庶长孙袭廕，不及庶次子。如庶长孙有故，乃及庶次子。如无庶次子孙，许令弟姪应承袭者承袭，如族中无可另继之人，将世职注销。**总之，立嫡不立庶，立长不立贤，立长孙不立次子，此立子之法，亦即袭廕之法**。但袭廕与立子亦稍有不同者。按立嫡子违法条，立嗣虽系同宗，而尊卑失序者，罪如异姓乱宗。盖无子者，许令同宗昭穆相当之侄承继，而弟无继兄之礼。此律曰许令弟姪者，盖无昭穆相当之姪，即应以亲弟承袭，诚以祖父勋爵不当舍亲弟而及远宗之人，弟仍继父，非继兄也。其相同中仍有不同之处，细参自知其妙。又《会典》载：子孙应袭年未及而给俸，曰优给。绝嗣无袭，止遗母妻若女而给俸者，曰优养。此更格外报功延赏之意。旧例又有世职官亡故，户无承袭，其父母给半俸终身，如无父母，其妻亦给半俸终身。无妻者，查原立职之官有亲生母者亦给半俸，皆足补律所未及。再，律文“有故”二字，注止言亡殁、疾病、奸盗之类，例又补出世职守城失机临阵退怯者，俱不准承袭。有犯不孝致典刑及犯人命强盗实犯死罪及免死安置者，本犯子孙俱不准袭，取祖、父次子孙袭职云云，均与律相辅而行，须并参之。

一，世职犯十恶关系军机或因人命、强盗实犯死罪及免死安置，并枉法赃、侵盗钱粮以财行求等案，本犯之子孙俱不准袭，应以亲兄弟承袭。无亲兄弟以亲兄弟之子孙或亲伯叔之子孙承袭。如均无人，按得爵人之谱牒择宗支相近者承袭。若遇恩诏，所获罪与应免之条相符，或奉旨宥免复加录用者，其子孙仍照常升列。

一，凡世职将乞养异姓与抱养族属疏远之人诈冒承袭，或用财买嘱冒袭及受财卖与冒袭已经到官袭过者，将朦混继立之世职与以子与世职为嗣之人，并其知情之义子俱照乞养子冒袭律流三千里。保勘之官罢职。其世职永不得袭。保勘官以首先出与保结者为坐，连名保结者，俱依律减等科断。有赃者并以枉法论。若朦胧保送违碍子孙弟侄者，俱照律发落。

一，应袭之人若父见在，诈称死亡，冒袭官职者徒三年。候父故之日，许令以次儿男承袭。如无以次儿男，令次房子孙承袭。

一，各处土官袭替，其通事及诸凡色目人等有拨置土官亲族不该承袭之人争袭劫夺雠杀者，俱发烟瘴地方安置。

一，銮舆卫校尉缺出，于见役校尉亲生儿男弟侄内选择堪用者替补。如校尉子弟不足，移文民政部，将身家殷实民人保送。有朦胧冒替者，俱以违制论。

滥设官吏

凡内外各衙门官有于额定员数外多添设者，当该官吏（指典选者）一人处十等罚，每三人加一等，罪止徒三年。（若受赃，计赃以枉法从重论。）〇若吏典书役人等额外滥充者徒二年。容留一人，正官处二等罚，首领及吏递加一等，每三人各加一等，并罪止十等罚，罪坐所由。〇其罢闲官吏在外干预官事，结揽写发文案，把持官府，蠹政害民者并处八等罚。再于犯人名下追银二十两，付告人充赏。有所规避者从重论。〇若官府税粮由帖户口籍册雇募攒写者勿论。

按：此仍《明律》，原律三段充赏下尚有仍于门首书写过名三年不犯，官为除去，再犯加二等迁徙云云。顺治三年删去，添入小注。乾隆五年修改。现又改易。盖禁滥设以绝弊源，严侵揽以除民害也。《唐律》名为官有员数：**诸官有员数，而署置过限及不应置而置，一人杖一百，三人加一等，十人徒二年；后人知而听者，减前人署置一等；规求者为从坐，被征须者勿论；即军务要速，量事权置者，不用此律云云。**《明律》删去后数层而添入吏典知印人等一段。且《唐律》十人徒二年，此律止徒三年，亦有不同。盖设官分职，内外皆有定额，额外添设，是为冗员，而吏典承差人等，役多则弊生，额外滥充，是谓冗役。吏轻于官，故滥设官之罪重于滥设吏也。旧律有专擅选官之条，恶其窃权行私，故坐重辟。此律多余添设乃曾经题请应授之人，特员缺非旧制耳，故罪止城旦。若现在变法增减官制，则又系奉特旨变通之事，不得以此律绳之。考之《笺释》，凡内外二品以上衙门有知印，在外都布按三司有承差、只候以听役使，禁子看囚徒，弓兵所以勾追逃逋者也。凡律内称各项名色者准此。

信牌

凡府州县置立信牌（拘提人犯、催督公事），量地远近定立程限，随事销缴，违者（指差人违牌限），一日处一等罚，每一日加一等，罪止四等罚。〇若府州县官遇有催办事务，不行依律发遣信牌，辄（亲）下所属（坐）守（催）并者处十等罚。（所属指州县乡村言。）其点视桥梁圩岸、驿传递铺，踏勘灾伤、检尸捕贼、钞札之类不在此限。

按：此仍《明律》，原在《公式门》，本有小注，顺治三年移此，并将小注修改。现又改笞杖为罚金。盖惩怠玩而杜扰害也。《唐律》无文，《元律》：诸管民官以公事摄所部并用信牌，其差人授众者禁之云云。《明律》即本于此。凡自上行下，以牌为信，故曰信牌。今之白牌、纸牌皆是。首节言差役违限销牌之罪，是谓玩公。后节言府州县官不依律发牌，借公亲下所属之罪，是谓扰民。扰民之罪甚于玩公，故罚有轻重之别。违限专指差人，不言官吏者，自有官文稽程本律也。《日本诉讼法》：差票分为三种，曰传票，曰提票，曰管押票。传票用公差递送，提票、管押票令巡查兵卒办理。凡差票，当载明被告事件及发票之年月日时及审判官签名盖印云云。较中律更为详细，亦可互参。

一，内外问刑衙门大小案件，凡有差票，务须随时缴销。如遇封印时而案未完结，将票暂行缴销，俟开印另行给票。违者分别议处。

贡举非其人

凡贡举非其人及才堪时用、应贡举而不贡举者，（计其妄举与不举人数）一人处八等罚，每二人加一等，罪止十等罚。所举之人知情与同罪，不知者不坐。〇若主司考试艺业技能而（故）不以实者（可取者置之下等，不可取者反置之上等）减二等。〇（若贡举考试）失者各减三等。（受赃俱以枉法从重论。）

按：此仍《明律》，顺治三年添入小注。盖严贡举不当之罚，以务得真才也。《唐律》：**“诸贡举非其人及应贡举而不贡举者，一人徒一年，二人加一等，罪止徒三年；若考校、课试而不以实及选官乖于举状，以故不称职者，减一等；失者，各减三等；知而听行，与同罪。注：非其人，谓德行乖僻，不如举状者；若试不及第，减二等；率五分得三分及第者，不坐云云。”**《明律》悉用《唐律》之原文而治罪较轻。首节言贡举不当之罪，二节言考试不公之罪，三节总承上贡举考试而原其过误之罪。贡即今科贡之类，举如举孝廉方正之类，贡举为朝廷用人大典，知才不堪用而妄贡举，是谓滥举。知才堪时用而不贡举，是谓蔽贤。其罪惟均，此皆欺蔽在国家，故法不得不严。若考试艺业技能较贡举稍轻，故治罪从减。总之，贡举者，取贤才而贡于朝，乃多士出身登进之阶。考试者，考其学而试其才，如今观风课士之类。权事之轻重以定罪之等差，其宽严得中如此。律外原有条例，如乡会试考官及举子有交通嘱托、贿买关节等弊者斩决。又应试举监，有怀挟文字银两当场搜出者枷号一月，满杖革职。其越舍换写文字或临时换卷并用财雇倩夹带传递者，发近边充军。又考试官毫无情弊，下第诸生混行搅闹者发附近充军。又，考职贡监生如有包揽、代作、假冒顶替者，照诈假官律治罪，出结官议处云云。可见科场条例之严，现在停止科举，而此例已经删除，惟此等情弊究不能绝，有犯仍须查照旧例办理，此皆考试之人所当知者，故详录之。

举用有过官吏

凡官吏曾经断罪罢役不叙者，诸衙门不许朦胧保举，违者，举官及匿过之人各处十等罚，举官仍罢职不叙。（受赃，俱以枉法从重论。若将帅异才，不系贪污、规避而罢闲者，有司保勘明白，亦得举用。）

按：此仍《明律》，顺治三年添入小注。现改杖为罚。盖慎保举以重名器也。《唐律》载于诈假官门内：**“其于法不应为官（其有罪谴，未合仕之类）而诈求得官者，徒二年。若诈增减功过年限而预选举，因之以得官者，徒一年；流外官，各减一等；求而未得者，又各减二等云云。”**《明律》虽本于此而稍有不同，《唐律》专指不应为官诈求得官及诈增减功过年限者而言，故载《诈伪门》内，此则兼言举官，并添入书吏一层，而罪名亦较《唐律》为轻。所谓罢职役不叙者，如文武官犯私罪十等罚以上，未入流品官及典吏犯私罪六等罚以上是也。如果其才可用，亦当视其所犯原案，据实开具明白，若朦胧保举，不特阿其所好，而隐匿过犯，百弊丛生，故罢职不叙，所以（统）[绝]其原而清其流也。然此不过徇私交通情面，若受赃则为卖法矣，故注补出从重以枉法论。律外有条例，均当与律互相参考。

一，奉旨不准保升及曾经获咎不准捐复，并奉特旨永不叙用之文武各员暨举贡吏员承差人等曾经考察论劾罢黜及为事问革例不入选者，倘敢改名弊混，若买求官吏改名弊混，若买求官吏改洗文卷，隐匿公私过名，或诈作丁忧起复以图选用，事发问罪，已除授者流二千五百里，未除授者徒三年。如系止图顶戴荣身无关铨选，即照违制律治罪，系官革职。其起送官吏，但知情受贿者流二千里。赃重者从重论。若原不知情，止是失于觉察者，照常处分发落。

一，被革官吏贡监有易名复捐贡监职衔者，除将复捐贡监职衔革退勒缴执照外，仍照违制律治罪。伊等犯事到官，一面追照缴销，一面即行审拟。

一，凡衙役犯侵盗钱粮婪赃等罪遇赦豁免后，覆入原衙门及别衙门应役者徒三年。该管官知情故纵及督抚不即纠参者，俱交该部议处。

擅离职役

凡官（内外文武）吏（典吏）无（患病公差之）故擅离职役者处四等罚。（各留职役。）若避难（如避难解之钱粮，难捕之盗贼，有干系者）因而在逃者处十等罚，罢职役不叙。所避事重者各从重论。（如文官随军供给粮饷，避难在逃以致临敌缺乏。武官已承调遣，避难在逃以致失误军机。若无所避而弃印在逃则止罢职。）○其在官（如巡风官吏、火夫之类）应直不直，应宿不宿各处二等罚。若主守（常川看守）仓库、务场、狱囚、杂物之类，应直不直、应宿不宿者各处四等罚。（俱就无失事者言耳。若仓吏不直宿而失火，库子不直宿而失盗，禁子不直宿而失囚之类，自有本律科罪。）

按：此仍《明律》，顺治三年添入小注。现改笞杖为罚金。盖言职役所关当惩旷废而严规避也。《唐律》：**“诸刺史、县令、折冲、果毅，私自出界者，杖一百。经宿乃坐；诸在官应直不直，应宿不宿，各笞二十；通昼夜者，笞三十；若点不到者，一点笞十；诸官人无故不上及当番不到，若因暇而违者，一日笞二十，三日加一等；过杖一百，十日加一等，罪止徒一年半；边要之官，加一等；诸在官无故亡者，一日笞五十，三日加一等；过杖一百，五日加一等；边要之官，加一等。”**至五十六日流三千里云云。《明律》虽本于唐，似不如《唐律》详备，而罪止于杖，亦较《唐律》为轻。但《唐律》有官当赎法，明则实徒实降，其名虽轻，其实则仍无甚轩轾，须善会之。旧例，凡监生在监肄业及各衙门办事，官吏皆不许倩人代替，违者处十等罚，黜革。代替者系有职役，一体问革云云。现虽删除，亦可备参。再，此律擅离职拟四等罚，系统括文武大小官员而言，而《吏部则例》：凡教职官员擅离职守者照此律定拟，罚俸九个月。若州县等官擅离职守则从重降二级调用，以州县等官责任较重故也，与此不同，当并参之。

擅勾属官

凡上司催会公事立（文）案定（期）限，或遣牌，或差人行移所属衙门督并（完报），如有迟错，依律论（其稽迟违错之）罪。若擅勾属官、勾唤吏典听事及差占司狱、各州县首领官因而妨废公务者，（上司官吏）处四等罚。若属官承顺逢迎及差拨吏典赴上司听事者，罪亦如之。其有必合追对刑名、查勘钱粮、监督造作重事方许勾问，事毕随即发落。无故稽留三日者处二等罚，每三日加一等，罪止五等罚。（勾问谓勾问其事情，非勾拘问罪也。若问罪，则《名例》明开上司不许径自勾问矣。）

按：此仍《明律》，顺治三年添入小注。现改笞为罚。原律差占之下有“推官”二字，雍正三年以本朝并无推官之名，因而删去。盖禁止上司擅扰下属并属官之迎合上司也。《唐律》无文，当是明代所创始。催是催促，会是会计。督并者，督责而追併也。迟错二字平看，稽迟依稽程之律，违错依失错之律。自上行下谓之问，自下承上谓之听。上司有统下之权，若许其勾唤差占，则下司恐无办事之日。下司有承上之分，若听其逢迎拨差，则上司益无忌惮之心，故各坐罪。曰重事方许勾问，斯法不废而事功集。曰无故不许稽留，则官不扰而职业修。律意之周悉如此。

交结近侍官员

凡诸衙门官吏若与内官及近侍人员互相交结，漏泄（机密）事情，夤缘作弊（内外交通，泄漏事情）而扶同奏启（以图乘机迎合）者，皆绞（监候。若止以亲故往来，无夤缘等弊者不用此律。）

按：此仍《明律》，顺治三年添入小注，原律官员下有小注云近侍包宰执、六科、尚宝等衙门而言，雍正三年删去。盖严交结营私之罪以示惩也。内官指各内监有职者。近侍包宰执、部科等衙门。夤缘谓倚托牵引。因交结而漏泄事情，因作弊而扶同奏启，罔上行私亦奸党之徒也，故重其罪。旧例有上司属员不许结亲之条，亦即此意。伏读乾隆三十九年上谕：凡有奏事之责者陈奏事件，俱应直达朕前，不许另用副封关会军机处各部院，亦不得将所奏之事预先告知军机大臣，致启通同扶饰之弊。又，道光十九年上谕：乡会试考官，感其识拔，谊等师生，尚属礼缘义起，然在官言官，在朝言朝，断不可以私废公，至殿试朝考一经馆选，与阅卷官认师生已属非是，若京察一等，大计卓异者，概予堂官上司认师生，是身荷简拔之恩，心感保举之力，受爵公朝，拜恩私室，甚非国家考绩求贤之意。至外省风气，州县辄与府道认师生，府道辄与督抚认师生，种种夤缘皆由此起，安望持正秉公，各尽职守。嗣后内外臣工不准藉师生称谓以为攀援上进之阶，钦此云云！近来风气日坏，反以拜门为得计，一若不知此事为可羞者，故附录于此，以备参考，是亦砥砺廉隅者所当知也。

一，罢闲官吏在京潜住，有擅出入禁门交结者，各门盘诘，拿送法司，问实发烟瘴地方安置。

一，各旗王公所属人员，除服官在京者，如遇年节生辰，仍准其向各府往来外，其现居外任因事来京者，概不许于本管王公处谒见通问，违者处十等罚。如有夤缘馈送等弊，计赃从其重者论。该管王公容令谒见者，交宗人府照违制律议处。若私通书信有所求索借贷及先自馈遗希图厚报者，交宗人府计赃治罪。

上言大臣德政

凡诸衙门官吏及士庶人等，若有上言宰执（执政）大臣美政才德者（非图引用，便系报私），务要鞫问穷究（所以阿附大臣）来历明白，犯人（连名上言止坐为首者）处绞（监候）。若宰执大臣知情与同罪，不知者不坐。（大臣知情与同罪，亦依《名例》致死减一等法，流三千里。）

按：此仍《明律》，顺治三年添入小注。现改斩为绞。盖严禁阿附大臣以杜朋党之萌也。宰执大臣，参赞密务，以宣上德意，善则归君，过则归己者也。官人夫士庶上书铺张美政，表扬才德，非逢迎以图引用，即献媚以报私恩，既非公心，即是奸邪朋党，故重禁之。旧律有奸党一门，系不分首从拟罪，此律止坐为首。彼之交结朋党，恶其同于乱政，此止讬于空言，所以坐罪稍异，然其严阿附之门，所以重绝朋党之祸者意深远矣，可以合参之。又《礼制门》：现任官实无政绩，辄自立碑建祠者十等罚。若遣人妄称己善申请于上者八等罚。又，《杂犯门》旧例有降调革黜之员贿嘱百姓保留者，将与受官民照枉法治罪。又，乾隆四十九年上谕：章程德政碑、万民衣伞、脱靴等事一概禁饬云云。均系严惩阿附结党之意，虽情节轻重不同，而其为献媚则同，备录于此，当与律文一并参究。

一，督抚等官或升任、更调、降谪、丁忧、离任而地方百姓赴京保留控告者，不准行。将来告之人审实治罪。若下属交结上官，派敛资斧，驱民献媚，或本官留恋地方，授之意指，藉公行私，审实，从重治罪。其有贿嘱百姓保留者，审实，将与受官民照枉法赃治罪。至民人附合结党、妄预官府之事者处十等罚。

公式

古律无此名目，凡本门各条均统在《职制门》内，明始分出此篇，称为《公式》，以其可为公共之体式也。原律十八条，国朝将信牌一条移入《职制门》，又将泄漏军情一条移入《军政门》，又并弃毁印信二条为一，而删去漏用钞印一条，共存十四条。此门与《吏部则例》歧出互见，凡止关处分者载在《则例》，而有关《罪名》者汇入此篇。修书之体例如此，而讲义则不拘此，无论处分、罪名，均为仕（官）［宦］所当考求研究，故有关引用者一并采入。

讲读律令

凡国家律令颁行天下，永为遵守，百司官吏务要熟读，讲明律意，剖决事务。每遇年终，在内在外各从上司官考校，若有不能讲解、不晓律意者，官罚俸一月，吏处四等罚。○其百工技艺诸色人等有能熟读讲解通晓律意者，若犯过失及因人连累致罪，不问轻重并免一次。其事干谋反叛逆，不用此律。○若官吏人等挟诈欺公，妄生异议，擅为更改变乱成法（即律令）者绞（监候）。

按：此仍《明律》，雍正三年修改，其小注系顺治三年添入。现又删除参酌事情轻重定立罪名二句。盖欲人知法律而永遵守也。《唐律》：**“诸称律、令、式不便于事者，皆须申尚书省议定奏闻；若不申议，辄奏改行者，徒二年云云。”**此律末节即本《唐律》之意而特峻其法，所以严纷更乱政之防也。《唐书》有四，曰律、令、格、式。格者，百官所常行之事。式者，常守之法。明代止有律、令而无格、式，国朝律外有例而令久不设矣。盖律令者，乃治狱之规矩准绳也。百官有司讲明律意，然后引断不谬而刑罚可得其中，故《吏部则例》又载有各衙门吏典，令该管各官年底考校，有能通晓律例者，于役满咨部文内声明，至考职时于卷面印一“通晓律例”字样，酌量优取以示鼓励。如不能讲辨，照律笞四十。又《礼部则例》载：凡直省州县乡堡设立讲约处，拣选老成者一人、朴实谨守者三四人，每月朔望宣读《圣谕广训》及《钦定律条》，明白讲解，家喻户晓，州县教官仍不时巡行宣导。又，乾隆七年上谕：朕思律例有关政治，即以司官而论，若谓各部《则例》未能尽行通晓则可，若于本部本司律例茫然不知，办理事件徒委书吏之手，有是理乎？又，同治五年上谕：律例有关政治，庶司百职均应加意讲求，精思熟习，近来内外臣工于律例漫不经心，以致劣幕奸胥得以把持朦蔽，吏治废驰率由于此，著部院堂官于学习人员奏留时，考以本部《则例》，必条对详明者方准奏留。外省试用人员亦于期满时考以《大清律例》，其不晓律意者严加甄核，钦此。综观以上各条，而律例之当讲求可无赘言矣。现在各学堂功课均设《大清现行刑律》一科，愿我同人加意研求，他日为名臣为良吏，其根基全在于此，非但可以束身寡过已也。

制书有违（天子之言曰制，书则载其言者，如诏赦、谕敕之类。若奏准施行者不在此内）

凡奉制书有所施行而（故）违（不行）者处十等罚。失错旨意者各减三等。○其稽缓制书者一日处五等罚，每一日加一等，罪止十等罚。

按：此仍《明律》，原律上节处十等罚，违皇太子令旨者同罪，同罪下有“违亲王令旨者杖九十”九字，下节杖一百下有“稽缓亲王令旨者各减一等”十一字。原律末句下有小注云：有御宝方是，制书若誊黄翻刻依官文书论。国朝初年间尚仍其旧，雍正以后删此数语。现又删去“皇太子令旨”一层，并改笞杖为罚金。盖言人臣当遵君命而速奉行者也。《唐律》：**“诸稽缓制书者，一日笞五十，一日加一等，十日徒一年；诸被制书，有所施行而违者，徒二年；失错者，杖一百；诸受制忘误及写制书误者，事若未失，笞五十；已失，杖七十；转受者，减一等；诸制书有误，不即奏闻，辄改定者，杖八十；官文书误，不请官司而改定者，笞四十；知误，不奏请而行者，亦如之；辄饰文者，各加二等云云。”**较此律详备。《唐律》分作三层，此律有违制，有稽缓而无制书有误一层，罪名亦较《唐律》为轻。按，诈为制书条：传写失错者十等罚，此失错旨意者减三等。同一失错而罪名轻重不同者，盖彼之传写失错是错写制书之词而误传之，所误者众，故其罪重；此之失错意旨是错解制书之意而误用之，误止一处，故其罪轻。且错写多因率忽疏略，系由于不敬慎；错解多因识见愚蒙，尚非有意慢怠。情节亦有不同，故彼十等罚，而此得减三等也。律文之细如此，至于令旨有皇太子而无后宫者，《辑注》有云：母后之旨不传于外也。《杂犯》又有违令五等罚一项，与此参看。

弃毁制书印信

凡故弃毁制书及各衙门印信者绞(监候)。若弃毁官文书者处十等罚。有所规避者从重论。事干军机钱粮者亦绞(监候。事干军机恐致失误,故虽无钱粮亦绞。若侵欺钱粮、弃毁欲图规避,以致临敌告乏,故罪亦同科。)当该官吏知而不举,与犯人同罪。(至死减一等。)不知者不坐。误毁者各减三等。其因水火盗贼毁失有显迹者不坐。〇若遗失制书圣旨印信者徒二年半。俱停俸责寻,三十日得见者免罪。(限外不获,依上科罪。)〇若主守官物遗失簿书以致钱粮数目错乱者处八等罚。(亦停俸责寻。)限内得见者亦免罪。〇其各衙门吏典役满替代者,明立案验,将原管文卷交付接管之人,违(而不立案交付)者(旧吏)处八等罚。首领官吏不候(吏典)交割,扶同给照(起送离役)者罪亦如之。

按:此仍《明律》,雍正三年删改,小注系顺治三年添入。现改斩为绞,改杖为罚。盖重王言而昭信守,谨文案而杜欺弊也。《唐律》:**“弃毁制书及官文书者,准盗论;亡失及误毁者,各减二等。其误毁失符、移、解牒者,杖六十。诸主守官物而亡失簿书,致数有乖错者,计所错数,以主守不觉盗论。其主典替代者,文案皆立正案,分付后人,违者杖一百。诸亡失器物、符、印之类,应坐者皆听三十日求访,不得,然后决罪。若限内能自访得及他人得者免其罪;限后得者,追减三等。官文书、制书,程限内求访得者亦如之。即虽故弃掷,限内访得,听减一等。诸弃毁、亡失及误毁官私器物者,各备偿。若被强盗者各不坐不偿。即虽在仓库故弃毁者,征偿如法。其非可偿者,坐而不备云云。”**《明律》即本于此,而罪名轻重不同。《唐律》弃毁制书准盗论,只徒二年,与违制书者罪名相等。《明律》违制仅拟满杖,而弃毁即拟斩罪,轻重大相悬绝。再,《明律》亡失簿书及役满代替不明立案科罪俱轻于《唐律》,而限后得者并无追减之法,故弃掷者限内访得亦无减等之文,则又重于《唐律》。两者合参,虽各有深意,似乎《唐律》较为平允。制书印信出自朝廷,弃是弃掷不存,毁是毁坏不全,无所忌惮,故拟重辟。然制书必是原颁有御宝者方坐,若誊黄翻刻则止作官文书论也。首节弃毁皆属故犯,而误毁则减三等。次节言遗失之罪,与误毁相同,俱属无心之过,故有停俸责寻之法。三节簿书亦官文书也,以其关系钱粮,故比他文书加一等,然必数目错乱,无文案可考者方坐。四节言吏典役满交代不清,官吏扶同之罪。故律后条例备载州县府厅离任交代文卷,书吏乘机隐匿添改作弊及遗漏各项罪名,当并参之。

一，凡直省州县，无论正署，俱于离任时将任内自行审理户婚、田土、钱债等项一切已结卷宗及犯证、呈状、供词均于接缝处钤印，照依年月编号登记，注明经承姓名，造册交代。并将历任递交之案一并检齐，加具并无藏匿抽改甘结，交代接任之员报明上司查核。其未结各案分别内结、外结及上司批审、邻省咨查并自理各项，俱开注事由月日，造册交代。接任官限一个月按册查核。如并无隐匿、遗漏，即出具印结，照造款册，由知府、直隶州、知州核明加结，详赍巡道、臬司存核查催。臬司查明，仍将印结移送蕃司入于交代案内，汇详知府。直隶州交代，亦照此办理。傥有不肖胥吏不行查明交代者处八等罚。其有乘机隐匿、添改作弊等情，各按其所作之弊悉照本条治罪。受财者以枉法从重论。其州县官失察及造册迟延、遗漏、隐匿并希图省事，或卷不黏连，或黏连不用印以致胥吏舞弊者，该管上司查参，照例分别议处。

一，大小衙门将奉行条例汇齐造册，于新旧交盘之时一体交盘。如有遗漏，将典吏照遗失官文书律治罪。该管官交部议处。

一，各省臬司交代，无论正署，离任时将一应卷宗及自理词讼，无论已结未结，俱造册钤印封固，一体移交。其接任臬司将交代清楚情由自行陈奏。一面具结详明督抚报部，并将在班书吏加紧防闲，不许藉端出署。如有迟延朦混，即行严究。如因离任事故不及亲办者，责成首领关防造册封卷呈办。其道、府、厅员一切卷宗各照州县钤印造册交代例，报明上司存案。

上书奏事犯讳

凡上书若奏事误犯御名及庙讳者处八等罚。余文书误犯者处四等罚。若为名字触犯者（误非一时，且为人唤）处十等罚。其所犯御名及庙讳声音相似字样各别及有二字止犯一字者皆不坐罪。○若上书及奏事错误，当言原免而言不免（相反之甚），当言千石而言十石（相悬之甚）之类，有害于事者处六等罚。申各部错误有害于事者处四等罚。其余衙门文书错误者处二等罚。若所申虽有错误而文案可行，不害于事者勿论。

按：此仍《明律》，原律六部下有都察院等衙门数字，乾隆五年删定，其余小注系顺治初年添入，现又改杖为罚。盖惩不敬而儆错误也。《唐律》：**“诸正[上]书若奏事，误犯宗庙讳者，杖八十；口误及余文书误犯者，笞五十；即为名字触犯者，徒三年。**

若嫌名及二名偏犯者，不坐。［诸］上书若奏事而误，杖六十；口误，减二等。上尚书省而误，笞四十。余文书误，笞三十。即误有害者，各加三等。若误可行，非上书、奏事者，勿论云云。"《明律》即本于此，而删去口误一层。再，唐上书若奏事而误杖八［六］十，误有害者加三等，本系两层，《明律》并作一层，盖不论有害无害，厥罪惟均矣。古人重讳，非但庙讳御名也，即祖、父之讳亦然，《唐律》又有府号、官称犯祖父名，而冒荣居之者徒一年之文，较故犯庙讳者加重三等。当时忌讳最严，虽嫌名亦为之讳，故韩昌黎作《辩讳》以駮之，后世此风稍减，故为名触犯罪止十等罚，并无徒罪，古今风气不同如此。此外，《户部则例》载捐纳贡监有名涉谬妄及袭前代圣贤名臣大儒姓名，或与本朝大臣姓名全同者，统饬更改。又乾隆四十一年例，官员同名，令官小者改。又康熙三十九年例文揭内银数月日俱用大写。又，《吏部则例》：本内抬头错误者，司官罚俸二个月，堂官罚俸一个月。又，本内挖补年月者罚俸六个月，以上各项皆居官者所当知也，故附录之。现在法部又有应避字样格式，凡犯人死者之名有徽号、国号、庙号、年号、陵名，一切天、清、龙、朝、隆、福、元、官等字样者，均以他字代之，是亦司法官吏所当留意也。

事应奏不奏

凡军务钱粮、选法制度、刑名死罪，灾异及事应奏而不奏者处八等罚。应申上而不申上者处四等罚。〇若已奏已申不待回报而辄施行者并同不奏不申之罪。〇其（各衙门）合奏公事须要依律定拟明白奏闻，若（官吏）有规避（将所奏内）增减紧关情节，朦胧奏准（未行者以奏事不实论），施行以后因事发露，虽经年远，鞫问明白，绞（监候。非军务钱粮，酌情减等）。

按：此仍《明律》，顺治三年添入小注。原律第一节专指军官，第二节专指文职，雍正三年改为应议之人及文武职官。乾隆五年，又添吏不签名小注。现又删改。盖禁专擅而防欺罔也。《唐律》：**"诸事应奏而不奏，不应奏而奏者，杖八十。应言上而不言上，虽奏上，不待报而行，亦同。不应言上而言上及不由所管而越言上，应行下而不行下及不应行下而行下者，各杖六十。又，［诸］断罪应言上而不言上，应待报而不待报，辄自决断者，各减故失三等云云。"**《明律》只应奏不奏、应申不申等等语，与《唐律》相同。其《唐律》不应奏而奏、不应申而申两层，《明律》不载。以此项情节虽涉亵渎，究系不慎重之过，故不治罪，亦宽待臣工之意也。首节言军务等事应奏申不奏申之罪。二节言已奏申不待回报辄施行之罪。三节言合奏公事有规避朦胧奏准事后发露之罪。四节言下属官将不合行事务妄禀混禀以致误准施行之罪。若未施行，则依奏事诈不以实论也。军务如调发兵马之类，钱粮如出纳征收之类，选法如吏部、陆军部选官等第也，制度如制礼作乐之类，刑名则问拟至死之罪，灾异则水旱为灾、妖怪为异之类是也。

再查通政司旧制，雍正三年定议：凡地方公事皆用题本，本身私事皆用奏本，奏本概不用印，此从前题奏之界限也。以后凡特别重案用奏本，寻常命盗各案用题本，不以事之公私分题奏而以案之大小分题奏，近则一概改题为奏，惟每年秋审、朝审尚系照旧用题，此亦刑政中一大关键也。故附录于此，以备考核。

一，大理院遇有京控之案，先由总检察厅详核原呈分别准驳。果系冤抑难伸，情词真切，或案情较重者，即交该院分庭审明，咨回本省再审。于一月或两月，视控案之多寡汇奏一次，各案情节于折内分晰注明。如距京较近省分，将原告暂行散禁，提取本省全案卷宗细加查核，再行分别酌办。其关系行政事务，如官吏营私骫法及被参冤抑之类，仍于都察院呈控。

一，各省具奏案件，除例内载明应奏各案，或事关重大，或駮令覆审，或由死罪减等例内载明请旨定夺及声明援例两请者仍专折具奏外，其余寻常命盗死罪案件一律改为汇案具奏，分罪应斩绞立决者为一项，罪应监候者为一项，每折酌量多寡，至多以八案为率，奏交大理院覆判，仍另录供招先行咨院，以备详核奏覆。其由死罪径行减拟遣流人犯并正犯病故案内余犯应拟遣流人犯，以及寻常遣流人犯与徒罪有关人命等项，均详叙案情，专案咨交大理院核定，仍按季咨报法部列入司法彙报。

一，凡审题盗窃等案，如另案内尚有别犯应拟斩绞重罪者，仍照例分案具题外，如止一犯应拟斩绞，两案罪名相同，例应从一科断者，归于一案内声叙明晰具奏。其另案即咨部完结，如有余犯问拟安置流罪者，亦随咨案办结。

一，文自知县以上，武自守备以上，如有自尽之案，该督抚专折奏闻。

一，凡州县官将小民疾苦之情不行详报上司，使民无可控诉者，革职，永不叙用。若已经详报而上司不接准奏闻者，革职。

出使不复命

凡奉制敕出使（使事已完）不复命，干预他事者（与使事绝无关涉）处十等罚。

各衙门出使(使事已完)不复命,干预他事者,(所干预系)常事处七等罚。军情重事处十等罚。若(使事未完)越理(理不当为)犯分(分不得为),侵人职掌行事者处五等罚。〇若回还后,三日不缴纳圣旨(制敕)者处六等罚。每二日加一等,罪止十等罚。不缴纳符验者处四等罚。每三日加一等,罪止八等罚。〇若(或使事有乖、或圣旨制勅符验有损失之类)有所规避(不复命、不缴纳)者各从重论。

按:此仍《明律》,顺治三年添入小注。现又删改,并改笞杖为罚金。盖言奉使之当慎也。《唐律》:**"诸受制出使,不返制令[命],辄干他事者,徒一年半;以故有所废阙者,徒三年。余使妄干他事者,杖九十;以故有所废阙者,徒一年。越司侵职者,杖七十。[诸]用符节,事讫应输纳而稽留者,一日笞五十,二日加一等,十日徒一年云云。"**《明律》即本于此,而治罪较轻,亦无以故有废阙之文,似不详备。制、敕是两项,大事用制,次用敕,皆圣旨也。各衙门出使,或题准给有劄付,或领精微批者皆是。他事是与使事绝不相干者,如接受词讼、审理狱囚之类。后节圣旨即是上之制敕也。符验所以起船起马者,凡精微、批文、劄付、勘合、火牌均是。律文上曰干预他事,下曰侵人职掌,均是越理犯分,而罪名轻重不同者,全在使事已完未完上分别。上项是使事已完,乃干预地方他事,显有要求陵犯滋扰之弊,盖不即复命已自有罪,又干他事,故其法重。下项是使事未完,本有切己应为之事,乃越理犯分侵人职掌,不过出位非分之所为,故其罪稍轻。律义细微如此,非躁心人得以领会焉耳!

官文书稽程

凡官文书稽程者,一日,吏典处一等罚,三日加一等,罪止四等罚。首领官各减一等。(首领官,吏典之头目,凡言首领,正官、佐贰不坐。)〇若各衙门(上司)遇有所属申禀公事,随即详议可否,明白定夺(批示)回报。若当该(上司)官吏不与果决,含糊行移,(上下)互相推调以致躭误公事者,(上司官吏)处八等罚。其所属(下司)将可行事件不行区处(无疑)而作疑申禀者,(下司官吏)罪亦如之。

按:此仍《明律》,国初删去末后数语,并添小注。现又改笞杖为罚金。盖指违限而误公者言也。《唐律》:**"(诸)官文书稽程者,一日笞十,三日加一等,罪杖八十。"**《明律》上节原本于唐而添入下节一段,罪名亦较《唐律》为轻。稽程者稽迟程限也。程限如后例小事五日,中事十日,大事二十日是也。含糊行移,是应断不断,责在上官。设作疑难申报,是应行不行,责在下属。总之,严定限而重公事也。上节止是稽程，尚未躭误公事，故罪轻。下节躭误由于推诿，故罪重。律后又官文书稽程者，一有例条，均切实用，备录之以便参考。

一，内外衙门公事，小事五日程，中事十日程，大事二十日程，并要限内完结。若事干外郡官司、关追会审或踏勘田土者不拘常限。

一，各部院衙门一切应行事件俱于堂官批行后五日内行文，其有讹误舛错之处，将承行之员交部议处。如遗漏未行，或迟延日久，将管理之员交部分别议处。

一，大理院寻常移咨外省案件，如行查家产，关提人犯，俱以文到之日为始依限查覆，于覆文内将何日接到该院咨文、有无逾限之处随案声明。傥一时未得清晰，必须辗转咨查，不能依限查覆者，亦即声请展限。如逾限不完，又不声明缘由，仍由该院行催并知照法部查参，将承办之州县及各该上司俱交部议处。

一，凡各省报部难结事件，如通缉已届四十年者即行查销，毋庸列入汇奏。傥后经缉获，仍行质明办理。

一，州县官承审案件，或正犯、或紧要证佐患病，除轻病旬日即痊者毋庸扣展外，如遇病果沉重，州县将起病、病痊月日及医生医方先后具文通报，成招时出具甘结附送，令该管府州于审转时查察加结转送。如府州司道审转之时，或遇犯证患病，亦准报明扣除，但病限毋论司府州县止准其扣展一月。若带病起解以致中途病毙，照解犯中途患病不行留养例议处。傥系州县捏报假病籍延，立即揭参。府州扶同加结，院司察出，将府州一并开参。如审转之府州司道无故迟延，捏报患病希图扣限及上司徇隐，并交部议处。

一，凡州县承审命案，详请检验，上司并未批驳者仍按限审解外，其有屡次驳查后经批准迟延有因之案，该督抚据实声明报部，准其另行扣限。如有捏饰，照例严参。

同僚代判署文案

凡应行（上下）官文书而同僚官代判（判日）署（书名画押）者处八等罚。若因遗失（同僚经手）文案而代为（判署以补卷宗）者加一等。若（于内事情）有增减出入，罪重者从重论。

按：此仍《明律》，顺治三年添入小注。现改杖为罚金。盖严诈冒而防奸弊也。《唐律》：**“诸公文有本案，事直而代官司署者，杖八十；代判者，徒一年。亡失案而代**

者，各加一等云云。”均指非应判署之人而言。《明律》改为同僚，与《唐律》义有不同。且《唐律》代判重于代署，《明律》判、署并无分别，又添末后规避从重论一语。应行官文书者，如咨、申、照会、牒、劄之类。判谓判日，署谓书名。文书须各官亲笔判日书名，则一人有私不得独行，如有故不与者，阙之。则意见不合，众人自难相强，正以别嫌而防奸也。如同僚代判代署，虽无奸弊，亦属诈冒，故拟八等罚。若遗失文案，而代为判署以补卷宗者，既已遗失，又复作伪，故加一等。此皆指无私弊者，苟于事情或有增减，罪名或有出入，是有私弊，自各从所增减出入之罪从重论。此律不分正官佐贰，即正官代佐贰判署，亦同此罪。后有条例，足补律所未备，当并参之。

一，各部院衙门司员有偷安、偏执、故意推诿不行画押者，该堂官即指名奏参。其实有患病事故告假者免其议处。若堂官徇情枉法，逼勒画押，该司员密揭都察院，将该堂官指名奏参。如有挟嫌诬告情弊，将该司员照例治罪。

增减官文书

凡增减官文书（内情节字样）者处六等罚。若有所规避（而增减者），流罪以下各加（规避）本罪二等，罪止流三千里。未施行者（于加罪上）各减一等。规避死罪者依常律。其当该官吏自有所避（之罪），增减（原定）文案者罪（与规避）同，若增减以避迟错者处四等罚。○若行移文书，误将军马钱粮刑名重事紧关字样传写失错而洗补改正者，译写之人处三等罚。首领官员失于对，同减一等。（若洗改更正而有）干碍调拨军马及供给边方军需钱粮数目者，首领官员及译写之人皆处八等罚。若有规避故改补者，以增减官文书论。（各加本罪二等。）未施行者各（于规避加罪上）减一等。（若因改补而官司涉疑，有碍应付，或至调拨军马不敷供给，钱粮不足）因而失误军机者，无问过失，并绞（监候。罪坐所由，仍分首从。）若（非军马、钱粮、刑名等事文书而）[无]规避及常行字样偶然误写者皆勿论。

按：此仍《明律》，顺治三年添入小注。现又删改。盖严文书增减之罪以防私弊也。《唐律》：**“诸诈为官文书及增减者，杖一百；准所规避，徒罪以上，各加本罪二等；未施行，各减一等。即主司自有所避，违式造立及增减文案，杖罪以下，杖一百；徒罪以上，各加所避罪一等；造立即坐。若增减以避稽者，杖八十云云。”**盖合诈伪、增减同言。《明律》诈为官文书另入《诈伪门》，此律止言增减之罪，而治罪亦较《唐律》为轻，后更添入失错洗补之罪，亦较《唐律》详备。首节以增减言，分三项：一凡人增减，一有所规避而增减，一官吏自有规避而增减。次即以改补言，分五项：一改补军马等项重事之关紧字样，一干碍调拨军马供给边防军需，一有规避故改补，一因而失误军机，一无规避误写常行字样，盖常行字样正对上紧关二字，偶然误写，不问其罪，正于明罚敕法之中寓以恕求情之意。此律专指失错而洗补者，如失错而不改补，则依上奏事犯讳条内申给各部失错律也。

漏使印信

凡各衙门行移出外文书漏使印信者，当该吏典对同首领官并承发各处六等罚。全不用印者各处八等罚。（若漏印及全不用印之公文）关系调拨军马供给边方军需钱粮者各处十等罚。因（其漏使、不用，所司疑虑，不即调拨供给）而失误军机者绞（监候。亦以当该吏为首，经管首领官并承发止流三千里。若倒用印信者照漏用律处六等罚。）

按：此仍《明律》，顺治三年添入小注。现改杖为罚。盖言用印宜加详慎也。“出外”二字最重，与《诈伪门》盗用印及空纸用印并《上书陈言门》备用印信封皮等条互相参看。凡文书内钱粮数目与圈涂旁注、接缝粘连俱当用印钤盖，漏使及全不用则无以徵信，必且误公事而滋奸弊。但漏使究较全不用者为轻，故罪有分别，吏典系用印之人，首领官系对同之人，承发吏系掌管发行之人，故拟罪惟均。《明律备考》有倒用印信者照漏用处六等罚之条。又《处分则例》：在京各衙门应用堂印事件误用司印，应用司印误用堂印，罚俸三月。倒用者同云云，均可与此律合参。《明律》尚有漏用钞印一条：凡印钞不行仔细，致有漏印及倒用者，一张笞一丨，每三张加一等，罪止处十等罚云云。本朝停用宝钞，故删除之。现在官银行纸币均用官印，此律即在所应用，故附录之。

一，各部院稿案有将紧要数目字样添改之处，俱用印钤盖。如有疏忽，照例参处。

一，奏销册内钱粮总数遗漏印信及有洗补添注字样，造册之员交部议处，缮书册吏按律治罪。

擅用调兵印信

凡统兵将军及各处提督总兵官印信，除调度军马、办集军务行移公文使用外，若擅出批帖，假公营私（及为凭）照（防）送物货（图免税）者，首领官吏各处十等罚，罢职役不叙（罪其不能禀阻），正官奏闻区处。

按：此仍《明律》，顺治三年添入小注，原律系总兵将军及各处都指挥使，雍正三年改易今名。盖专为掌兵权而用印营私者言也。假公营私，所包甚广，照送货物则指一事言耳。统兵大员印信原用以调度军马，办集军务，若以之擅出批帖，则是以调兵之公器为自便之私图，故均为有罪，而治首领以十等罚者，以其赞佐无补而不行禀阻也。正官奏闻区处者，以其为应议之人也，然曰处区，则罪不罪，（准）[惟]上所裁矣。后自条例，可与律文参看。

一，凡各省文武大小官员有以官印用于私书者，照违制律治罪，有所求为，从重论。

户役

汉萧何承秦六篇律后加厩、兴、户三篇，为《九章律》后，迄至后周皆名《户律》，北齐以婚事附之，名为《婚户律》。隋以户在婚前，改为《户婚律》，唐因之，而以田宅之事附焉。明始分《户役》、《田宅》、《婚姻》三篇，国朝因仍不改。初有隐匿满洲逃亡家人一条，其后删去，另纂《督捕则创》。本门共分十五章，而人户以籍为定及立嫡子违法二章尤为切要，现在删去丁夫差遣不平、隐蔽差役、逃避差役三章，则止存十二章矣。

脱漏户口

凡一（家曰）户全不附籍，（若）有（田应出）赋役者家长处十等罚，（若系）无（田不应出）赋役者处八等罚，（准）附籍（有赋照赋，无赋照丁）当差。○若将他（家）人隐蔽在户不（另）报（立籍）及相冒合户附籍，（他户）有赋役者（本户家长）亦处十等罚，无赋役者亦处八等罚。若将（内外）另居亲属隐蔽在户不报及相冒合户附籍者，各减二等。所隐之人并与同罪。改正立户，别籍当差。其同宗伯叔弟侄及婿，自来不曾分居者不在此（断罪改正之）限。○其现在官役使办事者虽脱户，（然有役在身，有名在官）止依漏口法。○若（曾立有户）隐漏自已成丁（十六岁以上）人口不附籍及增减年状妄作老幼废疾以免差役者，一口至三口，家长处六等罚。每三口加一等，罪止十等罚。不成丁，三口至五口处四等罚，每五口加一等，罪止七等罚，（所隐人口）入籍（成丁者）当差。○若隐蔽他人丁口不附籍者，罪亦如之。所隐之人与同罪，发还本户附籍当差。○若里长失于取勘，致有脱户者，一户至五户处五等罚，每五户加一等，罪止十等罚。漏口者，一口至十口处三等罚，每十口加一等，罪止五等罚。本县提调正官、首领官吏（失于取勘，致有）脱户者，十户处四等罚，每十户加一等，罪止八等罚。漏口者，十口处二等罚，每三十口加一等，罪止四等罚。知情者并与犯人同罪，受财者计赃以枉法从重论。若官吏曾经三次立案取勘，已责里长文状叮咛省谕者，事发罪坐里长。（如里长、官吏知其漏脱之情而故纵不问者，则官吏与脱漏户口之人同罪。若有受财者，并计赃以枉法从重论。）

按：此仍《明律》，顺治三年添入小注。现改笞杖为罚金。盖言户口为税粮差徭所自出，必当严核版籍也。《唐律》：**“诸脱户者，家长徒三年；无课役者，减二等；女户，又减三等。脱口及增减年状，以免课役者，一口徒一年，二口加一等，罪止徒三年。其增减非免课役及漏无课役口者，四口为一口，罪止徒一年半；即不满四口，杖六十。部曲、奴婢亦同。[诸]里正不觉脱漏增减者，一口笞四十，三口加一等；过杖一百，十口加一等，罪止徒三年。若知情者，各同家长法。诸州县不觉脱漏增减者，县内十口笞三十，三十口加一等；过杖一百，五十口加一等。州随所管县多少，通计为罪。各罪止徒三年。知情者，各同里正法。诸里正及官司，妄脱漏增减（者）以出入课役，一口徒一[二]年，二口加一等。赃重，入己者以枉法论，至死者加役流；入官者坐赃论。诸相冒合户者，徒二年；无赋[课]役者，减二等。注谓以疏为亲及有所规避者。主司知情，与同罪。即于法应别立户而不听别，应合户而不听合者，主司杖一百。又《诈伪门》：其匿脱者，徒一年；谓产子不言为匿，（吏典）[典吏]不附为脱云云。”**《明律》大致一本于唐而添隐蔽不报一层，治罪止于满杖，较诸《唐律》为轻，又无《唐律》女户一层。《笺释》云：若只身及妇人脱户，有赋无赋各照本律，如妇人无赋役者止依漏口法云云，亦即《唐律》女户减等之意。**盖脱户者，一户之人全不当差，与脱逃无异，故曰脱户。漏口者，一户之人不尽当差，犹物之有缺漏也，故曰漏口。《辑注》谓计家而言曰户，计人而言曰口，田地税粮曰赋，人丁差徭曰役，有赋役谓有田产税粮而当差，役之出于赋者也。无赋役谓无田产税粮，止当本身杂泛差徭，役之出于丁者也，故曰赋役。**此条专以役言，故载于《户役》之首，共分六节。首节言脱自己之户。二节言隐冒他人及亲属之户。三节言虽脱户而系在官役使仍依漏口之法。四节言漏自己丁口。五节言隐蔽他人丁口。六节承上数节，言里长官吏失勘、知情、受财之罪。**盖脱户又分二等:有赋役则所避者多,无赋役则所避者少。漏口亦分二等:已成丁者有所规避,未成丁者无所规避。故罪各分轻重。夫亲属于罪犯得相容隐,而户口非犯罪之比,然仍减他人二等者,盖隐蔽他人而有奸贪之弊,隐蔽亲属犹出亲爱之意也。**隐蔽亲属提出另居二字,则汎汎同居不限籍之异同,均不在此限矣。古者有田则有赋,有丁则有役,此定制也。自国朝康熙五十二年定有成例,凡直省编审查出增益人丁,缮册奏闻,名为《盛世滋生户口册》。其征收钱粮,但据康熙五十年丁册定为常额,续生人口永不加赋。雍正五年间复将丁银摊入地亩,永为定制,自此而后,有田者均代有丁者应役,若有丁而无田,则并无可当之差矣。此赋役中一大关键,生斯世者几不知有丁徭之苦,盖数千年未自之盛典也。律文仍前朝之旧,虽与今办法不同,惟户口为全国政治根本,近年民政部《清查户口章程》极为详悉,将来另修《民法》,此律必资引用,未可废也。

一,直隶各省编审,察出增益人丁实数,缮册奏闻,名为《盛世滋生户口册》。其征收钱粮,但据康熙五十年丁册定为常额,续生人丁永不加赋。如额征丁粮数内有开除者,即将各该省新增人丁补足额数。至新增人丁,傥不据实开报,或有私派钱粮及造册之时藉端需索,该督抚严查奏参。

人户以籍为定

凡人户并以(原报册)籍为定。若诈冒脱免避(己)重就(人)轻者处八等罚。其官司妄准脱免及变乱版籍者罪同。

按:此仍《明律》,顺治三年添入小注。现又删改。盖言版籍既定,永不得诈冒变乱也。《唐律》:**诸诈除、去、死、免官户奴婢及私相博易者,徒二年;**《疏议》曰:官户、奴婢,各有簿帐。除者,谓诈言给赐;去者,谓去其名簿;死者,谓诈言身死;免者,谓如年入六十及废疾,各得免本色之类;及私相博易,谓将私奴婢博易官奴婢也。**其匿脱者,徒一年。注:产子不言为匿,典吏不附为脱。主司不觉匿脱者,依里正不觉脱漏法。又,诸诈自复除,若诈死及诈去工、乐、杂户名者,徒二年。**《疏议》曰:诈自复除,谓诈云落番新还,或诈云放贱之类,以得复除也。《明律》即本于此而添入军、民、驿、灶、医、卜等项,其治罪亦较《唐律》为轻。盖人户版籍既定,则差役攸分,世不得改易。若诈隐本籍而冒为别籍,脱本籍之名,免本等之役,不过避重就轻,故止拟八等罚耳。旧例又有:旗民放出家奴,只许耕作营生,不许考试出仕。其放出入籍三代后所生之子孙,准其与平民一律应试出仕。京官不得至京堂,外官不得至三品。其虽经放出,应自报官存案之日起限。又实因习教犯案罪在徒流以上者,其子孙实未入教即以本犯之子为始,三辈后所生之子孙始准考试报捐。倘有朦混以违制论。至习教复又从逆各犯子孙,永远不准考试报捐云云。现虽删除,实足补律作未及,当并参考。此律仅言内地版图不准脱乱,现在中外交通,更有国籍一法,详言外人入中国及中国人入外籍之法,已经奏准通行,当与此律一并参之。

一,凡籍隶顺天府大、宛两县人员出仕时,取具同乡官印结者,各宜细心查核。如有混冒出结,除照例议罪外,遇有承追无著之项,即于定例后出结官名下追赔。

一,凡旗人窝窃、窝娼、窝赌及诬告、讹诈、行同无赖不顾行止并棍徒扰害、教诱宗室为非、造卖赌具、代贼销赃、行使假银、捏造假契、描画钱票、一切诓骗诈欺取财以窃盗论,准窃盗论及犯诱拐强奸、亲属相奸者,均销除本身旗档。

一,凡旗下从前家奴,不论系赏给、投充及红契、红契所买,是否数辈出力,概听赎身放出为民,报明地方官编入民籍,毋庸稽查旧档及取结咨部核覆。所生子孙准与平民一体应试出仕,未经放出及无力赎身者概以雇工人论。

一,娼优隶卒及其子孙概不准入考、捐监,如有变易姓名朦混应试,报捐者除斥革外,照违制律处十等罚。若将良民诬指为娼优隶卒,希图倾陷拖累者,各按诬告律治罪。

私创庵院及私度僧道

凡寺观庵院除现在处所(先年额设)外,不许私自创建增置,违者处十等罚,僧道、尼僧、女冠还俗。(地基材料入官。)○若僧道不给度牒,私自簪剃者处八等罚。若由家长,家长当罪。寺观住持及受业师私度者与同罪,并还俗。

按:此仍《明律》,顺治三年添入小注。现改杖为罚。盖承上条脱漏户口后亦为人丁而发也。考《唐律》:**“诸私入道及度之者,杖一百;已除贯者,徒一年。若犯法合出观寺,经断不还俗者,从私度法。即监临[之]官,私[辄]度人者,一人杖一百云云。”**

立嫡子违法

凡立嫡子违法者处八等罚。其嫡妻年五十以上无子者得立庶长子,不立长子者罪亦同。(俱改正)○若养同宗之人为子,所养父母无子(所生父母有子)而舍去者处十等罚,发付所养父母收管。若(所养父母)有亲生子及本生父母无子欲还者听。○其乞养异姓义子以乱宗族者处六等罚。若以子与异姓人为嗣者罪同,其子归宗。○其遗弃小儿年三岁以下,虽异姓仍听收养,即从其姓。(但不得以无子遂立为嗣。)○若立嗣,虽系同宗而尊卑失序者罪亦如之,其子亦归宗,改立应继之人。○若庶民之家存养(良家男女为)奴婢者处十等罚,即放从良。

按:此仍《明律》,其小注系顺治初年添入。现改杖为罚。盖明伦序以重宗祧也。《唐律》:**“诸立嫡违法者,徒一年。[即]嫡妻年五十以上无子者,得立庶[嫡]以长,不以长者亦如之。诸养子,所养父母无子而舍去者,徒二年。若自生子及本生无子,欲还者,听之。即养异姓男者,徒一年;与者,笞五十。其遗弃小儿年三岁以下,虽异姓,听收养,即从其姓。祖父母、父母以子孙妄继人后者,徒二年。”**《疏议》曰:依令:无嫡子及有罪疾,立嫡孙;无嫡孙,以次立嫡子同母弟;无母弟,立庶子;无庶子,立嫡孙同母弟;无母弟,立庶孙。曾、玄以下准此。又依**户令**:无子者,听养同宗于昭穆相当者。即两家并皆无子,去住亦任其情。若养处自生子及虽无子,不愿留养,欲遣还本生者,任其所养父母。又,**养异姓男者,徒一年**,养女者不坐。其小儿年三岁以下,如是父母遗失,于后来识认,令还本生;失儿之家量酬乳哺之直云云。《明律》大致同于《唐律》,而拟罪较轻,惟“与者处五等罚”一项则较《唐律》为重,其末节庶民存养奴婢则为《唐律》所无。此律与官员袭廕一条互参,但彼条专为有官者言,此通官员士庶言之,且彼搀越拟徒三年,此违法止八等罚者,彼则已经袭廕,此但言立嗣耳。首节言立嗣之法。二节言无子立嗣之法。三节言不得以异姓为嗣,重在改姓乱宗,若但养为义子,不从姓不为嗣,所不禁也。四节言不得以收养小儿为嗣。五节言立嗣不得乱昭穆之序。六节言不得养良为贱。若非压良为贱,不在禁限。律外又补设条例以济律所未备,更为曲体人情,仁至义尽,应一并合参。又《会典》载:旗人无嗣,系包衣姓承继者,亲女给家产三分之一;系疏远旗人承继者,亲女给家产五分之一;异姓承给[继]者,亲女给家产之一半。又《全纂》云:承继两房,恩义兼尽,但专为长房无子,次房止有一子者曲为两全。俟其子复生子,则以其次者还继次房。若次房无子,而以长房之子两承,虽同父周亲,两相情愿,然大宗小宗之别,究应斟酌轻重于其间,不可一例而论,世俗所谓长房无子,次房不得有子也。以上各说亦与律互相发明,当并参考。

一，无子者，许令同宗昭穆相当之侄承继。先尽同父周亲，次及大功、小功、缌麻。如俱无，方许择立远房及同姓为嗣。若立嗣之后却生子，其家产与原立子均分。

一，无子立嗣，除依律外，若继子不得于所后之亲，听其告官别立。其或择立贤能及所亲爱者，若于昭穆伦序不失，不许宗族指以次序告争，并官司受理。若义男、女壻为所后之亲喜悦者，听其相为依倚，不许继子并本生父母用计逼逐，仍酌分给财产。若无子之人家贫，听其卖产自赡。

一，无子立嗣，若应继之人平日先有嫌隙，则于昭穆相当亲族内择贤择爱听从其便。如族中希图财产勒令承继，或怂恿择继以致涉讼者，地方官立即惩治。仍将所择贤爱之人断令立继。其有子婚而故，妇能孀守，已聘未娶媳能以女身守志及已婚而故，妇虽未能孀守，但所故之人业已成立，或子虽未娶而因出兵阵亡者，俱应为其子立后。若支属内实无昭穆相当可为其子立后之人而其父又无别子者，应为其父立继，待生孙以嗣应为立后之子。其寻常夭亡未婚之人不得概为立后。若独子夭亡而族中实无昭穆相当可为其父立继者，亦准为未婚之子立继。如可继之人亦系独子而情属同父周亲，两相情愿者，取具合族甘结，亦准其承继两房宗祧。

一，妇人夫亡无子守志者合承夫分，须凭族长择昭穆相当之人继嗣。其改嫁者，夫家财产及原有妆奁并听前夫之家为主。

一，凡乞养异姓义子有情愿归宗者，不许将分得财产携回本宗。其收养三岁以下遗弃之小儿，仍依律即从其姓，但不得以无子遂立为嗣，仍酌分给财产，俱不必勒令归宗。如有希图资财冒认归宗者照例治罪。

一，因争继酿成人命者，凡争产谋继及扶同争继之房分，均不准其继嗣。应听户族另行公议承立。

收留迷失子女

凡收留（良）人家迷失（道路乡贯）子女不送官司而卖为奴婢者徒三年，为妻妾子孙者徒二年半。被卖之人不坐，给亲完聚。〇若收留在逃子女（不送官司）而卖为奴婢者徒二年半，为妻妾子孙者徒二年，被卖在逃之人各减一等。若在逃之罪重者自从重论。〇其自收留为奴婢、妻妾、子孙者罪亦如之。（暂时）隐藏在家者（不送官司）并处八等罚。〇若买者及牙保知情，减犯人罪一等，追价入官。不知者俱处八等罚，追价还主。〇若冒认良人为奴婢者徒三年，为妻妾子孙者徒二年半。

按：此仍《明律》，顺治三年添入小注。现改杖为罚。盖分别收留子女及隐藏冒认之咎也。《唐律》无此专条，惟《盗贼门》有：**诸略奴婢者，以强盗论；和诱者，以窃盗论；若得逃亡奴婢，不送官而卖者，以和诱论；藏隐者，减一等。**《疏议》曰：凡捉得逃亡奴婢，依令：五日内合送官司。不送而卖以和诱论。又《杂律门》：**诸错认良人为奴婢者，徒二年；为部曲者，减一等。错认部曲为奴者，杖一百。错认奴婢及财物者，计赃一疋笞十，五疋加一等，罪止杖一百。未得者，[各]减二等。**《疏议》曰：其错认良人以下为子孙，律既无文，量情依"不应为轻"；若错认他人妻妾及女为己妻妾者，情理俱重，依"不应为重"科。若已认得妻妾将去者，多涉奸情，即同奸法。又《诈伪门》：**诸妄认良人为奴婢、部曲、妻妾、子孙者，以略人论减一等；妄认部曲者，又减一等；妄认奴婢及财物者，准盗论减一等。**《疏议》曰：略人为奴婢者绞，妄认减一等，流三千里。略人为部曲流三千里，减一等徒三年。略人为妻妾、子孙合徒三年，减一等合徒二年半。略部曲为奴合流三千里，妄认减一等，徒三年。略部曲为部曲合徒三年，妄认减一等，徒二年半云云。《明律》与《唐律》参差不同，《唐律》不言良人子女逃亡，亦无迷失之文，盖统括于和略律内矣。《明律》添此两层，以示与起意诱拐者不同，亦有因而盗曰攘之意也。惟并未分别和略及是否年已及岁一体科断，求详而反失之略。《唐律》分错认、妄认为两门，《明律》有冒认而无错认，亦与《唐律》不同。共分五节。首节言收留迷失之罪。二节言收留在逃之罪，而迷失在逃各分子女、奴婢两项，卖子女奴婢又分为卖为奴婢、卖为妻妾两项。三节言自留及隐藏之罪。四节推及买者、牙保之罪，统承首节、二节而言。五节则言冒认之罪。或迷失，或在逃，经人收留，或送官查究，而冒认为己之奴婢，则贱之矣。为己之妻妾子孙，则辱之矣。故亦同卖者之罪。此律与和诱相似而略有不同，此因子女迷失、在逃，与凭空诱拐者不同，若因人迷路而诓引相随，乘人离恐而诱引出外，因而转卖或收留，即是和诱，不可误引此律。须细参之。律曰女子，实兼妇人而言，此律又与《婚姻门》娶逃走妇女及知情藏匿罪人二条参看。妇人背夫逃走，而苟合嫁人，娶者可依此律，科以收留在逃徒二年之罪。若知所犯罪重而收留之，当依藏匿罪人律，其买为妻妾者当依娶逃走妇女律从重科断。至收留与隐藏罪有轻重者，收留则欲图利，隐藏者或因父母主人欲处之死，暂时留住，犹有怜念之意，其中正有毫厘千里之差，律文之精细如此，非静心参考互证，不能得其奥妙。

赋役不均(赋取于田产,役出于人丁)

凡有司科征税粮及杂泛差役,各验籍内户口田粮定立(上、中、下)等第科差。若放富差贫挪移(等则)作弊者,许被害贫民赴控该上司,自下而上陈告。当该官吏各处十等罚(改正)。若上司不为受理者处八等罚。受财者(兼官吏上司言)计赃以枉法从重论。

按:此仍《明律》,顺治初年添入小注。现改杖为罚。盖言因丁粮而定赋役,宜各得其平也。《唐律》谓之租庸,明则谓之赋役。《唐律》:**"诸差科赋役违法及不均平,杖六十。**《疏议》曰:依令:凡差科,先富强,后贫弱;先多丁,后少丁。又律载:**若非法而擅赋敛及以法赋敛而擅加益,赃重入官者,计所擅坐赃论;入私者,以枉法论,至死者加役流。"**《疏议》曰:依令:每丁租二石;调絁、绢二丈,绵三两,布输二丈五尺,麻三斤;丁役二十日。每年以法赋敛,依数输纳;若临时别差科者,自依临时处分云云。《明律》改为杖一百,则较《唐律》为重,而受财科以枉法,亦无赃重入官坐赃一层。此律虽赋役并言,而实重在役,故以下均言差徭之事。科徵谓科派征收也。税粮谓夏税秋粮也。差役承税粮杂泛二项言,税粮差役乃照税粮当差者,即前条所谓有赋役者也。杂泛差役乃照丁役当差者,即前条所谓无赋役者也。户口田粮乃差役所自出,验户口,役之出于力,验田粮,役之出于赋。然役出于赋者多,故总谓之赋役。放富差贫,是将富者之差飞洒于贫者也。挪移谓以上户为下户,以下户为上户也。上司不受理拟八等罚,较之《诉讼门》告田宅不受理减二等之条亦重,当并参之。此门律丁役均系古法,现在丁之无役已有百余年,此律久为虚设,盖本朝自康熙五十年后续生之子永不加赋,雍正六年又将丁银摊入地亩均征,丁粮合而为一,即无所谓差徭矣。即有支应兵差科派等事,亦系粮多者受累,丁多者绝不相干,此皆读律者所当知也。

一,凡绅衿之家与齐民一体编次,听保甲长稽查,违者,照脱户律治罪。地方官徇情不详报者,交部照例议处。至充保长、甲长并轮值支更看栅等役,绅衿免派。齐民内老疾寡妇之家子孙尚未成丁者,亦俱免役。

一,军民年七十以上者,许一丁侍养,免其杂派差役。

禁革主保里长

凡各处人民每一百户内议设里长一名，甲首一十名，轮年应役，催办钱粮，勾摄公事。若有妄称主保、小里长、保长、主首（主管甲首）等名色生事扰民者徒二年。○其合设耆老，须于本乡年高有德、众所推服人内选充，不许罢闲吏卒及有过之人充应，违者处六等罚（革退）。当该官吏处四等罚。（若受财枉法，从重论。）

按：此仍《明律》，顺治三年添入小注，雍正三年删定，现改杖为罚。盖言应役之人不宜滥设也。《唐律》无文。主保，主管一保之事者。小里长者，里长之次。保长者，一保之长。主首，又主管甲首者。此等名目，历代所称不一，但为官司设立者止有里长、甲首。若非官司所设，有妄称主保等名色而生事扰民，方合此律。若但称名色，止问不应重律。六十曰耆，七十曰老，耆老责在化民善俗，即古乡三老之遗意，必选一乡之望，若以罢闲吏卒及犯罪之人充选，则民心不服，而无以相劝，故充应与滥收者均分别处罚。

点差狱卒

凡各处狱卒于相应惯熟人内点差应役，令人代替者处四等罚。

按：此仍《明律》。盖言防范狱囚之役当慎于点差也。狱卒即今之禁子，系防守囚犯之要差，须勤慎诚实、熟悉狱情之人，方不误事，如已奉点差而令人代替者拟四等罚。若有疏脱自依不觉失囚律拟断，查《名例》称主守者，库子、斗级、攒拦、禁子并是。只言点狱卒者，以有关刑狱较别项职守尤重，犹之额设仵作，必考识字通文理之人充当也。近来改良监狱，禁卒之名为所丁，而京都外省均建模范监狱，则此律尤当留意。

私役部民夫匠

凡有司官私役使部民及监工官私役使夫匠出百里之外及久占在家使唤者，（有司官使）一名笞处四等罚，每五名加一等，罪止处八等罚。（监工官照名各加二等。私役罪小，误工罪大。）每名计一日追给雇工银一钱二分五厘五毫。若有吉凶及在家借使杂役者勿论。（监工官仍论。）其所使人数不得过五十名，每名不得使过三日，违者以私役论。

按:此仍《明律》,原文系给雇钱六十文,国初改为八分五厘五毫,并添入小注。现又改为银一钱二分五厘五毫,并改杖为罚。盖言民匠不可以私事役使也。《唐律》职制门:**“诸监临之官,[私]役使所监[临],及借奴婢、牛马[驼骡驴、车船、碾硙、邸店]之类,各计庸、赁,以受所监临财物论。即役使非供己者,计庸坐赃论,罪止杖一百。其应供己驱使而收庸直者,罪亦如之。若有吉凶,借使所监临者,不得过二十人,人不得过五日。其于亲属,虽过限及受馈、乞贷,皆勿论。营公廨借使者,计庸、赁,坐赃论减二等。”**监临官之家人于所部有役使,减官人二等。又,《擅兴门》:**诸丁夫、杂匠在役,而监当官司私使及主司于职掌之所,私使兵防者,各计庸准盗论;即私使兵防出城、镇者,加一等云云。**《明律》载入《户役门》,科罪亦轻重悬殊,而吉凶借使一层,人数日数亦参差互异,则各有用意也。有司于部民,监工于夫匠,其势相临,易于驱使,故特设此律,既计名以科其罪,复追值以给其人,然曰百里之外,则役于近处者无禁矣。日久占在家,则役于暂时者无罪可知矣。此外,又有官吏家人役使部民、武官役使军人、公侯役使官军及私役铺兵、私役民夫抬轿、私役弓兵、豪强役使佃客之罪,均与此律互相发明。而私役弓兵、铺兵与此律罪名虽同,而计名加等追银不同,彼追价入官,此追给所役之人者,弓兵铺兵乃在官常役,设有工食者,部民夫匠则非在官常役之人,故入官、发给不同。其细密如此,现虽分别删除,录之以存古制。

别籍异财

凡祖父母、父母在,子孙别立户籍分异财产者处十等罚。(须祖父母、父母亲告乃坐。)若居父母丧而兄弟别立户籍分异财产者处八等罚。(须期亲以上尊长亲告乃坐,或奉遗命不在此律。)

按:此仍《明律》,小注亦系原文,顺治初年增添“或奉遗命不在此律”一句。盖惩薄俗以敦孝弟也。《唐律》:**“诸祖父母、父母在,而子孙别籍异财者,徒三年。注云:别籍、异财不相须。又,祖父母、父母令别籍及以子孙妄继人后者,徒二年;子孙不坐。[诸]居父母丧生子及兄弟别籍、异财者,徒一年。疏议曰:其服内生子,事若未发,自首亦原云云。”**《明律》即本于此,而拟罪较轻,且无居丧生子,并祖父母、父母令子别籍及以子孙妄继与人三项。此律别籍异财原是两项,有一即坐杖一百,即《唐律》别籍、异财不相须之说也,而曰亲告乃坐者,恐其原许分析也。又曰期亲以上亲告乃坐者，恐其奉有遗命也。盖不亲告不坐，所以通人情也。告则坐罪，所以教人孝也。祖父母在而别籍异财，恶其离亲之心也。父母亡而兄弟虽许分析，然三年之丧未满而别籍异财，恶其有忘亲之心也。后例有祖父母、父母在者，子孙不许分财异居。其父母许令分析者听，所以补律所未备，当合参之。《礼部则例》又有屡世同居和睦无间者题请旌表一节，盖薄俗治罪而敦睦又得旌表，礼与刑相为表里，此正国粹所存，外国无此精美。

一，祖父母、父母在者，子孙不许分财异居。（此谓分财异居，尚未别立户籍者，有犯亦坐满杖。）其父母许令分析者听。

卑幼私擅用财

凡同居卑幼不由尊长私擅用本家财物者，十两处二等罚十。每十两加一等，罪止十等罚。若同居尊长应分家财不均平者，罪亦如之。

按：此仍《明律》，现改杖为罚。盖为居家用财者立法，所以教民孝弟慈爱也。《唐律》：**“[诸]同居卑幼，私擅[辄]用财者，十疋笞十，[十疋加一等，]罪止杖一百。即同居应分不均平者，计所侵，坐赃论减三等。”《疏议》曰**：应分田宅及财物者，兄弟均分。妻家所得之财，不在分限。兄弟亡者，子承父分。违此为不平云云。《明律》大致同于《唐律》，惟《唐律》分不均平统尊卑而言，《明律》专指尊长而卑幼侵取者多转难科罪。且《唐律》坐赃论减三等，是罪止徒一年半，《明律》罪止杖一百，亦各不同。《辑注》：父辈曰尊而祖辈同。子辈曰卑而孙辈亦同。兄辈曰长，弟辈曰幼。盖家长统于尊长而家财则系公物，虽为公共之物，但卑幼得用之，不得自擅也。尊长得掌之，不得自私也。若卑幼不禀命而私用，是谓专擅。尊长当分散而不均平，是谓利己。故各以两数科断，而厥罪惟均，其不及十两者免罪，凡用过之财亦免追。此律可与立嫡子违法律及《婚姻门》招壻养老与继子均分家产例参看。又《唐律疏议问答》云：老疾得免者，各准一子分法。假有一人年八十，有三男十孙，或一男见在；或三男俱死，唯有十孙。老者若为留分？答曰：男但一人见在，依令作三男分法，添老者一人即为四分。若三男死尽，依令诸子均分，老人共十孙为十一分，留一分与老者，是为各准一子分法云云，亦可与现例合参，则于分产之法推阐无遗义矣。

一，嫡庶子男分析家财田产，不问妻妾所生，止以子数均分。奸生之子依子量与半分。如别无子，立应继之人为嗣，与奸生子均分。无应继之人，方许承继全分。

一，户绝财产，果无同宗应继之人，所有亲女承受。无女者听地方官详明上司，酌拨充公。

收养孤老

凡鳏寡孤独及笃废之人贫穷无亲属依倚不能自存，所在官司应收养而不收养者处六等罚。若应给衣粮而官吏克减者以监守自盗论。（凡系监守者，不分首从并赃论。）

按：此仍《明律》，顺治初年添入小注。现改杖为罚。盖即王政子惠贫固之意也。鳏寡孤独笃疾[废]六项是应收养之人，而不收养是失爱民之道。官吏克减衣粮是违朝廷恤民之典，故各法[治]以罪。收养之治[法]，旧例，月给米三斗，岁给棉布一匹，而少壮乞丐，严饬保甲并丐头管束，若纵容为匪，即将保甲等治罪，均足补律未备。又《户部则例》：凡直省孝子节妇有贫苦不能自存者，于公项下按日[月]酌给口粮银两。又，通都大邑官设普济堂，收养老疾之人，所需经费以官田产、罚赎、社谷充用。其官绅好义捐建者，经费并听自行经理。又，通都大邑应建育婴堂，收养遗弃婴孩，官雇乳妇乳哺，绅士好义捐建，听其自行经理等条，均系王政要务，有司民之责者所当实力行之。律外更有条例，足补律所未备，宜并参考。

一，直省州县所属养济院，或应添造，或应修盖者，令地方官酌量修造，据实估计，报明督抚，在于司库公用银内拨给。仍不时查勘，遇有渗漏之处，即行粘补完固。傥有升迁事故，造入交代册内，取具印结送部。其正实孤贫俱令居住院内，每名各给印烙年貌腰牌一面。该州县按季到院，亲身验明腰牌，逐名散给口粮。如至期印官公务无暇，遴委诚实佐贰官代散，加结申报上司，毋许有冒滥扣克情弊。若州县官不实力奉行者，该督抚即行查参，照例议处。

田宅

《唐律》无田宅之目，其田宅之事俱统于《户婚律》中。明始立《田宅》一门，本朝因之。曰田，则山园陂荡之类在其内。曰宅，则碾磨店肆车船之类在其内。此门共分十一章，首二章最为切要，盗卖、典买二章例文亦详，均当留心研究。

欺隐田粮

凡欺隐田粮（全不报户入册）脱漏版籍者，（一应钱粮俱被埋没，故计所隐之田，）一亩至五亩处四等罚十。每五亩加一等，罪止十等罚。其（脱漏之）田入官，所隐税粮依（亩数、额数、年数总约其）数征纳。○若将（版籍上自己）田土移丘（方园成丘）、换段（丘中所分区段）、挪移（起科）等，则以高作下减瞒粮额及诡寄田粮（诡寄谓诡寄于役过年分，并应免人户册籍）影射（脱免自己之）差役并受寄者，罪亦如之。（如欺隐田粮之类。）其（减额诡寄之）田改正（丘段），收（归本户起）科当差。○里长知而不举，与犯人同罪。○其还乡复业人民，丁力少而旧田多者，听从尽力耕种，报官入籍，计田纳粮当差。若多余占田而荒芜者，三亩至十亩处三等罚，每十亩加一等，罪止八等罚，其田入官。若丁力多而旧田少者告官，于附近荒田内验力拨付耕种。

按：此仍《明律》，顺治三年添入小注。现改笞杖为罚金。盖为隐田漏籍以致赋役不清者而言也。《唐律》：**"诸占田过限者，一亩笞十，十亩加一等；过杖六十，二十亩加一等，罪止徒一年。若于宽闲之处者，不坐。"**《疏议》曰：王者制法，农田百亩，其官人永业准品，及老小、寡妻受田各有等级，非宽闲之乡不得限外更占。又依令：受田悉足者为宽乡，不足者为狭乡云云。盖唐有限田之令，是以特著此律。《明律》虽本始于唐，然当时限民田，故律文止言欺隐田粮之事，专为防弊而设，与《唐律》用意不同。上段与脱漏户口相类，末段谓地不可使有余利，民不可使有遗力也。其多余占田而荒芜者，其田入官，与后荒芜田地一条科罪亦有参差。凡田粮之额载于版籍，必脱漏而后得欺隐，故欺隐田粮、脱漏版籍一句是一事。《辑注》谓田地肥瘠之差等则谓粮额轻重之则例，轻重因于肥瘠，即所谓高下也。移丘换段四句亦是一事，当串讲。将自己田粮暗挂于他人名下曰诡寄，惟欲影射始行诡寄。诡寄田粮、影射差役二句亦是一事，当串讲。上欺隐者是全不纳粮当差，下减瞒者犹纳粮当差而不及额数也。诡寄者犹纳粮不当差者也，故科罪虽同而欺隐之田入官，减瞒诡寄则不入官，俱为改正。前脱漏户口兼官吏里长言，此止言里长而不及官吏者，《辑注》云：若官吏知而不举，亦应与里长同科，官吏里长受财者亦当以枉法论罪，足补律所未备。律外又有条例，与律相辅而行，当并究之。

一，凡宗室置买田产，管庄人恃强不纳差粮者，该管官查实，将管庄人等比依功臣欺隐田土律问罪。宗室知而纵容者，交该衙门察议，仍追征应纳差粮。若该管官阿纵不举者，听督抚参奏，交部议处。

一，将自己田地应纳钱粮洒派别户者，按数计赃以枉法论，田地入官，其洒派钱粮照年分亩数追征，还给代纳之户。

一，州县征收粮米之时，预将各里各甲花户额数的名填定联三版串，一给纳户执照，一发经承销册，一存州县查对，按户征收对册完纳，即行截给归农。其未经截给者即系欠户，该印官查摘追征。若遇有粮无票，有票无粮等情，即系胥吏侵蚀，严比治罪。

一，各乡里书飞洒诡寄税粮二百石以上者问拟流二千五百里。

检踏灾伤田粮

凡部内有水旱霜雹及蝗蝻为害一应灾伤（应减免之）田粮，有司官吏应准告而不即受理申报（上司亲行）检踏及本管上司不与委官覆踏者各处八等罚。若初、覆检踏（有司承委）官吏不行亲诣田所及虽诣田所不为用心从实检踏，止凭里长甲首朦胧供报，中间以熟作荒，以荒作熟，增减分数，通同作弊，瞒官害民者各处十等罚，罢职役不叙。若致枉有所征免（有灾伤当免而征曰枉征，无灾伤当征而免曰枉免）粮数，计赃重者坐赃论。（枉有所征免粮数，自奏准后发觉，谓之赃，故罪重于处十等罚，并坐赃论。）里长甲首各与同罪。受财（官吏里甲受财，检踏开报不实以致枉有征免）者，并计赃以枉法从重论。〇其检踏官吏及里长甲首（原未受财止）失于关防致（使荒熟分数）有不实者，计（不实之）田，十亩以下免罪，十亩以上至二十亩处二等罚，每二十亩加一等，罪止八等罚。（官吏系公罪，俱留职役。）〇若人户将成熟田地移丘换段，冒告灾伤者，（计所冒之田）一亩至五亩处四等罚，每五亩加一等，罪止十等罚。（其冒免之田）合纳税粮依（额）数追征入官。

按：此仍《明律》，顺治三年添入小注，雍正三年修改。现改笞杖为罚金。盖言有司不恤民之罪也。《唐律》：**“诸部内有旱涝霜雹虫蝗为害之处，主司应言而不言及妄言者，杖七十。覆检不以实者，与同罪。若致枉有所征免，赃重者，坐赃论。”**《疏议》曰：主司，谓里正以上。里正须言于县，县申州，州申省，多者奏闻云云。《明律》即本于唐而文较详备，又增朦胧供报瞒官害民及受财枉法，并冒告灾伤各项加重治罪之法，盖灾伤害民之至大者，被灾田粮倒应减免，部民告于有司，官吏即当一面准受申报，一面亲诣检踏。上司闻报，即委官覆检，所以急民事也。若有司不准报检踏，上司不覆踏，是迟慢之罪。初覆检踏不实是欺瞒之罪，故罪分轻重。至枉征在官，枉免在民，尚未有入己之赃，故止以坐赃论。若受财入己，以致枉有征免，则情节较重，故以枉法赃论。前之枉有所免，其失在官，故不追征人户。后之冒告灾伤，其失在民，故令追征入官也。旧例，凡有司遇岁饥，先发仓廪赈贷，然后奏闻，请旨宽恤。又，一遇歉收，贫士与贫民一体赈恤。又，蠲免以奉旨之日为始，奉旨之后部文未到之前，有已输在官者，准作次年正赋。如官吏朦混隐匿，照侵盗例治罪云云。现虽删除，均系体恤民隐之仁政，当与现例一并参考。

一，凡被灾地方米船过关，果系前往售卖，免其纳税，给予印票，责令到境之日呈送该地方官钤盖印信，回空查销。如有免税米船偷运别省，并未到被灾地方先行粜卖者，将宽免之税加倍追出，仍照违制律治罪。

一，凡沿河沙洲地亩被冲坍塌，即令业户报官勘明注册。遇有淤涨，亦即报官查丈，照原报之数拨补。此外多余涨地不许霸占。如从前未经报坍不准拨给。至隔江远户果系报坍有案，即将多余涨地秉公拨补。若坍户数多，按照报坍先后以次照拨。傥补足之外尚有余地，许召无业穷民认垦，官给印照，仍令各属按数造报。统俟五年大丈再行履勘，造册送部以定升除。其报塌报涨在两县接壤之处者，委员会同两邑地方官据实勘验，秉公拨补。如有私行霸占，将淤洲入官，该户照盗耕官田律治罪。地方官不查丈明确以致拨补舛错，查出，照官吏不用心从实检踏律分别议处。

一，赈济被灾饥民以及蠲免钱粮，如有官员侵吞入己数在一千两以上者，照侵盗钱粮例拟绞监候。其数逾巨万实在情罪重大者仍照例拟绞监候，该督抚临时酌量具奏请旨定夺，其入己之数虽未至千两以上而巧立名色任意克扣及有吏胥串弊绅董分肥情事，即照侵盗钱粮例加一等治罪，督抚、司道、府州失于查察者，俱交部议处。

功臣田土

凡功臣之家，除（朝廷）拨赐公田（免纳粮当差）外，但有（自置）田土，从管庄人尽数报官入籍，（照额一体）纳粮当差。违者（计所隐之田）一亩至三亩，处六等罚。每三亩加一等，罪止徒三年。罪坐管庄之人，其田入官。（仍计递年）所隐粮税，依（亩数年数额）数征纳。若里长及有司官吏（阿附），踏勘不实及知而不举者与（管庄人）同罪。不知者不坐。

按:此仍《明律》,顺治初年添入小注。现改杖为罚。盖禁功臣隐私产而亏国课也。《唐律》无文。常人欺隐一亩至五亩,四等罚,罪止十等罚,此独加重者,恐功臣倚恃势力广置田宅,不报官纳粮当差,致累小民赔纳,故特严其法,而罪坐管庄之人,不及功臣者,所以优之也。然罪虽不及功臣,而其田仍入于官,即所以罚之也。与宗室田产管庄人恃势不纳差粮,将管庄人治罪之例同一优待之意。

盗卖田宅

凡盗(他人田宅)卖(将已不堪田宅)换易及冒认(他人田宅作自己者),若虚(写价)钱实(立文)契典买及侵占他人田宅者,田一亩、屋一间以下,处五等罚,每田五亩、屋三间加一等,罪止徒二年。系官(田宅)者各加二等。○若强占官民山场、湖泊、茶园、芦荡及金银、铜锡、铁冶者(不计亩数)流三千里。○若将互争(不明)及他人田产妄作己业,朦胧投献官豪势要之人,与者、受者各徒三年。○(盗卖与投献等项)田产及盗卖过田价并(各项田产中)递年所得花利,各(应还官者)还官(应给主者)给主。○若功臣有犯者照律拟罪,奏请定夺。

按:此仍《明律》,现改笞杖为罚金。原律末段系功臣初犯免罪附过,再犯住支给俸一半,三犯全不支给,四犯与庶人同罪。雍正三年改为照律论罪,请旨定夺。其小注则系顺治初年添入。盖禁诈伪抑豪强,使民各守已业也。《唐律》:**"诸妄认公私田,若盗贸卖者,一亩以下笞五十,五亩加一等;过杖一百,十亩加一等,罪止徒二年。[诸]在官侵夺私田者,一亩以下杖六十,三亩加一等;过杖一百,五亩加一等,罪止徒二年半。园圃,加一等。[诸]占固山野陂湖之利者,杖六十云云。"**《明律》虽本于唐而官私分科,官重于私,与《唐律》官私同科者有异,且增虚钱实契典买及侵占并投献势要、功臣有犯数项。《唐律》止言田,明添入宅,且《唐律》只言占固山野陂湖之利杖六十,而《明律》改为强占,又添金银铜铁锡冶等项,易杖六十为流三千里,则较重十数等矣。首节分作五项而治罪则同,一盗卖,谓私将他人田宅作为己产而盗卖与他人也;一盗换易,谓以己之瘠薄朽坏盗换他人之膏腴完好者也,盗卖与换易言欺业主之不知而卖之易之,皆为盗也;一冒认,谓妄冒他人之田宅认为己业,欺业主之不在而冒认之也;一虚钱实契,谓实立典卖文契未交价钱虚填数目或出于逼勒或被其诓骗,非业主之得已也;一侵占,谓因彼此田宅相连而侵越界限占为己业也。二节强占山场等项专取其利,而不计亩数,不分官民,概拟满流,恶其强占情重于物也。三节互争,谓彼此争夺未定也。妄作己业一句,兼承互争与他人田产两项,投献势要而不分田产多寡者,藉势害人亦情重于物也。投献而曰朦胧,谓不明告其情也。四节统承上三节,言将以上盗卖各项,田产价值并递年所得花利按数照追,系官者还官,系民者给主也。前盗卖诸项,其迹类于窃盗,故计田宅之数论罪,犹窃盗计赃之意也。后强占类于强盗,投献类于抢夺,故概坐以徒流而不计其多少,此比例定罪之权衡也。律外又有条例,均应与律一并参究。

一,各省丈量田亩及抑勒首报垦田之事永行停止。违者,以违制律论。

一,凡民人告争坟山,近年者以印契为凭,如系远年之业,须将山地字号、亩数及库存鳞册并完粮印串逐一丈勘查对,果相符合,即断令管业。若查勘不符,又无完粮印串,其所执远年旧契及碑谱等项均不得执为凭据。即将滥控侵占之人按例治罪。

一,军民人等将争竞不明并卖过及民间起科,僧道将寺观各田地,若子孙将公共祖坟山地朦胧投献王府及内外官豪势要之家,私捏文契典卖者,投献之人依律问拟,其受投献家长并管庄人参究治罪。直隶各省空闲地土俱听民尽力开种,照年限起科。若有占夺投献者,亦照律治罪。

一,凡子孙盗卖祖遗祀产并义田及历久宗祠者,俱照盗卖官田律定拟,罪止徒三年。知情谋买之人各与犯人同罪,房产收回,给族长收管,卖价入官。不知者不坐。其祀产、义田令勒石报官,或族长自立议单公据,方准按例治罪。如无公私确据藉端生事者,照诬告律治罪。

一,凡雇工庄头人等,因伊主外出,私自盗卖所遗田产至五十亩者,流三千里。不及前数者,照盗卖官田律治罪。盗卖房屋,亦照盗卖官宅律科断。谋买之人与串通说合之中保,均与盗卖之人同罪。房产给还原主,卖价入官。其不知者不坐。倘不肖之徒,藉端讹诈,照诬告律治罪。

一,用强占种屯田五十亩以上不纳子粒者,照数追纳,完日,照强占官民山场律流三千里。其屯田人等将屯田典卖与人至五十亩以上,典主、买主各不纳子粒者,俱照前问拟。若数不满五十亩及上纳子粒不缺,或因无人承种而侵占者,照侵占官田律治罪。典卖与人者照盗卖官田律治罪。管屯等官不行用心清查者参奏,依违制律治罪。

一,凡租种山地棚民,除同在本山有业之家公同画押出租者山主、棚民均免治罪外,若有将公共山场一家私召异籍之人搭棚开垦者,照盗卖田宅律治罪,租价入官。

承租之人罪亦如之。为从并减一等。父兄子弟同犯,仍照律罪坐尊长。族长、祠长失于查察,照不应重律科罪。至因召租承租酿成事端,致有抢夺杀伤者,仍各从其重者论。

典买田宅

凡典买田宅不税契者处五等罚,(仍追)契内田宅价钱一半入官。不过割者,一亩至五亩处四等罚,每五亩加一等,罪止十等罚。其(不过割之)田入官。〇若将已典卖与人田宅朦胧重复典卖者,以所得(重典卖之)价钱计赃,准窃盗论,追价还(后典卖之)主,田宅从原典买主为业。若重复典买之人及牙保知(其重典卖之)情者,与犯人同罪,追价入官。不知者不坐。〇其所典田宅、园林、碾磨等物年限已满,业主备价取赎,若典主托故不肯放赎者处四等罚。限外递年所得(多余)花利追征给主,(仍听)依(原)价取赎。其年限虽满,业主无力取赎者不拘此律。

按:此仍《明律》,顺治初年添入小注。现改杖为罚,并删去刺字。盖为交易不明而立法也。《唐律》无文,惟有卖口分田一条:**“诸卖口分田者,一亩笞十,二十亩加一等,罪止杖一百;地还本主,财没不追。即应合卖者,不用此律。”**《疏议》曰:口分田,谓计口受之,非永业。应合[卖]田者谓永业田。赐田欲卖者,亦不在禁限云云。明时民无口分之田,故此律止言税契过割之法。必税契者,所以杜异日假捏之弊也。必过割者,所以清各户赋役之籍也。且不税契,则亏损官课,故罪轻罚重。不过割,混淆版籍,故罪重。俱重税契兼田宅言,而过割止言田者,盖百金之宅,其地或不及亩遗粮有限,不致累人,故止科计亩之罪而宅不入官。至重复典卖,犹盗卖也,而前章盗卖他人田宅罪止徒二年,此准窃盗则罪至满流,法反重者,谓既得其价,复夺其产,设心不善,故法加严也。考之史册,晋自过江至于梁陈,凡货卖奴婢牛马田宅有文券者,率钱一万输占四百入官,卖者三百,买者一百,无文券者随物所堪亦百分,分收四。历代因之不废,宋太祖时始收民印契钱,则专令买者出钱矣。此律税契之法即本于此。至《唐律》口分之田则创始于北魏,《魏志》司马朗有复井田之议,谓往者民各有累世之业,难中夺之。今承大难之后,人民分散,土业无主,皆为公田,宜及此时复之,当世未之行也。及拓跋氏有中原,令绝户者墟宅桑榆尽为公田以给授,而口分世业之制自此而起,迄于隋唐守之,《唐律》所以有口分之田也。《明律》军籍有之,民籍绝无其事矣。说见《日知录》,足资参考。律外又有条例,均足补律未备。

《辑注》谓其至当不易，听讼者一本于此。民间告争之弊自可杜绝，故备录律后，以便采用，但现在印花税若行，则典当活契不纳税之例为无用矣。

一，告争家财田产，但系五年之上并虽未及五年，验有亲族写立分书，已定出买文约是实者，断令照旧管业，不许重分再赎。告词立案不行。

一，卖产立有绝卖文契并未注有我［找］贴字样者，概不准贴赎。如契未载绝卖字样，或注定年限回赎者，并听回赎。若卖主无力回赎，许凭中公估找贴一次，另立绝卖契纸。若买主不愿找贴，听其别卖，归还原价。傥已经卖绝，契载确凿，复行告找告赎及执产动归原先尽亲邻之说，借端掯勒希图短价，并典限未满而业主强赎者，俱照不应重律治罪。

一，民间置买产业如系典契，务于契内注明回赎字样。如系卖契，亦于契内注明绝卖永不回赎字样。如有混行争告者，均照不应重律治罪。

一，凡州县官征收田房税契，照征收钱粮例别设一柜，令业户亲自赍契投税，该州县即黏司印契尾给发收执。若业户混交匪人代投，致被假印诓骗者，照不应重律治罪，责令换契重税。傥州县官不黏司印契尾，侵税入己，照例参追。该管之道府直隶州知州分别失察、徇隐，照例议处。

盗耕种官民田

凡盗耕种他人田（园地土）者，（不告田主）一亩以下处三等罚，每五亩加一等，罪止八等罚。荒田减一等，强者（不由田主）各（指熟田荒田言）加一等。系官者各（通盗耕、强耕荒熟言）又加二等。（仍追所得）花利，（官田）归官（民田）给主。

按：此仍《明律》，顺治初年添入小注。现改笞杖为罚金。盖言田地各有其主，必承佃而后可耕也。《唐律》：**“诸盗耕种公私田者，一亩以下笞三十，五亩加一等；过杖一百，十亩加一等，罪止徒一年半。荒田减一等。强者各加一等。苗子归官、主。”**《疏议》曰：田地不可移徙，所以不同真盗云云。《明律》大致相同，而罪止杖八十，较《唐律》为轻。且《唐律》不分公私，《明律》官田加二等，亦有不同。盗种者欺业主之不知取其花利也，强种者恃其势力明欺业主而夺其花利也。盗种、强种两项为纲，其中分民田、官田，而官民中又分熟田、荒田皆计亩科罪。此与强占不同者，占是据为己有，种则止取花利，故罪较强占为轻。

荒芜田地

凡里长部内已入籍纳粮当差，田地无（水旱灾伤之）故荒芜及应课种桑麻之类而不种者，（计荒芜不种之田地）俱以十分为率，一分处二等罚，每一分加一等，罪止八等罚。县官各减（里长罪）二等。长官为首（一分减尽无科，二分方处一等罚，加至六等罚罪止），佐职为从（又减长官一等，二分者减尽无科，三分者方处一等罚，加至五等罚罪止），人户亦计荒芜田地及不种桑麻之类，（就本户田地）以五分为率，一分处二等罚，每一分加一等，追征合纳税粮还官。（应课种桑枣、黄麻、苎麻、棉花、蓝靛、红花之类各随乡土所宜种植。）

按：此仍《明律》，现改笞杖为罚金。末节下课种桑枣小注系原有之文，余系顺治初年添入。盖言有司及里长当亲课农桑也。《唐律》：**“[诸]部内田畴荒芜者，以十分论，一分笞三十，一分加一等，罪止徒一年。户主犯者，亦计所荒芜五分论，一分笞三十，一分加一等。诸里正依令授人田，课农桑。若应受而不授，应还而不收，应课而不课，如此事类违法者，失一事，笞四十；三事加一等。县失十事，笞三十；二十事，加一等。州随所管县多少，通计为罪。各罪止徒一年，故者各加二等。诸应受复除而不给，不应受而给者，徒二年。其小徭役者，笞五十。”**疏议曰：依令人居狭乡，乐迁就宽乡，去本居千里外复三年，五百里外复二年，三百里外复一年云云。明无授田之罚，故止有荒芜课种之罚，而无《唐律》授田、收田、除复之法，即荒芜课种罪止处八等罚，亦较《唐律》为轻。《书》云：惰农自安不昏作劳，即此律荒芜之谓。《周礼》曰不毛者，有里布之罚，司寇有上功纠力之野刑。汉时力田与孝弟同科，风气最为近古，今则不独民人不知有此罪名，即官吏亦不知有此处分矣。孟子论诸侯之宝，土地为先，其庆贺亦视田野之治，土地之辟为准。可见，重农课桑，王政所先。现今外洋各国虽重工商，而亦以农为本，我中国讲求新政，改工部为农工商部，广兴树艺牧畜，似宜先以此律为标准，实力奉行，不得视为具文，庶几其有瘳乎！按明注：田之小损为荒，大损为芜，凡种植桑麻皆应办理纳官，故曰课种。《户部则例》：有司劝课农桑，著有成绩，三年后准予议叙，不实心者，以溺职论。其老农之勤俭者，给予八品顶戴荣身云云，可与此律互参。

弃毁器物稼穑等

凡(故意)弃毁人器物及毁伐树木稼穑者,计(所弃毁之物即为)赃准窃盗论。(照窃盗定罪,罪止流三千里。)官物加(准盗窃赃上)二等。若遗失及误毁官物者各(于官物加二等上)减三等。(凡弃毁遗失误毁)并验数追偿。(还官给主。若遗失误毁)私物者偿而不坐罪。○若毁人坟茔内碑碣石兽者处八等罚,毁人神主者处九等罚,若毁损人房屋墙垣之类者计合用修造雇工钱坐赃论,(一两以下处二等罚,罪止徒三年。)各令修立。官屋加二等。误毁者但令修立,不坐罪。

按:此仍《明律》,其小注系顺治三年添入。现改笞杖为罚金,并删去刺字。盖言毁失官私器物罪有轻重也。《唐律》:**"诸毁弃[弃毁]官私器物及毁伐树木、稼穑者,准盗论。即亡失及误毁官物者,各减三等。[诸]毁人碑碣及石兽者,徒一年;即毁人庙主者,加一等。其有用功修造之物,而故损毁者,计庸坐赃论。各令修立。误损毁者,但令修立,不坐云云。"**《明律》大致相同。惟《唐律》官私不分,《明律》官物加二等,而毁人碑碣等项亦较《唐律》治罪为轻。弃毁是两项,弃者掷人器物使不可复得,毁者毁坏人器物使不可为用也。毁伐亦是两事,或毁伤,或伐去也。种之曰稼,敛之田穑,稼在田,穑在场也。坟茔碣石等项关系人之祖先而神主尤重,但毁即坐。故不计赃,若房屋墙垣则工费数重,又与器物不同,故计数坐赃论。三者或计赃准窃盗,或不计赃拟罚,或计数坐赃,各不相同,均有深意。《祭祀门》又有毁大祀邱坛分别故误拟以流徒之律,与此条互相发明,当合参之。

擅食田园瓜果

凡于他人田园擅食瓜果之类坐赃论。(计所食之物,价一两以下处一等罚。二两处二等罚。计两加等,罪止徒一年。)弃毁者罪亦如之。其擅将(挟)去及食(之者),系官田园瓜果,若官造酒食者加二等。(照擅食他人罪加一等),主守之人给与及知而不举者与同罪。若主守私自将去者,并以监守自盗论。(至四十两问杂犯,准徒五年。)

按:此仍《明律》,顺治[三]年添入小注,雍正三年删改。现改笞为罚。盖言擅取官私食物罪有轻重也。《唐律》:**"诸于官私田园,辄食瓜果之类,坐赃论;弃毁者,亦如之;即持去者,准盗论。主司给与者,加一等。强持去者,以盗论。主司即言者,**

不坐。非应食官酒食而食者，亦准此云云。"《明律》即本于此，而官重于私，加二等治罪，则与《唐律》不同，且无《唐律》强持去者以盗论之文。夫物各有主，他人之瓜果不告于主而食之，于己非分，于人有损，故计所值之价坐赃论罪，若擅自将去，则较擅食者为重，以其有利己之心，故与擅食官物者均加二等。若主守之人私自将去，更较凡人擅将去者为重，故以监守盗论罪。盖擅之为言专也。私之为言窃也。止言主守私取，不言私取他人者，以有盗田野谷麦之律也。不言私取在官者，以有常人盗律也。总之，擅食之义，盖与盗不同，盗者乘人不见而窃取之，擅者不掩人知而泰然取之也，时即无人，其心固不畏人之见也。故盗田园瓜果有杀伤者以拒捕论，而擅食有杀伤者止以凡斗论。一入《贼盗律》，一入《田宅律》，物虽相同，而情各有异也。至犹是坐赃而小注内计加两加等，罪止徒一年与凡律坐赃论罪之法不同者，以瓜果所值有限，而擅食之过甚小，必不出一两以外，故改一两以下二等罚为一等罚以从轻，而弃毁将去为数或多，故不以十两加等而改为计两加等以从重，然虽计两加重而罪止徒一年，不同凡律坐赃至徒二年者，虽重而不涉于苛，注律者固有深意也。其中细若毫发，须细参之。

私借官车船

凡监临主守，将系官车船店舍碾磨之类私自借用或转借与人及借之者各处五等罚，验日追雇赁钱入官。（不得过本价）若计雇赁钱重（于五等罚）者各坐赃论加一等。

按：此仍《明律》，顺治三年添入小注，雍正三年删改。现又改笞为罚。盖言官物不可私自借用也。监守之人自借官物，是供私用也。借与他人，是市私恩也。故与借之者治罪惟均。《名例》谓车船、碾磨之类，照依犯时雇工价值计算，赁钱虽多，不得过其本价，此追雇赁钱之通例也。与《厩牧门》私借官畜产，《仓库门》私借官物及《私借钱粮门》将己物抵换官物各条互参。

婚姻

汉魏止有《户律》，后周始以婚姻与户禁为篇，隋唐合一，篇名曰《户婚律》，详载婚姻、田土之事，明分为二，《田土》《婚姻》各为一篇。国朝因之，惟删去外番色目一条，共分十五条，首条统言婚姻，末条乃断嫁娶违律之通例，为一篇之总束，尤为切要。

男女婚姻

凡男女定婚之初，若（或）有残（废或）疾（病）老幼庶出过房（同宗）乞养（异姓）者，务要两家明白通知，各从所愿，（不愿即止，愿者同媒妁）写立婚书，依礼聘嫁。若许嫁女已报婚书及有私约（谓先已知夫身残疾、老幼、庶养之类）而辄悔者（女家主婚人）处五等罚（其女归本夫。）虽无婚书但曾受聘财者亦是。○若再许他人，未成婚者（女家主婚人）处七等罚。已成婚者处八等罚。后定娶者（男家）知情（主婚人）与（女家）同罪，财礼入官。不知者不坐。追还财礼（给后定娶之人），女归前夫。前夫不愿者，倍追财礼给还，其女仍从后夫。男家悔（而再聘）者罪亦如之。（仍令娶前女，后聘听其别嫁）不追财礼。○其未成婚男女有犯奸盗者，（男子有犯听女别嫁，女子有犯听男别娶）不用此律。○若为婚而女家妄冒者（主婚人）处八等罚，（谓如女有残疾，却令姊妹妄冒相见，后却以残疾女成婚之类，）追还财礼男家妄冒者加一等。（谓如与亲男定婚，却与义男成婚，又如男有残疾却令弟兄妄冒相见，后却以残疾男成婚之类）不追财礼。未成婚者仍依原定，（所妄冒相见之无疾兄弟姊妹及亲生之子为婚，如妄冒相见男女先已聘许他人，或已经配有室家者，不在仍依原定之限）已成婚者离异。○其应为婚者虽已纳聘财期约未至而男家强娶及期约已至而女家故违期者（男女主婚人）并处五等罚。○若卑幼或仕宦或买卖在外，其祖父母，父母及伯叔父母、姑兄姊（自卑幼出外之）后为定婚而卑幼（不知）自娶妻，已成婚者仍旧为婚，（尊长所定之女听其别嫁）。未成婚者从尊长所定，（自定者从其别嫁）。违者处八等罚（仍改正）。

按：此仍《明律》，原有小注，顺治初年增修。现又增修，并改笞杖为罚金。盖言婚姻之道宜谨始也。《唐律》：**“诸许嫁女，已报婚书及有私约，谓先知夫身老、幼、疾、残、养、庶之类而辄悔者，杖六十。注：男家自悔者，不坐，不追娉财。虽无许婚之书，但受娉财，亦是。若更许他人者，杖一百；已成者，徒一年半。后娶者知情，减一等。女追归前夫，前夫不娶，还娉财，后夫婚如法。诸为婚而女家妄冒者，徒一年。男家妄冒，加一等。未成者，依本约；已成者，离之。诸违律为婚，当条称“离之”、“正之”者，虽会赦，犹离之、正之。定而未成，亦是。娉财不追；女家妄冒者，追还。诸违律为婚，虽有媒娉，而恐喝娶者，加本罪一等；强娶者，又加一等。被强者，止依未成法。诸卑幼在外，尊长后为定婚，而卑幼自娶妻，已成者，婚如法；未成者，从尊**

长。违者，杖一百。即应为婚，虽已纳娉，期要未至而强娶，及期要至而女家故违者，各杖一百云云。”《明律》即本于此，而拟罪均较《唐律》为轻，其中男女有犯奸盗一层，《唐律》所无，盖本于《元律》而又无《唐律》恐吓强娶一节，则各有不同也。按《周礼》以媒氏以司婚姻之事。古制男女定婚后即立婚书报于所司，其不报者即私约也。今世不行此法，而律所谓私约，解者谓无媒妁，两家私下议约也。若男女采兰赠芍，不得谓之私约矣。聘财不拘轻重，但同媒妁纳送礼仪者均是。若相见为贽之物如巾帕之类不得即为聘财矣。至于成婚离异，亦不可拘。若女子不愿改嫁，男子不愿别娶，则亦不在离异之限。若未成婚者仍依原定，亦谓相见之人，男女惟愿者也。若妄冒之人，或非本宗男女，其门第不同，贫富各异，有不情愿者亦当听之，不当据此强断也。又妄冒相见，男女先已聘许他人者不在仍依原定之限。凡断婚姻离异之案，固须根据法律，亦要参酌情理，若舍情理而拘泥法律，每致酿成意外之变，均须慎之。律外又有条例，均足补律未及，当并参究。

一，男女婚姻各有其时，或有指腹割衫襟为亲者并行禁止。

一，嫁娶皆由祖父母、父母主婚，祖父母、父母俱无者，从余亲主婚。其夫亡携女适人者，其女从母主婚。若已定婚未及成亲，而男女或有身故者，不追财礼。

一，招婿须凭媒妁明立婚书开写养老或出舍年限。止有一子者不许出赘。其招婿养老者仍立同宗应继者一人承奉祭祀，家产均分。如未立继身死，从族长依例议立。

一，凡女家悔盟另许，男家不告官司强抢者照强娶律减二等。其告官断归前夫而女家与后夫夺回者，照强夺律徒三年。

典雇妻女

凡将妻妾受财（立约出）典（验日暂）雇与人为妻妾者，（本夫）处八等罚。典雇女者（父）处六等罚，妇女不坐。○若将妻妾妄作姊妹嫁人者处十等罚，妻妾处八等罚。○知而典娶者各与同罪并离异。（女给亲，妻妾归宗。）财礼入官。不知者不坐，追还财礼（仍离异）。

按：此仍《明律》，顺治三年添入小注。现改杖为罚。盖重廉耻以正风化也。约期取赎曰典，计日受值曰雇。首节言典雇妻妾及女之罪。二节言将妻妾作姊妹嫁人及妻妾同情欺诳之罪。三节言典娶者之罪。盖必立契受财典雇与人为妻妾者方坐。

若贫民将妻女典雇与人服役者不在此役。典雇妻妾犹明言为妻妾也，妄作姊妹则又有诈冒之情。典雇与人犹暂也，嫁人则永离矣。故罪分轻重，《据会》云：家贫卖妻依不应重，妇人仍归后夫。若非因贫而卖，则依卖休律。若和诱、略诱妻妾卖人，则依略卖律。此则妻妾作姊妹嫁人，情节各有不同，故彼入《犯奸》、《贼盗》两门，而此入《婚姻门》也。后有条例足补律所未备，可互参之。

一，将妻妾作姊妹及将亲女并姊妹嫁卖与人作妻妾、使女名色，骗财之后设词托故公然领去者，照本律加一等徒一年。赃罪重者仍从重论。若瞰起程，中途聚众行凶邀抢人财者，除实犯死罪外，余俱流二千五百里，媒人同谋邀抢者，罪同。

妻妾失序

凡以妻为妾者处十等罚。妻在，以妾为妻者处九等罚，并改正。若有妻更娶妻者亦处九等罚，（后娶之妻）离异（归宗）。

按：此仍《明律》，顺治三年添入小注，现改杖为罚。原律末句下有其民年四十以上无子者，方听娶妾，违者处四等罚，不言离异者听为妾也，乾隆五年删去。盖正名以齐家也。《唐律》：**“诸有妻更娶[妻]者，徒一年；女家，减一等。若欺妄而娶者，徒一年半；女家不坐。各离之。[诸]以妻为妾，以婢为妻者，徒二年。以妾及客女为妻，以婢为妾者，徒一年半。各还正之。若婢有子及经放为良者，听为妾云云。”**《明律》虽本于唐而治罪较轻，亦无《唐律》欺妄及女家之罪。再，《唐律》妻妾而外又有客女与婢两项，《明律》止言妻妾而以婢为妾及以客女为妻并无罪名。盖妻者齐也，与夫齐体之人也。妾者，接也，仅得与夫接见而已。贵贱有分，不可紊乱。以妻为妾则压贵为贱，以妾为妻则升贱为贵，皆悖伦蔑礼之事。至于有妻更娶，则并耦匹嫡，亦有乖乎正义，故均拟罚刑而稍有轻重之分。律言妻在者，或妻不在而以妾为妻，则罪应稍轻矣。若独子承祧两房者，止应娶嫡一人，不得两房均为娶妻。盖礼无二嫡，后娶之妻应以妾论。惟系希冀生孙延嗣，毋庸照有妻更娶律离异，乾隆十九年、道光二年均有成案，可与此律合参。

逐婿嫁女

凡逐（已入赘之）婿嫁女或再招婿者处十等罚，其女不坐。（如招赘之女通同父母逐婿改嫁者亦处十等罚。后婚）男家知而娶（或后赘）者同罪。（未成婚者各减五等，财礼入官。）不知者亦不坐。其女断付前夫，出居完聚。

按：此仍《明律》，顺治三年添入小注，乾隆五年移改。现又改杖为罚。盖专为入赘之壻言也。《唐律》无文，赘壻虽不合婚娶正礼，然既招壻在家，则夫妇之伦已定。逐婿嫁女，其女不坐者，以事有专制，非女所得主也。其女仍断归被逐之壻，使出外另居，夫妇完聚。盖翁壻之情已绝，夫妇之恩未离，必另居始得相安也。此条与前典雇妻妾及妻妾失序二条，虽女婿及妻之父母互相告言，各依常人论，不在得相容隐之限。律曰嫁女，曰再招婿，若但逐壻，而其女未许嫁再招壻者，当酌量科以不应重罪，未便即拟此律也。

居丧嫁娶

凡（男女）居父母及（妻妾居）夫丧而身自（主婚）嫁娶者处十等罚。若男子居（父母）丧（而）娶妾，妻（居夫丧）女（居父母丧）而嫁人为妾者，各减二等。若命妇夫亡，（虽服满）再嫁者罪亦如之。（亦如凡妇居丧嫁人者拟断，）追夺（敕诰）并离异。知（系居丧及命妇）而共为婚姻者（主婚人）各减五等，（财礼入官。）不知者不坐。（仍离异追财礼。）若居祖父母、伯叔父母、姑、兄姊丧（除承重孙外）而嫁娶者处八等罚，（不离异）。妾不坐。○若居父母舅姑及夫丧而与应嫁娶人主婚者处八等罚。○其夫丧服满（妻妾）果愿守志而女之祖父母、父母及夫家之祖父母、父母强嫁之者处八等罚。期亲加一等，大功以下又加一等。妇人及娶者俱不坐。未成婚者追归前夫之家，听从守志。追还财礼。已成婚者给与完聚，财礼入官。

按：此仍《明律》，顺治三年修改并添入小注，现改杖为罚。《明律》第三节系服满守志，非女之祖父母、父母而强嫁之者，杖八十；期亲强嫁者减二等。现律改为女之祖父母、父母及夫家之祖父母、父母强嫁之者八等罚。期亲加一等，大功又加一等。又添入已成婚者给与完聚，财礼入官二句。与《明律》用意不同，《明律》本之《唐律》，缘女之祖父母、父母情本至亲，强嫁之心欲其有家，故虽强夺其志而犹曲原其罪，有如《柏舟》之诗所云者，亦人情所有，故恕之也。现律改定之意以守节女人之美德，父母不为劝勉，而反强夺其志，虽父母亦应治以罚罪，而期功更为加等，其奖励守节之意较《明律》用意更为深远。至末后添入已成婚者给与完聚一层，《明律》所无，虽与嫁娶违律离异改正之通例似涉两歧，不知此律重在守志。若已失节矣，又何必追归守志乎！故他律违律嫁娶者均应离异，而此条独变其法，不可拘也。考之《唐律》:“**诸居父母及夫丧而嫁娶者,徒三年;妾减三等。各离之。知而共为婚姻者,各减五等;不知者,不坐。若居期丧而嫁娶者杖一百,卑幼减二等;妾不坐。诸居父母丧,与应嫁娶人主婚者,杖一百。诸夫丧服除而欲守志,非女之祖父母、父母而强嫁之者,徒一年;期亲嫁者,减二等。各离之。女追归前家,娶者不坐云云。**”以其有关十恶,故从重拟徒,《明律》均从轻改为杖罪,与《唐律》不合。其命妇夫亡再嫁一层,则亦《唐律》所无。又考之《汉律》:夫丧既葬始嫁,未葬而嫁为不道。又《御览》董仲舒决狱曰:甲夫死,未葬,法无所嫁,以私为人妻当弃市。夏姬将适巫臣,故诡求仓老之尸。《左传补注》曰:不得尸,吾不及矣云云。可见,古虽不禁改嫁,然丧中改嫁则治罪尤严。观于《明律》,而《唐律》之拟徒为重,观于《汉律》,而《唐律》之拟徒犹轻也。古今法律之不同如此,则亦何常之有哉?律后又有条例,均当参看。

一,孀妇自愿守志,其期亲以下卑幼谋占资财贪图聘礼,用强抢卖尊属尊长,已成婚者均拟绞监候。(以本妇服制为断,非孀妇亦同。)如系祖父母、父母,夫之祖父母、父母图财强嫁照强嫁本律加一等定拟,有服尊属照强嫁本律加二等定拟,未成婚者各减已成婚一等。若中途夺回及娶主自行送回,未被奸污者均以未成婚论。如并非为图财图产起见,但因家贫不能养赡,或虑不能终守,辄行强嫁者,祖父母、父母,夫之祖父母、父母及亲属人等仍照强嫁本律治罪。倘妇女不甘失节因而自尽者,不论已未被污,系图财案内期亲以下卑幼均仍拟绞监候。系强嫁案内缌麻卑幼流三千里。小功卑幼发极边足四千里安置。大功卑幼发烟瘴地方安置。期亲卑幼拟绞监候。祖父母、父母,夫之祖父母、父母照强嫁本律加二等问拟。有服尊属尊强嫁本律加三等问拟。娶主知情同抢者,减正犯罪一等。不知者不坐。如亲属别无主令改嫁之人,而用强求娶逼受聘财致令自尽者流二千五百里,仍追埋葬银两。其有因强抢而取去财物及杀伤人者,各照本律例从其重者论。

一,孀妇自愿改嫁,由夫家祖父母、父母主婚,如夫家无祖父母、父母,但有余亲,即由母家祖父母、父母主婚,如母家亦无祖父母、父母,仍由夫家余亲主婚,倘夫家主婚受财,而母家统众强夺及夫家并无例应主婚之人,母家主婚改嫁而夫家疏远亲属强夺者均处八等罚。

父母囚禁嫁娶

凡祖父母、父母犯死罪被囚禁而子孙(自)嫁娶者处八等罚。(若男娶妾、女嫁人)为妾者减二等。其奉(囚禁)祖父母、父母命而嫁女娶妻者不坐,亦不得筵宴。(违者,依父母囚禁筵宴律处八等罚。)

按:此仍《明律》,顺治三年添入小注,乾隆五年删改。现改杖为罚。盖言忘亲之罪以教孝也。《唐律》:**"诸祖父母、父母被囚禁而嫁娶者,死罪,徒一年半;(军)流罪,减一等;徒罪,杖一百。祖父母、父母命者,勿论云云。"**《明律》只言死罪而无流徒,且拟杖八十,其罪较《唐律》为轻,而文亦不详备。末后"亦不得筵宴"一句载在弃亲之任门内,此律不言离异,则听其为婚也。父母犯罪囚禁,正人子丧心失志、痛不欲生之时,古者孝女如缇萦及杨椒山之妻虽以女流,尚能以身代父与夫之死,此何等节概者,若竟忘其亲而任情纵欲,不孝之罪莫大于此,特著为律以罪之。子孙兼男女言,谓女嫁而男娶也,为妾亦兼男女言,谓男娶妾而女嫁人为妾也。律文虽曰犯死罪,然以《唐律》证之,则系举重以赅轻,盖死罪固当哀,生罪亦当感也。道光六年有成案,夫犯罪监禁,妻因贫擅自改嫁,虽伊姑知情,亦应科以犯奸之罪,可与此律一并参考。

尊卑为婚

凡外姻、有服(或)尊属(或)卑幼共为婚姻及娶同母异父姊妹,若妻前夫之女者,各以亲属相奸论。○其父母之姑舅,两姨姊妹及姨若堂姨、母之姑、堂姑、己之堂姨及再从姨、(己之)堂外甥女若女婿(之姊妹)及子孙妇之姊妹,(虽无服)并不得为婚姻。违者(男女)各处十等罚。○若娶己之姑舅、两姨姊妹者(虽无尊卑之分,尚有缌麻之服)处八等罚并离异。(妇女归宗,财礼入官)

按:此仍《明律》,顺治三年修改并添入小注,乾隆五年删定。现修新律,将律文要姑舅、两姨姊妹一节删改。盖专就外姓姻亲而言也。《唐律》:**"外姻有服属而尊卑共为婚姻,及娶同母异父姊妹,若妻前夫之女者,亦各以奸论。《疏议》曰:**其外姻虽有服,非尊卑者为婚,不禁。又,**其父母之姑、舅、两姨姊妹及姨、若堂姨,母之姑、堂姑,己之堂姨及再从姨、堂外甥女,女婿姊妹,并不得为婚姻,违者各杖一百。并离之云云。"**《明律》大致相同,而增入子孙妇之姊妹一层,若己之姑舅、两姨姊妹,《唐律》无文,以《疏议》非尊属者为婚不禁二语证之,盖专指此项言也。盖外姻同辈男女之服,除姑舅、两姨姊妹外,再无别项。《唐律》不禁为婚,以其虽有缌麻之服,并无尊卑之分也。《明律》亦禁为婚,然止拟处八等罚,较娶同母异父之姊妹拟徒三年者轻数等矣。缘同母异父姊妹虽无服制，究为伦理所关，外姻姑舅、两姨姊妹虽有缌麻之服，而同辈不分尊卑，律虽有禁，而现例又设有两姨姑舅姊妹为婚听从民便之条，则仍与《唐律疏议》之说相合。薛氏谓其**揆乎情法，姑开一面，亦王道本乎人情也，洵为有见之言**。又按：外姻有服尊亲则为母舅、母姨，有服卑亲则为外甥、姨甥，此二项皆小功服。至同母异父姊妹犹姊妹也，前夫之女犹女也，此二项虽无服而情最重，有为婚姻，乱渎已甚，故以奸论。然虽以奸论，仍依后嫁娶违律本法，其应独坐主婚与主婚为首者，至死皆减一等，未成者减五等，与真犯奸者有异也。若父母之姑舅、两姨姊妹即己之表姑表姨也，己之堂姨与再从堂姨即母之堂姊妹、从姊妹也，皆尊于己一辈者。父母之姨与堂姨即己之祖姨也，母之姑与堂姑即己之外祖姑也，此皆尊于己两辈者。己之外甥女若女婿之姊妹及子妇之姊妹也，皆卑于己一辈者。孙妇之姊妹则卑于己两辈者。外姻无服，名分犹存，凡奸则失之轻，有服则失之重，故折衷拟十等罚。旧例又有前夫子女与后夫子女苟合成婚者，以娶同母异父姊妹律论罪之条，若前夫子女与后夫子女异父异母者，若从尊长主婚，则于名分不甚有碍，毋概拟离，说见《示掌》，可备参考。

一，男女亲属尊卑相犯重情或干有律应离异之人，俱照亲属已定名分各从本律科断，不得妄生异议，致罪有出入。其情犯稍有可疑，揆于法制似为太重，或于名分不甚有碍者，听各该原问衙门临时斟酌拟奏。

娶亲属妻妾

凡娶同宗无服（姑侄姊妹）之亲及无服亲之妻者，（男女）各处十等罚。若娶（同宗）缌麻亲之妻及舅甥妻各徒一年。小功以上（之妻）及收父祖妾者各以奸论。（自徒三年至绞。）其（亲之妻）曾被出及已改嫁而娶为妻妾者（无服之亲及伯叔母兄弟妻不与）各处八等罚。〇妾（父祖妾不与）各减（妻）二等。（被出、改嫁者递减之。若原系妻而娶为妾当从妻论。原系妾而娶为妻仍从妾减科。）〇若娶同宗缌麻以上姑侄姊妹者，亦各以奸论。（除应死外）并离异。

按：此仍《明律》，顺治三年添入小注，乾隆五年增修。现又删改。盖专指同宗妻妾而言也。《唐律》：**“诸同姓为婚者，各徒二年。缌麻以上，以奸论。诸尝为袒免亲之妻而嫁娶者，各杖一百；缌麻及舅甥妻，徒一年；小功以上，以奸论。妾各减二等。并离之云云。”**《明律》罪名不异于唐，惟细绎《唐律》“尝为”二字，则被出、改嫁均包在内，明添入被出改嫁者处八等罚，则专指在家者而言，与《唐律》解释**各有**不同。再，《唐律》**奸父祖妾、伯叔母绞。奸兄弟妻者，流二千里。**《明律》收父祖妾及伯叔母者改为各斩，收兄弟妻者改为各绞，则较《唐律》为重。《明律》有以奸论者，有不以奸论者，须与亲属相奸律彼此互参。奸缌麻以上亲之妻应徒三年，此娶者徒一年。奸律妾各减一等，娶者减二等，此均不以奸论者也。不以奸论者固轻，即以奸论亦有不同。盖奸者淫邪不正之称，婚娶非礼犹之奸也。其实与奸究有分别，大抵娶者轻于相奸，其中微意须细参之。同姓且不可为婚，况同宗乎？无服之亲所包甚广，凡五服之外谱系可考、名分犹存者皆是，《唐律》所谓袒免亲是也。首句亲指女言，以下均言其妻与妾。首句是无服之亲，末节是有服之亲。律文妾减二等，旧例又定有收伯叔兄弟妾者照奸律减妻一等满流之条，则较律重矣。旧律收兄弟妻者绞决，旧例又有如系乡愚不知例禁，向亲族告知成婚者拟绞监候，秋审入实。如由父母主令婚者，仍拟绞候，秋审核其情节定拟之条，则较律又轻矣。现虽删改，可备参考。总之，《唐律》与《明律》轻重不同，而《明律》又与现例轻重不同，法律之无定，中华尚且如此，而何况乎外国耶？彼专守一说而固执不变者，观此不当憬然哉！

娶部民妇女为妻妾

凡府州县亲民官任内娶部民妇女为妻妾者处八等罚。若监临（内外上司）官娶（见问）为事人妻妾及女为妻妾者处十等罚。女家（主婚人）并同罪，妻妾仍两离之。女给亲（两离者，不许给与后娶者，亦不给还前夫，令归宗。其女以父母为亲，当归宗。或已有夫，又以夫为亲，当给夫完聚）财礼入官。（恃势）强娶者各加二等，女家不坐。（妇还前夫，女给亲）不追财礼。若为子孙弟侄家人娶者，（或和或强）罪亦如之，男女不坐。（若娶为事人妇女而于事有所枉者，仍以枉法从重论。）

按：此仍《明律》，顺治三年添入小注。现改杖为罚。盖言见任职官不得擅娶部民妇女也。《唐律》：**"诸监临之官，娶所监临女为妾者，杖一百；若为亲属娶者，亦如之。其在官非监临者，减一等。女家不坐。即枉法娶人妻妾及女者，以奸论加二等；为亲属娶者，亦同。行求者，各减二等。各离之。诸和娶人妻及嫁之者，[各]徒二年；妾，减二等。各离之云云。"**《明律》拟罪较《唐律》均轻数等而无《唐律》枉法一层，故注内补出于事有枉者以枉法从重论二语，即《唐律》之意也。而追财礼入官或不追财礼，女家或同罪或不坐罪，或男女俱不坐罪，则较《唐律》更详且备。任内谓现任时也，兼下监临官言。府、州、县职本亲民，监临官权相统摄，其于临民之统制则一，但部民止系管摄之人，无事相涉，若为事人则系在官之犯，有事对理，虽均系娶为妻妾，而事同情异，故罪分轻重。若亲民官娶为事人妻妾及女者，亦同监临官十等罚。若监临官娶部民妇女者，亦同亲民官八等罚。律系互文见义，与他律所称监临官有犯者加别项官二等之意不同，须善会之。后条又有豪势之人强夺奸占为妻妾者拟绞一项，与强娶事同而罪名轻重悬绝。此虽言强而犹是娶，与强夺奸占之情不同也。《唐律》以奸论加二等尚拟满徒，此加二等止徒一年半，似涉太轻。

娶逃走妇女

凡娶（自己）犯罪（已发在官而）逃走（在外之）妇女为妻妾，知（逃走之）情者与同（其所犯之本）罪。（妇人加逃罪二等，其娶者不加罪。）至死者减一等，离异。不知者不坐。若无夫（又）会赦免罪者，不离。（一有不合仍离。）

按：此仍《明律》，顺治三年添入小注。盖为娶犯罪在逃之妇女而言也。《唐律》：**诸娶逃亡妇女为妻妾，知情者与同罪，至死者减一等。离之。即无夫，会恩免罪者，不离。《疏议》曰：**其不知情而娶，依[准]律无罪，若无夫，即听不离云云。《明律》一依《唐律》，不过字句稍异。此条专言娶者之罪，比知情藏匿罪人条较重，并与背夫在逃及收留在逃子女各条互相参看。收留在逃子女为妻妾，不论逃者罪名轻重，均徒二年，比与所犯同罪至死减一等用意各有不同。《辑注》云：此律要看娶字，若因其逃走而收留为妻妾，则依收留在逃律。若因其逃走而和诱为妻妾，则依和诱律，若知收留和诱而娶之，应各照本律，不得混引此条也。后嫁娶违律门称离异改正者，虽会赦犹离之。此条会赦免罪者不离，彼系嫁娶违律之通例，此则无夫者原不禁其嫁，罪既赦矣，又何必离，不得以通例为拘，其义甚微，须细辨之。

强占良家妻女

凡豪（强）势（力）之人强夺良家妻女奸占为妻妾者绞（监候），妇女给亲。（妇归夫，女归亲。）配与子孙弟侄家人者罪（归所主）亦如之。（所配）男女不坐。（仍离异给亲。）

按：此仍《明律》，顺治三年添入小注。盖重惩势豪奸占以全善良也。《唐律》无此条，有犯以强奸论罪。强奸罪止拟徒，此亦可同强奸拟徒。豪势谓富强有力者，律意重在强夺，不重豪势，谓强夺者必是豪势之人，其实不拘何等人，但是强夺奸占，即依此律。此与强奸虽同一拟罪，而犯事之本意不同，如为奸宿而强夺则依强奸论，若为妻妾而强夺则依此律，故彼入犯奸律而此入婚姻律。律曰良家妻女者，所以别于娼家与卖奸之家耳，非良贱有分别之谓也。娼家、卖奸之家而外，其余一应妇女皆同。妾犹妻也，婢亦女也，奴之妻亦妻也，犯者一概拟绞，此与《违禁取利门》内私债准折及强夺奸占之律，《威力制缚门》内奸占佃户妇女之例，《雇工殴家长门》内占夺雇工妻之例，《徒流人又犯罪门》内遣犯之主图占为奴妻女之例，均系奸占事而情形各有不同，当分别参看。掳人勒赎各例亦与此律息息相通。律外又有抢夺妇女条例，足补律所未备，当一并研究。

一，强夺良家妻女奸占为从之犯，应照为首绞罪减一等，流三千里。如被逼诱随行，止于帮同扛抬，照未成婚减绞罪五等徒一年半。其中途夺回及尚未奸污为从者，审系助势济恶，减为首流罪一等，徒三年。如被逼诱随行，止于帮同扛抬，各照不应重律治罪。

一，强夺良家妻女中途夺回及尚未奸污者，照已被奸占律减一等定拟。若成本妇羞忿自尽，不论已未被奸污均拟斩监候。若强夺良家妻女，其夫或父母自尽者，流三千里，致亲属自尽者徒三年。

一，强夺良人妻女卖与他人为妻妾及投献王府并勋戚势豪之家者，俱拟绞监候。

一，凡聚众伙谋抢夺路行妇女或卖，或自为妻妾、使女及被奸污者，并聚众伙谋入室抢夺妇女，一经抢获出门即属已成。审实，不分得财与未得财，为首绞立决，为从在场帮抢者皆绞候，并未帮抢者发烟瘴地方安置。知情故买者减正犯罪一等。不知情者处八等罚。如图抢入室尚未抢获，首犯发新疆当差，为从流三千里。至因伙众抢夺妇女拒捕杀人者，无论已成未成，下手杀人之犯斩立决，帮殴成伤从犯不论手足他物金刃均拟绞监候。其并未帮殴首从各犯仍分别已未抢获妇女本例问拟。其有并非伙众，但强卖与人为妻妾者拟绞监候，如有拒捕杀伤人者，照抢夺杀伤人例办理。

一，凡聚众伙谋抢夺兴贩妇女已成者，为首拟绞监候，为从发烟瘴地方安置。同谋未经同抢之犯，流二千里。如图抢未成，为首发烟瘴地方安置，为从流三千里。同谋未经同抢之犯徒三年。其有并非聚众但将兴贩妇女抢夺已成者，为首发极边足四千里安置，为从徒三年。同谋未经同抢之犯徒二年半。若图抢未成，为首徒三年，为从徒二年。同谋未经同抢之犯徒二年。如拒捕杀伤兴贩之犯以凡论。若系本妇及本妇之有服亲属,均依罪人拒捕律科断。

一,凡聚众伙谋抢夺曾经犯奸妇女已成,无论在途在室,首犯发遣新疆当差,为从帮抢者流三千里,同谋未经同抢之犯徒三年。如图抢未成,首犯流三千里,为从帮抢者徒三年,同谋未经同抢之犯徒二年半。其有并非聚众但将犯奸妇女抢夺已成者,为首流三千里,为从徒三年,同谋未经同抢之犯徒二年半。若图抢未成,为首徒三年,为从徒二年半,同谋未经同抢之犯徒二年。如妇女犯奸后已经悔过自新确有证据者,仍以良人妇女论。

娶乐人为妻妾

凡(文武)官(并)吏娶乐人(妓者)为妻妾者处六等罚,并离异。(归宗,不还乐工,财礼入官。)若官员子孙(应袭廕者)娶者罪亦如之。注册候廕袭之日,(照廕袭本职上)降一等叙用。

按:此仍《明律》,原律"罪亦如之"下系附"过候廕袭之日,降一级于边远叙用,其在洪武元年以前娶者勿论。"顺治初年改为今文,并添入小注。雍正三年,乾隆五年删定。现又删去妾字,并改杖为罚。盖言官吏不可滥娶以自玷也。《唐律》无文,《元律》有诸职官娶娼为妻,笞五十七,解职,离之云云。《明律》即本于此,而更添妾字及官员子孙一层,与官吏宿娼条参看。乐人,乃教坊司妓者,今无教坊,若娶流娼,亦照此例。《明律备考》乐人知情嫁与者,问不应笞罪,财礼入官。又《集解》民人娶乐人为妻,问不应,为妾,勿论云云。以民人究非官员,故娶为妾者勿论也。《犯奸门》又有乐人娶良人子女为妻妾之条,与此对照,均当互参。

僧道娶妻

凡僧道娶妻妾者处八等罚,还俗。女家(主婚人)同罪,离异。(财礼入官。)寺观住持知情,与同罪。(以因人连累,不在还俗之限。)不知者不坐。○若僧道假托亲属或僮仆为名求娶而僧道自占者以奸论。(以僧道犯奸,加凡人和奸罪二等论。妇女还亲,财礼入官,系强者以强奸论。)

按:此仍《明律》,顺治三年添入小注。现改杖为罚。盖严僧道擅娶之罪也。《唐律》无文,《元律》:诸僧道悖教娶妻者杖六十七,离之,僧道还俗为民,聘财没官云云。《明律》似本诸此而更增女家同罪及住持纵容并假托亲属各项,更为详备。与《犯奸门》僧道犯奸及僧道挟妓各条互参,律文以奸论者实包和奸在内,虽假托原与女家说明,和同情愿则以和奸论。若女家不知,被其诓骗,所娶之女受制顺从,或拒绝不从,为其强奸,则以强奸论。故注内强奸与和并言,与娶亲属条之以奸论者不同,彼盖专指和奸而言也,须善会之。

出妻

凡妻(于七出)无应出(之条)及(于夫无)义绝之状而(擅)出之者处八等罚。虽犯七出(无子、淫泆、不事舅姑、多言、盗窃、妬忌、恶疾)有三不去(与更三年丧,前贫贱后富贵,有所娶无所归)而出之者减二等,追还完聚。○若犯义绝,应离而不离者亦处八等罚。若夫妻不相和谐而两愿离者不坐。(情即已离,难强其合。)○若(夫无愿离之情)妻(辄)背夫在逃者徒二年,听其离异。(其妻)因逃而(辄自)改嫁者加二等。其因夫(弃妻)逃亡,三年之内不告官司而逃去者处八等罚。擅(自)改嫁者处十等罚,妾各减二等。(有主婚,媒人,有财礼乃坐。无主婚人,不成婚礼者以和奸、刁奸论。)○若(立契议雇之)使女背家长在逃者处八等罚,给还家长,因而嫁人者处十等罚。(追缴未满工值,免其离异。)○窝主及知情娶者各与(妻妾使女)同罪。(财礼入官。)不知情者(主娶者言)俱不坐。(财礼给还。)○若由(妇女之)期亲以上尊长主婚改嫁者,罪坐主婚,妻妾止得在逃之罪。余亲主婚者,(余亲谓期亲卑幼及大功以下尊长。卑幼主婚改嫁者,)事由主婚,主婚为首,男女为从。事由男女,男女为首,主婚为从。

按:此仍《明律》,原有奴逃者亦同小注,顺治三年增添,余注雍正三年删去,乾隆五年改定。现又大加改易。盖言夫妇以义,而背义之罪各有轻重也。《唐律》:**“诸妻无七出及义绝之状而出之者,徒一年半;虽犯七出,有三不去而出之者,杖一百。追还合。若犯恶疾及奸者,不用此律。诸犯义绝者离之,违者,徒一年。若夫妻不相安谐而和离者,不坐。即妻妾擅去者,徒二年;因而改嫁者,加二等云云。”**《明律》仿照《唐律》,而出妻止处八等罚,较《唐律》减轻数等。《唐律》妻擅去改嫁者加二等止徒三年,《明律》妻背夫在逃改嫁者从重拟绞,又较《唐律》加重数等。《唐律》妻妾同罪,《明律》妾减妻二等,又添婢逃一层及后段窝主、娶者、主婚各项人之罪。至于义绝之说,现律无注,考之《唐律疏议》曰:义绝,谓殴妻之祖父母、父母及杀妻外祖父母、伯叔父母、兄弟、姑、姊妹，若夫妻祖父母、父母、外祖父母、伯叔父母、兄弟、姑、姊妹自相杀及妻殴詈夫之祖父母、父母，杀伤夫外祖父母、伯叔父母、兄弟、姑、姊妹及与夫之缌麻以上亲、若妻母奸及欲害夫者，虽会赦，皆为义绝。妻虽未入门，亦从此令云云。此解义绝之状详悉无遗，而《明律》注疏谓义绝专指自得罪于夫者言，如殴夫及欲害夫之类，非谓殴姑舅等项也云云。其说虽较唐疏为略，然唐疏亦有难行之处，须善会之。盖夫妇为五伦之一，联之以恩，合之以礼，又必持之以义，三者备而后正始之道无愧焉。七出、三不去之说载于《家礼》。三不去，礼应留之也。七出者，礼应去之也。义绝必离，姑息不可也。恩绝听离，强合不能也。不应离而离，则悖于礼。应离而不离，则害于义。其违律一也，故治罪则同。若背逃改嫁则恩、义、礼三者俱绝，无复有人道矣，坐以重典，所以维风化也。《辑注》云：义绝可离可不离者如妻殴夫及夫殴妻至折伤之类，义绝而不许不离者如纵容抑勒与人通奸及典雇与人之类，可见义绝原无定论，当随事酌夺。盖出妻者，但出之使归耳，非谓从夫嫁卖也。若出之而卖，则又有卖休买休之律。七出者，乃礼可以出，非谓必应而出也，与义绝必应离者不同。古人虽有因蒸梨叱狗之故去其妻者，乃君子交绝不出严声，忠厚之道，未可据为典要而轻糟糠，致贻儇薄之诮也。律外又有条例，足补律所未备，当一并参之。

一，妻犯七出之状，有三不去之理，不得辄绝。犯奸者不在此限。

一，期约已至五年无过不娶及夫逃亡三年不还者，并听经官告给执照，另行改嫁，亦不追财礼。

嫁娶违律主婚媒人罪

凡嫁娶违律，若由（男女之）祖父母、父母、伯叔父母、姑、兄姊及外祖父母主婚者，（违律之罪）独坐主婚（男女不坐）。余亲主婚者（余亲谓期亲卑幼及大功以下尊长，卑幼主婚者）事由主婚，主婚为首，男女为从，其以奸论（得减一等）。至死者（除事由男女，自当依律论死。其由）主婚人并减一等。（主婚人虽系为首，罪不入于死，故并减一等。男女已科从罪，至死亦是满流。不得于主婚人流罪上再减。）○其男女被主婚人威逼，事不由己，若男年二十岁以下及在室之女（虽非威逼）亦独坐主婚，男女俱不坐（不得以首从科之。）○未成婚者各减已成婚罪五等。（如绞罪，减五等徒一年半，余类推减。）○若媒人知情者各减（男女、主婚）犯人罪一等，不知者不坐。

〇其违律为婚各条称离异改正者，虽会赦（但得免罪）犹离异改正。离异者妇女并归宗。〇财礼，若娶者知情，则（不论已未成婚俱）追入官。不知者则追还主。

按：此仍《明律》，原有小注，顺治三年增修。现又删改。盖言婚姻之通例，所以补诸条之未备，而权其轻重之宜也。《唐律》：**"诸嫁娶违律，祖父母、父母主婚者，独坐主婚。若期亲尊长主婚者，主婚为首，男女为从。余亲主婚者，事由主婚，主婚为首，男女为从；事由男女，男女为首，主婚为从。其男女被逼，若男年十八以下及在室之女，亦主婚独坐。未成者，各减已成五等。媒人，各减首罪二等。诸违律为婚，当条称"离之"、"正之"者，虽会赦，犹离之、正之。定而未成，亦是。娉财不追；女家妄冒者，追还云云。"**《明律》一本于唐，惟《唐律》期亲尊长主婚者，主婚为首，男女为从，《明律》又添外祖父母一项，且独坐主婚，男女不坐，则与《唐律》不同。再，《唐律》男十八以下被逼不坐，《明律》改为二十岁，《唐律》媒人减二等，此减一等，亦稍有区别。本门"男女婚姻"以下诸条，凡有嫁娶之罪者，均谓之嫁娶违律，引拟诸条皆当以此条参之，如各律之有《名例》也。事由，谓其事全由之为主也。凡曲在男则不追财礼，典在女则追财礼。男女俱曲，则入官。律外又有条例，亦为问违律离异者之总则，均当与律合参。

一，凡绅衿庶民之家，如将使女年至二十五岁不行婚配者，照不应重律治罪，令其择配。

，凡嫁娶违律应行离异者，与其夫及夫之亲属有犯，如系先奸后娶，或私自苟合，或知情买休，虽有媒妁婚书，均依凡人科断。若止系居丧嫁娶，或有妻更娶，或将妻嫁卖，娶者果不知情，实系明媒正娶者，虽律应离异，有犯仍按服制定例。

一，八旗内务府三旗人如将未经挑选之女私行许聘者，将主婚人照违制律治罪。

卷三

仓库上(收米谷曰仓,收财帛曰库)

《唐律疏议》:汉制《九章》,创加《厩律》,魏以厩事散入诸篇晋以牧事合之,名为《厩牧律》。自宋及梁,复名《厩律》,后魏改为《牧产律》,后复名《厩牧律》,隋以库事附之,更名《厩库律》,唐因之不改。按:厩者,鸠聚也,马牛之所聚;库者,舍也,甲兵财帛之所藏,故齐鲁谓库为舍。明始为《仓库》《厩牧》为二门,以《厩牧》隶《兵律》而《仓库》附于《户律》,国朝因仍不改。共分上下两章,上章共九篇,下章共十四编,盖司农所掌,粮赋为重,故立法独为加详。《明律·钱法》之前尚有《钞法》一章,国朝删除不用,但现纸币盛行,将来仍须修复以备引用。

钱法

凡钱法,设立宝源、宝泉等局鼓铸制钱,内外俱要遵照户部议定数目一体通行。其民间金银米麦布帛诸物价钱并依时值听从民便(使用),若阻滞不即行使者处六等罚。

按:此就《明律》删定,顺治初年添入小注,现删后段,只留前一段。盖专为通行制钱而言也。《明律》原文系凡钱法,设立宝泉等局鼓铸洪武通宝铜钱,与大中通宝及历代铜钱相兼行使,折二当三等语,盖私铸罪名俱在《诈伪》一门,此条仅言禁止阻滞之事,故名曰《钱法》。阻滞钱法而先言诸物价钱并依时值者,奸人不敢增减钱价,但不依时值将物价高抬即是减钱之价,将物价低估即是增钱之价,一增一减,钱法即因而阻滞也。旧律原分两节,上节言制钱颁法俱遵部定价值行使,诸物时值不同听从民便,不得高抬其价、低估其值以致不得其平,阻滞钱法。下节言铜为国宝所蓄,军民不得私蓄,现在新律将下节私蓄废铜一节删除,此律未免缺略不全。钱法一项,

《户部则例》俱极详备，此篇仅载关于罪名数条，其余详见《户部则例》。查旧例：京城铜铺不得私造五斤以上铜器售卖，官民不得私藏五斤以上铜器，违者处五等罚。其官员铜器在三斤以上，民人铜器在一斤以上，查出入官，免其治罪。又，产铜之处听民采取，税其二分，其所剩八分听民发卖。有坟墓处所不许采取。其产铜铅之州县，令地主报明[名]采取。地主无力，听本州县报明[名]采取。州县无匠役，许于别县雇募。该州县自行稽察。如有别县民人伙众越境采取，聚至三十人者，分别首从拟以充军、枷杖。不及三十名，为首满杖枷号，为从满杖。衙役恣意搅扰致人裹足者，亦枷号充军。又，道光九年成案官钱文重一钱三分，官局铸钱轻重参差，计赃罪止杖笞，将炉头满杖加枷，轻钱赔补改铸云云。现虽删除不用，然良法美意，不可不知，故备录于后以备稽考。

一，各省行用铜圆，如经纪、牙行人等于交易时不照钱面数目字样任意折减，及与铺户人等通同舞弊减成定价，甚至造言煽诱，抗不收使，将为首阻挠者徒二年，随同附和者徒一年。

收粮违限

凡收夏税（所收小麦）于五月十五日开仓，七月终齐足。秋粮（所收粮米）十月初一开仓，十二月终齐足。如早收去处预先收受者，不拘此律。若夏税违限至八月终，秋粮违限至次年正月终，不足者，其提调部粮官、吏典、分催、里长、欠粮人户各以（税粮）十分为率，一分不足者处六等罚。每一分加一等，罪止十等罚。（官吏里长）受财（而容拖欠）者，计（所受）赃以枉法从重论。（分别受赃违限轻重。）若违限一年之上不足者，人户、里长处十等罚，提调部粮官、吏典照例拟断。

按：此仍《明律》，顺治三年添入小注。现又改杖为罚。盖定官民违误粮限之罪也。原律系处十等罚，迁徙，提调部粮官、吏典处绞，现律止拟处十等罚，删去迁徙而改处绞为照例拟断。盖照例云者，照《处分则例》定拟也。《唐律》：**诸部内输课税之物，违期不充者，以十分论，一分笞四十，一分加一等。注：州、县皆以长官为首，佐职以下节级连坐。**全违期不入者徒二年。又**户主不充者，笞四十。**《疏议》曰：百姓当户，应输课税，依期不充，即处四等罚，不据分数为坐云云。《明律》即本于此而拟罪较重，限期亦较分明。《唐律》以长官为首，《明律》不分官吏、里长、欠户，治罪惟均，又添受财者以枉法从重论及违限一年以上不足一层，则更详矣。尝考《明律》处绞之法，盖因国初庶务草创，征输为急，故其法特重，以后承平日久，藏富于民，凡有违限，止照例拟断。律文久已不用，国朝改绞罪为照例拟断，不以催科而用重典，抚字之意即寓其中，洵仁政也。凡征收夏税秋粮，开仓有日期，齐足有定限，若有违过定限之期不足者，在官吏、里长均有玩弛之咎，在欠粮人户亦是奸顽之徒，故治罪惟均。惟官吏通计一州县应纳之额，里长合算一里分催之额，人户则照本户应纳之数，各以十分为率，虽均系罚罪，而计数定罪之法则不同也。律外又有详例，以所欠分数之多寡而定罪名之轻重，足补律所未备，当合参之。旧例有漕粮挂欠，分别一分、二分、三分、四分、五分拟以笞杖徒流军罪，欠至六分者绞，六分以上者斩监候。运弁以通帮粮米计算分数，旗丁以一船粮米计算分数，治罪从同云云，亦足补律所未备，而漕粮至六分即拟死罪者，以漕粮关系天庾正供，较寻常钱粮为重。此例现虽删除，亦研究律学者所当知也。

一，无论文武乡绅，进士举人、生员并贡监及有顶带人员应纳钱粮，以十分为率，如有欠数，各州县逐户开出另册详报，欠至四分以下者，问革为民，处六等罚。欠至七分以下者，问革为民，处八等罚。欠至十分以下者，问革为民，处十等罚。俱以次年奏销以前为限，不足分数者照例治罪，仍严催未完钱粮。如革后全完，准予开复。倘州县并不行另册详报，别经发觉，交部议处。

一，凡兵役有应输之粮，抗玩不纳者，该州县即将未完钱粮数目开明，移令所辖衙门，著本管官弁照数追完，移交州县。如不实力催追完解，即照州县催征钱粮未完分数律议处。其上司书役有抗粮不纳者，该州县一面详报上司，一面严行拘拿，革役追比。如上司有阿庇袒护，州县有瞻徇等弊，均应照例议处。

多收税粮斛面

凡各仓（主守官役）收受税粮，听令纳户亲自行概平斛交收，作（正）数（即以平收者作正数）支销，依例准除折耗。若仓官斗级不令纳户行概，踢斛、淋尖多收斛面（在仓）者处六等罚。若以（所多收之）附余粮数（总）计赃重（于处六等罚）者坐赃论，罪止十等罚。（此皆就在仓者言，如入己以监守自盗论。）提调官吏知而不举，与同罪。（多粮给主）不知者不坐。

按：此仍《明律》，顺治三年添入小注，现改杖为罚。盖申严各仓主守不得于正数之外多收税粮也。《唐律》户婚门：**若非法而擅赋敛，及以法赋敛而擅加益，赃重入官者，计所擅坐赃论；入私者，以枉法论，至死者加役流云云。**《明律》较为详悉，《唐律》入私以枉法论,现律小注入己者以监守自盗论,亦有不同。概者,平斛之具,俗所谓盪也。收斛令纳户亲自行概,则无多受之弊,所以不亏纳户也。若不令纳户行概,或踢斛以使其实,或淋尖而使其满,虽多收于民,犹在于仓,盖恐其日后折耗有支销赔累之苦,与侵民利入己者不同,故其罪甚轻,然所积既多,为日既久,自难免于折耗。若不准其开除,而又不准多收,则主守即难免赔累,故依例准除,所以不累主守也。既不苦民,又不累官,律法之曲尽如此。附余即羡余也,系众纳户斛面所积,多寡杂并,势不能分算给主,故后有附余钱粮私下补数之条,当参看之。旧例:各处仓粮每石收耗米三升,查盘之时每年每石准开耗一升,若三年之外原收耗米减尽,于正粮内递开一升,准此[作]耗粮,此外若有侵盗,照律治罪云云。律所谓依例开除者,即依此例也。凡例均系律后所纂,惟此例系在定律之前,当是前明所纂者。又,旧例:社仓捐谷听民自便,不得绳以官法。违者以违制论。又社仓谷石不遇荒歉借领者,每石收息谷一斗。小歉借动者,免取其息。又,贡监生员中富生上户,定限五月完半,十月全完。届期不清,再展二月,以岁底全完为率。中、下贫生定限八月完半,岁底全完。届期不清,中等以开岁二月,下等以开岁四月为率。如逾限不完,即行详革。革后全完仍准开复。又,各仓花户斥革后复在现充花户身后影射把持,向关米人勒索者,从重照蠹役诈赃例加重治罪。现充花户有心容隐、朋比为奸者,均革役,与首犯同罪云云,均足补律未及。按花户者,各仓管事之人也。未知起于何时,《读例存疑》云当是嘉庆年间所设。近来京仓积弊稍清,不似从前之甚。此例虽严励,然治此辈不妨从重,至上社仓及生监纳粮限期各条,则恤民爱士之意寓乎其中,洵一代之良法也。

一,凡收放粮草去处,如有匪徒借端滋事,盘踞把持,挟诈分肥,打搅仓场者,各于所犯本罪加一等定拟。各仓场管事之人不行禀举者,照不应为律治罪。

隐匿费用税粮课物

凡运送本户应纳税粮课物(如蚕丝铜铁之类)及应(追)入官之物(已给文送运)而隐匿(肥己,私自)费用不纳或诈作(水火盗贼)损失欺罔(经收)官司者,并计所亏欠物数准窃盗论。(罪止流三千里。)其部运官吏知(隐匿诈妄之)情与同罪,不知者不坐。(此系公罪,各留职役,若受财故纵,以枉法从重论。小户附搭侵匿者,仍依此律准窃盗。)

按:此仍《明律》,顺治三年添入小注,雍正三年改定。现又删改。盖言人户自纳税物而有欺诈也。《唐律》:**诸应输课税及入官之物,而回避诈匿不输,或巧伪湿恶者,计所阙,准盗论。主司知情,与同罪;不知情,减四等云云。**《明律》一本于唐,而文义特为详明,且改不知情减四等为不坐罪,则稍有不同。此以本户应纳尚未送官犹为私物者言之,须重看本户应纳四字,若公差人领解侵欺则是监守盗矣,若他人盗去则是常人盗矣。凡官钱粮及官物,其守掌之人于仓库中盗出者谓之监守自盗,若差委押解钱粮官物之人于仓库领出之后而有隐匿等情谓之侵欺。侵欺者,仍以监守自盗论。如后转解官物条,若有侵欺是也。此条不科监守盗而准窃盗论者,彼是在官人役领解仓库中物也,此是本户自行送运应纳税课入官之物,其物但经官检点监验俱给文批,尚未入于仓库,是本户收掌,虽属官物尚在私家,与自仓库中领出者不同,然已报纳到官,给文送运,复有隐匿,则与盗无异,而盗自纳之物究与盗他人者有间,故准窃盗论。律文细若毫毛,非潜心体会不能得其真解。再者,钱粮虽不许包揽代纳,然亦岂能使户户亲解,必自大户领运,所谓解户也。故注有小户附搭之说。《辑注》云:小户畸零米麦因便凑数于大户附纳者,隐匿费用是谓附搭侵匿。

揽纳税粮

凡揽纳(他人)税粮者处六等罚,著落(本犯)赴仓(照所揽数)纳足,再于犯人名下(照所纳数)追罚一半入官。○若监临主守(官役挟势)揽纳者,加罪二等。(仍追罚一半入官)。○其小户畸(残田)零(零丁不足以成一户)米麦因便凑数,(于本里)纳粮人户处附纳者勿论。(包揽侵费正数及多科费用以诓骗论。若侵欺以监守自盗论。包与者照不应重律治罪。)

按:此仍《明律》,顺治三年添入小注。现改杖为罚。盖言包揽别户税粮代纳以取利也。《唐律》无文。包揽代纳之人非为多收取利,即为暂时挪用,甚且有诓骗侵蚀之弊,在民则受其剥削,在官则受其迟欠,故不论包纳几家,亦不分其数多寡,但犯即坐六等罚,而又追罚一半入官。监临谓提调部运官吏也,主守谓官攒斗级人等也。凡人揽纳不过规取盈余,监临主守身自揽纳,罔下取利,何以禁察他人,故加等治罪。不言纳足追罚者,蒙上文也。盖著落赴仓纳足,虽指包揽未纳者言,然包揽,即纳者亦坐罪追罚,虽无误于官,亦多取于民。小注:包与者,坐不应重罪。盖指和同包与者言之。若愚民被奸徒诓骗,或为豪势逼勒,因而包与者,难坐以罪,须善会之。

虚出通关朱钞(凡钱粮通完,出给印信长单为通关。仓库截收,则暂给红批照票为朱钞)

凡仓库收受一应系官钱粮等物(原数本)不足,而监临主守通同有司提调官吏虚出通关(给发)者,计所虚出之数并赃(不分摊各犯)皆以监守自盗论。○若委官盘点钱粮,数本不足,扶同(监临提调官)申报足备者罪亦如之。(亦计不足数以监守自盗论,并赃。)受财者计(入己)赃以枉法从重论。○其监守不收本色(诈言奉文)折收财物,虚出朱钞者,亦以监守自盗论。纳户知情减二等,原与之赃入官。不知者不坐,其赃还主。○(通上)同僚知而不举者与犯人同罪。(至死减等)不知及不同署文案者不坐。(以失觉察论。)

按:此仍《明律》,顺治三年添入小注。盖言仓库钱粮宜核实数也。《唐律》无文。凡仓库收受一应钱粮等物,必通完足,然后出给通关。若收受不足而虚出,必有通同情弊,委官奉委盘点,与监临相同。若钱粮不收本色,乃向纳户折收财物,瞒官作弊,而虚出本色硃钞者亦同盗罪。凡钱粮收受足备,出给印单为照,谓之通关,即长单也。逐时逐日零星截收,出给印票为照,谓之硃钞,如州县给与纳户串票是也。虚出通关,本非实赃而即以监守盗论者,监守乃专司责守之人,通关乃照验取信之,案今通关之数足备而仓库之数不足,非盗而何?至折取财物,非不足也,而亦谓之虚出者,法当纳完本色,今收折色,则本色已无,即虚出也。直谓之赃者,原其折收之心,明是渔利之计,以此科罪,即是赃矣。二者同以监守盗论,惟虚出通关者计所出之虚数为赃,折收财物计所收之实物为赃,则虚出硃钞,其法更重于通关也。旧例有州县侵欺钱粮与挪移钱粮,该管上司分赔。又有徇隐及失觉之判其分赔也。一年限内全完及二三限内全完,治罪又各有不同。分晰详细,立法最为严明,但现在已删除矣。从前侵亏之案办理认真,因本员伏此法者甚多,即分赔独赔之上司限满不交,即分别拟徒,以不少贷。自嘉庆四年改章以后,本员并无真死罪,即分赔代赔之例亦为虚设,即有奏明按限监追者,而俱系通融办理,本人非特不在监狱,久之亦并不在本省,法令宽弛,官款悉化乌有,以致官吏肆意侵贪,无所忌惮,然立法之不善,乃不用法之过也。可胜慨哉!

一,州县交代,如将已征钱粮侵蚀亏空捏称民欠,令后官接受,或仓储米谷收存不慎,库储官物遗失不全,接任官立即揭报该管上司奏参,于前官名下著追。如该管上司庇护离任之员及该管府州畏虑分赔，因而抑勒交盘者，被勒之员直揭部院代为陈奏。其所揭抑勒之司道府州等官，该督抚据实确审定拟，如有干连督抚，将具揭及亏空之员押赴来京，奏交大理院确审。将抑勒之督抚一并从重议处。或系诬捏枉揭，照例治罪。傥前官亏空以及米谷霉变、官物短少，后官容隐不报，出结接受，至本身离任始诿前任者，应将欠项及米谷官物照数追赔，仍治以瞻徇私受之罪。其揭报之员准赴部呈请于别省调补。傥调补省分该管上司因前揭报之故多方搜求，借端诬陷者，许该员于都察院呈辩，果系冤抑，将该上司交部议处。如系该员借名诬辩，从重治罪。

附余钱粮私下补码

凡各衙门及仓库但有附余钱粮，须要尽实报官，明白（立案于）正收（簿内另）作数（支销）。若监临主守，将增出钱粮私下销补别项事故亏折之数瞒官作弊者，（不分首从）并计赃以监守自盗论。（其亏折追赔还官。）〇若内库收受金帛当日交割未完者，（不许带出，）许令附簿寄库。若有余剩之物，本库明白立案正收，开申户部作数。若（解户）朦胧擅将金帛等物出外者，（不分多少）绞（杂犯准徒五年。）守门官失于盘获搜检者，处十等罚。（金帛等物追还官。）

按：此仍《明律》，顺治三年添入小注，雍正三年、乾隆五年修改。现又改易。原律斩罪未免过严，国朝注作杂犯较为平允。盖言附余钱粮亦不当私补亏折也。《唐律》无文。附余者，正数之所余也。亏折者，正数之内所少也。按额收受而称头斛面之积有多出之数，余者即是附余。凡被盗贼水火损坏遗失之类即是事故亏折。盖事故亏折虽非侵盗，例应监守之人赔还者，若销去附余之款以补亏折之数，即是侵盗附余矣，直科以监守自盗。下段交割未完，是原解额内之数也。余剩之物是原解额外之数也。未完之物不许将出，必须明白附簿寄库，来日交收余剩之物，亦须将数目明白立案正收入库。以内库重地，非寻常仓库可比，若朦胧将未完及余剩等物攜带出外，不分多少，即坐杂斩，所以严禁地出入之防也，与盗内府财物皆斩之律同一用意。《辑注》云：下段余剩与上段附余似同实异，附余者是照额收入仓库而解支后积出之数，余剩者是照额起解到库而收受时多出之数，剖晰严明，即此可见律文之细也。

私借钱粮

凡监临主守将系官钱粮等物(乃金帛之类,非下条衣服之属)私自借用,或转借与人者,虽有文字(文字兼文约、票批、簿籍),并计(所借之)赃以监守自盗论。其非监守之人借者,以常人盗仓库钱粮论。(监守坐以自盗,非监守止以常人盗,追出原物还官。)○若将自己物件抵换官物者,罪亦如之。(自己物件入官。)

按:此仍《明律》,顺治三年添入小注,乾隆五年修改。此与上条小注均系追出原物入官。乾隆年间始改为还官。盖言在官钱粮不得私相借用也。《唐律·厩库门》:**"诸监临主守,以官物私自贷,若贷人及贷之者,无文记,以盗论;有文记,准盗论;立判案,减二等。(又)即充公廨及用公廨物,若出付市易而私用者,各减一等坐之。(又)所贷之人不能备偿者,征判署之官。又《贼盗门》:诸以私财物、奴婢、畜产之类,贸易官物者,计其等准盗论,计所利以盗论云云。"**《明律》虽本于唐而不分别有无文记,概以监守盗论,亦无立判案减二等及出付市易而私用减一等之文,其将自己物件抵换官物,亦《唐律》计算准盗、计利以盗之分。再,《唐律》自贷、贷人及贷之者分作三项,此仅言自贷、贷人而不言贷之者一项,亦较《唐律》简略。《辑注》云:借者分别监守、非监守罪有不同,而借之者亦在其内矣。又《笺释》:此银钱等物,乃金帛麦米等类,若他器则为下条官物矣。私借用要看私字,若公借用,则为挪移出纳矣。借者虽立有文字以为偿还凭据,然同上行私即同盗取,故以借者是否监守、常人而分别科罪。下段以己物换官物,亦分别监守、常人两项,各科各罪。此律重在钱粮,缘钱粮固与官物不同,然律文不曰钱粮而曰系官钱粮,可见仓库中别项寄存之物则不系官钱粮,自不得用此律矣。律文精密,加一字必有一意也。律外又有条例,均可与律互参。

一,府州县春间借出仓谷,秋收后勒限征比,务于十月中全完,造具册收详请该管上司加结申报督抚,咨送度支部查核。如有绅衿及牙行蠹役将家人佃户姓名影射,零星领出入己积至二、三十石者,绅衿斥革,牙行蠹役处十等罚,俱照追入仓。其代为造册之乡保地方有无受赃分别治罪。该管上司不行揭参,交部议处。

一,凡遇地方荒歉,借给贫民米石谷麦,或开垦田土借给牛具籽种以及一切吏役兵丁人等办公银两,原系奏明咨部行令出借,倘遇人亡产绝,确查出结,奏请豁免。如有捏饰侵渔以及未经报明私行借动者,即行奏参,按律治罪。

一，凡支销钱粮均有一定款项额数，如有违例开销、著落擅动滥给之员赔补。傥上司官因为数繁多，一人不能归结，派令属员公捐还项，或逼令接任官按股分赔，将抑勒之上司官照例治罪。

一，凡州县亏空钱粮，如果民欠未完，捏报全完，或私自借给百姓仓粮，其私借钱粮之员及捏报官员应照虚出通关朱钞律计所虚出之数并赃皆以监守自盗论。其实在民欠民借仍著落原借欠之人完纳。其挪移钱粮有项可抵者，即令接任官催征补项。若捏报、私借、挪移之项，该员情愿一年内代民全完者，准其复还原职。

一，亏空人员，除查明正犯家产尽数追赔外，如有属员借支借领及同官挪借出有印领者，将所有借欠之项责令追还，以抵该员亏空，仍分别议处。至平日债负，或帮助亲友及同官私借，虽有文约书札记簿，并无印领，止许自行取讨。若混请开抵亏空者，无论远近年分，概不准行。如将无干之人肆行图赖，正犯照图赖诬扳治罪。承追各官徇庇正犯，听从开抵，妄拿无辜追比者，照故勘平人律治罪。受贿得赃者计赃以枉法从重论。其因规避处分，指引开欠者，承追官照将亲族滥行著落追赔例革职。该管上司官交部分别议处。

私借官物

凡监临主守将系官什物、衣服、毡褥、器玩之类私自借用，或转借与人及借之者，各处五等罚，过十日，各（计借物）坐赃论减二等。（罪止徒二年，各追所借还官。）若有损失者，依毁失官物律坐罪，追赔。（有心致损，依弃毁官物计赃，准窃盗论加二等，罪止流三千里。误毁及遗失者，减弃毁之罪三等，徒二年，并追赔。）

按：此仍《明律》，顺治三年添入小注，乾隆五年改律末弃毁二字为毁失。现又改笞为罚。盖言在官之物不可私相借用也。《唐律》：**“诸监临主守之官，以官物私自借，若借人及借之者，笞五十；过十日，坐赃论减二等。又，诸假请官物，事讫过十日不还者笞三十，十日加一等，罪止杖一百；私服用者，加一等。若亡失所假者，自言所司，备偿如法；不自言者，以亡失论。”**《疏议》曰：依杂律：亡失官物者，准盗论减三等云云。《明律》即本于此，然《唐律》以监临主守及监临主守之官分列两条，《明律》以官钱粮及官物分列两条，则各有用意也。盖官物与钱粮不同，钱粮乃封存于仓库中者，而官物则在官公用者也。借用钱粮即偿还已非原物，借用官物犹得以原物还官，故不分监临与否，一概同论而拟罪较轻，即损失亦止依毁失律论也。与《厩库门》私借官畜产及《田宅门》私借官车船罪虽同而办法不同，当并参之。

仓库下

挪移出纳

凡各衙门收支钱粮等物已有文案（以备照）勘合，（以行移典守者自合依奉出纳，）若监临主守不正收正支，（如不依文案勘合）挪移出纳还充官用者，并计（所挪移之）赃准监守自盗论。（系公罪）。〇若（各衙门）不给半印勘合，擅出权（宜票）帖（关支），或给勘合不立文案放支及仓库（但据权帖）不候勘合，或已奉勘合不附簿放支者，罪亦如之。（各衙门及典守者，并计支放之赃，准监守自盗论。）〇其出征镇守军马经过处，（合付）行粮草料明立文案即时应付，具数开申，合干上司准除，不在擅支之限，违（而不即应付）者处六等罚。

按：此仍《明律》，顺治三年添入小注。现又删改。盖严收支以防诈冒也。文案勘合者，定制提调钱粮衙门将应收应支各款项数目明立文案以为存查照验，仍将款项数目填入勘合，与文案合用一印，将勘合给与监临主守之人开注簿籍，按照收支，所谓正收正支也。若监守不依勘合所开而挪移收放，虽未入己，还充官用，而出纳不明有违定制，即准监守自盗论。权帖谓权宜给发之票帖而无印信者，不给半印勘合而擅出票帖，即给勘合而不明立文案，即行放支则无以备照，此提调钱粮官吏之罪也。若监守之人不候给发勘合，或已奉勘合并不附记簿籍即放支，则数目无所稽考，此则监守仓库官吏之罪也。虽系正支而无挪移之弊，但违定制，即无凭信之实，故亦计赃论，如挪移之罪。至于或出征或镇守，二者关系军机，事属急紧，虽未奉有勘合，许其明立供给文案即时应付，仍开具数目申报上司开除，不在擅支之限，所谓一时之权宜，非常律所得拘也。三节相承而下，互参合勘，自知因应之宜。《军政门》行军征讨应合供应，违期不完者十等罚，失误军机者绞，与此条治罪不同者，彼是已经奉有批文，此是未经给发勘合也。然因此失误军机，亦当照彼律治罪矣。后有条例，均与律相辅而行，可并参究。

一，凡地方有军需公务，督抚不及咨奏者，行令该州县垫办，或挪库项，或垫己资，先行详明督抚，办完十日内即照实价申详。该督抚照时价核实，于文到半月内奏报。度支部亦于文到日半月内核定议覆，行文该布政司，不论库项、己资，即令给发。倘州县申报过限，或督抚奏报后期，具交吏部议处。若该州县报价不实及督抚不核实奏报，希图冒销者，度支部即行奏参，州县照侵欺例治罪，督抚司道等官照徇庇例议处。

一，各省仓谷减价平粜，其价值解存司库或就近之道府库，至秋收务，依原粜之数领价买补。其买补仓谷时价不敷，于本邑粜买盈余银两内动支。倘谷价昂贵，不能于次年买补，声明报部展限。若故意迟延不行买补，以玩视仓储奏参。倘遇州县交代，未及秋收买补之期，所存价值无亏，即令新任领买，不得措勒推诿，违者，将该员及该管各官分别议处。

一，凡州县官交代，其存仓米谷，除实应出粜存价未买之银照例准其接收外，如前任官私行出粜及仓粮亏缺折银交代者照例奏参，仍留任所按数买补，并令接任之员查明，出具并无粜多报少、籴少报多、折银抵交确实印结申报，违者一并奏参究追。该管上司不能查出，照徇庇例议处。

一，上司逼勒所属挪移库银，本官自行首告者，审实，上司照贪官例治罪，下属免议。逼勒至死者，家属赴控上司，如不行准理，许赴都察院大理院具告。审实，以逼勒至死之上司抵罪，不行准理之上司革职。

一，凡挪移库银五千两以下者，仍照律拟杂犯流总徒四年。其挪移五千两以上至一万两者，拟实犯流三千里。若挪移一万两以上至二万两者，发极边四千里安置。二万两以上者，虽属挪移，亦照侵盗钱粮例拟绞监候。统限一年，果能尽数全完，俱免罪。其未至二万两者，仍照例准其开复。若不完，再限一年追完，减二等发落。二年限满不完，再限一年追完，减一等发落。若三年限满不能全完者，除完过若干之外，照见在未完之数治罪。

一，州县亏空钱粮仓谷，该督抚立即奏参，一面于任所严追，一面行查原籍并该员历过任所有无隐寄，将其家产悉数查封案。如任所无完即变价补完。若承追地方官不行查明，致有漏报及徇情隐匿者，交部议处。迟延至三月以上，照钦部事件迟延例议处。

一，凡各府州县亏空仓谷，以谷一石照银五钱定罪。（麦豆、膏粱、青稞等杂粮并同。)系侵蚀入己者,照侵欺钱粮例拟断。系挪移者,照挪移库银例拟断。其仓谷令接任官于秋成谷贱时申详督抚藩司,酌动何项钱粮照时价先行买补。该州县出具仓收,道府、直隶州知州加结报部,于亏空人员及妻子名下勒限一年,将动用银两照数追补还项。如逾限不完,亦照勒追库银例分别治罪。若有将仓谷侵盗入己,捏称霉烂亏空者,仍照侵蚀例治罪。

一,凡亏空之案,审出民欠挪垫是实,除将本犯照例议罪外,另限四个月委员彻底清查,出具并无假捏影时印结,再令接任官出具认征印结,仍向欠户催征,如限满不完,将接任官照例参处。倘本无实欠,接任官通同捏结,察出,照捏欠之数与本犯同罪,仍令分赔。

一,凡追赔还官各项银两,有较原参之数浮多者,仍还给本人。

库秤雇役侵欺

凡仓库务场局院库秤斗级,若雇役之人(受雇之人即是主守,或)侵欺(或)借贷(或)移易(二字即抵换也)系官钱粮,并以监守自盗论。若雇主同情分受赃物者,罪亦如之。其知情不曾分赃而扶同(雇役者以所盗物捏作见在)申报瞒官及不首告者,减(自盗)一等,罪止十等罚。不知者不坐。

按:此仍《明律》,顺治三年添入小注。现改笞为罚。盖严剔雇役侵盗之弊也。前数条已详正役之罪,缘仓库中库秤斗级各有经制定额,收放时不敷使用,故有雇役。受雇之人既已任事,即与正任无异。收粮曰仓,收财曰库,税物曰务,即税课司等衙门积物曰场,即草场、盐场之类。局如织染等局,院如上驷等院,皆系钱粮出入之所,库秤斗级皆系现在主守之役,雇工之人是受雇钱代役之人,即同主守。此律特论受雇代役之人,恐以其非真正主守之人而纵其侵借移易之罪,故著此专条。后条钱粮互相觉察条同为主守,虽不知情,亦坐失察之罪。此雇主不知情不坐者,彼是仓库之人,此既雇人代役,则已不在仓库,故不科其失察,须分别观之。

一,凡粮重仓多州县,印官不能兼顾,遴点老成书吏收粮,如有佥派匪人侵蚀漕粮者,书吏照监守自盗律例计赃治罪。侵蚀米石即著该吏名下严行追补。州县官交部议处。

冒支官粮

凡管军官吏冒支军粮入己者，计（所冒支之）赃准窃盗论。（取之于军，非取之于官也，故止准窃盗论。若军已逃，故不行扣除，而入己者以常人盗官粮论。若承委放支而冒支者，以监守自盗论。）

按：此仍《明律》，本无小注，顺治三年采《琐言》之语增入小注。且原律官吏下尚有总旗、小旗四字，雍正三年删去。盖言顶冒现在之名而支领军粮也。管军官吏皆自军人本管所部者言之，若非本管，而冒支他军或常人顶名冒支者，当以诈欺官财科之。若本军亲属冒支，则依亲属相诈欺律。若尅减军粮，则依官物当给人而有侵欺者，依监守自盗律。盖不以官粮作罪而准窃盗者，在彼虽有诈冒之情，在官实为应给之物，终是军人合得之粮。如本犯现在不与通知，或差遣不在及有疾病他故不到，而本管官冒名支取皆是也。

钱粮互相觉察

凡仓库务场官吏、攒栏、库子、斗级皆得互相觉察，若知侵欺、盗用、借贷系官钱粮已出仓库，匿而不举及故纵者，并与犯人同罪。（至死减一等）失觉察者减三等，罪止十等罚。〇若官吏虚立文案，挪移出纳及虚出通关（另有本律），其斗级、库子、拦头不知者不坐。

按：此仍《明律》，顺治三年添入小注。现改杖为罚。盖总承以上诸条言监守之责相同，当彼此互相觉察也。此与以上三条，《唐律》均无明文。此条系本《元律》，凡侵欺、盗用、借贷自有本罪，若官吏攒拦系有监临之责者，库子斗级系有主守之责，彼此责任攸同，皆得互相觉察，则各知顾忌而不敢轻犯，所以杜奸弊者深矣。不举是知而徇隐，故纵是见而不问，原系两层，觉察亦是两义。人有奸弊，因而知觉曰觉，用心察访而知之曰察，察深觉浅。**但不举故纵均是私罪，应罢职役。失于觉察系属公罪，应留职役。**不但罪分轻重，而办法亦有不同。后有条例，足补律所未及，当并参之。

一，凡侵盗钱粮案内隐匿故纵之官吏、攒拦、库子、斗级，如正犯限内完赃，例得减免者，亦各于应得本罪上分别减免。

仓库不觉被盗

凡有人（非监守）从仓库中出，守把之人不搜检者处二等罚。因不搜检以至[致]盗物出仓库而不觉者，减盗罪二等。若夜直更之人不觉盗者减三等，仓库直宿官攒、斗级、库子（非正直本更）不觉盗者减五等，并罪止十等罚。故纵者各与盗同罪。（至死减一等。）若被强盗者勿论。（互相觉察与此不觉被盗，官吏皆系公罪，仍留职役。隐匿不举与此故纵皆系私罪，各罢职役。）

按：此仍《明律》，顺治三年添入小注，雍正三年改定。现又改笞为罚。盖言仓库防范之宜严也。《唐律》：“**诸有人从库藏出，防卫主司应搜检而不搜检，笞二十；以故致盗不觉者，减盗者罪二等。若夜持时不觉盗，减三等。**”《疏议》：持时，谓当时专持更者。又，主守不觉盗者，五疋笞二十，十疋加一等；过杖一百，二十疋加一等，罪止徒三[二]年。若守掌不如法，以故致盗者，各加一等。故纵者，各与同罪；即故纵赃满五十疋加役流，一百疋绞。若被强盗者，各勿论云云。《明律》虽本诸唐而有不同，《唐律》不觉之罪视盗罪之轻重为准，《明律》减罪重于《唐律》而罪止满杖，并无徒罪，且故纵者罪止满流，亦无《唐律》加役流与绞罪，又轻于《唐律》，且无《唐律》守掌不如法致盗一层，亦未完备。此条乃仓库被盗监守人之通例。值更与值宿不同，如三更被盗，则正值三更之人坐减三等，不概坐也。若值宿则无值更专责矣。此盗专指常人盗，若监守人盗自有前互相觉察律也。

守支钱粮及擅开官封

凡仓库官攒、斗级、库子役满得代，（不得离去，）所收钱粮、官物，并令守（候）支（放）尽绝，若无短少，方许（官攒）各离职役，（斗库还家。）其有应合相沿交割之物，听提调官吏监临盘点见数，不得指廒指库交割，违者各处十等罚。〇若（仓库所收）官物有印封记，其主典不请原封官司（阅视）而擅开者处六等罚。（其守支盘点及擅开各有侵盗等弊者，俱从重论，追赔入官。）

按：此仍《明律》，顺治三年添入小注，律文各离职役四字系由雍正三年改定。现又改杖为罚。盖言钱粮收支交割宜明而封贮亦宜详慎也。《唐律》：**诸官物有印封，不请所由官司，而主典擅开者，杖六十云云。**《明律》末段即本于此，其余《唐律》无文。官攒谓仓官库官与攒典也。官应曰任满，攒应曰役满，斗级、库子则有退役之时，无役满之限。此官攒斗库统言役满者文也。官攒等项均有监守之责，役满虽得更代，而该年所收钱粮官物遽难现数交盘，必令守候支放尽绝，若无短少，方许各离职役。若非经收支放钱粮，其应合相沿交代之物，如积储之米谷、附余之钱粮及寄存仓库入官赃物之类，必须盘点见数明白，交与替代之人，不得仅指某廒某库虚文行移私相交割，皆系恐有侵欺、盗用、借贷、挪移、抵换之弊也。下段不准擅开，亦系防其侵盗抵换，但此指有印记封条者而言，若邮驿传擅动官封，乃指官文书封套而言，各有不同，当分别观之。

出纳官物有违

凡仓库出纳官物，当出陈物而出新物（则价有多余），应受上物而受下物（则价有亏欠）之类，及有司（以公用）和雇和买不即给价，若给价有增减不（如价值之）实者，计（通上言）所亏欠（当受上物而受下物及雇买不即给价，即给价减不以实，各有亏欠之利）及多余（当出陈物而出新物及雇买给价增不以实，各有多余之利）之价，（并计所亏欠所多余）坐赃论。（以钱粮不系入己，雇买非充私用，故罪止徒三年，赃分还官、给主）〇若应给俸禄未及期而预给者，罪亦如之。〇其监临官吏（统上论）知而不举，与同罪。不知者不坐。

按：此仍《明律》，顺治三年添入小注，乾隆五年修改。盖言出纳仓库官物各有额例也。《唐律》：**“诸出纳官物，给受有违者，计所欠剩，坐赃论。注：违（者），谓重受轻出，及当出陈而出新，应受上物而受下物之类。（又）其物未应出给而出给者，罪亦如之。官物还充官用而违者，笞四十。其主司知有欠剩不言者，坐赃论减二等。诸放散官物者，坐赃论。物在，还官；已散用者，勿征。放散官物谓出用官物，有所市作及供祠祀、宴会，剩多之类。营造剩多，为物在。祀毕食讫，为散用云云。”**《明律》即本于此而增和雇和买及预给俸禄两层。《唐律》主司知而不言减二等，《明律》监临知而不举与同罪，亦有不同。且《唐律》自放散官物一项，《明律》删去，亦不完备。凡仓库出纳自有则例，有司雇用人工器具买用一应货物当依实价即时给发，若新陈上下出纳违例，雇买价值不给，增减不实，则必有亏欠多余之弊，如新粮每石一两，陈粮每石八钱，不出陈而出新，则多余二钱矣。如上缎每匹五两，下缎每匹三两，不受上而受下，则亏欠二两矣。故计多余亏欠之数坐赃论罪。至和雇和买，俱自充官用者言之，若自已买私物私用而减人价值，则计余利为赃，准枉法不枉法论，自有求索借贷之律，不在此列。律外又有条例，足补律文之阙，当并参究。

一，各省采买一应仓粮谷石，务令州县等官平价采买运仓，不许转发里递派买。至驿递所需草豆，令有驿各官平价采买，亦不得派发里递，苦累小民。应需运价准令开销，敢有私派勒买及短给价值、强派强拿民力运送者，坐赃治罪。

收支留难

凡收受支给官物，其当该官吏无故（二字重看）留难刁蹬不即收支者，一日处五等罚。每三日加一等，罪止徒一年。○守门人留难者（不放入，计日论）罪亦如之。○若领物纳物之人到有先后，主司不依（原到）次序收支者，处四等罚。

按：此仍《明律》，顺治三年添入小注。现改笞为罚。盖惩勒措延迟以免守候也。《唐律》：**“诸有所输及出给，而受给之官无故留难，不受不给者，一日笞五十，三日加一等，罪止徒一年。门司留难者，亦准此。若请输后至，主司不依次第，先给先受者，笞四十云云。”**《明律》一依《唐律》，惟字句稍为改易，官物兼一切钱粮等物言，曰无故，则有故即不得谓之留难矣。如物不中度而不收，时期未至而不给，或公务冗并而不暇收给者，俱不在此限。此止言留难刁蹬之罪，若因留难而有需索受贿情弊，则更当从重论矣。至不依次收给，不过搀越无纪、人情不平，较上刁蹬者稍轻，故得减一等科之。旧例，各仓书役人等向运官运丁指称掣批等项名色勒索者，照蠹役诈赃治罪。若支放米石搀和沙土者，照监守自盗律计赃治罪。有向关米之人勒索者，照指称掣批名目论罪。因而打死人命者，斩监候。关米之人米色不堪，不行首告或私给钱者，与受同科。以上各项，监督失察者严加议处。故纵者革职治罪，失察之仓场侍郎亦分别议处云云。此条系京仓专例，足补律所未及，现虽删除，亦当一并参之。

一，凡钱粮物料等项解送到部，当该官吏限文到三日内即行查收，掣给批回。如无故不收完给批者，照律即日治罪。至书役人等指称估验、掣批、挂号等项费用名色，借端包揽索诈者，许解官解役即于该部首告，交送地方审判厅照蠹役诈赃例治罪。系官革职问罪。该管官失察者交部议处。

一，各仓书役头目人等向关米之人勒索得财者，照蠹役诈赃例治罪。其已经斥革书役复在现充书役头目身后影射把持勒索者，亦照此例办理。若甫经影射办事，尚未得赃者，处十等罚。书役头目有心容隐、朋比为奸者，均革役，与首犯同罪。

起解金银足色

凡收受(纳官)诸色课程变卖贷物,起解金银须要足色。如成色不及分数,提调官吏(及估及煎销)人匠各处四等罚,著落均赔还官。(官有侵欺问监守盗。知情通同故不收足色,坐赃论)。

按:此仍《明律》,顺治三年添入小注,乾隆五年改定。现改笞为罚。盖杜侵损而禁滥收也。诸色课程如岁办商税、各场课银之类,变卖货物如抄没入官诸物照例变价之类,金银成色必足十分,不及分数者不足十分成色之数也,此为起解各项金银之通例。《户部则例》:各省起解地丁,将足色纹银照部颁法码每箇按五十两、十两弹兑,不许丝毫轻减及另加滴珠,违者议处。又,解司很两无论元宝及十两小锭,均令于锭面錾凿年月州县匠名以凭稽核。其关税、盐课、漕项等款及一切杂项可以散银解交,如银内搀和铅沙者,藩司巡抚分别议处云云,可与此律合参。若民间行使四五成假银分别拟徒,见《私铸铜圆门》内,与此解官不足者大有不同。

损坏仓库财物

凡仓库及积聚财物主守之人安置不如法,晒晾不以时,致有损坏者,计所损坏之物(价)坐赃论(罪止徒三年),著落均赔还官。○若卒遇雨水冲激,失火延烧(若仓库内失火,自依本律徒二年),盗贼(分强窃)劫夺,事出不测而有损失者,委官保勘覆实,显迹明白,免罪不赔。其监临主守(官吏)若将欺侵、借贷、挪移之数乘其水火、盗贼虚捏文案及扣换交单籍册申报瞒官(希图幸免本罪)者,并计赃以监守自盗论。同僚知而不举者,与同罪,不知者不坐。

按:此仍《明律》,顺治三年添入小注。盖责重主守之人谨收贮而严欺侵也。《唐律》:**“诸仓库及积聚财物,安置不如法,若暴叙不以时,致有损败者,计所损败坐赃论。州、县以长官为首,监、署等亦准此。”**又,《杂律》:**诸弃毁、亡失及误毁官私器物者,各备偿。若被强盗者,各不坐、不偿。即虽在仓库,故弃毁者,征偿如法。其非可偿者,坐而不备。诸水火有所损败,故犯者,征偿;误失者,不偿云云。**《明律》一本于此而添末后虚捏一段,更为详悉。此与弃毁官物不同,言主守而不及监临,以看守之责非其所亲也。后节知而不举,止言同僚不及主守者,以文案乃官吏所掌,非库斗等所得与也。可与《挪移门》米谷霉烂及《失火门》仓库失火彼此合参,损坏乃怠忽之过，非有奸弊，故止坐赃论罪。若乘其水火盗贼虚捏文案扣换交单，乃有心作奸，故以监守自盗论罪。本文曰劫夺，是专指强盗言，而注添入窃字者，强则依此律，窃则自有不觉被盗之律，不可混也。后有条例，可与律文合参。

一，凡各府州县仓廒，倘于渗漏处既不黏补，应盖造处又不详请，以致米谷霉烂者革职，动帑买补，勒限一年照数追赔。一年限内全完，免罪，开复原官。一年以外赔完，免其治罪，不准开复。二年之内不完，即照律治罪，仍著落家属赔缴。如遇交代，应将仓厫造入交代册内责成接任官切实查验，若有木植毁烂、倾圮、渗漏，即行揭报，将原任官交部议处，赔修霉烂米谷，勒限赔补。接任官徇情滥受，别经查出，亦交部议处，赔修霉烂米谷，并即勒限赔补。限内不完，均照律治罪。

转解官物

凡各处征收钱帛，买办军需，成造军器等物解部，其起运长押官及解物人安置不如法，致有损失者，计所损失之物坐赃论，著落均赔还官。若船行卒遇风浪及(外人)失火延烧，或盗贼劫夺，事出不测而有损失者，申告所在官司，委官保勘覆实，显迹明白，免罪不赔。若有侵欺者，计赃以监守自盗论。○若起运官物，不运(原)本色而辄赍财货于所纳去处收买纳官者，亦计(所买余利为)赃，以监守自盗论。

按：此仍《明律》，顺治三年添入小注，现又删改。盖言嗣运各有专司，禁推诿而谨交纳也。原律布政司勒令解部句下无“提调正官”四字，雍正三年以勒令名府解部者不使止问首领吏典之罪，因增入“提调正官”四字。《唐律》：**“诸监临主守之官，皆不得于所部僦运租税、课物，违者，计所利坐赃论。其在官非监临，减一等。主司知情，各减一等。注：僦者，赁也。诸应输课税及入官之物，而回避诈匿不输，或巧伪湿恶者，计所阙，准盗论。主司知情，与同罪；不知者[情]，减四等。又，(诸)应输课物，而辄赍财货，诣所输处市籴充者，杖一百。将领主司知情，与同罪云云。”**《明律》即本于此，而文较加详。此律前段县解府，府解司，司解部系前明之法，现俱佥定长解矣。中段与上损坏仓库财物相同，末段《唐律》止处十等罚，现改为计赃以监守自盗论，未免过重。盖不运本色，系银两则图轻便以省脚价，系别物则图贩卖以取盈余，遽以盗论则太严矣。然必有余利方坐，或计无余利，止科不应可也。别律正官首领吏典同坐者，皆以吏典为首，递减科之。此律一概同坐，不用递减之法，故曰八等罚。律文之细如此，一字不忽略。律外有例，均足补律未及，当并合参。

一，凡运解饷鞘数系银一万两，拨防护兵二名，防护役四名。二万两以上酌量加派。傥兵丁有于中途私回者，解官即报明该督抚奏参，将该管文武照少拨解役例议处。中途私回之兵丁斥革名粮。

一，护解饷鞘，务须申请兵役防护，按站行走。若管解官不申请防护，不经由大路以致有失者，著落管解官全赔。若管解官已请防护，又系经由大路而饷鞘被失者，地方文员分赔一半，差委不慎之大员分赔三分，解员赔二分。如解员不能赔补，亦著差委之大员赔补。武员照例处分，免其分赔。

一，管押饷鞘失事之兵役，如有知情同盗，仍照常人盗仓库钱粮例分别首从定拟外，其违例雇替、托故潜回、无故先后散行者减首犯罪一等。其依法管解，偶致疏失，审有确据者，减二等治罪。若系勾通强劫照盗劫官帑例治罪。

一，州县起解地丁等项银两，官解丁役潜行小路，沿途不请拨护者，即未被失，亦照不应重律治罪。

一，委解铜斤照解饷之例按运更换，如有递年长令管解者，将原委之上司交部议处。傥局内书役、炉头人等于收铜之时任意轻重，照收支留难律治罪。查有勒索情弊，照诈欺取财律计赃准窃盗论。失察之该管官交部严加议处。其各省委解颜料等项，亦照此例按批更换。

一，承办铜斤之厂员、运员不以公事为心，因循怠惰，以致厂铜缺额，运泸逾限者，均革职，发往新疆効力。数年后厂铜日旺，渐有积余，泸店底铜亦日增充裕，遇有天时之不齐，物力之偶绌，间有缺额迟运，为数无几者，度支部再行核酌情形，请旨办理。

拟断赃罚不当

凡拟断赃罚财物应入官而给主及应给主而入官者，坐赃论，罪止十等罚。

按：此仍《明律》，现改杖为罚。盖言拟断赃罚贵乎各当也。《唐律·厩库门》：**“（诸）财物应入官私而不入，不应入官私而入者，坐赃论云云。”**《明律》改为入官给主，且与《唐律》同科坐赃而罪止满杖，较《唐律》为轻。凡赃物应入官，应给主，详具《名例·给没赃物门》内，此言误将应入官之项给主，应给主之物入官，虽皆非法，然止一时之错而无入己之私，故坐赃论而罪止十等罚也。按追赃各例有载在《名例·给没赃物门》者，亦有载在《仓库门》虚出通关硃钞、那移出纳、私借钱粮、隐瞒入官家产及本门者,《贼盗门》监守自盗亦有追赃之条,均应一并合参。盖监守盗、虚出通关、那移出纳、私借钱粮四门均指以赃入罪之本犯而言,拟断赃罚不当、隐瞒入官家产二门均指承追之员而言,至《名例·给没赃物》则系分别入官给主、应征与不应征之通例也。律文各有用意,而例则参差甚多,宜细玩之。

一,凡查估追变之员勘报不实,瞻徇延缓,以致帑项悬缺者,著令代赔。若查勘本无不实,催追本无徇纵,只因变抵不敷,以致公帑悬缺,仍在本人名下归结,不得向查估追变之人勒令代赔,违者以违制论。

一,凡侵盗应追之赃,著落犯人妻及未分家之子名下追赔。如果家产全无,不能赔补,在旗参佐领骁骑校,在外地方官取具甘结,申报都统、督抚奏明豁免结案。傥结案后别有田产发觉,尽行入官,承追申报各官革职。所欠赃银、米谷著落赔补。督催等官照例议处。内外承追督催武职,俱照文职例议处。

守掌在官财物

凡官物当应给付与人,已出仓库而未给付。若私物当供官用,已送在官而未入仓库(均为官物)。但有人守掌在官,(官司委佥守掌之人)若有侵欺借贷者,并计(入己)赃以监守自盗论。(若非守掌之人侵欺者,依常人盗仓库律论。其有未纳而侵用者,经催里纳保歇,各照隐匿包揽欺官取财科断,不得概用此律)。

按:此仍《明律》,顺治三年添入小注。盖定暂时守掌之责成也。《唐律》:**“诸官物当应入私,已出库藏而未付给;若私物当供官用,已送在官及应供官人之物;虽不供官用,而守掌在官者:皆为官物之类[例]云云。”**《明律》即本于此而文加详,此专言官钱粮等物不在仓库之中而守掌在官者侵借者之罪,若钱粮在仓库及承领起运,其监守与押解人侵欺等罪,以上各条已备言矣。官物应给付者如俸禄、工食、赏银之类,私物供官用者如采办物料、入官赃物之类,已出仓库者犹未离乎官,未入仓库已报收乎官也。主守者,常川之守掌也。守掌者,暂时之主守,既已承委守掌,即与主守无异。以上各条,**凡以监守盗论者,止依本律,不得引例拟遣,盖例定在后,其他称以者,以其律,不以其例也。**

隐瞒入官家产

凡抄没财产,除谋反、谋叛依律(酌量)抄没,其余有犯律不该载者,财产不在抄没入官之限，违者依故入人流罪论。（抄没尚未入官作未入官，各减一等）。○若抄札入官家产而隐瞒田土者，计田以欺隐田粮论。若隐瞒财物、房屋、孳畜者坐赃论，各罪止十等罚。所隐财产并入官，罪坐供报之人。○若里长同情隐瞒及当该官吏知情者并与同罪。计所隐赃重（于十等罚）者坐赃论，全科。○受财者计赃以枉法各从重论。（以枉法之重罪论，分有禄、无禄。）失觉举者减（供报人）三等，罪止五等罚。

按：此仍《明律》，顺治三年添入小注。现又删改。盖言抄没不得枉滥而又分别隐瞒之罪也。《唐律》：“**（诸）非应没官而没之者，各以流罪故、失论。**”《明律》以故入人流罪论而不以失论，较为严重。凡抄没家产，乃惩恶极典，身虽正法，未尽厥辜，故复有缘坐抄没之法。现在缘坐虽废，而抄没之法尚存，但须例内载明应抄没者方许抄没，其余不得擅拟，所以防枉滥也。然例应抄没而隐瞒不报，分别供报之人及里长官吏科罪，又以示惩也。二节曰坐赃论，三节又云坐赃论全科者，对上罪止十等罚而言，犹云全科。坐赃之罪，应照坐赃律全科，罪止徒三年，不在罪止十等罚之限也。律文精细如此。旧例：凡罪犯入官财产，著落正犯追取，傥正犯将无干之人肆行诬赖者，从重治罪。承审官拖累无干之人者，严加议处。又，欠帑人员将地亩入官之后，不准本人及其子孙认买。又，隐匿侵盗案内之家产者，照坐赃律分别定拟。一千两以上流三千里，罪坐隐瞒之人，保题各官治罪追赔。又，一切承追案件，该督抚一面行查历过任所有无隐寄，毋庸俟本籍无追始行咨查。其任所地方官自文到日限三个月，据实申详。如有逾限照例议处。其欠帑官员离任，托故逗遛者，即押令回籍著追云云。均较律治罪为严，现虽删除，亦可备考。此门例文康熙、雍正年间纂者居多，乾隆年间次之，嘉庆以后寥寥无几，盖库款仓储，国用民命攸关，最关紧要，国初力加整顿，后乃一味因循，法令俱成具文。浸至今日，酿成官吏纵弛怠慢之弊，不可收拾，当此之时亟宜大加惩创，以猛济宽，犹恐难挽积弊，而当事者犹复博宽厚之名，务求减轻刑法，是犹以水济水，必至溃决而后已，世变至此，可胜慨哉！

一，凡一切应追入官财产，如已经豁免后查出隐匿，除挪移案内隐匿者仍照隐匿本律治罪外，如侵盗案内隐匿者，不论原案未完之数，计所隐财产价值之多寡，照坐赃律治罪。

一，凡应追官员赃赔各项银两，若原籍任所查明财产尽绝，实在无可著追者，任所官出具切实印结，由原籍加结，奏请豁免。旗员由本旗查明具结咨部办理。

一，凡欠帑人员，或因独力难赔，或因产尽无著，遂将分居别业之兄弟亲族并不知情之亲友旁人巧借认帮名目转辗株连，勒令赔补者，将承审承追各官均照违制治罪。

一，凡亏空入官房地内如有坟地及坟园内房屋，看坟人口，祭祀田产，俱还给本人，免其入官变价。

课程

（课者税物之钱，程者谓物有贵贱，课有多寡，如地利之有程限也。）

课者税物之钱，程者谓物有贵贱，课有多寡，如地利之有程限也。国家岁入之款粮赋以外，又有课程。盖山海地泽自然之利，本可听民自取，汉始立榷算之法，征入少府以供私用，历代律书尚未设立专门。《唐律》赋税课杂见于各条，亦无专名，至明始立此篇，国朝因之。货物之税曰课，额征之数曰程，共八条，而首条盐法又分十一条，新律已将监临势要中盐、阻坏盐法、私礬、舶商匿货四章删除，以其与现今情势不合，无关引用也。

此门所载私盐最要，私茶次之，又继以匿税，推之于舶商而总谓之课程，取于正赋之外，所以佐国用也。迄后洋税厘金名目更多，现更筹及车捐妓捐，又加以印花诸税，而国用愈形短绌，此其故可知也。

盐法（一十一条）

凡犯（无引）私盐（凡有确货即是，不必赃之多少）者徒三年，若（带）有军器者加一等（流二千里，盐徒）诬指平人者加三等（流三千里），拒捕者绞（监候）。盐货、车船、头匹并入官。（道途）引领、（秤手）牙人及窝藏（盐犯）寄顿（盐货）者徒二年半，（受雇）挑担驮载者（与例所谓肩挑背负者不同）徒二年。非应捕人告获者就将所获私盐给付告人充赏。（同贩中）有（一人）能自首者免罪，一体给赏。（若一人自犯而自首，止免罪不赏，仍追原赃）。若（私盐）事发，止理见获人盐。（如获盐不获人者不追，获人不获盐者不坐。）当该官司不许（听其）展转攀指，违者（官吏）以故入人罪论。（谓如人盐同获，止理见发。有确货无犯人者，其盐没官，不须追究。）

按：此与以下十条均系《明律》，原系十二条，雍正三年删去一条，各条均有修改之处，乾隆五年改定。其小注系顺治初年添入。现又改笞杖为罚金，并改斩为绞。盖禁私盐以裕国课也。《唐律》无文，大率依仿《元律》。**查《元律》：诸犯私盐者，杖**

七十，徒二年，财产一半没官，于没物内一半付告人充赏。诸犯私盐，被获拒捕者，［断罪］流远，因而伤人者处死。诸捕获私盐，止理见发之家，勿听攀指平民。有榷货无犯人，以榷货解官；无榷货有犯人，勿问云云。《明律》即本于此而改徒二年半、三年略为加重，更添带有军器及诬指二层，而拒捕不问有伤无伤，一概拟斩，亦较《元律》更重。凡官盐不许与引相离，无引者即私盐也。但必有确货方坐满徒，犹盗贼之凭赃证也。带有军器不必用以拒捕，但有即坐加等，所以诛其心也。一经诬指，即加三等，不必诬告到官已陷于罪，以其无端妄攀，必有仇害之意也。但必须平人方坐，若同贩脱逃之人不在此限。但经持械拒捕，即坐死罪，不必有所杀伤，以其抗敌凶横，愍不畏法，与别项拒捕者不同也。然后例仍分别杀伤科罪，不必一概拟绞。引领四项虽与其事，终与本犯有间，故减一等。挑担驮载之人知情受雇，从恶为奸，然与引领者有间。盖以力而取傭，非以盐而规利，故又减一等，展转攀指是指所获之犯人言，犹前人之诬指也。但前之诬指是指平人，此攀指则不论是诬与否，一概不许，在官司则指理现获人盐，在犯人则不许展转相攀，盖贩私法严罪重，故捕者、问者均须实有证据，人盐并获不得案外株连拖累也。

凡盐场、灶丁人等除（岁办）正额盐外，夹带余盐出场及私煎盐货卖者同私盐法。（该管）总催知情故纵及通同货卖者与犯人同罪。

按：此严灶丁夹带私煎之罪以靖私犯之源也。原律“总催”二字系百夫长，雍正三年以国朝盐场无百夫长，改为总催。凡盐场有灶户，所以煎盐办课者，灶丁则灶户之人丁也。曰人等，则在盐场执事承催者皆是，总催管令灶丁者也。凡灶户人等领取工本办纳盐课俱有额数，除正额之外，其余剩之盐夹带出场及私自煎盐货卖，则与盐法有阻，故严其法以治罪。盖盐场无夹带私煎之弊，则兴贩者自无寅缘之门，所以绝其源也。《元律》亦有盐监官及灶户私卖盐者同私盐法一条，即此律所本祖。

凡妇人有犯私盐，若夫在家，或子知情，罪坐夫男。其虽有夫而远出，或有子幼弱，罪坐本妇。

凡买食私盐者处十等罚。因而货卖者徒三年。

按：此二条皆禁民间之私贩也。凡妇人犯罪，例坐夫男。夫男不知情则坐本罪。此贩私之妇，若其夫男在家，则不论知情与否，一概以夫当之。虽不知情亦坐其夫，罪其治家不严也。子则知情坐罪，不知者不坐，盖子不得专制其母，然知情而不谏阻，犹身自犯之矣。至于私盐必断其买，然后贩私可止，此律所以塞其流也。若本为买食因而货卖规利，则犹贩私矣，故与犯私同罪。然塞其流而终不可塞者，利之所在，众必趋之，非法所得阻也。即本于此。

凡管理盐务及有巡辑私盐之责文武各衙门，巡获私盐即发有司归勘，（原获）各衙门不许擅问。若有司官吏通（问）[同]（原获各衙门）脱放者，与犯人同罪。受财者，计赃以枉法从（其罪之）重论。

凡管理盐务及有巡辑私盐之责文武各衙门设法差人于该管地面并附场紧关去处常川巡禁私盐，若有透漏者，关津把截官及所委巡盐人员初犯处四等罚。再犯三犯递加一等，（公罪）并留职役。若知情故纵及容令军兵随同贩卖者，与犯人同罪。（私罪）受财者，计赃以枉法从重论。其巡获私盐入己不解官者徒三年。若装诬平人者加三等。（流三千里。）

按：此二条严官司巡辑之责以绝私贩也。原律系守禦官司及盐运司、巡检司，乾隆五年以国朝并无此官改为今名。又原律留职役三字系附过还职，雍正三年改为留职役。查《元律》：提点官禁治不严，初犯笞四十，再犯杖八十，本司官与总管府官一同归断，三犯闻奏定罪。又，诸巡盐军官，辄受财脱放盐徒者，以枉法计赃论罪，夺所佩符及所受命，罢职不叙云云。《明律》即本于此，而略为变易。首节言管理盐门各官虽有缉捕之责而非勘问之人，巡获私犯即发州县有司官勘问，若有司官脱放，分别是否受财科罪。二节言巡盐官疏忽致令透漏过去关津者，虽非纵放，难免失察之罪，故分别拟罚。均准照公罪抵销。若知情纵令透漏，加重拟徒三年矣。其巡盐人将巡获之盐隐匿不解送官，照贩私拟徒三年。若将所获之盐装点为平人私贩以邀捕获之功而陷害人者，亦照上诬指加三等。但前诬指是犯人妄攀，此装诬是把巡做作，其情虽同，其人则异，故一曰诬指，一曰装诬，字法各有不同。

凡起运官盐，每引照额定斤数为一袋，并带额定耗盐。经过批验所，依（引目）数掣挚秤盘。（随手取袋，挚其轻重，）但有夹带余盐者同私盐法。○若客盐越过批验所，不经掣挚（及引上不使）关防者处九等罚，押回（逐一）盘验。（尽盘盐而验之，有余盐以夹带论罪。）

凡客商贩卖（有引）官盐，（当照引发盐，）不许盐（与）引相离。违者，同私盐法。○其卖盐了毕，十日之内不缴退引者，处四等罚。○若将旧引（不缴），影射盐货者，同私盐法。

凡起运官盐并灶户运盐上仓，将带军器及不用官船起运者同私盐法。

凡客商将（验过有引）官盐插和沙土货卖者，处八等罚。

凡将有引官盐不于拘（定应）该行盐地面发卖，转于别境犯界货卖者处十等罚。知而买食者处六等罚。不知者不坐。其盐入官。

按：此五条皆指盐商假公行私诸弊以清盐政也。首条每引照额二句，原律每引二百斤为一袋，带耗盐五斤，雍正三年以现在各省盐包轻重不同，因改为今文。按《元律》：商贾贩盐到处，不呈引发卖及盐引数外夹带，盐引不相随，并同私盐法。盐已卖，五日内不赴司县批纳引目，杖七十七徒一年。因而转用者，同卖私盐法。又，诸卖盐局官、煎［盐］灶户、贩盐客旅、行铺之家辄插和灰土硝碱者，杖五十七。又，诸盐货犯界者，减私盐罪一等。转买私盐食用者，笞五十七云云。《明律》即本于此而文义较详，罪名亦稍为加重。首节**掣挚秤盘**者谓批验所较定额数之挚官，盐到所，**随手掣取一二袋，以挚**为准而秤盘之，所谓抽盘也。若**押回盘验，则尽数秤盘矣**。掣挚之后，即于引上印给关防，故曰掣挚关防也。不经官用关防，有无奸弊无可稽查，故拟罚罪而仍押回盘验。二节言官商卖盐，以引为据，若盐引相离，则公私无辨。虽系官盐，亦同私盐论罪。若引内盐数卖尽谓之退引，例应送官截角，汇缴勾销。盖给引所以杜诈冒而缴引又以防影射盐货，则其盐明是无引者矣，故仍以私盐论罪。三节言运盐禁**带军器，必用官船，所以使异于私贩也。若擅带军器及不用官船**起运，另雇私船装载，则与私贩何异，故亦以私盐论罪。不用官船者徒三年，带军器又加一等也。四节言中引所以利国用，贩卖所以利民生。若**官盐中插和沙土**，则罔利病民，故拟以不应重罪。五节言行盐地方各有界限，客商卖盐销引止许在分定地面，若**不于拘定该管地方发卖，是谓犯界**。如浙盐入淮，淮盐入浙之类。又客商亦有派定销引地面，若此商于彼商派定地面货卖，亦是犯界。犯界止拟十等罚，不同私盐者，以是有引之盐应得发卖，不过犯界货卖规利耳。知而买食者，谓别境之人知为犯界之盐而买食，与前买食私盐者不同，故彼十等罚，此仅六等罚也。律外又自条例，或较律加重，或照律减轻，或补律所未备，均属有关引用，当并参究。又古来盐铁并重，自汉以后皆设官经理其事。《明律》犯徒罪亦有煎盐炒铁之令，乃律法有盐政而无铁政，盐设官而铁则否，故近来讲铁政者遂纷纷而起，现又派度支部尚书为盐政大臣，统办各省盐务，将来盐政又有新章矣。

一，越境（如淮盐越过浙盐地方之类）兴贩官司引盐至三千斤以上者，流二千里。其客商收买余盐买求掣挚至三千斤以上者，亦照前例问发。掣验官吏受财及经过官司纵放、并地方甲邻里老知而不举，各治以罪。（掣验官吏受财依枉法。经过官司里老、地方火甲依知罪人不捕。邻佑依违制。）巡捕官员乘机兴贩至三千斤以上，亦照前例问拟。（须至三千斤，不及三千斤在本行盐地方，虽越府省仍依本律。）

一，凡聚众十人以上兴贩私盐带有军器杀人者，为首并杀人之犯拟绞立决，未下手之犯发极边足四千里安置。伤人者，为首者依律拟绞监候，下手之犯发烟瘴地方安置，未下手之犯流三千里。虽带军器，不曾拒捕者，为首发相边足四千卫安置，为从流二千里。

一，凡贩私盐徒，如有略置货物装点客商，被官兵格伤后，挟制控告者，除聚众贩私杀人罪犯应死无可复加外，余于巡获私盐装诬平人满流律上加一等，发极边足四千里安置。

一，凡收买肩贩官盐越境货卖审明实非私枭者，除无拒捕情形仍照律例问拟外，其拒捕者照罪人拒捕律加罪二等。倘拒捕殴人至折伤以上者绞监候，杀人者亦绞监候。为从各减一等。（下手帮殴之人以为从论。）

一，除行盐地方大伙私贩严加缉究外，其贫难小民及妇女孤独无依者，许于本州县报明验实注册，每日赴场买盐四十斤挑卖。只许陆路，不许船装并越境至别处地方及一日数次出入，如有违犯，仍分别治罪。

一，巡盐兵捕自行夹带私贩及通同他人运贩者，照私盐加一等治罪。

一，拿获贩私盐犯，务须先将买自何人何地以及买盐月日、数目究明。提集犯证并密提灶户煎盐火仗簿扇，查审确实。如系大伙兴贩，将本犯并卖盐及窝顿之人均与本犯照律治罪。本犯不据实供出，于应得本罪上加一等。如审系虚攀，依律加三等。若向老幼孤独零星收买实不能供出姓名者，仍以本罪科断。承审官屈为开脱，照故出入人罪律从重参处。不能审出诬攀者，交部议处。若审出买自场灶，将该管盐场大使并沿途失察各官奏参议处。其得赃包庇之兵役，从重治罪。

一，拿获私盐，限四个月完结，人盐并获者将所获盐货车船、头匹等项全行赏给。如获盐而不获人，确查盐犯实系脱逃者，以一半赏给，一半充公。倘有故纵情事，无论巡役兵丁，受贿者计赃以枉法从重论。未受贿者处十等罚，革退。所获盐货等项一概充公。

一，凡运盐船户偷窃商盐整包售卖者，分别首从计赃科罪。所卖之赃照追给主。如追不足数，将船变抵。其押运商厮起意通同盗卖者，依雇工人勾引外人同盗家长财物例治罪。如非起意,止通同偷卖分赃者,依雇工人盗家长财物科断。若商厮稽查不到,被船户乘机盗卖者,照不应重律治罪。如押运之人或系该商亲族,仍分别有服无服,照亲属相盗律例科断。

一,埠头明知船户不良,朦混揽装及任意扣克水脚,致船户途间乏用盗卖商盐者,照写船保载等行恃强代揽勒索使用扰害客商例治罪,船户变赔不足之赃并令代补。如无前项情弊,止于保雇不实者照不应重律治罪。

一,凡商雇巡役仍各照例办理,不得擅带鸟枪外,其各省派出缉私员弁兵役,准其携带枪枝,编列字号,遇有大伙私枭抢窃,贼匪持械拒捕者,许放枪抵御,登时格杀者勿论。若非格杀,或遇零星小贩及虽属大伙而非持械拒捕,或缉私兵役所带枪枝并无官编字号实系抵御聚众私枭辄行放枪,致有杀伤者,各依罪人不拒捕而擅杀伤律分别科断。至准带枪枝之处,一俟枭贩稍戢,即行停止。傥准带枪枝缉私大员仍以力不能擒借口,即以故纵私盐律从重惩究。

一,凡盐商雇募巡役,由州县详明运司转报盐院有名者,如因缉拿盐匪致被杀伤,或杀伤盐匪者,各照贩私拒捕杀伤并擅杀伤罪人本律例科断。若仅报州县有名并未详司报院者,仍各以凡斗杀伤及兴贩私盐本律例从其重者论。

一,盐商雇募巡役,如遇私枭大贩,即飞报营汛协同擒拿。其雇募巡役不许私带枪枝,违者照私藏军器律治罪。失察之地方官交部照例议处。

一,盐船在大江失风失水者,查明准其装盐复运。傥有假捏情弊,以贩私律治罪。

一,引盐淹消具报到官,该地方州县官即会同营员查勘确实,限一月内通详盐道。该道于详到之日起限半月内核转,以凭饬商补运。限三月内过所运口岸,该盐政仍将淹消补运盐斤数目报部。其沿途督抚及该管盐道、知府随时查察,如有州县营员扶同商人捏报及勒索捺搁情弊,即行指名奏参,商人照例治罪。

私茶

凡犯私茶者,同私盐法论罪。如将已批验截角退引,入山影射照(出支)茶者以私茶论。(截角,凡经过官司一处验过,将引纸截去一角,革重冒之弊也。)

按:此仍《明律》,顺治三年添入小注。盖言榷茶之法也。《唐律》无文,亦系仿照《元律》。查《元律》:诸茶法,客旅纳课买茶,随处(纳)[验]引发卖毕,三日内不赴所在官司批纳引目者，杖六十；因而转用，[或]改抹字号，或增添夹带斤重及引不随茶者，并同私茶法。但犯私茶，杖七十，茶一半没官，一半付告人充赏。其伪造茶引者斩，家产付告人充赏云云。《明律》本此而又文义简括，其同私盐论罪亦较《元律》为重。茶为民用所不可无，又为番用所不可缺，故于产茶之地设立茶引所，令各商纳引中茶，又于川陕等处设茶马司，查验符牌以听各番纳马易茶，是谓官茶。如商人卖茶不报官纳引，或将已经验过截角之退引入山影射支茶者，均以私茶论，同私盐法，治以徒三年之罪。若带军器拒捕及引领牙人窝藏寄顿各项均同科罪，茶货头匹亦入官。但所同者律耳，若盐法各例则不得同也。按：茶税始于唐德宗建中元年纳户部侍郎赵赞议，税天下茶漆竹木，十取一以为常平本钱，及出奉天，乃悼悔，下诏罢之。至贞元九年，复税茶，从盐铁使张滂之请也。茶之定税自此始而唐尚无其法，故《唐律》无文也。

一，做造假茶五百斤以上者，本商并转卖之人俱徒三年。若店户窝囤一千斤以上者徒二年半。

一，甘肃茶商赴楚买茶，每茶一千斤准带附茶一百四十斤，令产茶地方官给发船票，开明该商引目茶数，不得另给印票收茶。其应行盘察之地方官悉照引目及正附茶斤验放，不许措勒留难。如于部引之外有搭行印票及附茶不依所定斤数多带私茶者即行查拿，照私盐律治罪。查验地方官故纵失察者照失察私盐例处分。至五司变卖茶斤，如有地僻引多，壅滞不能行销者，各商具呈该司详报甘督，行令往卖司分照数盘查，听其发买办课。

匿税

凡客商匿税不纳课程者处五等罚，物货一半入官。于入官物以十分为率，三分付告人充赏。务官攒拦自获者不赏。入门不吊引，同匿税法。（商匠入关门必先取官置号单，备开货物，凭其吊引照货起税。）○若买头匹不税契者罪亦如之，仍于买主名下追征价钱一半入官。

按：此仍《明律》，原律“不纳”上有“及卖酒醋之家”一句，“物货”下亦有“酒醋”二字，“同匿税法”下并有“其造酒醋自用者不在此限”一句，乾隆五年删改定。现又改笞为罚。盖严税课隐匿之禁也。《唐律》：**“诸（置）买奴婢、马牛驼骡驴，已（付）[过]价，不立市券，过三日笞三十；卖者，减一等。立券之后，有旧病者三日内听悔，**

无病欺者市如法，违者笞四十。即卖买已讫，而市司不时过券者，一日笞三十，一日加一等，罪止杖一百云云。"《明律》虽本于唐，然唐时尚无税契之法，此律税契一层亦系仿照元制。商税，国课所关，匿税不报，则于国课有亏，故治以罚罪，而以十分之三付告人充赏。其务官自获者不赏，以其职所当然也。此务官是言落地之税，非关税之比，若关税，则言漏不言匿也。古制货必有引，即客商报货之单，吊者提取之，谓客货一到，巡拦人即应吊其货引报税。若已入门而不吊引，是纵之匿矣，故同匿税之法。若买头匹而不税契，亦同匿税，但头匹非货物可比，故追征价钱入官而不追征货物也。律外又有奉天专例，可互参之。

一，京师及在外税课司局批验茶引所，但系纳税去处，皆令客商自纳。若权豪无籍之徒结党把持，拦截生事，搅扰商税者，徒罪以上加一等治罪。

一，奉天省军民人等潜赴边外蒙古地方兴贩私酒进边不及百斤，处九等罚。一百斤以上处十等罚。二百斤以上徒一年。每百斤加一等，罪止流三千里。至沿边三十里以内贫民肩挑背负进边售卖，或易钱换物及自用者不在禁限。每人仍不得过五十斤。如至五十斤以上，照兴贩例治罪。酒俱变价入官。

一，奉天省各处烧锅轮流值年，准其协同该地方差役在边内盘查兴贩私酒之人送官究治。失察旗民地方官照失察私入围场例议处，仍究明兴贩之犯由何边门经过，由何边栅偷越。该边章京知而故纵者与犯同罪。失于觉察者，官减三等，罪止十等罚。军兵又减一等罪坐。值日者，如该烧锅人并兵役等受贿故纵及妄拿借端讹诈，计赃以枉法从重论。

一，奉天省边内烧锅开写发票卖酒，随粮价高低定值，不准任意增至倍蓰，违者照违制律治罪。如偷运边酒影射渔利，照兴贩私酒例加一等治罪。

一，奉天省沿边以内店铺收买零酒不得过五百斤，傥寄顿至五百斤以上，开给发票出境渔利者，将店铺照兴贩私酒按斤治罪。

人户亏兑课程

凡民间周岁额办茶盐商税诸色课程，年终不纳齐足者，计不足之数，以十分为率，一分处四等罚，每一分加一等，罪止八等罚，追课纳官。○若盐运司、盐场、茶局及税务河泊所等官不行用心（催）办课（程），年终比附上年课额亏（欠）兑（缺）者，亦以十分论，一分处五等罚，每一分加一等，罪止十等罚。所亏课程著落追补还官。

〇若（人户已纳而官吏人役）有隐瞒（不附簿因而）侵欺借用者，并计赃以监守自盗论。

按：此仍《明律》，顺治初年添入小注。现改杖为罚。盖惩纳课催课之不力也。《笺释》：兑字，取上缺之义。《辑注》：令各州县所征额外杂税亦是课程。首节言人户应办各项额征课程，年底交纳不足之罪。次节言茶盐运司等官不用心催办，年终比附上年课额亏兑著落追补赔补而治罪，较人户为重者，以其专司催办之责也。末节言人户已纳而经管经收之人隐瞒侵欺借用之罪，总承上二节言。旧例，盐商应完盐课，不足分作十分，一分至五分分别枷责，六分以上至十分分别拟徒，五分以下扣限一个月六分以上扣限一年，仍分别全完与不完办理。现虽删除，亦可与律合参。

一，在京在外官员眷口船只过关，除无货物照常验放，胥吏人等毋得任意需索外，如有奸牙地棍假称京员名帖，或京员子弟执持父兄名帖讨关，挟带货物希图免税者，该管关员即行查拿究治。如该管关员不行详查及明知瞻徇，照例议处。

钱债

钱债之事，《唐律》载在杂犯律内，明始分出另为一门，唐本六条，明并为三条，国朝因之，并无损益。按旧注，钱兼货财而言，货钱与人曰债，钱债之法，外国律极为详细，今律止此三条，未免缺略，而负债不还，不论多少止六等罚，亦嫌太轻，是以现在修订新律，刑法而外别立民法、商法、破产各法，将来钱债一门定当益臻完备，此律不过略存梗概，然其大旨仍不能出此范围也。

违禁取利

凡私放钱债及典当财物，每月取利并不得过三分。年月虽多，不过一本一利。违者处四等罚，以余利计赃，重（于四等罚）者罪止十等罚。〇若监临官吏于所部内举放钱债，典当财物者，（不必多取余利，有犯即）处八等罚。违禁取利，以余利计赃重（于八等罚）者，依不枉法论，并追余利给主。（兼庶民官吏言。）其负欠私债违约不还者，五两以上违三月处一等罚。每一月加一等，罪止四等罚。五十两以上，违三月处二等罚。每一月加一等，罪止五等罚。百两以上，违三月处三等罚。每一月加一等，罪止六等罚，并追本利给主。〇若豪势之人（于违约负债者）不告官司，以私债强夺去人孳畜产业者处八等罚。（无多取余利，听赎不追。）若估（所夺畜产之）价过本利者，计多余之物（罪有重于八等罚者）坐赃论。（罪止徒三年。）依（多余之）数追还（主）。○若准折人妻妾子女者处十等罚。（奸占加一等论。）强夺者加二等。（徒一年半。）因（强夺）而奸占妇女者绞（监候。所准折强夺之）人口给亲，私债免追。

按：此仍《明律》，顺治初年添入小注，二节不枉法论下一段，雍正三年删改，乾隆五年又增入。现又删去，并改笞杖为罚金。盖言私债不得多取余利也。**《唐律》："诸负债违契不偿，一疋以上，违二十日笞二十，二十日以下罪止笞六十；三十疋，加二等；百疋，又加三等。各令备偿。诸负债不告官司而强牵财物，过本契者，坐赃论。"**《疏议》曰：若监临官共所部交关，强牵过本契者，计过剩之物，准于所部强市有剩利之法准枉法论。又以**以良人为奴婢，用质债者，各减自相卖罪三等；知情而取者，又减一等。仍计庸以当债直。《疏议》：**若以亲戚年幼妄质债者，各依本条，减卖罪三等云云。《明律》虽本于此而各不相同。《唐律》一匹以上罪止处六等罚，而三十匹、百匹则递加二等、三等。《明律》不分多少，即百以上罪止处六等罚，则较《唐律》为轻，而监临于所部违禁放债，《唐律》准枉法论，此依不枉法论，亦有不同。又去《唐律》以良人质债之罪，而添入准折人妻妾、强夺人畜产二项。至于不过一本一息之法，则系采用元制也。然指积久本利未还者言之，若年年纳利，本钱未还，不得统计已还之利而算一本一利，即本《名例》所谓赁钱虽多，不得过其本价之意。借偿原以通缓急之用，即取利之中亦有相济之义。然乘人之急而罔利无度，与迟欠违约、负赖不还均有应得之罪，故立此禁限以剂其平。准折者系两相合同之事，非由逼勒也。在他物畜产则可，若准折妻女，则离散人骨肉，其豪强之势已可想见，惟因准折而奸占究较因强夺而奸占为稍轻，故一则加一等拟徒，一则拟绞也。律外又有条例，均补律所未备，凡断财产钱债案件者均当一并参看。

一，监临官吏于所部内举放钱债，典当财物者，即非禁外多取余利，亦按其所得月息，照将自己货物散与部民多取价利计赃，准不枉法论。强者，准枉法论。不枉法各主者，折半科罪律减一等问罪。所得利银照追入官。至违禁取利，以所得月息全数科算，准不枉法论。强者，准枉法论。并将所得利银追出余利给主，其余入官。

一，佐领、骁骑校领催等有在本佐领或弟兄佐领下，指扣兵丁钱粮、放印子银者，照官吏于所部内举放钱债违禁取利律加一等治罪。伙同放印子银者，以为从论减一等。如非在本佐领下举放重债，勒取兵丁钱粮及民人违禁向八旗兵丁放转子、印子长短钱，扣取钱粮者，照私放钱债本律加一等治罪。利银均勒追入官。佐领、骁骑校、领催等代属下兵丁指扣钱粮保借者，照不应重律治罪。其指米借债之人照不应为律科断。自行首出者，免其治罪。所欠债目并免著追。失察之该管文武各官俱交部分别议处。八旗佐领，每月仍将有无放债之人出俱印结呈报该参领，按季加结呈报都统查核。

一，听选官吏人等借债，与债主及保人同赴任所取偿至五十两以上者，借者革职，债主及保人照不应重律治罪，债追入官。

一，放债之徒用短票扣折违例巧取重利者，严拿治罪，其银照例入官。受害之人许其自首免罪，并免追息。

费用受寄财产

凡受寄（他）人财物畜产而辄费用者，坐赃论，（以坐赃致罪律）减一等。（罪止徒二年半。）诈言死失者，准窃盗论，减一等。（罪止徒三年）并追物还主。其被水火盗贼费失及畜产病死有显迹者勿论。（若受寄财物而隐匿不认，依诓骗律。如以产业转寄他人户下而为所卖失，自有诡寄盗卖本条。）

按：此仍《明律》，顺治初年添入小注。盖言寄托财产不可私费欺隐也。《唐律》：**“诸受寄财物，而辄费用者，坐赃论减一等。诈言死失者，以诈欺取财物论减一等。”**《疏议》曰：受人寄付财物，实死、失，合偿以否？监临受寄，诈言死、失，合得何罪？答曰：下条亡失官私器物各备偿。被强盗者不偿。即失非强盗，仍（令）［合］（偿）［备］之。以理死者，不合备偿；非理死者，准《厩牧令》，合偿减价。若监临主司受寄，诈言死、失者，以诈欺取财物减一等科之云云。《明律》一本于此，而改诈欺取财为窃盗，其备偿之法究不如《唐律》之详。凡受人寄托之物而费用，犹有偿还之心，非遂干没也，故坐赃论。若诈言死失，则欺骗而隐匿之，已有盗之心矣，故准窃盗论。要之，其物原在己家，与取诸外者不同，故准坐赃、准盗而均减一等，追物还主。承上两项，若所寄之物被水火盗贼及病死有显迹者勿论，不坐罪亦不赔偿，以其事出不测，非受寄者之过也。此律应与隐匿费用税粮课物及诈欺取财各条参看。律外又有典商失火被窃被劫酌赔之例，《读例存疑》谓其赔偿之法极为平允，所以昭画一而息争讼也，此例文之最不可少者。故详为录入，以备研究。

一，凡典商收当货物，自行失火烧毁者，以值十当五，照原典价值计算作为准数。邻火延烧者酌减十分之二，按月扣除利息，照数赔偿。其米麦豆石棉花等粗重之物，典当一年为满者，统以贯三计算，照原典价值给还十分之三。邻火延烧者，减去原典价值二分，以减剩八分之数给还十分之三，均不扣除利息。至染铺被焚，即著开单呈报地方官逐一估计。如系自行失火者，饬令照估赔还十分之五，邻火延烧者，饬赔十分之三，均于一月内给主具领。其未被焚烧及搬出各物，仍听当主、染主照号取赎。倘奸商店伙人等于失火时有贪利隐匿，乘机盗卖等弊，即照所隐之物按所值银数计赃准窃盗论。追出原物给主。若只以自己失火为邻火延烧，希图短赔价值者，即计其短赔之值为赃，准窃盗为从论分别治罪。如典商染铺及店伙人等图盗货物，或先有亏短因而放火故烧者，即照放火故烧自己房屋盗取财物及凶徒图财放火故烧人房屋各本律例从重问拟。

一，典铺被窃，无论衣服、米豆、丝棉、木器、书画以及金银、珠玉、铜铁、铅锡各货，概照当本银一两再赔一两。如系被劫，照当本银一两再赔五钱。均扣除失事日以前应得利息。如赔还之后起获原赃，即给与典主领回变卖，不准原主再行取赎。染铺被窃，照地方官估报赃数酌赔十分之五。如系被劫，酌赔十分之三。均令于一月内给主收领。如赔赃之后起获原赃，给与该铺具领，由地方官出示晓谕，令原主归还所得赔赃之资，将原物领回。仍查明已染未染，分别付给染价。倘奸商店伙人等于失事后有贪利隐匿，乘机盗卖等弊，即照所隐之物按所值银数计赃，准窃盗论。若只以窃报强，希图短赔价值者，即计其短赔之值为赃准窃盗为从论分别治罪。

得遗失物

凡得遗失之物限五日内送官，官物（尽数）还官，私物召人识认，于内一半给与得物人充赏，一半给还失物人。如三十日内无人识认者全给。（五日）限外不送官者，官物坐赃论。（罪止徒三年，追物还官。）私物减（坐赃）二等，其物一半入官，一半给主。（若无主，全入官。）○若于官私地内掘得埋藏（无主）之物者，并听收用。若有古器、锺鼎、符印异常之物，（非民间所宜有者）限三十日内送官，违者处八等罚，其物入官。

按：此仍《明律》，顺治初年添入小注。现改杖为罚。盖言官私失物不可苟取也。《唐律》：**“诸得阑遗物，满五日不送官者，各以亡失罪论；赃重者，坐赃论。[私物，坐赃论]减三[二]等。若得古器形制异而不送官者，罪亦如之。”**《疏议》曰：谓凡人于他人地内得宿藏物者，依令合与地主中分。若有隐而不送，计应合还主之分，坐赃论减三等，罪止徒一年半云云。《明律》即本于此，而添入充赏一层。后节《唐律》不分何物，一概拟罪。《明律》分作两层，系寻常之物，并听收用，系古制异常之物不送官者始治以罪，惟不分多少概处八等罚，与《唐律》坐赃亦有不同。凡遗失之物必有其主，得之必须送官，若匿而不送，虽非窃取，究属义不当得，故坐赃论，而私物又减二等也。至得埋藏之物，既无主人，若责其送官，恐启冒认妄争之端，故与上得遗失无主之物并听收用。若有古器异常之物，非民间所得私有，则必令送官，即《周礼》凡藏货贿告于上司，大者公之，小者庶民私之之遗意也。

市廛

按旧注，贸易之处曰市，市中空地曰廛。《唐律》市廛之事均在杂犯中，并无市廛名目。明分出各篇，增立此门，皆言牙侩所犯之事。国朝因之不改，此门共分五条。现虽倣照外国，另订《商律》，不过名目繁多，然其道理仍不外此。

私充牙行埠头

凡城市乡村，诸色牙行及船(之)埠头并选有抵业人户充应，官给印信文簿，附写(逐月所至)客商船户籍贯姓名、路引字号、物货数目，每月赴官查照。(其来历引货若不由官选，)私充者处六等罚，所得牙钱入官。官牙埠头容隐者处五等罚，各革去。

按：此仍《明律》，顺治初年添入小注。现改笞为罚。盖择牙行以安商民也。凡城市贸易去处必有牙行，河沿聚泊商船去处必有埠头也。此二项皆客商货物藉以交易往来也。必选有业人充当，彼重身家，自知顾惜而无非分诓骗之弊，即或有之，亦有产业可以抵还，可无亏折之患。官给印簿，附写客商、货物、姓名，不但有所稽查，且可以防意外非常之变，此立法之意也。《户部则例》载：牙帖由布政司钤印颁发地方官查系殷实良民，本身并非生监，取具邻佑及同行互保各结，准其充补。倘有顶冒，霸开总行，恃强依势，巧立集主、包头、揽头等项，勾结盘踞者治罪。又，牙行额内有事故歇业及消乏无力者，官令退帖，另募顶补，更换新帖，不得额外增添。其新开集场应设牙行者，确查结报核给。地方官朦混请增及迳行滥给者议处云云，与此律互相发明。又，律外有例，较律更为周密，须合参之。

一，凡在京各牙行领帖开张，应按五年清查换帖一次，若有棍徒顶冒朋充，巧立名色，霸开总行，逼勒商人不许别投，拖欠客本，久占累商者流二千里。地方官通同徇纵者一并参处。

一，京城一切无贴铺户如有私分地界，不令旁人附近开张及将地界议价若干，方许承顶，至发卖酒斤等项货物，车户设立名牌，独自霸揽，不令他人揽运，违禁把持者处十等罚。

一，各处关口地方有土棍人等开立写船保载等行，合伙朋充，盘据上下，遇有重载，雇觅小船起剥，辄敢恃强代揽，勒索使用以致扰累客商者，该管地方官查拿，照牙行及无稽之徒用强邀截客货例处八等罚。

一，各衙门胥役有更名捏姓兼充牙行者，照更名重役例处十等罚，革退。如有诓骗客货累商久候，照棍徒顶冒朋充霸开总行例流二千里。若该地方官失于察觉及有意徇纵，交部分别议处。受财故纵以枉法从重论。

市司评物价

凡诸物（牙）行人评估物价或以贵（为贱），或以贱（为贵），令价不平者，计所增减之价坐赃论。（一两以下处二等罚，罪止徒三年。）入己者准窃盗论（查律坐罪）。○其为（以赃入罪之）罪人估赃（增减）不实致罪有轻重者，以故出入人罪论。（若未决放减一等。）受财（受赃犯之财估价轻，受事主之财估价重）者计赃以枉法从重论。（无禄人查律坐罪。）

按：此仍《明律》，顺治初年添入小注。现改杖为罚。盖言沽［估］值宜公平也。《唐律》：**“诸市司评物价不平者，计所贵贱，坐赃论；入己者，以盗论。其为罪人评赃不实，致罪有出入者，以出入人罪论云云。”《明律》即本于此**，惟上节以窃盗改为准窃盗，下节出入人罪改为故出入人罪，且增入受财以枉法从重一层，则稍有不同。行人即牙人，诸色货物之善恶、时价之高低以行人评估为准，或贵或贱，不平之罪本是虚赃，故坐赃论。至于入己即是欺诈之赃，故准窃盗论。至为罪人估赃或多或少，关系生死出入，在犯人必有行贿求减，仇家必有行贿求增之事，故特严之。至死不减，与上准窃盗罪止满流者不同。律外有平粜米石之例，为慎重民食起见，诚良法美意也，须与律一并参之。

一，京城平粜米石时，如有贩卖收买官米十石以下者，照不应重律治罪，米石仍交该厂另行粜卖。至十石以上者，各处十等罚。如所得余利计赃重于本罪者，计赃治罪。各铺户所存米麦杂粮等项每种不过一百六十石，逾数囤积居奇者照违制律治罪。（若非囤积居奇，系流通粜卖者，无论米石多寡，俱听其自便，不在定限一百六十石之例。）其收买各仓土米黑豆不在此例。

把持行市

凡买卖诸物两不和同而把持行市专取其利及贩鬻之徒通同牙行共为奸计，卖（己之）物以贱为贵，买（人之）物以贵为贱者处八等罚。○若见人有所买卖，在旁（混以己物）高下比价以相惑乱而取利者，（虽情非把持）处四等罚。○若已得利物，计赃重（于八等罚，四等罚）者，准窃盗论（赃轻者，仍以本罪科之）。

按：此仍《明律》，顺治三年添入小注。现改杖为罚。盖禁豪强把持以固市利也。《唐律》：诸卖买不和，而较固取者；及更出开闭，共限一价；若参市，而规自入者：杖八十。已得赃重者，计利，准盗论。注：较者，谓专略其利。固者，谓障固其市。共限一价者，谓卖物以贱为贵，买物以贵为贱。参市者，谓人有所卖买，在傍高下其价，以相惑乱也。又，**诸在市及人众中，故相惊动，令扰乱者，杖八十；以故杀伤人者，减故杀伤一等；因失财物者，坐赃论。其误惊杀伤人者，从过失法云云。**《明律》本此而以《唐律》之注作为正文，较为明显。惟无《唐律》惊动杀伤一节，似不完全。此律两不和同谓使买者卖者皆不情愿之意，如已买物则把持卖者，如已卖物则把持买者，即俗所谓强买强卖而又不许他人买卖也。把持行市是公然恃强以取利，通同为奸则暗地作弊以谋利，情虽不同，而皆扰害市廛，故其罪同。前二节是未得财，末节是已得财。若所得之财轻于前罪者，仍依前罚金也。律外有例，均与律相捕而行，当并参考。

一，各处客商辐辏去处，若牙行及无藉之徒用强邀截客货者，不论有无诓赊货物，依本律处八等罚。如有诓赊货物，仍追比完足发落。若勒追年久，无从赔还，累死客商者流三千里。

一，牙行侵欠控追之案审系设计诓骗侵吞入己者，照诓骗本律计赃治罪。一百二十两以上问拟满流，追赃给主。若系分散客店，牙行并无中饱者，一千两以下照例勒追，一年不完依负欠私债律治罪。一千两以上监禁严追，一年不完，于负欠私债律上加三等治罪。所欠之银仍追给主。承追之员按月册报该管上司稽查。逾限不给者，该管上司按册提比。如怠忽从事，拖延累商者，该管上司据实揭参，照事件迟延例议处。有意徇纵者，照徇情例降二级调用。如有受财故纵者，计赃从重以枉法论。

一，京城官地井水，不许挑水之人把持多家，任意争长价值及作为世业私相售卖。违者,许该户呈首,将把持挑水之人照把持行市律治罪。

一,凡内府人员家人及王、贝勒、贝子、公、大臣官员家人领本生理,霸占要地关津,倚势欺陵,不令商民贸易者,事发,将倚势欺陵之人拟绞监候。如民人借贷王以下大臣官员银两,指名贸易,霸占要地关津,恃强贻累地方者,亦照此例治罪。又内府人员家人及王以下大臣官员家人指名倚势网收市利,挟制有司,干预词讼,肆行非法。该主遣去者,本犯发烟瘴地方安置。本犯私去者,照光棍例治罪。王、贝勒、贝子、公失察者,俱交与该衙门照例议处。管理家务官革职。大臣官员失察者亦俱革职。不行察拿之该地方文武官交该部议处。

一,大小衙门公私所需货物,各照市价公平交易,不得充用牙行纵役私取。即有差办,必需秉公提取,毋许藉端需索,如有纵役失察,交部分别议处。其衙役照牙行及无藉之徒用强邀截客货者,不论有无诓赊货物例治罪。如赃至三十五两者,照枉法赃问拟。所得赃私货物分别给主入官。

私造斛斗秤尺

凡私造斛斗秤尺不平,在市行使及将官降斛斗秤尺作弊增减者处六等罚,工匠同罪。〇若官颁不如法者,(官吏工匠)处七等罚,提调官失于较勘者减(原置官吏工匠罪)一等,知情与同罪。〇其在市行使斛斗秤尺,虽平而不经官司较勘印烙者(即系私造)处四等罚。〇若仓库官吏私自增减官颁斛斗秤尺收支官物而不平(纳以所增,出以所减)者处十等罚,以所增减物计赃重(于十等罚)者坐赃论。因而得(所增减之)物入己者以监守自盗论(并赃不分首从,查律科断)。工匠处八等罚。监临官知而不举者,与犯人同罪。失觉察减三等,罪止十等罚。

按:此仍明律,顺治初年添入小注。现改杖为罚。盖谓度量衡之制也。《唐律》:诸校斛斗秤度不平,杖七十。监校者不觉,减一等;知情,与同罪。《疏议》曰:校斛斗秤度,依《关市令》:每年八月,诣太府寺平校,不在京者,诣所在州县平校,并印署,然后听用。诸私作斛斗秤度不平,而在市执用者,笞五十;因有增减者,计所增减,准盗论。即用斛斗秤度出入官物而不平,令有增减者,坐赃论;入己者,以盗论。其在市用斛斗秤度虽平,而不经官司印者,笞四十云云。《明律》一本于唐,而私作与增减均处六等罚,且无准盗一层,较《唐律》稍严。《唐律》官校不平,明改为官降不如法,而罪名则无殊异。且添入工匠一项,亦《唐律》所无也。虞廷之政,以度量衡为先,即武王克商,亦亟亟于谨权量一节,所以同风俗定民志也。盖斛斗秤尺乃百物之所受裁以为平者,官降一定之式,民间遵依制造,赴官校勘印烙而后行之,乃可划一制度以息争端,故民间私造与作弊增减均六等罚。若官降不如式,是作法于民而先自弊之,故加一等治罪。若法式虽平而未经官烙印,虽渐开私造之端,究无不平之弊,故减私造罪二等,且不罪工匠者,以所造无不平也。以上三节,虽罪名轻重不同,皆就民间行使而言,若在仓库之中行使斛斗秤尺,官吏私自增减,收支不平则情节较民间为重,故从重十等罚,而又分别是否入己以坐赃与监守盗论也,原其定法之意,原为整齐划一以定民志,但现在各省自为风气,即如京城一处而钱行有市平、京平、库平、南平、西平之不同,其升斗秤尺更多歧异。若欲照律尽归划一,呈验烙印,诚恐骤令改易,事涉纷更,民情诸多不便。且验烙官斗辗转领给,徒启胥吏需索之端,于实政无所稗益,故此事历经言官条陈,而终未能依律实行者,恐利未兴而害先见也。可见,虽有良法而不便民情,强为行之必多滋扰,度量不过制治之一端,犹且不可骤为改革,而大此者更可知矣。

器用布绢不如法

凡民间造器用之物不牢固正实及绢布之属纰薄短狭而卖者各处五等罚。

按:此仍《明律》,有其物入官一句,乾隆五年以民间市买,笞以惩之足矣,其物入官滋弊无穷,故将此句删去。现又改笞为罚。盖言制造器物当中度也。《唐律》:**“诸造器用之物及绢布之属,有行滥、短狭而卖者,各杖六十;注云:不牢谓之行,不真谓之滥。即造横刀及箭镞用柔铁者,亦为滥。”《疏议》曰:**短狭,谓绢疋不充四十尺,布端不满五十尺,幅阔不充一尺八寸之属。**得利赃重者,计利,准盗论。贩卖者,亦如之。市及州、县官司知情,各与同罪;不觉者,减二等**云云。《明律》本于此,而改杖为笞,无官司罪名,亦无得利贩卖明文。此为市廛立法,若官物则别有造作不如法之条,然皆具文而已。若认真行之,其窒碍较前条更甚矣。

祭祀

历代无此篇名,惟北周始有《祀享》之律,《唐律》有大祀不豫申期散见于各条之中,《明律》类为一门,名曰《祭祀》,国朝因之,共分六章,虽不及《礼部则例》详细,然祭法大要已备于此。

祭享

凡天地、社稷大祀及庙享，所司（礼部太常寺将祭则先致斋，将斋则先示戒，将戒则先告示）不将祭祀日期预先告示诸衙门（知会）者处五等罚。因（不告示）而失误行事者处十等罚。其已承告示而失误者，罪坐先误之人（亦处十等罚）。〇若（传制与百官斋戒）百官已受誓戒而吊丧问疾、判署刑杀文书及预筵宴者皆罚俸一月。其（所司）知（百官）有缌麻以上丧遣充执事及令陪祀者罪同。不知者不坐。若有丧不自言者罪亦如之。其已受誓戒人员散斋（于外）不宿净室，致斋（于内）不宿本司者并罚俸一月。〇若大祀，牲牢玉帛黍稷之属不如法者处五等罚。一事缺少者处八等罚。一座全缺者处十等罚。〇若奉大祀（在涤之）牺牲主司（牺牲所官）餧养不如法，致有瘦损者一牲处四等罚。每一牲加一等，罪止处八等罚。因而致死者加一等。〇中祀有犯者罪同。（余条准此）。

按：此仍《明律》，顺治初年添入小注。现改杖为罚。原律首句无“天地社稷”四字，缘《明律》注大祀专指天地也。又原律二节不宿净室下有“半俸钱半月”一句，雍正三年删去此句，而于律首增入“天地社稷”四字。盖言祭享大典不可不极其诚敬也。《唐律》职制门：**“诸大祀不预申期及不颁所司者，杖六十；以故废事者，徒二年。”**疏议曰：依令：大祀，谓天地、宗庙、神州等为大祀。或车驾自行，或三公行事。二十日以前，所司预申祠部，祠部颁告诸司。又律：**“牲牢、玉帛之属不如法，杖七十；阙数者，杖一百；全阙者，徒一年。即入散斋，不宿正寝者，一宿笞五十；致斋不宿本司者，一宿杖九十；一宿各加一等。中、小祀递减二等。”**疏议曰：依令：大祀，散斋四日，致斋三日。昼理事如故，夜宿于家正寝。致斋者，两宿宿本司，一宿宿祀所。中、小祀谓社稷、日月、星辰、岳镇、海渎、帝社等为中祀，司中、司命、风师、雨师、诸星、山林、川泽之属为小祀。凡言祀者，祭、享同。依令：在天称祀，在地为祭，宗庙名享。又律：**“诸大祀在散斋而吊丧、问疾、判署刑杀文书及决罚者，笞五十；奏闻者，杖六十。致斋者，各加一等。**中、小祀各递减二等。**诸庙享，知有缌麻以上丧，遣充执事者，笞五十；陪从者，笞三十。主司不知，勿论。有丧不自言者，罪亦如之。其祭天地社稷则不禁。”**又《厩库门》：**“诸供大祀牺牲，养饲不如法，致有瘦损者，一杖六十，一加一等，罪止杖一百；以故致死者，加一等云云。”《明律》一本于此，**惟罪名较《唐律》均轻，《唐律》拟徒者明均减杖，《唐律》拟处六等罚者，明均减为罚俸一月，《唐律》止有缌麻服丧不准遣充执事，《明律》又添曾经杖罪一项，且《唐律》惟庙享禁其遣充，天地社稷则不禁，《明律》无论大祀庙享一概全禁。又《唐律》中小祀递减二等，《明律》中祀有犯罪同，则各有不同也。前二节言礼义之违怠者，如吊死问疾刑杀则身亲凶秽筵宴，则心志散逸，皆非所以通神明也。散斋不宿净室，致斋不宿本司，均如不敬。四节五节言品物之损缺者，未宰曰牺，已宰曰牲，牲牢如天地用犊各一，日月用牛各二，二十八宿、五纬星辰用牛一、羊一、豕一之类。玉如苍璧礼天，黄琮礼地之类。帛如正配位用苍，日用红，月、星辰、太岁皆用白之类。又如法谓宰割失序，烹调失节，陈设失序之类。末节余条准此，注谓别条内有犯大祀之罪者，则中祀罪同，如下条毁大祀邱坛应流，则毁中祀坛场，其罪亦同也。现在孔子亦陞为大祀，不仅天地社稷宗庙已也。

一，凡郊祀斋戒前二日，太常寺官宿于本司，次日具本奏闻，致斋三日，次日进铜人传制谕文武官斋戒不饮酒，不食葱韭薤蒜，不问病，不吊丧，不听乐，不理刑，不与妻妾同处。定斋戒日期，文武百官先沐浴，不吊丧，不听乐，不理刑，不与妻妾同处。定斋戒日期，文武百官先沐浴，更斋三日，惟不誓戒。

一，大祀前三月，以牺牲付牺牲所涤治如法。中祀前三十日涤之。小祀前十日涤之。大祀，祭天地，太社，太稷也。庙享，祭太庙，山陵也。中祀，如朝日、夕月、风云、雷雨、岳镇、海渎及历代帝王、先师、先农、旗纛等神。小祀，谓凡载在祀典诸神。惟帝王陵寝及孔子庙则传制特遣。

以上二例系前明《会典》，本朝因之，上年修例，以其无关罪名，均行删除，然斋戒大事，祭典攸关，此等例文实为 朝大法，不可不知，故仍录之以备考究。

毁大祀邱坛

凡大祀邱坛而毁损者（不论故误）流二千里。壝门，减二等（徒二年半）。○若弃毁大祀神御（兼太庙）之物者徒三年（虽轻必坐）。遗失及误毁者各减三等（徒一年半。如价值重者，以毁弃官物科）。

按：此仍《明律》，顺治初年添入小注。盖言致谨祭祀之典于平时也。《唐杂律》：**“诸弃毁大祀神御之物，若御宝、乘舆服御物及非服而御者，各以盗论；亡失及误毁者，准盗论减二等。诸大祀丘坛将行事，有守卫而毁者，流二千里；非行事日，徒一年。壝门，各减二等云云。”**《明律》本此而不分行事与不行事，故毁与误毁，概拟流罪,较为严厉。其毁神御之物不计赃多少概拟满徒,与《唐律》以盗论者不同。其误毁者减三等,亦与准盗论减二等者不同,并删去乘舆服御物二句,上节不言误者,地既尊严,虽误亦坐,即君父之前不敢言误之说。下节不计赃者礼重神器,非可以赃论也。大祀天地有圜邱方邱即天坛地坛也,社稷则同坛同壝,即《周书》三坛同壝之义。壝门者,坛门之垣有门以通出入者也。大坏曰毁,小坏曰损,神御之物如床几帐幔祭器之类,邱坛有门,故分别故毁、误毁以定罪之轻重,社稷坛与天地坛同。中祀有犯亦同。如日月、星辰、岳镇、海渎、山川诸神二十四坛皆中祀也。律外有例,可与律合参。

一,天地等坛内纵放牲畜作践或放鹰、打枪、成群饮酒、游戏及私种耤田外余地,并夺取耤田禾把者,俱照违制律治罪,畜物入官。

致祭祀典神祇

凡(各府州县)社稷山川风云雷雨等神及(境内先代)圣帝明王、忠臣烈士载在《祀典》应合致祭神祇,所在有司置立牌面,开写神号、祭祀日期,于洁净处常川悬挂,依时致祭。至期失误祭祀者,(所司官吏)处十等罚。其不当奉祀之神(非祀典所载)而致祭者处八等罚。

按:此仍《明律》,顺治初年添入小注。现改杖为罚。盖言在外有司之祭祀宜谨也。《唐律》无文。《笺释》云:此在外府州县所祭者,与上所云中祀者不同,载《祀典》是朝廷岁祭有定额者,不当奉祀之神,凡祀典所不载者皆是,不必专指淫祠。应食祭者依时举祭,所以报功德而劝忠义也。失误不祭,是曰慢神,礼所不当祭者而祭是曰不经。一惩其慢,一恶其渎也。又《会典》载每岁祭期,社稷用仲春仲秋上戊日,风云雷雨、山川、城隍之神用春秋仲月上旬吉日,先师孔子用春秋仲月上丁日,旗纛春用惊蛰,秋用霜降,厉祭春用清明,秋用七月十五日,冬用十月初一日,历代帝王忠臣烈士春秋各择日致祭。又,省城坛庙丁祭戊祭,督抚主祭,布政司以下陪祀,道员驻劄之府州县道台主祭,府州县等陪祀,武职均陪祀。又,丁祭遇忌辰,改期致祭。社稷等坛如遇忌辰,仍穿礼服作乐,祭毕,仍易素服云云,可与此律合参。

历代帝王陵寝

凡历代帝王陵寝及先圣先贤、忠臣烈士坟墓(所在有司当加护守),不许于上樵采耕种及牧放牛羊等畜,违者处八等罚。

按:此仍《明律》,顺治初年添入小注。现改杖为罚。原律忠臣烈士在先圣先贤之前,雍正三年改易。盖护守历代陵墓以昭忠厚也。《战国策》曰:有敢去柳下季垄五十步而樵采者死无赦云云。此律即其遗意。山陵寝庙谓之陵寝,帝王葬处也。土高曰坟,封植曰墓。历代帝王尝临制天下,圣贤忠烈足以师世范俗,其人虽系先代,而陵寝坟墓乃其体魄所藏,若听令樵采作践,则失国家尊崇褒表之意,故治以不应重罪。与盗园陵树木条参看。又,《礼部则例》:凡圣贤祀庙列在祀典者,设立奉祀生,于嫡裔内择其立品自爱,并无刑丧过犯者取结咨部,给与印照。有事故缺出,将原照缴销,另选云云。均系尊崇先圣先贤之意,亦可与此互参。

亵渎神明

凡私家告天拜斗,焚烧夜香,然点天灯(告天)七灯(拜斗),亵渎神明者处八等罚。妇女有犯,罪坐家长。若僧道修斋设醮而拜奏青词表文及祈禳火灾者同罪,还俗。(重在拜奏,若止修斋祈禳而不拜奏青词表文者不禁。)○若有官及军民之家纵令妻女于寺观神庙烧香者处四等罚,罪坐夫男。无夫男者罪坐本妇。其寺观神庙住持及守门之人不为禁止者与同罪。

按:此仍《明律》,顺治初年添入小注。现改笞杖为罚金。新律将祈禳火灾四字移于修斋设醮之下。盖禁非礼之祀、非礼之行以端风化也。天灯是星辰天家之灯,非悬竿所照者。七灯或谓布列日月五星之象,或谓北斗七星之灯。僧曰修斋,道曰设醮,青词用青纸书黄字表文,用黄纸皆以达于上帝之神者,盖告天拜斗焚香占灯皆敬礼天神之事,祀典各有其分,私家所得祭者,祖先之外,惟里社五祀,若上及天神则为僭越亵渎,故拟罚罪。寺观神庙及僧道所居,妇女无故犹当别嫌,不出门外,若纵令入庙烧香,不第亵渎神明,亦且有伤风化,故亦拟罚。

禁止师巫邪术

凡师巫假降邪神,书符咒水,扶鸾祷圣,假托名号,妄设教会,一应左道异端之术,或隐藏图像,烧香集众,夜聚晓散,佯修善事,煽惑人民者绞(监候),为从者各流三千里。○若军民装扮神像鸣锣击鼓,迎神赛会者处十等罚,罪坐为首之人。○里长知而不首者各处四等罚。其民间春秋义社(以行祈报者),不在此限。

按:此仍《明律》,顺治初年添入小注,雍正五年改原律左道乱正为左道异端,现律已将自号端公至白云宗等会数句删去,而于隐藏图像句上添入妄托名号四字,又于夜聚晓散句下添入及念荒诞不经呪语、使徒惑众二句,并改笞杖为罚金。盖言异端之宜禁以正人心也。《唐律》亦无文。师者,即合行法之人称法师者。巫者,降神之人。端公、太保,男巫之伪号。师婆,女巫之伪号。道本尚右,非正道曰左道。隐藏五句总承上文,盖必隐藏集聚扇惑等事方坐绞罪。异端足以惑人,小民易于愚弄,邪术一倡,祸炽天下,古有明鉴,故治罪如此其严,所以防微杜渐也。至装扮神像、迎神赛会,虽亦不正之事,然与上煽惑人民者不同,故止拟罚。若民间所建义社而乡人春祈秋禳,应当迎赛者更与装扮神像者不同,虽有锣鼓及集众,不在禁限,应与后术士妄言祸福及《贼盗律》造妖书妖言二条互参。律外又有条例,与律互相发明,当并参之。

一,京外地方遇有兴立邪教哄诱愚民事件,该地方官一有见闻立赴搜讯,据实详报,听该管上司按核情罪轻重分别办理。傥有讳匿,辄自完结,别经发觉,除有化大为小、曲法轻纵别情严参惩治外,即案无出入,亦照讳窃例交部从重加等议处。该管上司徇庇不行纠参,一并议处,旁人出首者于各犯名下并追银二十两充赏。如系应捕之人,拿获者追银十两充赏。

一,凡称为善友,求讨布施至十人以上者,或称烧炼丹药,出入内外官家,或擅入禁城夤缘作弊,希求进用者并军民人等、寺观住持不问来历窝藏接引,容留披剃冠簪至十人以上者,俱流二千五百里。若不及十人容留潜住、荐举引用及邻甲知情不举,并禁城各门守卫官军不行关防搜拿者,各照违制律治罪。如事关重大,临时酌量办理。至守业良民讽念佛经,茹素邀福,并无学习邪教,捏造经咒传徒敛钱惑众者,不得滥用此例。

一,奸匪之徒将各种避刑邪术私相传习,为首教授之人拟绞监候,为从学习之人流三千里,代人作法架刑者,减本犯一等,得赃照枉法从重论。保甲邻里知而容隐不首者,处四等罚。地方官不行查拿,照例议处。

礼制

前代止有违制之律,而无礼制之律,《唐律》礼制之事散见各条,未有专目,至明损益《唐律》,始立此篇。国朝因之,而去私习天文之禁,并详定服舍违式之例,共分二十章,详见《礼部则例》,此门所载皆关系罪名之大者耳。

合和御药

凡合和御药误不依(对证)本方及封题错误,(经手)医人处十等罚。料理拣择(误)不精者处六等罚。若造御膳误犯食禁,厨子处十等罚。若饮食之物不洁净者处八等罚。拣择(误)不精者处六等罚。(御药御膳)不品尝者处五等罚。监临提调官各减医人厨子罪二等。〇若监临提调官及厨子人等误将杂药至造御膳处所者处十等罚。所将杂药就令自吃。(御膳所)厨子人等有犯,监临提调官知而不奏者,门官及守卫官失于搜捡者,与犯人同罪,并临时奏闻区处。

按:此仍《明律》,顺治初年添入小注,现又改笞杖为罚金。原律二节就令自吃句下无厨子人等,监临提调官知而举二句,系雍正三年增修。盖言进御之物不可不详慎也。《唐律》:**"诸合和御药,误不如本方及封题误者,医绞。料理简择不精者,徒一年。未进御者,各减一等。监当官司,各减医一等。(若)[诸]造御膳,误犯食禁者,主食绞。若秽恶之物在食饮中,徒二年;简择不精及进御不时,减二等。不品尝者,杖一百。诸监当官司及主食之人,误将杂药至御膳所者,绞。诸外膳,犯食禁者,供膳杖七十。若秽恶之物在食饮中及简择不净者,笞五十。误者,各减二等。注:外膳谓供百官。"**《明律》虽本此而罪止满杖,不但无《唐律》绞罪,即徒罪亦无,盖轻减六七等矣。又无《唐律》外膳一节,并删去进御不时一项,而增入所杂药就令自吃及临时奏闻区处数句,不但罪名大相悬殊,而详略亦有不同也。进御之药膳,分当慎重,本方谓合用之方,封题错误谓不明开药名品味分两,或虽开而有遗皆是。错误料理谓炮制熬洗也。拣择谓选取精美也。食禁谓《食经》所忌,干脯不得入黍米,猪鳖肉不得和姜苋之类。又如《本草》物性相反相忌,《周礼内则》所载不食之类。首节言医人厨子不详慎与即令将自带之药自吃,所以防隐患也。不但监临提调厨子等均应十等罚,即失察之门官守卫均应同罪,以上各项必奏闻区处者,或依本律,或有别议,取自上裁,盖所关者大,故必格外慎重也。

乘舆服御物

凡乘舆服御物(主守之人)收藏修整不如法者处六等罚,进御差失者(进所不当进)处四等罚。其车马之属不调习,驾驭之具不坚完者处八等罚。〇若主守之人将乘舆服御物私自借用，或转借与人及借之者各徒三年，若弃毁者罪亦如之。（平时怠玩，不行看守）遗失及误毁者各减三等。○若御幸舟船误不坚固者工匠处十等罚，若不整顿修饰及在船篙棹之属缺少者处六等罚，并罪坐所由（经手造作之人并主守之人）。监临提调官各减工匠罪二等，并临时奏闻区处。

按：此仍《明律》，顺治初年添入小注，现改笞杖为罚金。盖言御用之物不可玩怠也。《唐律》：**"诸乘舆服御物，持护修整不如法者，杖八十；若进御乖失者，杖一百。其车马之属不调习，驾驭之具不完牢，徒二年；未进御，减三等。[诸]主司私借乘舆服御物，若借人及借之者，徒三年。非服而御之物，徒一年。在司服用者，各减一等。注云：非服而御，谓帷帐几杖之属。又律：御幸舟船，误不牢固者，工匠绞。若不整饰及阙少者，徒二年。应供奉之物阙乏者，徒一年；其杂供有阙，笞五十。又，指斥乘舆，情理切害者，斩；非切害者，徒二年。注云：言议政事乖失而涉乘舆者，上请。又，对捍制使，而无人臣之礼者绞。因私事斗竞者非云云。"**《明律》虽本于此而治罪均轻，惟自借借人拟徒三年一项与《唐律》无异，并无《唐律》指斥乘舆及对捍制使拟死两项，亦无非服而御及供奉之物两层，至御幸舟船与上条和药不依本方各项均关十恶之大而改绞为杖，与《唐律》大相悬殊。凡服御近用之物各有主守之人，此条为私用、借人、弃毁，为有心故犯，其余皆出于无心过误，故罪止于杖，臣子于君父义当敬谨，不得言误，至误则臣之罪也。原其误而轻其法，则君之仁也。然御药车船皆关系圣躬至重，因其误而径自轻典，究非臣下所可擅问，故此二条皆云奏闻区处，盖有深意存焉，须善会之。

收藏禁书

凡私家收藏图谶（图象谶纬之书推治乱）应禁之书及（绘画）历代帝王图像，金玉符玺等物（不首官）者处十等罚，并于犯人名下追银一十两，给付告人充赏（图谶等项并追入官）。

按：此仍《明律》，顺治初年添入小注。原律有私习天文一层，雍正三年删去。现又删改。盖防惑世诬民之渐也。现修之律以学堂设有天文专科，其天象器物藉以研究学问，在所不禁，又将天象器物并小注均删去，并改杖为罚。《唐律》：**"诸（元）[玄]象器物，天文，图书，谶书，兵书，七曜历，太一、雷公式，私家不得有，违者徒（三）[二]年。私习天文者亦同。其纬、候及论语谶，不在禁限云云。"**《明律》虽本于此而罪名较轻，款目亦有不同，亦无纬候及论语谶**不在禁限之语**。图谶之书如《推背图》《透天经》之类，所以推测治乱者，最易惑众。符、玺是二项，如虎符、麟符之类，以金银铜竹为之，中分其半，以给掌管兵权之人，有所调拨，使者执其半合之，上为信也。玺则天子之宝，或金或玉为之，历代所遗，非玩好之比，故私藏均有罪名。又乾隆年间旧例，书坊刊刻删节经书版片概令销毁，若隐匿不交及续刻者以违制论云云，与律互相发明。此律与《贼盗律》市卖淫词小说及私刻《讼师秘书》各条均系应禁之书，须合参之。

御赐衣物

凡御赐百官衣物，使臣不行亲送，转附他人给与者处十等罚，罢职不叙。

按：此仍《明律》，现改杖为罚。盖言君赐宜慎重也。《辑注》衣物如衣服、金币之类，君上奖善褒功，赐以衣服，乃优待臣下之典，使臣奉命不行亲自赍送，是谓惰弃违慢君命，故罢其职以警之。

失误朝贺

凡朝贺及迎接诏书，所司不预先告示者处四等罚。其已承告示而失误者，罪亦如之。

按：此仍《明律》。现改笞为罚。盖言朝廷之礼宜致谨也。《唐律》：**“诸祭祀及有事于园陵，若朝会、侍卫[，行事失错及违失仪式者，笞四十。]应集而主司不告，及告而不至者，各笞五十云云。”**《明律》本此而改笞五十为笞四十，此与下条失礼，《唐律》本系一事，明分为二条，朝会庆贺迎诏皆礼之大者，所司在京则礼部，在外则布政司、府州县，若不豫先告示及已示而失误，或到迟不及行礼，或疏忽不及报名，厥罪惟均，详见《吏部则例》。

失礼

凡（陪助）祭祀及谒拜园陵，若朝会行礼差错及失礼者罚俸一月。其纠礼官应纠举而不纠者罪同。

按：此仍《明律》，顺治初年添入小注，原律系罚俸钱半月，雍正二年改为罚俸一月。盖言大礼而儆不敬也。《唐律》：**“诸祭祀及有事于园陵，若朝会、侍卫，行事失**

错及违失仪式者，笞四十。注谓言辞諠嚣，坐立怠慢乖众者，乃坐云云。”《明律》本此而改笞为四十为罚俸半月，又添纠礼官不纠一层，考之《周礼·朝士》有禁慢朝错立族谈者之法，此即其遗意。陪祭、谒陵、朝会三事，行礼各有细节，详载《会典》，朝臣所当习练，若不谙规式而行礼错差及失度，是谓不敬。行礼错差如拜伏登降之类，失度如落冠、开带、跌仆、乱班、唾咦、偶语之类。纠礼官指监察御史、礼部司官，应纠不纠是纵私也。故均罚俸以儆之。律外有例，较律更为周到，当并参之。

一，凡坛庙祭祀及圣驾出入并升殿之日，派委司官及步军校严加巡察，有厮役肆行喊叫，将聚集官员冲突拥挤者处十等罚，其主处五等罚。寻常朝会日，犯者处六等罚，其主处三等罚。系官俱交该部议处。若在内执事人并大臣侍卫、跟役犯者，交与该管大臣衙门治罪。

奏对失序

凡在朝侍从官员特承顾问，官高者先行回奏，卑者以次进对。若先后失序者，各罚俸一月。

按：此仍《明律》，雍正三年改罚俸半月为一月。盖明对扬之体以肃朝礼也。专言在朝侍从之官承问回奏之例，与上书陈言不同。侍从官员如军机大臣、翰馆谏垣之类，特承顾问，是当时所问者官多，故奏对以高卑为先后，若专问一人，虽最卑者亦当进对，不在失礼之限。

上书陈言

凡国家政令得失，军民利病，一切兴利除害之事，并从各部院官奏闻区处，及给事中、各道、督抚各陈所见，直言无隐。〇若内外大小官员但有本衙门不便事件，许令明白条陈合奏事之，本管官实封进呈，取自上裁。若知而不言苟延岁月者，在内从给事中、各道，在外从督抚纠察（犯者，以事应奏不奏论）。〇其陈言事理并要直言简易，每事各开前件，不许虚饰繁文。〇若纵横之徒假以上书，巧言令色，希求进用者处十等罚。

按：此仍《明律》，顺治初年添入小注。原律首节科道督抚系监察御史、提刑按察司，二节条陈下无合题奏之本管官一句，第三节自百工技艺之人应有可言之事，亦许直至御前奏闻，其言可用即付所司施行，各衙门但有阻当，鞫问明白监斩候数语，雍正三年以按察无陈言直纠之责，其应纠责者不独御史，因改为科道督抚。又以内外官员职应上陈者方许上陈，并无大小官俱许其上陈之例。至百工技艺分属微贱，更不得直至御前，因逐节删改。现又删改，又去末后一节。盖系开言路以通民隐，并严欺罔以杜倖进也。《唐律》：**“诸称律、令、式，不便于事者，皆须申尚书省议定奏闻。若不申议，辄奏改行者，徒二年。即诣阙上表者，不坐云云。”**盖只言不申议而辄奏改行之罪止徒二年，《明律》添阻当者斩，与上条不即引见者同一过甚之令，国朝删去斩罪，并改借用印信斩罪为杂犯徒五年，较为平恕。前二节欲人进言，即古者辟四门防壅蔽之意。后三节戒人妄言，即古者远佞人、禁诈冒之意。律外有例，与律可以合参。

一，内外大小衙门官员但有不公不法等事，在内从台省，在外从督抚纠举，须要明著年月指陈实迹明白具奏。若系机密重事，实封御前开拆，并不许虚文泛言。若挟私搜求细事及纠言不实者抵罪。

见任官辄自立碑

凡见任官实无政绩，（于所部内）辄自立碑建祠并他人迎合故为建立者均处十等罚。若遣人妄称己善申请于上（而为之立碑建祠）者处八等罚。受遣之人各减一等（碑祠折毁）。

按：此仍《明律》，顺治初年添入小注。现又添入他人迎合求为建立一层，并改杖为罚。盖禁虚名以励实政也。《唐律》：**“诸在官长吏，实无政迹，辄立碑者，徒一年。若遣人妄称己善，申请于上者，杖一百；有赃重者，坐赃论。受遣者，各减一等。注云：虽有政迹，而自遣者亦同云云。”**《明律》同于《唐律》，惟罪名较轻。立碑以纪功，建祠以报德，皆在任时实有善政，去任后民不能忘，思慕爱戴之所为，非现任官可以粉饰而冒为之者也，即实有善政，分所当然，亦不得自行建祠立碑。律文曰实无，曰妄称，则皆假捏之虚事。曰辄自，曰遣人，则非百姓之本怀。但自建立者，全无顾忌，而遣人申请建立者尚不敢公然为之，故罪稍轻。若受遣而申请，不过阿顺扶同而已，故更减一等。应与《职制上》言大臣德政门百姓保留及杂犯嘱讬公事门贿嘱百姓保留各条参看。又乾隆年间旧例，凡万民伞、脱靴德政碑一概饬禁，年终汇奏，均是禁革谄谀之意。

禁止迎送

凡上司官及(奉朝命)使客经过而所在各衙门官吏出郭迎送者处九等罚。其容令迎送不举问者,罪亦如之。

按:此仍《明律》,顺治初年添入小注。原律经过下有监察御史、按察司官出巡按治数句,雍正三年删去。现又改杖为罚。盖正官方而禁趋奉也。凡本管官统摄者皆为上司,虽奉使命止是经过,故曰使客。送迎之礼,原不可废。若至出境,则失之谄。容令不举,则失之骄。故均治以罪。律外有例,均与律互相发明,有切宦场实用,故全录之,以备研究。

一,上司入城,凡文武属员止许出城三里迎送。如不入城,在境内经过处所迎送。倘迎送必至交界,或因事营求,或乘便贿赂,将属员革职拿问。如止出界迎送,无营求贿赂等情,照擅离职役律议处。若上司有必欲迎送,致属员畏其威势至交界迎送者,倘有勒索情弊,将上司革职提问。如止令迎送,无勒索情弊,照例议处。地方官俱免议。

一,凡提镇赴任,所属将弁于是日迎接,除跟役外,其司事兵丁不得过十名,出城不得过五里。其副、参、游击等官赴任,本标员弁于是日迎接,除跟役外,司事兵丁不得过五名,出城不得过三里。从境内经过者,止许在本营汛地经过处所迎送。如属员多带兵丁越境远迎及上司容令远迎并不行揭报者,俱交部照律议处。

一,凡新官到任,旧任官于书役内酌拨数人,在交界处等候,呈送须知册籍,其余书役概令随印交代,并将头接、二接、三接陋习严行禁止。如有约结多人执批远迎者,照律治罪。

一,属员与上司亲戚子侄有乘便夤缘、因事贿嘱者,按律分别革职治罪。上司之子侄亲戚有官职者经过属员境内,拜候往来,属员供应馈送,均照不应重律降三级调用。无官职者照不应重律处八等罚。该上司自行查出参处者免议。漫无觉察者,照约束不严例降一级调用。知而不举,照徇庇例降三级调用。如有夤缘贿嘱等事,通同徇纵者,一并分别革职治罪。

公差人员欺陵长官

凡公差人员在外不循礼法,(言语傲慢)欺陵地方文武各官者处六等罚。

按:此仍《明律》,顺治初年添入小注。雍正三年删改,现又删去校尉官有犯以下数句,而改守禦官、知府、知州、知县等项,统曰地方官,并改杖为罚。盖别贵贱而重名分也。《唐律》无文。公差人员统指京师差出者言,故曰在外欺陵者,谓其倚恃差使之势,言语不逊,礼貌不恭,傲慢无状,非谓犯法也。若至殴打有司,自有公使殴打之条。本文不曰官员而曰人员,如历事监生、办事官吏、典承差等皆是,与斗殴律奉差员役逼索印官致死,邮驿律官员纵役殴骂驿官等条合参。律外有例,亦可与律互相参考。

一,公堂乃系民人瞻仰之所,如家丁皁隶人等入正门、驰当道、坐公座者,徒一年半。吏员、承差人等加一等。若各部、都察院、在京各衙门人役接奉批差,敢有似前越礼犯分者,许所在官长奏参,照例治罪。

服舍违式

凡官民房舍车服器物之类各有等第。若违式僭用,有官者处十等罚,罢职不叙。无官者处五等罚,罪坐家长。工匠并处五等罚。(违式之物责令改正。工匠自首免罪,不给赏。)〇若僭用违禁龙凤纹者,官民各徒三年。(未用者处三等罚。)工匠处十等罚。违禁之物并入官。〇首告者,官给赏银五十两。〇若工匠能自首者免罪,一体给赏。

按:此仍《明律》,顺治初年添入小注。原律工匠杖一百下有连当房家小起发赴京籍充局匠十三字,雍正三年删去。盖辨等威而禁僭越也。现律删去徒三年下官罢职小注,而添入未用者处三等罚一语,并改杖为罚金。《唐律》:**“诸营造舍宅、车服、器物及坟(营)[茔]、石兽之(令)[属,于令]有违者,杖一百。虽会赦,皆令改去之;坟则不改。其物可卖者,听卖。若经赦后百日,不改去及不卖者,论如律云云。”**《明律》本此,而无坟营[茔]石兽一项,见于条例。其二节皆僭用违禁龙凤纹,及首告给赏并自首免罪各节则为《唐律》所无。《唐律》有可卖则卖,赦后不改不卖论如律之语,《明律》亦无此法。此律官科罪重而民轻,与别律不同者,有官者应知礼法,故违式之罪倍重于无官,且法行必自贵始也。首节言违式,次节言违禁,三四节止承违禁而言。式谓制度违式,如庶民僭品官,卑官僭尊官之类。违式虽为僭用,犹是官民应用之物,只过尊卑贵贱不合,故其罪轻,但令改正,物不入官。违禁之物则非官民应用,违禁擅用则僭拟天子,故其罪重,物并入官也。式有等第,故违式之罪官民异科。禁无分别,故违禁之罪官民同论。原有条例颇为详细,先言帽顶、束带、补服,次及房舍、衣服、帐幔、伞盖、鞍辔、器皿、坟营[茔]、石兽，军民僧道服饰器用，平时之暖帽、凉帽、雨帽、雨衣以及妇人首饰均有一定颜色尺寸大小分两，天不纤细毕具。此次修律，以服舍之制已散见《会典》《礼部则例》等书，本律既撮举大纲，已资赅备，将旧例十四条一并删除。

僧道拜父母

凡僧尼道士女冠并令拜父母、祭祀祖先（本宗亲属在内），丧服等第（谓斩衰、期功、缌麻之类）皆与常人同，违者处十等罚，还俗。○若僧道衣服止许用䌷绢布疋，不得用纻丝绫罗，违者处五等罚，还俗，衣服入官。其袈裟、道服不在禁限。

按：此仍《明律》，顺治初年添入小注。现改杖为罚。盖言僧道不得灭伦理、尚华侈也。僧道虽已出家，仍当归拜父母。崇拜父母，归祀祖先而丧服亦当与常人无异，不得以异教废礼。若违此三者，则是崇尚虚无幻渺而弃亲灭伦，则人道废矣，故设此禁以罪之。至衣服不得崇尚华美，亦以其贱流而禁之。然究较弃亲为轻，故照上减五等科之。韩子《原道》云：弃尔君臣，去尔父子，以求清净寂灭，可见此辈逍遥方外，自外名教，大为人心风俗害，此律之设，正与昌黎辟佛之意千古同揆。

失占天象

凡天文（如日月五纬、二十八宿之属）垂象（如日重轮及日月珥蚀、景星彗孛之类），钦天监官失于占候奏闻者处六等罚。

按：此仍《明律》，顺治三年添入小注。现改杖为罚。此专为钦天监而设，与诈为瑞应条参看。律外旧有条例，凡占候天象，钦天监[设]观星台，令天文生分班昼夜观望，或有变异，开具揭帖呈堂。当奏闻者随即具奏云云。与律相辅而行。天文如五纬、二十八宿之属，垂象如日重轮、云五色及旄头彗孛、日月珥蚀之类。天文垂象以示祥异，遇异奏闻以知恐惧修省，遇祥奏闻则知益勉修德。关于朝廷者匪浅。然现在半成具文。奏者少而不奏者多，奏变异者少而奏祥瑞者多矣。伏读嘉庆四年上谕：人君侈语嘉祥，易起满盈之渐，不讳灾害始知修省之方。古称麟凤来游或出于附会，未可尽信。而上苍垂戒，象纬昭然，实为天下感应之机。去年众星交流如织，正当修德以弭灾眚而钦天监于此等星异并未奏闻，岂非弃厥司乎？嗣后占星观象应当据实直陈云云。大哉王言！足垂范百世矣！

术士妄言祸福

凡阴阳术士不许于大小文武官员之家妄言（国家）祸福。违者处十等罚。其依经推算星命、卜课，不在禁限。

按：此仍《明律》，顺治三年添入小注。现改杖为罚。盖杜术士妄言之渐也。阴阳术数之士，其言祸福休咎之理多涉妄诞，闻者即起趋避之念，古来朝臣为术士所累害者多矣。以昭明之孝，武帝之慈，一染嫌疑，身以忧死，祸及后嗣，不可辨白，故著此律以禁绝之，亦防微杜渐之意也。若星命卜课虽亦豫言休咎，惟无关乎国家，故不在禁限。与造妖书妖言条参看。

匿父母夫丧

凡闻父母（若嫡孙承重与父母同）及夫之丧，匿不举哀者徒一年。若丧制未终，释服从吉，忘哀作乐及参预筵宴者处八等罚。若闻期亲尊长丧匿不举哀者亦处八等罚。若丧制未终释服从吉者处六等罚。〇若官吏父母死应丁忧，诈称祖父母、伯叔、姑、兄姊之丧不丁忧者处十等罚，罢职役不叙。（若父母见在）无丧诈称有丧，或（父母已殁）旧丧诈称新丧者（与不丁忧）罪同。有规避者从（其）重（者）论。〇若丧制未终，冒哀从仕者处八等罚（亦罢职）。〇其当该官司知而听行各与同罪。不知者不坐。〇其仕宦远方丁忧者，以闻丧月日为始。夺情起复者不拘此律。

按：此仍《明律》，顺治初年添入小注。现改杖为罚。盖严丧礼以笃天伦也。《唐律》：**“诸闻父母若夫之丧，匿不举哀者，流二千里；丧制未终，释服从吉，若忘哀作乐，徒三年；杂戏，徒一年；即遇乐而听及参预吉席者，各杖一百。闻期亲尊长丧，匿不举哀者，徒一年；丧制未终，释服从吉，杖一百。大功以下尊长，各递减二等。卑幼，各减一等。”**《疏议》曰：嫡孙承祖，与父母同。其父卒母嫁，及为祖后者祖在为祖母，若出妻之子并居心丧之内，未合从吉。出降者，[谓]姑、姊妹本服期，出嫁九月。若于九月内释服从吉者，罪同期亲尊长科之，其服数止准大功之月。余亲出降，准此。若有殇降为七月之类，亦准所降之月为服数之限，罪依本服科之。其妻既非尊长，又非[殊]卑幼，在礼及诗，比为兄弟，即是妻同于幼。又，《诈伪门》：[诸]**父母死应解官，诈言余丧不解者，徒二年半。若诈称祖父母、父母及夫死以求假及有所避者，徒三年；伯叔父母、姑、兄姊，徒一年；余亲，减一等。若先死，诈称始死及患者，各**

减三等云云。《明律》虽本于此而首节匿不举哀删去大功以下尊长及卑幼一层，又无杂戏及遇乐而听二语。次节诈称已死避罪，删去伯叔父母、姑、兄姊及余亲数项，亦无及患一层，再匿父母丧，均系十恶不孝，《唐律》定为徒流，明均改轻数等，罪止徒一年，殊失古意。其三节、四节、五节，《唐律》作无，则系明所增入也。夫父母与夫丧，闻之哀痛呼抢，固天性之不容已者，若隐匿不举哀，则忍心害理，灭绝天性矣。即丧制未终，而释服从吉，亦为越礼灭情，此节指官民言之。若次节之诈称终丧而不丁忧去位，及捏丧去位，非但不孝于亲，亦并不克于君，则专指官吏言而民人可不论矣。至释服从吉，与后冒哀从仕罢职，虽未至十等罚，然系行止有亏，当罢其职役。此节匿丧短丧，无论罪名轻重，均在遇赦不免之列。《辑注》：言子于父母，则妇于舅姑亦在其内。律称祖者，高曾同。如匿高曾之丧，应与期亲尊长同论。又别律，外祖父母与期尊同论，此匿丧释服则不与焉。律外有例，均当与律（例）合参。

又按：《唐律》期服之丧，均须奔赴守制。历宋至于明初，并无改革。至洪武二十六年，吏部上言，以期年奔丧守制，或一人连遭数丧，或道路数千里，则更易烦数，旷官废事。于是始除期服守制之例。即本生父母降为期服而亦免其丁忧，自愿回籍治丧者听之，并非令其回籍也。虽公事为重，然本生之亲究与旁期大有区别，概不奔丧守制未免失当。国朝定为守制一年，虽较父母稍降，究较旁期为重，揆之天理人情诚为允当。《读例存疑》谓此例远胜于前，洵定论也。

一，官吏丁忧，除公罪不问外，其犯赃罪及系官钱粮依例句问。

一，凡官员出继为人后者，于起文赴部选补之时，即将本生三代姓氏存殁一并开列，选补之后即行知照该省。如有出仕之后始行出继归宗者，即著该员取具本旗原籍印结，详报咨部改正。三代倘有临时先谋出继归宗预为匿丧恋职地步者，一经发觉，将本官照匿丧例革职，不准原赦。扶同出结之旗籍各官，俱交该部照例议处。其扶同具结之邻族，照不应重律治罪。

一，凡内外大小官员遇父之生母病故，父已先故，又无父之同母伯叔及父同母伯父之子，准其回籍治丧。其本身出继为人后者，遇本生父母之丧，令其回籍守制，除路程外，俱定限一年，限满咨部赴补。其匿丧不报及无丧诈称有丧、旧丧诈称新丧规避者，革职。若举贡生员遇生祖母并生父母之丧，例应治丧及守制者，期年内俱不许应试，有稳匿不报朦混干进者，事发，照匿丧例治罪。

弃亲之任

凡祖父母、父母年八十以上及笃疾,别无以次侍丁,而弃亲之任及妄称祖父母、父母老疾求归入侍者并处八等罚。若祖父母、父母及夫犯死罪见被囚禁而筵宴作乐者,罪亦如之。(筵宴不必本家,并他家在内。)

按:此仍《明律》,顺治初年添入小注。现又删易。盖全孝作忠之意也。《唐律》:**"诸府号、官称犯父祖名,而冒荣居之;祖父母、父母老疾无侍,委亲之官;即妄增年状,以求入侍及冒哀求仕者:徒一年。注云:谓父母丧,禫制未除及在心丧内者。又律:若祖父母、父母及夫犯死罪,被囚禁,而作乐者,徒一年半云云。"**《明律》删去官府犯名冒荣居之一层,又移哀求仕一项入于上条而罪亦较《唐律》为轻。总之《明律》于侵贪等事较《唐律》为重而此等不孝之事则较《唐律》为轻,此亦可观世变矣。亲老疾而弃亲之任是谓弃亲不仁,诈称老疾而求归是谓后君不义。不仁者以亲为路人,而有违亲之恶。不义者以亲为诈本而背致身之理。至于亲在囹圄,而无怨痛之念,忍于纾筵张席以为乐,是不忧其亲之忧而视亲如路人矣。三者治罪惟均。律以八十以上为断,旧例有官员父母七十以上,家无次丁,或有兄弟而笃疾不能侍养,及母老虽有兄弟而同父异母。其父母八十以上,虽家有次丁,或出仕后兄弟忽遭事故无人侍奉,或继父母已故,其本生父母老病愿情[请]终养者,俱准回籍终养云云,更有曲体人情。此例虽删,亦当并参之。又部议:凡兄弟同时出仕,父母现在兄弟任所者及父虽年老而现在服官者不准勒令终养,有愿终养者仍听其便。承重嫡长孙如无应侍之叔,一体终养。又例应终养之员并未迎养在署者勒令终养,即迎养在署者亦停其升用,或止准保升。近省旂人不准终养,其亲老,情愿回京者奏明酌用京职。又,教职各官毋庸饬令终养,其愿终养者听云云,虽非定例,亦可取以参考。

丧葬(职官庶民三月而葬)

凡有(尊卑)丧之家必须依礼(定限)安葬。若惑于风水及托故停柩在家经年暴露不葬者处八等罚。(若弃毁死尸,又有本律。)其从尊长遗言将尸烧化及弃置水中者处十等罚。从卑幼,并减二等。若亡殁远方(尊长卑幼)不能归葬而烧化者,听从其便。○其居丧之家修斋设醮,若男女混杂(所重在此)饮酒食肉者,家长处八等罚,僧道同罪,还俗。

按：此仍《明律》，顺治三年添入小注。现又删改。盖定丧葬之礼以正风俗也。人死以葬为安，故谓之藏，不藏者为暴露，惑于风水讬故不葬，将尊长已朽之骨博儿孙未来之福，是信祸福而弃亲也。从尊长遗言而烧化是遵乱命也，从卑幼遗言而烧化是听其非理之言，不由正理也。没远方而化尸携骨，此事出从权，可以听从其便也。至于有丧而男女混杂饮酒食肉，在家长则纵容，在僧道则不守戒律，不但非居丧之礼，且启淫乱之端，故均治以罪而烧化者较为加重耳。律外有例，均与律文相辅而行，可以合参。

一，旗民丧葬概不许火化，除远乡贫人不能扶柩归里，不得已携骨归葬者姑听不禁外，其余有犯照违制律治罪。佐领及族长隐匿不报，照不应轻律科断。

一，民间丧葬之事，凡有聚集演戏及扮演杂剧等类，或用丝竹管弦演**唱佛戏者，该地方官严行禁止，违者照违制律治罪。**

乡饮酒礼

凡乡党叙齿及乡饮酒礼已有定式。违者处五等罚。（乡党叙齿自平时行坐而言，乡饮酒礼自会饮礼仪而言。）

按：此仍《明律》，顺治三年添入小注。现改笞为罚。盖重敬老之典以教让也。《唐律》无文。乡饮酒礼，有司与学官率士大夫之老者行之，学校载在职掌，已有定式。《集注》云直省府州县每岁正月十五日，十月初一日，于儒学行乡饮酒礼，访绅士中年高德劭者一人为大宾，士人中举一人为介宾，耆庶中举数人为众宾，只得其人，宁缺勿滥，所以尊高年、表德行，为一邑之矜式。举行之先，由学移县详府转请咨部，诚巨典也。今则久不行矣。律外有例，均系以礼化民之意，今已视为具文，地方官惟知以法令从事矣。

一，乡党叙齿，士农工商人等平居相见及岁时宴会揖拜之礼，幼者先施。坐次之列，长者居上。如佃户见田主，不论齿叙，并行以少事长之礼。若亲属，不拘主佃，止行亲属礼。

一，乡饮坐叙，高年有德者居于上，高年淳笃者并之，以次序齿而列，其有曾违条犯法之人列于外坐，不许紊越正席，违者照违制论。主席者若不分别，致使良莠溷淆，或察知，或坐中人发觉，依律科罪。

卷　四

宫　卫

自汉及魏,未有宫卫之名,晋贾充等酌汉魏之律,随事增损创制此篇,名为《宫卫律》。宋及北周,相沿不改者,各以关禁附之,名为《禁卫律》。卫者,言警卫之法。禁者,以关禁为名。至明分列《宫卫》《关禁》二门,宫卫者,设兵守卫宫禁也。统凡十七章,国朝删去悬带关防牌面一章,共分十六章,现修新律,又删内府工作人匠暂役一章,止存十五章尔!

太庙门擅入

凡(无故)擅入太庙门及山陵兆域门者处十等罚,太社门处九等罚,(但至门)未过门限者各减一等。守卫官故纵者各与犯人同罪。失觉察者减三等。

按:此仍《明律》,顺治初年添入小注。现改杖为罚。盖言天子尊祖尊神之地不可亵慢也。《唐律》:**“诸阑入太庙门及山陵兆域门者,徒二年;注云:阑,谓不应入而入者。”《疏议》曰:**入太庙室,即条无罪名,依[下文]庙减宫一等之例,减御在所一等,流三千里。又律:**越垣者,徒三年。太社,各减一等。守卫不觉,减二等;主帅又减一等。故纵者,各与同罪。[诸]本条无犯庙、社及禁苑罪名者,庙减宫一等,社减庙一等,禁苑与社同云云。**《明律》本此而拟罪均较《唐律》减轻二等,亦无《唐律》越垣及入太庙室二项。总注:太庙门指櫺星门,兆域门指外垣门也。《名例》擅入皇城宫殿门,罪无首从,故此律及下条俱不言首从也。宗庙之制,左昭右穆,太祖居中,故曰太庙。山陵者,天子之墓,谓其高大如山如陵也。兆即山陵之地,周围于兆曰茔。域者,茔之界也。太社,天子之社也,在太庙右,即社稷坛。天子为百神之主,故左宗庙而右社庙。太庙、山陵皆尊严禁地,太社次之,设有守卫,无故不得入内。若擅入者分别越过门限及未越门限治罪,而守卫之人亦分别故纵与失觉治罪也。

宫殿门擅入

凡擅入紫禁城午门、东华、西华、神武门及禁苑者各处十等罚，擅入宫殿门徒一年，擅入御膳所及御在所者绞（监候）。未过门限者各减一等。（称御者，太皇太后、皇太后、皇后并同。）〇若无门籍冒（他人）名（籍）而入者，（兼已入未过）罪亦如之。〇其应入宫殿（宿直）之人，未著门籍而入，或当下直而辄入及宿次未到（虽应入班次未到，越次）而辄宿者各处四等罚。〇若不系宿卫应直合带兵仗之人，但持寸刃入宫殿门内者绞（监候。不言未入门限者，以须入门内乃坐），入紫禁城门内者流三千里。〇门官及宿卫官军故纵者各与犯人同罪（至死减一等），失察觉者官减三等，罪止十等罚。军又减一等，并罪坐直日者。（通指官与军言。余条准此。）

按：此仍《明律》，顺治初年添入小注，原系“皇城”，雍正三年改为“紫禁城”。现又删改。盖言至尊临御之所，地以渐而加严也。《唐律》：**“[诸]阑入宫门，徒二年。注云：[阑入]宫城门，亦同。又律：殿门，徒二年半。持仗者，各加二等。入上閤内者，绞；若持仗及至御在所者，斩。注云：[入上閤内]若有仗卫，同阑入殿门法。其宫内诸门，不立籍禁而得通内者，亦准此。[若至御在所者系]迷误者，上请。又律：即应入上閤内，但仗不入而持寸刃入者，亦以阑入论；仗虽入，不应带横刀而带入者，减二等。即阑入御膳所者，流三千里。入禁苑者，徒一年。诸阑入者，以踰阈为限。至阈未踰者，宫门杖八十，殿门以内递加一等。诸于宫殿门无籍及冒承人名而入者，以阑入论。守卫不知冒名情，宫门杖八十，殿门以内递加一等。诸因事得入宫殿而辄宿及容止者，各减阑入二等。[诸]应入宫殿，未著门籍而入；虽有长籍，但当下直而辄入者：各减阑入五等。即宿次未到而辄宿，及籍在东门而从西门入者，又减二等。诸犯阑入宫殿，非御在所者，各减一等；无宫人处，又减一等。注云：入上閤内，有宫人者，不减。又律：即虽非阑入，辄私共宫人言语，若亲为通传书信及衣物者，绞云云。”**《明律》本此而拟罪较《唐律》均轻，惟御膳所一项，《唐律》拟流而《明律》改绞，则较《唐律》为重。至御在所一项，《唐律》拟斩而《明律》亦止绞，仍较《唐律》为轻。且无《唐律》上閤门内一层，又无《唐律》末后二节分别有无宫人及与宫人言语各罪，似不详备。紫禁城宸居之地，理应尊严，禁苑或谓禁中之苑囿，或谓苑囿之有禁制者，御膳所造供玉食之所，御在所天子所驻之处，门苑犹远宫殿，则严若御膳御在之所，则更严重，故擅入有拟罚拟徒拟绞之别。首节泛指不应入之人而擅入，其中有故入者，亦有无知误入者。次节言冒名而入，则皆故入矣，而论罪无过误之分者，盖禁近之地虽误亦不得原也。三节均系应入之人，不过所入有不合之处，故罪甚轻。四节言持刃入者，分别宫殿门与紫禁城门，以为拟绞拟流之判，但言寸刃者举轻以赅重也。末节总承上四节而言，守卫官军之罪分别失察与故纵异科，而军又轻于官，不直日者亦不坐罪也。

宿卫守卫人私自代替

凡宫禁宿卫及紫禁城皇城门守卫人应直不直者，处四等罚。以应宿卫守卫人（下直之人）私自代替及替之人，各处六等罚。以不系宿卫、守卫人冒名私自代替及替之人，各处十等罚，官员各加一等。〇若在直而逃者，罪亦如之。（应直不直之罪，官员加等。）〇京城门减一等，各处城门又减一等。亲管头目知而故纵者，各与犯人同罪，失觉察者减三等。有故而赴所管告知者不坐。

按：此仍《明律》，顺治初年添入小注，原律“官员”二字系百户以上，雍正三年改为官员，并添“紫禁城”三字。现又改杖为罚。盖言应直之人旷职代替之罪也。《唐律》：**“诸宿卫者，以非应宿卫人冒名自代及代之者，入宫内，流三千里；殿内，绞。若以应宿卫人谓已下直者。自代及代之者，各以阑入论。主司不觉，减二等；知而听行，与同罪。诸宿卫人，应上番不到及因假而违者，一日笞四十，三日加一等；过杖一百，五日加一等，罪止徒二年。诸于宫城门外，若皇城门守卫，以非应守卫人冒名自代及代之者，各徒一年；以应守卫人代者，各杖一百。京城门，各减一等。其在诸处守当者，各又减二等。余犯应坐者，各减宿卫罪三等。注云：诸处，谓非皇城、京城等门。又《捕亡门》：诸宿卫人在直而亡者，一日杖一百，二日加一等。即从驾行而亡者，加一等云云。”**《明律》虽本于此而皇城与宫禁无别，大不如《唐律》详备，而罪名亦较《唐律》大相悬绝，则各有不同也。凡宫禁城门守卫人轮班上直，各有定期，应直不直，虽有旷职之愆，止是偷安之过，故止于四等罚。若私自代替，则相隐为奸，其情较重，如系非应守卫之人相代，则奸人可以妄冒讬迹，其情尤重，故罪有等差。官员犯者较守卫人加一等者，以其有统率之责也。二节在直在逃，乃暂逃回家，非逃遁而去也。若有人代替，则不必言逃矣，故亦如不直之轻罪。三节亲管头目统承以上各项而分别故纵失察科罪也。

从驾稽违

凡(巡幸)应(扈)从车驾之人违(原定之)期不到及从而先回还者,一日处四等罚,每三日加一等,罪止十等罚。职官有犯,各加一等(罪止徒一年)。○若从车驾行而逃者,流三千里,职官绞(监候)。○亲管头目故纵(不到、先回、在逃)者,各与犯人同罪(至死减一等)。失觉察者减三等,罪止十等罚。

按:此仍《明律》,雍正、乾隆年间修改,其小注系顺治初年添入。现又改笞杖为罚金。盖言扈驾随行者不可稽迟违误也。《唐律》:**“诸官人从驾稽违及从而先还者,笞四十,三日加一等;过杖一百,十日加一等,罪止徒二年。侍臣,加一等。诸宿卫人在直而亡者,一日杖一百,二日加一等。即从驾行而亡者,加一等。”《疏议》曰:**计一十七日流三千里。从驾行者,十五日流三千里云云。《明律》本此而首节稽违罪止徒一年,较《唐律》罪止徒二年者为轻。次节从驾而逃拟流,职官拟绞,又较《唐律》计日罪止流三千里者为轻,又添末节亲管头目一节。《示掌》云:此律以平时巡幸言,与从征不同,预期先还与违期不到止是失误日期,故按日论罪。逃则背而去之,故治罪加严也。

直行御道

凡午门外御道至御桥,除侍卫官军导从车驾出入许于东西两旁行走外,其余文武百官军民人等(非侍卫导从)无故于上直行及辄度御桥者处八等罚。若于宫殿中直行御道者处十等罚。守卫官故纵者各与犯人同罪。失觉察者减三等。若于御道上横过,系一时经行者不在禁限。(在外衙门,龙亭仪杖已设而直行者,亦准此律科断。)

按:此仍《明律》,顺治初年添入小注,乾隆五年又添末段小注。现复改杖为罚。盖言圣驾出入之处不得妄行也。《唐律》:**“诸登高临宫中者,徒一年;殿中,加二等。若于宫殿中行御道者,徒一年;注云:有横道及门仗外越过者,非。又律:宫门外者,笞五十。误者,各减二等云云。”**《明律》无**登高临宫及误**行二层,而添入御桥,**于宫中行御道者**较《唐律》为轻,而宫门外行者又较《唐律》为重,则各有取意也。午门外之中道曰御道,天安门外正中之桥曰御桥,皆至尊出入之地,至宫殿中御道更为宸极尊严之地，臣民无故直行，故有犯分别治罪。若一时横过经行则不在禁限，律曰无故，则有故当别论矣。律外有例，与律可以合参。

一，凡遇祭祀日期，随圣驾前引后护之大臣及侍卫并有执事官员拜唐阿等，于午门外骑马前去时，一品大臣令跟役三人，二品大臣令跟役二人，三品以下侍卫官员及拜唐阿等，俱令跟役一人，骑马行走。其无执事人等，俱不许骑马。如有多带跟役前行，无执事官员人等妄乱行走者，除即行赶逐外，仍将多带跟役行走并不应行走官员指名参奏，照违制律治罪。

一，凡至下马牌不下而竟过者处五等罚。看守人役失于防范者，处四等罚。

一，车马过陵者及守陵官民入陵者，百步外下马，违者以大不敬论，处十等罚。

宫殿造作罢不出

凡宫殿内造作，所（管官）司具工匠姓名报（所入之处）门官及守卫官，就于所入门首逐一点（姓名）视（形貌），放入工作。至申时分仍须相视形貌，照数点出，其不出者绞（监候）。监工及提调内监、门官、守卫官军点视，如原入名数短少，就便搜捉，随即奏闻。知而不举者与犯人同罪（至死减一等），失觉察者减三等，罪止十等罚。

按：此仍《明律》，顺治三年添入小注，乾隆五年修改。现改杖为罚。盖言宫禁邃密之地，工司宜严稽察也。《唐律》：**“诸因事得入宫殿而辄宿及容止者，各减阑入二等。即将领人入宫殿内，有所迎输、造作，门司未受文牒而听入及人数有剩者，各以阑入论；至死者加役流。将领主司知者，各减阑入罪一等。不知者，不坐。诸在宫殿内作罢而不出者，宫内，徒一年；殿内，徒二年；御在所者，绞。不觉及迷误者，上请。将领主司知者，与同罪；不知者，各减一等。若于辟仗内误遗兵仗者，杖一百。”**《明律》本此，其搜查之法虽较《唐律》为详，而分别罪名究不如《唐律》平允。《唐律》罢而不出分别宫内、殿内、御在所以为拟徒拟绞之判，《明律》无分宫殿，但不出者一概拟绞，且无误遗兵仗及不觉迷误各项，则各有不同也。宫殿造作之事，不得不用工匠，而邃密之地最易藏奸，点检出入，稽察必宜谨慎，所以防非常也。点则知其名数，视则识其面目，停留不出者即无他故，亦坐绞罪。若守卫官军点出之时明知人数短少而不即搜捉奏闻，是稍纵之即长奸也，安得不重惩之哉！

辄出入宫殿门

凡应出宫殿(如差遣、给假等项)而门籍已除辄留不出及(应入直之人)被告劾已有公文禁止,籍虽未除,辄入宫殿者,各处十等罚(昼禁)。○若宿卫人已被奏劾者,本(管官)司先收其兵仗,违者罪亦如之。○若于宫殿门虽有籍(应直),至夜皆不得出入。若入者处十等罚,出者处八等罚。无籍(夜)入者加二等,若(夜)持仗入殿门者绞(监候。入宫门亦坐。此夜禁比昼加谨)。

按:此仍《明律》,顺治初年添入小注,乾隆五年修改。现又改杖为罚。此严宿卫之人出入也。《唐律》:**"诸应出宫殿,而门籍已除,辄留不出及被告劾,已有公文禁止,籍虽未除,不得辄入宫殿,犯者,各以阑入论。诸宿卫人被奏劾者,本司先收其仗,违者徒一年。(若)[诸]于宫殿门虽有籍,皆不得夜出入。若夜入者,以阑入论;无籍入者,加二等;即持仗入殿门者,绞。夜出者,杖八十。若得出入者剩将人出入,各以其罪罪之;被将者知情各减一等,不知情不坐。诸宫内外行夜,若有犯法,行夜主司不觉,减守卫者罪二等云云。"**《明律》本此。《唐律》以阑入论罪,均应分别拟徒,《明律》止杖一百,则较《唐律》为轻,亦无《唐律》剩将人出入及行夜两层。《示掌》:此专言门籍已除之宿卫人并昼禁夜禁例也。非此,自依上擅入科之,仍当与上擅入条参看。此条不言门官故纵失察者,有犯自依擅入条科罪。首二节均指昼禁言之,末节指夜间之禁,比昼禁尤当加谨也。

关防内使出入

凡内监并奉御内使,但遇出外,各(守)门官须要收留本人在身关防牌面,于(门)簿上印记姓名(及牌面)字号明白,附写前去某处干办,是何事务,其门官与守卫官军搜检沿身别无夹带(官私器物),方许放出。回还一体搜检,给牌入内以凭逐月稽考出外次数。但(有)搜出应干杂药就令(带药之人)自吃。若(有出入)不服搜检者,流二千里。若非奉旨,私将兵器(带)进入紫禁城门内者流三千里,入宫殿门内者绞(监候,其直日守)门官及守卫官失于搜检者,与犯人同罪。(至死减一等。)

按:此仍《明律》,原律系皇城,雍正三年改为紫禁城,并将首句删改。其小注系顺治初年添入。现又删改。盖严内监之出入,所以肃宫禁而严夹带也。内侍内监均系近君之人,出入关防严密如此,恐有恃宠骄纵之弊,故严其法也。"应干"二字犹云一应若干也。《合和御药门》内误将杂药至御膳处者处十等罚,此在内搜出与至御膳所者不同,故但令自吃而不治罪。上节擅入条持寸刃者与此私将兵器入宫同系绞罪,但彼条门官失察罪止十等罚,此失于搜检即与同罪。满流者,盖于内使之搜检,当严兵器之将入,至重不容有失,即同故纵也。律文之细如此,然以此立法,后世犹有刘瑾魏忠贤之骄横者,徒法可自行乎哉?

向宫殿射箭

凡向太庙及宫殿射箭、放弹、投砖石者绞(监候),向太社流三千里。(须箭石可及乃坐之。若远不能及者勿论。)但伤人者绞(监候。则杀人者可知。若箭石不及、致伤外人者,不用此律)。

按:此仍《明律》,顺治初年采《笺释》语添入小注。现又删去杖罪,改斩为绞。盖言尊亲之地不可轻犯也。《唐律》:**"诸向宫殿内射,宫垣,徒二年;殿垣,加一等。箭入者,各加一等;即箭入上閤内者,绞;御在所者,斩。"**《疏议》:若箭力应及宫、殿而射不到者,从不应为重。不应及者,不坐。又律:**放弹及投瓦石者,各减一等。杀伤人者,以故杀伤论。即向庙、社、禁苑射及放弹、投瓦石杀伤人者,各以斗杀伤论,至死者加役流。即箭至队、仗若辟仗内者,绞。即宿卫人,于御在所误拔刀子者,绞;左右并立人不即执捉者,流三千里云云。**《明律》虽本于唐而较《唐律》简略,不分宫、殿、太庙,亦不分射箭、放弹、投石,一概拟绞,更较《唐律》为严。《唐律》杀人以故杀论,伤人以故伤论,《明律》但伤人者即斩,亦较《唐律》为重,且无《唐律》箭入上閤及御在所,并隊仗闢仗暨御在所误拔刀子各罪,未免缺而不备。太庙、宫殿皆尊严禁地,太社次之,向此射箭放弹,是无忌惮而大不敬,故分别轻重一律拟斩,不言杀人者,亦罪止于斩而已。若箭石不及致伤外人,注云:不用此律,自当用弓箭伤人律也。

宿卫人兵仗

凡宿卫人兵仗不离身,违者处四等罚,辄(暂)离(应直)职掌处所,处五等罚,别处宿(经宿之离)处六等罚。官员各加一等。亲管头目知而不举者,与犯人同罪。失觉察者减三等。

按:此仍《明律》,"官员"二字原律系百户以上,雍正三年修改,其小注系顺治初年增入。现又改笞杖为罚金。盖惩在直之人不尽职守也。《唐律》:**诸宿卫者,兵仗不得远身,违者杖六十;若辄离职掌,加一等;别处宿者,又加一等。主帅以上,各加二等云云。**《明律》本此而拟罪较《唐律》减轻二等,《唐律》主帅以上各加二等,明止加一等,则更轻矣。宫殿设宿卫以备非常,上直之人兵仗不许离身,所以防不测也。职掌处所,谓宿卫之人各分有定所也,兵仗离身犹在直也。若擅离职掌,则不直矣。然犹是暂离,于昼犹知返也,若于别处过宿,斯不返矣,则不止暂离而已,故分别轻重治罪。按前守卫私自代替条内应直不直与在直而逃者四等罚,此在直之人暂离别宿,其事轻于不值与逃,而罪反加重者,彼之不值与逃皆系有故,罪在不告知所管耳,此曰辄离则非有故矣。彼原其有故而罪其不告,故轻之;此责其无故而辄离别宿,故重。一轻一重之间,各有深意存焉。是非互参细勘,安知律义之精微哉!

禁经断人充宿卫

凡在京城犯罪被极刑之家,其(本犯)亲属人等并一应(有犯轻罪曾)经(同决)断之人,并不得入充近侍及(宫禁)宿卫,守把紫禁城、皇城、京城门禁。若(隐匿前项情由)朦胧充当者斩(监候),其当该官司不为用心详审,或听人嘱托及受财容令充当者,罪同(斩监候。并究嘱托人)。○若(极刑亲属及经断人)奉有特旨选充,曾经(具由)覆奏明立文案者,(所选之人及官司)不在此限。

按:此仍《明律》,顺治初年添入小注。现又删改。盖言刑人不得使近君侧也。《唐律》无文。《曲礼》曰:刑人不在君侧。谷梁子曰:礼,君不使无耻,不近刑人,不狎敌,不迩怨,斯律即是此意。极刑谓斩绞也。经断之人不分罪名轻重。古者刑人不在君侧,所以远嫌也。近侍即亲随左右者,宿卫守把则带兵仗而出入者,而宫禁城门则又为至严密之地,以刑人而充任使,不惟有亵尊严,亦恐潜生奸宄,于礼当禁,于法当严,故不妨尽法以处之。至当该官司不为用心详审,不过失察之咎而即与受财容令同处死罪者,盖有不得充造之令即当仰体礼法之严,故与别项失察不同,重其罪正以责其慎也。至于曾经覆奏者,谓特旨充选之人,所司须将极刑亲属及曾经决断情由奏明,恐其不知係刑人亲属及决断之人也。

冲突仗卫(凡车驾行幸之处,其前列者为仗卫,仗卫之内即为禁地。)

凡车驾行处,除近侍及宿卫护驾官军外,其余军民并须回避。冲入仗卫内者绞。

（系杂犯，准徒五年。）若在郊野之外一时不能回避者，听俯伏（道旁）以待（驾过）。其（随行）文武百官非奉宣唤，无故辄入仗卫内者处十等罚，典仗护卫官军故纵者，与犯人同罪，不觉者减三等。〇若有申诉冤抑者，止许于仗外俯伏以听。若冲入仗卫内而所诉事不实者绞（系杂犯，准徒五年），得实者免罪。〇军民之家纵放牲畜，若守卫不备因而冲突仗卫者，（守卫人）处八等罚。冲入紫禁城门内者，（守卫人）处十等罚。（其纵畜之家并以不应重律论罪。）

按：此仍《明律》，顺治初年添入小注。原律本系系三条，雍正三年修并为一，并改皇城为禁城。现又修改。盖言警跸之宜严也。《唐律》：**“诸车驾行，冲队者，徒一年；冲三卫仗者，徒二年。误者，各减二等。若畜产唐突，守卫不备，入宫门者，杖一百；冲仗卫者，杖八十。**又，《斗讼门》：[**诸**]**邀车驾及挝登闻鼓，**[**若上表，**]**以身事自理诉而不实**[**者**]**，杖八十；邀车驾诉而入部伍内，杖八**[**六**]**十云云。”**《明律》本此而冲入舆仗及邀车驾所诉不实即拟绞罪，则较《唐律》重至数等，且无误入减等一层，而添入百官冲入一层，亦有不同。绞罪，本朝虽改为杂犯，徒五年，仍较《唐律》为重。行在必设仪仗，所以严禁卫也，冲入者突然趋进，绝无忌惮也，关系至尊，故严其法坐绞，以其究无知愚人，故矜其死而改为徒。百官虽系扈从之人，然亦须奉传唤方始得入。曰辄入者，是偶然误入，与上冲入者不同，故治罪从轻。至冲入所诉不实，律应加等反坐。此止言冲突之事，业已罪至于死，故不必论及反作矣。得实免罪者，悯其冤抑之情，故原其冲突之罪。律外有例，较律从严，可并参之。

一，圣驾出郊，冲突仪仗妄行奏诉者，及圣驾临幸地方虽未陈设卤簿，妄行控诉者，追究主使教唆捏写本状之人，俱问罪，各流二千五百里。所奏情词立案不行。

一，叩阍案件，除所控之案尚未讯结者仍发回原省讯明报部外，其余户婚、田土、钱债等项细故牵涉人命、情节支离、显系捏砌耸听者，照例立案不行，仍治以冲突仗卫之罪。如系亲身赍呈，严究有无教唆之人，照例问拟。如系代人抱告，卑幼罪坐尊长，妇女罪坐夫男，雇工罪坐家长，抱告之卑幼、妇女、雇工从宽免议。至不相干之人扛帮受雇，应严究有无包揽教唆情弊，与主使之人一体治罪。

行宫营门

凡行宫，外营门、次营门与紫禁城门同，若有擅入者处十等罚。内营牙帐门与宫殿门同，擅入者徒一年。

按：此仍《明律》，原律系皇城，雍正三年改为紫禁城。现又改杖为罚。盖专指至尊临幸之地而言也。《唐律》：**“诸行宫，外营门、次营门与宫门同，内营牙帐门与殿门同，御幕[门]与上阁同。至御(在)所，依上条云云。”**《明律》本此而添入紫禁门一层，且将宫与殿合为一项，亦无御幕门一层，非罪名亦较《唐律》为轻。盖乘舆行幸驻跸之行宫，其制度虽与紫禁城宫殿不同，而至尊所在即为禁地，故擅入者亦如擅入紫禁城与宫殿门之罪。律止言牙帐门而门之内尚有圣躬所止宿处，若入而至于此，宜用擅入御在所拟绞之律。至入而未过门限，门官故纵失察之罪，此条虽未言及，当一依上条宫殿门擅入条拟断也。

越城

凡越紫禁城者绞(监候)，皇城、京城者各递减一等。越各府州县镇城者处十等罚，官府公廨墙垣者处八等罚，越而未过者各减一等。若有所规避者，各从(其)重(者)论。

按：此仍《明律》，顺治初年添入小注。现又删改。盖言禁城之关防宜密也。《唐律》：**“越殿垣者，绞；宫垣，流三千里；皇城，减宫垣一等；京城，又减一等。[诸]越州、镇、戍城及武库垣，徒一年；县城，杖九十；越官府廨垣及坊市垣篱者，杖七十。侵坏者，亦如之。注云：从沟渎内出入者，与越罪同。越而未过，减一等云云。”**《明律》本此而无越垣宫垣及武库垣并坊市垣篱各项，其拟罪则京城、皇城、官府公廨较《唐律》为重而州镇城又较《唐律》为轻也。凡越城者兼出入言，凡不由门者皆谓之越，内而皇城京城，外而府州县镇城皆为禁城，若关防不密，奸从生矣。故踰越者分别治以绞流罚刑，至官府公廨虽非禁城，亦系屏卫，越者亦有罪名，不过较为轻减耳。若于事有规避，则从重论。上曰各减一等，轻其所不得不轻；下曰各从重论，重其所不得不重。法立而不滞，法之至善者也。

一，京城该班兵丁如取用什物不由马道行走，乘便由城上缒取者，照违制律治罪。该管员弁疏于觉察，交部议处。

门禁锁钥

凡各处城门应闭而误不下锁者处八等罚，非时擅开闭者处十等罚，京城门各加一等。其有公务急速，非时开闭者不在此限。○若皇城门应闭而误不下锁者流三千里，非时擅开闭者绞（监候）。其有旨开闭者勿论。

按：此仍《明律》，顺治初年添入小注，现又删改。盖严门禁以杜奸弊也。《唐律》：诸奉敕以合符夜开宫殿门，符虽合，不勘而开者，徒三年；若勘符不合而为开者，流二千里；其不承敕而擅开闭者，绞；若错符、错下键及不由钥而开者，杖一百；即应闭忘误不下键，应开毁管键而开者，徒一年。其皇城门，减宫门一等。京城门，又减一等。即宫殿门闭讫，而进钥违迟者，殿门杖一百，经宿加一等，每经一宿，又加一等；宫门以外，递减一等。其开门出钥迟，又各递减进钥一等。又律：州、镇、关、戍城及武库等门，应闭忘误不下键，若应开毁管键而开者，各杖八十；错下键及不由钥而开者，杖六十。余门，各减二等。若擅开闭者，各加越罪二等；即城主无故开闭者，与越罪同；未得开闭者，各减已开闭一等云云。《明律》本此而不如《唐律》分别详细。其皇城门误不下锁即拟充军，亦较《唐律》为重。现在改皇城为紫禁城，而充军亦改拟满流，似觉较明平允。各处城门即上条之各府州县镇城也，误不下锁是亦关矣但未下锁耳。非时开闭不但谓昼夜，凡应开而闭，应闭而开，俱谓之非时也。锁钥不严，奸无以杜，开闭不时，民不知守，皆当治罪，特稍分轻重耳。若有公务急速则不拘比限，又所以通变也。京城门较各处加严，紫禁城门又非京城门可比，故其禁为又严。律内两言误者，原其无心也。若有心不下锁，又当从重论矣。

军　　政

（粤）自萧何创为《兴律》，魏以擅事附之，名为《擅兴律》，晋复去擅为兴，高齐改为《兴擅律》，后周合于缮事，又曰《兴缮》，隋唐复改为《擅兴律》。《唐律疏议》云：虽题目增损，随时沿革，原其旨趣，意义不殊。大事在于军戎，设法须为重防。此是律之意也。明始改为《军政》而兴造诸事另列一篇，国朝因之，而移《公式门》漏泄军情大事一条入于此篇，共二十一章。《现行律》删去公侯私役官军及边境申索军需、夜禁三门，止余十八章。外国陆海军另有专律，不与刑律相合，现在陆军部取法外国，亦另纂新章，与此律多有不同之处，读此律者须与章程合参，方知中外异制之处，而中法之不如外国与外国法之不宜于中国不难胸中有定见矣。

擅调官军

凡将帅部领军马守御城池及屯驻边镇，若所管地方遇有报到草贼生发，即时差人体探缓急声息（果实），须先申报本管上司转达朝廷奏闻给降圣旨，调遣官军征讨。若无警急，不先申上司，虽已申上司不待回报，辄于所属擅调军马及所属擅发与者，（将领属）各流三千里。○其暴兵卒至欲来攻袭，及城镇屯聚军马之处或有（内贼作）反（作）叛，或贼有内应事有警急及路程遥远（难候申文待报）者，并听从便火速调拨（所属）军马乘机剿捕。若贼寇滋蔓，应合会（兵剿）捕者，邻近官军虽非所属，亦得（行文）调拨策应，（其将领官并策应官）并即申报本管上司转达朝廷。若不即调遣会合或不即申报上司及邻近官军（已奉调遣）不即发兵策应者，（将领与邻近官）并与擅调发罪同。其上司及（典兵）大臣将文书调遣将士提拨军马者，（文书内）非奉圣旨不得擅离信地。若（守御屯驻）军官有（奉文）改除别职，或犯罪（奉文）取发，如（文内）无奏奉圣旨，亦不许擅动，违者（兼上数事）罪亦如之。

按：此仍《明律》，顺治初年添入小注，原律末段有“亲王所封地面有警调兵，已有定制”二[句]，雍正三年删去，并删圣旨上“御宝”二（句）字。现又改易。盖分军情缓急以严调遣也。《唐律》：**“诸擅发兵，十人以上徒一年，百人徒一年半，百人加一等，千人绞。注云：谓无警急，又不先言上而辄发兵者。虽即言上而不待报，犹为擅[发]。文书施行即坐。（又律）给与者，随所给人数，减擅发一等。注云：亦谓不先言上、不待报者。告令发遣，即坐。（又律）其寇贼卒来，欲有攻袭，即城屯反叛，若贼有内应，急须兵者，得便调发。虽非所属，比部官司亦得调发给与，并即言上。若不即调发及不即给与者，准所须人数，并与擅发罪同；其不即言上者，亦准所发人数，减罪一等。若有逃亡盗贼，权差人夫，足以追捕者，不用此律。诸应给发兵符而不给，应下发兵符而不下，若下符违式，及不以符合从事，或符不合不速以闻，各徒二年；其违限不即还符者，徒一年。余符，各减二等云云。”**《明律》本此，虽不分所调人数多少，概拟军罪，似不如《唐律》之详，而罪止于军，并无绞罪，且无《唐律》逃亡盗贼权差人夫追捕及末后一段，其文义字法亦有不同之处。前半篇自其声息之缓者言之，当守定制而不得轻援。后半篇自其声息之急者言之，当行权变而不得迟误。前止是常法，后曰暴兵卒至，曰内有犯叛，曰贼有内应，皆军机之至急者，事在呼吸间不容发，至上司路远，至先申而待回报然后调遣，其误不小，四者有一，并听从使调拨，非必备其四者而后可调拨也。末后上司大臣将文书调拨一段，言贼势未至延蔓，仍当一依常法，典兵大臣及非所属必待圣旨方许发应，否则均不得擅调擅动也。改除取发一段，因事必奉旨而连类及之，总是重军事之意。上曰擅离者，言军马之重也。下曰擅动者，言职守之重也。前后文义相承，蝉联而下，细玩自知其妙。

申报军务

凡将领参随统兵官征进，如统兵官分调攻取城寨，克平之后，（将领）随将捷音差人飞报（知会本管）统兵官转行兵部。统兵官（又须将克捷事情）另具章奏实封御前（无少停留）。〇若贼人数多，出没不常，如所领军人不敷，须要速申统兵官添拨军马设策剿捕。不速飞申者，（听）从统兵官量事轻重治罪。（至失误军机，自依常律。）〇若有（贼党）来降之人（将领官）即便送赴统兵官转达朝廷区处。其贪取来降人财物，因而杀伤（其）人及中途逼勒逃窜者绞（监候。若无杀伤逼勒，止依吓骗律科）。

按：此仍《明律》，雍正三年修改，其小注系顺治初年所添。现又改斩为绞。盖言军情一切事务宜申报也。《唐律》：**诸主将以下，临阵先退；若寇贼对阵，舍仗投军及弃贼来降，而辄杀者：斩。即违犯军令，军还以后，在律有条者，依律断；无条者，勿论云云。**《明律》后节杀降一项即本于此。《笺释》云：参随谓参赞军务随从征进也。征讨之法，有进无退，故曰征进。凡捷言必报，报者，恐别有调遣也。又必具奏者，恐功有冒隐也。次节不速飞申，止是迟慢之咎，未至失误也，故听统兵官治罪。若失误军机，自有本律。以上俱论申报之事，若服而不柔，何以示怀？将帅贪婪逼勒，阻其归诚向化之心，其罪大矣。况因贪而杀伤，因逼而逃窜，其情更重，故处极刑。如止贪取而无杀伤逃窜，则量轻重科之，不得遽拟死罪。至首节报捷停留，末节纳降不即送统兵官，律文未著罪名，亦当临事酌量定拟。

飞报军情

凡飞报军情，府厅州县及巡司即差人申督抚、布政司、按察司（提法司同）、本道，仍报将军、提镇。其守御官差人各申督抚，仍报本管将军、提镇。督抚、将军、提镇得报，一行移陆军部，一具实封（直奏）御前。若互相知会，隐匿不速奏闻者，处十等罚，罢职不叙。因而失误军机者绞（监候）。

按：此仍《明律》。顺治初年、雍正三年以本朝官制与前明不同，递次修改，并添小注。现又改易。盖言地方军情必须速报也。第一层言在外文官申报本官上司，第二层言在外武官申报本管上司。盖军情必速达以听调遣，故定立申行转奏之法，失误者损兵陷城之谓。若无损陷，不得谓之失机。夫必行移陆军部，则体统不紊。又必实封奏闻，则壅蔽不生。此相维相制之道也。若互相知会明白而上下相与扶同隐匿，不速奏闻，不惟欺君，亦且长寇，故无失误者罢职而有失误者处死，军事至重，其处置得宜如此。

漏泄军情大事

凡闻知朝廷及统兵将军调兵讨袭外番及收捕反逆贼徒机密大事而辄漏泄于敌人者绞（监候）。○若边将报到军情重事（报于朝廷）而漏泄（以致传闻敌人）者徒三年。（二项犯人若有心泄于敌人作奸细论。）仍以先传说者为首，传至者为从减一等。若私开官司文书印封看视者处六等罚，事干军情重事者以漏泄论。（为首徒三年，从减等）。○若近侍官员漏泄机密重事（不专指军情，凡国家之机密重要皆是）于人者绞（监候），常事处十等罚，罢职不叙。

按：此仍《明律》，雍正三年修改，其小注系顺治初年添入。现又改杖为罚，改斩为绞。盖言军机不可轻泄也。《唐律·擅兴门》：**“诸密有征讨，而告贼消息者，斩；妻、子流二千里。其非征讨，而作间谍；若化外人来为间谍；或传书信与化内人，并受及知情容止者：并绞。”**又《职制门》：**“诸漏泄大事应密者，绞。**注云：**大事，谓潜谋讨袭及收捕谋叛之类。又，非大事应密者，徒一年半；漏泄于蕃国使者，加一等。仍以初传者为首，传至者为从。即转传大事者，杖八十；非大事，勿论。”**又《杂律》：**诸私发官文书印封视书者，杖六十；制书，杖八十；若密事，各依漏泄坐减二等。即误发，视者各减二等；不视者不坐云云。**《明律》本此，止以机密大事与军情重要分别拟斩拟徒，而无非大事应密一项，后段私发文书印封无制书及误发不视之罪，而添近侍官员漏泄之罪，详略各有不同。首节是讨袭收捕时，朝廷及将军所定之谋略，故曰机密大事。次节是边将申报敌人之警急，故曰军情重事。漏泄机密于敌，则敌有设备，我之军机必有失误之虞，所系至重，故坐死罪。若漏泄军情于敌，敌虽知备，究不知我如何调度，故止坐徒。两项漏泄虽有轻重，皆是无心之过，故注云：有心漏泄作奸细论罪也。《示掌》云：中间传说之人不论多少，概作不应重。又开视而不知是军情者，止问开视之罪，足补律所未备，亦即《唐律》转传之意。律外又有条例，与律相辅而行，当并参之。

一,内外衙门办理紧要事件,俱密封投递,本官亲拆收储,不得令吏胥经手。傥有密封章奏未经上达,先已传播及缉拿之犯闻风扬等事,查究根由,分别议处。如将应密之事并不密封及收受承办衙门不行谨慎,以致漏泄者,将封发收受承办官查参,交部分别议处。如封储之处及投递之前,提塘及衙役人等将密封事件私开窃视以致漏泄者,处六等罚。事重者,为首徒三年,为从减一等治罪。

失误军事

凡临军征讨,(有司)应合供给军器、行粮草料,(若有征解)违期不完者,当该官吏各处十等罚,罪坐所由。(或上司移文稽迟,或下司征解不完,各坐所由)。若临敌(有司违期不至而)缺乏及领兵官已承(上司)调遣(而逗遛观望),不依期进兵策应,若(军中)承差告报(会)军(日)期而违限,因而失误军机者并绞(监候)。

按:此仍《明律》,顺治初年添入小注。现改斩为绞,改杖为罚。盖言军事重大不可违误也。《示掌》云:此专指有司违误军事及领兵官逗留观望之罪。前节临军征讨是临出征之时,次节临敌是军到敌境之时。前是临军失误供给,后是临敌失误军机,而临敌失误军机所因又方三项:一是有司违期缺之,一是领兵官观望不进,一是承差告报违限。虽所因不同,而其失误则一,故并处死。若未至失误军机,则有司违期缺乏者,仍依上违期不完拟罚。领兵观观望不进者,自有从征违期本律。承差告报违期者,自有邮驲公事稽程军事加三等之律,不得遽拟死罪。又查《中枢政考》载战阵之际,凭金鼓以为进止。若官兵闻声不进,闻声不止者,俱斩。如有回顾畏缩、交头接耳私语者,俱斩。专司掌号之人闻令应掌号不掌号、应停止不停止,綑责三十棍,满蒙兵鞭四十。如遇打仗之时,违令者俱斩云云。此亦失误军事之一端,可与律文互相参考。

从征违期

凡官军(已承调遣)临当征讨,(行师)已有起程日期而稽留不进者,一日处七等罚,每三日加一等。若故自伤残及诈为疾患之类以避征役者,各加一等,(计日坐之)并罪止处十等罚,仍发出征。(若伤残至不堪出征,验实开役,不在仍发出征之限。)○若军临敌境,托故违期,一日不至者处十等罚。(不必失误军机)。三日不至者绞(监候。统兵官竟行军法。)若能立功赎罪者,从统兵官区处。

按：此仍《明律》，顺治初年添入小注，雍正三年修改，现又改易。盖言军期不可迟违也。《唐律》：**“诸大集校阅而违期不到者，杖一百，三日加一等；主帅犯者，加二等。即差发从行而违期者，各减一等。《疏议》曰**：车驾亲行，是名大集校阅。**又律：诸征人稽留者，一日杖一百，二日加一等，二十日绞。即临军征讨而稽期者，流三千里；三日，斩。若用舍从权，不拘此律。诸临军征讨，而巧诈以避征役，若有校试，以能为不能，以故有所稽乏者，以乏军兴论；未废事者，减一等。主司不加穷核而承诈者，减罪二等；知情者与同罪，至死者加役流。诸镇、戍有犯，本条无罪名者，各减征人二等。诸被差充丁夫、杂匠，而稽留不赴者，一日笞三十，三日加一等，罪止杖一百；将领主司加一等。防人稽留者，各加三等。即由将领者，将领者独坐云云。”**大集校阅一层，征人一层，临军征讨一层，镇戍一层，丁夫杂匠一层，《明律》虽本于唐，而止分征讨与临敌两层，不如《唐律》详备。既无首节大集校阅一项，又无末后丁夫杂匠一项，而首节罪止于杖，亦较《唐律》为轻。其曰立功赎罪，即《唐律》用舍从权之说，不过守法变易耳。前节稽留不进是玩令也，讬故巧避是畏难也。然皆自出征之时言之，故罪虽分轻重，而皆止于十等罚。若军临敌境，正将士效死之日，而推讬违期，则关系重大，故严其法，至三日即处死刑。夫违限一也，必事之缓急以轻重其罪，其纪律之严如此，然而听立功赎罪者，用法之严仍有法外之仁，是亦鼓舞激劝之一机也。

军人替役

凡军人（已遣）不亲出征，雇请人冒名代替者，替身处八等罚，正身处十等罚，依旧著伍（仍发出征）。若守御（城池）军人雇人冒名代替者，各减二等。其（出征守御军人）子孙弟侄及同居少壮亲属（非由雇倩）自愿代替者听。若果有老弱残疾（不堪征守者）赴本管官司陈告，验实，与免军身。〇若医工承差关领官药，随军征进，转雇庸医冒名代替者，（本身及替身）各处八等罚，（庸医所得）雇工钱入官。

按：此仍《明律》。雍正三年修改，其小注顺治初年添入。现改杖为罚。盖言正军、军医雇人代替之罪也。《唐律》：**“诸征人冒名相代者，徒二年；同居亲属代者，减二等。若部内有冒名相代者，里正笞五十，一人加一等；县内一人，典笞三十，二人加一等；州随所管县多少，通计为罪。各罪止徒二年。其在军冒名者，队正同里正；旅**

帅、校尉，减队正一等；果毅、折冲，随所管校尉多少，通计为罪。诸镇、戍有犯，本条无罪名者，各减征人二等云云。"《明律》本此而罪名较《唐律》为轻，替身、正身《唐律》不分轻重，《明律》替身减正身二等，其亲属愿替者听其代替，亦与《唐律》不同。《唐律》部内代替，里正、州县均分别拟罪。现在兵归营伍，与州县无相干涉，故不著里长、州县之罪，而后添医工转雇冒名代替一项，则亦《唐律》所无也。此专言出征守御之罪，与工匠替役及守宿替役者不同。前言出征代替，后言守御代替。而守御之责视出征稍轻，故代替之罪亦减。其军人子弟亲属等情愿代替吉听其代替，盖至亲与同体，代替非曰勉强，必无妨误，非雇倩他人可比，故不治罪也。至本身老弱有疾，验实，仍许免其军身，可谓体恤之至矣。

主将不固守

凡守边将帅被贼攻围城寨，不行固守而辄弃去及（平时）守备不设，为贼所掩袭，因（此弃守无备）而失陷城寨者绞（监候）。若（官兵）与贼临境，其望高巡哨之人失于飞报，以致陷城损军者亦绞（监候）。若（主将懈于守备及哨望失于飞报，不曾陷城失军，止）被贼侵入境内掳掠人民者，流三千里。〇其官军临阵先退及围困敌城而逃者，绞（监候）。

按：此仍《明律》。顺治初年添入小注。现改军为流，改斩为绞。盖严怠玩以专责成，诛退怯以肃军令也。《唐律》：**"诸主将守城，为贼所攻，不固守而弃去及守备不设，为贼所掩覆者，斩。若连接寇贼，被遣斥候，不觉贼来者，徒三年；以故致有覆败者，亦斩。诸主将以下，临阵先退；若寇贼对阵，舍仗投军及弃贼来降，而辄杀者斩。又，《卫禁门》：诸烽候不警，令寇贼犯边；及应举烽燧而不举，应放多烽而放少烽者：各徒三年；若放烽已讫，而前烽不举，不即往告者，罪亦如之。以故陷败户口、军人、城戍者，绞。即不应举烽燧而举，若应放少烽而放多烽，及遶烽二里内辄放烟火者，各徒一年云云。"**《明律》大略同于《唐律》而无放烽各项者，缘古来缘边置烽连于京城，烽燧相应以备非常，自明以来已无此法，故律不设此罪也。按《会典》：总镇一方曰镇守，独守一路曰分守，独守一城一堡曰守备，有与主将同守一城曰协守，此律所云守边将帅即指此等也。盖守边将帅受疆场之寄，必竭守御之方，义当效死然必守御从严，哨望之时而后可保无虞，故不固守而弃去，与守备不设，为贼所袭及望哨失于飞报以致陷城，所事虽不同而其失机则一，故同处死。若止被贼入境掳掠，虽不能禦侮保民，尚未至陷城损威，故得减等治罪。若官军与贼交锋，而先自退缩，或我军围困敌城，已将取胜而官军辄自逃遁，情虽不同，惟先退则令敌乘胜而取，我先遁则众或观望而解体，皆不忠之甚，故亦处死。律后更有详例，或较律加重，或按律减轻，或补律所未备，均有切于引用，故录于右以备参究。

一，失误军机，除律有正条者拟议监候奏请外，若情轻律重，有碍发落者，备由奏请处置。其有被贼入境，将侦探军役及飞报声息等项公差官军人等一时杀伤捉去，事出不测者，俱问不应重罪，留任。或境外被贼杀掳侦探军役非智力所能防范者，免其问罪。

一，凡沿边、沿海及腹里州县与武职同城，若遇边警及盗贼生发攻围，不行固守而辄弃去及守备不设被贼攻陷城池、劫杀焚烧者，除专城武职照本律拟绞监候外，其守土州县亦照守边将帅失陷城寨律，拟绞监候。其同城之知府及捕盗官比照守边将帅被贼侵入境内虏掠人民律，流三千里。统辖、兼辖各官交部分别议处。如系兵饷充足不行固守，一闻贼警，弃城先逃者，将专城武职及守土州县均拟绞监候，请旨即行正法。同城知府亦从重拟绞监候。捕盗官及统辖兼辖各官，仍分别议处。若有两县同住一城，专管官分有守城汛地，各以贼所进入地方坐罪。若无城池，与虽有城池被贼潜隐，设计越入劫盗，随即逃散，不系失陷者，止以失盗论，俱不得引用此例。

一，凡统兵将帅玩视军务，苟图安逸，故意迁延，不将实在情形具奏，贻误国事者。又，凡将帅因私忿娼嫉推诿牵制以致糜饷老师贻误军机者。又凡身为主帅，不能克敌，转布流言摇惑众心，借以倾陷他人，致误军机者。均属有心贻误，应拟绞立决。

一，防守要隘文武员弁，若带兵无多，仓猝遇贼，寡不敌众，因而失守要隘者，照同城捕盗官失守城池拟流例，从重发往新疆效力赎罪。倘统带重兵，畏葸巧避，失守要隘者，照守边将帅失陷城寨律拟绞监候。

一，失守城池，该督抚立即参奏，将守土州县及专城武职均革职治罪，不得以功过相抵免议。如有可原情节，或甫经到任不及设防，或被围日久粮尽援绝，或失守后一月内督率乡团随同官兵将城池克复者，于绞监候罪上量减一等治罪。若甫经到任及被围日久，于失守后一月内随同克复，或非甫经到任及被围日久，但于失守时身受重伤，或一月内自行收复城池者，于绞监候罪上减二等治罪。其实因兵单力竭，身受重伤而又能督率兵勇于一月内自行收复及随同克复者，革职，免其治罪。若克复城池在一月以外及克复并非本处城池，概不准随案声请减免。其减等议罪及免罪各员弁，如果素得民心，循声卓著，及克敌陷阵屡著战功，仍准酌量奏请留营效力，再得劳绩，方准免罪。均由法部专案知照吏部、陆军部存记。若失守而未经参办，或议罪而并未奏留员弁，仍不准胪列后来劳绩，率行奏请免罪开复。至失守之同城知府及捕盗官，如身受重伤，或一月内随同克复城池，亦准叙明可原情节，应拟绞监候者，量予减等。应拟流者革职免罪。其并未随同克复城池，亦未身受重伤，但系甫经到任及被围日久，只准于本律流罪上量减一等，不得概请免罪。如系平日官声素好及战功卓著之员，亦准奏请留营效力，再得劳绩，方准免罪。

纵军虏掠

凡守边将领私自使令军人于（未附）外境虏掠人口财物者，（将领）流二千里，所部听使武官及管队递减一等，并罪坐所由（使令之人），军人不坐。○若军人不曾经由本管头目（使令）私出外境虏掠者，为首处十等罚，为从处九等罚，（因而）伤（外境）人，为首者绞（监候），为从（并不伤人，首从）俱流三千里。若本营头目钤束不严，处六等罚，留任。○其边境城邑有贼出没，乘机领兵攻取者不在此限。○若于已附地面虏掠者，不分首从皆绞（监候），本管头目钤束不严处八等罚，留任。○其（将领）知（军人私出外境及已附地面虏掠之）情故纵者，各与犯人同罪（至死减一等）。

按：此仍《明律》。雍正三年修改，其小注系顺治初年添入。现改军为流，改杖为罚，改斩为绞。盖言边防管将不可妄生边衅也。《示掌》云：此专指守边将领之罪，若因掳掠而引惹边衅，自依激变良民律论斩。盖御虏之道，来则拒之，去则勿追。边境无事之时，将帅惟当谨哨探而设守备，不得生事启衅，若将帅纵令掳掠，或军人私出掳掠，分别轻重治罪，以为将士贪残私出者警。其或边境有贼出没窥伺，将帅乘机攻取，则属机不可失，职分当然，阵前俘获，此应敌之权，非私出掳掠之比，故曰不在此限。一节、二节均言未附地面，第四节专言已附地面，则境内境外犹为敌国，不禁掳掠恐其构怨，已附即为吾民之扰，如何招来？虽同一掳掠，而治罪究有轻重之分。首节所部听使武官减等坐罪，而军人不坐者，武官当守职谏阻，不可依阿听从，若军人则不能责其谏阻者也，此中俱有精义，不可忽过。律外有例，当与律文合参。

一，凡出征官员、兵丁，除有不遵纪律、欺压良民、肆行虏掠子女者仍按律治罪外，其于凯撤回营之日，沿途遇有良民子女并非逃失，该官兵等强行携带者，即照于已附地面虏掠人口律治罪。若携带逃失良民子女，照收留迷失子女律治罪。其携带人口有亲属者，追出给还完聚，无亲属者，交地方官妥为抚恤。如有携带逆犯家属例应治罪者，除该家属仍照例治罪外，该官兵等讯明知系逆犯家属，即照知情藏匿罪人律治罪。若讯不知情及携带不应治罪之逆犯家属，均仍以携带逃失子女论。跟役等有犯，照兵丁一律办理。领兵之该管官、跟役之家长知情故纵者与同罪。失察者，官员交部分别议处。能自查出究办者免议。若出征官兵于经过地方私自典买人口，均照不应重律，系兵处八等罚，系官交部议处。失察各官照例减等议处。典买人口由官安插。

不操练军士

凡各处（边方腹里）守御官不守纪律，不操练军士及城池不完，衣甲器杖不整者，初犯处八等罚，再犯处十等罚。〇若（守御）官提备不严，抚驭无方，致有所部军人反叛者，该管官各处十等罚，追夺（诰敕），流三千里。若（因军人反叛）弃城而逃者绞（监候）。

按：此仍《明律》。原律杖一百之下自指挥使降充同知，同知降充佥事，佥事降充千户，千户降充百户，百户降充旗总，旗总降充小旗，小旗降充军役，并发边远守禦等语，雍正三年以现今无此官名全行删去，其小注系顺治初年添入。现又改斩为绞，改军为流，改杖为罚。盖言不操练抚驭之罪以重守禦也。《唐律》无文。《示掌》云此以平时无事言。纪律者，兵家之纲纪法律也。纪律必谨守始有节制控驭之权，军士必操练使知坐作进退之节，城池必完固方可以守，衣甲器仗必整齐坚利方可以战，此四者，守禦官之职分也。失此四者，是谓溺职，故分别初犯、再犯治罪。若守禦官隄防禦备之不严，抚绥驾驭之无方，以致军人或乘其无备，或愤其苛刻，大而反逆，次而背叛。除反叛之人依谋反谋叛律治罪外，即将该管官追夺拟流。若因反叛不能安抚勦捕，背弃城守而逃，则不能贷其死罪，盖情以渐而重，法以渐而严，其所以责成守禦者至矣。

激变良民

凡（有司）牧民之官（平日）失于抚字，（又）非法行事，（使之不堪，）激变良民，因而聚众反叛，失陷城池者斩（监候。止反叛而城池未陷者，依守御官抚绥无方，致军人反叛，按充军律奏请）。

按:此仍《明律》。顺治三年采《笺释》语添入小注。现改斩为绞。盖言有司虐民以致激变之罪也。牧者,守养之义。牧民之官平日不能抚绥以守之,字育以养之,而又非法行事以暴虐之,使无罪良民不堪其命激成变乱,已属有罪,临时又不能收复平定,至于失陷城池,其罪更大。《辑注》云:古来横征暴敛、贪酷之吏使民侧目重足,朝夕不保,有一二发愤者起,奋臂一呼,莫不响应,揭竿弄兵,岂良民之好乱哉?律设激变之条,所望于循良者意深远矣。然必系无罪民方合此律,若不逞之徒乘机作乱,则不得曰激变也。故后例又补出刁民聚众抗官之条以警刁风,与律文互相为用。律意严于责官,例意严于惩民,须合参之,方知立法之无弊矣。律外有例,较律详细,罪名亦严,当并参之。

一,凡刁恶之徒聚众抗官,地方文武员弁即带领兵壮迅往扑捉,如稍有迟延者,即照定例严议。其扑捉之时,该犯即俯首伏罪,不敢抗拒,应分别末减。如该犯等持仗抗拒,许文武官带同兵壮持械擒拿。若聚众之犯并未执有器械,文武官纵令兵壮杀伤者,严加议处。

一,直省刁民假地方公事强行出头,逼勒平民约会抗粮聚众至四五十人以上,或借事罢市尚无哄堂塞署,并未殴官者,照光棍例,为首拟绞立决,为从拟绞监候。如哄堂塞署,逞凶殴官,为首拟斩立决,其同谋聚众转相纠约下手殴官者,拟绞立决,其余从犯俱拟绞监候。被胁同行者,各处十等罚。至因事敛钱构讼,或果有冤抑不于上司控告,擅自聚众至四五十人,尚无前项情事者,减一等定拟。若遇前项案件,该督抚先将实在情形奏闻,严饬所属立拿正犯,速讯明确分别究拟,如实系首恶,通案渠魁例应斩枭者,该督抚一面具奏,一面将首犯于该地方即行正法,将犯事缘由及正法人犯姓名刻示,遍贴城乡晓谕。若承审官不将实在为首之人究出拟罪,混行指人为首,因而坐罪,并差役诬拿平人,株连无干,滥行问拟者,严参治罪,该督抚一并交部严加议处。至刁民滋事,其同城武职不行擒拿及该地方文职不能弹压抚恤者,俱革职。该管之上司文武官徇庇不即申报,该督抚提镇不行奏参,俱交部议处。

私卖战马

凡军人出征,获到(敌人)马匹须要尽数报官,若私下货卖(与常人)者处十等罚。军官(私)卖者罪同罢职。买者处四等罚。马匹价钱并入官。(若出征)军官、军人买者勿论。(卖者追价入官,仍科罪。)

按:此仍《明律》。原律"罢职"下有"充军"二字,雍正三年删改,其小注系顺治初年添入。现又改杖为罚。盖言军人获马当报官也。《唐律》无文。军人出征所获敌人马匹当据实报官,盖马为军需之重者,与其他掳获者不同,故私卖有罪。然曰私下货卖,则报官后货卖者不禁也。常人买者有罪,而军官军人买者勿论,以其还充官用耳。若卖马之人则不问卖与外,卖与军人其情一也。故注曰追价入官仍科罪也。

私卖军器

凡军人(将自己)关给衣甲、刀枪、旗帜一应军器私下货卖(与常人)者,流三千里。军官(私)卖者,流二千里。买者处四等罚。(其间有)应禁(军器民间不宜私有而买)者以私有论。(一件处八等罚,每一件加一等,罪止流三千里。所买)军器(不论应禁与否及所得)价钱并入官。官军买者勿论。(卖者仍坐罪,追价入官。)

按:此仍《明律》,顺治初年添入小注。现又改军为流,改杖为罚。盖言军器用以禦敌,不容私相卖买也。此止论官给之军器不容私卖,卖者无复战守之心,故治以罪。若自置而货卖者,买卖之人不在此限,与上私卖战马大致相同。惟军器关给于官,与战马获自敌人者不同,故治罪有轻重之分。应禁军器如人马甲、傍牌、火筒、火炮、旗纛、号带之类,民间许有平常军器,不得私有应禁军器,卖者不分应禁与否,而买者则分别买应禁之军器有罪,非应禁者则无罪也。与盗卖军器条互参。律外有例,可与律一并参之。

一,军人军官私当关给衣甲、旗帜、应禁军器,照私卖律减一等,徒三年,收当之人照私有军器律减一等,处七等罚。每一件加一等,罪止徒三年。如有结伙盘踞,加倍重利收当军器者,发极边足四千里安置,军器当本照例入官。其非应禁者不在此限。失察之地方将领各官交部议处。

毁弃军器

凡将领关拨一应军器(出)征守(御),事讫,停留不(收)回纳还官者,(以事讫之日为始,)十日处六等罚,每十日加一等,罪止十等罚。〇若(将领征守事讫,将军器)辄弃毁者,一件处八等罚,每一件加一等,二十件以上绞(监候),遗失及误毁者各减三等,军人(弃毁遗误)各又减一等。并验(毁失之)数追赔(还官)。其曾经战阵而有损失者,不坐不赔。

按：此仍《明律》，顺治初年添入小注。乾隆五年修改。现又改斩为绞，改杖为罚。盖言军器还官违限之罪也。《唐律》：**“诸戎仗，非公文出给而辄出给者，主司徒二年。虽有符牒合给，未判而出给者，杖一百。仪仗，各减三等。**又《杂律》：**诸请受军器，事讫停留不输者，十日杖六十，十日加一等，百日徒一年；过百日不送者，减私有罪二等。其弃毁者，准盗论。若亡失及误毁伤者，以十分论：亡失一分，毁伤二分，杖六十；亡失二分，毁伤四分，杖八十；亡失三分，毁伤六分，杖一百；即不满十分者，一当一分论。其经战阵而损失者，不坐。仪仗，各减二等云云。”**《明律》本此而无首节出给戎仗之文，且止言军器而无仪仗一项，且停留罪止满杖，较《唐律》为轻。《唐律》毁弃以盗论，《明律》分别件数，至二十件拟死，亦有不同。至遗失误毁亦不如《唐律》分别详细也。军器本无，征守而关拨，事既讫矣，停留何为，立法原有深意。前条私卖军器是关给备掺者，但行查点不合纳还，自无事时言之。此言有事征守，则另有关拨合用之器，故事讫责令纳还。彼曰关给，此曰关拨，字法不同，故用意各别，停留毁弃皆重在将领，故按日按件科罪，俱不及军人。若遗失误毁，则兼军人言之，不过军人稍轻耳！后有专例，可并参之。

一，凡看守城池、仓库、街道等处兵丁遗失本身器械者处七等罚。

私藏应禁军器

凡民间私有人马甲、傍牌、火筒、火炮、旗纛、号带之类应禁军器者，一件处八等罚，每一件加一等。私造者加私有罪一等，各罪止流三千里，非全成（不堪用）者并勿论，许令纳官。其弓箭、枪刀、弩及鱼叉、禾叉不在禁限。

按：此仍《明律》，顺治初年添入小注。现改杖为罚。盖言应禁军器非民间所得私藏也。《唐律》：**“诸私有禁兵器者，徒一年半；注云：谓非弓、箭、刀、楯、短矛者。长者为戈，短者为矛。”**《疏议》曰：禁兵器谓甲、弩、矛、矟、具装等。具装，今名掩心。依令弓、箭五事，私家听有。其旌旗、幡帜及仪仗，并私家不得辄有。又律：**弩一张，加二等；甲一领及弩三张，流二千里；甲三领及弩五张，绞。私造者，各加一等；造未成者，减二等。即私有甲、弩，非全成者，杖一百；余非全成者，勿论。注云：即得阑遗，过三十日不送官者，同私有法云云。**《明律》本此而军器名色各有不同，且罪止满流，亦无《唐律》绞罪。一件杖八十，亦较《唐律》徒一年半轻至数等矣。私有自其旧有者言，或先世所遗，或他处拾得皆是。私造者言其本无，其器而由己造出也。非全成者，或私有而形体不全，或私造而工制未就，如有旗无竿之类是也。私有不送，止有藏匿之情。私造必有僭用之意，故罪分轻重。律外又有详例，均可与律互参。

一，各省居民应需鸟枪洋枪守御者，务报明地方官确查实在必需，准其报官制造鸟枪，购买洋枪，上刻姓名编号，立册按季查点。有私造私买者处十等罚，私藏者处九等罚。仍各照律每一件加一等，罪止流三千里。该管地保失察私造者处八等罚，革役。如系知情故纵，处十等罚。该管官不行查出，交部议处。如兵丁有借查鸟枪洋枪名色扰民者，该管官一并议罪。至私造私藏竹铳及失察故纵之地保，俱照鸟枪例治罪。地方官失于觉察，亦照鸟枪例议处。

一，内地奸民私贩外洋炮位者发烟瘴地方安置，贩卖洋枪处十等罚，每件加一等，罪止流三千里。贩卖洋药、洋砂铜帽照兴贩硫磺例治罪。傥有济匪情事，均以通贼论。

一，内地奸民煎挖窝囤兴贩硫黄，十斤以下处十等罚，十斤以上徒一年，每十斤加一等。六十斤以上流二千里，八十斤以上流二千五百里，一百斤流三千里，百斤以上发极边足四千里安置。若甫经窝囤尚未兴贩，减兴贩罪一等。焰硝每二斤作硫黄一斤科断，硝黄入官。邻保知情不首处十等罚。挑夫、船户知情不首，减本犯罪二等。知情分赃与犯同罪。赃重以枉法从重论。首报人免罪，仍照硝黄入官价值向本犯另追给赏。如合成火药卖与盐徒，不问斤数多寡，发极边足四千里安置。其本省银匠、药铺、染房需用硝黄，每次不许过十斤，令其呈明地方官批限，买完缴销，违者以私囤论。

一，凡制造花爆之家于地方保甲门牌内注明业花爆字样，止准售卖花爆，不准售卖火药。如违例售卖火药数不足十斤者，处五等罚。十斤，处六等罚，每十斤加一等。至五十斤以上者徒三年。其应需硝黄，如不由官行、官店承买者，照私囤例治罪。

一，苗猓蛮户俱不许带刀出入及私藏违禁等物，违者，照民间私有应禁军器律治罪。该管头目人等知而不报者处十等罚。地方文武官弁失察，照例议处。

纵放军人歇役

凡管军千总、把总及管队军吏纵放军人出百里之外买卖，或私种田土，或隐占在己使唤，空歇军役（不行操备）者，（计所纵放及隐占之军数）一名处八等罚，每三名加一等，罪止十等罚，罢职。若受财卖放者，以枉法从重论。所隐（纵放、隐占、卖放各项）军人并处八等罚。若私使出境因而致死，或被贼拘执者流三千里。至三名者绞（监候）。本营专管官吏知情容隐不行举问及虚作逃亡扶同报官者，与犯人同罪（罪止流三千里）。若管队把总、千总纵放军人，其本营专管官吏知情故纵，或容隐不行举问及本营专管官故纵军人，其千总、把总、管队知而不首告者，罪亦如之。（私使出境而不首告者同罪。）〇若钤束不严（原无纵放私使之情），致有违犯（或出百里，或出外境私自歇役），及（原无知情容隐止）失觉举者，管队名下一名，把总名下五名，千总名下十名，本营专管官名下五十名，各处四等罚。管队名下二名，把总名下十名，千总名下二十名，本营专管官名下一百名，各处五等罚，并留任。不及数者不坐。〇若武职官私家役使军人，不曾隐占歇役（妨废操备）者，一名处四等罚，每五名加一等，罪止八等罚，并每名计一日，追雇工银（一钱二分五厘）入官。

按：此仍《明律》，雍正三年以官制名色与前明不同，略为修改，其小注系顺治初年添入，乾隆五年增改。现又改易，删去末句。盖严放纵歇役之罪以实行伍也。《唐律》：**“诸在军所及在镇戍，私放征、防人还者，各以征、镇人逃亡罪论；即私放辄离军、镇者，各减二等。若放人多者，一人准一日；放日多者，一日准一人。注云：谓放三人各五日，放五人各三日，累成十五日之类。并经宿乃坐。临军征讨而放者，斩。被放者，各减一等。诸镇、戍应遣番代，而违限不遣者，一日杖一百，三日加一等，罪止徒二年；即代到而不放者，减一等。若镇、戍官司役使防人不以理，致令逃走者，一人杖六十，五人加一等，罪止徒一年半。诸丁夫、杂匠在役，而监当官司私使及主司于职掌之所，私使兵防者，各计庸准盗论；即私使兵防出城、镇者，加一等。诸拣点卫士，取舍不平者，一人杖七十，三人加一等，罪止徒三年。注云：不平，谓舍富取贫，舍强取弱，舍多丁而取少丁之类。”**《疏议》曰：拣点之法，财均者取强，力均者取富，财力又均先取多丁。**若军名先定而差遣不平，减二等；即应差主帅而差卫士者，加一等。其有欠剩者，各加一等**云云。《明律》虽本此，而细节不同，罪名亦较《唐律》为轻。其和使出境因而致死，或被贼拘执拟军拟绞之罪，则为《唐律》所无。又无《唐律》拣点之法，官名亦各有不同也。此条之罪有五：一曰纵放，一曰隐占，一曰卖放，一曰私使，一曰私役。夫军以守卫，五者有一则军空虚，惟情节轻重不同，故治罪各有分别。律文曰百里以外空歇军役，可见于近便处买卖，不误修备，未曾歇役者自无论也。私使出境必致死被执方坐流绞，若无致死被执，止当照故纵百里之外拟罚可也。通篇五分五节，而首节更作四段，纵放、隐占、卖放三事作为一段，下私使出境作为一段，本管官吏容隐作一段，止承私使出境而言。管队、把总、千总以下作一段，言上下不举首之罪。次节言钤束不严，失于觉察而非放纵私使之罪。三节言私役而不隐占者，四节、五节统承三节言，头绪虽繁而线索极清，当细玩之。

一，凡军士下班之日，其本管官员擅拨与人做工等项役使，照私役军人本律发落。

从征守御官军逃

凡官军（已承调遣）从军征讨，私逃还家及逃往他所者，初犯处十等罚，仍发出征，再犯者绞（监候）。知（在逃之）情窝藏者（不问初犯、再犯）流二千里。（原籍及他所之）里长知而不首者，处十等罚。若（征讨事毕）军还（官军不同振旅）而先归者，减（在逃）五等，因而在逃者处八等罚。若在京军人逃者，初犯处九等罚。各处守御城池军人逃者，初犯处八等罚，俱发充伍，再犯（不问京、外），俱流三千里，三犯者绞（监候）。知（在逃之）情窝藏者与犯人同罪，罪止流二千里。（不在满流处绞之限）。里长知而不首者，各处八等罚。（其从征军与守御军）本管头目知情故纵者，各（随所犯次数）与同罪，罪止流二千里。其（征守）在逃官军，（自逃日为始）一百日内能自出官首告者，（不问初犯、再犯）免罪。若在限外自首者，减罪二等。但于随处官司首告者，皆得准理。（准免罪及减罪二等。）○若各营军人（不著本伍）转投别营当军者，同逃军论。（或初犯、再犯皆依上文律科断。）

按：此仍《明律》，雍正三年删改，乾隆五年改定，其小注系顺治三年添入，现又改易。盖严征守军士私逃之禁也。《唐律》：**“诸镇、戍有犯，本条无罪名者，各减征人二等。”**又，《捕亡门》：**诸征名已定及从军征讨而亡者，一日徒一年，一日加一等，十五日绞；临对寇贼而亡者，斩。主司故纵，与同罪。军还而先归者，各减五等；其逃亡者，同在家逃亡法。若有军名而亡者，加一等。诸防人向防及在防未满而亡者，一日杖八十，三日加一等。《疏议》曰：**若有军名而亡，谓卫士、掌闲、驾士、幕士之类，名属军府者，总是有军名。**丁夫在役逃罪，一日笞三十，十日加一等，罪止徒三年云云。**《明律》军逃不计日数与初犯再犯科，与《唐律》以日计算之法不同而罪名亦较为减轻。《唐律》分从征对寇、镇戍在防各项，《明律》止分从征与守禦，而守禦又另在京与各处守禦，末后又添白首一层，则均有不同也。从征官军所系重于守禦，而京卫军人所系重于外卫,从征正为国报效之时,而私逃还家则有避难之性,初犯止罚,乃[仍]令出征者,宽之以望其奋也。再犯则绞者,严之警其余也。从征私逃兼武官军人言,在京各处止言军人不言武官者,盖武官有擅离职役本律也。

优恤军属

凡阵亡病故官军回乡,家属(应给)行粮脚力,(经过)有司不即应付者,(以家属到日为始)迟一日处二等罚,每三日加一等,罪止五等罚。

按:此仍《明律》,顺治初年添入小注。现改笞为罚。盖言亡故官军家眷宜加矜恤也。《唐律·杂律》:**诸从征及从行、公使于所在身死,依令应送还本乡,违而不送者,杖一百。若伤病而医食有阙者,杖六十;因而致死者,徒一年云云**。《明律》本此而而计日治罪,较《唐律》为轻,亦无衣食有阙一层,阵亡谓战阵受伤而亡者,病故谓从征在营,因病而故者,皆系殁于王事,故当优恤其家属。《邮驿门》有病故官家属还乡,违而不送处六等罚,与此不同者,彼自原住官司言之,此自经过有司言之,须互相参考,自知各有用意也。

关津

关津之律意主稽查,隋唐统于宫禁律内曰《卫禁》,至明始分为二,曰《宫卫》,曰《关禁》,以其有内外轻重之别也。原共七条,现修新律,删去五条,止余关津留难与盘诘奸细二条矣。

关津留难

凡关津往来船只,守把之人不即盘(诘)验(文引)放行,无故阻当者,一日处二等罚,每一日加一等,罪止五等罚。(坐直日。若取财者,照在官人役取受有事人财例,以枉法计赃科罪。)○若官豪势要之人乘船经过关津不服盘验者处十等罚。○若撑驾渡船梢水,如遇风浪险恶,不许摆渡,违者处四等罚。若不顾风浪故行开船,到中流停船,勒要船钱者处八等罚。因而杀伤人者以故杀(死)伤(未死)论。(或不曾勒要船钱,止是不顾风浪因而沈溺杀伤人者,以过失科断。)

按:此仍《明律》,顺治三年添入小注。现改笞杖为罚金。盖惩关津阻抑及渡船勒索之罪也。《唐律》:**"诸关津度人,无故留难者,一日主司笞四十,一日加一等,罪**

止杖一百。"疏议曰:关,谓判过所之处。津,直度人,不判过所者。依令:各依先后而度。主司,谓关津之司。此谓非公使之人。若军务急速而留难不度,致稽废者,自从所稽废重论。又《杂律》:**诸船人行船、茹船、写漏、安标宿止不如法,若船筏应回避而不回避者,笞五十;以故损失官私财物者,坐赃论减五等;杀伤人者,减斗杀伤三等;其于湍碛尤难之处,致有损害者,又减二等。监当主司,各减一等。卒遇风浪者,勿论云云。**《明律》本此而治罪较轻于唐,亦无《唐律》后段茹船安标不如法之罪,其官豪不服盘险及梢水勒钱致杀伤人二节则为《唐律》所无也。凡关市津渡之处往来船只皆应盘诘其来历,辨验其文引,所以稽查奸宄也。不即盘验留难必致羁滞行旅,如官豪不服盘验,更为抗违法令,故一止五等罚,一止十等罚也。若行船水手不顾风浪渡人,即渡至中流勒索钱文者,分别轻重拟以罚金。若因而杀伤人,则更当加重以故杀伤人科罪矣。但故杀律拟绞候而故伤律无治罪明文,仍当以斗伤论之,不可拘泥也。

盘诘奸细

凡缘边关塞及腹里地面,但有境内奸细走透消息于外人,及境外奸细入境内探听事情者,盘获到官,须要鞫问接引(入内)起谋(出外)之人,得实,(不分首从)皆绞(监候)。经过去处,守把之人知而故纵及隐匿不首者,并与犯人同罪(至死减等)。失于盘诘者,(官)处十等罚,军兵处九等罚(罪坐直日者)。

按:此仍《明律》,顺治初年添入小注。现改斩为绞,改杖为罚。盖严奸细出入之禁也。《唐律》:**"诸缘边城戍,有外奸内入,内奸外出,而候望者不觉,徒一年半;主司,徒一年。其有奸人入出,力所不敌者,传告比近城戍。若不速告及告而稽留,不即共捕,致失奸寇者,罪亦如之。又,《擅兴门》:诸密有征讨,而告贼消息者,斩;妻、子流二千里。其非征讨,而作间谍;若化外人来为间谍;或传书信与化内人,并受及知情容止者并绞云云。"**《明律》合两章为一条,无论走透消息及探听事情,一概拟斩而无缘坐妻子之法,其失于盘诘,止拟满杖,则较《唐律》轻而文义亦不如《唐律》详备。《周礼·士师》八成内有邦汋邦谍,此律即其罪也。与漏泄军情大事条参看,彼律指闻知而漏泄言,故有先传、传至之分,此律则专指奸细言,故接引起谋俱不宽贷。故纵与隐匿罪同而情异,故纵是听奸细之去而不问,隐匿是明奸细之来而不举,故止科同罪,而至死得减一等。若有受财情事,则是接引之人当拟绞候矣。律后又有条例,均足补律未备,当并参之。

一,凡州县城乡十户立一牌头,十牌立一甲头,十甲立一保长。户给印牌一张,书写姓名、丁数,出则注明所往,入则稽其所来。其客店亦令各立一簿,每夜宿客姓名,几人,行李、牲口几何,作何生理,往来何处,逐一登记明白。至于寺观亦分给印牌,上写僧道口数、姓名。稽查出入,如有虚文应事,徒委捕官吏胥需索扰害者,该上司查参治罪。

一,内地人民诓骗苗蛮猺狑黎獞人等财物,引惹边衅,或潜住苗蛮等寨教诱为乱(如行劫民财以强盗分别)贻害地方者,除实犯死罪外,俱流三千里。

一,奸商贩卖军器与土司番蛮者,发边远充军。该管官知情故纵者,罪同。不知情者,道、府州县官及武职专管、兼辖官并该管督抚提镇,俱交该部照例分别议处。

一,奸徒将米谷豆麦杂粮偷运外洋图渔利,米过一百石发近边充军。一百石以下徒三年。不及十石者枷号一个月。为从及知情不首之船户,各减一等。谷及豆麦杂粮,每二石作米一石科断。

一,凡盘获形迹可疑之船,货物人数不符税单牌票者,限三日内查明,果系商船,即速放行。如系贼船,交与地方官审鞫有无行劫,按律例分别治罪。如巡缉官兵以贼船作为商船释放者,照讳盗例治罪。以商船作为贼船扰害者,照诬良为盗例治罪。索取财物者,拿问。该管上司失察,照例议处。

一,船只出洋,十船编为一甲,取具连环保结,一船为非,余船并坐。余船能将为非船户首捕到官者,免其坐罪。初出口时,必于汛口挂号,将所有船照呈送地方官或营官验明,填注日月,盖印放行,入口时呈验亦如之。总计经过省分,一省必挂一号,回籍时仍于本籍印官处送照查验,违者治罪。如有不由各汛偷越外洋者,船户舵工人等并富民谋利自造商船租与他人及租之者,俱各枷号三个月。失察及知情之该管各官,俱交该部议处。

一,凡商渔船只分别书刻字样,其营船刊刻某营第几号哨船,舵工水手人等俱各给与腰牌,刊明姓名、年貌、籍贯。如船无字号,人有可疑即严加究治。至渔船出洋不许装载米酒,进口不许装载货物,违者严加治罪。其守口之文武各官不行盘查,照例议处。

一,沿海一应采捕及内河通海之各色小船,地方官取具澳甲邻佑甘结,一体印烙编号,给票查验。如有私造私卖及偷越出口者,俱照违禁例治罪。甲邻不行呈报,一体连坐。倘船只有被贼押坐出洋者，立即报官，将船号姓名移知营汛缉究。容隐不首，日后发觉，以接济洋盗治罪。其呈报遭风船只，必查讯实据，方准销号，捏报者即行究治。

一，海关各口如遇往洋船只倒换照票，务须查验人数，登填簿籍，钤盖印戳，始准放行。进口时责成该委员吏役稽查，其有人照不符、船货互异，即送地方官审究。如失于查察，致匪船滥出滥入，审明系何处口岸，有委员者将该委员照例议处。无委员者将该吏役责革，加枷号一个月，并将失察之该管官交部议处。倘关口员役藉端需索，照例分别参处治罪。

一，沿边关塞及腹里地面，盘诘奸细处所，有归复乡土人口，被获到官，查审明白，即行起送归籍。有妄作奸细，希图冒功者，以故入人罪论。若实系奸细，能首降者，亦一体给赏安插。

厩牧

汉制九章有《厩律》，晋以牧事合之，曰《厩牧》。自宋及梁，复名《厩律》。隋以库事合曰《厩律》，唐仍其旧，明以厩、库二事不伦，分库事属《户律》曰《仓库》，此仍曰《厩牧》。厩者，鸠聚也，马牛之所聚，其中牧养孳生等法实明之弊政。国朝虽仍存其制而悉除其害，共十一条，现修新律，已将公使索借官匠一条删去，止余十条。

牧养畜产不如法

凡牧养（官）马牛、驼骡、驴羊并以一百头为率，若死者损者失者各从实开报。死者实时将皮张鬃尾入官，牛筋角皮张亦入官。其（管牧）牧长牧副每（马牛驼）一头各处三等罚，每三头加一等。过十等罚，每十头加一等，罪止徒三年。羊减马三等（四头处一等罚，每三头加一等。过十等罚，每十头加一等，罪止徒一年半），驴骡减马牛驼二等（一头一等罚，每三头加一等。过十等罚，每十头加一等，罪止徒二年）。若胎生不及时日而死者，灰腌并年老而自死者，看视明白，不坐，若失去赔偿。损伤不堪用，减死者一等坐罪。其死损数目并不准除。

按：此仍《明律》，顺治初年添入小注。原律无年老自死一句，系雍正三年增添。现改笞杖为罚金。盖严牧养之失职也。《唐律》：**“诸牧畜产，准所除外，死、失及课不充者一，牧长及牧子笞三十，三加一等；过杖一百，十加一等，罪止徒三年。羊减三**

等。”疏议曰：**厩牧令**：诸牧杂畜死耗者，每年率一百头论，驼除七头，骡除六头，马、牛、驴、羖羊除十，白羊除十五。从外蕃新来者，马、牛、驴、羖羊皆听除二十。又律，**新任不满一年，而有死、失者，总计一年之内月别应除多少，准折为罪；若课不充，游牝之时当其检校者，准数为罪，不当者不坐。系饲死者，各加一等；失者，又加二等。牧尉及监各随所管牧多少，通计为罪，仍以长官为首，佐职为从云云。**《明律》罪名均同于唐，惟止言死损而无《唐律》课不充一层，《唐律》后段有新任不满一年及系饲死者加等数语，《明律》无之。且《唐律》有准所除外一语，明亦无此句，则是一百头内但死失一头即笞三十，未免过重，故本朝添入年老自死者不坐一句，则较平允矣。此律专言牧长之罪，以一百头为率，是准此以科罪，并非一牧长额管一百头也。首言死者之罪，以三等罚起至徒三年止。后言失与损之罪，则减一等，自二等罚起至徒二年半止。失去已赔偿仍照数论罪，死与损既论罪，仍照数赔偿，故篇末曰并不准除，非谓失去赔偿而死与损者不赔偿也，须善会之。后有解送军营马匹倒毙之例，可与律文合参。

一，解送军营马匹倒毙，其分起解送之文武各员照军营赔补马匹之数，每百匹准其倒毙三匹，如倒毙三匹以上至二十匹者，交部照例分别议处。三十匹以上者，徒一年。三十五匹以上者，徒一年半。四十匹以上者，徒二年。四十五匹以上者，徒二年半。五十匹以上者，徒三年。如有盗卖别情，计赃以监守自盗论。至总理督解之员合其督解总数，按其倒毙多寡，亦即照此分别议处治罪。若知盗卖之情而故纵者罪同。

孳生马匹

凡牧长管领骒马，一百匹为一群。每年二群孳生驹一百匹。若一年之内止有驹八十匹者处五等罚，七十匹者处六等罚。典牧官不为用心提调者(致孳生不及数)各减三等，该管衙门官又减典牧官罪二等。

按：此仍《明律》，雍正三年修改，其小注系顺治初年添入。现改笞杖为罚金。盖重马政之考成而期于蕃息也。《唐律疏议》曰：**《厩牧令》**：牝马一百疋，牝牛、驴各一百头，每年课驹、犊各六十，骡驹减半。马从外蕃新来者，课驹四十，第二年五十，第三年同旧课。牝驼一百头，三年内课驹七十；白羊一百口，每年课羔七十口；羖羊一百口，课羔八十口。准此欠数者，为课不完［充］。《明律》本此，但止言与匹而无驼骡驴等项，且每等三百匹孳生一百匹，是三匹内孳生一匹，与《唐律》每年百匹内孳生六十匹者课额亦少而宽。又查《明史·职官志》：凡军民孳牧，视其丁产授之种马，牡，十之二，牝，十之八，为一群。岁征其驹曰备用，齐其力以给将士云云。当时马户赔累甚苦，国朝弊政已除，此律已为虚设，留此以存旧制。律外又有例，系本朝马政之制，当并参之。

一，凡上驷院、陆军部所管游牧马群，每三年整顿一次。不论骒马、儿马、马驹，每三匹内合算，当孳生马一匹，除合算正额外，多孳生一百六十匹以上者为头等，八十匹以上者为二等，一匹以上者为三等，牧长、牧副分别给赏。若合算正额内少孳生五十匹以下者，牧长罚马五匹，牧副各处四等罚。一百匹以下者，牧长罚马七匹，牧副各处五等罚。一百匹以上者，牧长罚马九匹，牧副各处六等罚。骟马群倒毙少者赏，多者罚，相半者免议。赏罚之数视骒马群第三等例，其各马群赏罚相半者，总管官免议。赏多者，按群给赏。罚多者，按群受罚。

验畜产不以实

凡（官司）相验分拣（相验其美恶而分别拣选以定高下）官马牛、驼骡、驴不以（美恶之）实者，一头处四等罚，每三头加一等，罪止十等罚。验羊不以实，减三等。若因（验畜不实）而价有增减者，计所增（亏官）减（损民）价坐赃论。入己者以监守自盗论，各从重科断（不实罪重从不实坐赃。自盗罪重从自盗坐赃。）

按：此仍《明律》，顺治初年添入小注，乾隆五年增修。现改笞杖为罚金。此概言官司验检畜产不实之罪也。《唐律》：**“诸验畜产不以实者，一笞四十，三加一等，罪止杖一百。若以故价有增减，赃重者，计所增减坐赃论；入己者，以盗论云云。”**《明律》本此，《笺释》云：官用牛马等畜不足则收买，有余则变价，皆须官吏兽医人等相验美恶，分拣高下，以为价之低昂。又《示掌》云：此州县起解备用马匹例也。若民间估价不平，自有市司评物价之律。凡价之高下，须从验拣之人估定，所增所减皆其主之，犹监守也。有所增减则亏官损民，故坐赃论罪。然尚无入己之实赃，止是不实之虚数也。若因而入己则作弊营私，其情更重，故以监守盗论，盖不实、坐赃、监守盗原系三项，各从其重者论之。

养疗瘦病畜产不如法

凡养疗瘦病(官)马牛、驼骡、驴不如法,(无论头数)处三等罚,因而致死者,一头处四等罚,每三头加一等,罪止十等罚。羊减三等。

按:此仍《明律》,顺治初年添入小注。现改笞杖为罚金。盖言善疗畜产宜加谨也。《唐律》:**“诸受官羸病畜产,养疗不如法,笞三十;以故致死者,一笞四十,三加一等,罪止杖一百。”**《疏议》曰:依**《厩牧令》**:官畜在道,有羸病不堪前进者,留付随近州县养饲疗救,粟草及药官给。而所在官司受之,须养疗依法云云。《明律》胥本于此而将马牛与羊分别轻重,且只言养疗而未指明何人,故《笺释》云:此专为马夫兽医,非关牧养之人也。考诸《周礼》,有巫马之官,掌养疾马而乘治之,相医而乐攻马医。此律即是其遗制,惟不没专官久矣。不如法者谓水草不以时,方药不合病也。《中枢政考》载直省驿马多寡不等,直隶、河南、山东、湖北、云南、四川驿马十分之内倒毙不得过三分,山西、陕西、甘肃、浙江不得过二分,江苏、安徽、江西、湖南不得过四分,贵州不得过七分,如有缺少,或倒毙虽在数内而隐匿迟报,不将截旷草料扣除及任意稽延不即买补者,上司查参等因,可与此律一并参考。

乘官畜脊破领穿

凡官马牛、驼骡、驴,乘驾不如法而(致)脊破领穿,疮围绕三寸者处二等罚,五寸以上处五等罚(并坐乘驾之人)。若牧养瘦者,计百头为率,十头瘦者,牧养人及牧长、牧副各处二等罚,每十头加一等,罪止十等罚。羊减三等。典牧官各随所管牧长多少,通计科罪(亦以十分为率)。该管衙门官各减典牧官罪三等。

按:此仍《明律》,雍正三年修改,其小注系顺治初年添入,乾隆五年增修。现改笞杖为罚金。盖言应乘官畜之人不加爱护而并治牧养不谨之罪也。《唐律》:**“诸乘驾官畜产,而脊破领穿,疮三寸,笞二十;五寸以上,笞五十。若放饲瘦者,计十分为坐,一分笞二十,一分加一等;即不满十者,一笞三十,一加一等。各罪止杖一百云云。”**《明律》一本于唐,末节稍为变易。疮曰围绕三寸,则不三寸者勿论;曰五寸以上,则大于五寸者亦止五等罚而已。前牧养不如法条有失去损伤罪牧长、牧副之罪,此条言牧养瘦病者牧养人及牧长、牧副、典牧官之罪,彼此不齐,盖互相备也。后有条例可与律合参。

一，车驾行幸所需马匹车辆及校尉等所乘马匹，俱令该管职事人员亲身关领，严行约束。若校尉、当差人役、赶车步军将马匹不按时饮水喂草，私自滥行驰骤，或在沿途或到处所倒毙走失者，各处十等罚。蹭病损伤者减二等。

官马不调习

凡牧马之官听乘官马而不调习者，一匹处二等罚，每五匹加一等，罪止八等罚。

按：此仍《明律》。现改笞杖为罚金。盖欲马性之调良以适驾驭也。《唐律》：**"诸官马乘用不调习者，一疋笞二十，五疋加一等，罪止杖一百云云。"**《明律》本此而罪止杖八十，较轻二等，专为牧马官应乘官马者责其调习以利用。《中枢政考》有营兵并无要事，私行跑马，旗兵鞭五十，绿营兵责四十棍，仍将马撤回，令其步行云云，可与此律互参。

宰杀马牛

凡私宰自己马牛者处十等罚，驼骡驴处八等罚，筋角皮张入官。误杀及病死者不坐。○若故杀他人马牛者徒一年半，驼骡驴处十等罚（官畜产同）。若计赃重于本罪者准盗论（追价给主。系官者准常人盗官物断罪，并免刺）。若伤而不死，不堪乘用及杀猪羊等畜者，计（杀伤所）减（之）价亦准盗论，各追赔所减价钱（完官给主）。价不减者处三等罚。为从者各减一等（官物不分首从）。其误杀伤者不坐罪，但追赔减价。○若故杀缌麻以上亲马牛、驼骡、驴者，与本主私宰罪同（追价赔主）。杀猪羊等畜者计减价坐赃论，罪止八等罚。其误杀及故伤者俱不坐，但各追赔减价。○若官私畜产毁食官私之物因而杀伤者各减故杀伤三等，追赔所减价（还畜主），畜主赔偿所毁食之物（还官主）。○若（故）放官私畜产损食官私物者处三等罚。（计所食之）赃重（于本罪）者，坐赃论（罪止徒三年）。失（防）者减一等。各赔所损物（还官主）。○若官畜产（失防）毁食官物者止坐其罪，不在赔偿之限。○若畜产欲触抵踢咬人，登时杀伤者不坐罪，亦不赔偿（兼官私）。

按：此仍《明律》，顺治初年删定，添入小注。现又改笞杖为罚金。原律系病死而不申官开剥者笞四十，本朝改为病死者不坐，删去申官一层，较不烦扰。此律盖分别人己之畜产以定杀伤之罪也。《唐律》：**"诸故杀官私马牛者，徒一年半。赃重及杀余畜产，若伤者，计减价，准盗论，各偿所减价；价不减者，笞三十。其误杀伤者，不**

坐,但偿其减价。主自杀马牛者,徒一年。[诸]杀缌麻以上亲马牛者,与主自杀同;杀余畜者,坐赃论,罪止杖一百。各偿其减价。[诸]官私畜产,毁食官私之物,登时杀伤者,各减故杀伤三等,偿所减价;畜主备所毁。其畜产欲抵啮人而杀伤者,不坐、不(赔)[偿]。诸放官私畜产,损食官私物者,笞三十;赃重者,坐赃论。失者,减二等。各偿所损。若官畜损食官物者,坐而不偿云云。"《汉律》亦有杀伤人畜产之条,又《日知录》载唐时赦文,十恶、五逆、火光行劫、持刃杀人、屠牛铸钱不在原赦之限,可见屠牛之罪,古法最严。《明律》一本于《唐律》而轻重详略稍有不同。《唐律》牛马而外统云余畜,明于余畜中又分别驼骡驴三项,虽较马牛稍轻,究较猪羊为重。夫马以代步,牛以代耕,驼骡驴负重致远,皆效用于人者。既尽其力,又杀其身,非仁也。故分别自己、他人、亲属、官私以定罪之轻重,皆系故杀而言。若误杀出于无心,病死非关人事,自不在坐罪之列,此与《刑律》盗杀不同。盗杀是利其所有,先盗而后杀,此故杀是与畜主有隙而故加杀伤,非有利而为之,亦非因盗而杀之也。共分八节。首节言私宰自己畜产之罪。律云私宰,若因老病不堪用,告给判状,官许宰杀,自可不论其罪矣。二节言故误杀伤他人畜产。三节言故杀伤为从之罪,专承二节言。四节言故误杀伤亲属畜产。五节言因畜产毁食因而杀伤。六节言放失畜产损食人物,损食是一事,谓因食而致损,与上毁食不同,故一曰赔偿所损食之物,毁与食兼言。一曰赔偿所损物,以损赅食也。七节言官畜产毁食官物,兼承五、六两节。八节言畜产伤人而杀伤,重看登时二字,其势急迫,情非得已杀伤,所以禦害耳。若已经避过而追恨杀伤,则是故杀伤矣。律外有例,均足补律未及,当合参之。

一,凡屠户将别项堪用牲畜买去宰杀者,虽经上税,仍照故杀他人驼骡律科罪。若将窃盗所偷马牛及别项堪用牲畜不上税买去宰杀者,与窃盗一体治罪,如窃盗罪名轻于宰杀者,仍从重依宰杀本罪问拟,不得以盗杀论。

一,凡宰杀耕牛,私开圈店及开设汤锅宰杀堪用马匹,俱计减价,赃重于宰杀本罪者,准窃盗论,罪止流三千里。将耕牛贩卖与宰杀之人及牙行或卖马人知情而卖者,俱减一等。其残老病死者勿论。失察之地方官照例分别议处。

畜产咬踢人

凡疏纵马牛及犬因而杀伤人者以过失论。(各准斗殴杀伤,收赎给主。)若故放令杀伤人者,减斗殴杀伤一等。(亲属有犯者,依尊卑相殴杀伤律。)其受雇医疗畜产

（无制控之术）及无故（人自）触之而被杀伤者，不坐罪。〇若故放犬令杀伤他人畜产者，各处四等罚，追赔所减价钱（给主）。

按：此仍《明律》，顺治初年添入小注。现改笞为罚，并删拴紧不如法数语。盖专责畜产之主宜加控制以防伤人也。《唐律》：**“诸畜产及噬犬有抵蹋啮人，而标帜羁绊不如法，若狂犬不杀者，笞四十；以故杀伤人者，以过失论。若故放令杀伤人者，减斗杀伤一等。诸犬自杀伤他人畜产者，犬主偿其减价；余畜自相杀伤者，偿减价之半。即故放令杀伤他人畜产者，各以故杀伤论。即被雇疗畜产及无故触之，而被杀伤者，畜主不坐云云。”**《明律》大略相同。凡畜养马牛与犬有性不驯良，必须防制，有风狂之犬，更宜杀除以免杀伤他人，违者虽未杀伤人，亦应照违警律科罪。若有杀伤，分别拟以过失斗杀减等之罪，不言驼骡者，以牛马统之，有犯同牛马论。《辑注》云：若伤者，仍作他物保辜。首段专言畜产杀伤人之罪，末段则言畜产杀伤他人畜产，故罪止于罚。惟止言犬而不及牛马，以犬善于噬人，且系故放也。若非故放，而犬自杀伤他人畜产，则当依《唐律》止偿其减价而已。

隐匿孳生官畜产

凡牧养系官马骡驴等畜所得孳生，限十日内报官，若限外隐匿不报，计（所隐匿之价为）赃准窃盗论（止流三千里）。因而盗卖或（将不堪孳生）抵换者，并以监守自盗论罪。（不分首从，并赃至四十两，杂犯绞。）其典牧官及该管衙门官知情不举，与犯人同罪。不知者俱不坐。（买主知情以故买盗赃科，匿卖抵换之物还官。）

按：此仍《明律》，顺治初年添入小注，雍正三年修改。盖言官畜不得私匿也。《唐律》无文。此系明代马政中事。前孳生马匹条以孳生不及数言，此条以孳生而隐匿者言。今民间不养马，律已设而不用，留存以古制。凡牧养官畜则孳生之驹皆为官物，十日限外不报官，虽非真盗，却为隐匿，故准窃盗论罪。若盗卖抵换，则以监守自盗科罪。

一，口外群内经管马匹之人盗卖抵换，照监守自盗律科罪。若明知故买印烙有字马匹者，与犯人同罪。

私借官畜产

凡监临（官吏）主守（之人）将系官马牛驼骡驴私自借用，或转借与人及借之者，

（不论久近多寡）各处五等罚，验（计借过）日（期）追雇赁钱入官，若计雇赁钱重（于五等罚）者，各坐赃论加一等。（雇钱不得过其本价，官畜死，依毁弃官物。在场牵去，依常人盗。）

按：此仍《明律》，顺治初年添入小注。现改笞为罚。盖言官畜不得私借也。《唐律》：**“诸监临主守，以官奴婢及畜产私自借，若借人及借之者，笞五十；计庸重者，以受所监临财物论。驿驴，加一等。即借驿马及借之者，杖一百，五日徒一年；计庸重者，从上法。即驿长私借人马驴者，各减一等，罪止杖一百云云。”**《明律》本此而无奴婢一层，马与驴亦无分轻重，其罪止于笞，亦较《唐律》为轻。此律与《仓库门》私借官物罪同，而较《邮驿门》私借驿马罪轻者，此系官马，究与驿马不同，故彼处八等罚，此止五等罚耳。

邮驿

秦有厩置，乘传、副车、食厨。汉初承秦不改，《汉书·田横传》乘传诣洛阳，有尸乡厩置是也。后汉但设骑置，而除《厩律》，故《唐律》俱称驿马，皆散见于各条，至明类而为一，名曰《邮驿》。国朝因之，步递曰邮，马递曰驿，兼有车船及廪给其物，极为整肃，其后驿丞各缺裁去者十居八九，已与从前情事不合。近年以来轮船铁路电线电话到处遍设，数千里外顷刻消息灵通，创千古未有之奇，将来驿站驿马即在所废也。此律亦告朔饩羊之留贻耳！本门十六条，现删去占宿驿舍上房一条，止余十五条。

递送公文

凡铺兵递送公文昼夜须行三百里，稽留三刻处二等罚，每三刻加一等，罪止五等罚。其公文到铺不问角数多少，（铺司）须要随即（附籍遣兵）递送，不许等待后来文书，违者，铺司处二等罚。其铺兵递送公文，若磨擦及破坏封皮不动原封者，一角处二等罚，每三角加一等，罪止六等罚。若损坏公文（不动原封者），一角处四等罚，每二角加一等，罪止八等罚。若沉匿公文及拆动原封者，一角处六等罚，每一角加一等，罪止十等罚。若事干军情机密文书（与漏泄不同），不拘角数，即处十等罚。有所规避而沉拆者，各从重论。（避规罪重从规避，沉拆罪重问沈拆。）其铺司不告举者与犯人同罪。若已告举而所在官司不即受理施行者，各减犯人罪二等。〇其各县铺长专一于概管铺分,往来巡视。提调官吏每月一次亲临各铺刷勘。若(有奸弊)失于检举者,通计公文稽留及磨擦破坏封皮不动原封十件以上,铺长处四等罚,提调吏典处三等罚,官处二等罚。若损坏及沈匿公文,若拆动原封者,(铺长)与铺兵同罪,提调吏典减一等,官又减一等。府州提调官吏失于检举者各递减一等。

按:此仍《明律》,原系三条,顺治初年并为一条,并添小注。现改笞杖为罚金。盖严察公文稽留损坏以分别官吏之罪也。《唐律》无文。按《会典》载:寻常公事,昼夜限行三百里,军机要件限行六百里,马上飞递。又《笺释》云:各府属州县每十里设置稽递铺一所,专一递送公文,设铺兵以走递,设铺司以总管。每州县于兵房司吏内选一名往来巡视境内诸铺,谓之铺长,盖设立铺递所以速达公务。首节言稽留等徒之罪。凡递送速迟责在铺兵,故稽留之罪止坐铺兵,然使铺司不即附籍遣发则与铺兵无干,是稽留之罪铺司亦有之也。验发公文责在铺司,故等徒之罪止坐铺司,然使铺兵等待不即递送则与铺司无干,是等待之罪,铺兵亦有之也。二节言磨擦、损破、沉匿、拆动之罪。铺兵专主递送,故磨擦破损皆铺兵之罪而不连及铺司,如铺司则以验发文书督察铺兵为事,使不告举则磨擦破损沉匿拆动等事不知由于铺兵矣,故与犯人同罪,盖磨擦、破坏、损坏三项皆指封皮而言,而原封俱未动也,虽轻重不同,要皆疏忽之咎。若沉匿不送必致失误,拆动原封私自看视必致漏泄,故治罪加重。在寻常公事,则分别角数之多少以定罪之轻重,若干系军机,则不拘多少概拟十等罚。而有规避者,又不问寻常与军机,均从重论。三节则言铺长与提调官吏失于检举之罪。而提调又分县与州府两项,直隶州于府轻于州县,州县轻于吏,吏又轻于铺长,其中头绪虽极纷繁而文义仍一丝不乱。又,《公式门》:私开官司文书印封看视,事干军情重者,以漏泄论,徒三年,此拆动军机文书仅十等罚,轻重不同者,彼自常人先知有机密文书因而私开看视者言之,此自铺兵先因拆动封皮而后见是军机重事者言之,其情不同,故罪分轻重,当细辨之。律外又有详例,均足补律未及,当并参之。

一,无印信文字,不许入递。违者,照不应为律治罪。

一,各省驿站递送公文,令管站官各立印信号簿,上站号簿用下站官印,于每月底彼此移明查考,倘有沈匿稽延等情,即行详报该管上司据实奏参,不得故为容隐。其沈匿平常公文,马夫照铺兵律治罪,提调官吏依律递减。若事干军情机密文书而沈匿者,不计角数,马夫徒一年。提调吏典处十等罚,革役。司驿官革职。如有所规避者,从重论。

一，凡递送一应公文，如有遗失，除将夫役照例治罪外，该地方官一面详报该管上司，一面迳报原发衙门，查核补给。

一，法部咨行各省立决人犯公文，俱钉封严固，封面注明件数，并由马上飞递字样，派录事一员送交陆军部，加封发驿驰递。

一，伪造邮票及信片已成者计赃准窃盗论，罪止流三千里，其仅止洗用旧票减一等为从及知情行使者又各减一等，若邮差将邮寄公私文报信件沉匿及拆动原封者，依铺兵沉拆公文律治罪。

一，匪徒窃毁电报杆线，不论官电商电，是窃是毁，不计赃数，但经折断均比依马夫沉匿军情机密公文律徒一年，误毁者处八等罚，窃毁杆线均照估追赔。倘地方奸民造言聚众拨毁杆线至数十里外逞凶拒捕致伤官兵情节重大者，察酌情形分别首从比照土匪滋事从严惩办，失察窃毁之地保照不应重律处罚，革役，误毁者免议。

一，凡故毁及窃毁安设铁轨枕木道钉并一切重要机件致行车出险因而伤毙人命者，无论官路商路均拟绞监候，秋审时酌核情节分别办理。出险尚未伤毙人命者，系故毁流三千里，因窃而毁徒三年。未出险者系故毁很二年半，因窃而毁徒一年，计赃重者从重论，为从各减一等。误毁者处八等罚，所毁物件均计估追赔。倘有造言聚众拆毁铁路桥梁车站路尽，焚烧材料逞凶拒捕情节重大者，察酌情节分别首从照土匪滋事从严惩办，其窃毁路旁材料无关行车要件者仍照盗官物本律治罪。

邀取实封公文

凡在外大小各衙门官但有入递进呈实封公文至御前，（下司被上司非理陵虐，亦许据实封奏）而上司官令人于中途急递铺邀截取回者，不拘远近，从本铺铺司、铺兵赴所在官司告举，随即申呈上司转达该部奏闻追究，（邀截之情）得实绞（监候。邀截进表文比此。）其铺司、铺兵容隐不告举者，各处十等罚。若已告举而所在官司不即受理施行者，罪亦如之。○若邀取实封至各部院公文者，各减二等。（下司畏上司劾奏而邀取者，比此。）

按：此仍《明律》，雍正三年增定，其小注系顺治初年添入。现改斩为绞，改杖为罚。盖达下情而防壅蔽也。《唐律》无文。查《礼制门》上书陈言条：内外大小官员，但有本衙门不便事件，许令明白条陈，合题奏之，本管官实封进呈，盖外官皆得奏事也。若于中途截取，但究明得实，不问公文之是非即坐死刑，所以防壅蔽也。如系自已进本，中途取回者，止问不应，说见《示掌》。薛氏云：一经邀取，即拟斩罪，未免太严。可见此律与拦阻奏事并朝见留难各项同拟斩罪，均系前明严法，近已虚设不用矣。

铺舍损坏

凡急递铺舍损坏不为修理，什物不完，铺兵数少不为补置及令老弱之人当役者，铺长处五等罚，有司提调官吏各处四等罚。

按：此仍《明律》。现改杖为罚。《唐律》无文。盖言铺递不宜废弛也。铺舍什物铺兵均为急递公文而设，或风雨不时，什物不备，数少不补，老弱充当，俱恐有误公务，故必先事豫筹，若有犯者，分别惩责。近来均成具文，此所以寇盗充斥，行旅咸有戒心也。

私役铺兵

凡各衙门一应公差人员（于经过所在）不许差使铺兵挑送官物及私己行李。违者处四等罚。每名计一日，追雇工银一钱二分五厘入官。

按：此仍《明律》，顺治初年修改并添小注。现又改易。盖禁私役误公之罪也。铺兵乃递送公文之役，非供公差役使之人，故不许其私役。此与私役部民夫匠军人弓兵各条同罪，亦可与公候私役官军条参看。原数系八分五厘五毫，现律改作一钱五[二]分五厘。

驿使稽程

凡出使驰驿违限，常事一日处二等罚，每三日加一等，罪止六等罚。军情重事加三等，因而失误军机者绞（监候）。若各驿官故将好马藏匿（及）推故不即应付以致违限者，对问明白，（即以前应得各）罪坐驿官。其遇水涨路道阻碍难行者不坐。○若驿使承受官司文书误不依（原行）题写（所在公干）去处错去他所，而违限者减二等（四日一等罚，每三日加一等，罪止四等罚）。事干军务者不减。若由（原行）公文题写错者，罪坐题写之人，驿使不坐。

按：此仍《明律》，顺治初年添入小注。现改斩为绞，改杖为罚。盖言公事程限不得稽缓也。《唐律·职制门》：**“[诸]驿使稽程者，一日杖八十，二日加一等，罪止徒**

二年。若军务要速，加三等；有所废阙者，违一日，加役流；以故陷败户口、军人、城戍者，绞。诸驿使受书，不依题署，误诣他所者，随所稽留以行书稽程论减二等。若由题署者误，坐其题署者。诸驿使无故以书寄人行之及受寄者，徒一年。若致稽程，以行者为首，驿使为从；即为军事警急而稽留者，以驿使为首，行者为从。有所废阙者，从前条。其非专使之书，而便寄者，勿论云云。”《明律》本此而无末节一段，又添驿官匿马、遇水数语，拟罪亦较轻《唐律》至数等，《唐律》由杖罪递至绞罪，层次详明。《明律》军情重事虽加等不过笞杖，而失误军机即拟斩罪，中间轻重相去悬绝，殊不平允。此虽专指出使驰驿而言，亦可与公事应行稽程条并沈匿公文条彼此互参。凡奉差出使，必按驰驿路程定其往来期限，如在路迟延致违定限，则驿使怠缓之咎也。故按日数及有无失误分别定罪，军情重事四字是一项事，缘军情中亦有常事，必重事乃加等也，须细玩之。

多乘驿马

凡出使人员应乘驿船驿马，数外多乘一船一马者处八等罚。每一船一马，加一等。若应乘驴而乘马及应乘中等、下等马而勒要上等马者处七等罚，因而殴伤驿官者各加一等。（至折齿以上，依斗殴论）。若驿官容情应付者各减犯人罪一等。其应乘上等马而驿官却与中等、下等马者，罪坐驿官。本驿如无上等马者勿论。〇若（出使人员）枉道驰驿及经驿不换船马者处六等罚，因而走死驿马者加　等，追偿马匹还官。〇其事非警急，不曾枉道而走死驿马者偿而不坐。〇若军情警急及前驿无船马倒换者不坐不偿。（亦究不倒换缘由。）

按：此仍《明律》，顺治初年添入小注。现改杖为罚。盖禁驿递之骚扰也。《唐律》：“诸增乘驿马者，一疋徒一年，一疋加一等。应乘驿驴而乘马者减一等。主司知情与同罪，不知情者勿论。诸乘驿马辄枉道者，一里杖一百，五里加一等，罪止徒二年。越至他所者，各加一等。经驿不换马者，杖八十。无马者，不坐。又《诈伪门》：诸诈乘驿马，加役流；驿关等知情与同罪，不知情减二等，有符券者不坐。其未应乘驿马而辄乘者，徒一年云云。”《明律》虽本于唐而详略不同，拟罪亦较轻数等，且添入驿船一层，其殴伤驿官及走死驿马各句亦为《唐律》所无。盖应乘马船勘合内俱有定数等次，在使人不得依势多乘勒要，在驿官亦不得容情滥行应付，违者均有应得之罪。惟容情多付究由畏势，以之倚势勒要者稍轻，故得各减一等。曰殴伤，则殴而无伤者止坐本罪不加等矣。曰殴伤驿官，则殴伤马夫者只科多乘勒要之罪，必至折伤以上始依凡斗论矣。律外又有例，均足补律未备，当合参之。

一，勘合之外，如敢多给一夫一马，许前途州县据实揭报，都察院纠参。傥容情不揭，别经揭报，一并治罪。其差使至境，硬派民间牲口者，照违例妄索民夫例，该管官揭报，督抚奏参，审明后分别议处治罪。

一，水驿一应差船，如有派拨埠头扣克官价入己者，计赃，照侵盗钱粮例问拟。各衙门乡亲来往并书吏人等滥捉民船，辄用旗枪灯笼假借本管官官衔者，照无官而诈称有官律徒三年。

多支廪给

凡出使人员多支领廪给者，计赃以不枉法论（分有禄无禄）。当该官吏与者减一等。强取者以枉法论，官吏不坐（多支口粮比此）。

按：此仍《明律》，顺治初年添入小注。盖禁出使人员之需索也。《唐律·杂律》：**"诸应给传送而限外剩取者，笞四十；计庸重者，坐赃论，罪止徒二年。"**疏议曰：应给传送（者），依［**厩牧**］令：［官爵］一品，给马八疋；［嗣王、］郡王及二品以上，［给马］六疋。三品以下各有等差。又律，**诸不应入驿而入者，笞四十。辄受供给者，杖一百；计赃重者，准盗论。虽应入驿，不合受供给而受者，罪亦如之云云。**《明律》止言驿马而无《唐律》传送马匹之制，此律所称廪给即《唐律》所谓供给也，惟罪名轻重与文义详略则各有不同耳！廪给者，驿递额设供廪钱粮以及差使者出使人员额外多支，是亦赃也。惟情节有和取强取之分，故论罪有枉法不枉法之别，如随从之人所支曰口粮，亦即廪给也，故注曰多支比此。

文书应给驿而不给

凡朝廷调遣军马及报警急军务至边将，若边将及各衙门飞报军情诣朝廷（实封）文书，故不遣使给驿（而入递）者处十等罚。因而失误军机者绞（监候）。〇若进贺表笺及赈救饥荒、申报灾异、取索军需之类重事，故不遣使给驿者处八等罚。（失误军机仍从重论。）若常事，不应给驿而故给驿者处四等罚。

按：此仍《明律》，顺治初年添入小注。现改斩为绞，改笞杖为罚金。盖言驿递之设以备缓急，故分别应给滥给之罪也。《唐律·职制门》：**"诸文书应遣驿而不遣驿，**

及不应遣驿而遣驿者，杖一百。若依式应须遣使诣阙而不遣者，罪亦如之。"《疏议》曰：依**《公式令》**：在京诸司有事须乘驿，及诸州有急速大事，皆合遣驿。又，[**依仪制**]**令**：皇帝践祚及加元服，皇太后加号，皇后、皇太子立及赦元日，刺史若京官五品以上在外者，并奉表疏贺，州遣使，余附表。此即应遣使诣阙者云云。《明律》本此而文义较详，又添失误军机一层。《示掌》云：大事遣使给驿，小事交铺入递。盖事有缓急，缓其所当急，故有失误之咎。而急其所当缓，亦有滥用之愆，故分别治罪。调遣军马及报警急军务至边将，是自上而下行者。边将及各衙门飞报军情诣朝廷，是自下而上达者，皆关系紧急重大之事，如次节进表、救灾等项，虽亦系重事，究较前项稍轻，故拟罪减轻二等，与上驿递违限失误军机虽均拟绞罪，而情各不同，须分别观之。

公事应行稽程

凡公事有应起解官物、囚徒、畜产，差人管送而辄稽留及（一切公）事有期限而违者，一日处二等罚，每三日加一等，罪止五等罚。若起解军需随征供给而管送（兼稽留）违限者，各加二等，罪止十等罚。以致临敌缺乏失误军机者绞（监候）。若承差人误不依题写去处错去他所以致违限者减（本罪）二等。事干军务者不减（或罚或绞，照前科罪）。若由公文题写错（而违限）者，罪坐题写之人，承差人不坐。

按：此仍《明律》，顺治初年添入小注。现改斩为绞，改杖为罚。盖言公事各有定限，不可稽迟也。《唐律·职制门》：**诸公事应行而稽留，及事有期会而违者，一日笞三十，三日加一等，过杖一百，十日加一等，罪止徒一年半。即公事有限，主司符下乖期者，罪亦如之。若误不依题署及题署误，以致稽程者，各减二等云云。**《明律》本此而增入供给军需一层罪，亦较《唐律》为轻。曰官物，则各项钱粮一应办供本色之类皆是。曰囚徒，则轻重罪犯皆是。曰畜产，则马牛骡驴猪羊等畜皆是，均为寻常官物。若军需粮饷则关系较重，故违限罪亦加等。此条虽与驿使稽程相似，但彼言出使之人，此言承差管解之人，官差轻于朝使，故罪止加等而已。又，《捕亡门》亦有稽留囚徒之条与此不同者，彼言问官稽留之罪，此言管解人稽留之罪，亦当分别观之。

一，夫役工匠人等遇有紧要差使，传集公所立待应用，如不遵官长约束，为匪不法，逞刁挟制，因而率众扬散以致误差，审明为首者流三千里，为从均处十等罚。倘系偶尔违禁干犯赌博斗殴等事，并未挟制官长扬散误差者，仍按本律治罪。

乘驿马赍私物

凡出使人员应乘驿马,除随身衣(服器)仗外,赍带私物者,十斤处六等罚,每十斤加一等,罪止十等罚。驿驴减一等。(所带)私物入官。(致死驿马者依本律。)

按:此仍《明律》,顺治初年添入小注。现改杖为罚。盖禁赍带私物以惜马力也。《唐律·职制门》:**"诸乘驿马赍私物,一斤杖六十,十斤加一等,罪止徒一年。驿驴减二等。"**《明律》本此,惟改一斤为十斤,减二等为一等,且罪止杖一百,较《唐律》亦轻。盖驿中马驴止供骑坐之用,不任负重之役,故带私物者分别轻重治罪。即有所赍官物,例拨车辆人夫,不许马驮,况私物乎?此条较后条乘官畜产附私物律拟罪较重者,此系驿与,与官马不同,驿马较官马更重。须分别观之,律外有例亦可并参。

一,奉差员役至头站时,该驿员即将应背之包称准斤数,开明印单,递送前途。其每夜住宿之站,该驿员详加查估,如果照例装载,即于印单填写某站验明并无重包字样。日间所过驿站,验单应付如前站。徇隐重包,经后站察出详报,该差员役照律治罪,徇隐驿员一并议处。

一,积惯渔利奸商寄托年班,进京回子及喇嘛土司夹带私货者,除数在五百斤以内,仍照律分别定拟外,如数至六百斤徒一年,每百斤加一等,罪止流三千里。货物照律入官。

私役民夫抬轿

凡各衙门官吏及出使人员役使人民抬轿者处六等罚,有司应付者减一等。若豪富(庶民)之家(不给雇钱,以势)役使佃客抬轿者罪亦如之。每名计一日追给雇工银一钱二分五厘。○其民间出钱雇工者,不在此限。

按:此仍《明律》,顺治初年修改,并添入小注,乾隆五年改定。现又改杖为罚,雇工银数增多。盖言民夫不可私役也。衙门有应合供应之夫,百姓非可以私役之人。役使人民则越分劳民,至于佃客不过耕种田地,非雇工人可比,豪家非分役人,故亦有罪。律内私役之罪甚多,此较私役部民、夫匠、军人、弓兵、铺兵各条治罪更重。后有条例足补律所未备,可以互参。

一,凡陆军部勘合钦差大臣及督抚入境,学差试差,知府下县盘查及他县奉督抚差委盘查者，准其动用民夫，其余概不准用。傥有违例妄索者，著该管官即行揭报督抚奏参。若该管官违例滥应，发觉之日照例治罪。

病故官家属还乡

凡军民官在任以理病故，家属无力不能还乡者，所在官司差人管领应付（车船夫马）脚力，随程验（所有家）口，官给行粮，递送还乡。违而不送者处六等罚。

按：此仍《明律》，顺治初年添入小注。现改杖为罚。盖言优恤故官之家属也。《唐律》：**“诸从征及从行、公使于所在身死，依令应送还本乡，违而不送者，杖一百。若伤病而医食有阙者，杖六十；因而致死者，徒一年。即卒官，家无手力不能胜致者，仰部送还乡，违而不送者，亦杖一百。”**疏议曰：从征，谓从军征讨；从行，谓从车驾行并公事充使。又，官人在任，以理身死，家道既贫，先无手力，不能自相运致以还故乡者，卒官之所，部送还乡。依令去官家口累弱，尚得送还；况乃身死云云。《明律》虽本于唐，但《唐律》指本身而言，《明律》重在家属。《唐律》从征而外，兼言从行公使，均指殁于王事者，《明律》专言官员病故而阵亡病故家属另见于《军政门》内，各有不同，罪名亦较《唐律》为轻。以理病故谓非因犯罪，即《名例》以理去官之义。在任以理病故，是犹殁于王事者也，家属无力还乡，死者之旅榇可伤，生者之流离可悯，故定此律以示厚待臣下之意。此外又有职官病故，俱给勘合，分别文武品级大小，陆路给与夫马，水路给与船只，其详见于《中枢政考》，兹不细列。

一，县丞以下等官，参革离任，或告病身故，实系穷苦不能回籍者，该督抚于存公项内，酌给还乡路费，每年造册报销。

承差转雇寄人

凡承差起解官物、囚徒、畜产不亲管送而雇人寄人代领送者处六等罚。因而损失官物、畜产及失囚者，依（本）律各从重论（损失重问损失。轻则仍科雇寄）。受雇、受寄人各减（承差人）一等。〇其同差人自相替者放者各处四等罚。取财者（承替取放者，贴解之物）计赃以不枉法论。若事有损失者亦依损失官物及失囚律追断，不在减等之限。（若侵欺故纵各依本律。替者有犯，管送人不知情不坐。）

按：此仍《明律》，顺治三年添入小注。现改杖为罚。盖禁承差代替之弊也。《唐律·职制门》：**“诸驿使无故，以书寄人行之及受寄者，徒一年。诸奉使有所部**

送，而雇人寄人者，杖一百；阙事者，徒一年。受寄雇者，减一等。"疏议曰：奉使有所部送，谓差为纲、典，部送官物及囚徒、畜产之属。而使者不行，乃雇人、寄人而领送者，使人合杖一百。阙事者，谓于前事有所废阙。**即纲、典自相放代者，笞五十；取财者，坐赃论；阙事者，依寄雇阙事法。仍以纲为首，典为从云云。**《唐律》分作三层，驿使以书寄人一层，奉使部送雇人一层，纲典自相放代一层，《明律》止有上下二层而无驿使一层，其拟罪亦较《唐律》稍轻，至取财者，《唐律》坐赃，明改为不枉法，又较《唐律》为重矣。此专言解送官物、囚徒、畜产之例，其所谓依律者，如损失官物则依转解官物之条，如失囚则依徒流人逃及主守不觉失囚之条，畜产虽无正律，当与官物同论。故《辑注》云：本律止言解送之事，若有侵盗、借贷、抵换、虚换、损失及受财故纵等事，则各有本律也。后有条例，足补律所末备，所当互参。

一，起解人犯，每名选差的役二名，管押兵丁二名护送。若兵役派不足数及雇人代解，许兵役互相禀报，本管官知会原派衙门查究补派。若兵役知而不举，将兵役及承派之书吏、弓兵俱处十等罚，革役。其经由前途文武各官按批查点，有缺少及代解等弊，即详报督抚将原派官弁参处。其缺少顶替之兵役，照承差起解囚徒雇人代送律处六等罚，革役。如前途各官隐匿不报，别经发觉，奏参议处。

乘官畜产车船附私物

凡因公差应乘官马牛驼骡驴者，（各衙门自拨官马不得驰驿而行者，）除随身衣仗外，私驼物不得过十斤。违者，五斤处一等罚，每十斤加一等，罪止六等罚（不在乘驿马之条）。〇其乘船车者私载物不得过三十斤。违者，十斤处一等罚，每二十斤加一等，罪止七等罚。家人随从者不坐。若受寄私载他人物者，寄物之人同罪，其物并入官。当该官司知而容纵者与同罪，不知者不坐。若应合递运家小（如阵亡、病故官军及官员在任以理病故）者，（虽有私带物件）不在此限。

按：此仍《明律》，顺治初年增修，添入小注。现改杖为罚。盖言官畜车船不当附以私物也。《唐律·杂律》：诸应乘官船者，听载衣粮二百斤。违限私载，若受寄及寄之者，五十斤及一人，各笞五十；一百斤及二人，各杖一百；每一百斤及二人，各加一等，罪止徒二年。从军征讨者，各加二等。监当主司知而听之，与同罪。空船者，不用此律。又，《厩库门》：诸应乘官马、牛、驼、骡、驴私驮物不得过十斤，违者，一斤笞十，十斤加一等，罪止杖八十；其乘车者，不得过三十斤，违者，五斤笞十，二十斤加一等，罪止徒一年。即从军征讨者，各加二等。若数人共驮载者，各从其限为坐。监当主司知而听者，并计所知，同私驮载[法]云云。官船一层，官马牛等一层，官车一层，凡分三层，《明律》并为一条，官马牛不得过十斤，车船均不得过三十斤，官马等罪止杖六十，车船罪止杖七十，均不如《唐律》平允，亦无《唐律》从军征讨一层。此与驿马不同，驿马差多而劳，官畜车船止备公务差遣，间一用之，故论轻重，计斤多少与乘驿马賫私物条各异。

私借驿马

凡驿官将驿马私自借用，或转借与人及借之者各处八等罚。驿驴减一等。验(计)日追雇赁钱入官。若计雇赁钱重(于私借之罪)者各坐赃论，加二等。

按：此仍《明律》，顺治初年添入小注。现改杖为罚。盖言驿马私借之罪以防误公也。《唐律·厩库门》：**“诸监临主守，以官(奴婢及)畜产私自借，若借人及借之者，笞五十；计庸重者，以受所监临财物论。驿驴，加一等。即借驿马及借之者，杖一百，五日徒一年；计庸重者，从上法。即驿长私借人马驴者，各减一等，罪止杖一百云云。”**《明律》私借官畜产与《唐律》同而私借驿马只杖八十，亦无五日拟徒之文，则较《唐律》为轻，且《唐律》驿驴加一等，《明律》驿驴反减一等，亦不画一，此与私借官畜产科法相同而论罪加重者，以驿马究较官马为重也。

卷五

贼盗上

《笺释》:贼者,害也。又《辑注》:杀人曰贼,窃物曰盗。盖害及生民,流毒天下,故曰贼。盗则止于一身一家而已。李悝《法经》六篇:一《盗法》,一《贼法》。汉魏改为《贼律》、《盗律》,后周易作《贼叛律》、《劫盗律》;贼盗本分两门,隋合为一,名曰《贼盗律》;唐宋以来至今不改。此篇惟首三门《谋反》、《谋叛》、《造妖书妖言》系贼,其余皆盗也。

谋反大逆

凡谋反(不利于国,谓谋危社稷)及大逆(不利于君,谓谋毁宗庙、山陵及宫阙),但共谋者,不分首从(已、未行),皆斩。知情故纵、隐藏者绞。有能捕获(正犯)者,量功授职,仍将犯人财产给半充赏。(余者或入官,或仍给家属随案办理。)知而首告,官为捕获者,止给财产。(虽无故纵但)不首者流三千里。(未行而亲属告捕到官,正犯同自首免,已行不免。非亲属首捕,虽未行,仍依律坐。)

按:此仍《明律》。其小注系顺治三年增修,雍正六年删定,现又删改。《唐律》正犯罪止于斩,缘坐之父子年十六以上皆绞,十五以下及母女妻妾、祖孙、兄弟姊妹皆没官。男夫年八十及笃疾,妇人年六十及废疾者并免。伯叔父、兄弟之子皆流三千里。《明律》祖父、子孙、兄弟及伯叔父、兄弟之子皆拟决斩,过于严厉。嘉庆、道光年间累次修改从轻,凡反逆案内,其子孙实不知情者,无论已未成丁,均交内务府阉割,发往新疆给官兵为奴;十岁以下牢固监禁,俟十一岁再行阉割。其余律应缘坐男犯,并非逆犯子孙年十六以上者,发往新疆为奴,十五以下俟成丁时再行发遣;缘坐妇女发各省驻防给官兵为奴云云。已较《明律》从宽，现律一概除去，不但较《明律》为轻，即较《唐律》亦为宽恕。盖反逆之法，汉代最严，《唐律》稍宽，《明律》复严于唐。我朝律文虽沿于明而条例改从宽典，深仁厚泽已足超越汉唐。据现在律论之，除正犯处斩外，余均免其缘坐。虽深合文王治岐罪人不帑，帝德好生罚弗及嗣之道。但以后世而遽欲追踪三代，媲美唐虞，徒博宽大，恐启匪党觊觎之心。又按：反逆之罪，东西各国均从重典。法国谓之妨害国家安宁之罪；德国谓之大逆谋杀之罪；俄国谓之谋危皇族，谋危社稷之罪；日本谓为关皇室，关内乱之罪。虽处绞处斩各有不同，皆不得贷其一死，此可见天经地义，中外所同，政体虽有专制、立宪、共和之殊，而干犯至尊，即民主之国亦当立置重典。至于凌迟缘坐之法，各国均无，一旦划而除之，宜其为外国称颂也。此为六律中最重之罪，故列于刑律之首。律文设此严法，使人望而知畏，应可遏恶于初萌，悔悟于未发，亦火烈民畏之意，未可与他律斤斤比较。《周礼》云：新国用轻典，乱国用重典；《书》云：刑罚世轻世重；《传》曰：宽以济猛，猛以济宽。盖刑罚之轻重各因其时，若一味从宽，则水懦民玩，反贻姑息养奸之祸。此又减轻刑法者不可不知也。

谋叛

凡谋叛（谓谋背本国潜从他国）但共谋者，不分首从皆绞。知情故纵、隐藏者，绞（监候，入于秋审情实）。有能告捕者，将犯人财产给半充赏，（余者或入官或仍给家属随案办理。）知（已行）而不首者，流三千里。若谋而未行者，为首绞（监候入于秋审情实），为从者（不分多少）皆流三千里。知（未行）而不首者，徒三年（未行则事尚隐秘，故不言故纵隐藏）。若逃避山泽，不服追唤者（或避差，或犯罪负固不服，非暂逃比），以谋叛未行论（依前分首从）。其拒敌官兵者，以谋叛已行论（依前不分首从律。以上二条未行时，事属隐秘，须审实乃坐。）

按：此仍《明律》，其小注系顺治三年修改，现又删改。正犯应斩决者改为绞决，应绞决者改为绞候。查《唐律》此项缘坐之法，仅及父母妻子。若率众不及百人，止坐妻子，虽父母亦不缘坐，即缘坐罪止于流。《明律》添入妾、女、祖、孙、兄、弟六项，且改流罪为奴，较《唐律》已涉严厉。但现在缘坐概予删除，不但与旧律迥然不同，亦较《唐律》为轻矣。此律分两层，前一层言谋叛之罪，后一层言逃叛之罪，而谋叛、逃叛之中又分已行、未行。盖罪莫重于反逆，而谋叛次之，故罪亦差异。《日本刑法》谓之外患罪，凡交结外国以抗本国者，处死刑，即此谋叛之意。此律以后尚有结交结拜条例数则，虽非谋叛，实与谋叛相类，故附于谋叛律后。刻下会匪蠭起，此例较律尤有裨于实用，故录于后，当细参之。

一，凡异姓人但有歃血订盟，焚表结拜弟兄者，照谋叛未行律，为首者拟绞监候，为从减一等。若聚众至二十人以上，为首者拟绞监候，入于秋审情实；为从者发烟瘴地方安置。其虽无歃血盟誓，焚表情事，若年少居首，并非依齿序列，即属匪党渠魁。聚众至四十人以上者，首犯改拟绞监候，入于秋审情实；为从发烟瘴地方安置。未及四十人者，为首拟绞监候，为从流三千里。其有抗官拒捕，持械格斗等情，无论人数多寡，各按本罪分别首从，应绞候者加拟立决，应遣流以下者，照罪人拘捕各律例分别治罪。如为从各犯内审明实系良民被胁勉从结拜，并无抗官拒捕等事者，应于为从各本罪上再减一等。仅止畏累出钱，未经随同结拜者，照违制律治罪。其闻拿投首及事未发而自首者，各照律例分别减免。倘减免之后复犯结拜，不许再首，均于应拟本罪上酌予加等，应绞候者改拟绞决，应发烟瘴安置者发新疆当差，应满流者改为极边足四千里安置，应满徒以下亦各递加一等治罪。其自首免罪各犯，由县造具姓名住址清册，责成保甲、族长严行稽查约束，仍将保人姓名登记册内。如有再犯，即将知而不首之保甲、族长处十等罚。

一，各省拿获会匪，如讯系为首开堂放飘者，及领受飘布展转纠伙散放多人，或在会中充当元帅、军师、坐堂、陪堂、刑堂、礼堂名目与入会之后，虽未放飘展转纠人而有伙同抢劫情事，及勾通教匪煽惑扰害者，一经审实即开录详细供招，禀请覆讯就地正法，仍随案具奏。此外，如有虽经入会，并非头目情罪稍轻之犯，酌定年限监禁。俟限满后，察看是否安静守法、能否改过自新分别办理。其无知乡民，被诱被胁误受匪徒飘布，希冀保全身家，并非甘心从逆之人，如能悔罪自首呈缴飘布者，一概从宽，免其究治。其有向充会匪自行投首密告匪首姓名，因而拿获，亦一律免罪。若投首后又能作线引拿首要各犯到案，究办除免罪之外，仍由该地方官酌量给赏。地方文武员弁能拿获著名首要，审实惩办，随案奏请优奖。如妄拿无辜扰累闾阎以及纵匪贻害，亦即严行参处。

一，凡不逞之徒歃血订盟，转相结连土豪、市棍、衙役、兵丁，彼倡此应，为害良民。据邻佑乡保首告，地方官如不准理，又不缉拿，惟图掩饰，或至蠭起为盗，抄掠横行，将地方文武各官革职，从重治罪。其平日失察，首告之后不自隐讳，即能擒获之地方官免其议处。至乡保、邻佑知情不行首告者，亦从重治罪。如旁人确知首告者，该地方官酌量给赏。倘借端妄告者，仍照诬告律治罪。

一，叛逆案内被胁入伙，并无随同焚泛戕官、抗拒官兵情事者，各于斩绞罪上减一等，发烟瘴地方安置。其闻拿悔罪自行投首者，再减一等，徒三年。

造妖书妖言

凡造妖书妖言及传用惑众者，皆绞（监候。被惑之人不坐，不及众者流三千里，合依量情分坐，）若（他人造传）私有妖书，隐藏不送官者，徒三年。

按：此仍《明律》。其小注系顺治三年修改，现又删改，仍照《唐律》拟绞。《唐律》有言理无害一项，谓妖书妖言虽说变异，无损于时，若豫言水旱之类，造与传用，只杖一百；私有者杖六十。旧律删去此层，添入"谶纬"二字。谶者，符验也；纬者，组织也。谓组织休咎之事，以为将来之符验。又谶，符也。纬，横也。以符谶之说，横乱正道也，如赤伏符、卯金刀之类，或妄谈已往怪诞之事，或妄载未来兴废之征，或假托鬼神作为妖妄不经之论。关系国家祸福、世道盛衰，意在煽惑人心，图谋不轨。故立此重法，附于反叛之后，载于《盗贼》之门，与《禁止师巫邪术》条内左道异端煽惑人民一项似同而实异。彼假托神道，意在诳骗愚民之财；此则奸宄不逞，意在祸乱国家。其用意不同，故拟罪有轻重之分。又《收藏禁书门》载私藏天象器物、图谶应禁之书者十等罚，与此隐藏妖书徒三年之律，情事似同而拟罪各异者，虽均系应禁之书，彼是前代流传，原有此书；此则奸人造作，假托以惑众，其实究有不同，故编载异门。现因谶纬不常见，已将此二字节删，有犯则照妖书妖言办理。此中界限甚微，须细参之。《辑注》"惑众"二字，统承上造与传用而言，造原有惑众之心，传众[用]则有惑众之事，造者或自传用，而传用者不必自造。细玩"及"字，其意自见。若将"惑众"二字专承传用，则失律义矣。日本现行法不设此条，《改正刑法》：军人为利敌计，造言飞语者处死刑。《德国刑法》：以大逆之目的，公然张贴陈列及其他隐画公布为挑发者，处十年以下惩役。又《俄律》：编造揭贴书画传播，煽惑人民作乱者，罚作八年以上苦工云云。其情节与此律相似而拟罪不同，德俄均不以[处]死，日本与中国均处死刑，此可见欧亚风俗不同，故刑法各自相合。律后尚有条例数则辅律而行，详录于左，以备参考：

一，凡狂妄之徒，因事造言捏成歌曲沿街唱和及以鄙俚亵嫚之词刊刻传播者，内外各地方官即时察拿，审非妖言惑众者，坐以不应重罪。

一，凡坊肆市卖一应淫亵书画，地方有司一体严禁，板书器物尽行搜毁。有造作刻印描画者，系官革职，军民徒二年；市卖者，处十等罚；买看者处八等罚；该管官不行查出，交部议处，仍不准借端出首讹诈。

盗大祀神御物

凡盗大祀（天曰）神（地曰）祇御用祭器帷帐等物，及盗飨荐玉帛牲牢馔具之属者，皆绞。（不分首从，监守、常人，谓在殿内及已至祭所而盗者。）其（祭器品物）未进神御及营造未成，若已奉祭讫之物及其余官物，（虽大祀所用非应荐之物）皆徒三年。若计赃重于本罪（徒三年）者各加盗罪一等。（谓监守、常人盗者，各加监守、常人盗罪一等，至杂犯绞不加。）

按：此仍《明律》，其小注系顺治三年增修，现又改易。《唐律》亦有此项，而罪止流二千五百里，若盗玉帛牲牢止徒二年，较此律轻数等矣。此律之意盖在重祀典而严不敬，故载在十恶之内，天地、宗庙、社稷皆为大祀，余则中祀、小祀也。郊社禘尝，典礼森严，故御物不容亵视。祭器帐帷幔等物系神祇所用者，玉帛牲牢馔具系飨荐于神祇者，盗之则为大不敬。然亦有二等，若祭器等物已在殿内，玉帛馔具已在祭所，盗之则亵慢已极，故拟以绞。若以上等物未进神御，及其余官物如釜甑之属，虽大祀所用而不系临时飨荐者，究与盗于祭所有间，故罪止满徒。赃重于本罪加一等者，如计赃轻微，不论多少均拟满徒。若计赃重者，如监守盗寻常官物十七两应徒三年，今盗大祀神物值十七两亦拟满徒，则与寻常监守盗无异，故加一等流二千里；如常人盗官物四十五两，流二千里，今盗大祀神物值四十五两，亦流二千里，则与寻常常人盗无异，故加一等流二千五百里；但加不至死者，《名例通义》注云：至杂犯绞不加。可见，此项盗罪虽计赃满贯，止可加至徒五年，不得加入实绞也。去年奉有明诏：孔子升入大祀以后，如盗孔庙祭器等物，应依此律办理。此项罪名《日本刑法》所无，欧西各国崇尚宗教，凡盗及教堂者治罪加严。《德律》：盗礼拜堂内器具及供礼拜神祇之建造物者，处惩役。《俄律》：盗教堂神物，及供奉灯烛杯盏经卷，罚作苦工云云。虽名色各有不同，而其尊敬神道则一也。拟罪均不至死，与中国《唐律》相合，较之现律则轻矣。又嘉庆年间有窃挖关帝神像内所藏银什及像前供器者，比照大祀神物减斩候，秋审入于情实。成案可见此律专指大祀，其中祀、小祀俱不得援引也。

盗制书

凡盗制书者（若非御宝原书，止抄行者以官文书论），皆绞（不分首）从。盗各衙门官文书者，皆处十等罚。若有所规避者（或侵欺钱粮，或受财买求之类）从重论。事干（系）军机（之）钱粮者，皆绞（监候不分首从）。

按：此仍《明律》，原文“制书”下有“起马御宝圣旨、起船符验”数字，雍正三年删定，现又改易。其小注系顺治三年添入。较《唐律》治罪为严，《唐律》盗制书者仅徒二年；重害文书较官文书加一等，拟徒一年。而又有盗纸券及应除文案二项，现律删去下二项，上二项分别以绞决、绞候，而又不分首从，则较《唐律》重六七等矣。此律之意重在制书，而因及官文书也。制书，凡用御者宝皆是，官文书系公事行移。制书，所以诏令天下，关系至重，故盗者不分首从，皆拟绞决。官文书，不过寻常申上行下之事，故罪止满罚。若于事有所规避，各从其重者论之：盗罪重以盗科之，规避罪重以规避科之。军机如飞报军情之类，钱粮如申索军需之类，原是两项小注，添一“之”字者，谓此钱粮必关系军机者方是。若寻常钱粮征收支解之类，不得援引此律。亦非谓止军机钱粮一项，而无止干军机一项，若关系军机，虽无钱粮亦拟绞罪。此中分明甚微，细玩自知。此外有弃毁制书者绞，弃毁官文书者处十等罚，误毁减三等，遗失制书印信者徒二年半，见《公式门》。又诈为制书及增减者皆绞，传写失误者处十等罚，见《诈伪门》。但彼绞罪俱系监候，此则立决，情节不同，故治罪稍异，须合参之。《日本刑法》有伪造诏书、毁弃诏书处无期徒刑，伪造弃毁官文书处轻惩役二条。而无盗制书及官文书之罪，岂以律无正条不治其罪乎？抑该国并无此项罪犯乎？是当质诸深通东洋律之人，而不敢妄为臆断也。

盗印信

凡盗各衙门印信者（不分首从）皆绞（监候，又伪造印信时，《宪书条例》云，钦给关防与印信同。）盗关防印信者，皆处十等罚。

按：此仍《明律》，原文印信下有“夜巡铜牌”四字。雍正三年删定，顺治三年添入小注，乾隆五年修改，现又改易。《唐律》盗御宝者绞。盗官文书印信者徒二年。余印杖一百。《疏议》：印者，信也。即今印信之谓。现律无盗御宝一层，而盗印信皆绞，亦较《唐律》加重六七等矣。印信，谓一品至九品文武衙门方印，所以传信于四方，颁自朝廷，关系机密重要。钦给关防，系钦差所掌，如督抚、兵备、屯田、水利等官所掌关防，均为钦给，故盗者与印信同科。若下项关防印记或为私刻，或系杂职衙门戳记，关防与钦差所掌者不同，故止拟罚。本律专言盗去，与盗用者不同。盗用印信载于《诈伪门》诈伪制书律内，而治罪略有分别，盖盗用则印用于空纸而印犹存，盗则并印信而窃取之，情节大有不同，故治罪分别轻重。此外，伪造各衙门印信者绞监候；伪造印信及钦给关防，事关军机，冒支钱粮，假冒官职者，绞立决；止图诓骗财物为数多者，绞监候；银不及十两者流三千里，亦见《诈伪门》。又弃毁印信者绞监候；遗失印信者徒二年半；擅用调兵印信者十等罚；文书（陋）[漏]使印信者六等罚；全不用印信者八等罚；因而失误军机者绞监候。均见《公式门》。须与此律互相比较，方见律文准情定罪，因罪用刑，轻重权衡，不爽锱铢。又《日本刑法》：伪造御玺、国玺，处无期徒刑；盗用者减一等；伪造官印及使用伪印者处重惩役；伪造私印使用者处重禁锢。俱较中律为轻，而亦无盗印信一项，似属缺点。

盗内府财物

凡盗内府财物者，皆绞（杂犯，但盗即坐，不论多寡，不分首从。若财物未进库，止依盗官物论，内府字要详）。

按：此仍《明律》。其小注系顺治三年修改，雍正三年改定，现又改斩为绞。《唐律》盗御宝者绞；乘舆服御物，流二千五百里；其拟供服御及供而废阕，若食将御者徒二年；拟供食御及非服而御者，徒一年半，较现律治罪从轻。而服御食御分作三层，界限亦较明显。《明律》删去盗御宝一层，而统言内府财物，不分服食器具，拟罪维均，似涉缺略。且初拟绞[斩]罪，固失之重。而注作杂犯又涉于轻，是以国朝补设条例，以补律所未备。现俱照例办理，此律亦为虚设矣。天子之库曰内府，财物如金银器物及九库二十四监局、钱粮、光禄寺品物之类，以事关皇城禁地，故治罪从严。初拟绞监候改为杂犯，但有死罪之名而无死罪之实，以其罪难免而情有可矜，故准徒五年以贷之。虽贷其死而不易其名，所以示戒也。外国宫禁不似中国森严，有犯应与凡盗同论，故不另立专条。此项律简例详，律轻例重，审理此等案犯必须详参条例，兼查成案，未可据律为断。附录条例于左，以备研究：

一，凡偷窃大内及禁苑乘舆服物者，照律不分首从，拟绞立决；偷窃各省行宫乘舆服物者，为首拟绞监候，为从发烟瘴地方安置；其偷窃行宫内该班官员人等财物，仍照偷窃衙署例问拟；若遇翠华临幸之时，有偷窃行宫物件者，仍依偷窃大内服物例治罪。

一，凡盗内府财物，系御宝、乘舆服御物者绞立决；其余银两钱帛等物，分别监守、常人，照盗仓库钱粮各本例定拟。

一，行窃紫禁城内该班官员人等财物，不计赃数、人数，照偷窃衙署例上加一等治罪，赃重者从重论。

又《刑案汇览》载例内"乘舆服物"四字，凡大内御用物件及存贮供器等物皆是。嘉庆四年有行窃清漪园帘布钩绳等物一案，道光三年有行窃热河避暑山庄备赏物件一案，均依例拟斩立决，奉旨改为斩监候，秋审入于情实。嘉庆六年有偷窃养心殿天沟内拆卸旧锡片一案，比照窃大内服物斩例，减一等拟流三千里。以上三案虽均系盗之禁地，而簾布钩绳并备赏物件究较内府服物稍轻，旧锡片又较簾钩赏物为轻，故分别依例量减，聊举一隅，可见办案引例之法必须详细查核，不可稍涉含混。

盗城门钥

凡盗京城门钥，皆（不分首从）流三千里。（杂犯遗失者，徒二年半。）盗府、厅、州、县、镇城关门钥者，皆徒三年。盗仓库门（内外各衙门）等钥者，皆工作十个月。（盗紫禁城门钥，律无文，当以盗内府物论，盗狱门钥比照仓库。）

按：此仍《明律》，顺治三年添入小注，现又改易，雍正三年以监狱关系甚重，而律文及注未言，因于小注添入比照仓库一层。《唐律》有盗宫殿门符一项，门符与门钥并举，而钥究轻于符，盗宫殿门符流二千里。皇城京城门符，徒三年，门钥减三等。盗州、镇及仓厨、厩库、关门等钥，杖一百。县戍等门钥，杖六十。此律止言门钥而无门符，且止言京城门钥，注虽补出紫禁城门钥而无宫殿门钥，《唐律》京城、皇城并举，治罪从同。此律紫禁城比照内府，较京城加重，《唐律》州镇、仓库从同，县轻于州，此律州、县、镇从同，而仓库轻于州县，且《唐律》有戍无府，此有府无戍，而拟罪亦较《唐律》加重三等。其中参差互异之处，良由时代变易、制度不同，故罪名不能强合。观于律法一端，而世道之升降，民俗之盛衰从可见矣。夫门禁所以防奸，而门必设锁，锁必有钥，以谨启闭而戒不虞。门钥非财物之比，盗者必有窃启为奸之意，京城关系重大，府州县镇次之，然其中均有狱囚库藏，亦所当严。至于仓库以储官物，盗狱以禁囚犯，均非寻常门钥可比。故以所关之大小，定罪之轻重，律止言盗去，尚未及用也。若用以为奸，或窃取财物，或纵放罪囚，或暗通奸细，自当以所犯之罪从重定拟，不得谨依此律矣。此外，如各处城门，误不下锁者处八等罚。非时擅开闭者处十等罚。京城门加一等，紫禁城门误不下锁者流三千里。非时擅开闭者，绞监候，见《宫卫门》。又遗失京城门锁钥，比遗失印信徒两年半，皆与此律互相发明，宜合参之。中国盗律甚细，条例固涉纷繁。然此律以下各门，外国均无专条，亦未免缺略不备矣。

盗军器

凡盗（人关领在家）军器者（如衣甲、枪刀、弓箭之类），计赃以凡盗论。若盗（民间）应禁军器者，（如人马甲、傍牌、火筒、火炮、旗纛、号带之类）与（事主已得）私有（之）罪同。若行军之所及宿卫军人相盗入己者，准凡盗论。（若不入己）还充官用者，各减二等。

按：此仍《明律》，顺治三年添入小注，雍正三年修改。《唐律》：盗禁兵器者，徒二年。甲弩流二千里。若盗罪轻同私有法，盗余兵器及旌旗旛职者，杖九十。若盗守卫宫殿兵器者，各加一等。即在军及宿卫相盗还充官用者，各减二等云云。军器分作四项：禁兵器一层，甲弩一层，余兵器一层，守卫宫殿兵器一层。盗守卫兵器重于余兵器，而盗应禁兵器更重于守卫兵器，盗甲弩者尤重于禁兵器。此律止分二项，其治罪较《唐律》稍轻，而计赃计件更为详细。盖枪刀弓箭，所以习武防身，用备非常，不在禁限。若人马甲、傍牌、火筒、火炮、旗纛之类，乃战阵所用，私家有之，即不轨之具也，故为应禁军器。凡有弓箭枪刀，必军人关领在家方为军器。若民间自有之弓箭刀枪，自是民间私物，不得谓之军器。注中添出“关领在家”数字最为明显。凡盗此者，计赃以凡盗论。计其军器所值之价以为赃数，如一两，工作二月，以次递加，至一百二十两以上，绞监候。若盗应禁军器，则不计赃科罪，而以件数为断。查《军政门》私藏应禁军器，一件处九等罚。每一件加一等，罪止流三千里。民间私有，依此科罪，而盗者罪同，不过改罚金为工作耳。至于军人，俱系应用军器之人，既与常人不同，而行军之地，宿卫之时，军器原不收藏，又与常时有异。如彼此相盗，其法不妨稍宽，仍分别入己、官用以为轻重，不入己者固得减等，即入己者亦止准凡盗论，罪止满流，与上以凡盗论赃至逾贯即拟死罪者不同，须细观之。此外，如私藏私造军器及私铸炮位、抬枪，又将领弃毁军器遗失，误毁私卖军器，私当军器，收当军器各条，俱见《军政门》，与此互相发明，须合参之。外国凡关军器之案，亦不少贷。《日本刑法》：未受官命制造枪炮火药，处重禁锢二年以下加罚金。其由外输入者亦同，私贩者处重禁锢一年以下。私有者罚金百圆以下云云。治罪较中国为轻，且亦有私造、私贩、私有之罪而无盗罪，似亦不如中律完密。

盗园陵树木

凡盗园陵内树木者，皆（不分首从）徒三年。若盗他人坟茔内树木者，（首）工作六个月（从减一等）。若计（入己）赃重于（满徒工作）本罪者，各加盗罪一等。（各加监守、常人窃盗罪一等。若未驮载仍以毁论。）

按：此仍《明律》，顺治三年添入小注。雍正三年修改，现又改易。《唐律》盗园陵内草木者徒二年半。盗他人茔内树木者杖一百。赃重者以凡盗论，加一等。此律盗陵树者徒三年，较《唐律》重一等。而盗他人茔树者，工作六个月，又较《唐律》轻二等矣。且易草木为树木，其中亦有关系。《三秦记》云：帝王之陵有园，故曰园陵。园陵本属重禁之地，而树木尤为护廕之物。陵树较诸官物为重，茔树亦较别物为重。故盗凡物者皆计赃论罪，此则不论多少，但盗即坐。系陵树即徒三年。系他人坟树即工作六个月。赃重者各加凡盗一等，仍分别监守盗、常人盗、窃盗三项，各按各赃，加等治罪。如寻常监守盗计赃二十两，流二千里。若盗陵树值二十两，则加一等，流二千五百里。寻常常人盗官物，计赃四十五两，流二千里。若盗陵树值四十五两，加一等流二千五百里。寻常窃盗计赃一百两，流二千里，若盗他人坟树值一百两，加一等流二千五百里。如计赃在工作六个月以上者，即分别监守、常人窃盗各加一等。此条律文虽较《唐律》少有参差，而浑括简当，自足包扫一切。但现在条例纷繁，如律止浑言园陵，例于陵内分出红桩、白桩、青桩三层；律止浑言盗砍树木，例又补出开山取土、取石烧窑及在陵寝打牲畜、挖人参数项。至于盗砍他人坟树一项，例亦较律加详而治罪从严。且律止言他人盗砍，例又补出子孙盗卖一层，皆为律所未及，判案者不可不知。

一，凡在红桩以内，盗砍树株、取土取石、开窑烧造、放火烧山者，为首拟绞监候，为从流二千五百里。若红桩以外，官山界限以内，除采樵枝叶并民间修理房茔，取土刨坑不及丈余，取用山上浮石长不及丈及砍取自种私树者一概不禁外，其有盗砍官树、开山取石、掘地成濠、开窑烧造、放火烧山者，在红桩以外白桩以内流二千五百里，白桩以外青桩以内徒三年，在青桩以外官山以内徒二年半，为从各减一等，计赃重于徒罪者各加一等。官山界址在二十里外，即以二十里为限，若在二十里内，即以官山所止之处为限。弁兵受贿故纵，与囚同罪。赃重者，计赃以枉法从重论，其止疏于防范者，兵丁处十等罚，官弁交部议处。

一，私入红桩火道以内偷打牲畜，为首发极边足四千里安置。其因起意在内偷牲遗失火种以致延烧草木者，发烟瘴地方安置，为从各徒三年。如延烧殿宇墙垣，为首拟绞监候，为从流三千里。

一，凡在红桩白桩以内偷挖人参至五十两者拟绞监候，不及五十两及在白桩以外青桩以内偷挖者，仍照盗园陵树木本律治罪。弁兵受贿故纵者，与本犯同科。赃重者，计赃以枉法从重论。其止疏于防范者，兵丁处十等罚，官弁交部议处。

一，凡子孙将祖父坟茔前列成行树木及坟旁散树高大株颗私自砍卖者，一株至十株，处十等罚。十一株至二十株，徒三年。计赃重者，准窃盗加一等从其重者论。二十一株以上者流三千里。（如平日并无不肖行为，实系迫于贫难，别有正大需用，于坟茔并无妨碍，人所共知者，不用此例。或系坟旁散树，并非高大树颗，均照不应重科罪。）看坟人等及雇工盗卖者，罪同。若雇工看坟人等盗卖坟茔之房屋碑石砖瓦木植者，计赃准窃盗罪加一等。

一，凡盗砍他人坟树，初犯，工作六个月。再犯，罪加一等。如计赃重于本罪及犯三次者，悉计赃准窃盗罪加一等定拟。盗卖他人茔前房屋碑石砖瓦木植者，罪同。

此外，如于历代帝王陵寝樵采、牧放畜牲者处八等罚。又于天地坛内纵放畜牲者处十等罚，见《毁大祀郊坛》及《历代帝王陵寝》二门。又毁伐人树木者计赃准窃盗论，官物加二等。误毁官物者减三等。毁人坟茔内碑碣者处八等罚。又子孙盗卖祀产至五十亩者，流三千里，不及前数及盗卖义田者，一亩七等罚，每五亩加一等。盗卖历久宗祠一间七等罚。每三间加一等。罪止徒三年。知情谋买之人与犯人同罪。盗砍近边应禁树木，发烟瘴安置，见《弃毁稼穑》及《盗买田宅》等门。盗取坟冢器物砖石者，计赃准窃盗论，见《发冢门》。与此律例互相发明，宜并参之。外国刑法均无此项名目，想其陵寝之地不似中国尊严也，俟考。

监守自盗仓库钱粮

凡监临主守，自盗仓库钱粮等物，不分首从，并赃论罪（并赃谓如十人节次共盗官府四十两，虽各分四两入己，通算作一处，其十人各得四十两罪皆绞。若十人共盗五两皆工作十个月之类。三犯者绞，问实犯。）

一两一下，工作六个月；一两以上至二两五钱，工作八个月；五两，工作十个月；七两五钱，徒一年；一十两，徒一年半；一十二两五钱，徒二年；一十五两，徒二年半；一十七两五钱，徒三年；二十两，流二千里；二十五两，流二千五百里；三十两，流三千；杂犯三流，总徒四年；四十两，绞；杂犯，徒五年。

按：此仍《明律》，顺治三年修改。雍正三年增定，现又改易。《唐律》监临主守自盗及盗所监临财物者，加凡盗二等。三十疋绞。唐以绢之尺疋计赃，凡盗一尺，杖六十。监守加二等，杖八十。一疋加一等。自宋改疋为贯，明因之，国朝以银为主，现俱改贯为两矣。再《唐律》凡盗五十疋加役流，并不拟绞。监守盗三十疋即绞，严于官而宽于民。旧律凡盗一百二十两以上，问拟实绞，过五百两者秋审即予勾决。而监守盗四十两，只拟杂犯绞罪，则又严于民而宽于官矣。例虽有一千两以上问拟实绞之条，而限内完赃仍得减二等。即三限不完，亦止永远监禁，不实予勾决，名严而实仍宽，刑罚世轻世重，古今不同如是。盖监临有统摄案验之权，主守有管领典守之责，一切仓库钱粮及在官等物皆在掌握之中，若有意为盗，多寡惟其所取，故曰：自盗、凡盗有得财、不得财之分。若监守之人盗监守之物，自无不得之理。故常人盗窃，盗皆有不得财之罪，此则不言，非从略也，此必当下现任监守之责，若已经交卸，或已革职役，或此处库斗而盗别库，即同库之库斗而盗非所管之物，或新役库斗尚未接收与库上宿人为盗，此等俱无监守之权，俱以常人盗论，不得援引此律。此律四十两拟以实绞，本与《唐律》相合，改为杂犯，虽系宽恤之意，其实反多窒碍。四十两拟徒五年，若盗四百两、四千两，亦止于徒，则是平常窃盗逾贯者即实犯死罪，而监守盗逾百逾千仅止于徒，是岂情法之平？是以雍正、乾隆年间复定有条例，以补律文之穷。现在赃少者依律，赃多者依例，律例相辅而行，故附录例文于后，务当一并研究。

一，监守盗仓库钱粮，除审非入己者各照挪移本条律例定拟外，其入己数在一百两以下至四十两者，仍照本律问拟，准徒五年。其自一百两以上至三百三十两，流二千里。至六百六十两，流二千五百里。至一千两，流三千里，一千两以上者，拟绞监候，勒限一年追究，如限内全完，死罪减二等发落。流徒以下免罪。若不完，再限一年，勒追完者，死罪及流徒以下各减一等发落。如不完，流徒以下即行发配。死罪人犯监禁，均再限一年，著落犯人妻及未分家之子名下追赔，三年限外不完，死罪人犯永远监禁。全完者，奏明请旨，均照二年全完减罪一等之例办理。至本犯身死，实无家产可以完交者，照例取结豁免。其完赃减免之犯，如再犯赃，俱在本罪上加一等治罪。

此例以外又有挪移钱粮，私借钱粮及监守虚出通关，监守诈取财物各条，如监守将官钱粮私有借用，或转借与人及将己物抵换官物者，计赃以监守自盗论。又监守挪移出纳还充官用者，计赃准监守自盗论。五千两以下依律准徒四年，五千两以上分别拟流，二万两以上拟绞监候。一年限内全完免罪，不完，二年追完者减二等，三年追完者减一等。三年未完，照未完之数治罪。又主典擅开官封者六等罚。又监守收受钱粮不足而虚出通关及不收本色折收财物虚钞者，均以监守自盗论，见《仓库门》。又监守诈取所监守之物者，以监守自盗论。见《贼盗下》。以上各条均与此律互相发明，宜并参之。《日本刑法》：官吏窃取所监守之金谷物件者，处轻惩役。官吏征收租税各项，于正数外多征者，处重禁锢附加罚金，所犯与中律情节相同，而拟**众**[**罪**]**拟**[**似**]不如中律计赃之详细也。

常人盗仓库钱粮

凡常人（不系监守外皆是）盗仓库（自仓库盗出者坐）钱粮等物，（发觉而）不得财，工作两个月。（从减一等。）但得财，不分首从，并赃论罪。（并赃同前。）

一两以下，工作四个月；一两以上至五两，工作六个月；一十两，工作八个月；一十五两，工作十个月；二十两，徒一年；二十五两，徒一年半；三十两，徒二年；三十五两，徒二年半；四十两，徒三年；五十两，流二千五百里；五十五两，流三千里；（杂犯三流，总徒四年）八十两，绞（杂犯徒五年；其监守直宿之人以下不觉察科罪）。

按：此仍《明律》，其小注系顺治三年增删，雍正三年改定，现又改易。《唐律》无此名目，已包括于监守自盗律内，与监守自盗拟罪从同。明分为二，另立此门。常人者，别于监守而言，凡无监守之责，无论军民官役皆是。盖虽系钱粮官物，必从仓库中盗出方坐此罪。若从他处，不知为官物而盗者，自依窃盗法。即非官物而从仓库内盗出仍以盗官物论。此律严于窃盗而轻于监守窃盗，自工作两个月起，以十两为一等。监守盗自工作六个月起，以二两五钱为一等。此盗自工作四个月起，以五两为一等。盖监守、常人二项科罪，虽严于窃盗，然窃盗满数是真绞，监守、常人满数是杂犯。推立法之本意，不欲以盗官物而即杀之也。但拟罪涉于宽纵，办理诸多窒碍，是以另设条例以济律文之穷。现在此等案犯少则依律，多则依例办理，故附录条例于右，当并参之。

一，凡窃匪之徒穿穴壁封窃盗库储银钱、仓储漕粮，除未得财及得财数在五十五两以下仍依本律定拟外，其数至一百两以上者拟绞监候。一百两以下至九十两，发极边足四千里安置。九十两以下至八十两，流三千里。八十两以下至七十两，流二千五百里。七十两以下至五十五两以上，流二千里。为从各减一等。至窃盗饷鞘银两，即照窃盗仓库钱粮分别已未得财，各按首从一律科罪。

强盗

凡强盗已行，而不得财者，皆流三千里。但得（事主）财者，不分首从皆绞。（虽不分赃亦坐。其造意不行有不分赃者，流三千里。伙盗不行有不分赃者工作十个月。）若以药迷人图财者罪同。（但得财皆绞。）若窃盗临时有拘捕及杀伤人者皆绞（监候。得财、不得财者皆绞。须看"临时"二字。）因盗而奸者罪亦如之。（不论成奸与否，不分首从。）共盗之人不曾助力，不知拒捕杀伤人及奸情者，（审确）止依窃盗论。（分首从、得财不得财。）其窃盗，事主知觉，弃财逃走，事主追逐因而拒捕者，自依罪人拒捕律科罪。（于窃盗不得财本罪上加二等，殴人至折伤以上绞，杀人者亦绞。为从各减一等。）（凡强盗自首不实不尽，只宜以名例自首律内至死减等科之，不可以不应从重科断。窃盗伤人自首者，但免其盗罪，仍依斗殴伤人律论。）

按：此系《明律》，其小注系顺治三年添入，雍正三年修改，乾隆五年复添不行、不分赃两项，现又删改从轻。《唐律》强盗不得财徒二年，一尺徒三年，二疋加一等，十疋及伤人者绞，杀人者斩。其持杖者，虽不得财流三千里，五疋绞，伤人者斩。又《元刑法志》：强盗持杖伤人，虽不得财者，皆死；不伤人不得财，徒两年半；但得财，徒三年；至二十贯，首犯死；余人徒三年。又《宋刑统》：强盗一贯徒两年。十贯及伤人者绞；因盗奸人及用药酒迷人，从强盗法，死者加一等云云。皆以赃数之多寡及有无持械并伤人杀人分别徒流绞斩。明改从严，不分赃数多少、有无持械杀伤，概拟斩决，情重者又加枭示。**虽因世道风俗日趋险诈，盗情百出不穷，不得不设重法以示惩警。然立法如此严厉，而盗风仍未少戢，且法愈重而犯愈多，可见弥盗之方在教养不在文法也。**外国强盗均无死罪。《俄律》凡强劫住宅村落者，罚作十年以上苦工。如在街衢大道，或乡村支路及江湖河海者减一等；又强劫不在住宅及穷乡僻壤者，又减一等；如强劫时伤残人或殴折者加一等。又《德律》：凡强盗者处惩役；如强盗伤害人或致死者处无期惩役。又《法国律》：凡以暴行犯盗罪者处有期徒刑；若致被害者受有斫伤，处无期徒刑。又《英律》：强取财物五磅以上，处五年至十四年徒刑，或二年囚狱加苦役隘牢；如持凶器或纠众，处五年至终身徒刑，或处囚狱加笞刑。又《美律》：凡向邮吏行强盗者，处五年至十年囚狱加苦役；伤人及持凶器者，终身囚狱加苦役。又《日本刑法》：惟强盗杀人处死；强盗伤人及强奸妇女处无期徒刑。若无以上重情，虽结伙持械、用药迷人俱分别处以惩役云云。**互相比较，彼法轻而盗风日减，我法重而盗案日增，以外国比中国，更可见严刑重法仅治盗之标，非弭盗之本也。**现在新例已将强盗罪名略为轻减，盖统古今中外刑法源流而合参之，并非曲为宽恕也。此律之意，首言强盗之罪，而因及类于强者，有差等也。**所谓强者，须先定有强谋，执有器械，带有火光，公然攻打门墙者皆是。**《据会》云：强盗与抢夺相似，人少而无凶器，或途中或闹市，见人财而抢夺者，抢夺也。人多有凶器，不分人家道路夺人财物，或见人财物在前，先打倒而后劫财者，强盗也。若先抢夺后打，或虑事露抢回而打，仍是抢夺而非强盗。又有先行窃盗，潜入人家，然后明火执仗，此暗进明出，乃临时行强，仍应以强盗论。又《辑注》：临时行强与临时拒捕总分在得财先后，如将事主捆缚打伤之后搜赃而去，或一人架住事主而群盗入室搜赃，皆为临时行强。若赃先入手，事主惊觉追逐，因而格斗即临时拒捕也。此中分别细微，最宜详慎。凡不拘何物，在事主家者皆谓之财，一入盗手即谓之赃。劫取而去谓之得财，各分入已谓之分赃。强盗之赃虽未分，而事主之财则已失，故但论财之得与不得，不论赃之分与不分。凡上盗之人，虽不分赃，亦坐绞罪，与他律各计入已之赃以定罪者大不同也。共分四节，而第一节、第三节又各分二项。第一节以得财不得财分轻重。不得财，虽与事主无损而其强已行，故不分首从满流。但得财，则不计财之多少，不论伙盗之分赃不分赃，皆坐绞决。盖强盗之罪本以强论，不以赃论也。第二节言迷人图财之罪。以药迷人，使人不能动觉，与强盗无异，故得财同绞，不得财同流也。第三节言窃盗似强之罪。窃盗尚知畏人，若临时事主知觉，不走而拒及逞凶杀人者，其人虽窃，其事则强，故不问得财不得财，皆坐绞候。须知临时拒捕，即不杀伤人亦绞。观“及”字，可见奸不论妻妾雇工，因窃盗而强奸，亦如拒捕拟绞。若强盗行奸，则照例斩决矣。共盗之人，或在外未入，或得财先出，不知拒捕奸事者，止依窃盗论。第四节言追逐拒捕之罪。弃财逃走，追而逐之，不得不拒，故与临时拒捕不同。盖临时拒捕是格斗以图财，追逐拒捕乃弃财而求脱，其情异，故其罪异。拒捕本窃盗之事，以其迹同强，故不入《窃盗门》而载于此律也。律意如此解释。但现在办法，惟得财不分首从皆绞一项系用律文，其余另设条例较律详细，现俱依例办理，律文多为虚设。兹将例文附录于右［左］，并附列表以备参考。

一，凡拿获盗犯到案即行严讯，如有供出行劫别案，讯明次数赃物，取具确供。其在本省他邑者，即行通详该督抚，无论他邑有无拿获盗犯，总于赃物查起事主认领之后提解来省，并案审拟具奏，将该犯即行正法。若系供出邻省之案，其伙盗已获者，应令该督抚关查明确，首从绝无疑义者，详悉声明奏请，即行正法。如邻省伙犯未获，现获之犯或任意抵赖，系彼案盗首而供为同伙，将来后获之犯或本系盗首，因同伙已经正法，转推已决者为首犯，不无避重就轻之弊，应令各督抚详加研鞫，务得实情。其无前项情弊者，不必虚拟罪名另案具奏，即于本案声明奏请正法。倘行查被盗之州县有指已正法之盗作为首盗，或盗数未足作为伙盗希图销案，及州县彼此行查盗犯口供，不即详细讯明关覆，以致案件不能完结者，该督抚查明奏参，交部分别议处。

一，凡强盗重案交与印官审鞫，不许捕官私行审讯，番捕等役私拷取供，违者，捕官参处，番役等工作十个月，革役。如得财及诬陷无辜者，从重科罪。其承问官于初审之时即先验有无伤痕，若果无伤痕，必于招内开明“并无私拷伤痕”字样，若疎忽不开，扶同隐讳及纵容捕官私审者，即将印官奏参，交部议处。

一，凡强盗初到案时，审明伙盗赃数及起有赃物，经事主确认，即按律定罪。其伙盗数目以初获强盗所供为确，初招即定，不许续报。如系窃贼，审明行窃次数并事主初供，但搜有正赃即分别定拟。若原赃花费，照例追变赔偿。如事主冒开赃物，处八等罚。其盗贼供出卖赃之处，如有伊亲党并胥捕人等藉端吓诈者，计赃加窃盗一等治罪。

一，凡盗犯到案审实，先将各犯家产封计，候奏结之日变赔。如该犯父兄伯叔知情分赃，并另有窝家者，审明治罪，亦著落伊等名下追赔。倘案内各盗有并无家产及外来之人无从封计开报者，将案内盗犯及窝家有家产者，除应赔本身赃物外或有余剩，概行变价代赔。其有将无干亲族及并分赃之亲属株连赔累，该督抚查参议处。

一，各省拿获盗犯，供出他省曾犯行劫者，不论罪轻罪重，研讯明确，毋庸解往质审。其邻省地方官自行盘获别省盗犯及协同失事地方差役缉捕拿获者，均令在拿获地方严行监禁，详讯供词备移。被盗省分查明案情，赃证确实，即由拿获省分定拟，奏请正法，仍知照本省将拿获正法缘由在失事地方张挂告示，明白晓谕。如果赃迹未明,或失事地方有伙盗待质必须移解者,拿获省分遴派文武官各一员带领解役兵丁,亲身管押解送,仍预先知会前途经由地方一体遴派员弁,挑拨兵役接递管解。遇夜寄监收禁。其道远州县不及收监者,即令该地方官预期选拨干役,前赴住宿处所,传齐地保,知会营汛随同押解,官弁锁锢防范,倘不小心管解,致犯脱逃,即将各役严审有无贿纵情弊,照例从重治罪,官员交部严加议处。

一,凡强窃盗等事,地保及营汛兵丁一有见闻,立即分报各衙门,文武员弁协力追拿。如地保、汛兵通同隐匿不报,及地保已报文职而汛兵不报武弁,或汛兵已报武弁而地保不报文职者,均处十等罚。若首报迟延,处八等罚。

一,捕役并防守礅卡,或缉盗汛兵及营兵为盗,均照律拟绞立决。如捕役兵丁起意为首,斩立决;为从,仍拟绞决。失察之该管官交部议处。该管官逼勒改供,或捏称革役,该上司不能查出,一并交部议处。如捕役、兵丁分赃通贼及与巨盗交结往来,奉差承缉走漏消息者,不分曾否得财,均照本犯一体治罪。知情故纵照窝主知情存留例,分别治罪。若不知情,止系查缉不力,照不应重律科断。至书差人等临时得赃卖放,亦照本犯一体治罪。

一,事主呈报盗案失单须逐细开明,如赃物繁多,一时失记,准于五日内续报。该地方官将原报、续报缘由于招内声明。至获盗起赃必须差委捕员眼同起认,如捕役私起赃物,或借名寻赃逐店搜察,或嘱贼诬扳指称收顿,或将贼犯己物作赃,或买物栽赃,或混认瞒赃等弊事发,除捕役照律例从重问拟外,其承问官不严禁详审,该督抚不严饬奏参者,一并交部议处。

一,事主报盗,止许到官听审一次,认赃一次,所认赃物即给主回家,不许往返拖累。违者,将承审官严加议处。

一,事主呈报盗情,不许虚诬捏饰,傥有并无被劫而谎称被劫,及以窃为强,以奸为盗者,俱处十等罚。以人命、斗殴等事报盗者,其本身无罪,亦处十等罚。若本有应得之罪,重者照本罪从重问拟,本罪轻者加一等治罪。若奸棍、豪绅凭空捏报盗劫,藉以陷害平人,讹诈印捕官役者,照诬告人死罪未决律流三千里,加徒役三年,甲长、邻佑扶同者,各照事主减一等治罪。

一,地方文武官员因畏疏防承缉处分,恐吓事主抑勒讳盗,或改强为窃者,均照讳盗例革职。承行书办处十等罚。若抑勒苦累事主致死,或刑伤至笃废者,除革职外,照故勘平人律治罪。该管司道府厅州不行查报,督抚不行查参者,俱交部照例议处。

一，凡问刑衙门鞫审强盗，必须赃证明确者，照例即决。如赃迹未明，招攀续缉涉于疑似者，不妨再审，或有续获强盗无自认口供，赃迹未明，伙盗已决无证者，俱引监候处决。

一，强盗杀人放火，烧人房屋，奸污人妻女，打劫牢狱仓库（凡官钱粮皆是）及干系城池（爬越入城亦是）衙门，并积至百人以上，不分曾否得财，俱拟斩立决。（凡六项有一于此，即引此例。随犯摘引所犯之事）

一，凡响马强盗执有弓矢军器白日邀劫道路，赃证明白者，俱不分人数多寡、曾否伤人，拟斩立决。其江洋行劫大盗俱照此例立斩。

一，强劫及窃盗临时行强之案，但有一人执持鸟枪洋枪在场者，不论曾否伤人，不分首从，均斩立决。若窃贼施放鸟枪洋枪拒捕，一经成伤，无论护赃护伙图脱及临时事后，所伤是否事主，为首并帮同放枪之犯皆拟绞监候，秋审时，首犯入于情实，帮同放枪者入于缓决；杀人者俱拟斩立决。寻常行窃，但系执持鸟枪洋枪之犯，虽未拒捕，均发极边足四千里安置。

一，强盗杀人案件，正凶及帮同下手之犯，遵照定例拟以斩立决。其仅止在场目击者，如已劫得赃物，仍照得财律不分首从问拟绞决。未得财者，目击杀人之犯，俱拟绞监候，秋审入于缓决。

一，寻常盗劫之案，除起意为首与拒捕各犯有犯杀伤及未经伤人之伙盗，如曾转纠党羽入室、过船搜赃，或行劫已至二次，并执持火器金刃在外把风情形凶暴者，一经得财仍照各本律例定拟外，其止听嘱在外瞭望接递财物并未入室过船搜赃，亦无执持火器金刃情凶势恶者，均系旧例情有可原之犯，应一并免死，减等发遣新疆当差。若被胁同行，尚非甘心为盗，系在外者仍照前拟遣。傥经入室过船，讯未随同搜劫，应于强盗本罪上量减为斩绞监候。

一，强盗引线，除盗首先已立意欲劫某家，仅止听从引路者仍照例以从盗论罪外，如首盗并无立意欲劫之家，其事主姓名、行劫道路悉由引线指出，又经分得赃物者，虽未同行即与盗首一体拟罪，不得以情有可原声请。

一，凡强盗伤人未得财，首犯绞监候，为从发新疆当差。如未得财又未伤人，首犯发新疆当差，从犯流三千里。

一，凡用药迷人已经得财之案，将起意为首及下手用药迷人并迷窃为从已至二次及首先传授药方之犯，均照强盗律拟绞立决，其余为从者发新疆当差。其有人已被迷，经他人救醒，虽未得财，将造意为首并首先传授药方转传贻害及下手用药迷人之犯，均拟绞监候，入于秋审情实。若甫经学习，虽已合药即行败露，或被迷之人当时知觉未经受累者，均发新疆当差。傥到配之后，故智复萌，将药方传授与人及复行迷窃者，请旨即行正法。其案内随行为从之犯，仍各减一等定拟。

一，用药及一切邪术迷拐幼小子女，如人药并获即比照用药迷人已经得财例，将起意为首及下手用药迷人并迷拐为从已至二次及首先传授药方之犯，均照强盗律拟绞立决，其余为从均发新疆当差。其或药已丢弃无从起获，必须供证确凿实系迷拐有据，方照此例办理。若药未起获，又无确凿证据，仍照寻常诱拐例分别知情不知情科断。

一，窃盗临时盗所拒捕，（护赃、护伙者皆是）及虽未得财而未离盗所逞凶拒捕，或虽离盗所而临时护赃格斗，（已离盗所护伙者不在此例）杀人者，不论所杀系事主、邻佑，将为首者拟绞立决。为从帮殴如刃伤及他物、手足至折伤以上者，俱拟绞监候。伤非金刃，又非折伤者，发烟瘴地方安置。拒捕未经帮殴成伤者，发极边足四千里安置。其伤人未死，（专指事主言。如非事主，依罪人拒捕条科断）如刃伤及折伤以上者，首犯拟绞监候，为从流三千里。若伤非金刃，伤轻平复，首犯流三千里，为从徒三年。其拒捕未经成伤，及被事主事后搜捕起意拒捕者，仍依罪人拒捕本律分别杀伤科断。

一，窃盗弃财逃走，与未经得财逃走，被事主追逐拒捕，或伙贼携赃先遁，后逃之贼被追拒捕，及已经逃走，因见伙犯被获，帮护拒捕因而杀人者，不论事主邻佑，首犯俱拟绞监候；为从帮殴，如刃伤及手足他物至折伤以上者，亦俱拟绞监候。伤非金刃，又非折伤及未经帮殴成伤者，流三千里。其伤人未死，（专指事主言。如非事主，依罪人拒捕条科断）如刃伤及折伤以上者，首犯拟绞监候，从犯减等拟流。若伤非金刃，伤轻平复，并拒捕未经成伤者，及事后追捕有拒捕杀伤者，仍各依罪人拒捕本律科断。（如逃走并未弃财，仍以临时护赃格斗论。）

一，窃盗拒捕刃伤事主，罪应拟绞之犯，如闻拿畏惧，将原赃送还事主确有证据者，准其照闻拿投首例量减拟流。若祗系一面之词，别无证据，仍依例拟绞监候，秋审时入于缓决。

一，因窃盗而强奸人妇女，凡已成者拟绞立决。同谋未经同奸及奸而未成者，皆绞监候。共盗之人不知奸情者，审确，止依窃盗论。

一，恭过御驾驻跸圆明园、颐和园及巡幸之处，若有匪徒偷窃附近仓厫官廨，拒伤官弁兵丁者，如相距宫墙在三里以内，系刃伤为首者，拟绞监候，入于秋审情实。帮殴者，俱拟绞监候；未帮殴者，发极边足四千里安置。伤非金刃伤轻平复为首者，发烟瘴地方安置；未伤人为首者发极边足四千里安置；为从者各流三千里。若拒捕杀死官弁兵丁者，首犯绞立决；为从帮殴者，拟绞监候；未帮殴者，发烟瘴地方安置。如值御驾不驻跸之日，仍照本例行。其在紫禁城内行窃该班官员人等财物，有拒捕杀伤人者，亦照此办理。

一，强逼为盗临时逃避，行劫后分与赃物以塞其口，与知强盗后而分所盗之赃数在一百两以下者，俱照共谋为盗临时畏惧不行事后分赃例减一等，徒两年半。如所分赃至一百两以上，按准窃盗为从律递加一等定拟，罪止流三千里。

一，凡情有可原之伙盗内，如果年止十五岁以下，审明实系被人诱胁随行上盗者，无论分赃与不分赃，俱问拟满流，不准收赎。

一，强盗首伙各犯于事未发觉及五日以内果能悔罪捕获他盗及同伴解官投首者，系伤人盗犯于遣罪上减一等，拟徒三年。未伤人盗犯，照律免罪。若在五日以外，或闻拿将他盗及同伴捕获解官投首者，系伤人盗犯于死罪上减一等，流三千里；未伤人盗犯徒三年。

一，伙盗被获，供出首盗逃所，于四个月限内拿获，系旧例法无可贷之犯，减为绞监候，入于秋审缓决。系旧例情有可原之犯，减为流三千里。其伙盗能将全案首伙供出，于限内尽行指获者，系法无可贷者减为流三千里；情有可原者减为徒三年。如供获伙盗在一半以上，并首盗能将全案伙犯供出，于限内指获，均减为绞监候，秋审核其情节分别实缓。若伙盗供获伙盗不及一半及首盗供获伙盗虽在一半以上，并拿获已逾四个月限外者，俱照律定拟，不准轻减。以上各犯均须到案后当堂供出，按名指获，方准以供获论。如私向捕役告知，指拿到官，不得以供获论。

一，凡投首之贼借追赃名色将平人捏称同伙，或挟雠扳害，或索诈财物，不分首从、得财与未得财，皆绞立决。

一，拿获盗犯之眼线，曾犯盗案，悔罪将同伴指获，致被供出无论首伙如在五日外一月内，照强盗免死例发新疆当差。若在五日以内减为流三千里，倘原伙较多，能获三名以上者，准其再减一等。

一，洋盗案内被胁在船为匪服役（如摇撸、写账等项，均以服役论），或事后被诱上船并未随行上盗者,自行投首,照律免罪。如被拿获均徒三年。年未及岁,仍照律收赎。(如已经在盗所自行逃回,欲行投首,尚未到官即被拿获,仍同自首免罪。若已经到家,并不到官呈首,旋被拿获,不得同自首论。)

一,强盗同居父兄、伯叔知情而又分赃者,减本犯罪一等。虽经得财而实系不知情者,减二等。

一,强盗行劫,邻佑知而不协拿者,处八等罚。如邻佑或常人或事主家人拿获强盗一名者,官给赏银二十两,多者照数给赏。受伤者分别轻重,由地方官与闲杂款项内酌量给赏。如营汛防守官兵捕贼受伤,或被伤身亡者,俱照绿营阵伤阵亡例分别赏恤。

以上各例而外,又有情罪凶暴,比照强盗问拟者数项,如纠伙骑马持械并聚至十人以上倚强肆掠抢夺者,抢夺纠伙三人持械威吓伤人者,大江洋海官弁兵丁遇船遭风尚未覆溺不救反抢取财物者,纠众发冢起棺索财取赎者,发冢后将尸骨抛弃并将控告人杀害者,捉人勒索纠伙三人以上入室掳捉者,纠众图财放火故烧房屋者,谋杀人因而得财者,皆散见各门,比照强盗不分首从治罪,应与强盗律合参。

	强盗持械	强盗伤人	强盗杀人	强盗
日本	重惩役	无期徒刑	绞	轻惩役
英吉利	处五年至终身徒刑,或处囚狱加笞刑			五磅以上,处五年至十四年徒刑,或二年囚狱,或苦役隘牢
美利坚	终身囚狱加苦役	终身囚狱加苦役		五年至十年囚狱加苦役
德意志		无期惩役	无期惩役	惩役
法兰西		无期徒刑	无期徒刑	有期徒刑
俄罗斯		由十年以上苦工加一等		十年以上、十二年以下苦工

续表

	强盗未得财	强盗赃多	强盗得财	强盗伤人	强盗杀人
唐	不持杖,徒二年。持杖,流三千里	不持杖,十疋绞。持杖,五疋绞	一尺徒三年二疋加一等	不持杖伤人者绞,持杖伤人者斩	斩
宋		一十贯绞	一贯徒二年	绞	
元	持械不伤人,徒二年半。不持械又不伤人,徒一年半	不持械者,四十贯,首死从徒。持械者。二十贯,首死从流	徒三年	死	
明	满流			斩决	斩枭
大清	未伤人律满流,改发边新疆。伤人者斩监候,现改绞监候		斩决,现改绞决	斩决,现改绞决	斩、枭,现改斩决

强盗,旧例斩枭,现改斩决各项:

一,强盗杀人者

一,放火烧人房屋者

一,奸人妻女者

一,关系城池衙门者

一,打劫牢狱仓库者

一,积至百人以上者

一,兵役强盗为首者

一,强劫执持鸟枪洋枪者

一,响马强盗持有军器者

一,江洋大盗行劫者

一,御驾驻跸,窃匪拒杀官兵者

斩决现改绞决各项:

一,强盗得财者

一,强盗引线分赃者

一,御驾驻跸,窃匪于宫墙一里以内拒捕杀死官兵者

一,窃盗强奸妇女已成者

一,窃盗临时盗所拒捕杀人者

一,用药迷人迷拐为首,下手用药并迷窃二次及首先传授药方并甫学习拟遣到配,故智复萌者

一,强盗窝主造意不行分赃及共谋行而不分赃者

一,窝线同行上盗得财者

一,投首之贼诬扳平人者

一,捕役为盗及分赃通贼致令脱逃者

一,强盗得财杀人在场目击未下手者

斩候,现改绞候各项:

一,强盗伤人未得财为首者

一,强盗未得财目击杀人者

一,强盗伤人伤轻平复闻拿投首者

一,伙盗供获首盗系法无可贷,及伙盗供获伙盗一半以上并首盗供获全案伙盗者

一,窃盗临时盗所拒捕刃伤及折伤以上为首者

一,窃盗弃财逃走拒捕杀人为首者

一,用药迷人经人救醒未得财为首,并首先传授药方转传贻害及下手用药者

一,强盗赃迹未明无自认口供伙盗已决无证者

绞决,现改绞候一项:

一,御驾驻跸窃匪拒杀官兵为从帮殴刃伤及折伤者

绞候各项:

一,御驾驻跸,窃匪拒伤官兵、帮殴刃伤、并杀死官兵为从帮殴者

一,窃盗强奸妇女未成者

一,窃盗拒捕杀人,为从帮殴刃伤及折伤者,窃盗弃财逃走拒捕刃伤折伤者

一,窃盗拒捕刃伤绞犯投首别无证据者

遣罪各项:

一,强盗案内情有可原者

一,强盗伤人未得财为从者

一,强盗未得财未伤人为首者

一，强盗伤人事未发自首及行劫数家止首一家者

一，用药迷人得财并迷拐为从者

一，用药迷人案内甫经学习败露者

一，御驾驻跸，偷窃伤官案内为从及伤非金刃折伤为首并杀人案内未经帮殴者

一，接买盗赃至三次以上者

一，强盗窝主造意不行又不分赃及存留强盗三人以上者

一，强盗窝线未上盗得财探听消息者

一，拿获盗犯眼线五日以外将同伴指获者

旧例充军，现改流罪分项：

一，强盗未伤人及盗线闻拿投首者

一，强盗烧人空房自首赃重者

一，窃盗临时杀人案内帮殴非折伤刃伤及未成伤者

一，窃盗弃财拒捕杀人案内伤非金刃折伤者

流罪各项：

一，伙盗供获首盗情有可原者

一，造意不行又不分赃者

一，未得财未伤人为从者

一，捏报盗案陷害平人讹诈者

一，强盗同居父兄伯叔知情分赃如强盗罪应拟斩者

一，十五岁以下被人诱胁上盗者

一，强盗未伤人及盗线事未发自首者

一，窃盗弃财拒捕杀人案内未经帮殴成伤及刃伤人案内为从者

一，窃盗拒捕刃伤绞犯闻拿投首者

一，御驾驻跸三里以内偷窃刃伤弁兵未伤人为从者

一，强盗伤人五日外捕获他盗及闻投首者

一，拿获盗犯眼线五日内将同伴指获者

一，伙盗供获全案首伙各盗系旧例法无可贷者

一，盗后分赃至一百二十两以上者

一，窃盗临时盗所刃伤人案内为从并伤非金刃伤轻平复为首者

一，窃盗弃财逃走拒捕杀人案内，为从伤非金刃伤轻平复并未经帮殴成伤者

一，接买盗赃二次者

徒罪各项：

一，官吏讳盗抑勒苦累事主致死及刑伤至笃疾者

一，强盗案内知而不首及强盗后分赃数在百两以下者

一，强盗同居父兄伯叔知情分赃情轻及不知情分赃者

一，洋盗案内被胁为匪服役后被拿获者

一，窃盗临时拒捕伤非金刃折伤及未成伤为从者

一，强盗伤人拿捕他盗自首及未伤人五日外捕获他盗投首者

一，强盗患病及别故不行事后不分赃者

一，强盗案内知情寄赃及代为销赃并接买盗赃一次者

一，拿获强盗眼线五日内指获同伴三名者

一，伙盗供获全案首伙各盗系旧例情有可原者

一，强盗畏惧不行事后分赃者

一，强盗五日内捕获他盗送官者

旧例杖罪，现改工作及罚金各项：

一，捕役查缉强盗不力者

一，谎称被窃及以窃为强以奸为盗妄报者

一，以人命斗殴报盗者

一，官员书吏抑勒讳盗及改强为窃者

一，番役私拷取供及捕官私审者

一，事主冒开赃物者

一，强盗邻佑不协拿者

一，强盗畏惧不行事后不分赃者

一，强盗窝主不行又不分赃及不知盗情暂时停歇者

贼盗中

劫囚

凡劫囚者，皆（不分首从）绞（监候。但劫即坐，不须得囚。）若私窃放囚人逃走者与囚同罪。至死者，减一等。（虽有服亲属与常人同。）窃而未得囚者，减（囚）二等。因而伤人者，绞（监候）。杀人者亦绞（监候。虽杀伤被窃之囚，亦坐前罪，不问得囚与未得囚。）为从，各减一等。（承窃囚与窃而未得二项。）若官司差人追征钱粮、勾摄公事及捕获罪人，聚众中途打夺者，（首）流三千里。因而伤差人者，绞（监候）。杀人及聚至十人，（九人而下，止依前聚众科断）为首及下手致命者，俱绞（监候）。为从各减一等。其率领家人随从打夺者，止坐尊长。若家人亦曾伤人者，仍以凡人首从论。（家长坐绞，为从坐流。不言杀人者，举轻以该重也。其不于中途而在家打夺者，若打夺之人原非所勾捕之人，依威力于私家拷打律。主使人殴者依主使律。若原系所勾捕之人自行殴打，在有罪者依罪人拒捕律；无罪者，依拒殴追摄人律。）

按：此仍《明律》，原有小注，顺治三年增修，较《唐律》为重。《唐律》：诸劫囚者流三千里；伤人及劫死囚者绞；杀人者皆斩。（现又删改，）若窃囚而亡，与囚同罪。窃而未得减二等，以故杀伤人者从劫囚法云云。此劫囚者，不问是否死囚，但劫皆绞，虽不伤人亦绞。治罪较为加重，其窃囚一项与《唐律》尚无轩轾，后又添出中途打夺及率领家人打夺二项，亦较为完密。盖言强劫囚狱及窃放打夺之罪，共分八项：劫囚一层，窃囚一层，窃而未得一层，因窃囚杀伤人一层，聚众打夺一层，因打夺伤人一层，杀人及聚至十人一层，率领家人打夺一层。劫者，强取之谓。劫囚，如强盗之行劫。窃囚，如窃盗之偷取也。已招服罪而锁杻拘禁者，谓之狱囚。已审供取词、未招服罪而散行拘禁者，谓之罪囚。犯罪事发，已拘在官，尚未审录者，谓之罪人。强劫重在劫，故不论得囚不得囚。窃放重在失囚，故罪有得囚不得囚之分。若因窃而杀伤人，则有似乎劫矣，故亦不分得囚不得囚。惟究与真劫者不同，故上有皆字，则不分首从，下无皆字，为从得减一等也。律文之细如此。此律已较《唐律》从严，现例又较律为严。律文劫囚皆绞监候，不言杀人伤人，亦止于绞。例则分别杀伤，又分别杀伤是官弁是役卒，层层加重矣。如例载：凡劫囚杀官者，为首及为从杀官者，依谋反律斩决。下手帮殴有伤者亦斩立决。若拒伤官弁及杀死役卒者,为首并预谋助殴伙犯,俱拟斩决;止伤役卒者,为首及帮殴有伤之犯俱绞立决。虽同助势未伤人者绞候,秋审情实。若未伤人,为首绞决;为从绞候,秋审情实云云。其绞而改斩候,因盗而加立决,与反逆同论,深恶之也。又律文:聚众中途打夺杀人者,绞候;下手者亦绞候。余止于流。例则从严,改为立决矣。如例载:官司捕获罪人聚众中途打夺殴死差役者,为首绞立决;为从,下手致命伤重者绞候,秋审入实云云。其杀差较律加重,余均照律办理。又尊长家长率领卑幼雇工人等打夺杀人者,除尊长拟绞监候外,其卑幼等无论伤之轻重,律止均照为从拟以满流。例又补出杀三命加重一条,较律从严。例又于途中打夺外补出在家打夺一条,又于聚众中途打夺外补出人不及众打夺一条,不但较律治罪从重,而分别过于详密,未免失之琐屑矣。此与罪囚反狱及故纵罪囚治罪不同者,彼系狱囚自内反狱,此系外人从外打狱劫囚;彼系看守之人纵令囚逃,此系旁人私窃放囚,情节不同,故各入各门也。又《日本刑法》劫夺囚徒,以暴行胁迫助囚逃走者,处重禁锢五年以下,附加罚金。若囚系处重罪者,处轻惩役欲使囚徒逃走给与器具,或指示方法者,处重禁锢三年以下,亦加罚金。致囚逃走者,加一等云云。较中律轻至数等,且因囚之罪重,而劫囚者罪亦加重,亦与《唐律》劫死囚者由流加绞之意相符。彼此合参,各有所长,是在人善为采择焉耳。

一,纠众行劫在狱罪囚,如有持械拒杀官弁者,将为首及为从杀官并下手帮殴有伤之犯,均比照谋反大逆律拟斩立决。随同余犯俱拟绞立决。若拒伤官弁及杀死役卒者,为首并预谋助殴之伙犯俱拟斩立决。其止伤役卒者,将为首及帮殴有伤之伙犯俱拟绞立决。随同助势,虽未伤人,亦拟绞候,秋审时入于情实。若并未伤人,将起意劫狱之首犯拟绞立决。为从者俱拟绞监候,秋审时入于情实。

一,官司差人捕获罪人,有聚众中途打夺,殴差致死,为首者不论曾否下手,拟绞立决。为从下手致命伤重致死者,拟绞监候,入于秋审情实。余仍依律定拟。

一,凡官司勾摄罪人,已在该犯家拿获,如有为首纠谋聚至三人以上,持械打夺殴差致死者,即照中途夺犯例治罪。若并未纠约聚众,实系一时争斗拒殴致有杀伤,仍照各本律定拟。其非本案罪犯及非所勾捕之人,毋论在途、在家,俱以凡斗论。差人藉端滋扰照例从重治罪,地方官交部议处。

一,官司差人捕获罪人,有仅止一二人中途打夺者,照聚众打夺本律分别杀伤治罪。未伤人者减一等。

一，官司差人捕获罪人，如有尊长率领卑幼及家长率领雇工殴差夺犯，并杀死差役，案内随从之卑幼、雇工曾经杀伤人者，照律依为从拟流三千里。在场助势并未伤人者徒三年。若杀死差役三命以上，案内为从下手致死之卑幼、雇工俱拟绞监候，帮殴伤轻者流三千里，在场助势并未伤人者徒三年。

白昼抢夺（人少而无凶器，抢夺也；人多而有凶器，强劫也）

凡白昼抢夺人财物者，（不计赃）徒三年。计赃（并赃论）重者，加窃盗罪二等。伤人者（首）绞（监候），为从各减为首一等。若因失火及行船遭风著浅而乘时抢夺人财物及拆毁船只者，罪亦如之。（亦如抢夺科罪。）其本与人斗殴或勾捕罪人，因而窃取财物者，计赃准窃盗论，因而夺去者加二等，罪止流三千里。若（窃夺）有杀伤者，各从故、斗论。（其人不敢与争而杀之曰故，与争而杀之曰斗。）

按：此仍《明律》，顺治三年添入小注，现又删改。《唐律》无抢夺一门，已包于强盗之内。如所云本以他故殴击人因而夺其财物者，计赃以强盗论，至死者加役流云云。此即抢夺之本祖，明始专立抢夺一门，罪名介在强、窃之间，盖白昼抢夺与邀劫道路形迹相似，而其实究有不同。注云：人多有凶器为强劫，人多无凶器为抢夺。又，出其不意攫而有之曰抢，用力而得之曰夺。此数语辨别抢夺、强劫最为明晰。但旧例条列纷繁，与律文诸多参差，而办法亦不遵守。律注明明应以强盗论者，而概照抢夺科断。律文已为虚设，现惟三人以下徒手抢夺者方照律办理，数过三人或二人持有器械，例俱加重问拟。且律浑言伤人者绞监候，而未及杀人一项，例则杀人问拟立决，而伤人则分别刃伤、折伤及伤非金刃伤轻平复数层，不得照律一概拟死，不但较律从轻，而拟罪亦最平允，足补律所未备。此门旧例纷繁，其中有计赃定罪者，有分杀伤定罪者，有分别省分定罪者，有分别人数定罪者，有分别器械定罪者，有分别次数、犯数定罪者，而省分有奉天、四川、湖北、河南、安徽，江苏之徐、淮、海，山东之衮、沂、曹之别，人数有二人、三人、五人、九人、十人、四五十人、百人之别，器械有鸟枪、洋枪、金刃、他物、木棍、军器、刀械之别，次数有一二次、三次、五次、八次以上之别。又同一抢夺，所因不同而罪名亦异，有因失火、因行船遭风覆水、因斗殴、因勾捕、因争地、因仇忿、因地方歉收之别，又所抢之物有钱财、货物、粮食、洋药、妇女、田禾、窃赃、盗赃之分，犯抢之人有苗人、回民、粮船水手、差役、官弁、兵丁、沙民、饥民、采捕船户、白撞手、红胡子之分，行抢之地有市场、在途、在野、大江、洋海、湖港、无人空室之分，现在删繁就简，仅存十有余条，问官检查较前稍为便当。查外国并无抢夺名目，《日本刑法》止分窃盗、强盗两项，不言抢夺，有犯即按照强盗加减问拟，最得《唐律》之意。盖抢夺即系强盗，《孟子》所谓："御人于国门之外。"《康诰》所谓杀越人于货者本是一类，自《明律》分为两项，殊与古法不合。长安薛氏常有改归画一之议，有志未逮，今奉明诏修订新律，此项已核订从简，有切于实用，附录于后，以备参观。

一、凡问白昼抢夺，要先明事犯根由，然后揆情剖决。在白昼为抢夺，在夜间为窃盗。在途截抢者，虽昏夜仍问抢夺，止去"白昼"二字。若抢夺不得财及所夺之物即还事主，俱问不应。如强割田禾，依抢夺科之。探知窃盗人财而于中途抢去，准窃盗论。系强盗赃，止问不应。若见分而夺，问盗后分赃。其亲属无抢夺之文，比依恐吓科断。

一、凡白昼抢夺人财物，赃至一百二十两以上者，拟绞监候。

一、凡白昼抢夺三犯者拟绞监候，入于秋审情实。其因抢夺问拟徒流以上罪名复犯抢夺者，仍照徒流人又犯罪定拟。若初犯抢夺五次以上发烟瘴地方安置，八次以上发新疆当差。至抢窃同时并发之案，仍各从其重者论。

一、抢夺之案，如结伙骑马持械并聚至十人以上，倚强肆掠凶暴众著者，无论白昼黑夜及在途在野，江河湖港，均照强盗律不分首从拟绞立决，被胁同行者发烟瘴地方安置。聚众不及十人而数在三人以上，但经持械殴伤事主者，不论伤之轻重，为首及在场帮殴有伤之犯亦照强盗律拟绞立决。其余从犯均发烟瘴地方安置。结伙三人以上持械未伤事主及虽未持械而结伙已至十人以上者，首犯均发烟瘴地方安置，从犯流三千里。结伙不及十人俱系徒手抢夺者，首犯流三千里，从犯徒三年。数在三人以下而又未经持械，仍照抢夺各本律例定拟。

一、结伙十人，并三人以上抢夺案内执持鸟枪洋枪之人，系首犯，不论曾否伤人，拟斩立决。系从犯，伤人者亦拟斩立决。未经伤人者，系结伙十人案内之犯仍照向例办理。不及十人，数在三人以上案内之犯，及寻常抢夺仅止一二人，但系执持鸟枪、洋枪之犯，虽未拒捕，俱发极边足四千里安置。

一、凡结伙不及三人，白昼抢夺杀人者，拟绞立决。为从帮殴如刃伤及手足他物至折伤以上者拟绞监候，伤非金刃又非折伤者发烟瘴地方安置。未经帮殴成伤者发极边足四千里安置。其伤人未死，如刃伤及折伤以上者，首犯拟绞监候，为从流三千里。伤非金刃伤轻平复之首犯，发烟瘴地方安置。拒捕未经成伤之首犯，流二千五百里。为从各徒三年。

一、抢窃拒伤事主伤轻平复之案，如两人同场拒伤一人，一系他物，一系金刃，无论先后下手，以金刃伤者为首，如金刃伤轻，他物伤重而未至折伤者，仍以金刃伤者为首。如一系刃伤，一系他物折伤，刃伤重以刃伤为首，折伤重以折伤为首。刃伤与折伤俱重无可区别者，以先下手者为首。若俱系金刃或俱系他物，以致命重伤为首。如俱系致命重伤，或俱系他物折伤，亦以先下手者为首。若两人共拒一人，系各自拒伤并不同场者，即各科各罪，各以为首论。

一、大江洋海出哨兵丁乘危捞抢之案，所抢财物照追给主。如不足数，将首犯家产变赔。无主赃物入官。其在船将弁如同谋抢夺，虽兵丁为首，该弁亦照为首例治罪。不同谋而分赃者以为从论。若实系不能约束，并未同谋分赃，照钤束不严例议处。以上弁兵，除应斩决者不准自首外，其应绞候者，若事未发觉而自首，徒三年。遣流以下，概准宽免。如系闻拿投首，应绞候者流三千里；遣流以下减二等，仍追赃给主。如有误坐同船并未分赃之人，能据实首报，除免罪外，仍酌量给赏。上司失于觉察或通同庇匿及地方州县据难民呈报不即查明转详，反行抑讳，及道府不行察报，督抚提镇不行查参者，均照例议处。如营汛弁兵能竭力救护失风人船，不私取丝毫货物者，该管官据实申报督抚提镇，按次记功，照例议叙。因救援致伤被溺者，详报督抚，查明优恤。

一、凡大江洋海出哨官弁兵丁，如遇商船遭风尚未覆溺及著浅不致覆溺，不为救护反抢取财物折毁船只者，照江洋大盗例不分首从斩决。如遭风覆溺，人尚未死，不速救援，止顾捞抢财物，以致商民淹毙者，为首绞立决，为从绞监候。如见船覆溺，抢取货物，伤人未致毙命，如刃伤及折伤以上者，绞监候。伤非金刃，伤轻平复者，发烟瘴地方安置。未伤人者，为首照抢夺律加一等流二千里。为从徒三年。赃逾贯者绞监候。如有凶恶之徒，明知事犯重罪，在外洋无人处所故将商人全杀灭口图绝告发者，但系同谋，均斩决。如见船覆溺，并未抢取货物，但阻挠不救以致商民淹毙者，为首绞监候，为从照知人谋害不即救护律治罪。官弁奏参革职，兵丁革除名粮折罚。如淹死人命在先，弁兵见有漂失无主船货捞抢入己者，照得遗失官物坐赃论罪。

一、凡边海居民以及采捕各船户，如有乘危抢夺，但经得财并未伤人者，均照抢夺本律加一等,流二千里。为从各徒三年。若抢取货物,拆毁船只,致商民淹毙,或伤人未致毙命者,俱照前例分别治罪。有能救援商船不取财物者,该管督抚亦酌量给赏。

一、直省不法之徒,如乘地方歉收伙众抢夺,扰害善良,狭制官长,或因赈贷稍迟,抢夺村市,喧闹公堂,及怀挟私愤纠众罢市辱官者,俱照光棍例治罪。若该地方官营私怠玩,激成事端,及弁兵不实力缉挐,一并严参议处。

一、饥民爬抢,除纠伙执持军器刀械威吓拒伤事主,搜劫多赃者,仍照强盗本律科断外,如有聚众十人以上至数十人执持木棍等项爬抢粮食,并无攫取别赃者,为首拟绞监候,为从发极边足四千里安置。如十人以下持械爬抢者,为首亦照前安置,为从减一等。其徒手并未持械者,仍照抢夺本律科断。

窃盗

凡窃盗已行而不得财工作一个月。但得财,(不论分赃、不分赃)以一主为重,并赃论罪。为从者,各(指上得财、不得财言)减一等。(以一主为重,谓如盗得二家财物,从一家赃多者科罪。并赃论,谓如十人共盗得一家财物,计赃四十两,虽各分得四两,通算作一处,其十人各得四十两之罪。造意者为首,该工作十个月;余人为从,各减一等,止工作八个月之类,余条准此。)掏摸者,罪同。

一两以下,工作两个月。一两以上至一十两,工作四个月。二十两工作六个月。三十两,工作八个月。四十两,工作十个月。五十两,徒一年。六十两,徒一年半。七十两,徒二年。八十两,徒二年半。九十两,徒三年。一百两,流二千里。一百一十两,流二千五百里。一百二十两,流三千里。二百两,发极边足四千里安置。四百两,发新疆当差。五百两以上,绞(监候)。三犯流者,绞(监候)。

按:此仍《明律》,原系以贯为计,国朝改贯为两,《明律》一百二十贯,罪止流三千里。顺治四年改一百二十两流罪为绞监候。康熙年间改为一百二十两以上绞监候。现改五百两拟绞,又改为三犯流者绞监候一语。从此为窃盗始罕有死罪矣。《唐律》窃盗一尺,杖六十。一疋加一等。一疋一尺杖七十,以次递加,至满赃五疋,不更论尺,即徒一年。五疋加一等,至四十疋流二千里。五十疋加役流。以《唐律》之数合银一两计算,则笞杖之罪与今律轻重相同,而徒流则较今为轻矣。再《唐律》计赃有累而倍论之法,如盗数家之物累作一处倍论者,谓倍二尺为一尺,若有赃多累倍不加重者，止从一重为断。与今律以一主为重、并赃论罪之法不同。宋改疋为贯，窃盗一贯处六等罚，二贯加一等，十贯徒一年。元律十贯以下处六等罚，二十贯加一等，至一百贯徒一年，每一百贯加一等，罪止徒三年。较今律为更轻矣。总之唐以前不可考，自唐至明窃盗均无死罪。**汉人有言皋陶不为盗制死刑。又汉高祖约法三章：杀人者死，伤人及盗抵罪。可见自汉以来窃盗亦不拟死也。现在外国刑法无论窃盗、强盗均不处死。**《日本刑法》惟强盗杀人者始处死，窃盗无论何重情，罪至重禁锢而止，与中国古律尚属符合。本朝顺治初年，以大乱初平，人心未靖，不得不设重法以遏绝乱萌。凡窃盗一百二十两即拟以绞，此窃盗处死之始。嗣又益以三犯拟绞之法，重财物而轻人命已非古法，后又迭次加严，条例日益繁多，律文三犯而外，更有再犯加枷之例。计赃而外，又有计次数、计人数之例，次分八次、六次、四次、三次、一二次，人分三人以上、十人以上，而三人十人又有持械、不持械之别，且同一持械，鸟枪与凶器刀械不同，凶器刀械又与绳鞭小刀棍棒不同，行窃之人如系店家船户脚夫车夫回民捕役兵丁地保等项则加重。如系衙署外国使馆公馆围场则加重，如系田野则从轻，所窃之物如系仓库饷鞘官物蒙古畜牲矿产人参珠子坟树等项则加重，如系田野谷麦菜果等项则从轻，其尤纷乱者，直隶一例，山东、安徽一例，湖广、福建、广东、云南共一例，四川、陕甘又一例，又于杖罪以上军流以下添出枷号一项，又以枷号不足以示惩，添出锁系铁杆石墩一项，**例愈多愈杂，刑愈加愈重，定例之意原在求其详备，反致失于烦琐。加重之初，原为严惩匪徒，反致易长盗风。**现在大半删除，改归轻简矣。**盖弭盗之法，不在法网之严密。孔子曰：苟子之不欲，虽赏之不窃。自古迄今，治盗之法多矣，未闻畏法而人不敢为盗者。法不足以胜奸，汉之武帝，明之太祖，其明验与？《老子》云：民不畏死，奈何以死惧之。《孔丛子》述孔子之言曰：民之所以生者，衣食也。上不教民，民匮其生，饥寒切于身而不为非者鲜矣。古之于盗，恶之而不杀也。观此二说，可得弭盗之道焉。为今之计，详采东西各国之法，广兴工艺农桑森林牧畜各实业，使民衣食有资，然后遍设警察以稽查其出入，使之无所潜藏窝顿，庶几盗少息焉。而其要尤在能得良吏，苟无良吏，则以上二者皆具文也。**至于例文各条，不过治标之法，现又改从轻典，兹录于律后，以备引用。

一、京城内外巡警厅，大、宛两县及五营内务府捕役，并步军统领衙门番役，拿获窃贼者，俱限即日禀报本管官。如晚间拿获，限次早禀报。该管官讯明被窃情由，将事主年貌、姓名、住址及所失赃物详记档案，即令事主回家，不必一同解送。如赃物现获，即出示令事主认领。倘不法捕役及巡捕人等违限不行呈报，任意勒索事主，许事主赴都察院呈告。将捕役人等照恐吓取财例治罪。其该管官有失于觉察及任意纵容者，交部分别议处。

一、直省州县拿获窃盗到案，取具确供，计赃在五十两以上者，即同捕官带同捕役搜验，原赃给主收领。如赃在四十两以下，捕官带同捕役前往搜验。如州县捕官听捕役私自搜赃以致中饱者，除捕役与窃盗同科外，将该州县捕官照失察捕役为盗例议处。

一、各省营镇，责成将备督率兵弁侦缉贼匪。其缉获之贼，送县审究。如贼犯到县狡供翻异，许会同原获营员质审。如系良民被诬，并无赃证，兵丁营员照例分别议处治罪。若地方官果能将捕役豢纵之处审查究拟，免其失察处分。仍将获贼之弁兵计赃案多寡，分别奖励。

一、拿获窃盗，承审官即行严讯。除赃至五百两及三犯流罪律应拟绞者俱即归犯事地方完结外，若审出多案，系积匪猾贼，计赃罪应拟遣者，其供出邻省邻邑之案，承审官即行备文专差关查。若赃证俱属相符，毫无疑义，即令拿获地方迅速办结，毋庸将人犯再行关解别境。傥或赃供不符，首从各别，必应质讯，或邻境拿获人众，势须移少就多者，承审官即将必应质审移解缘由详明各该上司，佥差妥役将犯移解邻邑，从重归结。如有借端推诿及删减案情希图就事完结者，即将原审官分别参处。

一、凡捕役兵丁、地保等项在官人役有稽查缉捕之责者，除为匪及窝匪本罪应徒斩绞外遣各照本律本例定拟外，如自行犯窃罪应流徒工作者，无论首从，各加本罪二等。若勾通豢养窃贼坐地分赃，或受贿包庇窝家者，不计赃数，亦不论人数多少，俱实发烟瘴地方安置。地方官弁如能究出豢养包庇等情认真办理者，交部从优议叙。至别项在官人役尚无缉捕稽查之责者，如串通窝顿窃匪，贻害地方，亦各于应得本罪上加一等治罪。

一、匪徒明知窃情，并不帮同鸣官，反表里为奸，逼令事主出钱赎赃，俾贼匪获利，以致肆无忌惮深为民害者，照窃盗为从律，减本犯一等治罪。

一、窃盗伙众持械，赃至满贯，罪无可加，或犯该流遣者，均仍照律例办理外，其有纠伙十人以上，但有一人执持器械者，不计赃数、次数，为首发烟瘴地方安置，为从徒三年。若纠伙十人以上，并未持械及纠伙三人以上，但有一人持械者，不计赃数、次数，为首徒三年，为从徒二年半。如行窃未得财，为首徒一年，为从工作十个月。

一、贼匪偷窃衙署服物，除计赃一百两以上，仍依律例定拟外，其余不论初犯、再犯及赃数多寡，俱流二千里。若已行而未得财者，徒一年。仍分别首从问拟。

一、行在拿获窃盗，罪应分别工作十个月以下者，均再加工作一个月。徒罪再加工作两个月。流罪以上加工作四个月。

一、窃盗再犯，计赃罪应工作两个月者，再加工作二十日。应工作四个月者，再加工作二十五日。应工作六个月者，再加工作三十日。应工作八个月者，再加工作三十五日。应工作十个月者，再加工作四十日。罪应徒流者，五徒俱加工作两个月，三流俱加工作四个月。凡窃盗初犯，治罪释放后，俱交保管束。倘不加禁约，致复行为窃，俱按贼人所犯罪应工作者，将原保处四等罚。徒罪以上者，原保处十等罚。知情故纵者，比照窝主不行又不分赃为从论，科罪。受财者，以枉法从重论。

一、窃盗三犯，应按其第三犯窃赃多寡计算，毋得将从前初犯、再犯业已治罪之赃通算，以致罪有重科。

一、凡窃盗三犯，除罪均应流者仍照律拟绞外，如原犯系徒流以上罪名，俱照徒流人又犯罪例定拟。如原犯系工作罪名，仍计赃科罪。应工作者，于本罪上加二等定拟。应徒流者加监禁半年。应安置者加监禁一年。罪犯应死者，依本律本例定拟。

一、窃盗行窃五次以下同时并发者，仍依律计赃，以一主为重，分别首从定拟。至六次以上同时并发者，即属积匪猾贼，无论独窃、伙窃，均并计各次赃数，折半科罪。如内有一主之赃，重于并赃折半，及再犯、三犯本罪重者仍各从重论。

一、凡窃盗同居父兄伯叔，知情而又分赃者，照本犯之罪减二等。虽经得财而实系不知情者，减三等。

一、窃盗逃走，事主仓皇追捕，失足身死，及失财窘迫因而自尽者，除拒捕伤人及赃银数多并积匪三犯等项罪在满徒以上，仍照律例从重治罪外，如赃少罪轻者俱徒三年。

一、窃盗抢夺掏摸等犯，事犯到官，应将从前犯案次数并计科罪。若遇恩赦，其从前所犯原案在流以上者罪虽不免，仍得免并计一次。如在徒以下者，咸予赦除，免其并计。有犯均以初犯论。如得免并计之后再行犯窃，复遇恩赦，后犯案到官，审系再犯、三犯，俱按照初次恩诏后所犯次数并计，照律科罪。若遇清理庶狱恩旨，仍行并计，按照从前次数定拟。

盗马牛畜产

凡盗民间马牛、驴骡、猪羊、鸡犬、鹅鸭者，并计（所值之）赃以窃盗论。若盗官畜产者，以常人盗官物论。〇若盗马牛（兼官、私言）而杀者（不计赃即）徒三年，驴骡徒一年半。若计赃（并从已杀计赃）重于（徒三年、徒一年半）本罪者各加盗（窃盗、常人盗）罪一等。

按：此仍《明律》，顺治三年采《笺释》语添入小注，现又删去杖罪。《唐律》盗官、私马牛而杀者，徒二年半，赃重者加凡盗一等。若盗杀犛牛不用耕驾者，以凡盗论。盖以牛马军国所用，与余畜不同，若盗而杀，故拟罪较重。现律于马牛外又添出驴骡、鸡犬等项，与《唐律》之义不同。《唐律》系盗而兼杀，不分官私。现律官私分科，又分出盗而未杀一层，盗则分别官私，若盗而兼杀则官私同罪，无所区分，较《唐律》似为详备。此外，又有非盗而杀之罪，见《厩牧门》宰杀马牛律，宰杀又分私宰自己马牛与故杀他人马牛及亲属马牛罪，止徒一年半，较此盗杀为轻。盗杀止言牛马四项，不言猪羊各项。可见猪羊各项均系应杀之物也。律文盗牛盗马俱系计赃定罪，旧例则牛以只数论，马以匹数论。律文盗杀罪止满徒，旧例则从重拟军。律盗官马者亦系照常人盗计赃，旧例则二匹以下照律计赃，三匹以上加重拟流，十匹以上拟绞，均较律加严。且律浑言官马，例于官马中又分御用郭什哈马、多罗马、驽马及太仆寺官马、察哈尔牧厂并蒙古马匹，又于牛马外添出盗驼一项，更添盗蒙古牲畜各条。现虽删繁就简，而蒙古四项牲畜专条仍存。盖蒙古以牲畜为业，盗者较盗官马虽轻，究较盗平民之牲为重，故例设专条也。《日本刑法》虽无盗牛马明文，而窃盗罪内于牧场窃取兽类一条，亦即中律盗官畜之意，但彼法处重禁锢二月以上、二年以下，较凡窃处重禁锢四年以下者稍轻，中律则较凡盗为重。又《俄律》偷窃马匹者发西伯利亚安插，或交教养局习艺一二年。盖俄国北地为产马之地，故亦立有专条，他国不见。即此可见，刑律各因其俗，各有取意，不能强同，亦不必强效也。此项律轻例重，现俱照例办理，故附录条例于后。

一，凡盗御用郭什哈马者，首犯拟绞监候，从犯拟发极边足四千里安置（不论已宰、未宰，均照此例办理）。盗多罗马者流三千里，盗驽马者流二千五百里，为从各徒三年，牧马官兵盗卖者罪同。

一，行围巡幸地方，如有偷窃扈从官员、兵役人等马匹者，不分蒙古、民人，五匹以上拟绞监候；三匹至四匹者发烟瘴地方安置；一二匹者发极边足四千里安置；为从及知情故买者，减本犯一等治罪。

一，凡盗牛者，计赃各于窃盗本罪上加一等定拟，至死者仍依常律。盗杀者流二千里，其窝家知情分赃者与盗同罪，知情不分赃者，工作十个月。

一，民人、蒙古、番子偷窃四项牲畜，以蒙古内地界趾［址］为断。如在内地犯窃，即照刑律计赃，分别首从办理；若民人及打牲、索伦、呼伦贝尔旗分另户在蒙古地方并青海、鄂尔多斯、阿拉善毗连之番地以及青海等处，蒙古、番子互相偷窃者，俱照《蒙古例》分别定拟。

一，偷窃蒙古牛、马、驼、羊四项牲畜（每羊四只作牛马驼一只计算），如数至三十匹以上者，不分首从拟绞监候。秋审时将首犯拟入情实，从犯俱拟缓决，秋审减等时发遣烟瘴地方，其为从未经同行，仅于窃后分赃者，流二千里；二十匹以上者，首犯拟绞监候，秋审拟入缓决，减等时发遣烟瘴地方，为从同窃分赃者发遣烟瘴地方，其虽曾共谋，未经同行，仅于窃后分赃者徒三年；十匹以上者，首犯发遣烟瘴地方，为从同窃分赃者，发湖广、福建等省，其虽曾共谋未经同行，仅于窃后分赃者徒二年半。六匹至九匹者，首犯发湖广、福建、江西、浙江、江南，为从同窃分赃者发河南、山东，其虽曾共谋，未经同行，仅于窃后分赃者，工作十个月。三匹至五匹者，首犯发河南山东，为从同窃分赃者，工作十个月，其虽曾共谋，未经同行，仅于窃后分赃者，工作八个月；一二匹者，首犯工作十个月，为从同窃分赃者，工作八个月，其虽曾共谋，未经同行，仅于窃后分赃者工作六个月。窃羊不及四只者，首犯工作八个月，为从同窃分赃者工作六个月，其虽曾共谋未经同行，仅于窃后分赃者工作四个月。以上应行发遣及发往湖广各省人犯，俱交驿地充当苦差。其蒙古地方强劫什物案内，抢有四项牲畜在十匹以上者，分别首从，照《蒙古则例》治罪。

一，驻劄外边官兵及跟役等，有偷盗蒙古马匹者，审实即在本处正法。其蒙古偷盗官兵马匹，或官兵等自相偷盗马匹，仍照旧例行。

一，蒙古偷窃牲畜之案，如一年内行窃二、三次以上同时并发者，仍照刑律以一主为重，从一科断，毋庸合计拟罪。

，民人在蒙古地方行窃民人牲畜之案，仍照盗马牛畜产本律本例办理，不得照蒙古例科断。

盗田野谷麦

凡盗田野谷麦、菜果及无人看守器物（谓原不设守及不待守之物）者，并计赃准窃盗论。〇若山野柴草木石之类，他人已用工力砍伐积聚而擅取者，罪亦如之。（如柴草木石虽离本处，未驮载间依不得财，工作一个月，合上条有拒捕，依罪人拒捕。）

按：此仍《明律》，顺治三年及雍正三年增入小注。《唐律》无此名目，而有山野之物已加功力砍伐积聚而辄取者以盗论一条，与此律后一段情罪相同。此律当著眼田野、山野等字，若谷麦等物收取到家及有人看守，即不得引此，或原有人看守而偶然无人，亦不得谓之无人看守。盖物虽在外，原各有主，乘人不见而盗之，其情与盗相似，故准窃盗论罪。惟究系在外之物，与盗之家中者有间，故得罪止满流也。律文器物二字所包甚广，旧例则提出矿砂、人参及围场野鸡、鹿只、柴草等项，又于人参以外补出偷挖黄芪、偷砍果松、私藏珠子、私带米石、貂皮等罪。例［律］本计赃定罪，旧例则偷人参者以两数计，复以人数计，矿砂分别金银、铜锡折银定罪，又以聚至三十人者，不论赃数从重拟军；盗围场茶蔬者复以初犯、再犯、三犯定罪，而木植以斤数为计，畜牲以只数为计，果松以根数为计，头绪纷繁，办理诸多参差，现在大半删除，止余常用者数条。查《日本刑法》于田野窃取谷类、菜果，山林窃取竹木、矿物，川泽、池沼窃取人所畜养产物，均处重禁锢一年以下一月以上，较踰越门户墙壁行窃处五年以下禁锢者减轻数等。《法国律》亦有盗田野已刈之谷草及沼内所养之鱼者，处以十五日至两年禁锢刑，其情事皆与此律相似，而拟罪轻重不同，则各因其俗也。备录于右［左］，以备参考。

一，民间农田，如有于己业地内费用工力挑筑池塘潴蓄之水，无论业主已未车戽入田，而他人擅自窃放以灌己田者，不问黑夜白日，按其所灌田禾亩数，照侵占他人田一亩以下处五等罚，每五亩加一等，罪止徒二年，有拒捕者，依律以罪人拒捕科断。如有被应捕之人杀伤者，各以擅杀伤罪人问拟，若于公共江河、川泽、沟渎筑成渠堰及于公共地内挑筑池塘占为己业者，俱不得滥引此例，如有杀伤，仍各分别谋故斗殴定拟。

一，凡私掘金、银、铜、锡、水银等矿砂，俱计赃准窃盗论。若在山洞捉获，持仗拒捕杀伤人者，依罪人拒捕科断，为从并减一等。不曾拒捕若聚至三十人以上者，为首徒三年；不及三十名者减一等，为从各准窃盗罪发落。非山洞捉获，止是私家收藏道路背负者，惟据见获论罪，不许巡捕人员逼令展转攀指，违者，参究治罪。

一，刨参官商私刻小票、影射私参，照私贩人参例分别治罪。

一，凡偷刨人参，如有身充财主雇人、刨采人数未及四十名或已至四十名而参数未至五十两者，俱发烟瘴地方安置；若人至四十名而得参又至五十两，为首之财主及率领之头目并容留之窝家，俱拟绞监候，为从发烟瘴地方安置，所获牲畜等物给付拿获之人充赏，参入官，其未得参者，各减一等。如并无财主，实系一时乌合，或只身潜往得参者，俱按其得参数目：一两以下，徒一年；一两以上，徒一年半；一十两，徒二年；一十五两，徒二年半；二十两，徒三年；二十两以上至三十两，流二千里。每十两递加一等，罪止流三千里，为从及未得参者各减一等，代为运送米石者，工作十个月。私贩，照私刨人犯减一等治罪。其潜匿禁山刨参被获拟徒人犯限满释回，复行逃往禁山刨参者，不分已得、未得，俱流二千里。

按：以上各例，一系盗矿，一系盗参，均属专条。至农田、蓄水分别己业与公共，以为问拟斗杀、拒杀之根由。此外，又有旷野白日盗田园麦谷等项，擅杀拟徒拟绞之例，载在夜无故入人家门内，当与此例一并参之。

贼盗下

亲属相盗

凡各居（本宗、外姻）亲属相盗（兼后尊长、卑幼二款）财物者，期亲减凡人五等，大功减四等，小功减三等，缌麻减二等，无服之亲减一等。（若盗有首从而服属不同，各依本服降减科断，为从各又减一等。）若行强盗者，尊长犯卑幼，亦（依强盗已行而得财、不得财）各依上减罪。卑幼犯尊长，以凡人论（不在减等之限）。若有杀伤者（总承上窃强二项）各依杀伤尊长卑幼本律，从（其）重（者）论。○若同居卑幼将引（若将引各居亲属同盗，其人亦依本服降减，又减为从一等科之。如卑幼自盗，止依擅用，不必加）他人盗己家财物者，卑幼依私擅用财物论，加二等，罪止工作十个月。他人（兼首从言）减凡盗罪一等。若有杀伤者，自依杀伤尊长卑幼本律科罪。他人纵不知情，亦依强盗（得财不得财）论。若他人杀伤人者，卑幼纵不知情，亦依杀伤尊长卑幼本律（仍以私擅用加罪及杀伤罪权之），从（其）重（者）论。○其同居雇工人盗家长财物及自相盗者，（首）减凡盗罪一等。（为从又减一等，被盗之家亲属告发，并论如律，不在名例得相容隐之例。）

按：此仍《明律》，顺治三年添入小注，雍正三年删改，现又改易。《唐律》分作二门：一系盗缌麻小功财物，一系卑幼将人盗己家财物。《明律》合为一门，又添雇工盗家长及自相盗一项。《唐律》止言窃盗而未及强盗，若行强者照通律加二等，此则卑幼强盗尊长以凡论，尊长强盗卑幼以次递减，似较《唐律》为严，而《唐律》减罪止分三等：期亲减三等，大功二等，小功缌麻同减一等，现律缌麻小功分作二等，又添无服之亲一层，共减五等，且《唐律》亲属止言本宗，外姻不在其内。现律小注系兼本宗外姻在内，则又较《唐律》为宽，惟是外姻无服之亲名色甚繁，引拟每致失当，故现例载明以律图为断，其律图不载者，不得滥引减等。律文共分六层：各居亲属相盗一层，亲属行强盗一层，因盗杀伤一层，同居卑幼引他人同盗一层，亲属他人杀伤一层，同居雇工盗家长及自相盗一层。此律止言亲属强、窃盗而未及抢夺，故抢夺例内有亲属无抢夺，比[止]依恐吓科断之语也。律止同居卑幼引他人窃盗而未言强盗，故例补出同居卑幼引他人强劫己家者依凡人论一条。律止雇工窃盗家长，例又补出雇工强劫家长及勾引外人同劫，其有杀伤家长者依律从重论一条。且律文雇工窃盗家长得减一等，例则不减，仍照窃盗律治罪，若系起意勾引外人同盗者，又计赃递加一等云云。大抵律轻例重，以上皆律例歧异之处，所当一并合参者。《日本刑法》：祖父母、父母、夫妻、子孙或同居之兄弟姐妹互相窃财者，不在以窃盗论之限。又《改正刑法》：凡直系血族及同居亲族犯窃取财物者，免除其刑，若系其他亲属，须待告诉而后论罪云云。虽不如中律以服制之远近为减罪之层次较为详细平允，然其敦睦亲厚、教人恤族之心则一也。至于亲属因盗杀伤律外，又有条例分晰甚明，足补律所未备。备录于右，以备研究。

一，凡亲属相盗，除本宗五服以外俱照无服之亲定拟外，其外姻尊长亲属相盗，惟律图内载明者方准照律减等，此外不得滥引。

一，同居卑幼将引他人强劫己家财物，依各居亲属行强盗，卑幼犯尊长以凡人论。

一，凡雇工人偷盗家长财物者，照窃盗律计赃治罪。若起意勾引外人同盗家长财物者，将起意之雇工人计赃递加窃盗一等治罪。至五百两以上者，拟绞监候，被勾引之外人仍照窃盗律分别定拟。

一，凡雇工人强劫家长财物及勾引外人同劫家长财物者，悉照凡人强盗律定拟。其有杀伤家长者，仍依律从重论。

一，亲属相盗、杀伤之案，除行强窃盗者各以杀伤尊长、卑幼本律与盗罪相较从重论外，其因抢夺财物杀伤尊长、卑幼及因强窃盗并抢夺杀伤并无尊卑名分之人（如兄弟妻及无名分雇工人之类），或被无尊卑名分之人杀伤者，亦各依服制杀伤及同姓亲属相殴、相盗并凡斗杀伤各本律从重定拟，均不得照凡盗杀伤科断。

恐吓取财

凡恐吓取人财者，计赃窃盗论，加一等。（以一主为重，并赃，分首从。其未得财者，亦准窃盗，不得财罪上加等。）若期亲以下自相恐吓者，卑幼犯尊长以凡人论，（计赃准窃盗加一等）尊长犯卑幼亦依亲属相盗律递减科罪。（期亲亦减。凡人恐吓五等，须于窃盗加一等上减之。）

按：此仍《明律》，顺治三年添入小注。《唐律》谓之恐喝取财。诸恐喝取人财物者，注云：口恐喝亦是。准窃盗论，加一等。虽不足畏忌，财主惧而自与，亦同。展转传言而受财者，皆坐为从。若为人所侵损，恐喝以求备偿，事有因缘之类者，非缌麻以上自相恐喝者，犯尊长以凡论，犯卑幼各依本法。又《问答》：监临恐喝所部取财，准枉法。若知有罪不虚恐喝取财者，合从真枉法断云云。其拟罪与现律相同，而分晰较为详细。至监临恐喝，律虽无文而条例补出，亦与《唐律》情罪符合。此等匪徒内蓄穿窬之心，外托公强之势，恶其情逾窃盗，故准窃盗论而加一等，原其实非真盗，故称准而无死罪也，轻重之间者皆有至理。《日本刑法》：凡恐喝骗取财物及证书类者，处重禁锢二月以上、四年以下，与窃盗拟罪从同。此外又加罚金四圆至四十圆，又较窃盗为重。盖即中律准窃盗论加一等之意，不过罪名不同耳。其名不曰恐吓而曰恐喝，尚沿《唐律》旧文。盖日本维新以前，刑法遵用《唐律》，现虽改用欧律而名词仍多未变，即此可见。恐吓以外又有捉人勒赎，刁徒酿命，棍徒扰害及光棍各例，以其情近恐吓取财，故附此门。至旧例各省专条，如广东之打单吓诈，苗人之伏草捉人及擅入苗境藉差欺凌，江苏、山东、河南、陕西、安徽之带刀挟诈逞凶，黔省之帽顶大五小五，盛京之横河拦绠诈索，江西之拜会抢劫，山东、安徽之结捻结幅强当讹索，安徽之水烟箱主及旗民之指称隐匿逃人诈财各项，现俱一概删除。惟太监出外索诈并棍徒各项尚存，并将斗殴门太监滋事一并移入，以其有切实用也，须合参之。

一，监临恐吓所部取财，准枉法论。若知人犯罪而恐吓取财者，以枉法论。

一，凡恶棍设法索诈官民，或张贴揭帖，或捏告各衙门，或勒写借约吓诈取财，或因斗殴纠众颈系，谎言欠债逼写文券，或因诈财不遂竟行殴毙，此等情罪重大实在光棍事发者，不分曾否得财，为首者绞立决，为从者俱绞监候。如非实在光棍不得滥行援引其例载比照光棍条款，仍照例斟酌定拟。

一，凡凶恶棍徒屡次生事行凶，无故扰害良人，人所共知，确有实据者，发极边足四千里安置。如系一时一事及虽屡次而系借端讹索者，量减一等拟徒。其并无凶恶实迹，偶然挟诈赃数无多者，仍照所犯之罪各依本律本例定拟，不得滥引此例。

一，凡刁徒无端肇衅平空讹诈，欺压乡愚致被诈之人因而自尽者，拟绞监候，秋审时入于缓决。拷打致死者，亦拟绞监候，秋审时入于情实。为从各减一等。若刁徒吓诈逼命之案，如讯明死者实系奸盗等项及一切作奸犯科有干例议之人，致被藉端讹诈，虽非凶犯干己事情，究属事出有因，为首之犯应于绞罪上量减一等，流三千里，为从者徒三年。若凶犯所藉之事在死者本无罪可科，或虽曾实有过犯而凶犯另捏别项虚情诬诈者，均属无端肇衅，仍照例分别首从问拟绞候、满流，不得率予量减。

一，凡在逃太监在外滋事，除犯谋故斗杀等案仍照各本律例分别定拟外，但有执持金刃伤人确有实据者发烟瘴地方安置，遇赦不赦。傥逃出后另犯诈索有司得赃重情，俱照光棍例治罪。

一，捉人勒索已成，为首发烟瘴地方安置，为从发极边足四千里安置。如任意凌虐，或虽未凌虐致令情急自尽者，首犯拟绞监候，帮同凌虐及虽无凌虐而助势逼勒之犯，俱发烟瘴地方安置。若被捉数在三人以上及掳捉已至三次同时并发，或被捉系十五岁以下幼孩，不论首从均拟绞监候。如将被捉之人谋故拒殴身死，不论人数次数，是否幼孩，首犯加拟立决，从犯照谋杀加功及抢夺杀人为从帮殴成伤各本律例问拟。若勒索得赃数在一百二十两以上，首犯照抢夺赃一百二十两以上例拟绞监候，从犯仍发极边足四千里安置。其因细故逞忿关禁数日后服礼放回者，为首徒三年，为从减一等。

一，捉人勒索之案，如有结伙三人以上持械入室，倚强掳捉已成形同强盗者，即照强盗得财不分首从律拟绞立决。其有执持鸟枪洋枪者，拟斩立决。若有拒捕杀伤事主，亦照强盗杀伤人之例科断。至在途掳捉，如被捉数在三人以上，或所捉系十五岁以下幼童，或掳捉已至三次以上同时并发，或勒索得赃数在一百二十两以上，此四项中兼有两项者拟绞监候，入于秋审情实，若无前项重情，仍各照前例办理。

一，各省匪徒掳人勒赎之案，如有将妇女捉回关禁勒索者，即以抢夺妇女及掳捉勒索各本例相比从其重者论。

一，各省开采煤窑煤窿及各项矿产，该管地方官设立印薄给发窑窿各户，令将佣工人等姓名籍贯，来去缘由十日一报。该地方官考查，如该窑窿各户不将各项工人开报，照脱漏户口律治罪。若各项工人有犯窃犯赌或聚众逞凶致成人命，该窑窿各户知情不行报究，发觉之日除本犯按律治罪外，该窑窿各户照总甲容留棍徒里处八等罚，如窑窿各户附近奸民及经营夫头人等，有设计诓诱穷民作工不容脱身未致毙命者，照凶恶棍徒例定拟。如将工作之人不加体恤，任意凌虐以致毙命者，即照威力制缚因而致死律拟绞监候。若无前项情事，但将工作患病之人忍心抬弃及病故不即报官者，照夫匠在工役之所有病官司不给医药救疗，及地界内有死人不申报官司輙移他处律分别治罪。其有平空强捉客民关禁入内，即照捉人勒索例分别首从科断。若窑窿各户知情纵容者，照知情藏匿罪人律治罪。该管地方官失察前项情弊及致毙人命私埋匿报等案，分别加等议处。受财故纵者，按枉法赃及故出人罪各律严参治罪，得受规礼者计赃科断，失察病故之人私埋匿报者照例议处。

诈欺官私取财

凡用计诈（伪）欺（瞒）官私以取财物者，并计（诈欺之）赃准窃盗论。若期亲以下（不论尊长、卑幼，同居、各居）自相欺诈者，亦依亲属相盗律递减科罪。〇若监临主守诈（欺同监守之人）取所监守之物者（系物官），以监守自盗论，未得者减二等。〇若冒认及诓赚局骗拐带人财物者，亦计赃准窃盗论（系亲属，亦论服递减）。

按：此仍《明律》，顺治三年添入小注。《唐律》：诈欺官私以取财物者，准盗论。注云：诈欺百端皆是。若监主诈取者自从盗法，未得者减二等。知情而取者坐赃论，知而买者减一等，藏者减二等。此律删去末后数语，而添入冒认诓赚一节。盖诈欺与恐吓不同，恐吓者，其人怵于恐吓之势，无奈而与之。诈欺者，设计以罔人之不知，而其人自与之。恐吓近乎强盗，故加一等。诈欺近乎窃盗，故准窃盗不加。诈欺分别官私，诈欺官者，如领官银办公，用计诈为费用，虚数瞒官而取之之类。诈欺私者，如见人有财，用计诈为营谋事情以瞒人而取之之类。至物非己有而妄冒他人之名认为己有，曰冒认。诓者，哄也，谎也。赚者，卖也。设为谎言而卖其人以取人财曰诓赚。局者,博以行棋之具,犹圈套也。骗者,乘也,跃上马曰骗。装成圈套,使人入其中而不得出,因得其财而乘之曰局骗。因事遇便而携取人财物曰拐带,皆诈欺取财之类。《日本刑法》:凡恐吓取财物者,为诈欺取财。又乘幼者之知识浅薄,或人之精神错乱,使之授与财物,或贩卖物件,交换之时变其物质,或伪为分两交付人者,或冒认他人之产贩卖交换,或作为抵当典物,或自己之产已作为抵当典物而欺隐卖与他人者,或重为抵当典物者,均以诈欺取财论,处重禁锢二月以上、四年以下云云。与中律之局骗、诓赚名异而实相同,而恐吓统于诈欺,不分两项,亦与《唐律》相近。律文浑言诈欺,例则指出指称买官买缺、衙门打点及赌赛市价涨落并钱铺关闭各项,皆诈欺中之尤著者,均有关于引用,故附录之。

一,凡指称买官买缺,或称规避处分诓骗听选,并应议官吏财物,如诓骗已成,财已入手,无论赃数多寡,不分首从,发烟瘴地方安置。其央浼营干致被诓骗者,流三千里。若诓骗未成,议有定数财未接受者,应于安置罪上减一等,徒三年。被骗者处十等罚,但经口许并未议有定数,亦处十等罚。被骗者处八等罚。若甫被诓骗即行首送者,诓骗之人照恐吓未得财律准窃盗论,加一等治罪,被骗者免议。

一,凡指称内外大小官员名头,并各衙门打点使用名色诓骗财物,计赃犯该徒罪以上者,俱不分首从,于本罪上加一等定拟(如亲属指官诓骗,止依期亲以下诈欺律,不可引例)。

一,奸民卖空买空,设局诱人赌赛市价长落,其卖空者照用计诈欺局骗人财物律,计赃准窃盗论,罪止流三千里,买空之犯照为从律减一等。

一,商民开设公司钱铺等项,无论新开旧设,均令五家联名互保,报官存案。私自开设者以违制论,如有侵蚀倒闭商民各款,立即拘拿监禁,分别查封寓所资财及原籍家产,勒令家属限两个月将侵蚀各款完竣。其起意倒闭之犯,工作十个月,若逾限不完,无论财主、管事人及铺伙侵蚀赔折计数在一百二十两以下者,照诓骗财物律计赃准窃盗论。一百二十两以上至五百两流三千里,五百两以上至一千两发极边足四千里安置,一千两以上发烟瘴地方安置,一万两以上发新疆当差,均勒限一年追赔。限内全完,释放。不完,递限两年追赔,全完亦准释放。若不完,均暂行监禁,所欠银钱勒令互保均匀给限代发,免其治罪,仍咨行本犯原籍,于家属名下追偿。如互保不愿代发,或限满代发未完,照准窃盗为从律减一等,徒三年。至互保代还银钱,如本犯于监禁后给还,仍准即行释放。其不能给还者,各照原拟罪名发配。若五家同时倒闭，一并拘拿勒追，照前治罪。未还银两仍于各犯家属名下严追给领。如钱铺关闭有包揽票存钱文折扣开发者，亦照诓骗财物律治罪，其有藉名取钱踹毁门窗抢取什物者，依抢夺例办理。地方官遇有侵蚀倒闭之案，不行严拿致令远飏，严参议处。

一，京城街市未挂钱幌，假称金店、参店，藉名烟铺、布铺换银出票，并无联名保结，一经关闭，应勒限开发票存。完竣以后，不准私自出票，如违照私自开设例惩办。若不依限开发完竣，照侵蚀倒闭例科断。

一，京城钱铺以五百一十一家作为定额，不准再增，如有私自开设，照违制律治罪。

略人略卖人

凡设方略而诱取良人（为奴婢）及略卖良人（与人）为奴婢者（不分首从、未卖）流三千里，为妻妾子孙者（造意）徒三年，因（诱卖不从）而杀伤（被略之）人者，俱绞（监候。为从各减一等），被略之人不坐，给亲完聚。〇若假以乞养过房为名，买良家子女转卖者，罪亦如之（不得引例。若买来长成而卖者，难同此律）。〇若和同相诱（取在己）及（两）相（情愿）卖良人为奴婢者徒三年，为妻妾子孙者徒二年半。被诱之人减一等（仍改正给亲），未卖者各减（已卖）一等。十岁以上，虽和亦同略诱法（被诱略者不坐）。〇若略卖子孙为奴婢者，处八等罚，弟妹及侄、侄孙、外孙若己之妾、子孙之妇者徒二年。（略卖）子孙之妾减二等，同堂弟妹、堂侄及侄孙者徒二年半。和卖者减（略卖）一等，未卖者又减（已卖）一等，被卖卑幼（虽和同以听从家长）不坐，给亲完聚。〇其（和，略）卖妻为婢及卖大功以下（尊卑）亲为奴婢者，各从凡人和略法。〇若（受寄所卖人口之）窝主及买者知情，并与犯人同罪（至死减一等）。牙保各减（犯人）一等，并追价入官。不知者俱处八等罚，追价还主。

按：此仍《明律》，顺治三年添入小注，现又删改。《唐律》分作四门，略人略卖人为一条，略和诱奴婢为一条，略卖期亲卑幼为一条，知略和诱、和同相卖为一条，现律并作一门而分为六节。《唐律》拟罪多轻于《明律》，惟此项《唐律》反较《明律》为重。《唐律》略卖人为奴婢者绞，为部曲者流三千里，为妻妾子孙者徒三年，因而杀伤人，同强盗法，若和同相卖为奴婢者，皆流二千里。略奴婢者以强盗论，和诱者以窃盗论，罪止流三千里。略卖期亲以下卑幼为奴婢，并同斗殴杀法，和卖者减一等，卖余亲者从凡人和略法，诸知略和诱而买之者，减卖者一等。知祖父母、父母卖子孙及子孙之妾,若已妾而买者,各加卖者罪一等云云。惟略卖为妻妾子孙满徒一项与现律相同,余俱从重而办法亦有不同。至因略诱而杀伤人及略奴婢均以强盗论,似乎过重,但《唐律》强盗不似现律之严,虽同强盗而其中仍有区别,非尽拟以死罪也。律文方略之略与略卖之略不同。方略,计谋也。又《字书》:不以道取曰略。如劫略、掳略则兼有威劫之意,诱取与略卖俱蒙上设方略言,谓设为方法谋略而将良人诱取为己之奴婢及略卖为人之奴婢也。取于家曰诱,卖于人曰略。此等阴行诡计,欺罔无知,散离其骨肉,残辱其身体,其情至重,其法应严。律虽罪止于流,非有杀伤不拟以死。现例已改从严,不分诱拐已卖、未卖,但系和同相诱,均拟遣罪。若被诱之人不知情,即拟绞候,较律似为直截简当,而罪名亦与《唐律》相合。盖略诱子女为奴婢,古律本系死罪,见顾氏《日知录》,非自《唐律》始也。现俱依例办理,律文久成虚设。惟因略和诱而杀伤人,例无明文,有犯仍须用律。再,律止言亲属略和诱卖,例又于略和诱中指出有奸情者从重定拟。律止言卖期亲卑幼及大功以下尊长,例又补出卖期亲尊长一项,皆与律互相发明。至兴贩妇女及卖受寄子女,并雇工略卖家长亲属,奸民诱骗愚民卖给洋人等项,皆足补律未备。此门必须律例合参,故附录条例于后以备研究。《日本刑法》:略取未满十二岁幼者,或诱拐,或交付他人,处重禁锢一年以上、五年以下,附加罚金四十圆以上、百圆以下。略取十二岁以上至未满二十岁幼者,减一等。其诱拐者又减一等。知略取诱拐之幼者而作为家属仆婢,但略取诱拐之幼者,从礼式成婚姻之时无告诉之效。又略取诱拐为满二十岁之幼者,交付外国人者处轻惩役云云。详绎此法,止言二十岁以下幼者,可见诱拐二十岁以上之长者即不论罪矣。而略取诱拐后以礼成婚者,即不得告诉,此亦中国难行之事,勉强行之,伤风败化,必致酿成杀伤劫夺之祸。

一,兴贩妇人子女转卖与他人为奴婢者,流三千里。若转卖与他人为妻妾子孙,徒三年,为从各减一等。地方官匿不申报,别经发觉,交部议处。

一,凡诱拐妇人子女,或典卖,或为妻妾子孙者,不分已卖未卖,但诱取者,被诱之人若不知情,为首拟绞监候,为从流三千里,被诱之人不坐。如拐后被逼成奸亦不坐。其和诱知情之人,为首发极边足四千里安置,为从及被诱之人俱减等满徒。若虽知拐带情由,并无和同诱拐分受赃物暂容留数日者,照不应重律治罪。有服亲属犯者,分别有无奸情照例科断。

一,内地奸民及洋行通事、买办设计诱骗愚民出洋承工,其受雇之人并非情甘出口,因被拐卖威逼致父子兄弟离散者,不论所拐系男妇子女,已卖未卖,曾否上船出洋及有无倚藉洋人情事,但系诱拐已成,为首绞立决,为从绞监候,入于秋审情实。地方官获犯审实,一面按约照会领事官将被拐之人立即释放送回,一面录供解审具奏,仍逐案备招咨院。其华民情甘出口承工系照条约章程办理者,不在此限。

一,凡将受寄他人十岁以下子女卖为奴婢者,发极边足四千里安置,卖为子孙者徒三年,为从各减一等。若将受寄他人十一岁以上子女和同卖为奴婢子孙者,分别首从各递减一等,子女不知情者,仍照诱拐本例问拟,被卖之人俱不坐,给亲属领回,知情故买者减本犯罪一等,不知者,处八等罚。

一,和诱略卖期亲卑幼,依律分别拟徒外,若略卖期亲尊长,照卑幼强抢期亲尊属嫁卖例拟绞监候,和者减一等,流三千里。如因和诱而奸,仍依律各绞立决。

一,诱拐内外大功以下、缌麻以上亲及亲之妻,审无奸情者,系尊长犯卑幼,仍依本律分别和略拟以徒流。系卑幼犯尊长,悉照凡人诱拐例分别知情、不知情治罪。若因奸而拐及因拐而和奸,各按奸拐本罪相比从重论。至诱拐期亲以下缌麻以上亲之妾,毋论曾否通奸,概依凡人诱拐例定拟。惟奸父祖妾者仍依律绞决,诱拐者以凡论。

一,雇工略卖家长之妻女及子者,照卑幼强抢期亲尊属嫁卖例拟绞监候,其因略卖而又犯杀伤奸淫等罪,仍各照本律分别从重科罪。至略卖家长之期功以下亲属,仍照例拟绞,和者发烟瘴地方安置。

一,凡因贫而卖子女者处七等罚,买者处八等罚,身价入官,人口交亲属领回。

发冢

凡发掘(他人)坟冢见棺椁者,流三千里;已开棺椁见尸者,绞(监候);发而未至棺椁者,徒三年。(招魂而葬亦是,为从减一等。)若(年远)冢先穿陷及未殡埋而盗尸柩(尸在柩未殡,或在殡未埋)者,徒二年半;开棺椁见尸者亦绞。(杂犯)其盗取器物砖石者,计赃准凡盗论。○若卑幼发(五服以内)尊长坟冢者,同凡人论;开棺椁见尸者,绞(监候)。若弃尸卖坟地者,罪亦如之。买地人、牙保知情者,各处八等罚,追价入官,地归同宗亲属;不知者不坐;若尊长发(五服以内)卑幼坟冢,开棺椁见尸者,缌麻徒三年,小功以上各递减一等。(祖父母、父母)发子孙坟冢开棺椁见尸者,处八等罚。其有故而依礼迁葬者,(尊长卑幼)俱不坐。○若残毁他人死尸及弃尸水中者，各流三千里。（谓死尸在家或在野未殡葬，将尸焚烧、残毁之类。若已殡葬者，自依发冢开棺椁见尸律从重论。）若毁弃缌麻以上尊长（未葬）死尸者，绞（监候）。弃（他人及尊长）而不失（其尸）及（毁而但）髡髪若伤者各减一等。（凡人减流一等，卑幼减绞一等。）〇（毁弃）缌麻以上卑幼（死尸），各依凡人（毁弃依服制）递减一等。毁弃子孙死尸者，处八等罚。其子孙毁弃祖父母、父母及雇工人毁弃家长死尸者，（不论残失与否，）绞（监候。律不载妻妾毁弃夫尸，有犯以缌麻以上尊长律奏请，如子孙毁弃祖宗神主，亦依此律治罪。）〇若穿地得（无主）死尸不即掩埋者，处八等罚。若于他人坟墓（为）熏狐狸，因而烧棺椁者徒二年；烧尸者徒三年。若缌麻以上尊长各递加一等。（烧棺椁者各加为徒二年半；烧尸者递加为流二千里。不可依服属各递加，致反重于祖父母、父母也。）卑幼各（因其服）依凡人递减一等。若子孙于祖父母、父母及雇工人于家长坟墓熏狐狸者，处十等罚；烧棺椁者徒三年；烧尸者绞（监候）。〇平治他人坟墓为田园者，（虽未见棺椁）处十等罚。（仍令改正。）于有主坟地内盗葬者，处八等罚，勒限移葬。（若将尊长坟冢平治作地，得财卖人，止问诓骗人财，不可作弃尸卖坟地断，计赃轻者仍处十等罚。买主知情，则坐不应重律，追价入官；不知情，追价还主。）〇若地界内有死人，里长、地邻不申报官司检验而辄移他处及埋藏者，处八等罚；以致失尸者，（首）处十等罚。残毁及弃尸水中者，（首）徒一年。（残弃之人仍坐流罪。）弃而不失及髡髪若伤者，各减一等。（若邻里自行残毁，仍坐流罪。）因而盗取衣服者，计赃准窃盗论。

按：此仍《明律》，原有小注，顺治三年增修，雍正三年改定，现又添改。较诸《唐律》似为详备，而拟罪亦不大差。《唐律》：诸发冢者，加役流；已开棺椁者绞；发而未彻者徒三年。其冢先穿及未殡而盗尸柩者徒二年半；盗衣服者减一等；器物、砖版者，以凡盗论。又《疏义》问答云：尊长发卑幼之坟，不可重于杀罪；若发尊长之冢，止同凡人法云云。可见《唐律》不言尊长、卑幼互相发冢之罪，已包括于问答之中。卑幼发尊长止同凡人，罪止于绞。现律卑幼发尊长冢，见尸者绞，虽较《唐律》不差，而尊长发卑幼之冢究与《唐律》拟罪不同。其[且]《唐律》止言发冢，现律添出毁弃死尸及烧棺烧尸、移尸不报并平治坟墓等罪，共分七节。首节言凡人发冢之罪。二节言亲属发冢之罪。三、四节言毁弃他人及亲属死尸之罪。五、六、七节因发冢毁弃之事而附及之。凡人发冢之罪重于毁弃亲属，毁弃之罪重于发冢。考之葬法，高者曰坟；封者曰冢；平者曰墓；开动曰发；穿地曰掘；在床曰尸；在棺曰柩。又《辑注》：见棺见尸，二见字，音胡甸切，显也，露也，作视解者谬，律文字法各有精意。要之，此律已较《唐律》为繁，而现行条例更加细粹［碎］，于律文开棺见尸内又分出锯缝凿孔、尚未显露尸身一项，虽较开棺见尸者稍轻，究较仅见棺者为重，且律罪止绞候，例则改为立决。雇工犯主人、子孙犯父母者，较律亦为加重数倍。近又增出许多名色，如指称旱魃刨坟毁尸，争坟阻葬、开棺易罐，暗埋他骨、豫立封堆，伪说廕基、贪人吉壤，盗发远年坟冢埋葬，并发掘历代帝王、先贤，前代分藩郡王、亲王，本朝贝勒、贝子、公等项陵墓，名愈出愈奇，罪愈加愈重，意在严惩匪徒，反致失其平允，何者？凡发冢之犯与窃盗皆意在得财，《唐律》窃赃计数虽多，并无死罪，而一经发冢见尸即应拟绞，恶其因图财而祸及死尸，故不计得赃多少也。《辑注》云：在野之坟，虽发掘而不得同于强盗；已死之人，虽残毁弃而不得同于谋杀。可见发冢祸及死尸，与杀人害及生命者有间。盖《礼》云：葬者，藏也，欲人之不得见也。《唐律疏义》引礼以释律文，直与斗殴杀人同科，虽则稍严，亦尚得中。至现定之例，首犯立决，从亦监候，不但较斗杀为重，即较之谋故杀人亦为严厉，似未平允。《日本刑法》：发掘坟墓见棺椁死尸者，处重禁锢二月以上二年以下，加罚金三十圆以下。因而毁弃死尸者，加一等。若毁弃应葬死尸者，减一等。即《俄律》发冢剥尸者，亦止罚作十二年以下苦工。彼此互相比较，亦可见死尸轻于生命，而例内发冢见尸之拟立决，未免过于重矣。但现在俱系照例办理，则例文似较律有裨实用。故备录于后，以备参考。

，发掘常人坟冢开棺见尸，为首者拟绞立决；为从无论次数俱拟绞监候。其发冢见棺锯缝凿孔抽取衣饰尚未显露尸身，为首者拟绞监候，入于秋审情实，为从俱拟绞监候。

一，发掘常人坟冢，除开棺见尸情罪较重首从各犯不分已未得财仍照本例定拟外，其锯缝凿孔尚未得财者，首犯发遣烟瘴地方安置，为从者流三千里。

一，盗未殡、未埋尸柩及发年久穿陷之冢，除未开棺椁者仍照本律定拟外，如开棺见尸，为首一次者流三千里；二次者发烟瘴地方安置；三次者绞监候。为从一次者仍照杂犯流罪总徒四年；二次者流三千里；三次者发烟瘴地方安置；三次以上者绞监候。

一，盗未殡、未埋尸柩锯缝凿孔，为首一二次者徒三年；三次照杂犯流罪总徒四年；四次五次者流三千里；六次及六次以上者发烟瘴地方安置。为从一二次者徒二年半；三次者徒三年；四次五次者总徒四年；六次七次者流三千里；八次及八次以上者，发烟瘴地方安置。

一，凡盗未殡、未埋尸柩开棺见尸及锯缝凿孔偷窃之案，但经得财，俱核计所得之赃，照窃盗赃科断。如计赃轻于本罪者，仍依本律定拟。若计赃重于本罪者，即从重治罪。

一，发掘坟冢并盗取未殡未埋尸柩，无论已开棺、未开棺及锯缝凿孔等项人犯，各按其所犯本条之罪分别首从并计科断。如一人迭窃，有首有从，则视其为首次数与为从次数罪名相比，从其重者论。若为首各次并计罪轻，准其将为首次数归入为从次数内并计科罪。不得以为从次数作为为首次数并计；亦不得以盗未殡未葬尸柩及锯缝凿孔之案归入发冢见棺及开棺见尸案内，并计次数治罪。

一，凡子孙发掘祖父母、父母坟冢，均不分首从，已行未见棺椁者皆绞监候，入于秋审情实。见棺椁者皆绞立决，开棺见尸并毁弃尸骸者皆斩立决。如有尊长卑幼或外人为首为从，分别服制凡人，各以首从论。

一，子孙盗祖父母、父母未殡未埋尸柩，不分首从，开棺见尸者皆绞立决。如未开棺椁，事属已行、确有显迹者皆绞监候。如有尊长、卑幼或外人为首为从，分别服制凡人，各以首从论。

一，有服卑幼发掘尊长坟冢未见棺椁者，为首期亲卑幼发极边足四千里安置；功缌卑幼流三千里。为从期亲卑幼流三千里；功缌卑幼流二千五百里。见棺椁者，为首期亲卑幼发烟瘴地方安置；功缌卑幼发极边足四千里安置。为从期亲卑幼发极边足四千里安置；功缌卑幼流三千里。如有尊长或外人为首为从，分别服制凡人，各以首从论。开棺见尸并锯缝凿孔，首从之卑幼无论期亲功缌，均照常人一例问拟。

一，有服卑幼盗尊长未殡未埋尸柩，未开棺椁者，为首期亲卑幼发极边足四千里安置；功缌卑幼流三千里。为从期亲卑幼流三千里；功缌卑幼流二千五百里。开棺见尸者，为首期亲卑幼发烟瘴地方安置；功缌卑幼发极边足四千里安置。为从期亲卑幼发极边足四千里安置；功缌卑幼流三千里。如犯至三次者，为首无论期功缌麻卑幼拟绞监候；为从各按本罪加一等。三次以上者，无论期功缌麻卑幼，不分首从，均拟绞监候。如有尊长或外人为首为从，分别服制凡人，各以首从论。

一，有服尊长盗卑幼未殡未埋尸柩，开棺见尸者，缌麻尊长为首，依发卑幼坟冢开棺见尸徒三年律减一等。未开棺椁者再减一等。如系小功以上尊长为首，各依律以次递减。为从之尊长亦各按服制减为首之罪一等。如有卑幼或外人为首为从，分别服制凡人，各以首从论。

一，凡发掘贝勒、贝子、公夫人等坟冢，开棺椁见尸者，为首斩立决，为从皆绞监候，入于秋审情实。见棺者，为首绞监候，入于秋审情实。为从皆绞监候。未至棺者，为首绞监候，为从流三千里。如有发掘历代帝王陵寝及《会典》内有从祀名位之先贤名臣，并前代分藩亲王或递相承袭分藩亲王坟墓者，俱照此例治罪。若发掘前代分封郡王及追封藩王坟墓者，除犯至死罪仍照发掘常人坟冢例定拟外，余各于发掘常人坟冢本罪上加一等治罪。以上所掘金银交与该督抚，饬令地方官修葺坟冢，其玉带珠宝等物仍置冢内。

一，雇工人盗家长未殡未埋尸柩，未开棺椁，事属已行确有显迹者，照发冢已行未见棺例，为首绞监候；为从流二千五百里。开棺见尸者，照发冢见棺椁例，为首绞监候，入于秋审情实；为从绞监候。其毁弃撇撒死尸者，仍照旧例不分首从，皆绞立决。

一，凡雇工人发掘家长坟冢，已行未见棺者，为首绞监候，为从流二千五百里。见棺椁者，为首绞监候，入于秋审情实。开棺椁见尸者，为首斩立决，为从各绞监候。毁弃撇撒死尸者，不分首从，皆斩立决。如有家长尊卑亲属或外人为首为从，分别服制凡人，各以首从论。

一，受雇看守坟墓并无主仆名分之人，如有发冢及盗未殡未埋尸柩，并锯缝凿孔与未开棺椁者，或自行盗发，或听从外人盗发，除死罪无可复加外，犯该安置流徒等罪悉照凡人首从各本律例上加一等问拟。

一，凡殴故杀人案内凶犯起意残毁死尸及弃尸水中，其听从抬弃之人无论在场有无伤人，俱照弃尸为从律徒三年。系余人起意，仍照弃尸为首律流三千里。若埋尸灭迹因而遗失者，其听从抬埋之人无论在场有无伤人，各按余人本罪加一等徒一年。系余人起意，再加一等，徒一年半。伤罪重者仍从重论。不失尸者各减一等。若受雇抬埋并不知情者，仍照地界内有死人不报官司而輙移藏律处八等罚。至窃劫之犯，如有在湖河舟次格斗致毙，尸堕水中漂流不获及山谷险隘猝然遇暴，尸沉涧溪，本无毁弃之情，仍依格杀本律科断，毋庸牵引弃尸之律。若系在家黉夜格捕致死奸盗之犯，或在旷野道途格杀拘捕盗贼，罪本不应拟抵，将尸毁弃掩埋移投坑井者，照地界内有死人不报官司私自掩埋律处八等罚。因而遗失者，照地界内有死人輙移他处以致失尸律处十等罚。

一，夫毁弃妻尸者，比依尊长毁弃期亲卑幼死尸律，于凡人满流罪上递减四等，徒一年半。不失尸及毁而但髡髪若伤者再减一等，徒一年。

一，平治他人坟墓为田园，未见棺椁止一冢者，仍照律处十等罚。如平治多冢，每三冢加一等罪，止徒三年。卑幼于尊长有犯，缌麻功服各加凡人一等，期亲又加一等。若子孙平治祖坟，并雇工平治家长坟一冢者，徒三年。每一冢加一等，仍照加不至死之例，加至烟瘴地方安置为止。其因平治而盗卖坟地得财者，均按律计赃准窃盗论，加一等，赃轻者各加平治罪一等。知情谋买者，悉与犯人同罪。不知者不坐。如因平治而强占或盗卖计亩数多，及因平治而见棺见尸并弃毁尸骸者，仍照各本律从其重者论。其子孙因贫卖地留坟祭扫并未平治，又非盗卖者不在此例。

一，凡葬盗之人除侵犯他人坟冢发掘开棺见尸者，仍各按照本律治罪外，如因盗葬后被地主发掘弃毁，无论所葬系尊长及卑幼尸柩，俱照强占官民山场律流三千里。如于有主坟地及切近坟旁盗葬，尚无侵犯，致被地主发掘等情者，照强占山场满流律量减一等徒三年。若止于田园山场内盗葬者，照强占山场满流律量减二等，徒二年半，仍勒限一个月，押令犯属迁移。逾限不迁，即将犯属暂行收禁，候迁移日释放。其唆令盗葬之地师、讼师与本犯一体治罪。

一，贪人吉壤，将远年之坟盗发者，子孙告发审有确据，将盗发之人以开棺见尸律拟绞监候。如非其子孙，又非实有确据之前人古冢，但因有土墩，见人埋葬，辄称伊远祖坟墓，勾引匪类伙告伙证，陷害无辜，审明，将为首者流三千里，为从减一等拟徒三年。若实系本人远祖之坟被人发掘盗葬，因将所盗葬之棺发掘抛弃者，照祖父母、父母被杀子孙不告官司而擅杀行凶人律治罪。若盗葬者并无发掘等情，止在切近坟旁盗葬，而本家辄行发掘者，应照地界内有死人不报官司而辄移他处律科断。如有毁弃尸骸，照地界内有死人而移尸毁弃律科断。若非系坟地，止在田地场园内盗葬而地主发掘开棺见尸，仍照律拟绞。其不开棺见尸者，各照本律减一等治罪。如两造本系亲属，其所侵损之坟冢、棺椁、尸骸与本身皆有服制者，各照律内服制科断。

一，民人除无故挖焚已葬尸棺者仍照例治罪外，其因争坟阻葬、开棺易罐，埋藏占葬者，亦照开棺见尸残毁死尸各本律治罪。若以他骨暗埋豫立封堆，伪说廕基，审系恃强占葬者，照强占官民山场律治罪。审系私自偷埋者，照于有主坟地内偷葬律治罪。其侵犯他人坟冢者，照发掘他人坟冢律治罪。如果审系地师教诱，将教诱之地师均照诈教诱人犯法律分别治罪。若地方官隐讳宽纵，不实力查究，照例参处。

夜无故入人家

凡夜无故入人家内者，处八等罚。主家登时杀死者，勿论。其已就拘执而擅杀伤者，减斗杀伤罪二等；至死，徒三年。

按：此仍《明律》，与《唐律》大同小异。《唐律》夜无故入人家者笞四十，此处八等罚。《唐律》若知非侵犯而杀伤者，减斗杀伤二等，此则删去此层。《唐律》已就拘执而杀伤，各以斗杀伤论；至死者，加役流。此则添一“擅”字，减斗杀伤二等；至死拟以满徒，较《唐律》减轻二等。此律之意盖防奸盗而并戒擅杀也，重在“无故”、“登时”四字，无故入人家内，其意不测，少缓之，祸及己，故杀之勿论。至于已被拘执，自当送官而擅行杀伤，故减斗杀伤罪二等，至死亦止满徒。欲防奸盗之衅，故宽擅杀之罪。此与《罪人拒捕门》已就拘执而杀以斗杀论，拟罪有绞、徒之分者，彼之罪人已属在官人犯，脱逃拘执，其事已定，如有杀伤，必是捕人陵[凌]虐所致，故不减等。此则虽就拘执，尚在本家，主家疑虑彷徨，莫测其故，因有杀伤，其情可原，故宽其杀伤之罪，准减二等。情有各别，故罪不一律。考之古书，此律由来已久。《周礼·朝士》职曰：盗贼军乡邑及家人，杀之无罪。注：军，言攻也。攻一家一人与一乡一邑同，杀之皆无罪。郑康成曰：即今律无故入人家及上舟车，牵引人欲为匪者，杀之无罪是也云云。可见汉时已有此律，《唐律》加入“夜”字，分别登时拘执，虽失古义，而其听民杀贼则同。《明律》诸重于唐，惟此项由加役流改为满徒，深得古人之意。夫人至不能保守身家，又不能忍受穷饿，小而鼠窃狗偷，大则明火执仗，此国家之乱民，所当锄治者也。此律听民自杀，虽擅杀罪止于徒，良有深意。盖良民，上所深爱，今以窃盗之故而不得安居，忿激一时，邂逅致死，罪至满徒而害已深，原不忍迁徙良民之身家以偿盗贼之命也。若以良民之命而偿盗贼，不更失情法之平哉？现行条例于律文黑夜而外增出白日偷窃，又于律文入人家而外增出市野偷窃。律既分别登时拘执，例又分别登时、事后、倒地拘获。若系事后及倒地拘获，殴死从重拟流，与旧例拟绞大有不同。钱氏维城有言：盗贼固命，良民亦命也。与其惜窃盗已死之命，何如惜良民未死之命。彼[且]恶其擅杀者，盖不过不告官司耳。岂知告官司而仆仆讼庭，吏役需索，所失有过于贼者，即使无之，而废农荒业，民且不堪，又况事起倥偬，计不旋踵乎？或者谓事起黑夜，易起诈伪，不知案疑，则治案不宜移律以就疑，果使情涉游移，即当穷究根原，分别谋故、斗杀，又不得仅以罪人不拒捕颟顸了事也。或又谓盗固无论，窃贼不至死而轻杀之,彼特逼于贫耳。夫不能使民各安其生,不得已而为盗贼,此固在上者之责,不特窃贼可悯,盗亦可悯,而不可以此责之于民。且牧民者既已不能使民无盗贼矣,又以盗贼之故而杀民,是益之咎也。夫奸所获奸,杀之有无论者矣,奸亦不至于死也,律有不得捕奸之人,无不得捕盗之人,捕贼固重于捕奸矣。《孟子》论井田曰:守望相助,古人惧事主之力不足治贼,而责之于邻里,若并事主而禁之,毋乃长贼盗之势而夺民财乎云云。此段议论甚得律意,而长安薛氏《读例存疑》亦有窃贼为闾阎之害,既与[予]事主以捕贼之权,即不应以事主抵贼犯之命之语,所见大略相同。《日本刑法》:凡昼间无故入人住宅,因防止而杀伤者,宥恕其罪。又防止对财产放火并盗犯及防止夜间无故入人住宅,不得已而杀伤者,不论其罪云云。不但较现例为轻,即较唐明诸律亦轻,深得《汉律》、《周礼》遗意,可并参考。

一,凡事主(雇工亦是)及邻佑人等因贼犯黑夜偷窃,或白日入人家内院内偷窃财物,并市野偷窃器物及田园谷麦蔬果柴草木石等类,登时追捕殴打至死者,不问是否已离盗所、捕者人数多寡、贼犯已未得财并器物等有无看守,俱徒二年半。若贼犯已被殴跌倒地及已就拘获,辄复迭殴致毙或事后殴打至死者,均照擅杀罪人拟绞律上减一等,流三千里。如贼犯持仗拒捕,被捕者登时格杀,仍依律勿论。(凡刀械石块皆是持仗。事在顷刻,势出仓猝,谓之登时。抵格而杀,谓之格杀。)

盗贼窝主

凡强盗窝主造意,身虽不(同)行但分赃者绞。(若行,则不问分赃不分赃,只依行而得财者,不分首从皆绞。若不知盗情,只是暂时停歇者,止问不应)。若不(同)行又不分赃者,流三千里。共谋(其窝主不曾造谋,但与贼人共知谋情)者,行而不分赃及分赃而不行,皆绞。若不行又不分赃者,工作十个月。〇窃盗窝主造意,身虽不行但分赃者为首论;若不行又不分赃者为从论(减一等),以临时主意上盗者为首。其(窝主若不造意,而但)为从者,行而不分赃及分赃而不行,(减造意一等)仍为从论。若不行又不分赃,工作一个月。〇若本不同谋,(偶然)相遇共(为强窃)盗,(其强盗固不分首从,若窃盗,则)以临时主意上盗者为首,余为从论。〇其知人略卖和诱人及强窃盗后而分(所卖,所盗)赃者,计所分赃,准窃盗为从论。〇若知强窃盗赃而故买者,计所买物坐赃论;知而寄藏者,减(故买)一等,各罪止工作十个月。其不知情误买及受寄者,俱不坐。

按：此系《明律》，顺治三年添入小注，惟三节"若本不同谋"数语系《唐律》原文，余均明所纂定。现又改易。《唐律》止有容止盗贼之律而无窝主律。其容止盗者，里正笞五十，三人加一等，罪止徒三年，强盗加一等。明立此贼盗窝主之律，拟罪过于严厉，恐人附会滥杀，故复设后条问刑之例，以明用律之法，与别项律外之例不同。故读此律者，须与此例合参，方无流弊。细玩例文，"必须"、"方许"、"但当"、"毋得"八字何等慎重，即此可见古人用律详审之意。《辑注》：窝主与窝藏不同，律与例不同，今人以容留即为窝家者非是。又《笺释》云：窝主者，凶谋自伊始也，窝藏不过为窝顿赃物之主家耳。情有不同，故罪分轻重。又《读律佩觿》云：窝主者，主其谋以为上盗之地也，窝家不过利其财，为盗之主家耳，凶念不自伊始云云。其分别窝主、窝藏甚为明晰。盖律之本意，原是重窝主之罪以靖盗源，造意共谋是此律之纲领，行不行、分赃不分赃是此律之条目。与强盗律相似而各有不同，强盗律以行劫为重，既不同行，虽以盗论，故无分赃不行之文。窝主身虽不行，亦得坐地分赃，故有分赃而不行之律。盖强盗重在上盗，故不行者并无死罪。此律虽重分赃，故不行而分赃者，亦同拟死也。至于盗后分赃及买赃藏赃各项，律文系不分强、窃，一概问拟。现例分别窃赃、强赃，定有专条，不但强盗赃重于窃赃，即窃赃亦较律从重，律文已为虚设矣。《日本刑法》：知为强窃盗赃物而收受或寄赃故买及为牙保者，处重禁锢一月以上三年以下，附加罚金三圆以上三十圆以下，又付监视二年以下，亦系不分强窃拟罪，惟均尚与律文用意相同，不过罪名轻重有异耳。至于盗贼窝主，《日本刑法》亦无此名，惟《俄律》有窝藏偷窃减二等及知情容止贼匪发西伯利亚安插之罪，亦与中律相近，但此项罪名现俱舍律用例，故附录于后，以备参考。

一，推鞫窝主、窝藏分赃人犯，必须审有造意、共谋实情，方许以窝主律论。若止是勾引容留往来住宿，并无造意、共谋情状者，但当以窝藏例论，毋得附会文致，概坐窝主之罪。

一，编排保甲，保正、甲长、牌头须选勤慎练达之人点充，如豪横之徒藉名武断，该管官严查究革，从重治罪。果实力查访盗贼，据实举报，照捕役获盗过半以上例按名给赏。倘知有为盗、窝盗之人，瞻徇隐匿者，照不应重律治罪。如系窃盗，分别贼情轻重惩警。若牌头于保正、甲长处举报而不行转报者，甲长照牌头减一等，保正减二等发落，牌头免坐。其一切户婚、田土不得问及保甲。惟人命重情，取问地邻保甲。赌博为盗贼渊薮，仍令同盗贼一并查举。再，地方有堡子村庄聚族满百人以上，保甲不能编查，选族中有品望者立为族正，若有匪类，令其举报。倘徇情容隐，照保甲一体治罪。

一，强盗窝主造意不行又不分赃，发新疆当差。若非造意，又不同行分赃，但知情窝藏一人，流二千五百里，窝赃二人流三千里，窝藏三人以上发极边足四千里安置，五人以上发烟瘴地方安置。

一，凡窝线同行上盗，得财者仍照强盗律定拟，如不上盗又未分赃，但为贼探听事主消息、通线引路，照强盗窝主造意不行又不分赃发新疆当差。

一，强盗巨窝本处邻佑地保有知情容留者流二千五百里。若非知情容留，止系失于稽查，各照不应重律拟罪。其邻佑地保及兵役、平民能侦知强盗巨窝行踪，赴地方官密禀，该地方官即行严拿，不许指出首人姓名。俟拿获盗贼审实，将首人给赏。如盗贼将首人攀害，立案不行，首获之贼系首犯，赏银五十两，系伙犯，赏银二十五两。首获多者，按名赏给，在充公银两内动支。有挟嫌诬首情弊，仍照诬告例治罪。

一，窝藏积匪之家，果有造意及同行分赃代卖，发烟瘴地方安置。其窝藏窃盗未经造意，又不同行，但经分得些微财物，或止代为卖赃者，均减本犯一等治罪。

一，各直省不法奸徒窝藏匪类，捉人关禁勒赎坐地分赃者，但经造意虽未同行，及虽未造意但经事前同谋者，均照捉人首犯一例治罪。若先未造意同谋，仅止事后窝留关禁勒赎，各于首犯本罪上减一等。

一，强窃盗窝家之同居父兄伯叔自首者，照例免罪，本犯照强盗父兄自首例分别发落，至父兄人等知情而又分赃，各照强窃盗为从例减一等治罪。

一，牌头所管内有为盗之人，虽不知情而失察，照不应为律治罪。甲长、保正递减一等科断。

一，凡强盗窝主之邻佑知而不首者处十等罚。

一，洋盗并强盗案内知情接买盗赃之犯，不论赃数多寡，一次徒三年，二次流二千五百里，三次以上发烟瘴地方安置。其知而寄藏及代为销赃者，一次徒二年，二次徒二年半，三次以上徒三年。

一，知窃盗赃而接买受寄，若银物坐赃至满数者，俱不分初犯、再犯，徒一年；若三犯以上，不分赃数多寡，俱流二千五百里。（接买盗赃至八十两为满数，受寄盗赃至一百两为满数。）

共谋为盗

（此条专为共谋而临时不行者言）

凡共谋为强盗（数内一人）临时不行，而行者却为窃盗，此共谋（而不行）者（曾）分赃，（但系）造意者（即）为窃盗首；（果系）余人，并为窃盗从。若不分赃，（但系）造意者，即为窃盗从；（果系）余人，并工作一个月。（必查）以临时主意上盗者，为窃盗首。其共谋为窃盗，（数内一人）临时不行，而行者为强盗。其不行之人（系）造意者（曾）分赃，知情不知情并为窃盗首。（系）造意者（但）不分赃及（系）余人（而曾）分赃，俱为窃盗从。以临时主意及共为强盗者，不分首从论。

按：此仍《明律》，顺治三年添入小注，《唐律》谓之"共谋强盗不行"，明改为"共谋为盗"，律文罪名全同《唐律》，惟字句稍有增改。其两节末后"以临时主意"句，《唐律》所无，系明所增。此律是专论共谋不行之人，但有谋窃行强、谋强行窃之法。至共谋为强，临时不行，而行者仍为强；共谋为窃，临时不行，而行者仍为窃。若系强盗，则当依后例分别办理；系窃盗，则当视情之轻重、赃之多少分别酌定，即与此律情节不符。《辑注》引公羊子曰：君子之恶恶也疾始，其善善也乐终。故谋强行窃者，不行之人从重；虽不分赃之余人，犹工作一个月，所以谨其始也。谋窃行强，不行之人从轻，其不分赃之余人即不著其罪，所以与其终也。惟不行分赃之人，无论谋强行窃、谋窃行强，但系造意者，均以为窃盗首，系共谋者，均为窃盗从。盖谋强而分窃赃者，心虽可诛，而事究堪原；谋窃而分强赃者，事虽可恶，而心实无他，其情一，故其罪同也。此中律之最精细处，外国均无此法。现例又有共谋强盗临时不行而行仍为强盗一项，足补律所未备，故并录之。

一，共谋为强盗，伙犯临时畏惧不行，而行者仍为强盗。其不行之犯，但事后分赃者徒三年，赃重者仍从重论；不分赃者，工作十个月。如因患病及别故不行，事后分赃者流三千里，不分赃者徒三年。

公取窃取者为盗

凡盗公取、窃取皆为盗，（公取谓行盗之人公然而取其财，如强盗抢夺，窃取谓潜行隐面私窃取其财，如窃盗、掏摸皆名为盗。）器物钱帛（以下兼官私言）之类须移徙已离盗所（方谓之盗）。珠玉宝货之类据入手隐藏，纵（在盗所）未将行亦是（为盗）。

其木石重器非人力所胜，虽移本处未驮载间犹未成盗（不得以盗论）。马牛、驼骡之类须出阑圈，鹰犬之类须专制在己，乃成为盗。（若盗马一匹，别有马随，不合并计为罪。若盗其母而子随者，皆并计为罪。）○此条乃以上盗贼诸条之通例。未成盗而有显迹证见者，依已行而未得财科断。已成盗者，依律以得财科断。

按：此仍《明律》，原有小注，顺治三年增修。《唐律》仅“止公取窃取皆为盗”一语，以下数行系采取《唐律》小注、《疏议》而纂辑成律，本朝顺治三年又增入末后一段。此乃盗贼之通例，故列于诸盗之后，总束各门以为问盗之法。首句总言为盗之等类，以下各项乃分论已成盗、未成盗之法则也。必须公取、窃取方谓之盗，若他律所称擅取、擅用、擅食、擅将取之类，皆不在公取、窃取之例，即不加以盗贼之名。盖盗以赃为凭，若未成盗则无赃可据，故必须有显迹证见，方拟为不得财之罪。至律注，盗马一匹，别马随之，不并论；而盗其母，子随之，故并论罪者，盖盗此马而别马随之，乃偶然之事，非有意盗之。若盗母子随，乃必然之理，即属有意盗之，故有并论、不并论之分。此说亦系《唐律疏议》所载，《明律》采取入注，至今因之。即此一端，可见古律精微细密，非躁心人所能定，亦非躁心人所能读矣。自“谋反”至此共二十七项，合为《盗贼》一门。盖人之恒情，财与命相连，故《贼盗》之后即以《人命》继焉。

卷　六

人　命

按:《唐律》无人命之目,盖杀人曰贼。凡各项杀人已包括于《贼盗》、《斗讼》二律之内。相沿至明,始将各项杀人归为一门,名曰《人命》。大概以谋杀、故杀、斗殴杀、戏杀、误杀、过失杀统之。《辑注》所谓六杀是也。至威逼致死,虽不在杀人之列,究有关于人命,故亦附于此门之内,共二十条。

谋杀人

凡谋(或谋诸心,或谋诸人)杀人,造意者绞(监候),从而加功者亦绞(监候),不加功者流三千里。杀讫乃坐(若未曾杀讫而邂逅身死,止依同谋共殴人科断)。若伤而不死,造意者绞(监候),从而加功者流三千里,不加功者徒三年。若谋而已行,未曾伤人者(造意为首者)徒三年,为从者各处十等罚。但同谋者皆坐。其造意者(通承已杀、已伤、已行三项)身虽不行,仍为首论,从者不行,减行者一等。若因而得财者同强盗不分首从论,皆绞。(行而不分赃及不行又不分赃,皆仍依杀论。)

按:此仍《明律》,顺治三年添入小注。现又删易。罪名与《唐律》不差而文较详晰。《唐律》:诸谋杀人者徒三年,已伤者绞,已杀者斩,从而加功者绞,不加功者流三千里,造意者虽不行,仍为首。即从者不行,减行者一等。现律分作五节:第一节言已杀之罪;第二节言已伤之罪,而已杀已伤中又分造意、加功、不加功三项;三节言未伤人则无加功、不加功可辨,故但曰为从而已;四节言造意者则不分亲行与否,无论已杀、已伤、已行,仍为首论;五节言因而得财,则有行而不分赃及不行又不分赃之别。总之,律贵诛心,故杀人以谋为重,杀而用谋,情最深毒,故为人命诸条之首。**谋**

杀与故杀均为有意杀人而情有不同者，故杀起意于临杀之时，谋杀则造意于未杀之先。故故杀、斗杀则止一人拟抵，惟谋杀则造意加功均为死罪。容有杀一人而数人均为实抵者，盖造意虽止一人，而加功非止一人也。谋杀之事不一，或以金刃，或以毒药，或驱赴水火，或陷害刑戮，或伺于隐处即时打死，凡处心积虑设计定谋，立意杀人而造出杀人方法者，均是造意。盖造意为谋之主，注曰：独谋诸心，则无同谋之人可凭，必实有仇恨情由，具有造谋显迹，或追出凶器与伤痕相符，或所用毒药造卖有据，方可论谋。功者，杀人之事也，加者，用力之谓也，故下手杀人伤人方谓加功。若在场盼望、恐吓逼迫、拥卫之人，皆不得谓之加功。若谋用毒药杀人而为之和合者，方为加功。盖谋杀律重法严，恐人误引，致杀多人，故例有毋得据一言为造谋，指助势为加功之语也。至于杀讫乃坐者，慎重之意，恐人误谓但谋即坐，故特著此语。若未曾杀讫，则有下节伤而未死之法注云：邂逅身死，止依同谋殴人。邂逅之字书训为适然相值，夫适然相值以致其死，是因他故，非由谋杀矣。所谓杀讫者，已死之谓，并非必系登时杀死乃坐谋杀。假如谋以刀杀，受伤未深，脱逃数日而死，或谋推堕山岸，越日始死，仍须问以谋杀。细玩下文伤而未死尚坐谋罪，况受伤已死反不问谋罪乎？律文精深细微，一字不可忽过。后节因而得财者同强盗论，细味"因而"字义，是谋杀本非为财；既杀之后乃取其财，若本为谋财而杀人，自依强盗本律，不得谓之因而得财也。但此律同强盗不分首从皆绞，未免过严，故后例另有图财害命专条，此律近已不用矣。谋杀之罪，外国亦严，除俄国谋杀处以十五年以上之苦工，和兰、意大利处以终身禁锢外，其余德、法、英、美均处死刑。《日本刑法》：凡豫[预]谋杀人者处死刑，施用毒药杀人者以谋杀论，亦处死刑。惟故意杀人者处无期徒刑，若支解折割惨刻故杀人者，亦处死刑。出于杀人之意，而诈称诱导陷人危害致死，以故杀论。其豫[预]谋者，以谋杀论，亦处死刑云云，亦系律贵诛心。同一有意杀人，而临时起意与平时蓄谋即有生死之分。中律则谋故不分，同一拟绞，特故杀则止一人拟抵，不同谋杀一命而数抵之为严重耳。律意如是，此外又有条例，足资互证，当合参之。

一，凡勘问谋杀人犯，果有诡计阴谋方以造意论，下手助殴方以加功论。谋而已行，人赃见获，方与强盗同论。毋得据一言为造谋，指助势为加功，坐虚赃为得财，一概拟死，致伤多命，亦不得以被逼勉从及尚未成伤，将加功之犯率行量减。

一，凡谋财害命照例拟绞立决外，其有因他事杀人后，偶见财物因而取去者，必审其行凶挟何雠隙，有何证据，果系初无图财之心，杀人后见有随身衣物、银钱，乘便取去者，将所得之财倍追给主，仍各依本律科断。若杀人后掠取家财，并知有藏蓄而取去者，审得实情，仍同强盗罪。

一，凡谋杀人已行，其人知觉奔逃或失跌或堕水等项，虽未受伤，因谋杀奔脱死于他所者，造意者流三千里，随从者处十等罚。若其人迫于凶悍当时失跌身死，原谋拟绞监候，为从者流三千里。

一，凡图财害命得财而杀死人命者，首犯与从而加功者俱拟绞立决，不加功者拟绞监候，不行而分赃者，实发烟瘴地方安置。未得财杀人首犯与从而加功者俱拟绞监候，不加功者流三千里。伤人未死而已得财首犯与从而加功者俱拟绞监候，不加功者流三千里，不行而分赃者徒三年。未得财伤人为首者拟绞监侯，从而加功者流三千里，不加功者徒三年。

一，凡谋杀幼孩之案，如年在十一岁以上者仍照例办理外，如有将十岁以下幼孩逞忿谋杀者，首犯拟绞立决，从而加功之犯拟绞监侯，入于秋审情实，其从而不加功者，仍照本律流三千里。

谋杀制使及本管长官

凡奉制命出使，而（所在）官吏谋杀及部民谋杀本属知府、知州、知县，军士谋杀本管官，若吏卒谋杀本部五品以上长官，已行（未伤）者（首）流二千里。已伤者（首）绞（监候，入于秋审情实，流绞俱不言，皆为从各减等。官吏谋杀照常监候，下绞同。）已杀者皆绞。（其从而不加功与不行者，及谋杀六品以下长官，并府、州、县佐贰首领官，其非本属、本管、本部者，各依凡人谋杀论。）

按：此仍《明律》，顺治三年、康熙九年添入小注，雍正三年、乾隆五年修改。现又改易。罪名同于《唐律》而名目稍异。《唐律》：诸谋杀制使，若本属府主、刺史、县令及吏卒谋杀本部五品以上官长者，流二千里。已伤者绞，已杀者皆斩。工乐及公廨户、奴婢与吏卒同。此律添入军士一层，其余名异而实则同。此律之意，重谋杀官长以惩不义也。奉使之官，不论品级大小者，所以尊朝廷、重制命也。部民言本属者，谓属其统治也。军士言本管者，谓受其管辖也。府、州、县正印官，本营将弁，虽品级崇卑不同，而父母之义、统属之分则一。吏卒兼军民言。本部者，谓在其部下，虽有管属而非本管、本属之比，则当有崇卑之别，必五品以上方同论也。谋杀本有造意加功之分，此则不分首从一概拟斩立决者，以下谋上至于斩讫，则近乎乱矣。故特严其法，所以重不义也。但罪止绞，不与期亲以上同处斩决，可见此止统属之义，究不得比于天属之重也。官吏注以监候者，出使之人终与本属、本管、本部者有间，当与斗殴律内殴制使本管官各条参看，彼殴六品以下长官与佐贰官、首领官，又流外官及军民吏卒殴非本管三品以上、五品以上、九品以上，皆与凡人不同，此谋杀制使四项外，余俱不言，有犯统依凡论。盖殴则加重者，名分所在究与平人不同。谋杀同凡者，罪至于绞已为极刑，毕竟与本属、本管、本部有间，其轻重异同之间，俱有精义存焉。外国名分不甚尊严，故不著此律。惟《俄律》：谋杀长官与谋杀祖父母父母同，然罪止无限苦工。《日本刑法》仅有妨害官吏职务，因而殴伤官吏者，照殴打创伤本条加一等之文，然必因抗拒公务命令因而殴伤方拟加等。若挟私殴伤官吏，仍无加重之条。且止言殴伤加等而不言杀死，可见有犯谋故诸杀，亦同凡论也。盖外国尊重人格，君民犹讲平权，何论官长？中国最严名分，犯上即属不义，罪在十恶不赦，宗旨不同，故立法各异，然以中国而用外律，尊卑不分，上下无等，适长草野桀骜陵嚣之风，未有不至于乱者。风俗性格不同，非用名分以压制之，不能使之慑服也。

谋杀祖父母父母

凡谋杀祖父母、父母及期亲尊长、外祖父母，夫，夫之祖父母、父母，已行（不问已伤未伤）者，（预谋之子孙不分首从）皆绞，已杀者皆斩，（其为从，有服属不同，自依缌麻以上律论，有凡人自依凡论。凡谋杀服属皆仿此。）谋杀缌麻以上尊长已行者，（首）流二千里（为从徒三年）。已伤者，（首）绞（监候，入与秋审情实，为从加功不加功并同凡论）。已杀者皆绞（不问首从）。其尊长谋杀（本宗及外姻）卑幼已行者，各依故杀罪减二等，已伤者减一等，已杀者依故杀法。（依故杀法者，谓各依斗殴条内尊长故杀卑幼律问罪，为从者各依服属科断。）若雇工人谋杀家长及家长之期亲、外祖父母，若缌麻以上亲者（兼尊卑言，统主人服属尊卑之亲），罪与子孙同（谓与子孙谋杀祖父母、父母及期亲尊长，外祖父母，缌麻以上尊长同）。

按：此仍《明律》，依故杀法句原有小注，余注系顺治三年添入，雍正三年、乾隆五年增修。现又改易。此合《唐律》谋杀期亲尊长及部曲奴婢杀主二条并为一条，《唐律》不言祖父母父母，举轻以该重也。末节，《唐律》有部曲而无雇工，此有雇工而无部曲。《唐律》止言主之期亲外祖父母，此更添家长缌麻以上亲一项。总之，此律之意盖以极刑重诛逆伦者也。首节定人伦大逆之罪，此古今希有之事，而律则不容不设。言祖父母，则高曾同也。二节定尊长谋杀卑幼之罪。三节定雇工杀主及家主亲属之罪，雇工人虽不同于服属，而名分之重亦与子孙不异。此律止言谋杀，若故杀、殴杀则另见于《斗殴门》内，与此不同。如殴杀尊长，则期服、大功、小功同拟绞决，若谋杀、故杀，则期亲与功服即有绞斩之分。又如殴杀功服缌麻尊长，则有绞决、绞候之分，谋杀则功缌一概绞决矣。其中离合同异，各有精意，互参比较，自知其妙，此正中律之精粹处，若外国则无此谨严矣。查《俄律》：谋杀父母者，罚作无限苦工，遇赦不赦。《德律》：故杀人者，处五年以上之惩役，而故杀尊长，仅处十年以下之惩役。《法律》：谋杀父母及其他尊亲并杀子者，均与谋杀凡人皆处死刑，惟因弑亲受死刑者，单衣跣足，首蒙黑绢带赴刑场，以示特异而已。《日本刑法》：子孙谋杀故杀祖父母父母者，处死刑，殴打致死亦处死刑，伤者加凡人二等。至废疾者处有期徒刑，笃疾者处无期徒刑，虽较欧法轻重分明，然其期功缌麻五服之轻重等差，比之中律则远不逮矣。律外又有条例，足补律之未备，亦宜参究。

一，尊长谋杀卑幼，除为首之尊长仍依故杀法分别已行、已伤、已杀定拟外，其为从加功之尊长，各按服制亦分别已行、已伤、已杀三项，各依为首之罪减一等。若同行不加功及同谋不同行，又各减一等。为从系凡人，仍照凡人谋杀为从科断。

一，凡尊长与人通奸，因媳碍眼抑令同陷邪淫不从，商谋致死灭口者，俱照平人谋杀律拟罪。至因奸将子女致死灭口者，无论是否起意，如系亲母拟绞监候。不论现在有无子嗣，秋审缓决一次后收入本地习艺所，罚令工作十五年，限满释放。若系嫡母、继母、嗣母亦拟绞监候，查明其夫祗此一子致令绝嗣者，俱入于秋审情实。未致绝嗣者入于缓决一次后，收入本地习艺所，罚令工作二十年，限满释放。至姑因奸将媳致死灭口者，不论亲姑、嫡姑、继姑、嗣姑，俱拟绞监候，秋审缓决一次后收入本地习艺所，罚令工作二十年，限满释放。奸夫仍照造意加功本律治罪。

一，凡夫谋杀妻之案，系本夫起意者，仍照律办理外，如系他人起意，本夫仅止听从加功者，于绞罪上减一等流三千里。

一，凡姑谋杀子妇之案，除伊媳实犯殴詈等罪仍照本律定拟外，如仅止出言顶撞辄蓄意谋杀，情节凶残显著者，定案后收入收入本地习艺所，罚令工作十年，限满释放。

杀死奸夫

凡妻妾与人奸通，而(本夫)于监所亲获奸夫奸妇，登时杀死者勿论。若止杀死奸夫者，奸妇依(和奸)律断罪。(或调戏未成奸，或虽成奸已就拘执，或非奸所捕获，皆不得拘此律。)其妻妾因奸同谋杀死亲夫者斩，奸夫绞(监候)。若奸夫自杀其夫者，奸妇虽不知情，亦绞(监候)。

按：此仍《明律》，原文系从夫嫁卖，顺治三年改为入官为奴，乾隆五年复改为当官价卖，并添身价入官一句。其小注系顺治三年添入。《唐律》不在[载]此门，惟谋杀期亲尊长律注有"犯奸而奸人杀其夫，所奸妻妾虽不知情与同罪"一语，即律末奸妇不知情拟绞之说，此律即本是意。至于其余罪名，皆散见各门，如登时杀死奸夫，已有夜无故入人家杀死勿论之律。妻妾因奸杀夫，已有妻妾谋故杀夫本律。奸夫杀死本夫，已有谋杀人本律。是以不另设专门，非遗之也。明始立此一门，专言杀奸之罪。虽非古律之意，惟后世淫风流行，人命案件因奸者十居其五，是以定此专门，原为维持风化而设。首节言奸所获奸者，获奸必在奸所，而杀死又必在登时，方得勿论。稍有不合即当别论。后节言因奸杀夫者，专指杀死而言，如已行已伤及伤而不死，妻妾仍依谋杀夫律，奸夫依凡人，分别首从科断。至于奸夫不与奸妇同谋，而自杀其夫，杀人之罪虽坐奸夫，而起祸之原实由奸妇，故亦坐绞。若本夫有纵容抑勒情节，则不在此例矣。律文本自简括，后来条例繁多，如律止言奸所登时杀奸，例则补出奸所而非登时及逐至门外杀之，并既非奸所又非登时杀奸之条例。律止言本夫杀奸，例则补出亲属杀奸及为亲属纠住捉奸并五服以内捉奸杀死之罪。律止言杀死奸夫，例则补出止杀奸妇未杀奸夫之罪。律止言妻妾同谋杀死本夫，例则补出奸夫起意谋杀本夫并杀死本夫后将奸妇拐走，或将其子女拐逃加重之罪。律止言妻妾与人通奸，例则补出未婚妻及童养媳与人通奸本夫杀奸之罪。律止言和奸被杀，例则补出杀死强奸及图奸未成罪人之罪。律止言男子杀奸，例则补出妇女拒奸杀人之罪。律止言杀死妻妾奸夫，例则补出男子鸡奸拒杀之罪。且律言奸妇不知情拟绞，例则补出奸夫不知情，又于奸妇不知情中分出当时喊救与事后首告减流之罪。律止言凡人杀奸，例又补出服制杀奸或尊长犯奸卑幼杀之应声请，或卑幼犯奸尊长杀之应减等，或子杀母奸，或妾因奸杀死正妻各条。统计已有三十六条，愈增愈多，愈多愈杂，意在求其详备，反致彼此牴牾。薛氏《读例存疑》一书详加斥驳，现虽多半删除，但参究者不可不知。外国奸罪从略，除强奸及奸幼女外，其和奸者惟有夫之妇治罪，若无夫和奸，均无治罪明文，即和奸有夫之妇，惟本夫有告诉之权。若本夫纵容，亦无告诉之效。至于因奸相杀，并无专条，大约仍照谋故斗杀本律问拟。《日本刑法》：本夫于奸所杀伤奸夫奸妇者，宥恕其罪。又因犯奸淫致人死伤者，照殴打创伤本条从重处断。因强奸致死者，处无期徒刑。又《法国律》：本夫于家中捉得本妇奸夫而杀之者，其罪为可宥恕。此外，并无他人杀人捉奸杀奸之例，以现时中律较之，虽涉缺略轻纵，以《唐律》论之，尚得古书简赅浑括之旨也。

一，本夫于奸所登时杀死奸夫者，照律勿论。其有奸夫已离奸所，本夫登时逐至门外杀之者，处八等罚。若于奸所获奸，非登时而杀，依夜无故入人家已就拘执而擅杀拟徒律减一等，徒二年半。如捉奸已离奸所，非登时杀死不拒捕奸夫者，照擅杀情轻例流三千里。如奸夫拒捕者，依罪人拒捕科断。若捕获奸夫，或因他故致毙者，仍以谋故论。

一，非奸所获奸将伊妻逼供而杀，审无奸情确据者，依殴妻致死论。如本夫奸所获奸确有实据，除登时将奸妇杀死依律勿论外，其非登时而杀奸妇者处十等罚，奸夫到官供认不讳，不论登时非登时，俱流三千里。其非奸所获奸，或闻奸数日将奸妇杀死，奸夫到官供认不讳，确有实据者，本夫照夜无故入人家已就拘执而擅杀律减一等徒二年半，奸夫徒三年。

一，本夫捉奸杀死犯奸有服卑幼之案，除犯奸卑幼罪犯应死或卑幼犯奸罪不应死而杀系奸所登时者均予勿论外，如卑幼犯奸罪不至死本夫于奸所获奸非登时而杀者，于常人徒罪上减二等。如捉奸已离奸所非登时而杀者，于常人流罪上减二等。若按其殴杀卑幼本罪止应拟流者应再减一等。其本夫本妇之有服亲属捉奸杀死犯奸卑幼之案，如非登时而杀，无论谋故，各按服制于殴杀卑幼本律上减二等。如杀系登时按其殴杀本罪在满徒以上者，即于捉奸杀死凡人徒罪上减一等。如殴杀本罪亦止满徒应递减二等定拟。

一，凡母犯奸淫，其子实系激于义忿非奸所登时将奸夫杀死，父母因奸情败露忿愧自尽者，流三千里，不得概照子孙谋故杀人致母自尽例定拟。

一，凡本夫本妇之伯叔兄弟及有服亲属皆许捉奸，如有登时杀死奸夫者，依夜无故入人家已就拘执而擅杀律减一等，徒二年半，伤者勿论。非登时而杀，依擅杀情轻改流例流三千里。若捕获奸夫或因他故致毙者，仍以谋故论。如犯奸有据，奸夫逞凶拒捕者，依罪人拒捕科断。其本夫本妇之祖父母、父母捉奸杀死奸夫者，亦照此例问拟。

一，凡非应许捉奸之人有杀伤者，各依谋故斗杀伤论。如为本夫本妇及有服亲属纠往捉奸杀死奸夫暨图奸强奸未成罪人者，无论是否登时，俱照擅杀情轻改流例流三千里。若止殴伤者，非折伤勿论，折伤以上于斗伤本罪上减一等定拟。

一，本夫本妇之有服亲属捉奸杀死奸妇者，无论登时与否，奸夫均止科奸罪。其止杀奸夫者，奸妇亦止科奸罪。

一，本夫及亲属捉奸误杀旁人之案，均照误杀本律例定拟，奸夫止科奸罪。

一，妇女被人调戏，其本夫及有服亲属擅杀调戏罪人者，如本妇畏累自尽，将擅杀之犯徒三年。其妇女与人通奸，本夫及有服亲属擅杀奸夫罪应拟流者，如奸妇自尽，亦将擅杀之犯徒三年。

一，凡本夫及有服亲属杀奸之案，如奸所获奸，忿激即时殴毙者，以登时论。若非奸所而捕殴致毙，及虽在奸所而非即时殴毙，或捆殴致毙者，俱以非登时论。

一，凡奸夫起意杀死亲夫之案，除奸妇分别有无知情同谋按照律例办理外，奸夫俱拟绞立决（本夫纵奸者不用此例）。其为从之犯或亦系奸夫，或系平人，悉照凡人谋杀为从本律定拟。

一，奸夫起意，商同奸妇谋杀本夫，复杀死奸妇期亲以上尊长者，奸妇仍照律斩决外，奸夫亦拟斩立决。如奸夫商同奸妇并纠其子谋杀本夫，陷人母子均罹斩立决者，奸夫不论是否起意，均拟斩立决。

一，凡因奸同谋杀死亲夫，除本夫不知奸情及虽知奸情而迫于奸夫之强悍不能报复，并非有心纵容者，奸妇仍照律斩决外，若本夫纵容抑勒妻妾与人通奸，审有确据，人所共知者，或奸妇起意谋杀，奸夫知情同谋，或奸夫起意奸妇知情同谋，皆拟绞立决，伤而未死，奸妇拟绞监候，奸夫仍照凡人谋杀律分别造意加功与不加功定拟。若奸夫自杀其夫，奸妇果不知情，仍依纵容抑勒本条科断。其纵奸之本夫因别情将奸夫奸妇一齐杀死，虽于奸所登时，仍依故杀论。若本夫抑勒卖奸故杀妻者以凡论。其寻常知情纵容，非本夫起意卖奸，后因索诈不遂杀死奸妇者，仍依殴妻至死律拟绞监候。

一，凡奸夫自杀其夫，奸妇虽不知情而当时喊救，与事后即行首告，将奸夫指拏到官，尚有不忍致死其夫之心者，仍照本律定拟，切实声明，大理院覆判时声叙量减一等，拟流三千里，于折内双请候旨定夺。

一，凡聘定未婚之妻与人通奸，本夫闻知往捉，将奸夫杀死，审明奸情属实，除已离奸所非登时杀死不拒捕奸夫者仍照例拟流外，其登时杀死及登时逐至门外杀之者，俱照夜无故入人家已就拘执而擅杀拟徒律减一等，徒二年半。其虽在奸所捉获非登时而杀者，徒三年。如奸夫逞凶拒捕，为本夫格杀，照罪人拒捕格杀勿论。至奸夫脱逃，仅杀犯奸聘定妻之案，应照本夫获奸杀死奸妇各例加一等科罪，奸夫照杀死奸妇本例减一等定拟。

一，与人聘定未婚之妻通奸杀死本夫者，照凡人谋杀本律分别造意加功定拟，其聘定妻因奸杀死本夫，无论起意同谋均于妻妾因奸同谋杀死亲夫斩决律上量减为绞立决。若奸夫自杀其夫，聘定妻果不知情，即于奸妇不知情绞候律上减为流三千里。倘实有不忍致死其夫之心，事由奸妇破案者，再于流罪上减为徒三年。

一，凡童养未婚妻因奸谋杀本夫，应悉照谋杀亲夫各本律例定拟，其本夫及夫之祖父母、父母并有服亲属捉奸杀死奸夫奸妇者，均照已婚妻例问拟。

一，奸妇自杀其夫，奸夫果不知情，止科奸罪。

一，凡奸夫并无谋杀本夫之心，其因本夫捉奸，奸夫情急拒捕，奸妇已经逃避，或本夫追逐奸夫已离奸所拒捕杀死本夫奸妇并未在场及虽在场而当时喊救与事后即行首告，并因别事起衅与奸无涉者，奸妇仍止科奸罪外，其奸夫临时拒捕，奸妇在场并不喊阻救护而事后又不首告者，应照奸夫自杀其夫奸妇虽不知情律拟绞监候。

一，妇女拒奸杀人之案，审有确据登时杀死者，无论所杀系强奸调奸罪人，均勿论。非登时者，所杀系调奸罪人，徒二年。系强奸罪人，再减一等。其先经和奸本妇悔过拒绝确有证据，后被逼奸将奸夫杀死者，徒三年，均照律收赎。如因别故拒绝致毙者，仍各依谋故斗殴等本律定拟。

一，母犯奸，拒绝奸夫，复登门寻衅，其子一时义忿拒殴致毙者，徒三年。如系谋故杀，流三千里。

谋杀故夫父母

凡（改嫁）妻妾谋杀故夫之祖父母、父母者，并与谋杀（见奉）舅姑罪同。（若妻妾被出，不用此律。若舅姑谋杀已故子孙改嫁妻妾，依故杀律，已行减二等，已伤减一等。）

按:此仍《明律》,旧律有奴婢谋杀旧家长以凡人论。小注云:自己奴婢转卖与人,以凡论,余条准此云云。其余注系顺治三年添入,乾隆五年增定,现已删去。末后奴婢谋杀一段,止留前段数语。《唐律》云:妻妾谋杀故夫之祖父母、父母者,流二千里,已伤者绞,已杀者皆斩。《疏议》云:故夫,谓夫亡改嫁者。妻妾若被出及和离,即同凡人,不入故夫之限云云。此律即本于此,注云被出不用此律,亦系采取《唐律疏议》。惟《唐律》罪止于斩,旧律同见奉舅姑,则已杀者罪干寸磔,现改斩决,则与《唐律》无异矣。盖妻妾夫亡改嫁,与被出不同,被出恩义已绝,改嫁则义原未绝,名分犹存。故谋杀故夫祖父母、父母者,同见奉舅姑,已行已杀皆斩,但必系犯祖父母、父母方可如此从严。如犯别亲,则当用《辑注》之说,概同凡论矣。若祖父母、父母谋杀改嫁子孙之妇,注云:依故杀律,但言已行已伤,不言杀者,若已杀讫,则依《斗殴门》内故杀子孙之妇,殴杀者徒三年,故杀者流二千里,妾各减二等也。彼此参看,其义自明。此律外国均无。《日本刑法》不见舅姑名称,即所谓配偶者之父母也。有犯见奉者,既无加重明文,则改嫁同凡,自不待言。至奴婢一项,外国现讲尊重人格,释放奴隶。二十世纪以前,尚有苛待奴婢旧例,现已一律删除,诚文明之现象,中国从前多有家奴,近则奴已希少,惟婢尚未能去。上年江督周馥奏请禁买奴婢,现已删除奴婢各例,从此止有雇工而无奴婢,亦尊重人格之一说也。

杀一家三人

凡杀(谓谋杀、故杀、放火行盗而杀)一家(谓同居之本宗,五服至亲者皆是,或不同居,凡属期亲亦是)非(实犯)死罪三人及肢解(活)人者,(但一人即坐,虽有罪亦坐,不必非死罪三人也。为首之人)斩,为从(加功)者绞,(不加功者依谋杀人律减等。若将一家三人先后杀死则通论,若本谋杀一人而行者杀三人,不行之人造意者绞,非造意者,以从者不行减行者一等论,仍以临时主意杀三人者为首。)

按:此仍《明律》,顺治三年添入小注,乾隆十六年改定。大致本于《唐律》,《明律》改斩为凌迟。《唐律》止于缘坐,明又添入断产。《唐律》有皆字,明去皆字,添入为从加功分别首从。《唐律》小注谓同籍及期亲为一家,奴婢部曲非,明改奴婢亦准一家,而易期亲为五服至亲,与《唐律》解释不同。盖《唐律》以奴婢作财物,故奴婢不在家人之列。若奴婢杀别人奴婢三人,或肢解别人奴婢,仍依律处斩。现修新律,又改照《唐律》,删去奴婢矣。支解人者,《唐律疏议》云:或杀时即支解,或支解而后杀，皆同支解。若杀讫，绝时后更支解者非，或故焚烧而杀，或杀时即焚烧者，文虽不载，罪与支解义同云云，亦与今例办法不同。今例杀人后，欲求避罪，割碎死尸者，原无肢解之心，仍以殴故杀论。若本欲肢解，行凶时势力不遂，乃先杀讫，随又肢解，仍以支解论。《唐律》论事，今例诛心，则各有用意也。若焚烧而杀，今律不载。《辑注》云：谋杀有极凶恶之事，有将人破腹开膛，活抽出肠者，有捉缚于树，用火烧杀者。此皆酷于支解，而应同支解之罪云云，亦即本之《唐律》也。又《唐律疏义》云：杀人之法实有多端，但据前人身死，不论所杀之状，但杀一家非死罪良口三人即为不道。今律注谓谋杀、故杀、放火行盗而杀方是，可见斗杀不在其内，此亦与《唐律》解释不同，皆当详细参究者也。律意专指谋故而杀，谓其处心积虑，定计划策，必欲杀害其人。至于杀及一家三人，则杀人之心、杀人之事凶恶已极，故列于十恶不义，立此重典以处之。若一时争斗，本无杀人之心，因而杀死一家三人，则当别论。故总注云：此指杀人之最惨毒者言也。如聚众同谋共殴，致死一家三命，若照同谋共殴律，止以下手者绞抵，失于太轻。若照杀一家三人律，为从多人皆坐立决，又失于太重。应将率先聚众之人坐以绞决，为从下手伤重至死皆坐绞候云云，后复纂为条例，可见此律专言谋故杀人，而斗杀不得并论。虽沿用《唐律》之文，而用意则较宽也。律止言一家三人，极为简该，旧例添出杀一家二命及三命非一家并一家二命内一故一斗，暨误杀、斗杀一家二命、三命，又分别尊长杀卑幼一家二命、三命及杀同主雇工三命各项，以致错杂歧出，大失本律之意，现已一概删除，颇为简括。合参前后条例，自知例求详而反漏，不如律以简而浑含也。杀一家三人，外国刑法不载，有犯自依数罪俱发及合并治罪二条之法办理。至支解人者，《日本刑法》亦处死刑，与谋杀同科，缘无可再加也。

一，凡谋故杀及放火行盗杀一家三命以上凶犯，审明后依律定罪，一面奏闻，一面恭请王命先行正法。其杀三命而非一家者拟绞立决。

一，为祖父母、父母报杀死一家三命以上之案，无论临时逞凶与杀非同时，除将致毙伊祖母、父母正凶一命不计外，如被杀人数已至三人，仍应照律治罪。

一，凡谋故杀人而误杀旁人三命，除非一家者仍从一科断照故杀本律拟绞监候，秋审入于情实，从而加功者发新疆当差外，如系一家三命拟以绞立决，其为从加功之犯拟绞监候。若首犯并未在场，系为从下手伤重致死，如误杀三命而非一家者拟绞监候，秋审入于情实，一家三命拟绞立决。造意之犯仍按致死人数照原谋拟流律以次递加一等问拟。傥因谋故斗杀而误杀其人祖父母、父母、兄弟、妻女、子孙一命及三命以上者，均依各本律本例科罪。

一，聚众共殴原无必杀之心而殴死一家三命及三命以上者，将率先聚众之人不问共殴与否拟绞立决，为从下手伤重致死者拟绞监候。其共殴致死三命而非一家者，将下手伤重之犯拟抵，率先聚众之人照原谋本律递加一等治罪。若斗杀之案杀死一家三命及三命以上者，亦拟绞立决。如三命而非一家者，拟绞监候，入于秋审情实。

一，本宗及外姻尊长杀缌麻小功、大功卑幼一家非死罪三人者，俱绞立决。杀期服卑幼一家三人者绞监候，入于秋审情实。若三人内有功服缌麻卑幼者，仍从杀死功服缌麻卑幼三人绞决，至杀死一家三命分均卑幼，内有一人按服制律应同凡论者，斩立决。如谋占财产图袭官职杀期服卑幼一家三人者绞立决。杀大功、小功、缌麻卑幼一家三人者斩立决。

一，凡谋故斗殴杀人罪止绞监候之犯，若于杀人后挟忿逞凶，将尸头四肢全行割落，及剖腹取肠掷弃者，俱各照本律例拟罪，请旨即行正法。

一，肢解人，如殴杀故杀人后欲求避罪，割碎死尸弃置埋没，原无支解之心，各以殴故杀论。若本欲支解其人，行凶时势力不遂，乃先杀讫，随又支解恶状昭著者，以肢解论，俱奏请定夺。

采生折割人

凡采生折割人者，（兼已杀及已伤言，首）斩。（采生折割人是一事，谓取生人耳目、脏腑之类而折割其肢体也。此与肢解事同。但肢解者，止欲杀其人而已，此则杀人而为妖术以惑人，故又特重之。）为从（加功）者绞。（不加功者，依谋杀人律减等。）若已行而未曾伤人者，（首）亦绞，为从（加功）者流三千里。（不加功者，亦减一等。）里长知而不举者，处十等罚，不知者不坐。告获者，官给赏银二十两。

按：此仍《明律》，顺治三年添入小注，康熙年间修改。现又改易。《唐律》无此名目，惟《元刑法》有采生人支解以祭鬼者，凌迟处死，仍没其家产，其同居家口虽不知情，并徙远方等语，当是此律所创始。明代因之，著为定律。此与上条支解不同者，彼因雠恨，止杀其人而已，此则并非因雠起衅，特以此行其妖术也。折割之种类不一，《辑注》云：或取人耳目，或断人手足，用木刻泥塑为人形，将各件安上，乃行邪法使之工作；又有采取生人年月生辰，将人迷在山林，取其生气，摄其魂魄，为鬼役使；更有剜人脏腑及孕妇胞胎、室女元红以供邪术之用。《据会》云：取孕腹胎、室女红珠，亦是采生。又《读律佩觿》云：将活人致死，取其官窍以行妖术，或使邪法采取生时年月，迷人[入]深山，杀死割取形骸，剜其五脏生气，为鬼役使。今两广豫闽等处所市鬼葛即是，又一术也。又或诱拐幼童，灸其官骸，配药以神医治各窍之妙，又一术也。又或药迷孕腹，以取其胎，为一切资生药，又一术也。又或用人以祭邪神，又一术也。统观各说，总是杀人以行妖术，故治罪较谋杀、支解人更严，即伤而未死，亦处斩决，已行未伤亦处绞决，为从分别拟绞拟流。立法若是之严者，深恶妖术流毒地方，遗祸后世，非但如杀人之害止及一身一家而已。外国刑法不设此专条，岂真绝无其事哉！盖以谋杀已拟死罪，无可复加，故凡一切杀人之罪皆可统于谋杀律内。《日本刑法》：凡支解折割及其它惨刻杀人者，处死刑，即此意也。

造畜蛊毒杀人

凡（置）造（藏）畜蛊毒堪以杀人及教令（人造畜）者，并坐绞（不必用以杀人）。若里长知而不举者，处十等罚，不知者不坐，告获者官给赏银二十两。若造魇魅符书咒诅，欲以杀人者。（凡人、子孙、雇工人、尊长、卑幼）各以谋杀（已行未伤）论。因而致死者，各依本（谋）杀法，欲（止）令人疾苦（无杀人之心）者，减谋杀（已行未伤）二等。其子孙于祖父母、父母，（不言妻妾于夫之祖父母、父母、举子孙以见义）雇工人于家长者，各不减。（仍以谋杀已行论绞。）若用毒药杀人者，绞（监候，或药而不死，依谋杀已伤律）。买而未用者徒二年。知情卖药者，与（犯人）同罪（至死减等）。不知者，不坐。

按：此仍《明律》，顺治三年添入小注。现又删缘坐一段，并去奴婢字样。此条大致本之《唐律》，而罪名略为变易。《唐律》造畜蛊毒，以毒药药人及憎恶造魇魅系三条，《明律》并为一门，删去于祖父母、父母及主直求爱媚而厌咒者流二千里，若涉乘舆者斩数语，仍分作三段，而每段中又各分数层。首段蛊毒中有造者，有畜者，有教令者，有毒同居人者。次段魇魅符书咒诅中有欲以杀人者，有因而致死者，有欲令人疾苦者。三段毒药中有杀人者，有买而未用者，有知情卖药者，各自条分缕晰，一丝不乱。蛊毒之解不一，《唐律疏议》蛊有多种，罕能悉究，事关左道，不可备知。或集合诸虫置于一器之内，久而相食，诸虫皆尽，若蛇在即为蛇蛊之类。又《辑注》云：考之记载，蛊毒之类甚多，有蛇蛊、鹅蛊、小儿蛊、金蚕蛊等名。以蛊毒人，刻期必死，有期在数年后者，惟金蚕蛊最毒，中之必死，闽粤川黔多有之。魇魅之说，《唐律疏议》云：魇事多方，罕能详悉，或图画形像，或刻作人身，刺心钉眼，系手缚足，如此魇胜，事非一绪。魅者，或假托鬼神，或妄行左道之类。书符咒诅者，谓使用邪法书符画篆，或埋帖以召鬼祟，或烧化以托妖邪，并将所欲杀人之生年月日书写咒诅之类。毒药，《唐律疏议》谓以鸠毒、冶葛、乌头、附子之类，律注谓砒霜、银黝等项，总皆堪以戕生杀人者，现在服鸦片烟致死者十居八九，并不用砒霜信石矣。总之，蛊毒是堪以杀人之物，但造但畜即坐死罪，并无首从可分，故止言堪以杀人，不言用以杀人，虽造畜而未用，亦拟绞也。魇魅符书咒诅，若本意欲以杀人，则依谋杀法，如本意欲令人疾苦，原无杀人之心，故有减科之法，而惟子孙于父母、雇工于家长不减，虽止欲令疾苦，亦依谋杀已行论也。至于毒药，乃现成杀人之物，非如蛊毒之待于置造，而攻治疮疾有时需用，又非如蛊之专以杀人，不得藏畜者也。故必用以杀讫，方依谋杀论，与蛊毒但造但畜即坐者不同。律文一字一句皆有精义，熟读深思，自知其妙。外国不设此律者，想亦该括于谋杀律内也。《日本刑法》：施用毒药杀人者，以谋杀论，处死。《俄律》亦有毒药杀人同谋杀之条，均系此意。现例又添制造吗啡针一条，足补律所未及。

一，诸色铺户人等货卖砒霜信石等类及其余一切堪以杀人药品，审系知情故卖者，仍照律与犯同罪外，若不究明来历，但贪利混卖致成人命者，虽不知情，亦将货卖之人处八等罚。

一，凡以毒药毒鼠毒兽误毙人命之案，如置药饵之处人所罕到，或置放喂食牲畜处，所不期杀人，实系耳目思虑所不及者，依过失杀人律收赎。若在人常经过处所置放，因而杀人者，照无故向有人居止宅舍放弹射箭律，减一等徒三年，仍追给埋葬银一十两。

一，凡制造施打吗啡针之犯，不论杀人与否，应依造畜蛊毒律绞罪上减为烟瘴地方安置，其贩卖吗啡之铺户，如查系未领海关专单者，照知情卖药律与犯人同罪，仍将铺户查封，房屋入官。

斗殴及故杀人

（独殴曰殴，有从为同谋共殴。临时有意欲杀，非人所知曰故。共殴者，惟不及知,仍祗为同谋共殴。此故杀所以与殴同条,而与谋有分。)

凡斗殴杀人者,不问手足、他物、金刃,并绞(监候)。故杀者,亦绞(监候)。若同谋共殴人因而致死者,以致命伤为重,下手(致命伤重)者绞(监候)。原谋者(不问共殴与否)流三千里。余人(不曾下手致命,又非原谋)各处十等罚。(各,兼人数多寡及伤人轻重言。)

按:此仍《明律》,律目、律文小注均系顺治三年添入。现又改斩为绞,改杖为罚,与《唐律》罪名稍差而办法大异。《唐律》:诸斗殴杀人者绞,以刃及故杀者斩,虽因斗而用兵刃杀者与故杀同。人以兵刃逼己,因用兵刃拒而伤杀者,依斗法。虽因斗,但绝时而杀伤,从故杀伤法云云。可见斗与故之分,在于用刃不用刃,又在于当时与绝时。斗而用刃,即有害心,惟人以刃来逼,己用刃拒杀方为斗杀。如因斗用刃,杀人即为故杀。又斗殴之际,当时用他物杀人者谓之斗杀,若绝时而杀,如忿竞之后各已分散,声不相接,去而又来,杀人者虽斗亦为故杀,此斗与故之界限也。《明律》改为不论金刃、他物均为斗杀,又去绝时杀伤一节,而以有意欲杀为故,故注云:临时有意欲杀,非人所知。**《辑注》谓此十字乃故杀之铁板注脚,一字不可移,一字不可少。若先前有意,不在临时,则是独谋于心矣。若欲杀之意有人得知,则是共谋于人矣。临时,谓斗殴共殴之时也,故杀之心必起于殴时,故杀之事即在于殴内,此故杀所以列于斗殴、共殴两项之中,而不与谋杀同条也。**此解故杀虽极详悉,但《唐律》以刃杀为故,是以显然有凭之具为准也。《明律》以有意欲杀为故,是以犯人之供词为准也。设供称无心致死,即金刃十余伤、倒地后恣意迭砍,亦谓之斗,恐奸人狡供者多幸免,而愚民吐实者反抱屈矣!以古例今,似不如《唐律》之平允。**故薛氏《读例存疑》云:自不问手足、他物、金刃并绞之律行,而故杀中十去其二三矣。自临时有意欲杀、非人所知之律注行,而故杀中又十去其二三矣。从前应以故杀论者,今俱不为实抵,杀人不死,未免过宽。**而近日沈少司寇又著有《故杀解释》一篇,详言现在办理故杀之案未能允当,援古证今,更为法学圭臬。至同谋共殴之案,正犯拟绞,原谋满流,余人满徒,《唐律》最为分明。此律上二项俱同《唐律》,而于余人复改满徒为十等罚,未免轻纵。故现例又有刃伤拟徒、凶器拟遣二条,所以辅律之不及也。谋殴与谋杀虽同有谋情,而用意迥不相同,故罪名亦因之各异。**谋杀者,其心本杀人之心,其事亦杀人之事,至于杀讫,原在谋者意中,故造意之罪重于加功。同谋共殴,其心本非杀人之心,其事亦非杀人之事,因而致死,殊出谋者意外,故下手之罪重于原谋,故谋杀**

曰造意，此曰原谋，谋杀曰加功，此曰余人，字法不同，各有命意。原谋减一等，与《唐律》同，余人十等罚，则较《唐律》为轻。《唐律》殴杀者绞，余人则减二等，徒三年也。外国刑法最重谋杀，除俄国外，英、美、法、德、日本谋杀皆处死刑，其故杀、斗殴二项，处死者甚少，德国故杀处十年以下惩役，法国故杀处无期徒刑，日本亦处无期徒刑，和兰谋杀、故杀均处终身禁锢。惟英国，凡以忿激横暴不法致人死者，虽非预谋，而其心极恶，亦以谋杀论，其故杀亦拟死罪，与各国宗旨不同，而与中国谋、故不分之意殊属吻合。至于斗杀，德国处三年以上惩役或禁锢，法国处有期徒刑，英国处五年至终身之徒刑，或二年之囚狱加苦役，或科罚金。美国处三年以下之囚狱加苦役，并科一千圆以下罚金。日本谓之殴打创伤，处重惩役。俄国处八月以上、二年以下之监禁，和兰处三年以下之禁锢。东西各国均无死罪，中国斗杀虽名为绞罪，其实秋审多半缓决，入实者不过十之一二而已。此条罪名，犯者最多，为刑律中一大问题，是以详采各国刑法以备参考，而例文亦极详悉，足补律所未备，须与律文互相研究，临事方无错误。《辑注》有云：**杀人之案全要推究事前有无预谋，临时有无杀意，所谋本欲何如，致命出于谁手，此四语可谓审理谋、故、斗杀、同谋共斗［殴］各案切要之语，宜详味之。**

一，凡同谋共殴人致死，如被纠之人殴死其所欲谋殴之祖父母、父母、伯叔父母、妻、兄弟子孙、在室女，除下手致死之犯各按本律例拟抵外，其起意纠殴之犯不问共殴与否，仍照原谋律流三千里。如殴死非其所欲谋殴之人，亦非其所欲殴之祖父母、父母、伯叔父母、妻、兄弟子孙、在室女，将起意纠殴之犯不问共殴与否，照原谋律减一等徒三年。

一，凡同谋共殴案内下手应拟绞抵人犯，果于未经到官之前，遇有原谋及余人内殴有致死重伤，或所殴伤痕与正凶不甚悬绝实因本案畏罪自尽及到官以后未结之前监毙在狱，与解审中途及取保病故者，准其抵命，将下手应绞之人减等拟流。若系配发事结之后身故，及事前在家病亡，或因他故自尽，与本案全无干涉者，不得滥引此例，仍将下手之人拟抵。其致毙三命而非一家及四命以上者，原谋照律按致死人数以次加等问拟，下手致死之犯均各照例拟抵，如原谋在监、在途病故及畏罪自尽者，下手之犯仍各照例拟抵，不准减等。威力主使制缚之案，均照此例办理，其余谋故杀人、火器杀人并有关尊长尊属者，悉照本律本例拟抵，不得率请减等。

一，凡同谋共殴人，除下手致命伤重者依律处绞外，其共殴之人审系执持凶器、火器及金刃伤人者，各照凶器、火器、金刃伤人本律本例定拟。

一，凡同谋共殴人伤皆致命，如当时身死，则以后下手重者当其重罪。若当时未死而过后身死者，当究明何伤致死，以伤重者坐罪。若原谋共殴，亦有致命重伤，以原谋为首，如致命伤轻，则以殴有致命重伤之人拟抵，原谋仍照律拟流。至乱殴不知先后轻重者，有原谋则坐原谋为首，无原谋则坐初斗者为首。

一，凡审理命案，一人独殴人致死，无论致命不致命，皆拟抵偿。若两人共殴人致死，则以顶心、顖门、太阳穴、耳窍、咽喉、胸膛、两乳、心坎、肚腹、脐肚、两胁、肾囊、脑后、耳根、脊背、脊膂、两后肋、腰眼并顶心之偏左偏右额颅、额角为致命处论抵。若致命处伤轻，不致于死，实因不致命处伤重而死者，仍以原殴不致命重伤之人拟抵。

一，凡两家互殴致毙人命，除尊卑、服制及死者多寡不同，或故杀、斗杀情罪不等，仍照本律定拟外，其两家各毙一命，果各系凶手本宗有服亲属，将应拟抵人犯均免死减等，拟流三千里。其案内原谋及火器、凶器伤人者，各于本罪上减一等，如有服亲属内有一不同居共财者，各于犯人名下追银二十两给付死者之家。若两家凶手与死者均系同居亲属，毋庸追银。

一，两家互殴之案，无论两造死者人数多寡，其律应拟抵之正凶，当时被死者无服亲属殴死，将殴死凶手之人流三千里，如被死者有服亲属殴死，再减一等徒三年。如非两家互殴，仍照祖父母、父母被杀，还杀行凶人本律定拟。

一，十岁以下幼孩因救护父母被凶犯立时毙命者，照谋杀十岁以下幼孩例拟绞立决。

一，纠众互殴之案，如审系预先敛费、约期械斗雠杀，纠众至二十人以上，致毙彼造四命以上者，主谋纠斗之首犯拟绞监候，入于秋审情实，十命以上拟绞立决，二十命以上拟斩立决。如所纠人数虽多，致毙彼造一命者，首犯发极边足四千里安置，二命者发烟瘴地方安置，三命者发遣新疆当差。若致毙彼造一家三命，主谋纠斗之首犯例应问拟斩决者，从其重者论，其随从下手伤重致死者，均各依本律例拟抵。若执持火器、凶器伤人并其余金刃、他物、手足伤人及未伤人者，各照本律例分别治罪。倘纠往之人但被彼造致毙者，无论死者人数多寡及彼造有无原谋，将此造起意纠往之人流三千里，至彼造仓猝邀人抵御及寻常共殴谋殴，虽人数众多并非械斗者，仍照共殴本例科罪。地方官不将主谋首犯审出究办及有心迴护，将械斗之案分案办理，该督抚严参，照官司出入人罪例议处治罪。

一，械斗案内，如有将宗祠田谷贿买顶凶构衅械斗者，于审明后，除主谋买凶之犯严究定拟外，查明该族祠产，酌留祀田数十亩以资祭费，其余田亩及所存银钱按族支分散，若族长、乡约不能指出敛财买凶之人者，族长照共殴原谋例拟流三千里，按致死人数每一人加一等，罪止发遣新疆当差，乡约于徒一年上，每一人加一等，罪止徒三年。

一，凡斗殴之案，除追殴致被追之人失跌身死，并先殴伤人致被追之人回扑失跌身死及互拉致跌已有争斗情形，或理曲肇衅，均仍照律拟绞外，如殴伤人后跑走，被殴之人追赶，自行失跌身死及彼此揪扭，于松放之后复向扑殴，因凶犯闪避失跌身死，或虽未殴伤人因被揪扭挣脱致令跌毙，或被揪被推并未还手死由自行栽跌，或痰壅致毙并因恐其栽跌向拉致令碰磕及被拉同跌落水落崖幸而得生者，均于斗杀绞候律上减一等流三千里。若仅止口角詈骂并无揪扭推拉各情，因向人赶殴及被死者扑殴闪避，致令自行失跌身死者，均照不应重律定拟。

一，因争斗擅将鸟枪、竹铳、洋枪、洋炮及一应火器施放杀人者，以故杀论，伤人者发极边足四千里安置。

屏去人服食

凡以他物（一应能伤人之物）置人耳鼻及孔窍中，若故屏去人服用饮食之物而伤人者，（不问伤之轻重）处八等罚；（如寒月脱去人衣服，饥渴之人绝其饮食，登高乘马私去梯辔之类）致成残、废疾者徒三年；令至笃疾者流三千里。将犯人财产一半给付笃疾之人养赡。至死者绞（监候）。若故用蛇蝎毒虫咬伤人者，以斗杀伤论；（验伤之轻重定罪，至笃疾亦给财产。）因而致死者，亦绞（监候）。

按：此仍《明律》，八等罚下系原有小注，余注系顺治三年添入，现又改易。故用蛇蝎毒虫咬人，原文讹为蛊字，现照《明律》及国初律本改正。缘毒虫能咬伤人，毒蛊不能咬伤人也。其罪名与《唐律》不差而文义稍异，《唐律》无故用蝎蛇一段，而《斗讼门》疏议有以蛇蜂蝎螫人同他物殴人法之文，其屏去服食之下，又有恐迫人使畏惧死伤者，各随其状以故斗戏杀伤论云云。现律删去此数语，而增入故用蛇蝎毒虫咬伤人一节，盖指伤人之事，类于斗殴及故杀者也。上段屏去服食，虽有伤人之意，原无杀人之心，故以斗殴之法科之，至死者绞。下段故用蛇蝎等项，伤照斗殴，死依故杀者，盖毒物足以杀人，与仅止伤人之物不同，若故用之，心已不善，是以至死以故杀论，但不曾致死，则无故伤加重之法，故仍以斗殴论也。畜产咬伤人律，故放狂犬马牛，令杀伤人者，减斗杀伤一等，与此不同者，马牛狂犬究与毒物之可以杀人者不同，故彼减而此不减也。考之外国，《德国律》：阴以毒物及有害卫生之物食之者，处十年以下惩役；致死者处十年以上惩役或无期惩役。《俄律》：凡暗用毒物损人康健者，罚作四年以上苦工。《法国律》：凡用毒物害人性命者，无论效验迟速，皆处死刑。《日本刑法》：施用毒物杀人者，以谋杀论，处死。其用意各有不同，法与日本均以谋杀论，则较中律为严，德、俄以故杀论，尚与中律符合，但德、俄故杀无死罪，而中律谋故同一处绞，则名同而实仍不同也。

戏杀误杀过失杀伤人

凡因戏（以堪杀人之事为戏，如比较拳棒之类）而杀人者徒三年，伤者各于本罪上减二等，因斗殴而误杀旁人者，以斗杀论（死者绞候）。其谋杀、故杀人而误杀旁人者，以故杀论。（不言伤，仍以斗殴论。）若知津河水深泥淖而诈称平浅及桥梁渡船朽漏不堪渡人而诈称牢固，诳令人过渡以致陷溺死伤者，（较戏杀为重）各减斗杀伤罪一等。若过失杀伤人者，（较戏杀愈轻）准斗杀伤罪减二等，依律收赎，给付其（被杀伤之）家。（过失谓耳目所不及，思虑所不到。如弹射禽兽、因事投掷砖瓦，不期而杀人者。或因升高险足有蹉跌累及同伴，或驾船使风、乘马惊走、驰车下坡，势不能止，或共举重物力不能制，损及同举物者。凡初无害人之意，而偶致杀伤人者，皆准斗杀伤人罪减二等，依律收赎，给付被杀被伤之家，以为营葬及医药之资。）

按：此仍《明律》，末段过失杀小注系原本所有，其余则顺治三年添入。现又添改。此项罪名，旧律较《唐律》为重。《唐律》：诸斗殴而误杀伤旁人者，以斗殴杀伤论，至死者减一等。若以故僵仆而致死伤者，以戏杀伤论，即误杀伤助己者各减二等。诸戏杀伤人者，减斗杀伤二等。谓以力共戏至死和同者。虽和，以刃若乘高履危入水中，以故相杀伤者，惟减一等。其不和同及于期亲尊长、外祖父母、夫之祖父母，虽和，并不得为戏，各从斗杀伤法。诸过失杀伤人者，各依其状以赎论云云。可见误杀、戏杀二项，《唐律》虽各自分别拟以流徒，要皆均无死罪。明改为绞，与斗一体科断，究非古法。已仿照《唐律》改从宽典，戏杀径改满徒，误杀非其人之亲属及擅杀情轻之案，均改满流，已渐复《唐律》旧法矣。再，《唐律》止有斗殴误杀旁人而无谋故误杀之文,以谋故自各有本律也。《明律》添入谋杀、故杀,而误杀仍以故杀论一语已与《唐律》不合。旧例又添出因戏误杀仍以斗杀论,及因谋故斗殴误杀其人祖父母、父母、妻女子孙,均依谋故斗杀本律,并因谋杀误杀旁人,造意者以故杀论,下手伤重拟流各条,不惟例与律不合,即例与例亦相参差,殊与古法背戾。薛氏《读例存疑》驳之甚详,现均改正。再,律止言过失杀人,例又增疯病杀人一项,则是六杀而外更多一杀,合之擅杀,已有八杀,此皆与《唐律》不相符处。然亦因疯病杀人之案日多,不得不著为例耳。至于戏杀与过失杀,均系并无杀人之心而拟罪不同者。戏杀,昔人谓之两和相害,言知其足以相害而两人情愿和同以为之,故注曰以堪杀人之事为戏,如比较拳棒之类。若本非堪以杀伤人之事为戏而陷人不测,即不得比于戏杀之法。《辑注》:近有两人食杏,一人戏以杏核掷之,一人躲避闪跌,撞头于石因而致死,此正过失杀人。谳者以戏杀拟之,误矣!盖两人原无相害之心,而杏核之掷非堪以杀人之事也。若误杀之案,因斗与故而误,与因谋而误,罪名不同而情节亦异。因殴与故而误者,大半系劝解观看之人。因谋而误者,或在昏夜,或因错认,或下毒于饮食而误进者均是。本条止言凡人误杀,若因凡人而误及亲属,因亲属而误及凡人,并因亲属而误及亲属,当按亲属各律权衡酌量。《据会》云:谋杀卑幼,误及尊长者依谋杀尊长,谋杀尊长误及卑幼者,亦依尊长论。按:谋杀卑幼而误杀尊长,应以故杀尊长论。若谋杀尊长而误杀卑幼,应以故杀卑幼与谋杀尊长已行未伤从其重者论之云云。可为定拟服制误杀之法。过失杀伤者,非但无杀伤人之心,亦并非杀伤人之事,其情本可原宥,故不与戏、误同科,但所杀之人究属无辜,亦未便概予宽免,故止准其罪而照律收赎。此亦惟凡人可用此法,若卑幼于尊长、子孙于父母各有本律,不在收赎之限。又《辑注》云:若一人过失杀二人,收赎均给二家。如二人过失杀一人,二人俱令收赎,一人赎银入官,此皆过失杀伤中常有之事,可并参之。外国统谓过误之罪,而各有不同。查《法国律》:凡疏虞懈怠及不守规则之事,致误杀他人,处三月至二年禁锢加罚金,伤人者处六月至二年禁锢加罚金。《德律》:过误杀人者处三年以下之禁锢,伤人者处二年以下禁锢,或六百马克以下罚金。《俄律》:凡决无害人之意,因疏忽致毙人命者,监禁两月以上四月以下。又明知行为易出危险而不制止,虽非有意害人,但邂逅致死者,罚作八年以上十二年以下苦工。又谋杀人而误杀旁人,依谋杀本人问拟。《日本刑法》:谋杀、故杀而误杀他人者,仍以谋杀故杀论。因殴打而误伤他人,仍科殴打创伤本律。疏虞懈怠,因过失致人死者,处二十元以上二百元以下罚金。伤至残废笃疾者，处十元上百元下罚金。伤至疾病休业者，处五十元以上罚金云云。与中律互相异同，大概死罪较中律虽少，而过失杀罚金均较中律收赎为多，且有误杀伤及过失杀伤名目，而均无戏杀之名，惟《俄律》行为易出危险，虽无意害人而邂逅致死一项与中律戏杀情形符合，而拟罪仍有不同，录之以备参考。此门条例亦甚详悉，备录于后，可与律文互相研究。

一，凡因戏而误杀伤旁人者以戏杀伤论。

一，凡因斗殴而误杀旁人者流三千里。若误杀其人之祖父母、父母、伯叔父母、妻、兄弟子孙、在室女者，仍依律以斗杀论，伤者均各于斗伤本罪上减一等。

一，谋杀人而误杀旁人之案，如系造意之犯，下手致死者照故杀律拟绞监候，为从加功者流三千里，余人处十等罚。如下手之犯伤重致死者，照加功律拟绞监候，造意之犯照原谋律拟流三千里，其有另挟他嫌乘机杀害并非失误者，审实，将下手之犯照谋杀人本律拟绞监候，造意之犯照谋杀人未伤律拟徒。

一，凡因殴子而误伤旁人致死者，依殴杀子本律上加二等，徒一年半。因谋杀子而误杀旁人者，依故杀子本律上加二等，徒二年。其因殴子及谋杀子而误杀有服卑幼者，各照殴故杀子本律加一等，若误杀有服尊长，仍依殴故杀尊长及误杀尊长各本律本例问拟。

一，凡捕役拿贼，与贼格斗而误杀无干之人者，仍照过失杀人律定拟。

一，子孙因疯殴杀祖父母、父母之案，审明平日孝顺，实系疯发无知，即比照误杀祖父母、父母之例，仍照本律定拟，将可原情节于折内声叙，请旨改为绞立决。傥系装捏疯迷，即将本犯照例拟罪，恭请王命，即行正法，并将扶同捏饰之邻佑人等及未能审出实情之地方官分别治罪议处。

一，因疯致毙期功尊长、尊属一命，或致毙尊长尊属复另毙律不应抵有服卑幼一命，或于致毙尊长尊属之外复另毙平人一命，俱仍按致死期功尊长尊属本律问拟，法司将可原情节声明减为拟绞监候，于折内双请，候旨定夺。若致毙期功尊长尊属二命，或致毙尊长尊属一命复另毙律应绞抵有服卑幼一命，或于致毙尊长尊属之外另毙平人二命，俱按律拟绞立决，不准援例双请。

一，凡妇人殴伤本夫致死罪干绞决之案，审系疯发无知，或系误伤及情有可悯者，该督抚按律例定拟，于案内将并非有心干犯各情节分晰叙明，大理院覆判时减为拟绞监候，于折内双请，候旨定夺。

一，因疯致毙平人非一家三命以上者，拟绞监候，秋审酌入缓决。其杀死一家三命以上者，拟绞监候，秋审入于情实。倘审系装疯捏饰，仍按谋故斗杀一家三命，三命而非一家各本律本例问拟。

一，疯病杀人，如系始终疯迷永远锁锢之犯亲老丁单例应留养承祀者，验明病果痊愈，锁锢已逾十年，即可随案声请，若系到案供吐明晰，例应拟抵缓决人犯，遇有亲老丁单，或父母已故家无次丁，病虽痊愈，必俟五年后方准查辨，该地方官取具印甘各结，详请奏明核释。倘释放后复行滋事，将取结之地方官并邻族人等分别议处，惩治本犯，仍永远监禁，不准再予释放。

一，疯病杀人之案，总以究明有无捏饰为主，如诊验该犯始终疯迷、语无伦次者，即行永远锁锢。若因一时陡患疯病以致杀人，旋经痊愈，或二三年偶有病愈及到案时验系疯迷，迨复审时供吐明晰者，该州县官审明，即讯取尸亲邻佑人等切实甘结，加结转详，依斗杀律拟绞监候，入于秋审缓决。至所杀系有服卑幼罪不至死者，应俟监禁五年后察看疯病不复举发，即行收所习艺。倘不痊愈，仍行锁锢，若锁禁不严以致扰累狱囚者，将管狱官、有狱官严加参处，狱卒照例治罪。如有假疯捏报，除凶犯即行按律治罪外，将知情捏报之地方、邻佑、亲属人等照隐匿罪人知情者减罪人一等律问拟。其有因疯伤人者，仍照本律本例科断。

一，疯病杀人问拟死罪免句永远监禁之犯，病愈后遇有恩旨、例得查辨释放者，除所杀系平人仍照旧辨理外，若卑幼致死尊长及妻致死夫关系服制者，仍永远监禁不准释放。

按：疯病杀人，《唐律》无文，《明律》亦不载，有犯即照人命拟抵，无他说也。惟《元志》有诸病风狂殴人致死，免罪征烧埋银一节。康熙年间始著疯病杀人之例，照过失杀人收赎。乾隆年间改为照斗杀拟绞，秋审入缓。道光年间定为非一家一命者，仍拟绞入缓。其非一家三命及一家二命均入情实。现又改从轻恕，一家三命以上始入情实。考之史册，后汉陈忠奏狂易杀人得减重论。范氏极驳其谬，师古注曰：狂易者，病狂而改易本性也，即今疯病之说。又河内民张太有狂病，病发杀母弟，应枭首，遇赦，谓不当除之，枭首如故。《唐律》不著其法。外国刑法，惟《俄律》有疯病字样，其余不载。《日本刑法》有因失知觉精神，不辨是非而犯罪者，不论其罪之条，与中律疯病相似，然不论其罪，未免太宽。即此一项，非但古今中外不同，即本朝前后百余年间而亦屡为变易如此，可见刑法原无一定，所当因时变通以适于宜，而不可执泥古训,为胶柱鼓瑟之见,益可信矣。

夫殴死有罪妻妾

凡妻妾因殴骂夫之祖父母、父母而夫(不告官)擅杀死者,处十等罚(祖父母、父母亲告乃坐)。若夫殴骂妻妾,因而自尽身死者,勿论。(若祖父母、父母已亡,或妻有他罪不至死而夫擅杀,流三千里。)按:此仍《明律》,顺治三年添入小注,雍正三年、乾隆五年修改。《唐律》无此罪名,当系明所增设。盖妻妾殴骂夫之祖父母、父母者,应拟绞罪,是已犯有应死之罪,其夫不告官而擅杀之,为父母而杀妻妾,父母重而妻妾轻,故只拟以十等罚。但殴不必伤,骂无凭据,狼[狠]戾之夫恶其妻妾,往往因别故殴杀,而借殴骂以图抵饰,为父母者溺爱其子从而附和,代为捏饰,其事恒有,故注云:必亲告乃坐。可见,杀妻到案以后,该父母始供有殴骂情事者,若无伤痕证佐即不得概行引用此律矣。即案情果确,取有尸亲人等供词,只需于秋审时酌量矜原,其定案之初,未便据该犯父母事后一言即为曲原,盖因不孝其亲而擅杀妻妾,固有可宥之情,若非亲告在前,而事后供称,恐开狡避之渐。小注数字,所以补律之未备也。若夫殴骂妻妾因而自尽,即予勿论者,家庭闺阈之内,男女口角争殴,亦属情所常有,未至折伤皆得弗论,自欲轻生,何罪之有?若殴至折伤以上,在妻应减二等,在妾应减四等,因而自尽,仍依本律科断,故条例另设专条,则凡殴伤妻妾致令自尽之案,伤轻者依律勿论,伤重者依例科断,律与例固相辅而行者也。外国无此法律,夫妻平权,有犯应同凡论耳。

一,殴杀詈骂及顶撞翁姑不孝有据之妻者,徒三年,故杀者流三千里。如未取有尸翁姑及尸亲人等供词,或殴伤后牵詈翁姑及非因詈骂顶撞翁姑起衅者,仍按律拟绞监候。至殴杀妻之案,如妻犯奸并未纵容及殴夫成伤者流三千里。若纵容妻犯奸并殴夫未经成伤,或案系谋故,仍依律拟绞监候。

一,妻妾无罪,与夫口角以致自尽,无伤痕,或被殴伤轻自尽者,俱照律勿论。若殴至折伤以上,虽有自尽实迹,仍依夫殴妻妾致折伤本律科断。

杀子孙图赖人

凡祖父母、父母故杀子孙图赖人者,徒一年半。若子孙将已死祖父母、父母,雇工人将家长身尸(未葬)图赖人者徒三年,(将)期亲尊长徒二年,(将)大功、小功,缌麻，各递减一等。若尊长将已死卑幼及他人身尸图赖人者，处八等罚（以上俱指未告官言）。其告官者随所告轻重，并以诬告平人律（反坐）论罪。若因（图赖）而诈取财物者，计赃准窃盗论，抢去财物者准白昼抢夺论，各从重科断。（图赖罪重依图赖论，诈取抢夺罪重，依诈取抢夺论）。

按：此仍《明律》，顺治三年添入小注。现又删改。《唐律》不载此项，惟《元刑法志》有故杀无罪子孙以诬赖仇人者，以故杀常人论之条，明用其意，增立此门，然拟罪较轻数等，以故杀子孙仅止徒一年，此因图赖而故杀，故止加本律一等。定律之意，盖分别指尸诬人之罪以为不孝不慈者警也。与人无干而图谋赖人、私下诈骗者，谓之图赖。首节言祖父母故杀子孙图赖。二节、三节皆言以已死之尸图赖。四节总承前三节言诬告到官。五节亦总承前三节言因图赖而诈抢财物之罪。曰身尸，则未殓者也。子孙借尸图赖人者，其死虽非子孙之过，但忘哀忘逞，藉为诈骗之端，致有暴露之惨，故拟满徒，其亲谊渐疏即罪得递减。若尊长将卑幼身尸无赖，均八等罚。统言尊长者，不分期功、缌麻，即父母亦在其内，即夫以妻尸图赖亦同论可知矣。以上俱指私自图赖，未曾告官者也。若已告官，或诬以威逼，或诬以杀死，则当随所告之轻重依诬告律反坐，不复仍拘此律。如因图赖而诈财，其人畏而自与，故准窃盗论；因图赖而抢去，不由人与，故准抢夺论。从重论者，谓将图赖、诬告、诈取、抢夺四者合而相比，从其重者论罪也。律止言图赖他人，例更补出亲属互相图赖之罪。律止言故杀子孙图赖，例更补出故杀妾及弟侄与侄孙、子孙之妇图赖之罪。且律止言将父母尸身图赖，例更补出将父母身尸装点伤痕图赖之罪，皆与律文互相发明，当并参之。外国不载此条者，故杀子孙已同凡论，处以重刑，即有图赖，亦在轻罪不议之列，未便再为加重。若借尸图赖，则亦无之，想少此等恶风耳！

一，有服亲属互相以尸图赖者，仍依律分别已未告官，各照图赖、诬告、抢窃本罪从重科断。

一，将祖父母、父母尸身装点伤痕图赖他人，无论金刃、手足、他物成伤者，俱拟绞立决。

一，故杀妾及姪、姪孙与子孙之妇图赖人者，无论图赖系凡人及尊卑亲属，各照本律加一等治罪。

一，妻将夫尸图赖人，比依卑幼将期亲尊长图赖人律，若夫将妻尸图赖人者，依不应重律。其告官司诈财抢夺者，依本律科断。

一，无赖之徒遇有自尽之案，冒认尸亲，混行吵闹殴打，或将棺材拦阻打坏，抬去尸首勒措行诈者，照棍徒例减一等治罪。若系尸亲藉命打抢及勒索私扣者，照抢夺私和各本律例治罪，仍追抢毁物件给还原主，勒索财物入官，该管地方兵役知而不拿者，各照不应重律治罪。

弓箭伤人

凡无故向城市及有人居止宅舍放弹、射箭、投掷砖石者，（虽不伤人）处四等罚，伤人者减凡斗伤一等，（虽至笃疾，不在断付家产之限）因而致死者，流三千里（若所伤系亲属，依《名例律》本应重罪而犯时不知者，依凡人论，本轻者听从本法，仍追给埋葬银一十两）。

按：此仍《明律》，原律首句系凡故向城市，顺治三年改为无故，并添入小注，其律末追给埋银一语系乾隆五年增添。现又改易。《唐律》诸向城及官私宅若道径射者杖六十，放弹及投瓦石者笞四十，因而杀伤人者各减斗杀伤一等，若故令入城及宅中，杀伤人者各以斗杀伤论。至死者加役流。《元志》有诸扬砖石剥磷之案，误伤人致死者杖八十七，征烧埋银云云。明本其意，设立此条罪名，与《唐律》不甚悬殊，而追埋一节则系采取元法。盖城市为人烟聚集之所，宅舍则人住居之处，如有杀伤，故照斗殴杀伤减等。若非城市及无人之处，脱有意外，偶遭杀伤，《辑注》谓当以过失杀伤论。而现例则云深山旷野误杀人减拟满徒云云。皆补律所未备，当合参之。

一，凡民人于深山旷野捕猎，施放枪箭竹铳打射禽兽，误伤人者减汤火伤人律二等，因而致死者，比照捕户于深山旷野安置窝弓，不立望竿因而伤人致死律徒三年，若向城市及有人居止宅舍施放枪箭竹铳打射禽兽，误伤人者，减汤火伤人律一等，因而致死者流三千里，各追埋葬银一丨两，给了死者之家。

车马杀伤人

凡无故于街市镇店之内驰骤车马因而伤人者，减凡斗伤一等，致死者流三千里，若（无故）于乡村无人旷野地内驰骤因而伤人（不致死者不论）致死者处十等罚，（以上所犯）并追埋葬银一十两。若因公务急速而驰骤杀伤人者，以过失论（依律收赎，给付其家）。

按：此仍《明律》，顺治三年添入小注。现又改易。《唐律》：诸于城内街巷及人众中无故走车马者笞五十，杀人者减斗杀伤一等，若有公私要速而走者不坐，以故杀伤人者以过失论。其因惊骇不可禁止而杀伤人者，减过失二等。《元志》：昏夜驰马误触人死，杖七十七。诸驱车走马致伤人命，亦杖七十七，均征烧埋银。昏夜行车不知有人在地，误致轹死者，笞三十七，征烧埋银之半给苦主云云。明兼采其法设立此条，而拟罪稍异，共分做三项：街市、镇店驰骤一层，乡村旷野驰骤一层，因公务急速驰骤又一层。下节因公驰骤正与无故反对也。《辑注》谓重在"无故"二字，若循序缓行，而马警驰骤，骑御之人不得自主，则非无故之比矣。观过失律注有乘马警走，驰车下坡，势不能止之言，正可与此参论。同一车马杀人，而彼照过失收赎，此则科以满流，情节各有不同也。此与上放弹射箭同一误伤人，彼有罪而此不论者，盖放射在于隔别，人不及防；驰骤人所共见，可以趋避。至于致死，则人命为重，故同一拟流，然皆指在城市而言，若在旷野则仍有分别，彼拟满徒，此拟十等罚，仍各追埋银给主。律义细微如此，不可不察。外国不载此罪，《日本刑法》违警罪内有解放牛马及疏于牛马之牵系，及并牵车马妨害行人，其罪止于科料。而不言致死如何拟罪者，统在宥恕及过失杀伤二节之内也。

庸医杀伤人

凡庸医为人用药针刺误不如本方，因而致死者，责令别医辨验药饵穴道，如无故害之情者，以过失杀人论，（依律收赎，给付其家）不许行医。若故违本方（仍以）诈（心）疗人疾病而（增轻做重乘危以）取财物者，计赃准窃盗论。因而致死及因事（私有所谋害）故用（反症之）药杀人者绞（监侯）。

按：此仍《明律》，顺治三年添入小注。现改斩为绞。《唐律》诸医违方诈疗病而取财者，以盗论。又，医为人合药及题疏针刺误不如本方，杀人者徒二年半，其故不如本方杀伤人者，以故杀论。虽不伤人，杖六十，即卖药不如本方，杀伤人者亦如之。又《元刑法志》：诸庸医以针药杀人者，杖一百七，征烧埋银中统钞二十锭。明兼采其意，设立此条，仍分别误与故二项。首节言庸医之误，虽致杀人而其心可原，故但照过失杀人收赎，不许行医。次节言诈疗而故违本方，初无必杀之意，已施可杀之术，其心堪诛，故取财以盗论，致死即以谋故论。盖诈疗取财之事不一，《辑注》谓如本一药可愈，而故违本方，使之难愈，则病久而用药必多；又或病本轻而反重之，使其苦而后医，则功大而报礼必重。凡一切图人之财，不顾伤人之命，皆诈疗之情事也。因事故用者，或与病人有仇，或受他人买嘱，故用反药害人，虽非毒药之比，然既与病反，则与毒药无异。若真系毒药，则又在《蛊毒门》内矣。故《琐言》云故违本方药人致死，皆是谋杀，不必毒药杀人乃坐也。**下节“故”字正与上节“误”字反对，“诈”正与上节“庸”字反对，惟庸故致误用，惟诈故能故违，律文字法精细如此。**外国虽无此名目，而《日本刑法》：凡私营医业误治致人死伤者，照过失杀伤本条从重处断。又医师药商以药物及其它方法堕胎者，处重禁锢一月以上，致死伤妇女者，处重禁锢一年以上云云。与此律情事相同，不过罪名轻重有异耳。此外，又有邪术医人之例，较因事故用虽轻，而较庸医误用为重，当并参之。

一，凡左道异端及一切人等作为法术（如圆光画符等类）医人致死者，照斗杀律拟绞监候，未致死者流三千里，为从各减一等。

窝弓杀伤人

凡打捕户于深山旷野猛兽往来去处穿作坑阱，及安置窝弓不立望竿及抹眉小索者，（虽未伤人）处四等罚；以致伤人者，减斗殴伤二等，因而致死者，徒三年，追埋葬银一十两。（若非深山旷野致杀伤人者，从弓箭杀伤论。）

按：此仍《明律》，顺治三年添入小注，雍正三年增修。现又改易。《唐律》：诸施机枪作坑阱者，杖一百。以故杀伤人者，减斗杀伤一等。若有标帜者，又减一等。其深山迥泽及有猛兽犯暴之处而施作者听，仍立标帜，不立者笞四十，以故杀伤人者，减杀伤罪三等云云。此律即本其意，惟将标帜易作望竿、抹眉小索等名，罪名亦大致不差。彼减三等，此减二等，略为加重，其追埋一层仍系采用元法，缘追埋起于元代，《唐律》初无此法也。打捕者，猎户之名。猎［户］之取猛兽有坑阱、窝弓二法。坑穽者，穿地为穴，上置浮草，待其过而陷入以掩取之。窝弓者，箭敷毒药，以机张弓，待其触而箭发以射取之。二者当防其伤人，故必于近坑穽、窝弓之处设立望竿、小索，使行走之人望而知避也。望之可见，故曰望竿。横设小索，高与眉齐，故曰“抹眉小索”。本以捕兽，原无害人之意，然不立竿索，为术甚疏，实有可以杀伤人之理，非思虑之所不及，故止减斗杀伤二等，而不以过失收赎，即不伤人亦四等罚，以其但图捕兽之利而不计伤人之害也。统观以上四项，《唐律》重而元法轻者，《唐律》但治其罪而不追埋，故不嫌于稍重，元既追取埋银，故罪名轻［较］《唐律》从轻。《明律》既采用元人追埋之法，而罪名仍不减轻，犹照《唐律》科断，此《明律》所以涉与严厉也。

我朝沿用《明律》,已较《唐律》为重,后又迭次增设条例,较《明律》更为严苛,是以外人群相讥诮,不受约束,伸其治外之法以侵我主权,现在修订新律,不得不从轻减者,亦迫于时势所当然,而非故为宽纵也。

威逼人致死

凡因事(户婚、田土、钱债之类)威逼人致(自尽)死者,(审犯人必有可畏之威)处十等罚。若官吏、公使人等非因公务而威逼平民致死者,罪同,(以上二项)并追埋葬银一十两(给付死者之家)。若(卑幼)因事逼迫期亲尊长致死者,绞(监候)。大功以下,递减一等。若因(行)奸(为)盗而威逼人致死者,斩(监候)。(奸不论已成与未成,盗不论得财与不得财。)

按:此仍《明律》,顺治三年添入小注。原律第二段"因事逼迫"四字本系"威逼",乾隆二十七年以卑幼威逼期亲尊长,"威逼"二字立言不顺,因改为"因事逼迫",以卑幼原无威之可言也。按现止改杖为罚,改折为绞。《唐律》有恐迫人使畏惧致死者各随其状,以故斗、戏杀伤论,而无威逼致死之法。明始设立此律,不过罪止满杖,除奸盗及有关服制外,以用强殴打致成笃疾及死系一家二三命以上,亦只充军而止,非亲行杀人之事不科死罪。后来条律[例]日烦,死罪日益增多,如刁徒假差蠹役及和奸、调奸、强奸、轮奸等类致令自尽,并其亲属自尽拟死罪者不一而足,均与律意不符。律文"因事威逼"四字不可轻看,威逼之事千态万状,必其人之威势果可以畏,而被其逼迫者果有不堪忍受、无可奈何之情,因而自尽方合此律。盖愚夫愚妇每因小事以致轻生,非必果由威逼也。司刑者多因其法稍轻,容易加入[人]而不知非律意也。故《辑注》云:行威逼之人,必因此事而发。受威逼之人,必因此事而死。若先受威逼后,因别事自尽者非也。律止言卑幼逼迫尊长而不言尊长威逼卑幼之事者,盖尊长之于卑幼名分相临,无威之可畏,事宜忍受,无逼之可言,故不著其法。设有犯者,在期亲可弗论,大功以下分别科以不应可也。再,律止言逼迫期亲尊长而不言子孙威逼祖父母、父母,妻妾威逼夫及夫之祖父母、父母,非故遗之也,诚以父为子纲、夫为妻纲,凡皆统于所尊,无所用其威逼,谓此是必无之事耳。然事变日纷,情伪叵测,故条例补出其法,此律虽非古法,然意类尚自简括易行。自条例日增日烦,遂不免诸多歧异。统计现例有十九条而事涉奸情者居多,如调奸妇女致令自尽,除将妇女请旌外,调奸之人拟以绞罪,未免过重,前人议之详矣。袁氏《律例条辨》云:调奸不从，妇女羞忿自尽者拟绞，此旧律所无而新例所未协也。夫调之说不一，或微词、或目挑、或谑语、或腾秽亵之口、或加牵曳之状。其自尽者亦不一，或怒，或惭，或［因］淫邪（或）本不欲生而藉此鸣贞，或别有他故而饰词诬陷，若概定以绞，则调之罪反重于强也。强不成止于杖流，调不成至于抵死，彼毒淫者又何所择轻重而不强乎？律旌节妇不旌烈妇，所以重民命也。调奸自尽，较殉夫之烈妇尤有逊焉，而既予之旌，又抵其死，不教天下女子以轻生乎。薛氏《读例存疑》云：和奸，《唐律》应拟徒罪，而因奸酿命并无加重明文。今律和奸较《唐律》为轻，而致奸妇自尽又较《唐律》为重，奸妇因奸情败露自尽，系属孽由自作，与人无尤，乃科奸夫以徒罪，似嫌未协。至调戏致妇女自尽拟以绞罪，法已从严论者，当以为过。又添入亲属自尽一层，更不可为训矣。此等案件，秋审若入情实，是较之亲手杀人之案办理转严，不特刑章日烦，亦与律意不符。近日沈少司寇著有《威逼致死律书后》一则，谓茅檐妇女，强暴猝膺，受辱无颜，捐躯明志，则胁迫之罪自无可宽，若只手足勾挑，语言调戏，少年佻达，尚无胁迫情形，既非羞辱之难堪，本无死法，乃变生意外，遂罪坐所由，法重情轻，未为允协。更有村野愚民，戏谑一入妇女之耳，遽而轻生，此不独无胁迫之状，并无猥亵之意，以此抵死，乌得为平？立一重法而无数重法相因而至，古人之法岂若是乎？综观以上各论，可见威逼一门旧例多有可议。在纂定之初，本系劝惩之意。然行之一时，则可警强暴。著为常经，则反多流弊。现已大加删改，较前轻简多矣。又以此律参之外国，其用意更有相反者。《英法》：凡自杀者为重罪。按诸《希腊律》，应断手。盖谓凡人受命自天，非由天命不得私自残害，故犯自杀者常坐两重罪，一于宗教则背上帝好生之德，一于国法则违君上爱民之意，故犯自杀者，因罚去身后所遗之财产及分内应得之光荣，以彰其罪，将其财产没官，不得用礼式安葬。又《俄法》：凡无疯痰而自尽者，所有授其子女、生徒、仆役及关于财产之遗嘱俱不准行，如系基督教民，不准用教礼安葬。若临大节不回，杀身成仁，及妇女拒奸自尽，保全名节者免罪。盖西人以生命为重，自杀悬为历禁，英、俄皆明载律内，虽以忠臣烈妇，俄法亦仅免罪而已。至自杀而科迫胁者以罪，不独英、俄均无此文，即德、法刑法亦皆不著。《日本刑法》虽与英、俄宗旨不合，但有教唆自杀之罪，而无威逼致死之条，尚与《唐律》用意相符。总而论之，西人自杀为重罪之说，原为情理所未安，盖人非困苦难堪，何肯自戕其生？今不矜之哀之而反加以罪，仁人之心必不出此，而又夺其财产光荣而屏斥之，此更不合于天理者也！使死者而有知也，在黄泉能勿饮恨？使死者而无知也，即重罪乌足为惩！彼杀人有罪之犯，未论决而自杀，即无余罪可科，自杀之人本系无罪，若科以重罪，反较杀人者责备为刻，是岂情理所有也哉？**西法之不宜行于中国，此其一端**。然现在条例以自尽之人而与之抵命，不但外国诧为异事，即中国《唐律》亦无是法。现例亲属自尽，虽减为流，而本妇自尽仍拟绞罪，正所谓革除重法当从其渐也。兹将现行例文详录于后，以备参考。

一，凡因奸威逼人致死人犯，务要审有挟制窘辱情状，其死者无论本妇、本夫、父母、亲属，奸夫亦以威逼拟绞。若和奸纵容，而本妇、本夫愧迫自尽，或妻妾自逼死其夫，或父母、夫自逼死其妻女，或奸妇以别事致死其夫，与奸夫无干者，毋得概坐因奸威逼之条。

一，因奸威逼人致死一家三命者，拟绞立决。

一，凡因事威逼人致死一家三命以上者，流二千五百里。若一家三命以上，流三千里，仍依律各追给埋葬银两。

一，凡军民人等因事逼迫本管官致死，为首者比依逼迫期亲尊长致死律绞监候，为从者流三千里。

一，凡奉差员役执持勘合、火牌照数支取而该地方官不能措办，因而自尽者勿论。若奉差员役额外需索，逼死印官者，为首者照军民人等因事逼迫本管官致死拟绞例减一等流三千里，为从者徒三年。若有受贿实迹，仍依枉法从重论。

一，凡因事用强殴打威逼人致死，果有致命重伤及成残废者，虽有自尽实迹，依律追给埋葬银两，流二千里。致笃疾者，照本律加一等，发极边足四千里安置。其致命而非重伤及重伤而非致命者，追给埋葬银两，徒三年。如非致命又非重伤者，徒一年。若逼迫尊长致令自尽之案，除期亲卑幼刃伤尊长亲属及折肢若瞎一目并功服以下卑幼殴伤尊长尊属致笃疾者依律拟绞外，若殴有致命重伤致成残废者，缌麻卑幼照凡人加一等流三千里；小功卑幼发极边足四千里安置；大功卑幼发烟瘴地方安置。其未成残废及致命而非重伤或重伤而非致命者，期服卑幼仍照逼迫本律绞监候；大功发极边足四千里安置；小功流三千里；缌麻流二千五百里。如非致命又非重伤，期亲卑幼仍照本律绞监候，功服以下卑幼亦各照逼迫尊长尊属致死本律治罪，尊长犯卑幼各按服制照例科其伤罪。

一，凡子孙不孝致祖父母父母自尽之案，如审有触忤干犯情节以致忿激窘迫自尽者，拟绞立决。其本无触忤情节，但其行为违犯教令以致抱忿轻生自尽者，拟绞监候。妻妾于夫之祖父母父母有犯,罪同。若妻妾悍泼逼迫其夫致死者,拟绞监候,入于秋审情实,如衅起口角,事涉微细,并无逼迫情状,实由其夫轻生自尽者,应于绞候上减一等,流三千里。

一,妇女与人通奸,本夫与父母及夫之祖父母、父母并未纵容,一经见闻,羞忿自尽者,奸妇拟绞监候,奸夫徒三年。若纵容通奸,因奸情败露愧迫自尽者,奸妇奸夫均止科奸罪。虽知奸情而迫于奸夫之强悍,并非有心纵容者,仍照并未纵容例科断。

一,妇人令媳卖奸或抑媳同陷淫邪不从,折磨殴逼致媳情急自尽者,拟流三千里,不准收赎。如奸淫之徒听从奸妇图奸其媳致酿命案者,拟绞监候。

一,妇人因奸有孕,畏人知觉,与奸夫商谋用药打胎以致堕胎身死者,奸夫比照以毒药杀人知情卖药者至死减一等律流三千里。若有服制名分本罪重于流者,仍照本律从重科断。如奸妇自倩他人买药,奸夫果不知情,止科奸罪。

一,奸夫、奸妇商谋同死,若已将奸妇致死,奸夫并无自戕伤痕同死确据者,审明或系谋故、或系斗杀,核其实在情节,仍各按本律拟绞,不得因有同死之故稍为宽贷。若奸夫与奸妇因奸情败露商谋同死,奸妇当被奸夫下手致毙,奸夫业经自戕,因人救阻,医治伤痊,实有确据者,将奸夫照雇人伤残因而致死减斗杀罪一等律流三千里。若非奸夫下手者,仍止科奸罪。其或奸夫死而奸妇经救得生,亦照此办理。如另有拐逃及别项情节,临时酌量,从重定拟。

一,凡和奸之案,无论亲属、凡人,奸妇因奸情败露羞愧自尽者,奸夫均于奸罪上加一等治罪。其本犯应死者,仍按律定拟。

一,强奸内外缌麻以上亲及缌麻以上亲之妻,若妻前夫之女、同母异父姊妹未成,或但经调戏本妇羞忿自尽者,拟绞监候。如强奸已成,本妇羞忿自尽者,拟绞立决。若致其夫与父母、亲属自尽者,仍按奸罪与服制相比,从其重者论。

一,强奸已成,将本妇杀死者斩立决。强奸未成,将本妇立时杀死者拟绞立决。将本妇殴伤越数日后因本伤身死者,照因奸威逼致死律拟绞监候。若强奸人妻女,其夫与父母亲属闻声赴救,奸夫逞凶拘捕立时杀死者,俱拟绞立决。若殴伤越数日后因本伤身死者,亦照因奸威逼致死律拟绞监候。至因强奸以致本妇羞忿自尽者,不论已成、未成,俱拟绞监候。其但经调戏,本妇羞忿自尽者,亦拟绞监候。若致其夫与父母自尽,均酌减一等流三千里,亲属再减一等徒三年。

一,强奸犯奸妇女已成,将本妇立时杀死者,拟绞立决。致本妇羞愧自尽者,发烟瘴地方安置。如强奸犯奸妇女未成，将本妇立时杀死者，拟绞监候，秋审入于情实。致本妇羞愧自尽者流三千里。若妇女犯奸后，已经悔过自新确有证据者，仍以良人妇女论。

一，凡妇女因人亵语、戏谑羞忿自尽之案，如并无图奸之心，又无手足勾引、挟制窘辱情状，不过出语亵狎及并无他故，仅以戏言觌面相狎者，均照但经调戏本妇羞忿自尽绞例减一等流三千里。其因他事与妇女口角，彼此骂詈，妇女一闻秽语，气忿轻生，或并未与妇女觌面，止与其夫及亲属互相戏谑，妇女听闻秽语气忿自尽者，应再减一等，徒三年。

一，凡调奸未成业经和息，如有因人耻笑其夫与父母、亲属及本妇复追悔抱忿致死者，将调奸之犯流三千里。

一，因事与妇女口角，秽语村辱，致本妇气忿轻生，又致其夫痛妻自尽者，流三千里。

一，贼犯除有心放火图窃财物，延烧事主毙命者，仍照例依强盗分别问拟绞决、斩决外，如因遗落火煤、因拨门不开燃烧门檐板壁，或用火煤照亮窃取财物致火起延烧，不期烧毙事主，或死至三命而非一家者，俱照因盗威逼人致死律拟绞监候。若烧毙一家三命者拟绞立决，三命以上者拟斩立决。

尊长为人杀私和

凡祖父母、父母及夫若家长为人所杀而子孙、妻妾、雇工人私和者，徒三年。期亲尊长被杀，而卑幼私和者，徒两年。大功以下各递减一等。其卑幼被杀而尊长私和者，各（依服制）减卑幼一等，若妻妾、子孙及子孙之妇、雇工人被杀而祖父母、父母、夫、家长私和者，处八等罚，受财者，计赃准窃盗论从重科断。（私和，就各该抵命者言。赃追入官。）常人（为他人）私和者，处六等罚（受财准枉法论）。

按：此仍《明律》，减卑幼一等句原无“卑幼”二字，系顺治三年所添，并添入小注，雍正四年修改，现又改杖为罚。《唐律》祖父母、父母及夫为人所杀而私和者，流两千里，期亲徒二年半，大功以下递减一等。受财重者，各准窃盗论。虽不私和，知杀期亲以上亲，经三十日不告者各减二等。律文本无奴婢私和家长之文，惟《疏议》问答曰：奴婢部曲，身系于主，主被人杀，侵害极深，其有受财私和，知杀不告全科，虽无节制，亦须比附论刑，岂为在律无条，遂使独为侥幸。然部曲奴婢，法为主隐，其有私和不告，得罪并同子孙云云。《明律》采取其说，与子孙、妻妾组织为一，又删去末后三十日不告一层，而增添卑幼被杀，尊长私和及常人私和数语，其罪名亦较《唐律》各加重一等。再，《唐律疏议》载有五服内亲自相杀者，疏杀亲合告，亲杀疏不合告，亲疏等者，卑幼杀尊长得告，尊长杀卑幼不得告。其应相隐者，亲杀疏，义服杀正服，卑幼杀尊长，亦得论告，其不告者亦无罪云云。现律虽不载此，而议论精微，可资引证。《礼》云：父之仇，不与共戴天，兄弟之仇不反兵，至于为人所杀，其仇至重，若私和不告，则逆理忘仇，不孝不义甚矣，故著此律，所以使人雪其仇而申孝思也。此律以伦之亲属为仇之轻重，以仇之轻重定罪之大小，不甚拘于尊卑老幼之分，故尊长私和，比卑幼止减一等，与他律之论名分者不同，各有精义，不可一概论也。**律文统言为人所杀，则谋故殴诸杀应该抵命者皆是，若戏误、威逼、过失杀者，律既不应抵命，即未便拘引此律。然子孙等忘仇私和，则亦不能无罪，当酌量科之可也。**外国不著此律，固因宗旨不同，亦以人命等案，亲属虽不告发，向由检事官代为公诉，故私和之事并不多见。至于受财私和，律准窃盗论罪，现例从重以枉法赃论罪，而子孙等受贿私和，又加重满流。又添以财行求及过钱人之罪，较律严而且密，现已删除不用矣。

同行之有谋害

凡知同伴人欲行谋害他人，不即阻当救护及被害之后不首告者，处十等罚。

按：此《明律》，现改杖为罚，盖惩人见害不救之罪，以教义也。同伴指偶然同行之伴，所包甚广，如在路同行，作客同寓，贸易同业之类。谋害不止谋财害命，或有怨恨，或因奸情，或杀人夺其官凭文引之类。**凡人若知同伴内有此情事，未行之先能阻挡，则其谋中止；方行之时能救护，则其害可免；即行之后能首告，则其冤得白。**若不阻不救不告，皆为见害不救，故罪满罚，所以恶其纵容养恶也。**然亦有惧发其隐情而不敢阻，见其凶恶而不敢救，畏其牵连拖累而不敢告者，又当原情酌断，未可概论。**外国人命重案，有检事代为公诉，而又优待证人，不加需索，故正人皆乐为证而案易结，**中律虽有此不首告之罪，然旁人一为首告质证，则受累贻害无穷，故良法亦为虚设。**伏读乾隆六十年上谕：谋命重案，凶犯往往饰词狡展，得有从旁质证，使无抵赖，岂不易于完结！地方官于邻佑首告时，量加奖赏，自必闻风踊跃，乃不肖官员不但不加奖赏，转任胥吏勒索，拖累耽延。无怪其畏惧不敢首告，即此可见吏治废弛之一端！各督抚应一体留心查察，俾善良不致苦累方为妥善，钦此！大哉言乎！真乃洞见积弊矣。**方今采用西法问案，重证而不重供，则此谕尤为救世良药也。**

斗殴上

考古律，秦汉至晋，止有《系讯》之律而无斗殴之名。后魏太和年始分《系讯律》，改为《斗律》，此斗之名所自始。至北齐，以讼事附之，名为《斗讼律》，后周改为《斗竞律》。隋开皇，仍复齐律《斗讼》之名，至唐不改。明始分作斗殴、诉讼一门。国朝因之，斗殴分上下二卷，共二十二章。现去良贱相殴一条，止余二十一章。其斗殴、保辜二章，又诸律之通例也。人命起于斗殴，故人命之后即以斗殴继焉。

斗殴（相争为斗，相打为殴）

凡斗殴（与人相争）以手足殴人不成伤者，处二等罚（但殴即坐）。成伤及他物殴人不成伤者，处三等罚。（他物殴人）成伤者，处四等罚。（所殴之皮肤）青赤（而）肿者为伤，非手足者，其余（所执）皆为他物，（持）兵不用刃（持其柄背以殴人）亦是（他物）。拔发方寸以上，处五等罚。若（殴人）血从耳目中出及内损（其臟腑而）吐血者，处八等罚。（若止皮破血流及鼻孔出血者，仍以成伤论。）以秽物污人头面者（情故有重于伤，所以）罪亦如之。折人一齿及手足一指，眇人一目（尚能小视，犹未至瞎），抉毁人耳鼻，若破（伤）人骨及用汤火、铜铁汁伤人者，处十等罚。以秽物灌入人口鼻内者，罪亦如之。折二齿、二指以上及（尽）髡（去）发者，徒一年（髡发不尽，仍堪为髻者，此依拔发方寸以上论）。折人肋、眇人两目、堕人胎及刃伤人者，徒二年。（堕胎者谓辜内子死及胎九十日之外成形者即坐。若子死辜外及堕胎九十日之内者，仍从本殴伤法论，不坐堕胎之罪。）折跌人肢（手足）体（腰项）及瞎人一目者（皆成废疾），徒三年。瞎人两目，折人两肢，损人二事以上（二事如瞎一目及折一肢之类。又如同时并殴一人，先瞎其一目，则依废疾拟徒一人，后瞎其一目，则依笃疾拟流，损人二事亦仿此）及因旧患令至笃疾，若殴人舌（令全不能人说话）及毁败人阴阳（以至不能生育），并流三千里。同谋共殴伤人者，各以下手伤重者为重罪，原谋（或不曾下手或虽殴而伤轻）减（伤重者）一等。（凡斗殴，不下手伤人者勿论，惟殴杀人，以不劝阻为罪。若同谋殴人至死，虽不下手及同行知谋不行救阻者，各依本律并处十等罚。若共殴人伤皆致命，以最后下手重者当其重罪，如乱殴不知先后轻重者，或二人共打一人其伤同处，或二人同时各瞎人一目，并须以原谋为首，余人为从。若无原谋，以先斗人为首。）若因斗互相殴伤者，各验其伤之轻重定罪，后下手理直者，减（本罪）二等，至死及殴兄妹伯叔（依本律定拟，虽后下手理直）者不减。（如甲乙互相斗殴，甲被瞎一目，乙被折一齿，则甲伤为重，当坐乙以徒三年，乙被伤轻，当处甲以十等罚。若甲系后下手而又理直，则于十等罚上减二等，处八等罚。乙后下手理直，则于徒三年上减二等，徒两年。若殴人至死，自当抵命。）

按：此仍《明律》，原有小注，顺治三年增改。现又添改，并除去旧例笃疾断产一层。原注"兵不用刃"句下系"持其柄以殴人"，乾隆五年添入"背"字。《明律》总注：如同时一人先殴瞎一目，则依废疾拟徒一人，后又瞎其一目，则依笃疾律拟流。若人本瞎一目，止有一目能见，如被殴瞎，亦当依笃疾科断。律注未载，现已添入，俾资引用。然与《唐律》不合，《唐律疏议》问答云：人目先盲，重殴瞳坏，口或先哑，更断其舌者，止得守文，还科断舌瞎目之罪，与此律因旧患令至笃疾者意各有别也。《唐律》分作六章：一，斗殴手足他物伤；二，斗殴折齿毁耳鼻；三，兵刃砍射人；四，殴人折跌肢体瞎目；五，同谋、不同谋殴伤人；六，两相殴伤论为律。《明律》合为一篇，罪名大同小异，折伤以上悉同，折伤以下稍轻。且《唐律》无秽物污人名目，《明律》添出污人头面、灌入口鼻两项，而删去兵刃斫射人不著处十等罚一节，盖斗殴以伤为凭，斫射不著，并未成伤，故不治其罪。然《唐律》称兵刃，谓弓箭、刀矟、矛赞之属，此等皆非民间常用之物，持此斫射，其情可恶，故虽不著，亦拟满杖。现例补出执持凶器未伤人者亦处十等罚，即此意也。《辑注》：斗者，口语争讼，彼此扭结，未至捶击也。殴则以手足相打矣。此篇专论伤之轻重以定罪。若因殴致死则为斗杀，载于《人命门》内，与此篇须互相参看。篇中共七节：首节言手足他物殴人成伤、不成伤之罪；次节、三节言折伤轻重之罪；四节言伤至废疾；五节言伤至笃疾；六节、七节则斗殴各项之通例也。斗殴杀人无手足、他物、金刃之别，若止伤人，则不能无辨者，杀同一死，伤有轻重也。然斗杀虽不论金刃、手足、他物，同一拟绞，而秋审难[实]缓仍有分别。他物如砖石棒槌之类，（第释）[若]以靴踢人，止是足殴，若靴尖坚硬，即作他物论矣。眇者，谓亏损其明，犹能见物。折者，折断其骨。跌者，差失关节而不连属如常也。破人骨，破者，破而未折也。下折肋则骨断矣。抉毁人耳鼻者，谓将人耳鼻破裂之也，若用刀割破则非抉毁，应照刃伤论矣。内损吐血，谓血出自内也，鼻血虽不谓之内损，若殴人痢血亦同内损吐血之法。髡者，剔发也，谓尽拔其发，如髡也。因所患令至笃疾者，如旧患瞎一目，今又瞎其一目，旧患折一肢，今又折其一肢，所殴虽止一肢一目而其人已成笃疾，则当治以殴至笃疾之流罪矣。毁败阴阳，如古者宫刑，割势幽闭，至于不能生育，此皆终生无用，故亦照笃疾治罪。以上分系节目，梳栉字意，由罚刑以至徒流，俱极详备，洵为讯问斗殴者之准则也。外国均有此律，不但治罪不同而名称亦异。德国谓之伤害身体之刑。法国谓之创伤殴击之刑。俄国谓之伤残疾苦之刑。日本谓之殴打创伤罪。其法，打伤人死者，处重惩役；瞽两目、聋两耳，或折两肢及断舌，毁败阴阳至丧失知觉精神成笃疾者，处轻惩役；瞽一目、聋一耳及其他残败身体成废疾者，处重禁锢二年以上。若打伤人致罹二十日以上疾病，或致不能营职业者，处重禁锢一年以上。其疾病休业之时未至二十日者，处重禁锢一年以下。虽不至疾病休业，但身体已成创伤者，处重禁锢一月以下。谋打伤人者，各照前项加一等。二人以上共打伤人者，从现下手者成伤之轻重各科其罪。若共殴而不知成伤之轻重，照重伤之刑减一等。但教唆者不得减等云云。**与中律罪名不同而办法亦异，各有取义，各有所长，未可偏废。执中律而薄外律者，因不通达时务。若醉心外律而概谓中律不适于用者，则更在不达不通之下矣。**后有条例可与律互相参考。

一，凶徒因事纷争，执持腰刀、铁枪、弓弩箭，并铜铁简、剑、鞭、钺、斧、扒头流星、骨朵、麦穗、擈枪、长枪、札枪？刀枪等项凶器，及库刀、梭标、骟鸡尾、黄鳝尾、鲫鱼背、海蚌楪刀、顺刀，并非民间常用之刀，但伤人及误伤旁人者，俱流二千五百里。（如系民间常用之镰刀、菜刀、小刀、柴斧等器，不在此限。）若聚众执持凶器伤人及围绕房屋抢检家财、弃毁器物、奸淫妇女，除实犯死罪外，徒罪以上，不分首从流三千里。虽执持凶器而未伤人及执凶器自伤者，均处十等罚。

一，夺获凶器伤人之犯，照执持凶器伤人流罪上量减一等，徒三年。

一，各省械斗及共殴之案，如有自称枪手受雇在场帮殴者，虽未伤人，流三千里。其有杀伤人者，仍案各本律例从其重者论。若并未受雇帮殴，但学习枪手已成确有证据者，徒三年。

保辜限期

（保，养也。辜，罪也。保辜谓殴伤人未至死，当官立限以保之，保人之伤，正所以保己之罪也。）

凡保辜者，（先验伤之重轻，或手足，或他物，或金刃，各明白立限。）责令犯人（保辜）医治，辜限内皆须因（原殴之）伤死者，以斗殴杀人论（绞）。其在辜限外及虽在辜限内（原殴之）伤已平复，官司文案明白，（被殴之人）别因他故死者（谓别因他病而死者），各从本殴伤法（不在抵命之列）。若折伤以上，辜内医治平复者，各减二等。（堕胎子死者不减，下手理直减殴伤二等，如辜限内平复，又得减二等，此所谓犯罪得累减也。）辜内虽平复而成残废、笃疾及辜限满日不平复（而死）者，各依律全科（全科所殴伤残废笃疾之罪，虽死亦同伤论。）手足及以他物殴伤人者，（其伤轻）限二十日（平复）。以刃及汤火伤人者，限三十日。折跌肢体及破骨堕胎并刃伤筋断者，无论手足他物，皆限五十日。

按：此仍《明律》，原有小注，顺治三年修改。现又删改，并添筋断一层。原律“各减二等”之下有“堕胎子死腹中者不减”一句，彼时删去，现仍添入。与《唐律》办法相同而文义加详，限期亦稍有异。《唐律》手足伤限十日，他物伤二十日，刃及汤火三十日，折跌肢体及破骨五十日，殴、伤不相须，此统手足、他物均限二十日，而无“殴、伤不相须”一语。所谓殴、伤不相须者，谓殴及伤各保辜十日也。伤人皆须因殴，亦有因僵仆，或恐迫而伤者，此则不因殴而有伤者，故律云殴、伤不相须也。《明律》既无僵仆恐迫致死之文，故亦无殴、伤不相须之法。凡殴人重伤或可医治平复，或即因伤而死，或成残废笃疾，当下俱难预定，官司验明受伤之处，将被伤时刻明立文案，勒限责令下手人犯延医调治，所谓保辜也。律文分五层看：一，限期内因伤而死。一，限内限外伤已平复，别因他故而死。一，限内医治平复。一，限内虽平复已成残废笃疾。一，限外不平复。惟限内因本伤死者抵命，惟限内平复折伤以上不成残废笃疾者减等，其余皆照本殴伤坐罪也。前律言废疾笃疾，此更添出残疾。残疾者，不全之谓，如手折一指，尚能持物，但亏损不完，与废疾之一手全折不能持物已成无用者较轻耳。保辜堕胎者，母子兼保，限内母死则论抵偿，限内子死则坐堕胎之罪。若限内母平，限外子死，则并不科堕胎之罪。此律专言斗杀之罪，若过失杀及谋故杀、拒杀、火器杀人，俱不准保辜。有关服制之斗杀，除缌麻尊长外，亦不准保辜。

律例虽无明文，均有成案可据，此律原系慎重人命之意。外国均无此律，以斗杀罪不至死，故无须细为分别也。律文止言正限，例又补出余限。律止言因伤因病身死，例又补出因风身死之条，皆与律互相发明，当并参之。

一，凡京城内外及各省州县遇有斗殴伤重不能动履之人，或具控到官，或经拏获及巡役地保人等指报，该管官即行带领刑仵亲往验看，讯取确供，定限保辜，拨医调治，不准扛抬赴验。如有违例抬验者，将违例抬验之亲属与不行阻止之地保各照违令律治罪。因抬验而致伤生者，各照不应重律治罪。倘内外该管衙门遇有伤重不能动履之人，仍令扛抬听候验看者，各该上司察实指参，交部议处。

一，斗殴伤人辜限内不平复延至限外，若手足、他物、金刃及汤火伤限外十日之内，折跌肢体及破骨、堕胎、筋断限外二十日之内，果因本伤身死情正事实者，拟流三千里。

一，凡斗殴之案，如原殴并非致命之处，又非极重之伤，越五日因风身死者，将殴打之人免其抵偿，流三千里。若死在五日以内，仍依本律拟绞监候。如当致命之处而伤轻，或伤重而非致命之处，因风身死者，必死在十日以外方准声请改流。其致命伤重及虽非致命伤至骨损骨断即因风身死在十日以外，仍依律拟以绞抵。若已逾破骨伤保辜五十日正限尚在余限二十日之内，及手足他物、金刃、汤火伤正限外余限内，因风身死者俱徒三年，至余限外因风身死者，止科伤罪。

谨按：保辜限期关系生死出入，而月建时刻又为定限最要关键。《名例》称日以九十六刻为断，如过限期一刻即为限外。《辑注》：马宗元少时，其父殴人被系守，辜伤者已死，将按法抵命。宗元推其所殴之时在限外四刻，因诉于官，得原父死。此可见时刻关人性命，有裁判之责者于此更当细心审讯，明立文案，勿因一时疏忽枉坐人死，其积德良非浅矣。又成案，凡殴人内溃内损吐血及踢伤肾子损破，并毒药灌入人耳溃烂，俱照破骨伤保辜。又殴人伤轻，因睡熟炕中受火毒殒命，及用针扎伤后因洗骰以致伤口侵淫殒命，均比照因风身死量减。又铁锥、铁钻有刃，应照刃伤保辜。若虽持金铁等器未曾用刃，俱照他物伤保辜。又殴折齿牙不照破骨保辜。以上等项，皆足补律例所未备，附录于此，以备参考。

宫内忿争

凡于宫内忿争者，处五等罚。（忿争之）声彻于御在所及相殴者，处十等罚，折伤以上加。凡斗伤二等，(若于临朝之)殿内，又递加一等。(递加者如于殿内忿争者，加一等处六等罚，其声彻伤以上，加宫内折伤之罪一等，又加凡斗伤罪二等，共加三等。虽至笃疾，并罪止于在之所及殿内相殴者，加一等徒一年。至于折流三千里至死者，依常律断，被殴之人虽至残废笃疾，仍处十等罚折半收赎。)

按：此律仍《明律》，顺治三年添入小注，现又删改。宫内上原有"燕幸之"三字，雍正三年删去，大致本之《唐律》。惟《唐律》尚有"以刃相向者徒二年"一语，此不载入而拟罪亦较轻一等。《唐律》声彻御所及相殴者徒一年，此仅十等罚也。凡至尊所御以燕幸者曰宫，所御以临朝者曰殿。宫殿森严之地，正臣下致敬之所，忽敢逞忿相争，则情乖恭肃，故分别拟以罚刑。此律重在不敬，故忿争不问曲直，相殴不问伤否，并处罚刑，以其毫无忌惮也。《辑注》：午门以内与宫内行宫有犯，亦同此科。外国宫禁不似中国森严，故无加重治罪之条。律止浑言争殴，例则分别金刃、他物、手足；律止言伤人，例则添入杀人与自伤；律止言宫殿，例则分别紫禁城内外及行营账房内外；律止言臣民，例则添入太监、跟役工匠，皆补律所未备，而拟罪亦较律为严，须合相参考，然后引断方无歧误。

一，行营地方管辖声音账房以内，谋故杀人及斗殴，金刃杀人者，拟绞立决。谋杀人伤而不死及斗殴手足他物杀人者，拟绞监候，入于秋审情实。金刃伤人者，发极边足四千里安置。金刃自伤及手足、他物杀人者，各于本律上加三等。若在管辖声音账房以外、卡门以内，谋故杀人及斗殴金刃杀人者，亦拟绞立决。谋杀人伤而不死及斗殴手足、他物杀人者，拟绞监候。金刃伤人者流三千里。金刃自伤及手足他物伤人者，亦各于本律上加三等。其在卡门以外谋故斗殴杀伤人及自伤者，均照常律办理。

一，常人在各处当差及各官跟役并内务府各项人役、苑户、钦工匠役等在紫禁城内暨圆明园大宫门、大东、大西、大北等门及西厂等处地方，并颐和园南宫门、东宫门、西宫门、北宫门及各处内围墙以内，谋故杀人及斗殴金刃杀人者，拟绞立决。谋杀人伤而不死及斗殴手足他物杀人者，拟绞监候，入于秋审情实。金刃伤人者，发极边足四千里安置。金刃自伤及手足他物伤人者，各于本律上加三等。若在紫禁城午门以外大清门以内，暨圆明园、颐和园宫门以外鹿角木以内，杀人及斗殴金刃杀人者，拟绞立决。谋杀人伤而不死及斗殴手足他物杀人者，拟绞监候。金刃伤人者流三千里。金刃自伤及手足他物伤人者，亦各于本律上加三等。其东安、西安、地安等门以内及圆明园、颐和园鹿角木并各内围墙以外,谋故斗殴杀伤人及自伤者,均照常律办理,不得滥引此律。

一,凡太监在紫禁城内持金刃自伤者,绞立决。在紫禁城外皇城内持金刃自伤者,绞监候。

谨按:本朝家法,鉴于前明严惩宦竖,故处治太监之法如此其重,一经金刃自伤即拟缳首,与太监逃出索诈照光棍治罪之例同一用意。此二例俱系康熙年间定例,以后渐从宽弛。咸丰三年纂例,在逃太监滋事,除犯谋故斗殴等案仍照本律例问拟外,但有执持金刃伤人者,发黑龙江给官兵为奴,遇赦不赦一条。前后合参,自伤即问死罪,而伤人仅拟发遣,虽因在外在内之不同,而轻重究相悬殊。且同一在逃,但经索诈即问死罪,而滋事惩[逞]凶反拟发遣,一严一宽之间,此可以观世变矣。《兵律》又有太监进殿当差遗金刃之物未经带出者治罪之条,应与此律参看。

宗室觉罗以上亲被殴

凡宗室觉罗而殴之者,(虽无伤)徒一年,伤者徒二年,折伤以上(本罪有)重(于徒二年)者加凡斗二等(止徒三年),缌麻以上(兼殴伤言)各递加一等(止流三千里,不得加入于死),笃疾者绞(监候),死者亦绞(监候)。

按:此仍《明律》,现又删改。原律目系皇家袒免以上亲被殴,律文首句亦曰皇家袒免亲,顺治三年添入小注,律目下注曰:袒免系五服外无服之亲,凡系天潢皆是。乾隆三十九年删去律目小注,改为宗室觉罗。唐律目亦系皇家袒免以上亲,与此拟罪轻重相同。惟"笃疾者绞"一句系明增入,《唐律》原文所无也。宗室本系黄带,觉罗本系红带,虽有亲疏远近之分,而皆裔出天潢,列在八议,所当格外致敬,凡军民殴官长者尚应加重,况以齐民而敢犯皇亲,讵可稍从宽贷乎?但殴即坐城旦,伤者加重,所以明上下之分,以见贱不可以凌贵,卑不可以犯尊也。《日本刑法》谓之"对皇室罪":凡对皇族加危害者,处死刑。将加者,无期徒刑。对皇族有不敬之所为者,处重禁锢二月以上、四年以下,加罚金十元以上、百元以下云云。虽未明言殴伤,然即曰不敬之为,则斗伤既在其内矣。且所谓加危害者,即中律谋杀、故杀之罪。所谓将加者,即中律谋杀未伤之罪,名异而实则同,不过罪稍减轻耳。中律止言殴死,不言谋杀、故杀者,《辑注》谓故杀罪止于斩,则谋杀亦不能加重,此系尊重贵胄之义。必宗室等腰系本身带子,不自菲薄,然后凡人有犯方照律办理。若宗室等不安分,自轻召侮，即未便绳以此律，故后例又有照寻常斗殴一体定拟之条，须并参之。

一，凡宗室觉罗在家安分，或有不法之徒借端寻衅者，仍照律治罪外，若甘自菲薄，在街市与人争殴，如宗室觉罗罪止折罚钱粮，其相殴者亦系现食钱粮之人，一体折罚定拟，勿庸加等。如无钱粮可罚，即照凡殴办理。至宗室觉罗擅入茶坊酒肆滋事召侮，先行动手殴人者，不论曾否要系黄红带子，其相殴之人即照寻常斗殴科断。其宗室觉罗应得罪名，大理院、京师高等审判庁分别按例定拟。犯该徒罪以上者，照例锁禁拘禁，犯该罚金者，应否折罚钱粮之处，交宗人府酌量犯案情节办理。

谨按：此例可补律所未备。定律之意本系尊崇宗室以抑平人，例意则反警戒宗室以宽平人，彼此相济以补其偏，立法方无流弊。然以此相惩，而近来宗室讹诈寻衅之案犹层见迭出，定法顾可不慎哉？此例与可应议者犯罪一门参看。考此二例，一系乾隆四十二年所定，一系四十三年所定，即此可见圣人大我无私之意。**读前太监之例，知圣朝不庇寺宦，读此例，则更不袒护亲近，而近日明诏累敕，化满汉之畛域，一视同仁，此我朝立法所以驾轶前代也。可惜臣下奉行不力，视为具文，以致酿成今日之弊，而梦梦者不探其本，反归咎于法之不善，日事更变，岂不谬哉。读此例与八议门内雍正六年一诏，真所谓大哉王言！度量如天之无不覆也，虽周书汉诏亦不过如是宽大耳！何胜景仰！**

殴制使及本管长官

凡（朝臣）奉制命出使而（所在）官吏殴之，及部民殴本属知府、知州、知县，军士殴本管官，若吏卒殴本部五品以上长官，徒三年。伤者流二千里，折伤者绞（监候。不言笃疾者，亦止于绞。）若吏卒殴六品以下长官，各（兼殴与伤，及折伤而言）减（五品以上罪）三等。（军民吏卒）殴佐贰官、首领官，又各递减一等。（佐贰官减长官一等，首领减佐贰一等，如军民吏卒减三等，各罪轻于凡斗及与凡斗相等，皆谓之）减罪轻者，加凡斗（兼殴与伤及折伤）一等，笃疾者，绞（监候）。死者（不问制使、长官、佐贰、首领，并）绞（监候）。若流外（杂职）官及军民吏卒殴非本管三品以上官者徒二年，伤者徒三年，折伤者流二千里。殴伤（非本管）五品以上官者减（三品以上）罪二等。若减罪轻（于凡斗伤）及殴伤九品以上（至六品）官者，各加凡斗伤二等。（不言折伤、笃疾、至死者，皆以凡斗论。）其公使人在外殴打（所在）有司官者，罪亦如之（亦照殴非本管官之品级科罪），从（被殴）所属上司拘问。（如统属州县官殴知府，固依殴长官本条，减吏卒二等。若上司官小，则依下条上司官与统属官相殴科之。首领殴衙门长官固依殴长官本条减吏卒二等。若殴本衙门佐贰官，两人品级与下条九品以上官同，则依下条科之。若品级不与下条同，则止依凡斗。如佐贰首领自相殴，亦同凡斗论罪。）

按：此仍《明律》，现又改易，原本系军士殴本管指挥、千户、百户，雍正三年改为本管官，其小注系顺治三年添入，雍正三年删改。《唐律》原分二章：一系殴制使、府主、县令，一系流外官殴议贵，明合为一篇，罪名虽不大差而名号各不相同。上段，《唐律》止制使及府主县令，并本部五品以上三项，此添军士殴本管官则四项矣。《唐律》有佐职而无首领官，其殴六品以下长官，并殴佐职者减罪，与此相同。死者亦斩。惟无“笃疾者绞”之文。下段，《唐律》止言流外官，此又添军民吏卒，《唐律》系殴议贵官，此改为非本管三品以上官，而罪名轻重悉同《唐律》。其篇末公使殴打有司一节，则《唐律》所无。《唐律》又有“詈者各减殴罪三等”一语，《明律》删去，而移于《詈骂门》内。此律虽以名分之尊卑定罪名之轻重，而名分尤以本管、本属、本部为重，如系本属本管，虽武职之千总把总、文职之七品县令，但殴拟满徒，折伤即绞，较非本管之三品以上官亦重。如非本管，虽一品大员，亦不能与县令等论。殴至折伤以下加重，若笃疾至死，亦与凡人同论也。制使奉王命而来，不论职之崇卑，但须官吏有犯，方拟此重罪。若军民，则何知王命之尊，犯者虽同此论，部民于本属府州县，军士于本管武职，均有管辖之责，亦不论职之崇卑，但亦须本属之军与民有犯，方可重科；若吏卒则有不同，或民人拨充于营卫，或邻境来役于有司，则即非本属本管之比，如系本属本管之人充为吏卒，即应与军民同论。若系邻境之民，而来此境为吏为卒，则当别论。盖吏卒以职事统摄，故曰本部吏卒之犯长官，必长官五品以上始与本属本管官同论。若虽系本部长官而系六品以下，则当减等拟罪，与上官吏之犯制使及军民之犯本属本管不论官之大小者异矣。制使及本管本属并本部五品以上长官，此四项，但殴至折伤即绞，若系本属本管之佐贰、首领官，并本部之六品以下官，必至笃疾方拟以绞，折伤止加凡斗一等，若殴至死，则不问制使、本属本管、本部五品、六品及佐贰、首领，均拟绞候，并无轻重之分者，死罪已为极刑，未便再为加重也。若非本管官，则无统摄之权，但以品级之高下为差，折伤以下，较凡人分别加等，若至笃疾，即同凡论。拟流不似上之拟绞者，总以其非所统属未便加严，愈见上四项之名分懔然，不可轻犯矣。通篇中分二大段，前段分六等，后段分三等。前段内制使、本属府州县、本管武职、本部五品以上长官，此四项共为一等，本部六品以下长官为一等，本属府州县、本管营卫、本部五品以上长官三项之各佐贰为一等，各首领为一等，本部六品以下长官之佐贰为一等，首领为一等，凡六等也。后段内三品以上为一等，五品以上为一等，九品以上为一等，凡三等。其公使殴在外官司，亦照非本管官分三等，此为律中极细密之篇，一字一句皆有精义，而小注亦最明显，读者须详绎之。与《人命门》谋杀制使一条参看，彼专言谋杀已行、已伤、已杀之罪，此分言殴伤、未伤、殴死之罪。后例数条，更补二律之所未及，当并参之。

一，凡军民人等殴死在京见任官员，照殴死本管官律拟绞监候，若谋死者，拟绞立决。

一，部民、军士、吏卒犯罪，在官如有不服拘拿，不遵审断，或怀挟私雠及假地方公事，挺身闹堂，逞凶杀害本官者，无论本官品级及有无谋故，已杀者，不分首从皆绞立决，已伤者，为首照光棍例绞决，为从下手者绞候，其聚众四五十人者仍照刁徒聚众殴官例分别治罪，其于非本属、本管、本部各官有犯，或该管官任意凌虐及不守官箴，自取侮辱者，俱依凡人定拟。

一，凡兵丁谋故殴杀本管官之案，若兵丁系犯罪之人，而本管官亦同犯罪者，将该兵丁照凡人谋故斗杀各本律治罪，如本管官将兵丁杀死，亦依凡人论。

佐职统属殴长官

凡本衙门首领官及所统属官殴伤长官者，各减吏卒殴伤长官二等。（不言折伤者，若折伤不至笃疾，止以伤论。）佐贰官殴长官者，（不言伤者，即伤而不至笃疾，止以殴论。）又各减（首领官之罪）二等。（若减二等之罪，有轻于凡斗，或与凡斗相等，而）减罪轻者，加凡斗一等。（谓其有统属相临之义。）笃疾者，绞（监候）。死者，亦绞（监候）。

按：此仍《明律》，顺治三年添入小注。现改死者斩为绞，则笃疾与死不分轻重，殊欠均平。律目与《唐律》相同，惟《唐律》统言佐职，已包佐贰、首领两项在内。《明律》分而为二，佐贰降长官一等，又尊于首领一等，则首领降于长官二等矣。且《唐律》止言死者斩，其“笃疾者绞”一语则亦明所添入。盖首领、统属官与长官虽有统属之分，然均比肩事主者也，与吏卒究有不同。佐贰与长官虽有正佐之分，然亦同寅共事者也，与下属究有不同。长官即正印官，原分二等，有五品以上之长官，有六品以下之长官，殴者罪不相同，故律曰各减二等。五品以上如知府，则经历照磨为首领官，州县为统属官，同知、通判为佐贰官也。六品以下如知县，则典史为首领，县丞即佐贰官也。律止言首领统属及佐贰殴长官而不言长官殴首领属官及佐贰之法，首领属官职虽相临而为王朝之臣，佐贰官分虽相制而实有兄弟之义，或有殴者，岂能不论？况伤之轻重不一乎？《辑注》谓律虽不设其法，盖在临事而定，若佐贰、首领属官相殴，律所不及，皆当以凡论矣。外国亦无此法，惟《俄律》凡属员殴长官，但一举手或一举物即坐，酌核情节，发遣边地，或交教养局习艺一年以上、二年半以下之文，则不及中律之详细多矣。再律文上首领统属曰殴伤，下佐贰止言殴而无伤，注谓折伤不至笃疾，止以伤论。即伤不笃疾，止以殴论。若如是解，则伤与折伤无分，殴亦与折伤无异，未免轻重无别。检查外注有曰：律称各减吏卒殴伤长官二等，则上条吏卒殴伤长官之文，即是此条科法。上条原分殴与伤与折伤为三项，则此各减者亦当分殴与伤与折伤三项减科云云。此解释各字，别有见地，虽与正注不同，而理较圆足，附录于此以备参考，未可以外注弃之。

上司官与统属官相殴

凡监临上司（之）佐贰、首领官，与所统属（之）下司官品级高者，及与部民有高官而相殴者，并同凡斗论。（一以监临之重，一以品级之崇，则不得以下司部民拘之。）若非相统属官品级同自相殴者，亦同凡斗论。

按：此仍《明律》，顺治三年添入小注。《唐律》诸监临官司于所统属官及所部之人有高官而殴之及官品同，自相殴者，并同凡斗法云云，盖言监临官司殴所属佐官以下及殴所管部属中有高官之人，此言监临上司之佐贰、首领官殴所统属之下司官品高者，及殴部民之官高者，总因权位相等而衡其平也。盖佐贰、首领与长官不同，下司官高又与众属不同，故相殴以凡论。部民官高，不限何职，但品级高于本属之官者，相殴亦以凡论。监临虽有统属之分，本属虽有父母之义，而下司部民品级之尊略足以相敌也。若既然统属而又本级相同，则更当同凡论矣。所谓品级同者，正非一品与一品、九品与九品之谓也。《唐律疏议》官品同谓六品以下九品以上，或五品以上非议贵者，议贵谓之三品以上，一品以下并为官品同也。《辑注》：上司佐贰与下司官高者，如参议佥事之于知府，上司首领与下司官高者，如经历之于知州。本朝外官虽无佥事参议之职，如各府之同知、通判，与所属知州、知县，亦即上司之佐贰官与下司之官高者也，此律止言上司之佐贰、首领官殴下司之高官，而无上司长官殴属官之法，以《唐律》衡之，似当同凡斗论。查《中枢政考》载：该管官殴属官者，降三级调用，亦足补律之所未备，可资引证，故附录之。**此律以下十数章详言名分之尊卑，服制之亲疏，以下犯上者加重，以上陵下者减轻，其中细若毫发，严于斧钺，圣贤教孝教弟、教慈教义，一切友恭敦睦柔顺之道悉蕴其中，明刑即以弼教，国粹全在于此。外国称平权，除殴父母略为加严外，其余亲属官长有犯，概同凡论，故法律不设专条，较中律似为简易，然以此之中国，其害有不可胜言者。**

九品以上官殴长官

凡流内九品以上官，殴非本管三品以上之尊官者，（不问长官、佐贰）徒一年。（但殴即坐，虽成伤至内损吐血亦同。）折伤以上，及殴伤（非本管）五品以上，若五品以上殴伤（非本管）三品以上官者，各加凡斗伤二等。（不得加至于死。盖官品相悬，则其罪重。名位相次，则其罪轻，所以辨贵贱也。）

按：此仍《明律》，顺治三年添入小注，与《唐律》文义、罪名一一符合，惟将《唐律》"议贵者"三字改为非本管三品以上官，并将"伤重"二字改为折伤以上，其余均系《唐律》原文。此言虽非统摄，亦不得陵上也。盖官非本管，本无统属之分，但品级尊卑不能无辨，其流外官殴非本管流内官，已见前条，此专言流内官殴非本管官之罪。除九品以上殴三品以上，品级悬殊，但殴即坐徒一年，余则概照凡斗加二等，加罪不入于死，虽笃疾亦止满流。不言至死者，自依斗殴本法也。九品以上殴三品以上，言殴而不言伤，则伤统于殴中矣。殴五品以上，及五品以上殴三品以上，言殴伤而不言折伤，则折伤统于伤中矣。俱不言笃疾至死者，本法已重，无可复加，品级非所论矣。此律止言品级尊卑，不分正官佐贰，以其非本管也，须合以上三律参考互证，方知律义之精严细微，而文法亦古奥不可及矣。

拒殴追摄人

凡官司差人（下所属）追征钱粮，勾摄公事，而（纳户及应办公事人）抗拒不服及殴所差人者，处八等罚。若伤重至内损吐血以上及（所殴差人或系职官，或系亲属尊长）本犯（殴罪）重（于凡人斗殴）者，各（于本犯应得重罪上）仍加二等，罪流三千里。至笃疾者绞（监候）。死者亦绞（监候。此为纳户及应办公事之人本非有罪则而恃强违命者而言。若税粮违限，公事违错，则系有罪之人，自有罪人拘捕条。）

按：此仍《明律》，顺治三年采《琐言》、《笺释》之说添入小注。现改斩为绞，则笃疾与死无分别矣。《唐律》谓之"拒殴州县使"：诸拒州县以上使者，杖六十；殴者，加二等，伤重者，加斗伤一等，即被禁掌而拒捍及殴者，各加一等。注谓有所征摄，权时拒捍不从者。明改征摄为追征钱粮，勾摄公事，又改抗拒不服与殴者均杖八十，并删去被禁掌而拒捍及殴一层，增入"本犯罪重加二等，笃疾者绞，死者斩"数语，与《唐律》互有异同矣。盖言抗拒殴差之罪，以为恃强顽梗者警也。抗者，抗差而不随其出官。拒者，拒差而不容其到家。抗拒殴差一事而分两项，有抗拒而不殴差者，有因抗拒而殴差者，即抗拒即坐前罪，殴差亦同成伤，并不加等，必伤至内损吐血应八等罚以上始加等矣。此与罪人拒捕一项相似而实不同。彼是有罪之人，此是无罪之人。彼曰拒捕，此曰拒殴。追摄名义不同，故罪分轻重。盖钱粮应完，公事应办，官司本应差人追摄，若于不当追摄之时而追摄者，则拒殴自当别论，不得拘此律矣。拒捕律分首从，此律未言首从。《笺释》云：如纠人共殴，应以倡首之人问拟绞罪，共殴之人如下手伤重首先而殴，照为从满流，其余共殴者悉照余人科罪云云。盖与威力主使同一分别首从之法，而与同谋共殴之分首从者不同，各有用意，当分别观之。再，此律如此其严，必系本案应追应摄之人，若非本案勾捕之人而拒殴，则当以凡论，见《劫囚门》，律注亦当与此条合参。《日本刑法》：官吏以其职务执行法律规则，以暴行胁迫抗拒官吏者，处重禁锢四月以上、四年以下，因而殴伤者加殴打创伤本条一等。又《俄律》：凡抗拒官府者，酌核情节惩治。凡兵刑钱谷等项，官长奉行，如有挺身作梗，持械行强者，或罚作苦工四年以上，六年以下，或发西伯利亚安插，或交教养局习艺三年以上，三年半以下云云。皆与此律所犯略同，罪名轻重有别，则各因其习惯之法，不能强同耳。

殴受业师

凡殴受业师者，加凡人二等；死者，绞。（凡者，非徒指儒言，百工技艺亦在内。儒师终身如一，其余学未成，或易别业则不坐，如习业已成，罪亦与儒并科。）

按：此仍《明律》，顺治三年添入小注，现改斩为绞，原律小注内有道士、女冠、僧尼于其受业师与伯叔父母同，有犯不用此律数语，雍正三年，以现行例僧尼谋杀受业师已经改照谋杀大功尊长律拟斩立决纂为定例，因将此注删去。《唐律》此项未设专条，而附于殴妻前夫子律文之后，凡殴伤现受业师者加凡人二等，死者各斩。注云：谓服膺儒业而非私学者。《疏议》引《礼经》云：教学之道，严师为难，师严道尊，方知敬学，如有亲承儒教，服膺函丈而殴师者，加凡人二等，死者斩。注所谓儒业而非私学者，儒业谓经业非私学者，谓国子、州县等学，私学者即《礼》云"家有塾，術有序"之类，如有相犯，并同凡人云云。与现律文虽相同而解释有异，《唐律》所谓师者，专指儒业即儒业，而系私学，亦不得同受业之师。《明律》所谓受业师者，统指百工技艺师在内也，至于僧尼、道士之师弟相犯，别见于《名例》称道士、女冠门内，与此所称受业之师情义更重，可以合参。盖儒者传经受业，其义为重，故注曰：终身如一。若百工技艺，虽与儒者有别，然至习业已成，守其业以终身赡家，则亦有再三之义，其谊同也。《辑注》云：士人习业，终身受其教益，后之致君显亲，未始非基于此，古人所以有心丧三年之义，其服虽不列于图内，其义与君亲并重。国朝崇儒术而黜释老，故定犯照期亲科断，诚足为万世之法。而现在删除，则是僧道有师生，而业儒无师生矣。查古书载晋时有欲制师服齐衰三月者，挚虞驳之曰：仲尼至师，止吊服加麻，心丧三年，浅教之师，暂学之徒，不可皆为之服，或有废兴悔吝生焉，宜无服如旧。从之。此亦轻师之说，与现定之例有同揆焉！且律例止言师弟相殴相杀，而未言犯奸犯盗科罪之法。《唐律》道士女冠，师弟犯奸盗者同凡人。《疏议》：弟子盗师物及师盗弟子物，亦同。凡盗其同财弟子私取用者，依同居卑幼私用财论。《辑注》：师弟相为窃盗，当照期亲服制例递减科断，义绝者同凡论。二说论师弟相盗亦不相同，均可以备参考。至于犯奸，则师弟之义已绝，例虽无文，成案均同凡论。与《唐律》并无二致也。

一，凡受业师殴弟子者，减凡人二等，至死不减。若因奸盗别情，或挟嫌逞凶、谋故杀弟子者，无论已伤未伤，悉同凡论。

威力制缚人

凡（两相）争论事理，（其曲直）听经官陈告（裁决）。若（豪强之人）以威力（挟）制（捆）缚人及于私家拷打监禁者，（不问有伤无伤）并处八等罚；伤重至内损吐血以上，各（验其伤）加凡斗伤二等；因而致死者，绞（监候）。若以威力主使（他）人殴打而致死伤者，并以主使之人为首，下手之人为从，论减（主使）一等。

按：此仍《明律》，顺治三年添入小注。现改杖为罚金。《唐律》诸以威力制缚人者，各以斗殴论。因而殴伤者，各加斗伤二等，即威力使人殴击而致死伤者，虽不下手，犹以威力为重罪，下手者减一等云云。止言殴伤加二等，未言致死之罪，盖《唐律》金刃伤人致死则为故杀，若威力制缚人致死，大抵用他物者居多，故仍照斗杀拟绞，若用刃伤人致死，则照故杀拟斩矣。《明律》金刃杀人，亦问斗杀，此威力制缚主使，所以亦问绞候也。《唐律》殴伤始加二等，此则但殴，不问有伤无伤，即处八等罚，则较《唐律》为严。此律之意，重在惩豪强及主使殴人之罪也。盖国家设官，所以执法治民。凡民有争，当听官司裁决。若恃威势力量足以制人，不告官司，或捆缚，或私打，或私禁，三者有一于此即坐罚刑，伤重者加二等，罪止满流。致死仍止问绞候者，虽以威力逞凶，原无杀人之心耳！此皆指亲自下手者，若以威力主使他人殴打，或死或伤，仍以主使之人为首，坐其重罪，听从下手之人止问为从。盖威力主使与同谋共殴大不相同，豪强之人威足摄人，力足陵人，为所使者实有不敢不从之势，虽行殴人之事，原无殴人之心。若同谋共殴，其下手之人原有殴人之心，故彼以下手者抵命，此以主使者抵命，而下手者得减等拟流，情节不同，故首从罪名各别，故彼曰同谋，此曰主使，其文义自异也。若威力制缚拷打监禁致人自尽死者，则又有威逼致死人专条，不得以此律论矣。外国虽无此罪名，而《日本刑法》有胁迫之罪，凡以杀胁迫人，或以殴打创伤及其他暴行胁迫人者，处重禁锢加罚金，亦即此律之意，不过名称拟罪稍异耳！外有条例，附录备参。

一，凡主使两人殴一人、数人殴一人致死者，以下手伤重之人为从，其余皆为余人。若其人自尽，则不可以致死之罪加之，止照所伤拟罪。如有致死重伤及成残废、笃疾者，依因事用强殴打例发极边足四千里安置，下手伤重者，减一等徒三年。

一，凡地方乡绅私置板棍擅责佃户者，照违制律议处，衿监革去衣顶，处八等罚。如将佃户妇女强行奸占为婢妾者，绞监候，如无奸情，照略卖良人为妻妾律徒三年，妇女给亲完聚，该地方官不预行严禁及被害之人告理而不即为查究者，照徇庇例议处。至奸顽佃户拖欠租课欺慢田主者，处八等罚，所欠之租照数追给田主。

斗殴下

雇工人殴家长

凡雇工人殴家长及家长（之尊卑）期亲若外祖父母者，（即无伤）亦徒三年；伤者，（不问轻重）流三千里；折伤者，绞（监候）；死者，亦绞（殴家长，绞决。殴期亲若外祖父母，绞监候）。故杀者，斩；过失杀伤者，各减本杀伤罪二等。殴家长之缌麻亲，（兼内外尊卑，但殴即坐，虽伤亦）处八等刑罚；小功处九等罚；大功处十等罚；伤重至内损吐血以上，缌麻小功加凡人罪一等；大功加二等（罪止三千里流）。死者，各绞（监候）。若家长及家长之期亲若外祖父母殴雇工人，（不分有无罪），非折伤，勿论。至折伤以上，减凡人（折伤）罪三等；因而致死者，徒三年；故杀者，绞（监候）；过失杀者，勿论。若家长之缌麻小功亲殴雇工人非折伤，勿论；至折伤以上，（至笃疾者）各减凡人罪一等；大功减二等；致死及故杀者，（不问缌麻、大功、小功）并绞（监候）；过失杀者，各勿论。（雇倩佣工之人，有主仆之分，故以家长之服属亲疏论。若他人雇工，当以凡论。）

按：此仍《明律》。顺治三年添入小注，乾隆四十二年增修。《唐律》分作三门：一为主杀有罪奴婢；一为殴部曲死决罚；一为部曲奴婢过失杀主。《明律》合为一篇，删去部曲，添入雇工，而文义较详。且《唐律》止言奴婢过失杀主而不言奴婢殴伤家主及殴杀家主者，盖《唐律》罪止于斩；凡殴伤家主之期亲者，尚拟皆斩，其殴伤与殴杀家主亦不能有加于斩。故律文不言，以举轻赅重，不待言也。《明律》斩罪以上，更有枭示凌迟，故殴家长，斩杀者凌迟处死，殴与杀始有区别。现在删去奴婢，止留雇工而罪名亦止于斩，与旧律大有不同，总皆定主仆之名分以定罪也。通篇共分三节：首节言雇工人殴杀家长及家长有服亲属之罪；二节言家长及期亲外祖父母殴雇工人折伤至死之罪；末节言家长之缌功亲殴伤雇工之罪；至末句，过失杀伤者勿论，各字则又统承上二节言之也。雇工敢殴家长，悖逆之甚，故但殴即拟满徒，折伤即绞，所以重名分也。若家长及期亲殴雇工，殴非折伤不论；至于折伤，较凡人减罪三等；殴死，止拟以徒；故杀始拟绞罪。若家长之缌麻、小功、大功亲，虽较家长为轻，仍较凡人为重，以其究有主仆之分也。此节律文言过失杀伤，或不言过失杀伤，或殴杀与故杀分别轻重，或不分别轻重，或家长与期亲分别轻重，或不分轻重，其中参差离合，皆有精义，非躁心所能领取，读者一句一字不可滑过，且须细参其异同分合之故，方知古人心思之密，非后人所及。律外又有条例，与律互相发明，宜并研究。

一，从前契卖奴婢，如有干犯家长及被家长杀伤，不论红契白契，俱照雇工人本律治罪。其一切车夫、厨役、水火夫、轿夫、打杂受雇服役人等，平日起居不敢与共，饮食不敢与同，并不敢尔我相称，素有主仆名分者，仍依雇工人论。若农民佃户雇佣耕作之人，并店铺小郎之类，平日共坐共食，彼此平等相称，素无主仆名分者，各依凡人科断。至未经赎放之家人不遵约束，傲慢顽梗、酗酒生事者，仍流二千里。

一，从前奴婢业经赎身放出而家长殴之至死者，系放出之人，徒三年；系赎身之人，流两千里；故杀者，俱绞监候。放出之人干犯家长，依雇工人本律治罪；赎身者，减一等。其家长之期以下亲殴赎身放出之人及家长殴赎身放出人之子女者，各以凡论；殴族中无服亲属之雇工，亦照凡人科断。

一，家长之妾殴、故杀雇工之案，除系生有子女者即照家长之期亲殴故杀雇工本律分别定拟外，其未生子女之妾殴死隶身服役之使女者，流三千里；故杀者，拟绞监候。若并非隶身服役之人，俱以凡论。

一，雇工人等干犯旧家长之案，如系因求索不遂，辞出后复藉端讹诈，或挟家长撵逐之嫌寻衅报复，并一切理曲肇衅在辞工以前者，均即照雇工人干犯家长各本律例分别定拟，其辞出之后别因他故起衅者，仍以凡人论。

妻妾殴夫

凡妻殴夫者，（但殴即坐）处十等罚。夫愿离者听。（须夫自告乃坐，）至折伤以上，各（验其伤之轻重），加凡斗伤三等；至笃疾者，绞（候，入与秋审情实。）死者绞；故杀者斩；（兼魇魅、蛊毒者在内。）若妾殴夫及正妻者，又各加（妻殴夫罪）一等；加者，加入于死。（但绞不斩，于家长则监候，入秋审情实。于正妻仍照常监候。若笃疾者、死者、故杀者仍与妻殴夫罪同）。其夫殴妻非折伤，勿论。至折伤以上，减凡人二等；（须妻自告，乃坐。）先行审问，夫妇如愿离者，断罪离异。不愿离异者，验（所伤应坐之）罪收赎。（仍听完聚，）至死者，绞（监候，故杀亦绞。）殴伤妾至折伤以上，减殴伤妻二等。至死者徒三年。妻殴伤妾与夫殴伤妻罪同。（亦须妾自告乃坐。）过失杀者各勿论。（盖谓其一则分尊可原，一则情亲当矜也。须得过失实情，不实仍各坐本律。夫过失杀其妻妾及正妻过失杀其妾者，各勿论。若妻妾过失杀其夫，妾过失杀其妻，当比用殴期亲尊长律。过失杀句不可通承上二条言。）若殴妻之父母者，（但殴即坐，）徒一年；折伤以上，各凡加斗伤罪二等；至笃疾者，绞（监候）。死者，亦绞（监候，故杀者并绞。）

按：此仍《明律》。雍正五年改定，原有小注，雍正三年、乾隆五年增修。现又改易。原律殴妻父母止处十等罚，折伤以上止加凡斗一等，现律殴者改为徒一年，折伤以上改为加二等。此项较《明律》为重，余则从同。《唐律》分作两条，明合为一。《唐律》妻殴夫者徒一年，较现律加一等。若殴伤重者，加凡斗伤三等，则与现律同。《唐律》妾及媵犯者，各加一等，加者加入于死，过失杀伤者各减二等。若妾犯妻者，与夫同。媵犯妻者，减妾一等；妾犯媵者加凡人一等；杀者各斩云云。亦与现律相同，惟现律止言妾而无媵之名色耳。又《唐律》殴伤妻者，减凡人二等；死者，以凡人论。殴妾折伤以上，减妻二等；若妻殴杀伤妾与夫殴杀妻同，过失杀者各勿论云云，则与现律稍异。现律殴妻非折伤勿论，则较《唐律》不论伤之轻重均减二等者轻矣。且《唐律》殴妻死者以凡论，则故杀即应拟斩。现律故杀亦绞，亦较《唐律》为轻。再《唐律》妻妾过失杀夫，均减二等，拟徒三年。律无明文，旧注比照父母拟绞，现注改为比用殴期亲尊长律则当问拟流罪，与《唐律》未符合矣。盖夫杀伤妻，则较《唐律》为轻，而妻妾杀夫，又较《唐律》为重。虽系尊崇夫纲之义，其中原有深心，但较之《唐律》，似乎矫枉过正。现在外国均讲夫妻平权，其相犯者各以凡论，固失抑阴扶阳之义，施之中国固多流弊。但既称敌体，亦不宜大相悬绝。如现行律例妻犯夫者，重则同于父母，轻则亦如期亲尊长。而夫犯妻者谨如服卑幼，其殴杀故杀妻者名虽拟绞，实抵者十无一二，未免视妻命太贱而视夫纲过尊矣。平心而论，《唐律》尚为折中。此律系正夫妇之伦，盖妻以夫为天，妻而殴夫，是自绝于天矣。治罪而外，于法即当离异。然离者法，不离者情，既缘情以立法，不容执法以违情，故离否听夫自便，不必绳以定法也。但妻殴夫则曰夫愿离者听，而夫殴妻不曰妻愿离者听，而曰先行审问，夫妇愿离者断罪离异，不愿离者收赎完聚。盖夫为妻纲，妻当从夫。妻殴夫，离合听夫可也。夫殴妻至折伤，夫虽犯于义绝，而妻无自绝夫之理。故必审问夫妇俱愿，乃听离异。如夫愿而妻不愿，妻愿而夫不愿，皆不许离。此正中律乾健坤顺之精理。若以外国之法律绳之，鲜不以为迂矣。通篇分为四节：首节言妻殴夫；二节言妾殴夫及正妻；三节言夫殴妻妾及妻殴妾；四节言殴妻之父母，与《人命门》夫殴死有罪妻妾一条参看。夫妻妾相殴皆注：自告乃坐者，盖夫与妻妾同处闺房，情可掩法，恩可掩义；被殴者或念平日恩爱，情愿忍受而不告官，亦当听之，非他人所得参也。故其他亲属相殴，皆不言自告乃坐，而惟此条加以小注，其义自见。至于夫妻有愿离之文，而妾无之者，缘妾本微贱，与夫妻敌体不同，妻非犯七出之条不得擅离。妾则不然，爱则留之，恶则遣之，无关轻重，不得同妻论也。

同姓亲属相殴

凡同姓亲属相殴，虽五服已尽而尊卑名分犹存者，尊长（犯卑幼），减凡斗一等，卑幼（犯尊长），加一等，（不加至死）。至死者，（无论尊卑长幼）并以凡人论。（斗杀、故杀皆绞监候。）

按：此仍《明律》。顺治三年添入小注。现改斩为绞。《唐律》无此罪名。此因宗族谊重，不得同于凡人也。按礼，在五世缌麻绝服之外者皆袒免。宗支虽疏远，五服虽已尽，而一本之亲不可泯没，其世系可考，尊卑名分犹存，终于凡人不同。故立尊卑相殴加等、减等之法，所以教人敦族谊也。至死则罪已重，仍同凡论。再者，无服之亲窃盗、诈欺、相为容隐，犯罪首告等项本律俱有减等之法，不分尊卑，惟相殴与恐吓、强盗则分尊卑，皆所以教人厚也。又《辑注》云：姑之夫、舅之妻，分尊而无服，律不著殴姑夫、舅妻之文，或谓止殴则问不应，内损以上比照此条，服尽之尊属而加一等，亦情法之平也云云，足补律所未及，当并参之。

殴大功以下尊长

凡卑幼殴杀本宗及外姻缌麻兄姊，（但殴即坐）处十等罚；小功兄姊，徒一年；大功兄姊，徒一年半；尊属又各加一等。折伤以上，各递凡斗伤一等；（罪止流三千里。）笃疾者，（不问大功以下尊属，并）绞；死者亦绞。（殴死本宗大功、小功兄姊及尊属，则决。殴本宗大功、小功兄姊及尊属至笃疾，则监候，入于秋审情实。殴本宗缌麻尊长、外姻功缌尊属至笃疾及死者，俱照常监候，不言故杀者，亦止于绞也。）若（本宗及外姻）尊长殴卑幼，非折伤勿论。至折伤以上，缌麻（幼卑）减凡人一等；小功（幼卑）减二等；大功（幼卑）减三等；至死者绞（监候，不言故杀者，亦止于绞也。）其殴杀同堂（大功）弟妹、（小功）堂侄及（缌麻）侄孙者，流三千里（不言笃疾至死者，罪止此），故杀者绞（监候。不言过失杀者，盖各准本条减二等，论赎；兄弟之妻及卑幼之妇，在殴夫亲属律；伯叔母及侄与侄孙，在殴期亲律）。

按：此仍《明律》。顺治三年添入小注，乾隆三年改易。《唐律》目系殴缌麻兄姊，明改今名。其罪名与《唐律》一一相合，惟《唐律》殴从父兄姊，准凡斗应流三千里者绞。按：从父兄姊专指大功而言，必殴大功兄姊至笃疾者方绞，小功缌麻不在其中。此变其文，易为至笃疾者绞，则统小功缌麻在内。凡殴小功缌麻尊长至笃疾，应满流者均拟绞罪，不但大功为然，则较《唐律》为稍严也。再，《唐律》殴从父弟妹及从父兄之子孙者，流三千里。此改为大功堂弟、小功堂侄、缌麻侄孙，人仍原旧，惟名称较为清晰易辨耳。此律盖分别大功以下亲属而定殴者之罪也。凡本宗同高祖之兄姊、同曾祖之出嫁姊妹及外姻姑舅两姨之兄姊，皆服缌麻；同曾祖之兄姊、同祖之出嫁姊，皆服小功；同祖之兄姊、同父之出嫁姊，皆服大功；此皆与己为同辈者，故曰尊长。若与祖同辈或与父母同辈，则为尊属。如曾祖之胞兄弟姊妹、祖之同祖兄弟姊妹、父之同曾祖兄弟姊妹，皆缌麻尊属也。祖之胞兄弟姊妹、父之同祖兄弟姊妹、母之胞兄弟姊妹，皆小功尊属也。己之出嫁胞姑，大功尊属也。犯尊属者较尊长各加一等。以上皆言殴及殴伤之罪，若至折伤以上，各递加凡人折伤罪一等。各者，分别之谓。递者，挨次之谓。各字有两义：一言兄姊与尊属，一言折伤以上各罪也。递字亦有两义：一言缌麻、小功、大功层累而加，一言兄姊与尊属比类而加也。如折一齿一指，凡人应十等罚，缌麻兄姊加一等徒一年，小功加二等徒一年半，大功加三等徒二年。尊属又加兄姊一等，缌麻尊属比凡人加二等，与小功兄姊同。小功尊属比凡人加三等，与大功兄姊同。至大功尊属，则比凡人加四等矣。故曰递加也，加至满流而止，不入于死。若至笃疾，则不问大功、小功、缌麻及尊长尊属，均拟以绞，死者亦均绞。不过本宗小功大功则立决，余俱监候，稍有区别耳。至于尊长殴伤卑幼，亦分缌麻、小功、大功三等递减，但尊长、尊属减罪从同，与上分别各递减者异矣。殴大功以下卑幼至死者绞。惟大功之同堂弟妹、小功内之堂侄、缌麻内之堂侄孙，此三项服虽无异而分最亲，殴伤至笃，虽与诸卑幼同科，至死则不抵命，拟以满流。惟故杀方坐绞罪。此律分别细微，须先查本宗外姻各服图，辨明服制，乃可按服定罪。又有虽系功缌之服而另有本律，如外祖父母，服虽小功而入于期亲之内，与胞伯叔并论，则又不拘此服制也。盖殴律最细，多有服轻而罪反重者，须合各条参酌看之。此门条例甚多，亦须与律并参，方无遗漏。

一，凡致死本宗期功尊长罪干立决之案，若系情轻，（如卑幼捉奸拒奸或因尊长强奸图奸而杀，又如卑幼实系被殴情急无处躲避，徒手抵格适伤致毙或与他人斗殴；误伤致死之类）该督抚按律定拟，于案内将死者淫恶蔑伦罪犯应死并徒手抵格及误伤致死并非有心干犯各情节分叙明晰，大理院核覆时，亦照本条拟罪声明，应否改为斩绞监候，于折内双请，候旨定夺，其殴死本宗缌麻及外姻小功缌麻者，照律拟绞监候，毋庸援例双请。

一，卑幼杀伤缌麻尊长尊属，余限内果因本伤身死，仍拟死罪，奏请定夺。如蒙宽减，减为极边足四千里安置。若在余限外身死，按其所殴伤罪在徒流以下者，于绞罪上减一等，流三千里；其原殴杀伤至笃疾者，拟绞监候；殴伤功服尊长、尊属，正余限内身死者，照旧例办理。其在余限外身死之案，如殴大功小功尊长、尊属至笃疾者，仍依伤罪本律问拟绞监候。讯非有心干犯或系误伤及情有可悯者，统归服制册内分别声叙。若系折伤并手足他物殴本罪止应徒流者，各按伤罪科断。

一，凡卑幼图奸亲属起衅故杀有服尊长之案，按其服属罪应绞决无可复加者，于援引服制本律上俱声叙卑幼因奸故杀尊长字样，其有图奸亲属故杀本宗及外姻有服尊长，按律罪止绞候者，均拟绞立决。

一，凡听从尊长主使，殴本宗大功小功兄姊及尊属至死者，除主使之尊长仍各按服制，以为首科断外，下手之犯讯系迫于尊长威吓，勉从下手，邂逅至死者，照威力主使律为从减等拟流。若尊长仅令殴打，而辄叠殴多伤至死者，下手之犯拟绞监候。其听从殴死缌麻尊长、尊属之案，依律减等拟流。

一，致毙平人一命，复致毙期亲尊属、尊属之案，除另毙之命律不应抵或例得随案减等及例内指名被杀之尊属、尊长应死，淫恶蔑伦，并救亲情切听从尊长主使殴毙，仍按服制拟罪，准将可原情节声明双请外，其余另犯谋故斗杀复致毙期功尊属、尊长，虽系误杀，情轻亦不准援例双请。

一，期功以下尊长谋故杀卑幼之案，如系因争夺财产，图袭官职挟嫌惨毙及图奸等项者，不论年岁，俱照凡人谋故杀问拟，其无前项重情，乃各依服制科断。

一，功服以下尊长如系听从外人图财谋杀十岁以下卑幼，下手加功即按平人谋杀加功律问拟绞候入实。如系期亲尊长图财，听从外人谋杀十岁以下卑幼，亦照此问拟绞候。惟服制较近，应俟秋审时斟酌办理。其不加功者，无论期功，俱流三千里。

一，凡有服亲属同谋共殴致死之案，除手下伤重之犯及期服卑幼律应不分首从者，仍各依本律问拟外，其原谋如系缌麻尊长，减凡人一等；期功尊长各以次递减。若系缌麻卑幼，加凡人一等；大功小功卑幼各以次递加。

一，凡于亲母之父母有犯，仍照本律定拟外，其于母出，为在堂继母之父母，庶子嫡母在，为嫡母之父母，庶子为在堂继母之父母，（谓始生所遇嫡母之党不及则服最后者之党。）庶子不为父后者为己母之父母，为人后者为所后母之父母等五项有犯，即照卑幼犯本宗小功尊属律，殴杀谋故杀均拟绞立决；谋杀已行已伤及斗殴伤，亦各照卑幼本宗服制本律分别定拟。至亲母、继母等各项甥舅等有犯，俱照外姻尊卑长幼本律治罪；其余均以凡论。如尊长于非所出之外孙及甥等故加凌虐或至于死，承审官权其曲直，按情治罪，不必以服制为限。

殴期亲尊长

凡弟妹殴（同胞）兄姊者，徒二年半。伤者徒三年。折伤者流三千里。刃伤（不论轻重）及折肢，若瞎其一目者，绞（监候。入于秋审情实。以上各依首从法。）死者，（不分首从）皆绞。若侄殴伯叔父母、姑（是期亲尊属）及外孙殴外祖父母，（服虽小功，其恩义与期亲并重）各加（殴兄姊）罪一等。（加者，不至于绞。如刃伤、折肢、瞎目者，亦绞监候，入实。至死者，亦皆绞决。）其过失杀伤者，各减本杀伤（兄姊及伯叔父母、姑、外祖父母）罪二等，（不在收赎之限）故杀者，皆（不分首从）斩。（若卑幼与外人谋故杀亲属者，外人造意下手，从而加功、不加功，各依凡人本律科罪，不在皆绞、皆斩之限。）其（期亲）兄姊殴杀弟妹及伯叔、姑殴杀侄并侄孙，若外祖父母殴杀外孙者，徒三年。故杀者流两千里。（笃疾至折伤以下，俱勿论。）过失杀者，各勿论。

按：此仍《明律》，皆斩句下原有小注，顺治三年增修。从前小注：姊妹出嫁，兄弟虽为人后，降服，其罪亦同。乾隆二十四年删去，另纂条例：凡为人后者，于本生亲属有犯，俱照所后服制定拟；则凡兄弟出继、姊妹出嫁，服即降等，有犯即不得以期亲拟罪矣。此项罪名与《唐律》轻重符合。又《唐律》原有“詈者杖一百”一句，此律删去，移入《詈骂门》内，其余均系《唐律》原文。律文之意系分别期亲尊卑以定殴罪之轻重也。弟于胞兄及未出嫁之姊、侄于伯叔父母及未嫁之姑，此正期服也。若外孙于外祖父母及侄孙于胞伯叔祖，则服止于小功。然外祖父母为母之所自出，即己之所自出，服轻而义至重。侄孙则兄弟之孙，分尊而情亦亲，故均与期服同论。但外祖父母专指亲生母之父母耳，若嫡继慈养母之父母，皆不得同，故前例有五项外祖父母有犯均以小功尊属定拟之条。又《辑注》云：若外祖母被出及改嫁，亦同论。盖虽被出改嫁，而我母所自出之，恩不可以泯，故仍得以外祖父母律论也。《礼经·服问》云：“母出，则为继母之党服；母死，则为其母之党服，则不为继母之党服。”郑注：“虽外亲，亦无二统。《丧礼》或问出妻子之子为外祖父母无服，何也？从服也。母出则无所从矣；转而服从继母之党矣。”《笺释》曰：“外孙与于外祖父母服五月，然为母之所出，故与伯叔父母同论，所谓舍服而从义也。”又《唐律疏议》十恶门曰：“外祖父母据《礼》有等数不同，具为分析。”答曰：“外祖父母但生母身，有服无服，并是外祖父母；若不生母身，有服同外祖父母，无服同凡人云云。”参考各说，礼经之继母，对出母而言，母出而后有继母，故不为出母之党服而为继母之党服。若母死而父再娶继母，以亲母之父母为外祖父母乎？抑以继母之父母为外祖父母也？如既服亲母之党，又服继母之党，则重服矣。又庶子既为嫡母之党服，己母之党亦应为服。为人后者，所后母之父母及本母之父母一体持服，均非古礼。盖母党，礼应有服，并服古所未有，古者为母党并无两服。故郑氏云：“虽外亲亦无二统也。”但古礼难行于今，非特此项为然；有可引经以断狱者，亦有不可尽拘经义者。姑记此以备参考可耳。若必一一据礼为断，则凿矣。再，外祖父母一项，外国亦重，《日本刑法》与祖父母、父母同论，较中律以叔伯父母论更从尊严，然毕竟系属异姓，与本宗祖父母有别，此中律之所以剖析精微也。

一，期亲卑幼殴伤伯叔等尊属，审系父母被伯叔父母、姑、外祖父母殴打，情切救护者，照本律流两千里罪上减一等，徒三年。

一，期亲弟妹殴死兄姊之案，如死者淫恶蔑伦，复殴詈父母经父母喝令殴毙者，定案时仍照律拟罪，大理院核拟时随本改拟流三千里，请旨定夺。其案内情节未符者，仍照殴死尊长情轻之例照律拟罪，于折内双请，不得滥引此例。

一，期亲卑幼听从尊长主使，共殴以次尊长、尊属致死之案，讯系迫于尊长威吓勉从下手，邂逅致死者，仍照本律问拟绞决，大理院核拟时，将应行减拟罪名于折内双请，候请旨定夺。不得将下手伤轻之犯止科伤罪。如尊长仅命令殴打、辄行叠殴多伤至死者，即照本律问拟，不准声请。

一，殴伤期亲尊长、尊属及外祖父母，正余限内身死者，照旧办理。其在余限外身死者，如系金刃致伤并以手足他物殴至折肢瞎目者，仍按伤罪本律拟绞候；讯非有心干犯，或系误伤及情有可悯者，统归服制册内分别声叙；其刃伤并折肢瞎目伤而未死之案，亦同。若系折伤并手足他物殴伤，仍各按伤罪科断。

一，卑幼如因事争斗，有心施放洋枪、鸟枪、竹铳及一切火器，致伤期亲尊长、尊属及外祖父母者，照刃伤律拟绞监候，入于秋审情实；若非有心干犯，或系误伤及情有可悯者，拟绞监候。

一，期亲以下有服尊长杀死有罪卑幼之案，如卑幼罪犯应死，为首之尊长俱照擅杀应死罪人律治罪；听从下手之犯，无论尊长凡人，各减一等。其罪不至死之卑幼，果系积惯匪徒怙恶不悛，人所共知确有证据，尊长因玷辱祖宗起见，忿激致毙，无论谋故，为首之尊长悉按服制于殴杀卑幼本律上减一等，听从手下之犯，无论尊长凡人，各依余人律治罪。若卑幼并无为匪确证，尊长假托公忿报复私仇，或一时一事尚非怙恶不悛、情节残忍致死，并本犯有至亲服属并未起意致死，被疏远亲属起意致死者，（如有祖父母、父母者，期亲以下亲属以疏远论。虽无祖父母、父母，尚有期亲服属者，功缌以下以疏远论。余仿此。）均照谋故殴杀卑幼各本律定拟，不得滥引此例。

一，凡僧尼干犯在家祖父母、父母及杀本宗外姻有服尊长卑幼，各按服制定拟。若本宗外姻尊长、卑幼杀伤出家之亲属，亦各依服制科断。道士、女冠、喇嘛有犯，一例办理。

殴祖父母父母

凡子孙殴祖父母、父母及妻妾殴夫之祖父母、父母者皆绞；杀者皆斩；（其为从，有服属不同者，自依各条服制科断。）过失杀者流三千里；伤者徒三年。（俱不准收赎。）其子孙违犯教令而祖父母父母（不依法决罚而横加殴打）非理殴杀者，处十等罚；故杀者，（无违犯教令之罪为故杀）徒一年。嫡继慈养母杀者，（终与亲母有间。殴杀、故杀）各加一等。致令绝嗣者，（殴杀、故杀）绞（监候）。若（祖父母、父母、嫡继慈养母）非理殴子孙之妇（此“妇”字，乞养者同）及乞养异姓子孙，（折伤以下无论。）致令废疾者，处八等罚；笃疾者，加一等。（子孙之妇及乞养子孙）并令归宗。子孙之妇（笃疾者），追还（初归）嫁妆。乞养子孙（笃疾者），拨付合得（所分）财产养赡。至死者各徒三年。故杀者流二千里。（其非理殴子孙之）妾，各减（殴妇罪）二等。（不在归宗追给嫁妆之限。）其子孙殴骂祖父母父母及妻妾殴骂夫之祖父母父母，而（祖父母父母、夫之祖父母父母，因其有罪）殴杀之，若违犯教令而依法决罚，邂逅致死及过失杀者，各勿论。

按：此仍《明律》。顺治三年添入小注。大意本之《唐律》，而文义较详，罪名亦有参差。《唐律》罪止于斩，《明律》添入“杀者凌迟处死”一句。《唐律》子孙殴祖父母、父母从重，子孙之妇有犯，较子孙递减，此则一体从同。《唐律》止言杀子孙之妇，明又添乞养子孙。《唐律》殴杀子孙者徒一年，刃杀者徒二年，故杀者各加一等。《明律》非理殴杀子孙者满杖，故杀徒一年，较《唐律》为轻。再《唐律》嫡继慈养母杀子孙加一等，罪止于徒。《明律》致令绝嗣者即拟绞候，又较《唐律》为重。又《唐律》殴子孙之妇废疾者杖一百，笃疾者加一等。《明律》废疾杖八十，笃疾杖九十，则又较《唐律》为轻矣。再《唐律》止言罪名，明更添追还嫁妆、给财、养赡各项，较《唐律》更详备矣。现在均改从轻罪，止子斩虽较《明律》为轻，而与《唐律》大致相同。此律盖首重悖逆之诛，而因惩不慈之罪也。子孙恶逆，至于殴祖父母、父母，妻妾恶逆，至于殴夫之祖父母、父母，皆人伦大变，情同枭獍，故不分首从，不论有伤无伤，一并处死。即过失杀者亦拟满流。不言误杀者，以恩义至重，名分至严，虽误亦照律定拟，所谓臣子于君父不得称误也。现例虽定有误杀、误伤专条，然不过稍从末减，仍不得贷其一死，诚以伦纪所关，不容曲为宽纵。匪但此也，凡称祖者，高曾同。称孙者，曾元同。称子者，男女同。惟子孙出继，女已出嫁，服虽从降，而犯本生祖父母父母者，仍以此律科断。嫡、继、慈、养母与亲母同论，即亲母为父所出，或父死改嫁，其义虽绝于父，而所出之恩，子不得而绝之，有犯仍同母论。若嫡、继母被出改嫁，则义绝于父，即无复母道矣。慈、养母被出改嫁，虽不得于亲母同，究较嫡、继母有抚育之恩，律无正文，当临时酌情。盖嫡、继母之重者，以其为父妻也，傥杀父则义绝于父，不为父也妻，则不为子也母，子即同于凡人。若嫡、继母杀父而还杀之，难同杀母之律，当临事权之。若系亲母则仍以杀母论。盖子犯母者，嫡、继、慈、养母与亲母同，而母杀子者，嫡、继、慈、养母究与亲母有间，律文殴故杀者，加亲母一等，致绝嗣者拟绞。例又分别详细，更添因奸杀子一层，虽亲母亦拟绞罪，则更较律详且重矣。此外，乞养子孙以恩合者也，子孙之妇以义合者也，皆属异姓之人，与子孙天性之亲不同。若殴至残废、笃疾，则恩绝义绝，不得同子孙弗论，惟究为伦纪所关，故止拟八等、九等罚耳。子孙虽有亲生、乞养之分，而其妇则一。注曰：乞养之妇同，可见妇是外娶之人，虽乞养，亦同子孙之妇论也。如子孙之妾卑而且贱，不但殴则减等，而亦不在归宗之限。以上殴故杀子孙，或乞养子孙，或子孙之妇及妾，皆指并无违犯教令而非理杀之者。若因违犯而依法决罚，邂逅致死者，均不论罪，可知“非理”二字尤为后二节紧要关键，当细玩之。外国此项罪名与中国大异。《法国律》：凡杀父母与杀子并杀其他之尊属，一律处死，不分轻重。惟杀父母者，行刑时头上加以黑绢为罩，以示暗无天日之意。《德律》：凡杀尊亲，处以十年以上惩役，较杀凡人仅加数年。《俄律》：凡谋杀父母与伯叔及子孙，一体拟罪，罚作无限苦工。《日本刑法》：凡殴伤父母者加凡人二等，至死者处死。不言杀子孙之罪，大约皆以凡人论。统而论之，凡杀父母有与凡人无异者，有较凡人稍重者，而杀子孙有与父母从同者，有异凡人从同者，其余期功缌麻不分尊卑，均与凡同。此等刑法，统亲疏远近，长幼上下，并无轻重等差。施之中国，殊骇听闻，醉心欧化者辄艳称外国法律，若如此节，吾不知其可也。此门例文甚多，足补律所未备，应与律文合参，而中法之精粹，名教之大防胥在于此。阅者甚勿弁髦视之。

一，子孙误伤祖父母、父母致死应斩决者，仍照本律定拟。将可否改为绞决之处于折内双请，候旨定夺。其误伤祖父母、父母律应绞决者，量减为绞监候，无庸援例声请。至误杀、误伤夫之祖父母、父母亦照此例办理。

一，子妇拒奸之案，审明实系猝遭强暴，情急势危，仓猝捍拒，或伊翁到官供认不讳，或亲串邻佑指出素日淫恶实迹，或同室之人确有见闻，证据毫无疑义者，如殴伤伊翁，仍依殴夫之父母本律定拟。大理院核覆时，将应否免罪之处恭候钦定。如殴毙伊翁，亦依殴夫之父母本律定拟。大理院核覆时，将可否改为绞监候之处奏请定夺。傥系有心干犯，事后装点捏饰，并无确切证据，或设计诱陷伊翁因而杀伤及事后殴毙，并非仓猝捍拒致死者，仍照本律定拟，不得滥引此例。

一，继母告子不孝及伯叔父母、兄姊、伯叔祖、同堂伯叔父母、兄姊奏告弟侄人等打骂者，俱行拘四邻亲族人等审勘是实，依律问断。若有诬枉，即与辩理。果有显迹伤痕，输情服罪者，不必行勘。

一，凡嫡母殴故杀庶生之子，继母殴故杀前妻之子，审系平日抚如己出而其子不孝，经官讯验有据，即照父母殴故杀子孙律分别拟徒，不必援照嫡继母加亲母一等之律。如伊子本无违犯教令，而嫡母继母非理殴杀故杀者，除其夫现有子嗣，仍照律加等定拟外，若现在并无子嗣，俱照律拟绞监候，秋审入于缓决，听伊夫另行婚娶。至嫡母继母为己子图占财产官职，故杀庶生及前妻之子者，俱拟绞监候，秋审入于情实，应入缓决者收所工作十五年，应入情实者蒙恩免勾一次后，收所工作二十年，均于满日释放。

一，凡本宗为人后者之子孙，于本生亲属孝服只论所后宗支亲属服制，如于本生亲属有犯，俱照所后服制定拟。其异姓义子与伊所生子孙为本生父母亲属孝服，亦俱不准降等，各项有犯，仍照本宗服制科断。

一，为人后及女之出嫁者，如于本生祖父母父母有犯，仍照殴祖父母、父母律定罪。其伯叔兄姊以下，均依律服图降一等科罪，尊长杀伤卑幼同。

谨按:《示掌》云:本宗为人后者之子孙,例照所后服制定拟。查所后之亲疏不一,并有择立远房及同姓为嗣之例,其本身为人后者,于本生祖父母父母有犯,仍照祖父母父母本律定拟,不准减等。其伯叔兄姊以下俱降一等科罪。但其子孙照律以所后服制定拟,设所后与本宗无服,则为人后者之子孙于本生之祖父母及伯叔父母一旦因其父祖嗣出,竟同服尽,亲属倘有干犯,碍难定拟,似应即照为人后依图降等之例,亦照本宗服图递降一等云云。**薛氏《读例存疑》称此一段论议辨晰最精,兹录于此,以备参考。**

再者,断罪以服制为准。此项为人后者之子孙,于本生祖父母、父母等项应持何服,前人已有言者。徐氏乾学曰:为人后者之子,于父之本生(者)父母当持何服,古礼既不言及,后代丧礼诸书亦无之。当何所适从,将依本宗概降一等之例耶?则诸书但言为后者降一等,初不言为后者之子亦降一等,固不得而擅定耶。将依父所后之伦序而递降一等耶?则昔之为祖父母者,今为从祖父母矣。从祖父母本小功,今降一等则缌麻,以期服而降缌麻,虽人情之所不惬,犹有服制可言也。倘父所后者为疏属,则竟无服矣。以祖孙之至戚而等之于路人,无乃非人情乎哉!然则宜何服?据贺循、崔凯诸说,则为后者宜降一等,而为后者之子不得随父而降一等。据刘智、王彪之之说,则为后之子,不论父所后之疏亲而概降一等。夫礼宜从重,古今同情,王彪之大功之意固可为后世之准也。盖父于本生父母服期,子从父而降大功,情之至,义之尽也。不然,天下岂有祖父母之丧而竟降为缌麻,且降为无服者哉。愚故折衷诸说,以与知礼者质焉云云。按《示掌》所辨,即本于此,虽与现例不甚相合,然推情度理,精确不易。**盖礼论服制,持服贵得其中,而例定罪名,立法在防其私,各有取意,未可强同。理学与法学有可以通融之处,亦有不相符合之处。古人谓律设大法,礼顺人情,即此理也。**故详录理学论服制之说于法律之后以备参考,亦可见《大清律例》一书几经先贤大儒删定考核而成,一字一句皆有精义,不可移易,非浅学一知半解所可窥测矣。

一,凡义子过房在十五岁以下恩养年久,或十六岁以上曾分有财产,配有室家,若于义父母及义父之祖父母、父母有犯殴骂、侵盗、恐吓、诈欺、诬告等情,即同子孙取问如律。若义父母及义父之祖父母、父母殴故杀伤义子者,并以殴故杀伤乞养异姓子孙论。若过房虽在十五以下恩养未久,或在十六以上不曾分有财产,配有室家,有违犯及杀伤者,并以雇工人论。义子之妇亦依前拟岁数照本例科断。其义子后因本宗绝嗣，有故归宗，而义父母与义父之祖父母、父母无义绝之状，原分家产、原配妻室不曾拘留，遇有违犯仍以雇工人论。若犯义绝及夺其财产妻室，并同凡人论。（义绝，如殴义子至笃疾，当令归宗，及有故归宗而夺其财产妻室，亦义绝也。）义父之期亲尊长并外祖父母，如义子违犯及杀伤义子者，不论过房年岁，并以雇工人论，义绝者以凡论，其余亲属不分义绝与否，并同凡人论。

按：义子即律内乞养子也，《律图》只有养母之名而无养父，故例有义子、义父母名目，是又在三父八母之外者。此例系前明所纂，为乞养异姓之通例。凡断乞养子孙者，须先看此例。义子干犯义父母与亲子同者，恩养重也。义父母杀伤义子则与亲子异者，别于亲生也。义子多系异姓，律有乱宗之咎，本不应以父子称，又何有于伯叔父母及兄弟姊妹等项名目。惟自幼蒙其恩养，分产授室，俨同父子，礼顺人情，故谓之义父义子。名为父子，实则主仆。东汉时董卓与吕布认为义子，《五代史》有《义儿传》，此义父义子之见于史鉴者，刑律所称即本于此，详见《读例存疑》。

妻妾与夫亲属相殴

凡妻妾殴夫之期亲以下、缌麻以上（本宗、外姻）尊长，与夫殴同罪。（或殴、或伤、或折伤，各以夫之服制科断。其有与夫同绞罪者，仍依名例，至死减一等，流三千里。）至死者，各绞（监候。缌麻亲兼妾殴妻之父母在内。此不言故杀者，其罪亦止于斩也。不言殴夫之同姓无服亲属者，以凡人论。）若妻殴伤卑属，与夫殴同；（各以夫殴服制科断。）至死者，绞（监候。此夫之缌麻、小功、大功卑属也，虽夫之堂侄、侄孙及小功侄孙亦是。）若殴杀夫之兄弟子，流三千里；（不得同夫拟徒。）故杀者，绞（监候。不得同夫拟流。）妾犯者，各从凡斗法。（不言夫之自期以下弟妹者，殴夫之弟妹，但减凡一等，则此当以凡论。）若（期亲以下、缌麻以上）尊长殴伤卑幼之妇，减凡人一等。妾，又减一等。至死者，（不拘妻妾）绞（监候。故杀亦绞）若弟妹殴兄之妻，加殴凡人一等。（其不言妻殴夫兄之妻者，与夫殴同）若兄姊殴弟之妻及妻殴夫之弟妹及夫弟之妻，各减凡人一等。若殴妾者，各又减（殴妻）一等。（不言妻殴夫兄之妾者，亦与夫殴同。不言弟妹殴兄之妾及殴大功以下兄弟妻妾者，皆以凡论。）其殴姊妹之夫、妻之兄弟及妻殴夫之姊妹夫者，（有亲无服，皆为同辈）以凡斗论。若妾犯者，各加（夫殴、妻殴）一等。（加不至于绞。）若妾殴夫之妾子，减凡人二等。（以其近于子也。）殴妻之子，以凡人论。（所以别妻之子于妾子也。）若妻之子殴伤父妾，加凡人一等。（所以尊父也。）妾子殴伤父妾，又加二等。（为其近于母也。共加凡人三等，不加至于绞。）至死者，各依凡人论。（此通承本节弟妹殴兄之妻以下而言也。死者绞。故杀者斩。）

按：此仍《明律》。顺治三年添入小注，现改斩为绞。《唐律》原分两门，一系殴詈夫期亲尊长，一系殴夫兄妻弟妹，明并为一。《唐律》殴夫期亲以下缌麻以上尊长，妻减夫犯一等，妾犯不减。此律不分妻妾，均与夫同。《唐律》殴兄之妻及殴夫之弟妹，各加凡人一等。此殴夫之弟妹，则减凡人一等，与《唐律》用意不同。且《唐律》只言殴兄妻及夫之弟妹两项，此又添出兄姊殴弟之妻及夫弟之妻，并殴姊妹之夫、妻之兄弟及妻殴夫之姊妹数项，则较《唐律》更详备矣。盖总言妻妾与夫之亲属相殴之罪也，其中有与夫同者，有与夫异者，有妻妾同论者，有妻妾分言者。妻妾殴夫期亲以下尊长，虽与夫同，而夫殴期亲尊长，折肢应绞者，妻妾则减等拟流，至死止坐绞候，故杀亦绞，不与夫故杀期亲尊长同坐斩决，是名同而实不同，则较夫为轻矣。《集注》所谓殴伤得与夫同者，以伦序之相等也。至死及故杀犹与夫异者，以恩义之有间也。若殴夫之卑属，虽亦与夫同罪，但夫殴杀大功堂弟、小功堂侄、侄孙及缌侄孙并故杀胞侄，均不抵命，妻则并拟绞罪，则较夫从重矣。观于卑属之所以重，则知尊长之所以轻矣。盖罪名缘服制而定，妻为夫族之服，除舅姑外伯叔而下，俱降于夫。此殴尊长卑幼有与夫同者，从夫服之重而重之也。有与夫不同者，从己服之轻而轻之也。首一节妻妾并论，而妾不加等者，以夫之本罪已重，不便再加也。其下数节，妾殴必重于妻殴，妾必轻于妻，以其贱也。而至死则人命为重，无不论抵。虽夫之伯叔殴死侄妾，亦与殴死侄妻同拟绞抵，不得从轻。《辑注》云，兄姊曰长，弟妹曰幼，即表兄弟姊妹亦是。若兄之妻不在长之内，弟之妻不在幼之内，兄姊弟妹是期亲，长幼殴罪轻重悬殊。若兄弟之妻，彼此之服俱降为小功，惟妻殴夫兄姊与夫同论，其余相殴，非惟不得与夫同，并不得与小功长幼同。惟由其夫推之，则长幼之义亦不可泯。故四、五、六节各项相犯，幼犯长加凡一等，长犯幼减凡一等，而至死均与凡论，并不细论服制以定罪之轻重也。再四、五节所言兄姊弟妹均系同胞期亲，故与其妻相殴及殴妾者加减之法。若大功以下兄弟妻妾相殴，均以凡论。《辑注》云，凡妻妾与夫亲属相殴，律所不载，概同凡论，即此意也。至于父妾之有子，称为庶母，应持服期服［年］，殴伤者，旧例有加重之条，现亦去矣。夫妾未生有子女，故曰父妾，殴伤者亦照凡人加等，不与凡人同论，所以尊父也。凡妾殴子者，妾之子与妻之子不同，而子殴父妾者，妻之子与妾之子亦不同，所以明嫡庶之分也。不言妾与嫡子庶子之妻妾相殴者，按子之妻妾与父妾皆无服，彼此相犯应同凡论，不得概与夫同也。此律分别精细，字法亦极谨严，或曰卑属，或曰卑幼，或止曰殴，或曰殴伤，皆有意义，须当细玩。外国夫妻尚且平权，遑论夫之亲属，凡有相犯，大概皆以凡论。现例于父妾外补出殴庶祖母一项，皆与律相辅而行，当并参之。

一，嫡孙众孙殴伤祖妾者，无论是否生有子女，均照妻妾之子殴伤父妾律，分别加等科断。其祖妾殴伤嫡孙众孙者，亦同。至死者，各依凡人论。

按：《尔雅》父之妾为庶母，可见不必有子始成庶母。唐《开元礼》，庶母，父妾之有子。从此庶母与父妾始有分别。律图八母，庶母居一。嫡子众子为庶母齐衰杖期，推原律意，盖谓所生之子女既与伊为兄弟姊妹，则兄弟姊妹之母，岂得不以母视耶？惟既以母称，持服期年，而故杀父妾与故杀期亲伯叔者大有轻重之分，似觉参差。

殴妻前夫之子

凡殴妻前夫之子者，（谓先曾同居，今不同居者。其殴伤、折伤）减凡人一等；同居者又减一等；至死者，绞（监候）。若殴继父者，（亦谓先曾同居，今不同居者）徒一年；折伤以上，加凡斗伤一等；同居者又加一等；（至笃疾，罪止流三千里，不加于死。）至死者，斩（监候）。其故杀及自来不曾同居者，（不问父殴子、子殴父），各以凡人论。

按：此仍《明律》。其先曾同居，今不同居数语系原有小注，余系顺治三年增修，大致同于《唐律》。彼伤重加凡斗二等，此止加一等，总系分别继父之恩义以定殴罪也。随母改嫁之子，谓母之后夫为继父，夫以异姓之人而谓之父，谓之子，以有相依为生之恩义也。故同居为重，先同居而后不同居者次之。若自来不同居，则凡人耳！按三父八母图：一曰同居继父，两无大功亲者期服，两有大功亲者齐衰三月。一曰不同居继父，先曾同居今不同居者，齐衰三月。自来不同居者无服。一曰从继母嫁，谓父死继母再嫁而子从去者，齐衰杖期。此继父服制之差等也。若彼此相犯，止以同居、不同居及先同居而后不同居分别罪之轻重，并不问两有大功亲与两无大功亲也。至于从继母嫁而服独重者，母非所生，从之而嫁，则其幼孤无依可知，而继父抚育之恩义更为重矣。然彼此相犯，亦止以同居不同居为断，不在亲母与继母也。盖服制与定罪各有取义，故不能尽同。此律专指对于继父而言，若与继父之父母、祖父母、期亲尊长，虽皆无服，若同居者，亦难概以凡论，当临时酌之。又若前夫子之妻妾有犯继父，仍当与前夫子同论，或照《唐律》减一等，盖系同居，亦不得以凡相论。此皆律外之意，律虽未言，可以律义推之。

妻妾殴故夫父母

凡妻妾夫亡改嫁，殴故夫之祖父母、父母者，并与殴舅姑罪同。其旧舅姑殴已故子孙改嫁妻妾者，亦与殴子孙妇同。（妻妾被出，不用此律，义已绝也。）

按：此仍《明律》。顺治三年，添入小注。末后有奴婢谋杀旧家长一段，现已删除。治罪与《唐律》大不相同，《唐律》妻妾殴故夫之祖父母、父母，减殴舅姑二等，折伤加役流，死者斩，过失杀者依凡论。其旧舅姑殴子孙旧妻妾，折伤以上减凡人三等，死者绞，过失杀者勿论云云。拟罪与功缌尊长不甚悬殊，较之此律轻数等矣。至已故子孙之改嫁妻妾与被出者不同，妇人不能终守其志，而夫之义未绝。夫义未绝，则故夫之父母犹其舅姑也。盖夫亡虽改嫁而其义犹存，被出者虽不改嫁而义已绝，各有不同。故拟罪攸殊。《辑注》云，妻妾改嫁而不与其义绝者，由妻妾自绝，非其夫绝之也。如妇姑俱改嫁，则义皆绝于夫家，不得谓之舅姑矣。若守志之妇与被出改嫁之姑相犯，如系亲姑，与犯夫之期亲尊属同。若夫之嫡继慈养母被出改嫁，则同凡人。又改嫁妻妾与故夫之期亲以下尊长相犯，亦同凡论。此中分别细微，《辑注》议论亦极精粹，故备录之。若外国法律，则无此说矣。

父祖被殴

凡祖父母、父母为人所殴，子孙即时（少迟即以斗殴论）救护而还殴，（行凶之人）非折伤勿论；至折伤以上，减凡斗三等；（虽笃疾，亦得减流三千里为徒二年。）至死者依常律。若祖父母、父母为人所杀，而子孙（不告官）擅杀行凶人者处六等罚。其即时杀死者勿论。（少迟即以擅杀论。）（若与祖父母、父母同谋共殴人，自依凡人首从法。又祖父母、父母被有服亲属殴打，止宜救解，不得还殴。若有还殴者，仍依服制科罪。）（父、祖外，其余亲属人等被人殴而擅杀行凶人，审无别项情故，依罪人本犯应死而擅杀律治罪。）

按：此仍《明律》。顺治三年添入小注。前一段与《唐律》相同，不过字句多少有改易。后一段《唐律》无明文，当系明所添纂。前段言父祖被殴子孙救护还殴之罪，分别伤之轻重勿论、减等。后段言父祖被杀子孙复仇擅杀之罪，分别时之久暂勿论、处罚。盖子孙见亲被殴，非还殴则不得救，故殴人所以救亲，非逞凶肆恶之比，重在“即时救护”四字，见其情势急迫，不得已而出此，故罪得减免。若殴之至死，则人命不可无抵，自依常律分别斗、故拟绞。律内虽无从轻之文，后例仍有减流之条，所以补律未备也。至于祖、父被杀，礼必复仇，故私和者有罪。然法当行之于上，不可操之自下，故擅杀亦有罪，两罪相衡，私和重至满徒，而擅杀止六等罚，杀在即时并免其罪，皆扶植人伦、经维世道之精意也。律止言祖父母、父母，可见此外不得同矣。且止言子孙，可见别亲亦不得同矣。《日本刑法》虽无此项，惟因身体受暴行，立时杀伤暴行人者，宥恕其罪，又或防卫身体生命，不得已为杀伤暴行人者，不论其罪云云。虽未明言救亲，而救亲实包括于内，亦即此律之意。律文而外又有条例数项，与律互相发明。备录于后，以备参考。

一，人命案内，如有祖父母、父母被人殴打，实系事在危急，其子孙救护情切因而殴死人者，于折内声明分别减等，援例两请候旨定夺。其或祖父母、父母与人口角，主令子孙将人殴打致死，或祖父母、父母先与人寻衅，其子孙踵至助势共殴及理曲肇衅累祖父母、父母被殴，已复逞凶致毙人命，俱仍照各本律科断，不得援危急救护之例概拟减等。若妻救夫殴毙人命，亦照此例分别问拟。

一，救亲殴毙人命之案，除听从祖父母父母主令将人殴死，或祖父母、父母先与人寻衅，助势共殴及理曲肇衅，累祖父殴父母被殴，已复逞凶致毙人命者，虽死系犯亲卑幼，父母业经受伤，应仍将凶犯各照本律定拟不准声请减等外。若无前项情节，确因救亲起衅，如死者系犯亲本宗，外姻有服卑幼先将尊长殴伤，其子孙目击祖父母父母受伤，情急救护将其致毙，不论是否实系事在危急及有无互殴情形，定案时仍照本律定拟，照例两请候旨定夺。其并非犯亲卑幼及父母并未受伤之案，应仍分别是否事在危急照例定拟。如案系谋故杀及火器杀人并死系凶犯本宗期功尊长，虽衅起救亲，均仍各照本律问拟，不得援例声请。

一，祖父母、父母被本宗缌麻尊长及外姻小功缌麻尊长殴打，实系事在危急，卑幼情切救护，因而殴死尊长者，于折内声明，减为发极边足四千里安置，照例两请候旨定夺。若并非事在危急，仍照律拟罪，秋审时核其情节，分别矜缓办理。至救亲殴死有服卑幼之案，不论是否事在危急，是否互斗，俱减为流三千里，如殴杀卑幼罪不应抵者，各于殴杀卑幼本律减一等。

一，祖父母、父母为人所杀，凶犯当时脱逃未经到官，后被死者子孙撞遇杀死者，照擅杀应死罪人律治罪。其凶犯虽经到官拟抵，或于遇赦减等后私自脱逃，致被死者子孙擅杀者，流三千里。若本犯拟抵后援例减等遇赦释回者，国法已伸，不当为雠。如有子孙仍敢复雠杀害者，仍照谋故杀本律定拟，入于缓决，收所工作十五年。至释回之犯复向死者子孙寻衅争闹，或用言讥诮有心欺凌确有实据者，即属怙恶不悛，死者子孙忿激难堪，因而起意复雠致毙，仍于谋故斗杀本律上减一等，拟以流三千里。其因他故起衅起意复雠殴毙者，亦照上减一等。

按：复雠之说见于诸经，而《唐律》无文。康熙年间纂定此例，嘉庆、咸丰年间迭次修改，此为律例中一大问题。兹将前人论说附录于后，以备参考，亦可知定例之深心，几经斟酌，而此例之度理准情，引经据典，真乃一王之典，非浅学者可妄议矣。唐韩昌黎云：《唐律》不言复雠，非阙文也。盖以为不许复雠，则伤孝子之心而乖先王之训；许复雠，则人将倚法专杀，无以禁止其端。又后汉张敏云：《春秋》之义，子不报雠非子也，而法令不为之减者，以相杀之路不可开也。故令记[托]议[义]者得减，妄杀者有差，使执宪之吏幻[得]设巧诈，非所以导"在丑不争"之义。又《晋书·刑法志》：贼斗杀人，以劾而亡，许依古义，听子弟追杀之，会设[赦]及过误相杀，不得报仇，所以止杀害也。考之《周礼·朝士》报雠雠，书于士，杀之无罪。注：报雠雠，谓同国不相避者，已告于士而书之，非擅杀人者可比，故杀之亦无罪也。又《地官》掌司万民之难而谐和之。凡过而杀人者，以民成之，郑注：成之，谓和之也。凡和难，父之雠，避诸海外；兄弟之雠，避诸千里之外云云。盖《地官》所言谐和者，系指杀人不应抵命者。若《朝士》所云，则杀人应抵者也。《唐律》于应抵者尚不著其法，则不应抵者自应仍照常律矣。然《唐律》虽不著报雠之法，而有杀人应死会赦免者，移乡千里外之文，正恐其雠杀相寻也。《明律》特立"即时杀死勿论"等语，不言复雠，而复雠亦在其内。自康熙年间定有此例，而报雠之意始著。惟于《唐律》移乡一层并未议及，似乎尚属缺点。

《后汉书》缑氏女玉为父复雠，杀夫氏之党，吏执玉以告外黄令梁配，配欲论杀玉。时申屠蟠年十五，为诸生，进谏曰：玉之节义，足以感无耻之徒，激忍辱之子，不遭明时，尚当旌表庐墓，况在清听，可不加哀矜？配善其言，乃为谳，得减死论。

后唐明宗时，沼州民高宏超，其父晖为乡人王感所杀。宏超挟刃杀感，携其首自陈，大理寺以故杀论，刑部员外郎李殷梦复曰：伏以挟刃杀人，按律处死，投狱自首，降罪垂文。高宏超既遂报雠，固不逃法，戴天罔愧，视死如归。历代以来，事多贷命。长庆二年，有康买得父宪为力人张莅乘醉拉宪，气息将绝。买得年十四，以木锸击莅，致死。敕旨康买得尚在童年，能知子道，虽杀人当死，而为父可哀。若从抵命之科，恐失度情之义，宜减一等。方今明时，有此孝子高宏超，若归极法，实虑未契鸿慈，奉敕可减死一等。

又唐元和六年，富平人梁悦手杀父雠，自投县请罪。韩愈以为宜具其事，申尚书省集议，奏闻，奉敕：自杀人固有彝典，以其申冤请罪。自诣公门，发于天性，本无求生，宁失不经，特宜减死。

又唐初有邽人徐元庆因报父雠而杀县尉，陈子昂议元庆应伏辜而旌其闾墓。后柳宗元极论其非。

又《齐东野语》载：王宣子母冢为盗所发，时宣子为吏部郎，其弟公衮居乡，物色得贼，遂闻于官，具服其罪，止从徒断，黥隶他州。公衮不胜悲愤，因手断贼手，自归有司。宣子以状白堂，纳官以赎弟罪。时给事杨椿舍人张孝祥书议状曰：复雠，义也。夫雠可复，则天下之人将交雠而不止。于是圣人为法则以制之，当诛也，吾为尔诛之，当刑也，吾为尔刑之，以尔之雠丽吾之法，于是为人子而雠于父母者不敢复，而惟法之听可也。法刑则无雠之意在焉故也。今夫公衮之母既葬，而暴其骨，是僇尸也，父母之雔孰大于是，公衮得贼而杀之，义也。而莫之敢也，以为有法焉。律曰发冢开棺者绞。二子之母遗骸散逸故藏之外，则贼之死无疑矣。贼诚死，则二子之雠亦报，此公衮所以不敢杀之，于其获而必归之吏也。狱成而吏出之，使扬扬出于闾巷，与齐民等。夫父母之雠，不共戴天者也。二子之始不敢杀也，不敢以私义故乱法。今狱已成矣，法不当死，二子杀之，罪也，法当死而吏废法，则地下之辱沈痛郁结，终莫之申，为人子者尚安得自比于人也。宣子有官守，则公衮之杀是贼，协于义而宜者也。公衮杀掘冢法应死之人为无罪，纳官纳赎纳弟之请，当不许。故纵失囚有司之罚，宜如律。诏从其义。

惠学士《礼说·大戴礼》曰：父母之雠，不与同生。兄弟之雠，不与聚国。朋友之雠，不与聚乡。族人之雠，不与聚邻。《曲礼》云：父之雠，弗与共戴天。兄弟之雠，不反兵。交游之雠，不同国。诸儒异说，莫能相一，学者惑焉。愚谓不与同生者，孝子之心；勿令相雠者，国家之法。如其法，则孝子之心伤；如其心，则国家之法坏。欲两全则两穷，于是使不共戴天之雠避诸海外，亦不害国家之法，亦不伤孝子之心，此《调人》之所以为调也。若夫杀人者死，伤人者刑，乃秋官之所弊而谋非调人之所和，而释汉律怀刺刃者必诛，以其虽未杀伤人，而有杀伤人之心也。《调人》所谓过而杀伤者，吉人良士本无伤杀人之心，时有过误不幸陷罹者耳！调人本教民之官，故以其民共听而成之。

薛氏《读例存疑》曰：父之雠弗共戴天云云。此为为人子、为人弟者言之也，谓非此不能为子、不能为弟矣。其子弟应否论罪，经不言也，亦谓义当如此，非谓法亦当如此也。《周礼》兼言用法，是以《朝士》有书于版，杀之无罪之文，《调人》有杀人而义，勿令雠，雠之则死及避诸海外之文。历观以上诸说可知，律例之文，胥本圣经贤传，几经名儒参酌，乃著为法。浅学一知半解，遽行妄谈古制，轻言改作，其亦太不自量矣。噫！长安不做，归安渐老，世有知律者，吾将执鞭从之。

卷七
骂詈

骂人

凡骂人者，处一等罚。互相骂者，各处一等罚。

骂制使及本管长官

凡奉制命出使而官吏骂之者，及部民骂本属知府、知州、知县，军士骂本管官，若吏卒骂本部五品以上长官，处十等罚。若吏卒骂六品以下长官，各（指六品至杂职，各于处十等罚上）减三等。（军民吏卒）骂（本属、本管、本部之）佐贰官、首领官，又各递减一等。并亲闻乃坐。

佐职统属骂长官

凡首领官及统属官骂五品以上长官，处八等罚。若骂六品以下长官，减三等（处五等罚）。佐贰官骂长官者，又各减二等。（五品以上，处六等罚。六品以下，处三等罚。）并亲闻乃坐。

雇工人骂家长

凡雇工人骂家长者，徒二年。监候。骂家长期亲及外祖父母者，处十等罚；大功，处六等罚；小功，处五等罚；缌麻，处四等罚。并亲告乃坐。（以分相临，恐有谗间之言，故须亲闻，以情相与，或有容隐之意，故须亲告。）

骂尊长

凡骂（内外）缌麻兄姊，处五等罚；小功兄姊，处六等罚；大功兄姊，处七等罚；尊属（兼缌麻、小功、大功）各加一等。若骂（期亲同胞）兄姊者，处十等罚；伯叔父母、姑、外祖父母，各加（骂兄姊）一等。并须亲告乃坐。（弟骂兄妻，比照殴律，加凡人一等。）

骂祖父母父母

凡骂祖父母、父母，及妻妾骂夫之祖父母、父母者，并绞（监候，入于秋审情实）。须亲告乃坐。（义子骂义父母罪同。若既聘未娶子孙之妇骂舅姑，照子孙违反教令律治罪。）

妻妾骂夫期亲尊长

凡妻妾骂夫之期亲以下，缌麻以上（内外）尊长，与夫骂罪同。妾骂夫者，处八等罚；妾骂妻者，罪亦如之。若骂妻之父母者，处六等罚。并须亲告乃坐。（律无妻骂夫之条者，以闺门敌体之义恕之也，若犯，拟不应轻罪可也。）

妻妾骂故夫父母

凡妻妾夫亡改嫁，（其义未绝）骂故夫之祖父母、父母者，并与骂舅姑罪同。（按妻若夫在被出，与夫义绝，及姑妇俱改嫁者，不用此律。又，子孙之妇，守志在室，而骂已改嫁之亲姑者，与骂夫期亲尊属同。若嫡、继、慈、养母已嫁，不在骂姑之例。）

按：以上均系《明律》，顺治三年添入小注，雍正、乾隆年间修改，现又改笞杖为罚金，并删去奴婢一项。《唐律》无骂詈条，统于殴律以内，明始立为“骂詈”一篇，与“斗殴”分作两门，其实用者甚少，律文半成虚设，故不逐条细讲，略释大义，聊备一格。《辑注》谓恶言陵辱曰骂，秽言相讪曰詈，总皆秽恶之言，不必细分。骂人已为非礼，且恐驯致斗殴，故设此禁以杜争斗之渐。首条言凡人相骂之罪，二条言恶声不可加于官长，三条言相临以分，以惩犯上之罪，四条惩雇工人干犯之罪，五条惩卑幼干犯之罪，六条重不孝之罪，七条言妇人不睦于夫党之罪，八条言骂舅姑者无分夫之存殁。凡以分相临者，须亲闻乃坐，不许指告，恐开谗谮之端也。以情相与者，须亲告乃坐，亦不听指告，许其以恩义容隐也。此皆律之精义，律外又有条例数项，足补律所未备，当一并参考。

一，凡毁骂公侯、额驸、伯及京省文职三品以上，武职二品以上官者，依骂制使及本属本管律治罪。

一，凡毁骂祖父母、父母及夫之祖父母、父母，告息词者，奏请定夺。再犯者，虽有息词，不与准理。若祖父母、父母听信后妻、爱子蛊惑，谋袭官职、争夺财产等项捏告打骂者，究问明白，不拘所犯次数，亦与辩理。

按：初[第]一条系于本管官之外，又分出官品之最尊者，毁骂非止骂詈，乃造有诽谤之语也。此外，又有骂亲王立绞一项，见于比引律条，现已删除。第二条，因骂无证据，而绞罪又为至重，父母于子孙妇妾或有爱憎之偏，而后母尤多，故议此例，既许其亲息告以全恩爱，又许问官办理以申冤枉，皆合乎天理、人情之至当，详译之。

诉　讼

汉《九章律》本无诉讼之名，魏始有《告劾律》，晋改为《告劾》、《系讯律》，北齐附于《斗律》，名曰《斗讼》，隋唐因之，明始析《斗讼》为二门，曰《斗殴》、曰《诉讼》。国朝仍旧不改，而最严于诬告。通篇虽分十章，惟越诉、诬告二章尤为详要。《辑注》：有冤抑之事而陈告曰诉，有争论之事而陈告曰讼。外国分《民事诉讼法》、《刑事诉讼法》。现修新律，虽亦仿照分编，其精意仍统括于此篇，不能出其范围，不过条目较为繁细。然此篇干名犯义一条，实为我中华国粹所存，外律亦无此精深耳。

越诉

凡军民词讼，皆须自下而上陈告，若越本管官司，辄赴上司称诉者，（即实亦）处五等罚。（须本管官司不受理，或受理而亏枉者，方赴上司陈告。）若迎车驾及击登闻鼓申诉而不实者，处十等罚；（所诬不实之）事重（于十等罚）者，从（诬告）重（罪）论；得实者，免罪。（若冲突仗卫，自有本律。）

按：此仍《明律》，顺治三年添入小注，现改笞杖为罚。《唐律》：**诸越诉及受者，**

笞四十。即邀车驾及挝登闻鼓若上表诉，而主司不即受者，加一等。其邀车驾诉而入部伍内，杖六十。注云：部伍，谓入导驾仪仗中者。又问曰：云有人于殿庭诉事，或实或虚，合科何罪？答曰：依令"尚书省诉不得理者，听上表。"受表恒有中书舍人、给事中、御史三司监受。若不于此三司上表，而因公事得入殿庭而诉，是名"越诉"。不以实者，依上条处八等罚；得实者不坐云云。与此律用意相似而罪名较轻，此律之意重在禁刁讼以息嚣风也。凡军统于营卫，民统于州县，乃其本管官司也，一应词讼皆须先由本管官司自下陈告，如不受理，或有枉断，方许赴上司陈告。若骤赴上司衙门称诉，是谓越诉。诉者蔑视本管之官，挟借上司之势越分妄呈，必非良善，故不实者依诬告律论罪，即得实者亦五等罚，以其不当诉也。至迎候车驾出入及击登闻鼓申诉，则与越诉不同矣。盖人至迎驾击鼓，必有大不得已之情，而官司不能为之剖断者，必不实方拟罚罪，而得实即免治罪。与上越诉无论实与不实均治其罪者不同，又于遏禁刁风之中以达民隐而申民冤也。虽连类以及而用意各有不同，此必须于申诉之时在仪仗以外俯伏以听，若冲突仪仗以内则又当别论。查《宫卫律》：冲突仪仗而诉事不实者，杂犯绞。又上书诈不以实者徒三年，与此仅拟十等罚者异矣。二律轻重不同，故彼则冲入仪仗以内，此仅于仗外俯伏以听；彼则诈妄以言他事，此仅申诉冤抑期脱己罪而已，须分别观之。外国刑法虽无此名目，然诉讼法须先由初级裁判起诉，然后以次及于地方、高等，用意正复相合，不过官职名称之间有不同耳！律外又有条例，以申律所未尽之义，附录于后以备研究。

一，军民人等遇有冤抑之事，应先赴州县或审判厅具控，如审断不公，再自下而上呈明，若再有屈抑方准来京呈诉。如未经在本籍地方及该上司先行具控，或现在审办未经结案，遽行来京控告者，先治以越诉之罪。

一，凡控诉案件即于事犯地方告理，不得于原告所住之州县及审判厅呈告，原籍之官亦不得滥准行关彼处之官，亦不得据关拘发，违者分别议处。其于事犯地方衙门告准，关提质审，而彼处之官匿犯不解者，照例参处。

一，军民人等干己词讼，若无故不行亲赍，并隐下壮丁，故令老幼、残疾、妇女、家人抱赍奏诉者，俱各立案不行，仍提本身或壮丁问罪。

一，外省人民上控已结未结各案，由大理院酌量情形调取卷宗核对，若原审各员果有未允及他项情弊，即将该案发交本省遴员覆鞫。如所控不实，即予驳斥，仍照原拟定案。倘上控之人于案外添砌情节，希图翻案，审系在本省各衙门历控者，照诬告律加一等治罪，捏称已控者再加一等。本罪重者，仍从重论。知情受雇扛帮者各减一等。

一，凡在外州县有事款干碍本官不便控告，或有冤抑审断不公，须于状内将控过衙门审过情节开载明白，上司官方许受理。若未告州县及已告州县不候审断越诉者治罪；上司官违例受理者，亦议处。

一，曾经考察考核被劾人员，若怀挟私忿，摭拾察核官员别项赃私，不干己事，奏告以图报复者，不分现任、去任，文武官俱革职为民。已革者问罪。奏告情词，不问虚实，立案不行。

一，在外刁徒直入衙门，口称奏诉挟制官吏者，所在官司就拿送问。若系干己事情及有冤枉者，照常审断，仍治以不应重罪；其不系干己事情，别无冤枉，并究明主使之人一体问罪，俱流二千五百里。

一，凡假以建言为由挟制官府，及将暧昧不明奸赃情事污人名节，报复私雠者，文武官俱革职，军民人等徒三年。

一，军民人等控诉事件，其有曾经内外问刑各衙门问断明白，意图翻异，辄于长安左右门等处自刎自缢，撒泼喧呼者，或因小事纠集多人，妄行谎告及捏开大款，欲思报复，聚众呼冤者，追究主使之人，与首徒俱徒三年，余人各减一等。有在受理词讼各衙门前故自伤残者，严追主使教唆之人，与自伤未死之犯俱徒二年半，余人亦各减一等。如自戕之犯身死，亦究明主使教唆及预谋各犯分别治罪。倘诬告罪重者，仍各从重论。

一，擅入午门、长安等门内叫诉冤枉，奉旨勘问得实者，照擅入禁门律治罪；涉虚者，流三千里。其奉旨止拿犯人治罪者，所诉情词不分虚实，立案不行，仍将本犯照擅入禁门律治罪。

一，凡奸徒身藏金刃欲行叩阍，擅入午门、长安等门者，不问所告虚实，立案不行，仍照持刃入禁门律治罪。

投匿名文书告人罪

凡投（贴）隐匿（自己）姓名文书告言人罪者，绞（监候。虽实亦坐。）见者，即便烧毁。若（不烧毁）将送入官司者，处八等罚。官司受而为理者，处十等罚。被告言者，（虽有指实）不坐。若（于方投时）能连（人与）文书捉获解官者，官给银一十两充赏。（指告者勿论。若诡写他人姓名词帖，讦人阴私陷人；或空纸用印，虚捏他人文书，买嘱铺兵递送，陷人得罪者，皆依此律绞。其或系泛常骂詈之语，及虽有匿名文书，尚无投官确据者，皆不坐此律。）

按：此仍《明律》，顺治三年添入小注，雍正、乾隆年间修改，现又删易。《唐律》：**诸投匿名书告人罪者，流二千里。得书者，皆即焚之，若将送官司者，徒一年。官司受而为理者，加二等。被告者不坐。**辄上闻者徒三年云云。此律改流为绞，而送官司及受理者复较《唐律》为轻。此律删去上闻者徒三年一语，而添入捉获给赏之法，虽因后世人情日趋狡诈，不得不设重法，然拟绞未免过严，是以律注有寻常骂詈及虽有匿名文书尚无投官确据不坐此律之文，可见律文曰投，必送入官司方是，若仅粘贴要路即不得谓之投也。《辑注》云：若在其家中或别于闲处虽有匿名文书尚无投官之据，安知其不悔悟中止，岂可使捉获解官问拟死罪云云，即是此意。而王氏《笺释》谓粘贴要路亦是，未免涉于深文周内，殊不可从。再，此律固重匿名，尤重告言人罪，若泛是寻常骂詈之词，不曾讦发阴私，或无所讦之人姓名，皆与此律不合，不得妄引，盖死罪法重，引断尤须详慎，故拿获者必在方投之时，而又须连人与文书一并捉获，穷究得实方坐，否则尽索夙有仇嫌之人，而对其笔迹亦不可得。盖奸狡之徒既欲匿名害人，岂肯以常时笔迹书写，非自变易字体，则必假手他人，更或摹仿他人笔迹而伪为之，以冀害两家。故注中添出"连人"二字极有深意，所以防其诬指也。此律之意，总是杜阴谋以防倾陷。凡告人罪必须出名指实，若罗织人之阴私而隐匿己之姓名，或捏造鬼名或诡托他人暗投官府以告人罪，既欲陷人于罪，又欲脱身于事外，其心至险，其法至严，若见者送入官司，则奸言得通于上矣。官司受理，则奸言得行于上矣，故均治以罚罪。但见者是不知法令之人，故将送之罪稍轻，官司是执掌法令之人，故受理之罪较重。《日本刑法》有摘发恶事丑行诽毁，处重禁锢，加罚金一条，虽亦此意，然尚无匿名之说，故治罪稍从轻也。

一，凡布散匿名揭帖，及投递内外各衙门者，俱不准行。拿获照律治罪。如不行严拿者，交部议处；接受揭帖具奏及审理者，革职。若不肖官员唆使恶棍粘贴揭帖，或令布散投递者，与犯人罪同。如该管文武官弁不严加查拿，别经发觉者，将该管官弁及失察之上司俱交部分别议处。

一，凡有拾获匿名揭帖者即将原贴销毁，不准具奏。惟关系国家重大事务者密行奏闻，候旨密办。

以上二例与律相辅而行，首条特为内外地面官员而设，二条系于不准具奏之中仍寓变通办理之意，以关系国家重大事务也。考之《唐律疏议》云：若得告反逆之书，或不测理须奏闻，不合烧除云云。可见匿名告人，非尽全不准理。此例即《唐律》之意，足补现律之所未备也。

告状不受理

凡告谋反叛逆，官司不即受理（差人）掩捕者，（虽不失事）徒三年。（因不受理掩捕）以致聚众作乱，或攻陷城池及劫掠人民者，（官坐）绞（监候）。若告恶逆（如子孙谋杀祖父母、父母之类）不受理者，，处十等罚。告杀人及强盗不受理者，处八等罚。斗殴、婚姻、田宅等事不受理者，各减犯人罪二等，并罪止八等罚。受（被告之）财者，计赃以枉法（罪与不受理罪）从重论。

若词讼原告、被论（即被告）在两处州县者，听原告就被论（本管）官司告理归结；（其各该官司自分彼此，或受人财）推故不受理者，罪亦如之。（如上所告事情轻重，及受财枉法从重论。）

若督抚、按察使（提法使同）巡历去处，如有词讼未经本管官司陈告及（虽陈告而）本宗公事未结绝者，并听（督抚等官）罪簿立限，发当该官司追问，取具归结缘由勾销。若有迟错（而督抚等官）不即举行改正者，与当该官吏同罪。（轻者，依官文书稽程十日以上，吏典处四等罚；重者，依不与果决以致耽误公事者，处八等罚。）

其已经本管官司陈告不为受理，及本宗公事已绝，理断不当称诉冤枉者，各（督抚等）衙门即便勾问。若推故不受理及转委有司，或仍发原问官司收问者，依告状不受理律论罪。

若（本管衙门）追问词讼及大小公事，（自行受理并上司批发）须要就本衙门归结，不得转行批委，（致有冤枉扰害）违者，随所告事理轻重，以坐其罪。（如所告公事合得罚罪，坐以罚罪。死罪已决放者，同罪；未决放减等。徒流罪抵徒流。）

按：此仍《明律》，顺治三年修改，雍正三年改定。现又改易，笞杖俱改罚金。《唐律》虽无此项专条而密告谋反大逆门官司承告不即掩捕经半日者**各与不告罪同。诸知谋反及大逆不告者，绞。知谋大逆、谋叛不告者，流二千里。知指斥乘舆及妖言不告者，各减本罪五等。又，诸强盗及杀人贼发，官司不即检校、捕逐及有所推避者，一日徒一年。窃盗，各减二等。又，监临主司知所部有犯法，不举劾者减罪人罪三**

等。纠弹之官减二等云云。盖即此律之所本祖,不过罪名轻重不同,而文义较《唐律》详备耳。律文共分五节,总是儆官司旷职以达下民之情。三节、四节专指出巡之官,前明设巡按御史以察民隐而达下情,巡历去处必行放告,故设此置簿立限勾销之律。国朝改为巡道,虽非古制,尚有巡历之名,现在并巡道之名而并裁之,此律已成虚设。然其前后三节严惩官司废驰推诿酿祸之弊,无论何时均不可废。《日本刑法》官吏渎职门:凡裁判官、检察官无故不受刑事之诉,或迁延不受理者,处禁锢加罚金。关于民事之诉讼亦同。又官吏受人嘱托收受贿赂允许之者,处重禁锢加罚金,因而曲庇被告人及陷害被告人者加等。又,人之身体财产有人犯害时官吏受其报告不速为保护处置者,处轻禁锢加罚金云云。正与此律用意相同,特其轻重详略稍有区分耳!律言告状不受理之罪,例又补出农忙受理之罪。虽与律意反对,要各有精义存焉,当合参之。

一,每年自四月初一日至七月三十日,时正农忙,一切民间词讼,除谋反、叛逆、盗贼、人命及贪赃坏法并一切呈诉无妨农业之事者,俱照常受理外,其一应户婚、田土等细事,如两造均系农民,一概不准受理;自八月初一日以后方许听断。如田土等案呈告虽在四月以前,如须丈量踏勘已至农忙期内有妨耕作者,准其详明上司照例展限,至查勘水利界址等事,清理稍迟,必致有妨农务者,即由该管官亲往审断速结,不得票拘至城,或致守候病农。若农忙期内受理细事病农者,该上司衙门指名参处。如各该衙门将应行审结之事藉称停讼稽延者,亦照例据实参处。

一,州县及审判厅所有词讼,凡遇隆冬岁暮,俱随时审理,不得照农忙之例停讼展限,该管官严加察核,违者照例揭参。

一,各省州、县及审判厅并有刑名之责等官每月自理词讼设立号簿,将到案月日、审讯情形及已结未结详细登记,按月申送各该上司以备查考,如有遗漏或开载不明及隐匿装饰,该管上司即行奏参。若上司徇庇,一经首告或被给事中、各道纠参,该管上司一并交部从重议处。

听讼回避

凡官吏于诉讼人内关有服亲及婚姻之家,若受业师(或旧为上司,与本籍官长有司)及素有雠隙之人,并听移文回避。违者,(虽雠无增减)处四等罚;罪有增减者,以故出入人罪论。

按：此仍《明律》，顺治三年添入小注，雍正三年修改，现改笞为罚。《唐律》无此律目，明设此条所以远嫌疑而杜私弊也。亲属、姻家及受业师等项，则当避徇情之嫌，旧有雠隙，则当避挟怨之嫌，一则恐徇私而悖公理，一则恐借公以报私仇，均系防其徇私之意。凡人之避嫌者，虽皆内有不足，然祁奚、谢安，世有几人？况瓜田李下君子不处，此律正不可少。《日本诉讼法》审判官迴避之例有四：一审判自係受害人；二审判官及妻与被告、受害人或该等人之配偶者系属亲属，虽婚姻离断者亦同；三审判官就其事件曾为证人、勘定人或为被告及受害人法律上之代理人；四审判官曾干预其事件之豫审、终审或干预此案呈诉不服以前之审判云云。虽与中律界限不同，且亲属仅举其妻子不言别亲，亦不如中律该括，然其别嫌避疑以维裁判大公则一也。

诬告

凡诬告人罚罪者，加所诬罪二等。流、徒罪，（不论已决配、未决配）加所诬罪三等，各罪止流三千里。（不加入于绞。）遣罪，即反坐以遣罪。若所诬徒罪人已役，流遣罪人已配，虽经改正放回，（须）验（其被逮发回之）日于犯人名下追征用过路费给还（被诬之人）。若曾经典卖田宅者，著落犯人备价取赎；因而致死随行有服亲属一人者，绞（监候）。至死罪，所诬之人已决者，（依本绞斩）反坐（诬告人）以死。（虽坐死罪，仍令备价取赎）未决者，流三千里，（就于配所）加徒役三年。

其犯人如果贫乏，无可备偿路费、取赎田宅者，止科其罪。

其被诬之人诈冒不实，反诬犯人者，亦抵所诬之罪，犯人止反坐本罪。（谓被诬之人本不曾致死亲属，诈作致死，或将他人死尸冒作亲属，诬赖犯人者，亦抵绞罪，犯人止反坐诬告本罪，不在加等、备偿路费、取赎田宅之限。）

若告二事以上，重事告实，轻事招虚，或告一事诬轻为重者，（除被诬之人应得罪名外，皆为剩罪）皆反坐（以）所剩（不实之罪）。若已论决，（不问罚金、徒、流、遣）全抵剩罪。（刑名不同者，从徒入流遣，亦以所剩论，流遣同比徒一年为剩，从近流入远流，每等比徒半年为剩，遣罪同远流，从内遣入外遣，同比徒半年。）从十等罚以下入徒流遣，从徒流遣入死罪，亦以全罪论。未论决者，十等罚以下及死罪各减一等，徒以上仍罚赎。（谓徒一年折银二十两，每一等加五两，五徒准此递加。由徒入流，一等加十两，三流准此递加，遣罪仍照满流科断。）

若律该罪止者，诬告虽多不反坐。（谓如告人不枉法赃三百两，一百三十两是实，七十两是虚，依律不枉法赃一百二十两之上，罪应监候绞，即免其罪。）

其告二人以上但有一人不实者，罪虽轻，犹以诬告论。（谓如有人告三人，二人徒罪是实，一人五等罚罪是虚，仍以一人五等罚罪上加二等，反坐原告之类。）

若各衙门官进呈实封诬告人及风宪官挟私弹事有不实者，罪亦如（告人罚金、徒、流、遣、死，全诬者坐）之。若（诬重）反坐及（全诬）加罪轻，（不及徒三年）者，从上书诈不实论。（以徒三年科之。）

若狱囚已招伏罪，本无冤枉而囚之亲属妄诉者，减囚罪三等。罪止处十等罚。若囚已决而自妄诉冤枉，摭拾原问官吏（过失而告之）者，加所诬罪三等，罪止流三千里。（若在役限内妄诉，当从已徒而又犯徒律。）

按：此仍《明律》，原有小注，顺治、雍正、乾隆年间迭次修改，现又改易。《唐律》：**“诸诬告人者各反坐。即纠弹之官，挟私弹事不实者，亦如之。注云：至死而前人未决者，听减一等。又，若告二罪以上，重事实及数事等，但一事实，除其罪；重事虚，反其所剩。即罪至所止者，所诬虽多，不反坐。其告二人以上，虽实者多，犹以虚者反坐。若上表告人，已经闻奏，事有不实，反坐罪轻者，从上书诈不实论。诸告小事虚，而狱官因其告，检得重事及事等者，若类其事，则除其罪；离其事，则依本诬论。诸诬告人流罪以下，前人未加拷掠，而告人引虚者，减一等；若前人已拷者不减。即拷证人亦是。注云：诬告期亲尊长、外祖父母、夫、夫之祖父母及奴婢、部曲诬告主之期亲、外祖父母者，虽引虚，各不减。诸诬告谋反及大逆者斩；从者绞。若事容不审，原情非诬者上请。若告谋大逆、谋叛不审者，亦如之。诸诬告本属府主、刺史、县令者，加所诬罪二等云云。”**《明律》多采其意，而删去告小事虚，狱官检得重事，类其事除罪，离其事依诬论以下数条，未免缺略不完。**再，《唐律》诬告止反坐其罪，而《明律》改为加二三等，已较从重，又增给偿路费、断产各项，则更重矣。法重难行，故现在诬告之案俱以事出有因及怀疑误控曲为开脱，而按律**办理者十无一二，此为诉讼中一大问题，盖严讦告不实之罪以惩刁诈。凡人诉己之冤，或言人之罪，皆当据实呈告。若捏造虚无，是谓诬告。告人何罪，即以其罪科诬告之人，是谓反坐。但诬告有轻重、虚实、已决已配、未决未配、全诬及诬轻为重之分，故治罪有加二等、加三等、全科、减等、免罪及反坐所剩之别，此是律中长篇，层次极多，文义极细，共分九段。首节言全诬无罪之人。二节、三节则推广诬告中之事而补其未备也。四节、五节言诬告有罪之人。六节则推广诬重中之事而补其未备也。七节推及告二人以上有一不实与告一人二事者不同。八节推及进呈诬告及弹事不实之罪。末节推及事已问结而妄有辩诉，系亲属则减罪，系本人则加罪，虽与平空诬告不同，究与诬告相类。盖全诬者反坐，无剩罪故不烦折算。诬重者必折算，乃得剩罪。全诬至死未决者流，又加役。诬重至死未决者则不加役。至诬死已决者，无论全诬与诬重，均反坐以死。且全诬则有追偿，诬重则不追偿。诬告应加等而两相诬者不加。诬告者反坐而外又追偿，若两相诬者则不追偿，此皆律中最要关键。旧注剩罪折杖之法分别由笞入杖，由笞入徒，由笞入流，由徒入徒，由徒入流，并由近流入远流，其法极细极微，现在废除笞杖，故照《唐律》三流比徒一年，流罪每等比徒半年之法，并将遣罪增入，则较旧法甚为简便。读者合新旧两注熟思详味，可见古人心思之密，推算之精。考之《日本刑法》，以不实之事诬告人者，因陷人重罪，处重禁锢二年以上五年以下，因陷人轻罪，处重禁锢六月以上二年以下，因陷人违警罪，处重禁锢一月以上三月以下，因诬告致被告人处死刑时，其反坐刑减一等，未行刑前发觉者，减二等。若以陷害被告人于死为目的而诬告者反坐，死刑未行刑前发觉者减一等云云。虽不如中律详细，而分别所诬罪之轻重以为反坐，亦有简当可法。中律已详，而例更周匝，当并研究。

一，凡词状止许一告一诉，告实犯实证，不许牵连妇女，波及无辜，亦不许陆续投词攀引原状内无名之人，违者概不准理，仍照违令律治罪。

一，赴各衙门告言人罪，一经批准，即令原告到案投审。若不即赴审，辄行脱逃及并非因疫疾事故亦非程途辽远一月不到案听审者，即将被告及证佐俱行释放，其所告之事不与审理，拿获原告仍治以诬告之罪。

一，词内干证，令与两造同具甘结，审系虚诬，将不言实情之证佐按律治罪。若非实系证佐之人挺身硬证者，与诬告人一体治罪；受赃者，计赃以枉法从重论。承审官故行开脱者，该督抚奏参，严加议处。

一，凡实系切己之事，方许陈告，若将弁克饷，务须营伍管队等头目率领兵丁公同陈告，州、县征派，务须里长率领众民公同陈告，方准受理。如违禁将非系公同陈告之事，怀挟私雠，改捏姓名，砌款粘单，牵连罗织，希图准行妄控者，除所告不准外，照律治以诬告之罪。

一，凡官民人等告讦之案，察其事不干己显系诈骗不遂，或怀挟私仇以图报复者，内外问刑衙门不问虚实，俱立案不行。若呈内胪列多款，或涉讼后复举告他事，但择其切己者准为审理，其不系干己事情，亦俱立案不行，仍各将该原告照违制律治罪。系官革职，已革者与民人一例办理，如敢妄捏干己情事声准及至提集人证审办，仍系不干已事者，除诬告反坐罪重者，仍从重定拟外，其余无论所告虚实、诈赃多寡、已未入手，俱不分首从流二千五百里。

一，胥役控告本管官员，除实有切己冤抑及本官员有不法等情，既经承行惧被干连者仍照例办理外，若一经审系诬告，应于常人诬告加等律上再加一等治罪。

一，直省各上司有恃势抑勒者，许属员详报督抚奏参，若该督抚徇庇不参，或自行抑勒者，准其直揭各部、都察院奏请定夺，审实，将该上司分别议处。若属员已知上司访揭奏参，即摭砌款迹，捏词诬揭部院者，由部院查参，将该员解任，令该督抚确审。系诬揭者，革职；一事审虚，即行反坐，于诬告加等律上再加一等治罪，如被参者本罪重于诬告罪者，亦于被参本罪上加一等治罪。武职悉照文职例行。

一，无籍棍徒私自串结，将不干已事捏写本词，声言奏告，诈赃满数者，（准窃盗论，赃至一百二十两以上者为满数）不分首从，俱流三千里。若妄指宫禁亲藩诬害平人者，俱发极边足四千里安置。

一，奸徒串结衙门人役，假以上司察访为由，纂集事件挟制官府（无赃问违制），陷害良善（问诬告），或诈骗财物（奸徒依诈欺，衙门人役依枉法），或报复私雠者（以所纂集事件坐诬），审实各依律于本罪上加一等治罪，为从各减一等。

一，有举首诗文书札悖逆者，除显有逆迹仍照律拟罪外，若祇是字句失检，涉于疑似，并无确实悖逆形迹者，将举首之人即以所诬之罪依律反坐。至死罪者分别已决未决办理。承审官不行详察，辄波累株连者，该督抚及给事中、各道察出奏参，将承审官照故入人罪律交部议处。

一，控告人命如有诬告情弊，即照诬告人死罪未决律治罪，不得听其自行拦息。其间或有误听人言，情急妄告，于未经验尸之先，尽吐实情，自愿认罪，递词求息者，讯明果无贿和等情，照不应重律治罪完结。如有教唆情弊，将教唆之人仍照律治罪。该承审官如有准其拦息不究或徇私贿纵者，指名奏参，照例分别议处。

一，凡捏造奸赃款迹写揭字帖及编造歌谣挟仇污蔑以致被诬之人忿激自尽者，照诬告致死例拟绞监候，其乡曲愚民因事争角随口斥辱并无字迹及并未编造歌谣者，各依应得罪名科断。

一，凡将良民诬指为窃及寄买贼赃将良民捉拿拷打吓诈财物，或以起赃为由沿房搜检抢夺财物淫辱妇女除实犯死罪外，其余不分首从，俱发极边足四千里安置。

若诬指良民为强盗者，亦发极边足四千里安置。其有前项拷诈等情俱发烟瘴地方安置。（诬指迷官依诬告论，淫辱妇女以强奸论。）

一，凡诬良为窃之案，如拷打致死及诬告到官或捆缚吓诈逼认致令自尽者，俱绞监候。其止空言捏指并未诬告到官，亦无捆缚吓诈逼认情事，死由自尽者，流三千里。至疑贼毙命之案，讯系因伤身死，仍悉照谋故斗杀、共殴及威力制缚主使各本律例定拟。

一，诬告叛逆，被诬之人已决者，诬告之人拟绞立决，未决者，拟绞监候。

一，诬告人因而致死，被诬之人委系平人，及因拷禁身死者，拟绞监候。其将案外之人拖累拷禁致死者，亦拟绞监候。若诬轻为重，及虽全诬平人，却系患病在外身死者，止拟应得罪名发落。

一，挟雠诬告人谋死人命，致尸遭蒸检者，不论平人尊长之尸，为首绞监候；为从流三千里。其官司刑逼妄供者，革职。审出实情者，交部议叙。

一，凡捕役人等奉差缉贼，审非本案正盗，若其人素行不端，或曾经犯窃有案者，将捕役照诬良为盗例减一等，徒三年。至其人虽犯窃有案，已改恶为善确有实据，仍复妄拿并所获窃盗私行拷打吓诈财物逼勒认盗及所缉盗案已获有正贼因伙盗未获将犯有窃案之人教哄诬攀滥拿充数等弊，俱照诬良为盗例分别强窃治罪。

一，凡捕役诬窃为盗拿到案日，该地方官验明并无拷逼情事，或该犯自行诬服并有别故例应收禁因而监毙者，将诬拿之人捕役流三千里，其吓诈逼认因而致死及致死二命者，俱照诬告致死律拟绞监候，拷打致死者照故杀律拟绞监候。

一，番捕等役诬陷无辜妄用脑箍及竹签烙铁等刑致毙人命者，以故杀人论，伤者照凡斗伤加二等。

干名犯义

凡子孙告祖父母、父母，妻妾告夫及告夫之祖父母、父母者，（虽得实亦）徒三年。（祖父母等同。自首者免罪。）但诬告者，（不必全诬，但一事诬即）绞。若告期亲尊长、外祖父母，（及妾告妻者）虽得实，处十等罚。告大功，（得实，亦）处九等罚。（告）小功，（得实亦）处八等罚。（告）缌麻，（得实亦）处七等罚。其被告期亲、大功尊长，及外祖父母，若妻之父母（及夫之正妻），并同自首免罪；小功，缌麻尊长，得减本罪三等。若诬告罪重（于干犯本罪）者，各加所诬罪三等。（谓止依凡人诬告罪加三等，便不失于轻矣。加罪不入于绞。若徒、流已未决，偿费、赎产、断付、加役并依诬告本律。若被告无服尊长，减一等，依名例律。）

其告（尊长）谋反、大逆、谋叛、窝藏奸细及嫡母、继母、慈母、所生母杀其父，若所养父母杀其所生父母，及被期亲以下尊长侵夺财产，或殴伤其身，（据实）应自理诉者，并听（卑幼陈）告，不在干名犯义之限。（其被告之事各依本律科断，不在干名犯义之限，并同自首免罪之律。被告卑幼同此。又犯奸及损伤于人于物不可赔偿者，亦同。）若告卑幼得实，期亲大功及女婿亦同自首免罪。小功、缌麻亦得减本罪三等。诬告者，期亲减所诬罪三等，大功减二等，小功、缌麻减一等。若（夫）诬告妻，及妻诬告妾，亦减所诬罪三等。（被告子孙、妻妾、外孙及无服之亲，依名例律。若诬卑幼死未决，仍依律减等，不作诬轻为重。）

若雇工人告家长及家长缌麻以上亲者，各减子孙、卑幼罪一等；诬告者不减。（又雇工人被告得实，不得免罪，以名例不得容隐故也。）

其祖父母、父母、外祖父母诬告子孙、外孙、子孙之妇、妾及己之妾，若雇工人者，各勿论。（不言妻之父母诬女婿者，在缌麻亲中矣。）

若女婿与妻父母果有义绝之状，许相告言，各依常人论。（义绝之状，谓如身在远方，妻父母将妻改嫁，或赶逐出外，重别招婿，及容止外人通奸；又如女婿殴妻至折伤，抑妻通奸，有妻诈称无妻，欺妄更娶妻，以妻为妾，受财将妻妾典雇，妄作姊妹嫁人之类。）

按：此仍《明律》，原有小注，顺治三年增改，雍正三年删定。现又删去奴婢一项，杖均改罚。《唐律》无干名犯义之名，而告祖父母父母、告期亲尊长、告缌麻卑幼及奴婢告主分作四条，明合为一章，名为干名犯义。**《唐律》："告祖父母、父母者，绞。不分告实与诬，均坐死罪。此律必系诬告方坐，若告实仅徒三年，则较《唐律》为轻。《唐律》：告期亲尊长，得实即徒二年，此律仅十等罚，亦较《唐律》轻至三倍。《唐律》：尊长告缌麻、小功卑幼，得实，杖八十；大功以上，递减一等。此律告卑幼得实，除卑幼同自首减免外，尊长俱不论罪。"《唐律》尊长诬告卑幼，期亲减所诬罪二等；大功减一等；小功以下，以凡人论，亦较此律期亲减三等，大功减二等，小功缌麻减一等者为重。**再，《唐律》惟告尊长谋反逆叛之事者不坐，此律补添窝藏奸细一层，又于篇末增妻父母与女婿义绝一段，均为《唐律》所无，其余俱与《唐律》相同，不过文字详略之间稍有异耳。此律之意盖定亲属讦告之通例以正名分也。名者，名分之尊。

义者，恩义之重。本章与《名例》犯罪自首及亲属相为容隐并诬告三章，理本一贯而义实相须。夫亲属得相容隐，又准为首免罪而告则干名犯义。盖名分所关，恩义为重，若不许容隐则恐有以伤其恩，若不许为首则恐无以救其亲。首则欲其亲之免罪，本乎亲爱之意而出之也。告则欲其亲之罹法，本乎贼害之意而出之也。既著容隐为首之例，又严干名犯义之法。《辑注》谓为天理人情之至，非虚言也。此正中华国粹所寄，扶植纲常，敦厚风俗，全在此而非外国刑法所可同矣。通篇共分六段，首节言子孙告祖父母父母及卑幼告期亲以下尊长，分别得实与诬告以定罪之轻重。夫父为子天，有隐无犯，即有违失，理须谏诤，无令陷罪。若告则忘情弃礼，蔑绝伦理矣。故制为重辟以惩之，而期亲以下尊长则渐减焉。二节言尊长谋反叛逆，则事关重大，恩难掩义，不当为亲者讳矣。又如嫡、继、慈母杀其父，及所养者杀其本生，则人伦大变，当权其所重以伸仇义。至被期亲以下尊长侵夺殴伤，则身家之祸，理所难忍，剥肤之痛，情不容已，均不得以干犯之伦常拘矣。三节言尊长告卑幼，亦分别得实与诬告以定免罪减等之差，盖尊长于卑幼，其情既当相隐，则有过不合告言，故告得实者卑幼既得减免，尊长自当弗论。若係诬告，在卑幼犯尊长固当从重加等，即尊长讦卑幼亦应照反坐之法从轻减等，而不得同殴卑幼折伤以下之律概予勿论，以分当亲爱，不容诬陷也。四节言雇工告家长及家长亲属得实之罪。五节言祖父母父母诬告子孙、外孙、子孙之妇妾，夫诬告妾，家长诬告雇工，名义尤尊，与别项尊长不同，故各得勿论而不得以反坐为绳。末节言妻父母与女婿义绝则同凡论，而非天合骨肉之亲所同。小注历举义绝之状详尽无遗，凡断翁婿相犯之案者均当先知此义。此外，如《集注》所载，夫被父杀，女告父不科干名犯义。又《唐律疏议问答》载继母杀所出之生母者得告，嫡、继母杀其所生庶母则不得告。又如《示掌》所载：夫曾为盗，妻因别故相骂吐出，致夫事发禁死，止科不应云云。议论新奇，均足补律未及，故附录之。

子孙违犯教令

凡子孙违犯祖父母、父母教令及奉养有缺者，处十等罚。（谓教令可从而故违；家道堪奉而故缺者。须祖父母、父母亲告乃坐。）

按：此仍《明律》，其小注系《唐律》原文。《唐律》**子孙违犯教令及供养有阙者徒二年**。《明律》改为满杖，现又改杖为罚，较《唐律》为轻。《唐律疏议》：若教令违法，行即有愆；家实贫窭，无由取给：如此之类，不合有罪云云。可见此律专指教令可从及家道堪供而言，然教令不可从，则当几谏，非违犯之谓也。家即贫难，容有不尽之力，断无不尽之心，非有缺之谓也。设有教令不于从，不几谏而违犯，家道贫难，不尽心而偶缺者，当察其情，不得概援此律。此律立法以教孝，其违犯教令即《礼记》事亲有隐无犯之道也，其奉养有缺即《孟子》惰其四肢不顾父母之说也。故仅以罚刑惩之，然不孝之事更有重于此者，故例补出不能养赡致亲自尽及犯奸盗致亲被杀及自尽，并触犯呈告各条以推广律所未尽，均属有关引用，不可不知。《日本刑法》子孙对其祖父母父母不供给衣食及缺其他必需之奉养者，处重禁锢十五日以上六月以下，附加罚金二圆以上二十圆以下，亦即此律之意，可知外国重忠不重孝之说非笃论也。

一，子游惰不能营生养赡父母，因致父母自尽者流三千里。

一，凡呈告触犯之案，除子孙实犯殴詈，罪干重辟及仅止违犯教令者，仍各依律例分别办理外，其有祖父母、父母呈首子孙恳求发遣及屡次违犯触犯者，即将被呈之子孙发极边足四千里安置。如将子孙之妇一并呈送者，即与其夫一并发遣。

一，凡子孙因奸因盗以致祖父母、父母忧忿戕生并畏累自尽或被人殴死，及谋故杀害者，均拟绞监候。如祖父母、父母知子孙犯奸盗而纵容袒护并教令子孙犯之者，子孙止科本罪。若因奸盗罪犯应死及谋故杀人事情败露致祖父母、父母自尽者，即照原犯罪名拟以立决，子孙之妇有犯，悉与子孙同科。

见禁囚不得告举他事

凡被囚禁不得告举他（人之）事，其为狱官、狱卒非理凌虐者，听告。若应囚禁被问，更首（己之）别事，有干连之人，亦合准首，依法推问科断。

其年八十以上，十岁以下，及笃疾者，若妇人，除谋反、叛逆、子孙不孝，或己身及同居之内为人盗诈侵夺财产及杀伤之类，听告，余并不得告。（以其罪得收赎，恐故意诬告害人。）官司受而为理者，处五等罚。（原词立案不行。）

按：此仍《明律》，顺治三年添入小注，现改笞为罚。大致一依《唐律》，惟《唐律》止列老、少、笃疾三项，其妇人一层系明所增。《唐律》官司受理者各减所罪三等，明改为笞五十。其上段“禁囚首己别事干连他人则合推问”数语系采《唐律》问答之词而编为律。总言首告之词有应听理、不应听理之别也。他人之事与己无干，禁囚举告他人之事，恐其负罪在身借端诬陷，故不准告。若被狱官等凌虐如殴伤其身，尅扣衣粮之类是己身受害，故听陈告。至更首自犯别事，其词内干连之人亦准勾提，依法推问，不在不得告举他事之限，又所以矜恤罪犯而曲尽狱情之意也。又《名例》八十以上、十岁以下及笃疾犯罪者勿论，妇人得免流徒收赎，此四项人若听其首告，则自恃罪轻，易于诬陷，故除重大及患害切身外，其余均不准告，以其难于反坐也。《辑注》谓囚在禁而许其告人，则奸徒恣其诬妄。囚被虐而禁其不告，则冤抑不得伸辩。囚被问而首别事，是无害人之心，固法之所不禁云云，诠释最为明透。《断狱门》又有狱囚诬指平人一项，彼系治罪于既告之人，此系禁遏于未告之先，两律本自相因，当合参之。**若老疾之人律不准告，而例又立代告之条，以补律之未备。按代告即今之报告，盖不准告则恐有冤抑而准告又不无诬陷，故罪坐代告之人则情法两得矣。此读律，所以又贵看例也。**

一，年老及废疾之人并妇人除告谋反叛逆及子孙不孝听自赴官陈告外，其余公事，许令同居亲属通知所告事理的实之人代告，诬告者罪坐代告之人。若妇人夫亡无子或身受损害无人代告者，听许入官告诉。

教唆词讼

凡教唆词讼及为人作词状增减情罪诬告人者，与犯人同罪。（至死者减一等。）若受雇诬告人者，与自诬告同；（至死者不减等。）受财者，计赃以枉法从重论。其见人愚而不能伸冤教令得实，及为人书写词状而罪无增减者，勿论。（奸夫教令奸妇诬告其子不孝，依谋杀人造意律。）

按：此仍《明律》，顺治三年添入小注，原注有律不言雇人诬告之罪，既坐受雇之人，雇者无重罪之理，依有事以财行求科断。乾隆五年删去，另立专例从重治罪。《唐律》：**“为人作辞牒，加增其状，不如所告者笞五十；若加增罪重，减诬告一等。受雇诬告人罪者，与自诬告同，赃重者坐赃论加二等，雇者从教令法。若告得实，坐赃论；雇者不坐。诸教令人告，事虚应反坐，得实应赏者，皆以告者为首，教令为从。即教令人告缌麻以上亲，及奴婢告主者，各减告者罪一等；被教者，论如律。若教人告子孙者，各减所告罪一等。虽诬亦同云云。”**与此律大致不差，惟《唐律》受雇诬告者受财，坐赃论加二等。明改为以枉法论，则较《唐律》为重。《唐律》为人作辞牒，增加其状，笞五十；罪重者减诬告一等。《明律》改为与犯人同罪，亦较《唐律》为重，又删去《唐律》教令告亲属、告主人一节，而增入见人愚不能伸冤数语，更觉参差。此律之意总是禁揽讼刁徒以安善良也。教者，导引之意，谓人本不知，告而教令之。唆者，哄诱之意，谓人本不欲，告而唆使之也。教唆与作状增减，虽是两项，而事实相连，教唆内即有增减情罪之事，若无增减，便是教令得实矣。作状增减内亦有教唆之事，若不教唆，何为增减耶？至于受雇告人与被诬之人无仇怨，只以贪财之心捏造虚无之事，挺身到堂，出名对理，虽有受雇之因，实行诬告之事，故与自诬同而至死不减，深恶之也。后例又补出讼师讼棍各条，均系推广律意，当统玩之。《日本刑法》：凡教唆人犯内乱罪者处死刑。教唆人聚众暴动者，与首魁同。教唆人殴伤人者，不得减等。又教唆人使自杀者处轻禁锢。若图自已之利教唆人使自杀者处重惩役云云。其法较中律为严，中律教唆虽与犯人同罪，至死仍减一等，日律则与首魁一体治罪，并无减等之法。虽与中律用意不同，实与中例严惩讼师之意暗合。

一，内外问刑衙门务择里民中之诚实识字者，考取代书。凡有呈状，如本人不能自作者，令其照本人口诉情词，据实誊写，呈后登记代书姓名，该衙门验明，方准收受。如无代书姓名，即严行查究，其有教唆增减者，照律治罪。

一，审理词讼，究出主唆之人，若系积惯讼棍，串通胥吏播弄乡愚恐吓诈财，一经审实，即依棍徒生事扰害例问发极边足四千里安置。该地方官不能查拿禁缉，如止系失于觉察，照例议处。若明知不报经上司访拿，将该地方官交部照奸棍不行查拿例议处。

一，凡审理诬控案件不得率听本犯捏称倩过路不识姓名人书写呈词，务须严究代作词状唆讼之人，指名查拿，依律治罪。

一，教唆词讼诬告人之案，如原告之人并未起意诬告，系教唆之人起意主令者，以主唆之人为首，听从控告之人为从。如本人起意欲告，而教唆之人从旁怂恿者，依律与犯人同罪。有赃者计赃以枉法从其重者论。（若仅止从旁谈论是非，并非唆令控告者科以不应重罪，不得以教唆论。）

一，凡将本状用财雇寄与人赴京奏诉者，并受雇、受寄之人，俱流二千五百里；赃重者，从重论。

一，坊肆所刊讼师秘本如《惊天雷》《相角》《法家新书》《刑台秦镜》等一切构讼之书尽行查禁销毁，不许售卖，有仍行撰造刻印者流三千里，将旧书复行印刻及贩卖者，徒三年。买者处十等罚。藏匿旧板不行销毁，减印刻一等治罪，藏匿其书照违制律治罪。其该管失察各官分别次数交部议处。

一，凡钦差驰审重案，如果审出虚诬，除赴京捏控之人照诬告例治罪外，其有无讼师唆使扛帮情节，原审大臣即就案严行跟究，按例分别问拟失察之地方官从重议处，如无此种情弊，亦即随案声明。

官吏词讼家人诉

凡官吏有争论婚姻、钱债、田土等事，听令家人告官对理，不许公文行移，违者，处四等罚。

按：此仍《明律》，《唐律》无此条目。外国刑法亦无此例，盖言私事，不得用公移也。私事而用印信公文行移，未免恃势陵人，故听家人告理，所以存其体面，而仍禁公文行移，所以抑其私情，仅言婚姻等项细事者，举轻以见重，盖细事如此，则大于此者可知矣。

受　赃

古律无《受赃》之目，魏制《请赇律》，是即受赃之说所创始。晋改为《受赇律》，周、隋皆曰《请求》。《唐律》附于《职制》门内，宋元因之。至明始另设《受赃》一篇，列于《刑律》之内，国朝因之，而易其前后次序，又改枉法、不枉法赃均为实犯死罪，所以惩贪墨者深矣。《日本刑法》亦有官吏渎职之目，即此意也。

官吏受财

凡官吏（因枉法、不枉法事）受财者，计赃科断。无禄人各减一等，官追夺除名，吏罢役，（赃止一两）俱不叙用。○说事过钱者，有禄人减受钱人一等，无禄人减二等。（如求索科敛吓诈等赃，及事后受财过付者，不用此律。）罪止徒二年。有赃者，（过钱而又受钱，）计赃从重论。（若赃重从本律）。

有禄人（凡月俸一石以上者）

枉法赃各主者通算全科。（谓受有事人财而曲法处断者，受一人财，固全科，如受十人财，一时事发，通算作一处，亦全科其罪。若犯二事以上，一主先发已经论决，其他后发，虽轻若等，亦并论之。）

一两以下，处七等罚。一两至五两，处八等罚。一十两，处九等罚。一十五两，处十等罚。二十两，徒一年。二十五两，徒一年半。三十两，徒二年。三十五两，徒二年半。四十两，徒三年。四十五两，流二千里。五十两，流二千五百里。五十五两，流三千里。八十两，（实）绞（监候）。

不枉法赃，各主者通算，折半科罪。（虽受有事人财，判断不为曲法者，如受十人财，一时事发通算作一处，折半科罪，一主者亦折半科罪，准半折者皆依此。）一两以下，处六等罚。一两之上至一十两，处七等罚。二十两，处八等罚。三十两，处九等罚。四十两，处十等罚。五十两，徒一年。六十两，徒一年半。七十两，徒二年。八十两，徒二年半。九十两，徒三年。一百两，流二千里。一百一十两，流二千五百里。一百二十两，流三千里。一百二十两以上，（实）绞（监候）。

无禄人（凡月俸不及一石者）枉法（扶同听行及故纵之类）一百二十两，绞（监候）。不枉法一百二十两以上，罪止处十等罚，流三千里。

按：此仍《明律》，顺治三年改定，并添小注，雍正三年增改。现又改杖为罚。《明律》有禄人枉法赃八十两，无禄人枉法赃一百二十两，俱系杂犯绞罪，准徒五年。有禄人不枉法赃一百二十两，罪止流三千里，均无死罪。国朝顺治三年，以治国安民首在惩贪，均改为实绞。再原律不枉法赃下小注：凡受一人之财不半科，如非一人财，通算一处，折半科罪。乾隆五年以律贵持平，赃多者因各主而折半，赃少者因一主而全科，情罪不符，因改为一主者亦折半科罪。又，原律说事过钱者，罪止杖一百，各迁徙。本朝改迁徙为徒二年，均与《明律》不符。《唐律》：**“诸监临主司受财而枉法者，一尺杖一百，一疋加一等，十五疋绞；不枉法者，一尺杖九十，二疋加一等，三十疋加役流。无禄者，各减一等：枉法者二十疋绞，不枉法者四十疋加役流云云。”**均较《明律》为重。本朝改定之律虽与《唐律》大致符合，但枉法八十两即拟实绞，名为严惩贪墨，**其实刑法愈重则规避愈巧。现在官吏受赃者盈千累万，而照例办理者百无一二，严刑之不可止奸，此其一端也。**此条是官吏犯赃正律，单指官吏言之。法自官出，操纵在手，吏虽受制于官，实同执法之人，官受财吏得阻之，吏受财官应察之，故官吏受财之罪同而吏之无禄者得减一等。缘官皆禄，吏则有有禄、无禄之分也。若止官受财，吏亦有不禀阻之罪；止吏受财，官亦有失察之咎。**官吏二字，虽系两项，实则相因。凡律有正条，是谓之法。法有出入，是谓之枉。执法之人受有事人财而逆理曲法，枉断是非，是谓枉法赃。虽受有事人财而于事之是非并无曲法判断，是谓不**

枉法赃。总皆指判断事情而言，若其他受一切不应得之财，止谓之犯法而不谓之枉法，缘其人非执法之人，法不由己操也。至于无禄人枉法，虽不关于判断，而情事有类于判断者，如里长捕役，虽非官吏而里长检踏灾伤，受财朦胧供报，捕役受财故纵罪人，俱以枉法论。**盖既应役在官，事即操纵由己，应守法而卖法，亦谓之枉法。**若余人及在官之人不得专主事情者，有犯受财，自有本律，不得以枉法论也。**又枉法、不枉法赃各计入己之数定罪，与窃盗并赃论罪者不同。盖窃盗得财之罪，为事主被害者言之，故并赃论罪。如一人盗得数家之财，止计一主重者，虽数人分得一主之赃，亦并计所失之赃，同科各盗之罪。惟并赃，故依首从法也。官吏受财之罪为官吏贪财者言之，故各计入己之赃，虽一人受各主之财，亦通算全科，虽数人分受一主之财，亦计入己之赃，分科各人之罪。惟计入已，故无首从可分也。其中分别微细，须详参之。**《日本刑法》：裁判官、检事、警察、官吏关民事刑事之裁判，收受贿赂，或允许之者，处重禁锢二月以上二年以下，附加罚金五圆以上五十圆以下。因而曲庇被告人者，处重锢三月以上三年以下，加罚金十圆以上百圆以下。其陷害被告人者处重锢二年以上五年以下，加罚金二十圆以上二百圆以下。若所枉之罪重于此刑者，从重论云云。亦即中律受财枉法之意，特拟罪较中律为轻耳。律外条例甚多，宜一并研究。

一，凡在官人役取受有事人财律无正条者，果于法有枉纵，俱以枉法计赃科罪。若尸亲邻证等项不系在官人役，取受有事人财，各依本等律条科断，不在枉法之律。

一，凡上司及出差巡察之员经过州县地方，收受属员及地方官门包并下程供应暨一切陋规，与者受者均革职，严讯治罪。该督抚不行奏参，交部议处。若因勒索而与者，属员及地方官均照逼抑取受律不坐。其随役家人私自索取，本官不知情者，照例议处。如知情故纵，罪坐本官，照在官求索人财物律治罪，其随役家人照在官求索无禄人减一等律治罪，并许被索之员据实详揭。若上司及出差巡察之员因不迎送供应，别寻他事中伤属员地方官者，照例分别议处。

一，官吏婪赃审系枉法入己者，虽于限内全完，不准减等。如审无入己各赃，并坐赃致罪者，果能于限内全完，仍照挪移亏空钱粮之犯，准其减免外，其因事受财入己审明不枉法及律载准枉法不枉法论等赃，果于一年限内全完，死罪减二等发落，流徒以下免罪。若不完，再限一年勒追，全完者，死罪及流徒以下各减一等发落。如不完，流徒以下即行发配，死罪人犯监禁，均再限一年著追。三年限外不完，死罪人犯永远监禁，全完者奏明请旨，均照二年全完减罪一等之例办理。

一，凡各衙门书吏差役，如有舞文作弊，藉案生事扰民者，系知法犯法，俱照平人加一等治罪，受财者计赃从重论。

一，县总里书如犯赃入己者，照衙役犯赃拟罪。保人歇家串通衙门行贿者，照不系在官人役取受有事人财科断。

一，凡正身衙役违禁私带白役者，并处十等罚，革役。如白役犯赃，照衙役犯赃例科罪。正身衙役知情同行者与同罪。不知情不同行者不坐。

一，白役诈赃逼命之案，如事由白役，应以白役照例拟抵，正役知情同行，发极边足四千里安置。若由正役主使诈赃，应以正役照例拟抵，白役吓逼帮索，亦发极边足四千里安置。若白役诈赃，正役并未主使，亦未知情同行，但于事后分赃，即于白役死罪上减二等，徒三年，赃多者计赃从重论。若并未分赃及白役诈赃并未致毙人命者，仍照私带白役例处罚革役。

一，各衙门差役逼毙人命之案，讯无诈赃情事，但经藉差倚势陵虐吓逼，致令忿迫轻生者，为首流三千里。其差役子侄亲属私代办公逼毙人命，除讯系诈赃起衅，仍照蠹役诈赃毙命例一体问拟外，若非衅起诈赃，为首发烟瘴安置。至差役有因索诈不遂，将奉官传唤人犯私行羁押拷打陵虐者，为首亦发烟瘴地方安置。其仅止私行羁押，并无拷打陵虐情事，为首徒三年，为从各减一等。

一，内外大小衙门蠹役恐吓索诈贫民者，计赃，一两以下，处十等罚。一两至五两，徒一年。六两至十两，徒三年。十两以上，流二千五百里。其因索诈致令卖男鬻女者，十两以下，亦流二千五百里。至一百二十两者绞，为从分赃并减一等。计赃重于从罪，仍从重论。如吓诈致毙人命，不论赃数多寡，已未入手，拟绞监候，入于秋审情实。拷打致死，拟绞立决。若死系作奸犯科有干例议之人，如系吓逼致令自尽或拷打致死者，均拟绞监候，为从并减一等。

坐赃致罪

凡官吏人等，非因（枉法、不枉法之）事，而受（人之）财，坐赃致罪，各主者通算折半科罪。与者减五等。（谓如被人盗财或殴伤，若赔偿及医药之外，因而受财之类，各主者并通算折半科罪，一主者亦折半科罪。为两相和同取与，故出钱人减受钱人罪五等。又如擅科敛财物或多收少征，如收钱粮、税粮斛面及检踏灾伤田粮，与私造斛斗秤尺，各律所载虽不入己，或造作虚费人工物料之类，凡罪由此赃者，皆名为坐赃致罪。○官吏坐赃，若不入己者，拟还职役，出钱人有规避事重者，从重论。）

一两以下处二等罚。一两之上至十两，处三等罚。二十两，处四等罚。三十两，处五等罚。四十两，处六等罚。五十两，处七等罚。六十两，处八等罚。七十两，处九等罚。八十两，处十等罚。一百两，徒一年。二百两，徒一年半。三百两，徒二年。四百两，徒二年半。五百两，罪止徒三年（以坐赃非实赃，故至五百两，罪止徒三年）。

按：此仍《明律》改定，现改杖为罚。原有小注，顺治三年增修，现又添一主者亦折半一句。《唐律》：**"坐赃致罪，一尺笞二十，一疋加一等；罪止杖一百[徒三年]。诸贷所监临财物者及借衣服、器玩之属，经三十日不还者，俱坐赃论。役使非供己者，计庸坐赃论。其应供己驱使而收庸直者，[罪]亦如之。诸监临之官受猪羊供馈，坐赃论。营公廨借使**所监临奴婢、牛马、车船、碾硙、邸店之类，**各计庸赁，坐赃论减二等。诸因官挟势及豪强之人乞索者，坐赃论减一等云云"**，与此律小注所指各项不同，而计赃罪止处十等罚，亦较此为轻。此言实非受赃而以赃科罪者，其名为坐赃，律文"非因事"三字当重看，若一因事则是上枉法不枉法矣。**按：监守、常人窃盗之赃曰并赃论，枉法不枉法之赃曰计赃科断，此条曰坐赃致罪，字法不同，各有精义。盖此系和同取与，于法无碍，本非赃也。科敛等不入己之项，实无赃也。然非赃而分不应受，无赃而罪不能免，非赃而得是赃之罪，无赃而得有赃之罪，故不曰计赃而曰坐赃，不曰论罪而曰致罪。所谓致者，犹之文致之致也。**注云不入己者拟还职役，亦自九等罚以下言之。凡入己之赃，不论多少，系行止有亏即应罢职，此不入己，故必至十等罚始行照例罢职。若未至十等罚，仍留职役，以系坐赃，不同犯赃之有亏行止也。六赃之中，惟此最轻，各主者固折半科罪，即一主者亦应半科，盖一轻而无不轻者，律之例也。《辑注》如官吏新任新役，生辰时节受人庆贺者，及馈送之类，皆所谓非因事受财也。在凡人为交际之常，在官吏则坐赃致罪，所以杜贪污之渐者。深矣！中律文义之精细如此。若外国刑法则无是特色也。

事后受财（原在事后，故别于受财律）

凡（官吏）有（承行之）事先不许财，事过之后而受财，事若枉断者，准枉法论。事不枉断者，准不枉法论（无禄人各减有禄人一等。风宪官吏仍加二等。若所枉重者，仍从重论。官吏俱照例为民，但不追夺诰敕。律不言出钱、过钱人之罪，问不应从重可也。)

按:此仍《明律》,其小注系顺治三年添入,与《唐律》文义相同。惟《唐律》不枉断者以受所监临财物论,较之不枉法为轻。盖不枉法一尺**杖九十,三[十]疋加役流,而受所监临财者,一尺笞四十,**五十疋止流二千里,较不枉法之赃轻数等矣。此言私与之财,虽事后亦不得受也。"先不许财"四字须重看,若先许财而后未受是听许财物矣。凡先许财而后受之,即应照官吏受财科断矣。盖先未许财,则枉不枉原无成心。若先已许定则先有受财之心,后有受财之实,先受后受实无异也。此条较官吏受财律所轻者,止是至死得减一等,其余一概同论。其严如此,所以惩贪墨也。注添"官吏"二字,可见此律专指官吏,与上条有"人等"二字统括一切者不同,缘非官吏则不得有枉断之事也。注又添"官吏照例为民"一句者,以《名例》官犯私罪,必至十等罚乃革职。若犯赃则行止有亏,与寻常私罪不同,虽九等罚以下俱罢为民,但事后受财究与枉法真赃有异,故虽罢职而不追夺诰勅,轻重权衡一毫不爽,此中律之所以可羽翼经传也。

官吏听许财物(原未接受,故别于事后受财律)

凡官吏听许财物,虽未接受,事若枉者准枉法论,事不枉者准不枉法论,各减(受财)一等。所枉重者各从重论。(必自其有显迹有数目者方坐。○凡律称准者,至死减一等,虽满数亦罪止流三千里。此条既称准枉法论,又称减一等,假如听许准枉法,赃满数至死减一等,流三千里,又减一等徒三年,方合律,此正所谓犯罪得累减也。此明言官吏,则其余虽在官之人,不用此律。)

按:此仍《明律》,其小注系顺治三年采《笺释》之意而增入。《唐律》无此条目。此盖杜官吏受贿之端也。前枉法不枉法赃是因事而已受者,然充官吏贪赃之类必有听许而未受者,已受者法固难宽,即未受者亦已薰染于心而受贿之端已开矣。律贵诛心,其心贪污即是罪案,故计其所许之数以论其应得之罪,分别枉法不枉法,较已受者递减一等。《辑注》云:前条受财在于事后,事前未许也。其枉法不枉法均非有心,此条听许在于事前,事后未受也。其枉法不枉法已有成见,乃前重而此轻者,以无实赃也。前是因赃而追论其事以定罪,此是因事而虚坐其赃以定罪,分晰最为明确。至于所枉重者从重论一语,乃科受赃枉法之通例,诸律皆然,而独附于此者,以此条听许未受轻罪犹且如此,前条受有实赃重罪自不待言。后有条例,当并参之。

一，听许财物，若甫经口许，赃无确据，不得概行议追。如所许财物封贮他处，或写立议单文卷，或交与说事之人，应向许财之人追取入官。若本犯有应得之罪，仍照律科断。如所犯本轻或本无罪，但许财营求者止问不应重律。其许过若干实交若干者，应分别已受未受数目计赃，并所犯情罪从重科断。已交之赃在受财人名下著追，未交之财仍向许财人名下著追。

有事以财请求

凡有事以财行求（官吏欲）得枉法者，计所与财坐赃论。若有避难就易，所枉（法之罪）重（于与财）者从重论。（其赃入官。）其官吏刁蹬，用强生事，逼抑取受者，出钱人不坐。（避难就易谓避难当之重罪，就易受之轻罪也。若他律避难，则指难解钱粮，难捕盗贼皆是。）

按：此仍《明律》，其小注系顺治三年添入。《唐律》：**"诸有事以财行求，得枉法者，坐赃论；不枉法者，减二等。即同事共与者，首则并赃论，从者各依已分法。又，诸受人财而为请求者，坐赃论加二等；监临势要，准枉法论。与财者，坐赃论减三等。若官人以所受之财，分求余官，元受者并赃论，余各依己分法云云"**较此加详。此律仅首二句系用《唐律》原文，若有避难就易以下数语当系明所添纂。以上数条皆言受财之罪，此言出钱行贿之罪也。以财行求，所谓彼此俱罪之赃也。故注云：其赃入官。用强逼抑，所谓取与不合之赃也。注虽未言其赃应即还主，律文得枉法之上注加一"欲"字最有深意，盖不论官吏果为枉法与否，而行求本念欲得枉法，即应以此科断，所以诛其心也。律意本系严惩受财之人而稍宽出财过财之人，现行条例凡以财行求及说事过钱人计赃与受财同科，则非律意矣。然有例不得用律，故录条例于后以备引用。

一，凡有以财行求得枉法者，与受财人同罪。不枉法，计所与财减一等，说事过钱者如得赃，亦与受财人同罪，不得赃依律诚等定拟。其行求及说事过钱为从者递减一等，如抑勒诈索取财者，与财人及说事过钱人俱不坐。至于别项馈送，不系行求，照坐赃拟罪。

一，奸徒得受正凶贿赂挺身到官顶认，审系案外之人，业已成招定罪，几致正凶漏网者，俱照正凶罪名一例全科。若正凶放而还获及逃囚自死者，顶凶之犯照本罪减一等。其行贿本犯除罪应立决及秋审应入情实者毋庸另议外，原犯应入缓决者秋审时拟入情实，原犯遣流等罪照遣流脱逃例治罪，徒以下按律各加一等。如尚未成招，罪未拟定，旋即破案者，行贿凶犯仍照原犯罪名问拟。受贿顶凶者减正犯罪二等。至同案之犯代认重伤，致脱本犯罪名，已招解者减正犯罪一等。若原犯本罪重于所减之罪或相等者，各加本罪一等。未招解者仍照本罪科断。行贿凶犯均各照原犯罪名定拟。教诱顶凶者与犯人同罪。说合过钱者各减顶凶之犯罪一等。受财重者准枉法赃从重论。

在官求索借贷人财物

凡监临官吏挟势及豪强之人求索借贷所部内财物，并计（索借之）赃，准不枉法论。强者准枉法论，财物给主（无禄人各减有禄人一等）。○若将自己物货散于部民及低价买物多取价利者，并计余利，准不枉法论。强者准枉法论，物货价钱并入官给主。（卖物，则物入官而原得价钱给主。买物则物给主而所用之价入官。○此下四条盖指监临官吏，而豪强亦包其中。）○若于所部内买物不即支价及借衣服器玩之属各经一月不还者，并坐赃论（仍追物还主）。○若私借用所部内马牛驼骡驴及车船碾磨店舍之类，各验日计雇赁钱，亦坐赃论，追钱给主（计其犯时雇工赁直，虽多不得过其本价）。若接受所部内馈送土宜礼物，受者处四等罚，与者减一等。若因事（在官）而受者，计赃以不枉法论，其经过去处供馈饮食及亲故馈送者，不在此限。○其出使人于所差去处求索借贷、卖买多取价利及受馈送者，并与监临官吏罪同。○若去官而受旧部内财物及求索借贷之属，各减在官时三等。

按：此仍《明律》，其小注系顺治三年添入，雍正、乾隆年间删改。盖言倚势取财者之罪也。《唐律》分作六条。一为挟势乞索：**诸因官挟势及豪强之人乞索者，坐赃论减一等；将送者，为从坐。亲故相与者，勿论。**一为贷所临临财物：**诸贷所监临财物者，坐赃论；若百日不还，以受所监临财物论。强者，各加二等。若卖买有剩利者，计利，以乞取监临财物论。强[市]者，笞五十；有剩利者，计利，准枉法论。[即断契有数，违负不还，过五十日者，以受所监临财物论。]即借衣服、器翫之属，经三十日不还者，坐赃论，罪止徒一年。**一为役使所监临：**诸监临之官，私役使所监临及借奴婢、牛马驼骡驴、车船、碾硙、邸店之类，各计庸、赁，以受所监临财物论。即役使非供己者，计庸坐赃论，罪止杖一百。其应供己驱使而收庸直者，罪亦如之。若有吉凶，借使所监临者，不得过二十人，人不得过五日。其于亲属，虽过限及受馈、乞贷，皆勿**

论。一为监临受供馈：**诸监临之官，受猪羊供馈，坐赃论。强者，依强取监临财物法。**一为去官受旧官属：**诸去官而受旧官属、士庶馈与，若乞取、借贷之属，各减在官时三等。**一为因使受送馈：**诸官人因使，于使所受送遣及乞取者，与监临同；经过处取者，减一等。即强乞取者，各与监临罪同云云。**此律合为一章，大致均本之《唐律》，而前后次序及罪名轻重略有改易，又划出役使所监临数语移入私役部民律内，各以类相从也。**盖前之官吏受财是有事人行求者，坐赃致罪是和同而与者，事后受财是人所馈送者，皆非官吏要挟而取也。**然官吏及及豪强之人贪赃之类，必有求索借贷之事，其情节不同，有求借者，有买卖多取价利及买物不即支价并私借所部器物者，有受餽送土宜及饮食者，以上皆言监临及豪强之人，此外又有出使人求索者，更有去官之后求索者。夫求索之人，既有监临官吏、豪强、出使、去官之分，所索之物又有财物、衣服、器玩、畜牲、车船、店舍、土宜、饮食之别，求索之情更有强与非强之判，故拟罪有准枉法、不枉法坐赃减等之异，分观合参，自知其妙。此外，又有数例足补律所未备，详录于后，以备参考。

一，各上司如有勒荐长随及幕宾者，许属员揭报，将该上司革职。如长随钻营上司引荐，在各衙门招摇撞骗财物者，照蠹役诈赃例计赃治罪。幕宾钻营引荐，事后收受为事人礼物，尚非舞弊诈财者，计赃以不枉法论，仍照衙门书役知法犯法加一等例治罪。如倚仗声势，欺压本官舞弊诈财者，亦照蠹役诈赃例计赃治罪。其不由上司引荐者有犯，亦照此例定拟。如幕宾长随钻营引荐别无情弊，但盘踞属员衙门者，均处十等罚，各递回原籍分别发落。若属员营求上司，因所荐幕宾长随有勾通行贿等弊，分别议处治罪。

一，凡外任旗员，该旗都统参领等官有于出结时勒索重贿及得缺后要挟求助，或该旗本管王贝勒及门上人等有勒取求索等弊，许本官据实密详督抚转奏。傥督抚瞻顾容隐，许本官直揭都察院转为密奏。倘不为奏闻，许各御史据揭密奏。

一，苗蛮黎獞等僻处外地之人，并改土归流地方，如该管官员有差遣兵役骚扰逼勒科派供应等弊，因而激动番蛮者，照引惹边衅例从重治罪。

家人求索

凡监临官吏家人（兄弟、子侄、雇工皆是）于所部内取受（所）求索借贷财物（依不枉法）及役使部民，若买卖多取价利之类，各减本官（吏）罪二等。（分有禄、无禄，须确系求索借贷之项方可依律减等。若因事受财，仍照官吏受财律定罪，不准减等。）若本官（吏）知情与同罪，不知者不坐。

按：此仍《明律》，顺治三年添入小注，乾隆五年改定旧注，家人未经注明，因采《笺释》之说添入，兄弟、子侄、雇工皆是。又，取受、求索、借贷，旧注分为三项，未免错谬，因于取受下添一"所"字，谓取受所求索借贷之财物也，此可见律注一字一句均有来历，不可滑口读过。《唐律》：**"诸监临之官，家人于所部有受乞、借贷、役使、卖买有剩利之属，各减官人罪二等；官人知情与同罪，不知情者各减家人罪五等。其在官非监临及家人有犯者，各减监临及监临家人一等云云。"**此律即本《唐律》，惟统言官吏而不分监临与非监临，又改不知情减五等为不坐罪，是其小异耳！定律之意系诫官吏以约束家人也。以上诸条皆言官吏身自犯赃之事，然推而极之，必有官吏之家人犯赃者。凡官吏之家人挟官吏之势，或因事而取之，或因送而受之，其求索借贷多取价利，即上条所载各项，不言不即支价及借衣服诸项者，统括于"之类"两字中也。其役使部民一项，即指役使部民之律也。**《辑注》**：凡随在任所同住之人皆可以言家人，不必拘兄弟子侄也。若吏则不同，必是家人方坐。此等狐假虎威招摇诓骗，无所不至，故投此专条以防其渐。律言官吏不知者不坐，例则补出大臣不约束家人，致令交结借贷治罪三条，足补律所未备，宜并参之。

一，执事大臣不行约束家人，致令私向所管人等往来交结借贷者，一经发觉，将伊主一并治罪。

一，长随求索吓诈得财舞弊者，照蠹役诈赃例治罪。其有索诈婪赃托故先期预遁及本官被参后闻风远扬者，拿获之日，照到官后脱逃例各加二等治罪，仍追原赃。其各衙门现任大小官员，如有收用犯案长随者，交部议处。

风宪官吏犯赃

凡风宪官吏受财及于所按治去处求索借贷人财物，若卖买多取价利及受馈送之类，各加其余官吏（受财以下各款）罪二等。（加罪不得加至于死，如枉法赃须至八十两方坐绞，不枉法赃须至一百二十两之上方坐绞。○风宪吏无禄者，亦就无禄枉法、不枉法本律断。○其家人如确系求索借贷，得减本官所加之罪二等。若因事受财不准减等。本官知情者与同罪，不知者不坐。）

按：此仍《明律》，其小注系顺治三年添入，雍正三年删改，乾隆五年复改。《唐律》无此名目，此重风宪官吏败检之罪也。风宪衙门职司纠察，操守尤宜谨严。若已犯赃，何以肃人，故有加等治罪之法。宪者，法也，执法不挠则群僚承风摄服，故曰风宪。《笺释》云：内而都察院、科道，外而臬司各道，即督抚大吏亦当同论。现在司法行政划分两途，凡各审判衙门任司法之责者，均可谓之风宪。以上各条皆言监临等官吏，此更推极于风宪者，其任重，其罚亦重也。此条乃风宪官吏犯罪之通例。

因公科敛

凡有司官吏人等非奉上司明文，因公擅自科敛所属财物及管军官吏科敛军人钱粮赏赐者，（虽不入己）处六等罚，赃重者坐赃论。入己者并计赃以枉法论。（无禄人减有禄人之罪一等，至一百二十两绞监候。）○其非因公务科敛人财物入己者，计赃以不枉法论。（无禄人罪止流三千里）。若馈送人者，虽不入己，罪亦如之。

按：此仍《明律》，其小注系顺治三年添入，雍正三年修改。现又改杖为罚。《唐律》谓之率敛监临财物：**诸率敛所监临财物馈遗人者，虽不入己，以受所监临财物论。**《疏议》曰：率敛者，谓率人敛物也。《明律》改为科敛，劈分因公不因公两项，而因公内又有公用、入己之别，非因公更有入己、送人之别。以上各条受赃皆言一主、各主之财，然推而极之，必有科敛所属、所管军民之财者。科者，分派之谓。敛者，聚敛之谓。分派于人而聚敛之，故曰科敛。因公者是枉法，非因公者是不枉法。盖阳讬公务之名，阴为纳贿之计，将法所应用者侵渔入己，则法已亏矣，故其罪重。非因公者，不过私下求取，止是贪利，于法无亏，较之假公济私有间，虽有贪婪之罪，尚无要挟之情，故其罪次之。盖一则奸法以营私，一则贪赃而犯法。犯法者法存，奸法者法亡，此枉法不枉法之所以分也。若馈送他人，是取人之财以市己惠，与入己何异？故亦如入己之罪。**《日本刑法》**有官吏征收租税及各种进项于正数外多征者处重禁锢加罚金之条，亦即此意，特不如中律之详细耳！后例又有内外衙门不许罚取钱谷银两等。又，旧例有运、黄两河遇有公事，题请定夺，不许辄派商捐，违者题参之例，均系严禁私行勒派之意。**《吏部则例》**：凡民间寻常词讼，所犯之事本轻，地方官酌量示罚以充桥道庙宇等工之用，亦须详报上司奏明办理，不许擅自批结。如违例科罚数在百两以内者，降一级调用云云，与此律互相发明，当并参之。

一，凡京城及外省衙门，不许罚取纸劄、笔墨、银朱、器皿、钱谷、银两等项，违者计赃论罪。若有指称修理，将并无罪犯之人用强科罚，米谷至五十石，银至二十两以上，绢帛贵细之物直银二十两以上者，事发交部照例议处。

克留盗赃

凡巡捕官已获盗贼，克留赃物不解官者处四等罚。入己者计赃以不枉法论，仍将其（所克之）赃并（解过赃通）论盗罪。

按：此仍《明律》，顺治三年添入小注。现删去末两句。言官役不可因捕盗而为利也。赃物统强窃盗、监守、常人、掏摸、抢夺等项而言。剋留者剋扣存留，非全留不解也。盖既未纵盗，则法无所枉，而剋留盗赃，仅不应之小过，故止拟罚，仍还其职，以尚未入己也。若隐匿入己，则以不枉法论，即应罢职不叙矣。例文又有胥捕侵剥盗赃照不枉法律科断之条，须合参之。

一，胥捕侵剥盗赃者，计赃照不枉法律科断。

诈　伪

古律无诈伪之目，魏于《贼律》中提出各项另立一门，名曰《诈伪》，历代迄今因之不改。共分十二章，首重制书诏旨，次印信历日，而私铸铜钱一章尤为切要，用处最多，**《日本刑法》**谓之害信用罪，共九节而以伪造货币官印为首，亦系先公后私之意，其余互有异同，彼此合参，各有深意存焉！当详玩之。

诈为制书（诈为以造作之人为首从坐罪，转相誊写之人非是。）

凡诈为（原无）制书及增减（原有）者（已施行，不分首从）皆绞（监候），未施行者（为首）流三千里（为从者减一等）。传写失错者（为首）处十等罚（为从者减一等）。〇诈为各部、都察院、大理院、将军督抚、提镇守御紧要隘口衙门文书，套画押字，盗用印信及将空纸用印者，（必盗用印并事关军机、钱粮、刑名方坐）皆绞（监候，不分首从。未施行者，为首减一等，为从又减一等）。〇（诈为）布政司、按察司（提法司同）、府州县衙门（印信文书）者，（为首）流三千里。（诈为）其余衙门（印信文书）者，（为首）徒三年。（为从者减一等）。未施行者各（分首从）减一等。若有规避事重（于前事）者从重论。（如诈为出脱人命以规避抵偿，当从本律科断之类。）〇其（诈为制书、文书已施行，及制书、文书所至之处）当该官司知而听行，各与同罪（至死减等)。不知者不坐。○(一将印信空纸捏写他人文书投递官司害人者,依投匿名文书告言人罪者律。)○(盗用钦给关防与印信同有例。)

按:此仍《明律》,顺治三年修改,并添小注。现又改易。盖言伪造制书之诛而并及诈官文书之罪也。《唐律》:**诸诈为制书及增减者,绞;未施行者,减一等。[诸]诈为官文书[及增减]者,杖一百。**现律已施行者改斩为绞,未施行者改绞为流,则与《唐律》无异。又添各衙门文书,三段更为详密。制书者,即圣旨,如诏诰敕谕赦书皆是也。凡本无而凭空撰出者谓之诈为,本有而更正字句者谓之增减。首节言诈为制书之罪,二节言诈为内外紧要衙门文书之罪,三节言诈为在外各衙门印信文书之罪,四节总承上三条而言知情听行之罪。诈为制书,则上侵天子之权,故其罪重。若传写失错,不过无心之过,不慎重之咎耳,故止拟罚而已。诈为文书必盗画押字,盗用印信,故备言之。然二者究重在印信而押字为轻,故条例又分言之。若空纸用印,乃是盗用印信以为诈伪之计,或先写文书而后盗印,或先盗印而后填写,其为诈伪同也。《日本刑法》伪造诏书或增减变换者处无期徒刑,伪造官文书或增减变换行使者,处轻惩役。伪造公债证书、地券及其他官吏之公证文书,或增减行使者,罪同上项云云。拟罪较中律为轻,而公债证书、地券二项,则又中律所无也。律外又有条例,补律未备,可并参之。

一,凡诈为各衙门文书,盗用印信者,不分有无押字,依律坐罪。若止套画押字,各就所犯事情轻重,查照本等律条科断。其诈为部院各司文书者,俱与其余衙门同科。

诈传诏旨(诈传,以传出之人为首从坐罪,转相传说之人非是。)

凡诈传诏旨(自内而出)者,(为首)绞(监候,为从者流三千里)。○若诈传一品、二品衙门官言语于各(属)衙门分付公事(自)有所规避者(为首)徒三年,三品、四品衙门官言语(有所规避)者(为首)处十等罚,五品以下衙门官言语者处八等罚,为从者各减一等。若得财(而诈传无碍于法)者,计赃以不枉法,因(得财诈传)而(变)动事(情枉)曲法(度)者以枉法,各(以枉法不枉法赃罪与诈传规避本罪权之)从重论。○其(诈传诏旨、品官言语所至之处)当该官司知而听行,各与同罪(至死减一等)。不知者不坐。○若(内外)各衙门追究钱粮,鞫问刑名公事,当该官吏将奏准合行(免追免问)事理妄称奉旨追问者,(是亦诈传之罪),绞(监候)。

按:此仍《明律》,顺治三年添入小注,原律皇太子令下尚有亲王令旨四字,雍正三年御批删除。现又删去皇后、皇太子两层,止余诏旨,并改斩为绞。《唐律》:**口诈传制书及口增减者绞**,而无此律一品、二品以下等罪。定律之意系重诏旨而并及品官言语以分别诈传者之罪也。自文书而言,谓之诈为,自言语而言,谓之诈传。诏旨,谓言语也。诈传必有私行乱政之事,故与诈为罪同。诈为文书则以衙门之散要为轻重而以盗画押字、盗用印信为诈伪之成。诈伪言语则以官品之崇卑为轻重而以分付公事有所规避为诈传之据。盖文书实有凭据,印信各有执掌,上下衙门可以通行,而言语则尊可以谕卑,卑不可以谕尊,故彼以衙门论,此以品级论,义各有当也。《日本刑法》无诈传言语之罪而有诈称身分之罪。凡以文书言语对官署诈称属籍身分姓名年龄职业者,罚全二十圆以下,诈称官职位阶者处轻禁锢云云,虽与中律情罪不同而彼此可以互参。

对制上书诈不以实

凡对制(敷陈)及奏事(有职业该行而启奏者与)上书(不系本职而条陈时务者)诈(妄)不以实者徒三年。(其对奏上书)非密(谓非谋反、大逆等项)而妄言有密者加一等。○若奉制推按问事,(转)报上不以实者徒二年。(若徇私曲法而所报不实之)事重(于徒二年)者,以出入人罪论。

按:此仍《明律》,顺治三年添入小注。盖言陈奏不实之罪有轻重也。《唐律》:**诸对制及奏事、上书,诈不以实者,徒二年;非密而妄言有密者,加一等。若别制下问、案、推,报上不以实者,徒一年云云。**与此律情事相同,而拟罪稍轻。凡承制命而回奏曰对制,题奏应行公事曰奏事,建言献策之类曰上书,至如人有罪过未有告言而奉制按验其虚实则谓之按问,已有告言而奉制推鞫其情罪则谓之推问,臣子于君当抒诚直言有犯无隐,若诈不以实则是伪诈诡谲之词以欺君也,非密妄言则是造作诬妄之言以罔上也,情有轻重故治罪各殊。若报不以实,或智识不及或无心失错,未必尽出于诈妄,故减前罪二等。曰诈,曰妄,曰不以实,律文深细,当详绎之。

伪造印信时宪书等

凡伪造诸衙门印信及时宪书(起船起马)符验、茶盐引者,(为首雕刻)绞(监候,为从者减一等流三千里)。有能告捕者,官给赏银五十两。伪造关防印记者(为首)

徒三年，告捕者官给赏银三十两，为从及知情行用者各减一等（各字承上二项而言）。若造而未成者（首从）各减一等。其当该官司知而听行与同罪，不知者不坐。○（印所重者文，若有篆文，虽非铜铸，亦可以假诈行事。故形质相肖而篆文俱全者谓之伪造。惟有其质而文不全者，方谓之造而未成。至于全无形质而惟描之于纸者，乃谓之描摹也。）

按：此仍《明律》，其小注系顺治三年添入，雍正乾隆年间改定。现又改斩为绞。盖严伪造印信关防以行私之罪也。《唐律》：**“［诸］伪造［皇］帝（王）八宝者，斩。太皇太后、皇太后、皇后、皇太子宝者，绞。皇太子妃宝，流三千里。［诸］伪写官文书印者，流二千里。余印，徒一年。”**注云：写者，仿效而作，不限用泥、用蜡云云。此律删去伪造御宝三项而添时宪书、符验、茶盐引及关防印记等项，又改伪写为伪造，并添告获给赏之法，其拟罪亦较《唐律》为严。盖各衙门印信所以传信四方者，时宪书则颁行之正朔也。起马起船用符验，皆陆军部所管，犹今火牌勘合也。商人贩卖茶盐皆须纳引，给自度支部批验之后截角缴销，以杜重冒。关防印记亦由部颁，非私刻条记也，若今之督抚等衙门钦给关防，则以印信同论，又与寻常之关防不同，此皆朝廷所颁，天下奉以为信，所系至重，故伪造之罪亦重。《日本刑法》伪造御玺、国玺及使用者处无期徒刑，伪造各官府之印及使用者处重惩役，伪造变造官所发行各种印纸格纸及邮票，处重禁锢加罚金云云，较中律治罪为轻，而御玺一项又与《唐律》符合。至于印纸邮票等项，中国现在通行，已于他门纂立伪造专条以资引用。再，律止言伪造之罪，例又以使用伪造之印关系重大者较律治罪加重，关系轻微者又较律治罪从轻，尤为平允，当合参之。

一，伪造印信之案，如假印形质已具，篆文字体已成，仅止笔画少缺，但经行用得财，为数多者分别首从拟以斩候、满流。即为数无多，亦分别首从照例拟以流徒。甫经雕刻，尚未行用者，各减得财一等。若篆文笔画实未齐全，又未诓骗得财，方以造而未成科断。其伪造关防印记者，亦照此分别首从各按本例办理。

一，伪造假印之案，如起意者自行雕刻，或他人同谋分赃代为雕刻者，将起意之人与雕刻之人并以为首论，案内为从者减一等。若仅受些微价值代为私雕，并无同谋分赃情事者，以起意之人为首，雕刻之人为从，与案内为从者并减首犯罪一等。

一，凡盗用总督、巡抚等官钦给关防，俱照各官本衙门印信拟罪。若盗及弃毁伪造，悉与印信同科。

一，凡伪造诸衙门印信及钦给关防事关军机、冒支钱粮、假冒官职，大干法纪者，俱拟绞立决，为从者拟绞监候。若非关军机、钱粮、假官等弊，止图诓骗财物为数多者，俱照律拟绞监候，为从者流三千里。若诓骗财物为数无多，银不及十两，钱不及十千者，为首雕刻者流三千里，为从及知情行用者各减一等。其伪造关防印记诓骗财物为数多者，将为首雕刻之人发极边足四千里安置。若为数无多，为首者仍照律徒三年，为从及知情行用者各减一等。其造而未成者又各减一等。若描摹印信行使诓骗财物，犯该徒罪以上者，流三千里。其为数无多，犯该徒罪以下者，各计赃以次递减。（四十两，徒三年。三十两，徒二年半。二十两，徒二年。一十两，徒一年半。一两以下，徒一年。不得财者，罪止处十等罚。）

私铸铜钱

凡私铸铜钱者绞（监候），匠人罪同。为从及知情买使者各减一等。告捕者，官给赏银五十两。里长知而不首者处十等罚，不知者不坐。○若将时用铜钱剪错薄小，取铜以求利者处十等罚。○若（以铜铁、水银）伪造金银者徒三年，为从及知情买使者各减一等。（金银成色不足，非系假造，不用此律。）

按：此仍《明律》，顺治三年添入小注。现改杖为罚。盖禁私铸罔利以重国宝也。《唐律》：**“诸私铸钱者，流三千里；作具已备，未铸者，徒二年；作具未备者，杖一百。若磨错成钱，令薄小，取铜以求利者，徒一年。”《疏议》**云：若私铸金银等钱，不通时用者不坐云云。明改为绞，又添伪造金银一项，已较《唐律》从重。国朝改为斩罪，现虽仍改为绞，更增伪造银圆、铜圆钱币及伪造外国银圆各项，但禁令愈密而私铸者愈多，不得其人以实力奉行，虽徒法亦何益哉！盖圜法自有定制，国家开局鼓铸以生财利用，非民间所得而私，故私铸即作[坐]死罪。至于伪造金银，如今鼎银之类用药造作，全无金银成色在内，若有成色，则是低潮非伪造矣。铜钱曰私铸，其体质犹铜也。金银曰伪造，其体质非金银矣。私铸之罪重于伪造者，钱法之权出乎上，私铸则犯禁乱法。金银之产出乎地，伪造但罔民取利而已，故科罪各有差等。《日本刑法》伪造内国通用之金很货及纸币而行使者处无期徒刑，伪造内国通用之外国金银货而行使者处有期徒刑，伪造内国通用之铜货而行使者处轻惩役，伪造官许发行之银行纸币而行使者，分别内国外国照前二条处断云云。考之德、法、英、美各国，亦均无死罪，与《唐律》尚相符合，惟中律加重处绞，现例更为紧重，然钱法之坏日甚一日，即此一节而民俗之偷簿、财政之困难已可见矣。

一，凡私铸，无论砂壳铅钱，所铸钱数在十千以上，或虽不及十千而私铸不止一次，为首及匠人俱拟绞监候，为从发烟瘴地方安置。受些微雇值挑水打炭者，徒三年。其铸钱不及十千者，首犯、匠人俱发烟瘴地方安置，为从及受雇之犯各照十千以上从犯受雇之罪递减一等。房主、邻佑、总甲、十家长知而不首者以违制论，房屋入官。受贿纵容者徒三年，不知情者不坐。若私铸未成，畏罪中止者，首犯与匠人俱流三千里（仍迴避云贵等省出产铜铅地方）。受雇之人徒二年，房主人等知而不首者照不应重律治罪，受贿纵容者徒二年，不知情者不坐。失察之地方官交部议处。

一，凡私铸银圆铜圆伪造纸币但经铸成造就，无论银数钱数数次多寡，为首及铸造雕剖之匠人俱拟绞监候，入于秋审情实，为从俱发烟瘴地方安置。受雇之犯徒二年，私铸伪造未成，畏罪中止者，为首及匠人俱发极边足四千里安置。

一，凡将银挖孔倾入铜铅等物，及用铜铅等物倾成锭锞外用银皮包好，并铜铅等物每两内搀实银二、三、四、五钱不等伪造银使用者，均照伪造金银律分别首从拟徒。其用铜铁锡铅等质药煮伪造假银，骗人行使者，发极边足四千里安置。为从者流三千里。

一，销毁制钱照私铸铜钱例分别首从治罪，房主人等知而不首亦照私铸铜钱例分别定拟，将制钱翦边图利者徒三年，为从减一等，地方官能设法拏获，交部议叙。失察者，地方官及该管上司交部分别议处。

收买私铸制钱银圆铜圆及伪造假银纸币搀和行使，或货卖与人者，不计银数钱数次数，俱徒三年，收买翦边钱者徒二年，官船户夹带者罪同，甫经收买尚未搀和货卖者照不应重律治罪。

一，凡伪造外国银圆纸币行使，不论银数次数多寡，为首及匠人俱流三千里，为从及铸造未成之犯各减一等。

一，凡地方文武各官严拿私铸，务于山陬水滨人迹罕到及居民繁庶人烟稠密处所，并宜差委妥练员役不时察访查拿。如遇有私铸之事，知情故纵者与犯同罪外，其不知情者从前虽漫无觉察，今但能拿获，不论年月远近，俱免其处分。文官拿获者，并免同城武职之处分，武弁拿获者，亦免同城文官之处分。交界之所，此县拿获，彼县亦免处分。至果能实心查拿者，不论本管地方及别州县，准以拿获之多寡交部量予议叙。若该地方官不加意缉拿，或系上司查出，或被旁人告发，俱仍照例处分。

诈假官

凡(伪造凭劄)诈(为)假官(及为伪劄或将有故官员文凭而)假与人官者绞(监候),其知情受假官者流三千里。(须有劄付文凭方坐,但凭劄皆系与者所造,故减等。)不知者不坐。○若无官而(不曾假造凭劄但)诈称有官有所求为或诈称官司差遣而捕人及诈冒(见任)官员姓名(有所求为)者徒三年。(以上三项,总重有所求为。)若诈称见任官子孙、弟侄、家人、总领于按临部内有所求为者处十等罚,为从者各加一等。若得财者,并计赃(各主者以一主为重)准窃盗从重论(赃轻以诈科罪)。○其当该官司知而听行与同罪。不知者不坐。

按:此仍《明律》,顺治三年添入小注。现改斩为绞,改杖为罚。盖重惩假冒官职之罪以杜奸伪也。《唐律》:**“诸诈假官,假与人官及受假者,流二千里。其于法不应为官,而诈求得官者,徒二年。若诈增减功过年限而预选举,因之以得官者,徒一年;流外官,各减一等;求而未得者,又各减二等。诸诈为官及称官所遣而捕人者,流三[二]千里。诈称官及冒官人姓字,权有所求为者,罪亦如之云云。”**此律改拟绞候,受假者满流,较《唐律》加重数倍,又删去于法不应为官及增减功过等项,似不及《唐律》之详。盖诈假官者本身原无官职,或诈为劄付文凭赴任,或将他人劄付文凭冒认顶替者皆是也。假与人官者,他人本无官职,或假为劄付文凭与之以官,或将所得别人劄付文凭与之假冒者皆是也,故皆坐绞。至于诈称有官,诈称差遣,诈冒姓名,诈称官员家人等项,止是假冒名色,托诸语书,以为求为之地。其称有官者原无凭劄,称差捕者原无批牌,与上造有凭劄实据者不同,故拟罪减轻二等。以上四项,总重有所求为,若仅擅用冠带,诈称差捕无所求为,则止问违制之罪,不在此限。律文浑言诈官及诈称官员子孙,例文又补出假冒皇亲族属及假充大臣近侍官员家人,各项情节较重,故治罪加严,须合参之。《日本刑法》诈称官职位阶,或僭用官服徽章及内外国勋章者,处轻禁锢加罚金,伪造官给免状鑑札行使者,处重禁锢加罚金云云,亦是此意,但不如中律之完备耳。

一,凡假冒皇亲族属姻党家人,在京在外巧立名色挟骗财物,侵占地土,并有禁山场,拦当船只揹要银两,出入大小衙门嘱托公事,贩卖制钱私盐,包揽钱粮,假称织造,私开牙行,擅搭桥梁,侵渔民利,或假充大臣及近侍官员家人名目豪横乡村,生事害民,强占田土房屋,招集流移住种者,许所在官司拏问,除实犯死罪(如诈冒、假势、凌虐、故杀、斗杀、私盐、拒捕之类）外，徒罪以上加一等定拟。若被害之人赴所在官司告诉，不即受理及虽受理，观望逢迎不即问断举奏者，各治以罪。

一，凡无官而诈称有官，并冒称见任官员姓名并未造有凭札，但系图骗一人，图行一事者，各于本律本例上加一等定拟。若假冒顶带自称职官，止图乡里光荣，无所求为，亦无凭札者徒一年。假冒生监顶带者处十等罚。

一，伪造凭札自为假官者，伪造凭札并将有故官员凭札卖与他人者及买受凭札冒名赴任者，俱拟绞监候。知情说合者流三千里。

一，凡诈充各衙门差役，假以差遣体访事情、缉捕盗贼为由妄拿平人、搜查客船吓取财物，扰害人民者，审系捏造签票，执持锁鍊恐吓诈财，照诈称官司差遣捕人律徒三年。所犯重于满徒者，各于本罪上加一等治罪，计赃重者照蠹役诈赃例问拟。其未捏有签票，止系口称奉票吓唬者，于恐吓取财及各项本罪上加一等治罪。若计赃逾贯及虽未逾贯而被诈之人因而自尽者，均拟绞监候。拷打致死及吓诈忿争殴故杀，被诈之人者均照罪人杀所捕人律拟绞监候，为从各减一等。如假差遣有伪造印信批文，或以捕盗抢检伤人，按律应拟死罪者，仍各从其重者论。所在官司阿从故纵者各治以罪。若被诈之人殴死假差者，照擅杀罪人律拟绞监候。至非被诈之人有与假差谋故斗杀者，仍各按本律科断。

诈称内使等官（官与事俱诈）

凡（凭空）诈称内使（近臣）、内阁、各部、都察院、给事中、监察御史、按察司官在外体察事务，欺诈官府，煽惑人民者（虽无伪造劄付）绞（监候），知情随行者减一等（流三千里）。其当该官司知而听行，与同罪（罪止流三千里）。不知者不坐。○若（本无符验）诈称使臣乘驿者流三千里，为从者减一等。驿官知而应付者与同罪，不知情失盘诘者处五等罚。其有符验而应付者不坐。（符验系伪造，有伪造符验律，系盗者，依盗符验律。）

按：此仍《明律》，原文系诈称内使、都督府、四辅、谏院，顺治三年改为内阁、六科，并添入小注，雍正三年改定。现又改易。盖重惩假势要以欺官民之罪也。《唐律》诈冒官司、诈乘驿马分作两条，此合为一。《唐律》：**“诸诈乘驿马，加役流。”**此止拟流三千里，则较《唐律》为轻，此律前节言诈称体访之罪，后节言诈称乘驿之罪。上条无官诈称有官尚系泛言，此就有官内抽出关系重大者言之。奸宄不逞，至于蠹政害民，较上条之有所求为者情罪较重，故立法较严。当与上条诈假官参看，彼系伪造劄付以赴任所，此系假借名色以为声势。又与《诉讼门》假以察访为由挟制官府及《贼盗门》指官撞骗二例名目相似而情节不同，彼此互参，其义自各有当也。

近侍诈称私行（官实而事诈）

凡近侍之人在外诈称私行体察事务，煽惑人民者绞（监候，此诈称系本官自诈称，非他人。）

按：此仍《明律》，其小注系顺治三年增修，现改斩为绞。盖指以实官而行诈事者之罪也。近侍之人，日近君侧，习知朝廷之事，易以惑人，故坐死罪以重惩之。前条官与事俱诈，此则官真而事假，须分别观之。

诈为瑞应

凡诈为瑞应者徒一年。若有灾祥之类而钦天监官不以实对者，加二等。

按：此仍《明律》。盖惩欺隐之罪以重休咎之征也。《唐律》：**"诸诈为瑞应者，徒二年。若灾祥之类，而史官不以实对者，加二等。"**较此律稍重。瑞应者，陆贾云：瑞者宝也，信也，天以宝为信应人之德，故曰瑞应。诈为瑞应即《唐律疏议》所谓诈言麟凤龟龙，无可案验者。宋王钦若之天书亦其书也。本无瑞应而诈为，是欺罔朝廷，奸人之尤也。若遇灾祥而不以实对，是有负职守，其欺罔更甚矣。故科罪有轻重之分，与《礼制门》内失占天象相似而实不同者，彼系无心失占，此则有心不实对耳。

诈病死伤避事

凡官吏人等诈称疾病临时避难（如难解之钱粮，难捕之盗贼之类）者处四等罚，（为所避之）事重者处八等罚。○若犯罪待对，故自伤残者处十等罚，诈死者徒三年。（伤残以求免拷讯，诈死以求免出官）。所避事重（于处十等罚及徒三年）者各从重论。（如侵盗钱粮仍从侵盗重者论）。若无避（罪之情但以恐吓诈赖人）故自伤残者处八等罚。其受雇倩为人伤残者与犯人同罪，因而致死者减斗杀罪一等。○若当该官司知而听行（谓知其诈病而准改差，知其自残避罪而准作残疾，知其诈死而准住提）与同罪，不知者不坐。

按：此仍《明律》，顺治三年添入小注。现改杖为罚。盖惩讬故避事之罪也。

《唐律》:**“诸诈疾病,有所避者,杖一百。若故自伤残者,徒一年半。注云:有避、无避等。虽不足为疾残,而临时避事者,皆是。又,[其]受雇倩,为人伤残者,与同罪;以故致死者,减斗杀罪一等。”**《疏议》云:若为祖父母、父母遣之伤残,因致死者,同过失之法云云。《明律》即本于此而又添诈死一层,较为详备。上段与《职制门》擅离职役相似,但彼言避难在逃,此言诈病避难,比在逃之罪较轻矣。下段与《断狱门》罪囚令人自杀相似,但彼系犯罪应处死而使亲故自杀或倩人杀之,此系犯罪应待对而故自伤残或雇人伤之,情节各不相同也。如稳婆受奸夫雇倩为奸妇打胎皆为人伤残之类也。《日本刑法》:受嘱托为自杀人下手者处轻禁锢加罚金,帮助自杀者减一等,亦即此意。但彼言自杀,此言自伤,有不同耳。

一,各省获罪之犯报称病故者,著该管官员出具印结,并行文原籍地方官稽查,傥有诈称病故者,分别从重治罪。

一,凡未经到案之犯报称病故,该抚严饬地方官悉心确查,取具甘结报部,傥有捏报等情,日后发觉,将该地方官与该抚一并严加议处。

诈教诱人犯法

凡设计用言教诱人犯法及和同(共事故诱)令人犯法,却(自)行捕告,或令人捕告欲求赏给,或欲陷害人得罪者,皆与犯法之人同罪。(罪止满流。和同令人犯法,看令字还是教诱人而又和同犯法也,若止和同犯法,则宜用自首律。)

按:此仍《明律》,顺治三年采《笺释》语添为小注。盖言诈诱人之罪以惩奸险也。《唐律》:**“诸诈教诱人使犯法,及和令人犯法,即捕若告,或令人捕告,欲求购赏;及有憎嫌,欲令入罪,皆与犯法者同坐云云。”**与此律拟罪相同而文法稍为增修。凡阴险之徒害人利己,遇有鄙俚之人不娴法式而设为计谋,诳以言语,教人为犯法之事,或和同共为犯法之事,以身诱之,其后欲自行捕告或令人捕告,致人罹于法网,其心至毒,其术至险,在被教诱犯法者业已堕其术中,不能免罪,而教令之人虽自行捕告,亦不准同自首免罪,所以深诛其心,使之不能行其诈也。律注甚细,宜加细玩。后例又补出教师演弄拳棒教人及土官延幕并幕友长随滋事妄为累及本官各条,皆足补律文所未备,当合参之。

一,凡土官延幕必将所延之姓名、年籍通知专辖州县确加查验,人果端谨,实非流棍,加结通报,方准延入。若知系犯罪之人私聘入幕,并延请后纵令犯法者,照职官窝匿罪人例革职。如有私聘私就者，即令专辖州县严加驱逐。若土幕教诱犯法，即视其所犯之轻重依律治罪。败露潜逃，即行指拿重惩。私聘之文武土官及失察之该管州县，交部分别议处。

一，凡地方官有被参降革治罪之案，严究幕友长随书役等。除犯诈赃诬拿等项罪有正条者仍照例办理外，其但系倚官滋事怂令妄为累及本官者，各按本官降革处分上加一等。如本官应降一级者，将该犯处七等罚，降二级、三级者，以次递加至革职者徒一年。本官罪应拟徒者，亦各以次递加一等，加至徒三年而止。至总徒准徒流罪以上者，均与同罪。徒罪以下，将该犯递回各原籍，分别充徒管束，永远不准复充。如有犯罪之后仍潜身该地，欺瞒后任改易姓名复充者，察实严加治罪。

一，游手好闲不务正业之流自号教师，演弄拳棒教人及投师学习，并轮叉舞棍遍游街市，射利惑民者，严行禁止。如有不遵，一经拿获，将本犯流三千里，随同学习者徒三年，限满递籍严加管束。如坊店寺院容留不报，地保人等不行查拿，均照不应重律治罪。地方文武各官失于觉察，照例议处。若曾学拳棒并未辗转教人，亦不游街射利者免议。

犯　　奸

《唐律》无犯奸专门，凡涉奸事者俱统于《杂律》之中，《元律》谓之奸非，明始于杂犯律中提出另立《犯奸》一门。《唐律》止有凡奸、亲属相奸及奴奸良人各条，其官吏宿娼、买良为娼各项则皆明所增入。国朝因之，共分十篇，而首篇尤为诸篇之通例。凡问奸罪者宜先参看此篇。

犯奸

凡和奸处八等罚，有夫者处九等罚，刁奸者（无夫、有夫）处十等罚。○强奸者绞（监候），未成者流三千里。（凡问强奸，须有强暴之状，妇人不能挣脱之情，亦须有人知闻及损伤肤体、毁裂衣服之属方坐绞罪。若以强合，以和成，犹非强也，酌减为徒二年，妇女不坐。如一人强捉，一人奸之，行奸人问绞，强捉问未成流罪。又如见妇人与人通奸，见者因而用强奸之，已系犯奸之妇难以强论，依刁奸律。）○奸幼女十二岁以下者，虽和同强论。○其和奸、刁奸者，男女同罪，奸生男女责付奸夫收养，奸妇给付本夫，听其离异。若嫁与奸夫者，奸夫、主婚之人各处八等罚，妇人仍离异，财物入官。○强奸者妇女不坐。○若媒合容止（人在家）通奸者，各减犯人（和刁）罪一等。○（如人犯奸已露而代）私和奸事者，各减（和、刁、强）二等。○其非奸所捕获及指奸者勿论。若奸妇有孕，（奸妇虽有据而奸夫则无凭）罪坐本妇。

按：此仍《明律》，顺治三年添入小注。现又添入强始合成减二等二句。盖禁奸淫以端风化也。《唐律》：**“诸奸者，徒一年半；有夫者，徒二年。强者，各加一等。折伤者，各加斗折伤罪一等。诸和奸，本条无妇女罪名者，与男子同。强者，妇女不坐。其媒合奸通，减奸者罪一等云云。”**与此罪名轻重不同。此律和奸罪止于罚，较《唐律》为轻，而强奸拟绞则较《唐律》重数等矣。又添刁奸、强奸未成并奸幼女各项，更为详备。和奸者，男女情愿和同私奸也。刁奸谓奸夫刁诱奸妇引至别所通奸，亦和奸也。夫淫人妇女，坏人闺门，罪本重在奸夫，然必奸妇淫邪无耻有以致之，故男女同坐。若妇女本守贞洁而人用强奸之，肆己淫恶，污人节操，故严其法，拟以死罪，所以深恶之也。惟是强奸之情易于诬捏，用强之事亦复不同，故小注独详言之，所加细玩。至于十二岁以下幼女，情窦未开，本无淫心，而又易欺易制，故虽和，亦以强论。此律已较《唐律》为详，而例又添轮奸、鸡奸及奸十岁以幼童幼女各项，皆补律所未及，亦以见后世风俗日趋败坏，非此重法不足以警之。外国奸罪甚轻，《日本刑法》奸淫未满十二岁幼女者处轻惩役，强奸者处重惩役，强奸十二岁以上妇女者处轻惩役，自夫之妇奸通者处重禁锢，相奸者亦同，须俟本夫之告诉始论其罪云云，可见奸无夫之妇女即不论矣，即奸有夫之妇而非本夫告诉，亦不治罪矣。非独日本，即欧西各国大抵皆是。盖外国图富强而轻礼节，故视奸罪亦为甚轻，中国重防闲而敦风教，故治奸罪为独严，中外政治之宗旨不同，即此可见一斑。再，此律奸生男女责付奸夫收养，而《元律》诸奸生男女，男随父，女随母，各有不同，亦可以备参考。

一，凡职官及军民奸职官妻者，奸夫奸妇并流三千里。若职官奸军民妻者及军民相奸者，奸夫、奸妇各处十等罚。其雇工相奸，不分一主各主及军民与官员、军民之妾相奸者罪同。如男子和同鸡奸者亦照此例办理。

一，凡妇女有先经和奸，后因别故拒绝，致将妇女杀死者，俱仍照谋故斗殴本律定拟。

一，强奸妇女，除并未伤人者，已成未成仍照本律定拟外，其因强奸执持金刃戳伤本妇及拒捕致伤其夫与父母并有服亲属，或手足他物殴至折伤以上，无论已未成奸，均拟绞监候。如伤非金刃，又非折伤，已成奸者仍拟绞监候，未成奸者发极边足四千里安置。其图奸、调奸妇女未成，拒伤本妇并其夫与父母及有服亲属，如至残废笃疾，罪在满徒以上者，无论金刃、手足、他物俱拟绞监候。但系刃伤者，发极边足四千里安置。若手足他物未至残废笃疾者，仍依罪人拒捕律，于本罪上加二等问拟。

一，强奸十二岁以下幼女因而致死者绞立决。若强奸未成审有确据者，发烟瘴地方安置。

一，凡妇女与人父子通奸，致其子因奸杀死其父酿成逆伦重案者，将犯奸之妇女监禁十年。

一，凡奸夫拒捕，刃伤应捉奸之人，或殴至折伤以上者，照窃盗拒捕殴所捕人至折伤以上者，拟绞监候。（纵容抑勒，不用此例）。

一，轮奸良人妇女已成，为首拟绞立决，为从同奸者拟绞监候，同谋未经同奸余犯发烟瘴地方安置，因而杀死本妇者，首犯拟斩立决，为从同奸又帮同下手者拟绞立决，同奸而未下手及下手而未同奸者均拟绞监候，入于秋审情实。其同谋而并未下手，又未同奸者，发烟瘴地方安置。如致本妇自尽者，首犯拟绞立决，为从同奸之犯均拟绞监候，入于秋审情实。同谋未经同奸余犯发烟瘴地方安置。若伙谋轮奸未成，审有实据者，为首发烟瘴地方安置，为从流三千里。因而杀死本妇者，首犯拟绞立决，为从帮同下手者拟绞监候，入于秋审情实。未经下手者发烟瘴地方安置。如致本妇自尽者首犯拟绞监候，为从发烟瘴地方安置。

一，轮奸已经犯奸妇女已成者，为首发烟瘴地方安置，为从同奸者流三千里，同谋未经同奸余犯徒三年。因而杀死本妇者，首犯拟绞立决。下手为从者，无论同奸未同奸，均拟绞监候。同奸而未下手者发烟瘴地方安置。并未同奸又未下手者流三千里。如致本妇自尽者，首犯拟绞监候，为从同奸者发烟瘴地方安置。同谋未经同奸余犯流三千里。若轮奸未成，首犯流三千里，为从徒三年，因而杀死本妇者首犯拟绞监候，为从除案系谋杀仍照谋杀本律分别曾否加功问拟外，如系殴杀帮同下手者发烟瘴地方安置，未经下手者徒三年。如致本妇自尽者，首犯发烟瘴地方安置，为从徒三年。如妇女犯奸后已经悔过自新审有确证者，仍以良人妇女论。

一，恶徒鸡奸十二岁以下幼童者酌量情形，比依强奸幼女轮奸妇女各本例分别治罪。

纵容妻妾犯奸

凡纵容妻妾与人通奸，本夫、奸夫、奸妇各处九等罚，抑勒妻妾及乞养女与人通奸者，本夫、义父各处十等罚，奸夫处八等罚，妇女不坐，并离异归宗。○若纵容抑勒亲女及子孙之妇妾与人通奸者，罪亦如之。○若用财买休卖休（因而）和（同）娶人妻者，本夫本妇及买休人各处十等罚，妇人离异归宗，财礼入官。若买休人与妇人用计逼勒本夫休弃，其夫别无卖休之情者不坐，买休人及本妇各徒一年，妇人给付本夫，听其离异，妾减一等。媒合人各减犯人（买休及逼勒卖休）罪一等。（其因奸不陈告而嫁卖与奸夫者，本夫处十等罚，奸夫、奸妇各尽本法。）

按：此仍《明律》，顺治三年添入小注。现改杖为罚。盖严惩自败闺阃之罪以戒淫风也。《唐律》不著此律，《元律》有夫受财纵妻为娼及不受财勒妻妾为娼，并以财买休和娶为妻三条，此律即本于此。首二节言纵容抑勒之罪，后一节言买休卖休之罪。纵容抑勒情异而事同，然皆通奸也。卖休买休事异而情同，非奸而同于奸也。夫妻妾固有淫行，本夫不禁制而反纵容，则败坏风化之罪与奸夫奸妇无异，故均拟罚。抑勒通奸者，寡廉鲜耻之事全在本夫义父，而妇女本无淫心，特迫于情不得已，故不坐罪。盖纵容已失夫纲，抑勒尤为无耻，义不可以令合，故并离异。若卖休买休，不曰奸妇而曰本妇，不曰奸夫而曰买休人，可见与犯奸者不同。然卖休者自弃其妻，既失夫妇之伦，买休者谋娶人妻，亦失婚姻之正，有类于奸，故与通奸并列一条。卖休买休，按律虽应离异，然亦有不可拘泥者，据《会典》云：家贫将妻不告官而嫁卖与人者，问不应，妇人仍归后夫。又《辑注》云：因贫卖妻，本夫既不能养赡，或无宗可归，势必又将失节转嫁，不如仍归后夫，免追财礼云云。二说虽与律不合，均足补律之未备，当合参之。此外，又如义父纵容养女抑勒乞养子孙妇妾及正妻纵容抑勒妾犯奸，律皆不言，当参酌比拟。外国不设此律，其风俗概可知矣。

亲属相奸

凡奸同宗无服之亲及无服亲之妻者，各处十等罚。（强者，奸夫绞监候。）○奸（内外）缌麻以上亲及缌麻以上亲之妻，若妻前夫之女，同母异父姊妹者，各徒三年。强者，（奸夫）绞（监候。奸义子妇、义女、义妹、乞养子妇并同。仍断还本宗。）若奸从祖祖母、（祖）姑从祖伯叔母、（从祖伯叔）姑、从父姊妹、母之姊妹及兄弟妻、兄弟子妻者，（奸夫、奸妇）各绞（监候），强者，（奸夫决）绞。（惟强奸小功再从姊妹、堂侄女、侄孙女出嫁降服者，监候绞。）○（若奸妻之亲生母者，以缌麻亲论之太轻，还比依母之姊妹论。）○若奸父祖妾、伯叔母、姑、姊妹、子孙之妇、兄弟之女者，（奸夫、奸妇）各（决）绞。（强者，奸夫决绞。）妾各减（妻）一等，强者绞（监候。其妇女同坐、不同坐及未成奸媒合、纵容等件各详载犯奸律。惟同宗奸生男女不得混入宗谱，听随便安插。）

按：此仍《明律》，末句原有小注，顺治、康熙、乾隆年间迭次修改。现又添改。盖严败伦内乱之罪以正风化也。《唐律》分作三条，一为奸缌麻亲及妻：**诸奸缌麻以上亲及缌麻以上亲之妻，若妻前夫之女及同母异父姊妹者，徒三年；强者，流二千里；折伤者，绞。**一为奸从祖母姑：**诸奸从祖祖母姑、从祖伯叔母姑、从父姊妹、从母及兄弟妻、兄弟子妻者，流二千里；强者，绞。**一为奸父祖妾：**诸奸父祖妾、伯叔母、姑、姊妹、子孙之妇、兄弟之女者，绞。即奸父祖所幸婢，减二等。**明合为一篇，较《唐律》拟罪从轻，又删去父祖所幸之婢一节，而增入无服之亲及无服亲之妻二项。《唐律》强奸无死罪，即强奸从祖母姑以下各项亦止于绞，《明律》由绞而加至斩，又由斩候而加至斩决，严惩奸罪至斯已极，然犯者纷纷。现均改斩为绞，则重法渐从淘汰矣。共分五节。首节言同宗无服谊属疏远而名分犹存，故奸加凡人二等。二节言缌麻以上亲及其妻既有服制理应加重，即前夫之女与同母异父姊妹虽无服而义亦重，故与缌麻亲同论。三节言从祖祖母各项。盖从祖祖母即祖亲兄弟之妻，小功服也。从祖祖姑即祖之亲姊妹，在室小功，出嫁缌麻也，皆长己两辈者。从祖伯叔母即父同祖堂兄弟之妻，小功服也。从祖姑，即父同祖之堂姊妹，在室小功，出嫁缌麻也。母之姊妹即己之母姨，小功服也，皆长己一辈者。从父姊妹即己之同祖堂姊妹，在室大功，出嫁小功也。兄弟之妻，小功之服也。皆与己同辈者。兄弟子之妻，大功服也，此晚己一辈者，以上皆大功小功亲中之至重者，与别项大功小功亲不同，奸淫内乱罪在十恶之列，故犯者另置重典。四节言父祖妾、伯叔母各项，其亲为尤近而其伦为尤重，奸至于此则行同禽兽，淫乱逆伦大恶不赦，和者俱拟立决，已处极刑，即强奸亦无可再加，故亦止于绞决也。五节专言奸妾之罪，承上各项而统言之。律文止言和奸强奸已成而不言未成之罪。旧例补出强奸未成分别拟军流，调奸未成满徒云云。虽便引用，然未免失古意矣。盖律不言未成之罪，非疏漏也。古人之所不言者，俱有至理，自可于言外求之，后世事事求备于古人，不言者而亦言之，遂不免有窒碍难通之处，即如此项,若业已成奸,自属恩不掩义,若仅属调戏,尚可法外原情。薛氏《存疑》有云:父子伯叔兄弟均属骨肉至亲,未可全以法绳。假使**父兄调戏子弟之妻,照例拟以流罪,在父兄固罪无可辞,而试问子弟之心安乎?否乎?为子弟者将代妻伸诉耶?抑代父兄隐讳乎?即不然袖手旁观,坐视不理乎?且由何人告官?何人质证耶?其妇女仍给亲完聚乎?抑令离异归宗乎?种种窒碍,殊觉未尽允叶,似不如不言为当云云。**其言极为中理,现虽删去调奸未成一层而强奸未成仍拟遣流。外国不著此律,盖亦风尚不同也。

一,凡亲属和奸律应死罪者,若强奸未成,发极边足四千里安置。其和奸罪不至死者,若强奸未成,仍照律流三千里。

诬执翁奸

凡男妇诬执亲翁及弟妇诬执夫兄欺奸者绞(监候)。○(强奸子妇未成而妇自尽,照亲属强奸未成例科断。)○(义子诬执义父欺奸,依雇工人诬家长。)○(嫂诬执夫弟及缌麻以上亲诬执者,俱依诬告。)

按:此仍《明律》,其小注系顺治三年添入,雍正三年修改。现改斩为绞。盖重惩污蔑尊长之罪也。《唐律》无此名目,《元律》有男妇虚执翁奸,有司加翁拷掠,男妇报虚者杖一百七之条,是即此律所本祖而治罪特严且重。凡欺其卑幼而凌制以成奸谓之欺奸,翁欺奸子媳当坐绞决,兄欺奸弟妇当作绞候。今无此情而诬执之,欲陷夫之父兄于大辟,妇人之险恶至此已极,故直坐绞罪,不用诬告反坐之律。若嫂诬夫弟及缌麻以上亲,注云:俱依诬告,则诬执大功小功期亲者皆在内矣。

雇工人奸家长妻

凡雇工人奸家长妻女者各绞。○若奸家长之期亲若期亲之妻者绞(监候),妇女减一等。若奸家长之缌麻以上亲及缌麻以上亲之妻者各流二千里,强者绞(监候)。妾各减一等,强者亦绞(监候。在官役使之人俱作雇工人。)

按:此仍《明律》,顺治三年添入小注。现改斩为绞。盖正雇工犯奸之罪以肃名分也。《唐律》:**"部曲及奴奸主及主之期亲,若期亲之妻者绞,妇女减一等;强者,斩。即奸主之缌麻以上亲及缌麻以上亲之妻者,流;强者,绞。"**《疏议》云:若奸妾者,减妻一等。即妾子见为家主,其母亦与子不殊云云。《明律》虽本于此而改奸家长妻女一项为各斩，不同奸家长之期亲妇女减等者，盖以家长之妻女于雇工分尊而义重，乃至和同奸淫，其情必起于妻女，秽乱之罪浮于雇工，故同斩罪，不照《唐律》减等。若家长之期亲则与家长之妻女有间，雇工既改绞候，妇女可减一等。夫和奸本男女同罪，独此条妇女减一等者，盖以期亲之分杀于妻女，雇工淫恶犯上，难免于死，妇女虽贱辱无耻，究较雇工稍轻，故不妨稍贷一死。至于缌麻以上又同罪者，妇女流罪原係收赎，并不实发，名虽同而实异也。妾各减一等，系统上数项而言。至于家长与雇工之妻通奸，律不言者，非遗之也，盖家长于雇工本无伦理，徒以名分尊卑相事，使如家长奸雇工之妻，不过降其尊而自卑，自取其辱贱而已。《琐言》：律不著罪，各问不应。考之《唐律》奸他人部曲妻杖一百，而无已家部曲妻，《疏议》云，明已家部曲妻各不坐也。又考之《汉律》，奸妻婢者，厥罪曰姘，罚金四两。可见此项人犯，古法本不科罪，现例虽有亲属强奸雇人妻女致令自尽二条，若非有夫或系婢女，或非强奸酿命，则仍不治其罪矣。

一，家长之有服亲属强奸雇工妻女未成，致令羞忿自尽者流二千五百里。

一，凡雇工人强奸家长之母与妻女，审有损伤肤体，毁裂衣服及邻证见闻确据者，无论已未成奸，均拟绞立决。若调奸未成，发烟瘴地方安置。

奸部民妻女

凡军民（本管）官吏奸所部妻女者，加凡奸罪二等，各罢职役不叙，妇女以凡奸论。○若奸囚妇者徒三年。囚妇止坐原犯罪名。（若保管在外，仍以奸所部坐之，强者俱绞）。

按：此仍《明律》，顺治三年添入小注，雍正三年改定。盖重倚势行奸之罪也。《唐律》监临主守于所监守内奸者加奸罪一等，此加二等，则较《唐律》稍重，又添奸囚妇一项，更为详备。此律大意原是严于官吏，故不用男女同罪之法。上官吏加二等，妇女止坐凡奸。下官吏坐满徒，囚妇并不坐罪。恶其淫乱无行而挟威势以行之也。然同一挟势为奸而奸囚妇之罪尤重者，所部虽受统摄，妇女若无淫行，官吏何由得奸？若囚妇则禁制在官吏之手，可以胁诱而奸，故拟罪轻重不同而被奸之妇女亦有科罪不科罪之分也。官吏而外，如狱卒及押解人役有奸囚妇仍当照官吏科之。

居丧及僧道犯奸

凡居父母及夫丧，若僧尼、道士、女冠犯奸者，各加凡奸罪二等，相奸之人以凡奸论。（强者，奸夫绞监候，妇女不坐。）

按：此仍《明律》，顺治三年添入小注。盖惩蔑礼违教之罪也。《唐律》：**居父母及夫丧，若道士、女冠［官］奸者，［各又］加（凡奸）二［一］等。妇女以凡奸论**。与此律罪名相同，此特多僧尼二项耳。居丧犯奸，则忘哀纵欲。出家者犯奸，则秽乱清规。相奸之人兼男女言，既非出家，又不居丧，故仍坐凡奸之罪，不加等也。《唐律》又有居丧生子徒一年之律，今律不载则不坐罪。又，凡律犯祖父母，与父母同论。此律止言父母而不言居祖父母丧者，祖父母恩义虽重而服制则轻，有犯仍以凡论，不在加等之列。至居父母丧，则兼男女言。居夫丧，则兼妻妾言。律曰僧尼，例曰尼僧，颠倒之下，其义不同，称僧尼者指二人，称尼僧者指一人，缘尼亦称僧也。

官吏宿娼

凡（文武）官吏宿娼者处六等罚。（挟妓饮酒，亦坐此律。）媒合人减一等。○若官员子孙（应袭廕）宿娼者，罪亦如之。

按：此仍《明律》，顺治三年删去末二句，又添入小注。现改杖为罚。盖慎官方而戒淫佚也。官吏宿娼，非奸良人可比，而荡闲踰矩，有玷官箴，故拟六等罚，其罪虽轻而行止有亏，仍应革职罢役，与犯别项六等罚止应降级者不同也。若官员子孙虽非现任之比，然亦有碍行止，故拟罪从同。注曰应袭廕，可见非袭廕者不在此限矣。官吏娶娼，则应比照官吏娶娼妓为妻妾之律亦拟六等罚，离异，当合参之。

买良为娼

凡娼优买良人子女为娼优及娶为妻妾，或乞养为子女者，处十等罚。知情嫁卖者同罪，媒合人减一等，财礼入官，子女归宗。

按：此仍《明律》。现改杖为罚。盖惩陷良为贱之罪也。娼优最为下贱，不齿于平民。若买良人为娼优及娶为妻妾或乞养为子女，是使良人子女陷身于下贱也。若良人之家知系娼优而将子女嫁卖者，是徒知贪利而陷其子女，辱其家门，故与买者同罪，律止拟十等罚。后例加重，拟以满徒，严惩买良之罪，正所以遏绝娼优之源，正风俗而端风化，用意良深。现在仿照外国之法，娼寮一概收捐，其旧例窝娼开设下处并宿娼宿优之例一概删除，虽系因时变通，然古法从此益荡然矣。

一，凡无籍之徒及生监，衙役、兵丁窝顿流娼、土妓，引诱局骗及得受窝顿娼妓之家财物，挺身架护者，照窝赌例治罪。如系偶然存留，为日无几，徒一年。其窝顿月日经久者徒三年，再犯流三千里，得受娼妓家财物者，仍准枉法计赃从重论。邻保知情容隐者处八等罚，受财者亦准枉法论，计赃从重科断。其失察之该地方官，交部照例议处。

一，私买良家之女为娼及设计诱买良家之子为优者俱徒三年，知情卖者与同罪，媒合人及串通说合之中保减一等。奸宿者，照抑勒妻女与人通奸奸夫律治罪，子女不坐，并发归宗。

杂　犯

李悝《法经》五曰《杂法》，至后周更名《杂犯》，隋唐复改为《杂律》，条数甚多，凡犯奸、私铸、负债、坐赃各项均在其内，明始按款分隶他律。此篇旧共十一条，现又删去搬作杂剧一条，止余十条。拾遗补缺，错综成文，以其班杂不齐，故名《杂律》，列于各律之后。

拆毁申明亭

凡拆毁申明亭房屋及毁（亭中）板榜者，流三千里（仍各令修立）。

按：此仍《明律》，顺治三年添入小注。盖言义关劝惩，不容擅废也。申明教化之所，板榜即教化板文。凡州县各里俱设立申明亭而置板刻榜文于内，一切户婚田土细事，耆老里长于此解劝剖决，民有不孝不弟、犯盗犯奸之人，俱书其姓名事迹于板榜，以示惩戒而发其羞恶之心，能改过自新则去之。若敢拆毁，则是不遵教化之乱民，故重其法，流而遣之。考之《周礼·布宪》：掌宪邦之刑禁，正月之吉，执旌节以宣布于四方，而宪邦之刑禁以诘四方、邻国及其都鄙。注：宪，表也。谓悬之也。此律中申明亭即仿《周礼》之意，所谓禁于未然也。乾隆三十四年上谕：嗣后恭遇谕旨有宣示中外知之者，令内外文武衙门刊刻誊黄，张挂晓谕，仍前不行宣示，罚俸一年等因,亦即此意。而例又自一切条教规约刊刻木榜晓谕之例,均良法也。无知有司奉行不力,视为具文,遂致古人教化之所反为乞丐匪人所讬迹,安得咎立法之不善哉!故《日本刑法》违警罪:凡毁弃各处榜示之通行禁止者,处拘留十日。可见此制原为中外所通行,外国则实事求是耳!

一,凡钦奉教化民俗之敕谕,该督抚督率属员缮写刊刻,敬谨悬挂于申明亭,并将旧有一切教条规约悉行刊刻木榜晓谕。

夫匠军士病给医药

凡军士在镇守之处,丁夫杂匠在工役之所而有疾病,当该(镇守监督)官司不为(行移所司)请给医药救疗者,处四等罚。因而致死者,处八等罚。若已行移所司而不差拨良医及不给对证药饵医治者,罪同。

按:此仍《明律》,顺治三年添入小注。现改笞杖为罚金。盖立法以恤服劳之人也。《唐律》谓之工匠防人等疾疾:**诸丁匠在役及防人在防,若官户、奴婢疾病,主司不为请给医药救疗者,笞四十;以故致死者,徒一年云云。**此律大致相同,惟删去奴婢一项,并改徒一年为八等罚,则较轻矣。夫军民疫病,官司所当轸恤,况军士在镇则为王事而有守御之劳,夫匠在工则为公事而有力役之苦,若遇病不请医药及因而致死者,此所司之罪也。如按医调治,药不对症而致死则有庸医杀人本律,所司不任咎也。所司在内则太医院,在外则州县均是。

赌赙

凡赌博财物者皆处八等罚,(所)摊(在)场(之)财物入官。其开张赌坊之人(虽不与赌列亦)同罪。(坊亦入官。)止据见发为坐,职官加一等。〇若赌饮食者勿论。

按:此仍《明律》,顺治三年添入小注。现改杖为罚。盖禁游荡费财以正风俗也。《唐律》:**"诸博戏赌财物者,各杖一百;赃重者,各依己分,准盗论。输者,亦依己分为从坐。其停止主人,及出头[九],若和合者,各如之。赌饮食者不坐云云。"**此律大致与《唐律》相同而略为减轻,并删去"赃重准盗论"一语,而添职官加等之文。凡以游戏之具角胜负而赌财物,则谓之赌博。古之奕棋,今之掷骰斗牌皆是也。习于赌博必至妨废本业,荡罄家产,比之匪人,入于败类,故特设此条以惩之。但必见发有据方坐,恐有指攀诬陷之弊,与捉奸必在奸所、捕获私盐必人盐并获者,均系防其诬指滥及之意。律文罪止于罚,后例格外加重,拟以流徒,并严定存留窝赌、造卖赌具、租给赌房之罪,原以赌博不但为风俗之害,且为盗贼藏迹之所,治赌博正所以靖盗源也。但立法过于严厉,而规避愈多,日久必至废弛。近来只有禁赌之名,其认真查拿者百无一二,其实赌具赌场到处皆是,地方官从不过问,甚至收受开赌陋规,或纵令轿夫开赌以为自已养轿之费,吏治之坏一至于此,此风俗之所以日偷而盗风之所以愈炽也。又有甚者,从前广东等省花会白鸽等局习以为常,而闱姓一事又彰明较著,以为国家公款所出,近则开设彩票之局通于京外,甚至形诸奏牍,藉此以为办公之资,而官场风气又以打麻雀为高雅,几于无处不有,世风日下尚可问乎?国初盛时,禁令何等森严,未几而改从宽典,又未几而视为具文,上下相蒙,即此赌博一端而其他便可知矣。外国禁赌亦严,《日本刑法》:开设赌场图利,或招纳博徒,或现赌财物博奕,或(畴)醵集财物以富籤行侥幸利益之业者,均处重禁锢加罚金,知情给与房屋者亦同,赌博之器具财物在现场者收没入官云云。**中外禁令何尝不同,但外国立法而事在必行,中国有法而视为虚文,不探其本而斤斤徒言变法,恐愈变而愈离其宗矣。**

一,凡赌博之人各处十等罚。偶然会聚开场窝赌及在家容留赌博或将自已银钱放头抽头无多者各徒一年。以自已银钱开场诱引赌博经旬累月,聚集无赖放头抽头者,初犯徒三年,再犯流三千里。在家容留赌博之人,初犯徒一年,再犯徒三年。若旁人出首或赌博中人出首,自首人免罪,仍将在场财物一半充赏,一半入官。输钱者出首,除免罪外,仍追所输之线给还。其打马吊斗混江赌财物及压宝诱赌或开鹌鹑圈、斗鸡坑、蟋蟀盆赌斗者俱照此例治罪。该管各官失察,交部议处。总甲处五等罚。以上俱拿获赌具,见发有据者方坐,不许妄攀拖累。

一,凡造卖赌具,为首者流三千里,为从者流二千里,未成者各减一等。贩卖者,为首流二千里,为从徒三年。其描画纸牌售卖者照造卖赌具者之犯减一等。如藏匿制造赌具之器具不行销毁者,照贩卖为从例治罪。若于未获之先,本犯自首,准其免罪。傥免罪之后又复造卖,流三千里。如同居之父兄伯叔等据实出首,本犯亦准免罪。地方保甲知造卖之人不首报者处十等罚。受财者,计赃准枉法从重论,罪止流三千里。

一,凡现任职官有犯赌博者,革职。上司与属斗牌、掷骰者亦均革职,俱永不叙用。有犯屡次聚赌及经旬累月开场者,发往新疆効力赎罪。该管上司并督抚容隐不举，交部严加议处。

一，凡军民人等擅入宗室府内教诱为非及赌博诓哄财物者，俱流二千五百里。

一，无赖匪徒串党驾船，设局揽载客商勾诱赌博，折没货物，措留行李者，初犯到案，审系仅止一二次者，照开场诱赌例徒三年。赌重者仍从重论。三次以上及再犯者，发烟瘴地方安置。其船户知情分赃者，初犯仍照为从论，再犯亦与犯人同罪，船价入官。

一，闽省拿获花会案犯起意为首者，照造卖赌具例流三千里。其伙同开设辗转纠人之犯，照贩卖赌具为首例流二千里。在场帮收钱文等犯均照为从例徒三年。其被诱入会之人俱处十等罚。地保、汛兵有贿庇情事，照为首一体问拟，如赃重于本罪者仍计赃从重论。其知情容隐者虽无受贿情事，亦科以为从之罪徒三年。若甫经开设，实系失于查察者，比照造卖赌具之保甲知而不首例处十等罚，失察之文武各官俱照失察赌具例交部议处。如匪徒另立名色，诱赌聚众数在三十人以上，与花会名异而实同者，均照此例办理。

一，拿获赌博人犯，务严追赌具来历，如不将造卖之人据实供出，即将出有赌具之人照贩卖为从例徒三年。若已供出，该承审官规避失察，朦胧结案，或该犯狡词支饰，承审官不根究实情，后经查出，交部分别议处。傥将无辜之人混行入罪，以失入论。其究出造卖之人，承审官交部议叙，或地方有造卖之家，未经发觉能缉拏惩治，亦交部议叙。

一，凡房主知情容留赌博，除照容留赌博例治罪外，讯系经旬累月者，房屋入官。偶然聚集者，免其入官。由人出租者，房主实不知情者，罪坐经手之人。如系官房，即将知情租给之人照例治罪。其容留造卖赌具者，照贩卖为从例徒三年，不知情者照不应重律治罪。不坐。其左右紧邻能将开场窝赌及私造赌具据实出首者，照例给赏，通同徇隐者处十等罚。若得财准枉法赃从重论，罪止徒三年，所得之赃照追入官。

阉割火者

凡官民之家不得乞养他人之子阉割火者（惟王家用之），违者流三千里。其子给亲（罪其僭分私割也）。

按：此仍《明律》，顺治三年添入小注。盖禁私割以杜僭越也。凡净身而未入官名曰火者。旧时闽广等处豪户之家多有求觅他人之子阉割驱使火者之俗,故设此法以禁之。阉割即古之宫刑,惟王家得以役使。若官民之家阉割火者,令其供役,则僭越甚矣。故有犯即拟满流,若因阉割致死,则当酌量加重治罪,不得仍照故杀乞养之子仅拟流罪,致与仅阉割而未致死者无所分别。律不言阉割雇工者,当同乞养子论矣。至于私自净身一项,前明旧例最严,本身及下手者一律处斩。洪熙时上谕云:自宫以求用者,唯图一身富贵耳,而绝祖宗父母,古人求忠臣于孝子,彼父母且不顾,岂能诚心事君。今后有自宫者必不贷。后万历年间定例:凡有四、五子者,准以一子报官阉割,则渐宽矣。现例改从轻典,分别贫难、畏罪,均罪不至死,则更宽之至也。同一净身而前后罪名不同如此,可见刑法本无一定也。

一,内务府并诸王贝勒等门上放出为民之太监,除效力年久本管本主保留外,不许仍留京师居住。违者,将容留之人从重治罪,将内务府总管、步军统领、内外城巡警总厅丞一并交部议处。如保留为民之太监有生事犯法者,将保留之人交部议处。

一,凡私自净身人犯审明委系贫难度日,别无他故者,照故自伤残律处八等罚。若系畏罪情急,起意阉割,希图漏免者,除实犯死罪及例应外遣无可再加外,余俱按其原犯科条各加一等定拟。其受雇代倩下手阉割之人,皆与犯人同罪,因而致死者,减斗杀罪一等。

嘱托公事

凡官使诸色人等(或为人,或为己)曲法嘱托公事者,处五等罚,但嘱即坐(不分从、不从)。当该官吏听从(而曲法)者,与同罪。不从者不坐。若(曲法)事已施行(者)处十等罚,(其出入)所枉(之)罪重(于十等罚)者,官吏以故出入人罪论。若为他人及亲属嘱托(以致所枉之罪重于五等罚)者,减官吏罪三等。自嘱托己事者,加(所应坐)本罪一等。○若监临势要(曲法)为人嘱托者处十等罚,所枉重(于十等罚)者,与官吏同(故出入人)罪,至死者减一等。○若(曲法)受赃者,并计赃(通算全科)以枉法论。(通上官使人等嘱托者及当该官吏并监临势要言之。若不曲法而受赃者,只以不枉法赃论。不曲法又不受赃,则俱不坐。)○若官吏不避监临势要,将嘱托公事实迹赴上司首告者,升一等。(吏候受官之日亦升一等。)

按:此仍《明律》,原有小注,顺治、雍正年间两次修改。现又改杖为罚。盖言挟私背公,嘱讬与听从均有罪也。分四节。首节言官吏人等曲法嘱讬及官吏曲法听从之罪。次节言监临势要嘱托及官吏听从之罪。三节言受人财而为人嘱托及听行枉指之罪。末节统承上文言官吏不避监临势要之威赴上司首告者升官之法。夫法本直也,而欲求其偏曲,故为之嘱托。嘱托者,私言也,若不求曲法,何用私言?倘因官吏见之不明、处之不当而以朋友之谊从中匡正,或以亲戚之谊为之关白,虽曰非分,实是公言,不得谓之嘱托矣。于嘱托上加曲法二字,则不曲法者勿论可知矣。此外,《职制门》又有罢闲官吏干预官事之律,可与此条参观。

私和公事(发觉在官)

凡私和公事,(各随所犯事情轻重)减犯人罪二等,罪止处五等罚(若私和人命、奸情,各依本律,不在此止处五等罚例)。

按:此仍《明律》,顺治三年添入小注,雍正三年改定。现又改笞为罚。盖禁武断之渐以明官法之不可废也。凡事以发觉在官名曰公事,民间有不平之事,应听官司判断曲直以示惩劝。若为人私和,则是侵犯官司之权以逞其武断乡曲之威,故减犯人罪二等而仍止于五等罚者,以其本心原为息讼,究无恶意也。若人命关乎生死,奸情关乎风化,与别项公事不同,故私和另有本条从重拟罪,不止五等罚而已。律注"发觉在官"四字最有深意,如事未到官,则平争释忿,为人排难解纷,如陈实、王烈之辈,正为乡里所矜式,尚何有罪之可加哉!此皆专制政体之法,外国尊重民权,地方自治,此律究属不适于用耳!

失火

凡失火烧自己房屋者处四等罚,延烧官民房屋者处五等罚,因而致伤人命者(不分亲属、凡人)处十等罚,(但伤人者,不坐致伤罪,其)罪(止)坐(所由)失火之人。若延烧宗庙及宫阙者绞(监候)。社减一等(皆以在外延烧言)。○若于山陵兆域内失火者,(虽不延烧)徒二年,(仍)延烧(山林兆域内)林木者流二千里。若于官府公廨及仓库内失火者亦徒二年。主守(仓库)之人因而侵欺财物者,计赃以监守自盗论(不分首从)。其在外失火而延烧者各减三等。(若主守人因而侵欺财物不在减等之限。若常人因火而盗取以常人盗论。如仓库内失火者徒二年,比仓库被窃盗,库子尽其财产均追赔偿之例。)○若于库藏及仓廒内燃火者,(虽不失火)处八等罚。○其守卫宫殿及仓库,若掌囚者,但见(内外)火起,皆不得离所守,违者处十等罚。

(若点放火花爆仗,问违制)。

按:此仍《明律》,顺治三年添入小注。现改笞杖为罚金。盖惩失火之愆以并重官府仓库也。《唐律》:**“诸失火及非时烧田野者,笞五十;延烧人舍宅及财物者,杖八十;赃重者,坐赃论减三等;杀伤人者,减斗杀伤二等。其行道燃火不灭,而致延烧者,各减一等。诸于官府廨院及仓库内失火者,徒二年;在宫内,加二等。损害赃重者,坐赃论;杀伤人者,减斗杀伤一等。延烧庙及宫阙者,绞;社,减一等。诸库藏及仓内,皆不得燃火。违者,徒一年。诸见火起,应告不告,应救不救,减失火罪二等。其守卫宫殿、仓库及掌囚者,皆不得离所守救火,违者杖一百。诸于山陵兆域内失火者,徒二年;延烧林木者,流二千里;杀伤人者,减斗杀伤一等。其在外失火而延烧者,各减一等云云。”**较此律详备而拟罪亦少有参差。此律致伤人命止十等罚,而《唐律》杀伤人者减一等二等。《唐律》延烧财物赃重者坐赃论减三等,此律延烧他人财物无论多少,止五等罚,并无计赃加重之法,均较《唐律》为轻。旧例延烧房屋至一百间、二百间、三百间者,从重分别加枷即是仿《唐律》之意。现在均经删除,总之,失火虽由于不慎而究非意料之所及,延烧虽受其损害而究为无心之失错,故止科以不慎之罪,并无赔偿之法。惟仓库关系公款,库子职有专司,故注内有尽其财产赔偿之法,可见此外均不赔偿矣。《日本刑法》失火烧毁人之家屋财产者处罚金二圆以上,二十圆以下。若因火药及其他爆烈物品毁坏人之家财者,如系过失,亦照失火例处断云云,止科罚金,并无治罪之法,亦系原其无心之错也。

放火故烧人房屋

凡放火故烧自己房屋者处十等罚,若延烧官民房屋及积聚之物者徒三年,因而盗取财物者绞(监候),杀伤人者以故杀伤论。○若放火故烧官民房屋及公廨、仓库系官积聚之物者,(不分首从)皆绞(监候)。(须于放火处捕获有显迹证验明白者乃坐。)其故烧人空间房屋及田场积聚之物者各减一等,并计所烧之物减价,尽犯人财产折剉赔偿,还官给主。(除烧残见在外,其已烧物,令犯人家产折为银数,系一主者全偿。系众主者,计所故烧几处,将家产剉为几分而赔偿之,即官民亦品搭均偿。若家户罄尽者免追,赤贫者止科其罪。若雇工人犯者,以凡人论之。)

按:此仍《明律》,原有小注,顺治三年增修。现改斩为绞,改杖为罚。盖严惩有意放火之罪也。《唐律》:**“诸故烧官府廨舍及私家舍宅,若财物者,徒三年;赃满五**

疋，流二千里；十疋，绞。杀伤人者，以故杀伤论。"此律故烧官民房屋不分首从，不计多寡，皆绞，则较《唐律》为重，又添放火烧自已房屋并烧人空房及田场积聚之物，更较《唐律》为详。放火出于有意，与无心失火不同，故曰故烧。故烧自己房屋，情虽可恶，害未及人，其罪尚轻，不过十等罚。即延烧官民房屋，害虽及人而原其本心止欲自焚而已，故亦罪止于徒。若乘间盗财，或杀人并故烧官民房屋仓库，则不能贷其死罪者，以其情可恶，而其心叵测也。至于空闲房屋则与有人居住者不同，田场积聚之物又与家内积聚者不同，故得减等拟流。强盗例内亦有放火烧房而拟罪分别绞决绞候者，彼是先有盗心而放火以劫其财，此是先无为盗之心，及至延烧之后见人有财因而盗取，情节不同，故罪有区别。后例又分图财放火、挟嫌放火，而两项中又各分杀人及焚压人致死，伤人未伤人，救熄与未救熄，烧毁与未烧毁。又于律文闲房田场积聚而外，更添出孤村旷野并不毗连民居闲房及田场积聚一层，文愈加详而罪愈增多，似不如律之简而赅括也。《日本刑法》放火烧毁废屋及放柴草肥料等屋者，处重惩役，烧毁载人船舶火车处死刑，未载人者处重惩役，烧山林竹木、田野谷麦、露积柴草及其他物件者处轻惩役，烧自已家屋者处重禁锢云云，较中律更为详细，而拟罪亦不轻于中律，可并参之。

一，凶恶棍徒纠众商谋计图得财，放火故烧官民房屋及公廨、仓库，或官积聚之物，并街市镇店人居稠密之地，已经烧毁抢夺财物者，均照强盗律不分首从拟绞立决，杀伤人者拟斩立决，有因焚压致死者，将为首之人拟斩立决。其情有可原者仍照强盗例发遣新疆当差。若本非同伙，借名救火，乘机抢掠财物者，照抢夺律加一等分别首从治罪。其恶徒谋财放火有已经烧毁房屋尚未抢掠财物，又未伤人者，为首拟绞监候，为从商谋下手燃火者发极边足四千里安置，诱胁同行者徒三年。如谋财放火随即救息，尚未烧毁，为首发烟瘴地方安置，为从谋商下手燃火者流三千里，诱胁同行者处十等罚。若并非图财而怀挟私雠放火烧毁房屋，因而杀人及焚压人死者，为首拟绞立决，为从商谋下手燃火者拟绞监候。其未伤人及伤而不死者，为首拟绞监候，为从者发极边四千里安置，诱胁同行者并徒三年。如挟雠放火当被救息尚未烧毁，为首流三千里，为从者徒三年。若图财挟雠故烧空地闲房及场园堆积柴草等物者，首犯流三千里，如系孤村旷野内并不毗连民居闲房及田场积聚之物者徒三年，为从各减一等。当被救息尚未烧毁者又各减一等。地方文武官弁遇有此等恶徒放火，不即赴援扑灭，协力擒拿，照例议处。地方保甲人等照不应重律治罪。

一，挟雠放火，止欲烧毁房屋、柴草泄忿，并非有心杀人，因而致死一家三命以上者，首犯拟斩立决，从犯拟绞监候，入于秋审情实。

违令

凡违令者处五等罚。（谓令有禁制而律无罪名者，如故违诏旨，坐违制。故违奏准事例，坐违令。）

按：此仍《明律》，原有小注，顺治三年增修。盖言政令之当遵也。《唐律》：**"诸违令者，笞五十；别式，减一等。"**《疏议》谓令有禁制，如**《仪制令》**行路，贱避贵，来避去之谓。盖唐时律文而外尚有令与格、式，明亦有令，国朝改为条例，并无令之专书，不过虚存其名而已。此与《职制门》违制处十等罚三条参看。制为一定之法，故罪重。令则一时所行，故罪轻。惟违制之条引用者尚多，此律引用者寥寥矣。

不应为

凡不应得为而为之者处四等罚，事理重者处八等罚。（律无罪名，所犯事有轻重，各量情而坐之。）

按：此仍《明律》，原有小注，顺治三年修改。现改笞杖为罚金。此为犯法而律无罪名者言也，亦即《唐律》原文，并无一字改易。《唐律疏议》云：杂犯轻罪，触类宏［弘］多，金科玉条，包罗难尽。其有在律在令无有正条，可比附者临时处断，量情为罪，故立此条，庶补遗阙云云。盖以世之事变百出，人之情态无穷，恐因律无正条而附会臆断，轻则纵奸，重则伤和，致有太过不及，故设此条于各律之后以补未备。若律有正条，舍而不用，反引此律以开脱人罪者，亦不能免故出之咎矣。

卷八

捕　亡

《捕亡》之律由来已久，李悝《法经》六篇中第四曰《捕法》，此即《捕亡律》所肇始，后魏改为《捕亡律》者，与《断狱》合为一篇，名《捕断律》，后周又名《逃捕律》，隋复改名《捕亡律》，由唐至明相沿不改，以上各律罪名已定，若有逃亡，恐其滋蔓，故须捕系，故以此篇列于各律之后，共分七章，惟罪人拒捕及脱监反狱二门用处较多，而条例亦极繁杂，更当加意研究。

应捕人追捕罪人

凡（在官）应捕人承（官）差追捕罪人而推故不行，若知罪人所在而不（即）捕者，减罪人（所犯）罪一等，（以最重之罪人为主，减科之，仍戴罪）限三十日内能自捕得一半以上，虽不及一半但所获者最重（功足赎罪），皆免其罪。虽一人捕得，余人亦同。若（于限内虽未及捕获，而）罪人已死及自首各尽者，亦免罪。（其罪人或死或首，犹有）不尽者，止以不尽之人（犯罪减等）为坐。其非（专充）应捕人临时差遣者，（或推故不行，或知而不捕，）各减应捕人罪一等。（仍责限获免。其应捕人及非应捕人，有）受财故纵者，不给捕限，各与囚（之罪重者）同罪。（亦须犯有定案，可与同科。所受之）赃重（于囚罪）者，计赃（全科），以（无禄人）枉法从重论。

按：此仍《明律》，顺治三年添入小注，雍正三年删定。盖言承捕罪犯不得迟缓也。《唐律》：**“诸罪人逃亡，将吏已受使追捕而不行及逗留；虽行，与亡者相遇，人仗足敌，不斗而退者：各减罪人罪一等；斗而退者减二等。即人仗不敌，不斗而退者减三等；斗而退者不坐。即非将吏，临时差遣者，各减将吏一等。三十日内能自捕得罪**

人，获半以上；虽不得半，但所获者最重：皆除其罪。虽一人捕得，余人亦同。若罪人已死及自首各尽者，亦从免法；不尽者，止以不尽人为坐。限外，若配赎以后，能自捕得者，各追减三等；即为人捕得及罪人已死，若自首，各追减二等云云。”较此律更分别详明。现律删去人仗足敌、不敌及斗、不斗两层，并删末后限后配赎以后捕得追减一节，而添入受财故纵计赃以枉法从重一段，其余罪名皆与《唐律》同也。《唐律》谓之将吏，现律改为应捕人，凡专充巡缉之役，有追捕之责者，一切在官弓兵、捕快人等皆是。捕人明知罪人所在而不即捕，虽本怠缓之咎，已有故纵之心，故照罪人所犯之罪只减一等，可谓严矣。然限内能捕得一半或最重者，皆免其罪。仍得以功相赎，非特矜恕之仁，亦即捕亡之术也。此虽故纵之咎，尚无贪贿之情。若受罪人之财而故纵之，则不给捕限，与囚同罪，非但遣流以下与囚同科，虽死罪亦照《名例》全科，不准减等。赃轻与囚同罪，赃重者仍以枉法从重论之，皆深警贪墨之意也。律中前曰罪人，后曰囚，皆有深意。罪人者，犯罪而未经定拟之称。囚者，以招定罪而未经论决之称。盖罪人未获，捕人应即减科。若罪不至死，可照众证明白即同狱成之例以科之。若至死罪，则定招之囚可科同罪。如本犯未获到官，尚未定招，岂可遽科捕人以死，仍应暂行监禁以候捕获罪人再决。故前曰罪人，后曰囚也。《辑注》所谓至死者，人命为重，不可不慎。未至死者，卖法为重，不应久稽也。律文之细如此。再，后律有主守不觉失囚，减囚罪二等，给限一百日；此止减罪人一等，仅给限三十日。似乎未获罪人反重于已禁之囚，不知彼是不觉而失，出于无心；此则讬故不行，知而不捕，情节不同，故罪分轻重。《日本刑法》亦有逮捕官吏不遵守法律所定规则而逮捕人者，处以重禁锢加罚金之罪，即此意也。

一，步军统领衙门正身番役私用白役，别经发觉，照私带白役例治罪，该统领不行详查，交部议处。至番役止许于京城内外地方缉拿人犯，如係窃盗、斗殴之类，每名预给印票一张，开明款项，发交收执。如系提拿审案人犯，务必给与印票，将应拿人犯姓名逐一开明，有应密者给与密票，亦于票内开明人犯姓名。既经拿获，限即日送该管营弁转送提督衙门，如稽留数日始行送官，将番役究明有无私拷勒索情弊，分别照例定拟。如有得财纵放，照律治罪。傥无票私拿，即将该番役解送问刑衙门究讯治罪，失察该管官交部严加议处。

一，京城缉捕强盗人命或关系紧要案内人犯，如有逃逸，该衙门一面行文八旗并提督衙门、民政部协力缉拿，一面牌行直隶附近京城之涿州、良乡、通州、昌平、河间等处州县，即行捕缉，再行补报直隶总督。

一，京城缉捕官若于途次遇有凶徒不法等事，不论内外城，并准当时拘执，录送口供，详解该管衙门审讯，其有暧昧隐避等事，亦许密详该管衙门查拿。傥该巡役借端讹诈，驾词妄禀及缉捕官擅作威福，拘拿自审，或纵役滋扰，该管衙门详参，分别议处治罪。若该巡役因非本管地方明知故纵及有受贿情弊，分别照律例治罪。大、宛二县亦不论京城及该县所属，遇有凶犯不法等事，亦一体缉拿。

一，在京番捕等役，惟于京城内外察访不轨、妖言、人命、强盗重事，其余军民词讼及在外事情俱不许干预。

一，凡王公等家人有犯命盗重案脱逃者，该衙门查拿之时，即行文知会伊主协同捕缉，一年限满不获，将办理包衣事务官交部议处。其该管王、贝勒、贝子、公等各罚俸一个月，未获逃犯，仍照案协同缉拿。

一，凡命盗等案要犯脱逃，承缉官于事发之日将该犯年貌、籍贯事由详细开明，一面差役密拿，一面具详督抚，通饬本省州县并径檄邻省接壤州县一体实力协缉，仍移咨邻省督抚彼此督缉。各该州县于文到之日差捕认缉，并填写印票分给各乡总甲遍行察访。如果遍缉无踪，年底取具甘结转详咨部，仍令接缉务获，知照销案。傥接壤州县以非本官地方，心存畛域，视为通缉具文，致犯藏境内，别经发觉，即听原行之督抚查参，交部照例议处。

一，州县广缉重犯，不得滥给缉票，先将该犯年貌案由并差役年貌、籍贯及所差名数一面详明督抚知照各该省，一面改用通关，给与差役携带在身密行侦缉。如有踪迹，即将通关呈报该地方官添差拿解，如缉无踪迹，仍投换回文以为凭验。傥有滥给印票及差人雇倩白役代缉以及藉端勒索，除差人照例治罪外，仍将滥给印票及佥差不慎之承缉官照例严加议处。

一，隔属隔省密拿强盗及人命案内，应拟斩绞重犯有纵令劫夺及徇庇不解，其该管官奏参解任。如在隔省，移咨会参解任。俟获犯审明，具奏开复。该管之乡地甲邻照知有为盗瞻徇隐匿例治罪，若本无抢犯徇庇等弊而捕役贿纵捏称被劫者，将捕役照受财故纵律治罪。原参之员即行开复。误听捕役之员交部议处。

罪人拒捕

凡犯罪（事发而）逃走（及犯罪虽不逃走，官司差人追埔，有抗）拒（不服追）捕者，各于本罪上加二等，罪止流三千里。（本应死者无所加。）殴（所捕）人致折伤以上者绞（监候），杀（所捕）人者亦绞（监候），为从者各减一等。〇若罪人持仗拒捕，其捕者格杀之及（在禁或押解已问结之）囚逃走，捕者逐而杀之，若囚（因追逐）窘迫而自杀者（不分囚罪应死不应死）皆勿论。〇若（囚虽逃走）已就拘执，及（罪人虽逃走）不拒捕而（追捕之人恶其逃走擅）杀之或折伤者，（此皆囚之不应死者）各以杀伤论。（若）罪人本犯应死（之罪）而擅杀者处十等罚。（以捕亡一时忿激言，若有私谋，另议。）

按：此仍《明律》，顺治三年添入小注。现改斩为绞，改杖为罚。盖惩犯人之避罪而及捕者之擅杀也。《唐律》：**"诸捕罪人而罪人持仗拒捍，其捕者格杀之及走逐而杀，若迫窘而自杀者，皆勿论；即空手拒捍而杀者徒二年。已就拘执及不拒捍而杀，或折伤之，各以斗杀伤论；用刃者，从故杀伤法；罪人本犯应死而杀者加役流。即拒殴捕者加本罪一等；伤者加斗伤二等；杀者斩。又，诸被人殴击折伤以上，若盗及强奸，虽傍人皆得捕系，以送官司。捕格法准上条。即奸同籍内，虽和，听从捕格法。若余犯，不言请而辄捕系者，笞三十；杀伤人者，以故杀伤论云云。"**与此律互有参差，此律删去空手拒捕而杀者徒二年，用刃者从故杀伤法二语，而添入殴所捕人至折伤者绞一句。又改本犯应死而擅杀加役流一项为十等罚，较《唐律》为轻。而《唐律》拒殴捕者止加一等，伤者止加斗伤二等，现律改为不论有伤无伤统加本罪二等，至折伤则拟以绞，又较《唐律》为重。再，现律止言捕人追捕罪人，而无《唐律》被人殴至折伤若盗及强奸旁人皆得捕系，可见非应捕之官人即不得擅自追捕矣。

律文共分三节：首节定犯罪逃走拒捕之罪，分拒捕加二等，折伤者绞，杀人者亦绞三项。次节定免罪之法以作捕人之气，分格杀、逐杀、自杀三项。末节定擅杀之罪以折捕人之强，分不拒捕而擅杀伤及应死而擅杀两项。此与前拒殴追摄之律似同而异，彼系追摄无罪之人，故拒殴之罪轻。此是追捕有罪之人，故拒捕之罪重。篇中曰持仗，曰格，曰罪人，曰囚，曰逐，曰窘迫，曰自杀，字法皆关紧要，不可疏忽。《辑注》：仗谓兵仗，杀人之器也。格谓格斗，杀人之事也。持仗拒捕，其心叵测，至于两相格斗，则性命呼吸，非此则彼，故格杀勿论。追逐逃囚，情急事迫，势不能从容擒获，因而杀之，如追之不及放箭射杀之类，故亦勿论。若罪人不持仗，囚未逃走而杀之者，即不在勿论之列。至于擅杀应死之人，止十等罚者，本为捕亡者而言，必罪人有逃走之情，捕人别无私意之事，方拟此律，在常人不得引用，非谓一犯死罪，不论何人杀之皆十等罚也。《日本刑法》无拒捕专条，而妨害官吏章内以暴行抗拒官吏者处重禁锢加罚金，因而殴伤官吏者照殴打创伤本杀加一等，亦即此意，特不如中律之详尽耳！此门条例甚多，大半皆切实用，与律相捕而行，如律文拒捕至折伤以上者绞候，例则必本罪已至满流而又折伤方准拟绞，如系别项罪人必伤残废笃疾方拟绞罪，仅此折伤不能拟绞云云，均较律拟罪从轻。又，律文罪人拒捕杀人问拟绞候，例则殴死持票之差役，则加重改为绞决，又较律为严，须详参之。

一，罪人在逃，除逃在未经到官以前者仍照律不加逃罪外，如事发已经到官脱逃之犯，被获时无论遣流均照本律加逃罪二等。有拒捕者，如本罪已至满流而拒殴在折伤以上，或系刃伤者，均拟绞监候。折伤以下者，仍于流罪上加二等问拟。其事发到官后在逃，原犯未至满流者亦依拒捕律加罪二等。如拒殴在折伤以上，即照别项罪人拒捕例分别治罪。

一，凡罪犯业经拿获，因其凶悍狡猾，设法制缚误伤其命者，如实系罪犯应死之人，将误伤之捕伤之捕役照罪人应死而擅杀律治罪。如罪不应死之人，将误伤之捕役照夜无故入人家已就拘执而擅杀拟徒律递减一等治罪。若非误伤，仍照本律科断。倘捕役受人贿嘱将罪人致死者，无论罪人所犯轻重，悉照谋杀人首从律治罪。

一，窃盗拒捕刃伤事主，奸夫拒捕刃伤应捉奸之人及折伤以上，依例分别拟绞外，若伤非事主并非例得捉奸之人以及别项罪人拒捕，如殴所捕人至残废笃疾罪在满徒以上者，方依律拟以绞候，其但系刃伤及刃伤以下，仍各加本罪二等问拟。若本罪已至拟流，有拒捕者即按内外遣以次递加二等，罪止发往新疆当差。

一，窃盗被追拒捕刃伤事主者，窃盗拒捕杀人案内为从帮殴刃伤者，窃盗临时拒捕杀人案内为从帮殴刃伤者，窃盗临时拒捕伤人未死为首刃伤者，奸夫拒捕刃伤应捉奸之人者，罪人事发在逃被获时拒捕本罪已至满流而拒殴在折伤以上者，抢夺杀人案内为从帮殴刃伤者，抢夺伤人未死刃伤为首者，以上各项，除审系有心逞凶拒捕刃伤，仍各照本例分别问拟绞候外，如实系被事主及应捕之人扭获，情急图脱，用刀自割发辫襟带，以致误伤事主捕人者，各于死罪上减一等，发烟瘴地方安置。

一，奸匪抢窃并罪人事发在逃，犯该满流等犯，如拒捕时有施放鸟枪竹铳洋枪洋炮及一应火器拒伤捕人，按刃伤及折伤本例应拟死罪者悉照刃伤及折伤以上例分别问拟绞候。若犯非奸匪抢窃，并本罪未至满流，或执持系别项凶器者，仍照本例办理。

一，凡贼犯事发，官司差人持票拘捕及拘获后佥派看守押解之犯，如有逞凶拒捕，杀死差役者，为首无论谋故殴杀俱拟绞立决，为从谋杀加功及殴杀下手伤重致死者俱拟绞监候，入于秋审情实，其但系殴杀帮同下手者，不论手足、他物、金刃拟绞监候。在场助势未经帮殴成伤者发极边足四千里安置。若案内因事牵连奉票传唤之人被迫情急拒毙差役以及别项罪人拒捕，并聚众中途打夺，均仍照拒捕追摄打夺各本律本例科断。如差役非奉官票，或虽经奉票而有藉差吓诈陵虐罪囚情事致被殴死者，各照平人谋故斗杀本律定拟，均不得以拒捕杀人论。

一，抢窃案犯拒杀差役之案，除奉票指拿有名者仍照定例分别绞决、监候外，其捕役奉票指案承缉抢窃各犯者，票内虽未指明姓名而该犯确系本案正贼及捕役奉票踹缉盗贼票内并未指明何案及各犯姓名者，或遇贼犯正在抢窃，或经事主喊指捕拿，赃证确凿，虽未到官实属事发，并贼犯先经捕役奉票拿获送官惩治有案，并无吓诈凌虐，而该犯挟嫌报复，或纠伙凶殴者，亦属藐法有据。以上三项，凡有杀伤者各照罪人拒捕本律定拟。若捕殴致死者亦依本律分别擅杀格杀科断。如伤未至死者，捕役殴伤贼匪非折伤勿论，折伤以上减二等。贼匪拒伤捕役者，于本罪上加二等治罪。其非奉官票及虽奉官票而有吓诈凌虐情事者，各照平人谋故斗殴杀伤本律治罪。

一，图奸、调奸未成罪人杀死本妇及拒捕杀死其夫与父母并有服亲属，无论立时及越数日，俱照犯罪拒捕杀所捕人律拟绞监候。

一，擅杀律应拟绞之犯情轻者，改为流三千里，如系谋故火器杀人或连毙二命及各毙各命人数在四名以上等项情重者，仍依律拟绞。

一，凡擅杀奸盗及别项罪人案内余人，无论谋杀加功，及刃伤折伤以上，并凶器伤人，悉照共殴余人律处十等罚，正犯罪止拟徒者，余人处八等罚。若正犯罪止罚金，余人于本罪上递减一等。如有挟嫌妒奸谋故别情，乘机杀伤图泄私忿者，仍照谋故杀及刃伤、折伤、凶器伤人各本律本例问拟。

一，本夫本妇之有服亲属杀死强奸未成罪人，系登时忿激致毙者，依夜无故入人家已就拘执而擅杀拟徒律减一等，徒二年半。其杀死图奸未成罪人，系登时忿激致毙者徒三年，如杀非登时，无论所杀系强奸图奸未成各罪人，俱流三千里。

一，本夫及本妇之子杀死强奸未成罪人，如系登时忿激致毙者勿论。非登时杀死者，依夜无故入人家已就拘执而擅杀拟徒律减一等，徒二年半。系事后寻殴致毙者流三千里。其杀死图奸未成罪人，系登时杀死者徒三年，非登时杀死者，流三千里。

一，本夫及本夫本妇有服亲属捉奸殴伤奸夫，或本妇及本夫、本妇有服亲属殴伤图奸、强奸未成罪人，或事主殴伤贼犯，或被害人殴伤挟雠放火凶徒及实在凶恶棍徒至折伤以上者，无论登时事后，概予勿论。（期服以下尊长因捉奸、拒奸、或因卑幼强奸、图奸、殴伤卑幼者，悉照此例勿论。若卑幼殴尊长非折伤勿论。至折伤以上减本伤罪二等。此外不得滥引，仍按殴伤尊长卑幼各本律例问拟。其旷野白日盗田野谷麦者，以别项罪人论。）其余擅伤别项罪人，除殴非折伤勿论外，如殴至折伤以上，按其擅杀之罪应拟绞拟流者，于斗伤本罪上减一等定拟。若擅杀之罪止应拟徒者，减二等科断。

一，凡卑幼图奸强奸有服亲属未成被尊长忿激致死之案，悉照本夫及亲属杀死图奸、强奸未成罪人例减一等定拟。如减科仍与服制殴杀本罪相等者，应再减一等。至为从帮殴有伤之犯，除系死者有服卑幼仍照殴故杀尊长本律定拟，法部核拟时将应行减拟罪名于折内双请候旨定夺外，其余无论凡人尊长，概照斗杀余人律定拟。

一，凡凶徒挟雠放火及实在凶恶棍徒无故生事行凶扰害，被害之人登时忿激致斃者，均于满徒罪上减一等，徒二年半。如杀非登时，流三千里。

狱囚脱监及反狱在逃

凡已论决之囚（即定拟遣流徒习艺之犯）脱监及越狱在逃者，徒犯加徒役一年，流犯加徒役三年，遣犯加徒役五年，仍照应役年限从新拘役，未论决之囚各于本罪上加二等。（如）因（自行脱越）而窃放（同禁）他囚罪重者，与（他）囚（罪重者）同罪，并罪止流三千里。本犯应死者依常律。〇若罪囚反狱在逃者（不问已论决、未论决，但谋助力者），皆绞（监候）。同监囚人不知（反）情者，不坐。

按：此仍《明律》，顺治三年添入小注，原系自带枷锁，雍正三年改为锁杻，现又改首句被囚禁为已论决之囚，并改斩为绞。盖言囚犯脱逃反狱之罪，各有轻重也。《唐律》：**“诸被囚禁，拒捍官司而走者，流二千里；伤人者，加役流；杀人者斩，从者绞。若私窃逃亡，以徒亡论。”**即现律脱监之事，特治罪则有不同。《明律》凡反狱者，无论伤人与否，一概拟斩。即脱监在逃者，亦加本罪二等，罪止流三千里，均较《唐律》为严。旧例又分别在监脱逃是否纠谋聚众，加重拟军拟遣，且有加至斩绞者。若反狱一项，更从重照劫囚办理。如有杀官杀差情事，直与反逆一概同坐，则更严之又严，亦迫于世变之不得不然也。现均改从轻减，照律办理矣。盖脱监者，因狱卒之不觉，乘间窃出，犹畏人知也。反狱则依持［恃］凶横，公然而反，故论反狱者以打开监门，杀伤役卒为据，与脱监越狱之情迥异，犹盗之强与窃也。脱监须已出门外，越狱须已出墙外，若虽脱锁杻，逡巡观望，欲出未出，则止依自脱锁杻律科断，未便依此加等。至于窃放他囚，亦必业经出外乃坐，盖他囚虽为人放，然同有脱逃之心，亦各于本罪上加二等坐之。反狱者自内而出之谓也。若外有应接之人，则是劫囚矣。反狱虽与劫囚同论，而情形各有不同，故彼条入《贼盗门》，而此入《捕亡门》。《日本刑法》：未决囚徒入监中逃走者，处重禁锢六月以下。若囚徒三人以上同谋逃出者，加一等。毁坏狱舍狱具，或以暴打胁迫逃走者，处重禁锢三年以下。劫夺囚徒或以暴行胁迫助囚逃走者，处禁锢五年以下加罚金云云。亦即中律脱监、反狱、劫囚之事，而治罪均不至重刑。不惟较中国现律为轻，较《唐律》亦轻，各因其风俗政教之所宜，未可强同也。

一，在监斩绞及遣流人犯如有赌博等事，责成禁卒及有狱、管狱各官严加锁铐。若禁卒知情故纵，照开局窝赌例治罪。有狱官失于觉察，管狱官故为徇隐，交部分别议处。

一，斩绞重犯如有越狱脱逃，将管狱官及有狱官即时奏参，按例分别议处，不得同遣流等犯越狱按照疏防例限扣参。

一，斩绞人犯如有在监年久，自号牢头，串通禁卒、捕役挟制同囚，吓诈财物，教供诬陷，少不遂意，恣意凌虐以及强横不法凶恶显著者，审实，即照死罪人犯在监行凶致死人命例依原犯罪名拟以立决。其寻常过犯酌量严惩示儆。

一，罪囚由监内结伙反狱，如有持械杀伤官弁役卒及并未伤人首从各犯，不论原犯罪名轻重，悉照劫囚分别杀伤一例科罪。

一，凡犯死罪监候人犯在监复行凶致死人命者，照前后所犯斩绞罪名从重拟以立决。

一，拿获越狱人犯，务究通线与剃头情弊，通线之人分别有无受贿照故纵律治罪。其代为剃头之人，处十等罚。

一，窃盗问拟工作及罚金未能完纳改折工作之犯，如在所脱逃被获，照律加罪二等。傥逃后另犯不法别案，仍按后犯罪名与逃罪相比从其重者论。

一，解审罪囚中途脱逃被获，各加本罪二等，罪止发遣新疆酌拨种地当差，其罪无可加及本犯系斩绞者，仍各依本律本例办理。

一，遣犯中途脱逃以在监论，其当差人犯于工作期满后脱逃被获者，仍发原配加监禁一年，限满仍旧当差。

一，各省遣犯脱逃，内有年老者，以年逾七十为准，如在逃时年已六十，勒限十年。年已五十，勒限二十年。逾限未获，即于汇咨通缉案内开除停缉。傥后经缉获，仍照例质明办理。

稽留囚徒

凡应遣、流等项囚徒断决后，当该（原问）官司限一十日内，如（原定）法（式）锁杻，差人管押牢固关防，发往所拟地方交割。若限外无故稽留不送者，三日处二等罚，每三日加一等，（以吏为首科断）罪止六等罚。因（稽留）而在逃者，就将（当该）提调官（住俸勒限严捕）吏抵（在逃）犯人本罪发遣，候捕获犯人到官替役，（以囚）至（配所之）日疏放。○若邻境官司（遇有）囚（递）到，稽留不即递送者，罪亦如之。（稽留者验日坐罪，致逃者抵罪发往。）○若发往之时，提调官吏不行如法锁杻，以致囚徒中途解脱自带锁杻在逃者，与押解（失囚之）人同罪。（分别官吏罪止十等罚，责限擒捕。）○并罪坐所由（疏失之人）。受财者计赃以枉法从重论（统承上言）。

按：此仍《明律》，雍正三年删定，原有小注，顺治三年修改。现又改易，删去迁移、充军，盖言起解囚法之不得稽迟也。《唐律》：**“诸徒、流应送配所，而稽留不送者，一日笞三十，三日加一等；过杖一百，十日加一等，罪止徒二年。不得过罪人之罪云云。”**较《明律》为重，《明律》罪止杖六十，而受财者从重，则加详矣。首节言起解之时，官司无故稽留之罪。二节言邻境官司不即递解稽留之罪。三节言发遣之时提调官吏不如法锁杻之罪。末节总承上三项而言罪坐所由及受财从重之罪。夫因稽留而致在逃，并非有心故纵，乃即抵本犯遣流之罪，殊太严矣。故注曰：官住俸，吏抵犯人本罪。凡官吏同犯者，皆以吏为首，盖主掌文案而不依期请遣乃其罪也。断无一为稽留在逃即将官吏一同发遣之理，若吏请而官不行，则系官有私心，即应罪坐所由，乃治官以重罪，不得以吏抵之也。律文以十日为限，例又有一月两月之限。律只言起解之限，例又补出程限。凡程限，日行五十里，见《处分则例》。律止言无故稽留，例又补出患病稽留及前途水阻，或另有事故截留之条，皆当参究。

一，直省递解人犯，务令依限解赴，如有患病应留养者，其经过所在之州县即责成各该省督抚查察，必验明患病确实，具结申请，方准照例留养。如有本系无病及病已痊愈，率行捏结及漫无觉察，任其迁延者，即将各该州县严查参处，并饬各属将每年有无患病留养人犯及已未起解之处按季报明，该督抚造册报部查核。

一，凡隔省递籍人犯，该州县一面发递，一面关会原籍，并知照经过地方官，无论长解、短解，务遵定例加差转递。各该州县仍于季底将有无递解过某省人犯若干名造册，由府汇详督抚，分咨各省转行查核，照案咨覆。其本省递解人犯亦责成各州县彼此关覆查结。

一，外省发遣官常各犯及发往军台効力赎罪废员，与军流徒罪人犯，于文到之日均限一个月即行起解，勿得任其逗遛，各该督抚将各犯起解月日专咨报部，仍于年终汇造清册报部备查。如有迟逾，即行指参。傥实因患病逾限，不能起解者，地方官验看属实，加具并无捏饰印甘各结详明督抚，起限亦不得过两个月，该督抚亦即咨部查核。如有假捏及逾限不行起解者，别经发觉，将该州县及失察之各上司分别交部议处。

一，各省递解人犯，如遇前途水阻及另有事故，不能前进，即由附近州县详报该省督抚，查看情形属实，迅即飞咨邻省截留，不准州县擅自知会。仍饬令附近之州县，将接到人犯分别监狱大小酌留一二十名，再令各上站挨次留禁。由该州县开具犯人事由，申报该省上司咨部查考。一俟前路疏通，即行起解。如有州县擅用公文私信知会上站截留，即由该督抚据实严参。

一，凡各省距省窵远之各厅州县问拟遣军流犯，各督抚于出咨后即令造册先行定地，并发给咨牌，存俟奉到部覆，即行佥差起解，不准稍有稽滞。仍将发给咨牌并起解日期，报部查核。

主守不觉失囚

凡狱卒不觉失囚者，减囚（原犯之）罪二等（以囚罪之最重者为坐）。若囚自内反狱在逃，又减（不觉罪）二等，听给限一百日（戴罪）追捕，限内能自捕得及他人捕得，若囚已死及自首，（狱卒）皆免罪。司狱官典减狱卒罪三等，其有狱官曾经躬亲逐一点视罪囚锁杻俱已如法，取责狱官狱卒牢固收禁文状者不坐。若（有狱官于该日）不曾点视以致失囚（反逃）者，与狱官同罪。（若提牢官狱卒官典）故纵者，不给捕限，（官役）各与囚同罪。（至死减等，罪虽坐定，若）未断之间能自捕得及他人捕得，若囚已死及自首，各减（囚罪）一等。受财（故纵）者，计赃以枉法从重论。○若贼自外入（狱）劫囚，力不能敌者，（官役各）免罪。○若解审（递藉关提之类亦同）解配中途不觉失囚者，主守并押解兵役各减囚（本）罪三等，提调押解官又各减三等。（仍责捕限。限内捕获凡他人捕获若囚已死及自首俱得免罪，如有故纵及受财者，并与囚同罪，系劫者免科。）

按：此仍《明律》，顺治三年添入小注，锁杻上原有枷字，雍正三年删去。现又改易。盖重典守狱囚之责也。《唐律》：**"诸主守不觉失囚者，减囚罪二等；若因[囚]拒捍而走者，又减二等。皆听一百日追捕。限内能自捕得及他人捕得，若囚已死及自首，除其罪；即限外捕得，及囚已死若自首者，[各]又追减一等。监当之官各减主守三等。故纵者不给捕限，即以其罪罪之；未断决间，能自捕得及他人捕得，若囚已死及自首，各减一等云云。"**《明律》即用《唐律》原文，而改易监当之官为司狱官典，并添狱官一项，篇末又增受财者以枉法从重及劫囚免罪并押解中途失囚数语，较《唐律》为详备矣。狱卒是主守之人，不觉虽出于无心，失囚究不能辞咎，故减二等。若囚自内反狱夺门而出，虽非狱卒所能禁制，然亦防守不严有以致之，故又减二等。均准给限戴罪追捕，限内无论自己他人捕得，皆得免罪者，已无漏法之囚，即可免疏脱之咎矣。以上二项虽分轻重，皆自无心言之，若有心故纵，则不给捕限，各与囚同罪矣。官故纵则官与同罪，役故纵则役与同罪，即官役同为故纵，亦分首从，并非官役并坐。故纵虽不给捕限，然于未断之先或自己或他人捕得，即不能全免其罪，亦得减罪一等。即始终未能获囚，而囚至死者，同罪之人犹得减等拟流，以其故纵而不受财也。若因受财而故纵，则依《名例》坐以死罪，即因罪不应死而故纵之人赃重者仍以枉法从重论。至八十两者即拟绞罪。其严如此，所以深警贪墨也。旧律《徒流人逃门》亦有主守押解不觉失囚一项，情事相同而彼止拟杖罪，此减囚罪二等者，彼是已经断决遣流人犯，其狱已成，其事已结，但押发配所耳！此则押解未经断之囚或尚候追赃或停囚对待或案候归结，一切死罪重囚均在其内，与起发已决断之遣流者不同，故彼曰囚徒，此曰罪囚也。此律与前脱监反狱正是一事，彼条专言囚罪，此专言主守之罪，须合参之。《日本刑法》：看守囚犯与护送人纵令逃走者，处重禁锢五年以下，因懈怠失察囚徒逃走者，处罚金三十元、二十元以下，即中律不觉失囚与故纵之事，特治罪各有不同耳！

一，凡监犯脱监或越狱在逃，如狱卒松放狱具，审明有无受贿故纵分别治罪外，其有托故擅离，或倩人代守，以致罪囚脱逃者，俱照囚犯本罪减一等定拟。

一，解审斩绞重犯，无论案情是否已定，如押解兵役受贿故纵，以致脱逃，或本犯就获质审明确，或犯虽未获讯有确据及自行供认不讳者，仍照受财故纵律治罪外，其在途开放锁镣以致脱逃，严讯并无实据，即照故纵与囚同罪律，至死减一等拟以流三千里。但系违例雇替，托故潜回，以致脱逃者，即将起意雇替之兵役减囚罪二等拟以徒三年，代替之人再减一等，同行不举首者处十等罚。果系依法管解，偶致疏脱者，仍照本律科断。佥差不慎之地方官，视该兵役所得之罪分别议处。

一，解审命盗重犯及流罪以上并发回原籍收管审讯等犯，务于批文内载叙事由，开明该犯年貌、疤痣、箕斗，令沿途地方查明转递。如有中途雇倩顶替情事，除本犯解役人等照例究拟治罪外，将佥差不慎之员及未行查出之添解官交部分别议处。如原文内未经开载，将遗漏开造之员照例议处。

一，凡发遣人犯起解时，务必如法锁铐，并将年貌锁铐填注批内。接递官必按批验明，于批内注入锁铐完全字样，钤盖印信，转递前途。傥解役人等有受贿开放者，计赃照枉法律治罪。若转解之该地方官因前途未曾锁铐，不复查明补加，听其散行，将该地方官与前途未曾锁铐官，均按罪犯轻重，交部分别议处。

一，流遣罪犯在途在配脱逃，沿途地方官及配所该管官详请该督抚一面行文报部，一面知会原籍及犯事省分，情重者并抄录犯事原案，同年貌册一并分咨各直省督抚一体缉拿。原籍地方官于咨缉文到后，即传该犯亲属、邻保人等，逐一讯问根由下落，如果未逃回，即取确实供结，咨明法部及逃所存案，仍令保邻不时侦缉，一经回籍立即首报。傥知情容留，别经发觉，即将房主、邻保照知情藏匿罪人律治罪。其虽不容留但明知不首者，处十等罚。至缉获逃犯，如系在别省同发者，由拿获省分调取原案查核相符，仍讯明有无别犯不法，照例办理。

一，押解流遣人犯中途脱逃，无论赴审赴配，押解兵役审无故纵情弊，但系违例雇替，或托故潜回以致疏失者，限满无获，即将起意雇替及潜回之兵役减囚罪二等治罪，代替之人再减一等，同行不举首者处八等罚。若依法管解，偶致疏脱者，仍照本律定拟。

一，直隶等省如遇紧要官犯等类，务择现任文武员弁派委押解，其试用効力未经历练者概不得滥行派委。如有违例滥派以致疏失者，除押解之员按照律例分别议罪外，仍将原委之文武各上司分别有无误失交部议处。

一，凡宗室觉罗发往盛京、吉林、黑龙江等处，沿途官员并不亲身押解，交与兵丁解送，或不谨慎看守以致脱逃者，限满无获，官交部严加议处。兵丁照本律治罪。

知情藏匿罪人（以非亲属及罪人未到官者言）

凡知（他）人犯罪事发，官司差人追唤而（将犯罪之人）藏匿在家不行捕告，及指引（所逃）道路，资给（所逃）衣粮，送令隐匿（他所）者，各减罪人（所犯）罪一等。（各字指藏匿指引资给说。如犯数罪藏匿人止知一罪，以所知罪减等罪之，若亲属纠合外人藏匿，亲属虽免罪减等，外人仍科藏匿之罪，其事未发，非官司捕唤，而藏匿止问不应。）其（已逃他所，有）辗转相送而隐藏罪人，知情（转送隐藏）者，皆坐（减罪人一等），不知者勿论。○若知官司追捕罪人而漏泄其事，致令罪人得以逃避者，减罪人（所犯）罪一等。（亦不给捕限。）未断之间能自捕得者，免（漏泄之）罪，若他人捕得及罪人已死，若自首，又各减一等。（各字指他人捕得及囚死、自首说。）

按：此仍《明律》，顺治三年添入小注，乾隆五年又于第一节小注之后添入“犯数罪，藏匿人止知一罪”一段。盖言犯罪之人非常人所得容隐也。《唐律》：诸知情藏匿罪人，若过致资给，令得隐避者，各减罪人罪一等。罪人有数罪者，止坐所知云云。《明律》即本于此，而又增漏泄一节，并改“过致资给”四字为指引道路，资给衣粮，则较明显矣。又《唐律》小注云：若卑幼藏匿已成，尊长知而听之，独坐卑幼。若部曲、奴婢首匿，主后知者，与同罪。即尊长匿罪人，尊长死后，卑幼仍匿者，减五等；尊长死后，虽经匿，但已遣去而事发及匿得相容隐者之侣，并不坐。小功已下，亦同减例。若赦前藏匿罪人，而罪不合赦免，赦后匿如故者，并不知人有罪，容寄之后知而匿者，皆坐如律。其展转相使而匿罪人，知情者皆坐，不知者勿论云云。道理更为精细，盖卑幼藏匿罪人，尊长知而听之，不坐罪者，以其得相容隐也。奴婢藏匿，其主知之，与同罪者，以主不得为奴婢隐也。现律不载此段，仅将末后辗转相送数语纂为正律。此律与《名例》亲属容隐一条正相对照，故总注曰，以非亲属，正可见若系亲属雇工则当照《名例》勿论，并减等也。藏匿与漏泄虽同一减等，但未断之先能自捕得，藏匿与漏泄者均得免罪。若系他人捕得，则漏泄得减二等，藏匿者不得同减，须分别观之。再，此律得减一等，统指各项罪人而言，若故纵藏匿反叛之人，则当依本条拟以斩绞，不得同此律也。以此律与各律合参，犯罪自首者免罪，犯罪逃走加等，亲属容隐者勿论，凡人藏匿者同罪。律义精深如此，此中律所以可羽翼经传而足为国粹也。《日本刑法》知为犯罪人或逃走囚徒及付监视之人而藏匿之或令隐避者，处轻禁锢一年以下加罚金二十元以下。若囚徒系重罪刑者加一等，若系犯人之亲属不论其罪云云，亦尚有中国《唐律》遗意，特浑言亲属而无大功、小功、缌麻之等差，仍不及中律之精当耳！

盗贼捕限

凡捕强窃盗贼，以事发（于官之）日为始，（限一月内捕获）当该捕役汛兵一月不获强盗者，处二等罚，两月处三等罚，三月处四等罚。捕盗官罚俸两个月。捕役汛兵一月不获窃盗者，处一等罚，两月处二等罚，三月处三等罚。捕盗官罚俸一个月。限内获贼及半者免罪。若（被盗之人）经隔二十日以上告官者，（去事发日已远）不拘捕限（缉获）。捕杀人贼与捕强盗限同。（凡官罚俸，必三月不获然后行罚。）

按：此仍《明律》，顺治三年添入小注。现改笞为罚。原律系当该应捕弓兵，雍正三年以缉捕贼盗系州县捕役及防汛兵丁之责，因将原律应捕弓兵改为捕役汛兵。按，弓兵二字本系明制，查《户部则例》载有直省州县额设经制民壮防卫仓库，协缉盗贼，按地方大小召募三五十名学习鸟枪、弓箭，不时操练云云。盖即弓兵之遗意，而现在已成具文。此律之意盖言捕盗不可稍缓也。盗与命分作两项，而强盗与窃盗又分缓急，捕役与捕官更分轻重。本系专言捕限，而例又补出审限各项，及京城盗案、窃案捕限，并邻县提犯限期，审限又分寻常命案与服制重案长短不同。总之，条例愈密，趋避愈巧。定例之意，原为严定限期，始则地方官尚知畏忌，渐则奉行不力。薛氏《存疑》谓百年以来并无人议及于此，地方官视为虚文，吏治所以愈不如前也。诚慨乎其言之。现在审限定有新法，详见《诉讼法》内，而捕限一层，各省举办警察侦探，将来捕务或有起色，拭目俟之。

一，京师内外城地方遇有承缉凶犯，选差干捕勒限严缉，如一月不获，照例提比，三月至五月不获者，即将该捕役斥革处罚，另选干捕躧缉。如捕役果能实力拿获者，照拿获盗案之例，于赃罚银两内令该官衙门酌量赏给。至巡捕五营所属地方，遇有不知姓名之人被伤身死，据检察官相验的实，该汛武职即行呈报步军统领衙门，照例勒限严缉正凶，仍于限内报明陆军部，俟文职审明是雠、是盗，将武职各官照例查议。其五营捕役应令该汛武弁选差干捕，报明注册，勒限严缉，按期提比，如逾限不获，即行斥革处罚。仍令另差干捕实力缉拿，如该汛捕役有能于限内缉获正凶者量加奖赏，于步军统领衙门房租项下动支发给，汇入年终奏销。

一，京师内外城地方遇有杀伤人命雠盗未明之案，巡捕五营武职等官照文职缉凶之例，一体扣限查参。俟获犯之日，如审系盗案，仍照例将专辖兼辖各官补参疏防。

一，营弁及捕役拿获盗劫重犯，立即解赴该处承审衙门严行究诘。如供出首伙姓名，该承审官一面通报各上司，一面迅速移会该处营弁设法缉拿，毋许稍有迟延。其承缉招解该承审官仍依限办理，毋庸营弁先行会同讯供。

一，凡命盗及窝赌、窝娼等项案犯，窜入邻境，一面差役执持印票密拿，一面移文关会，拿获之后，仍报明地方官添差协解。其余寻常案犯，须俟关会后协缉，不得擅自拘提。傥有犯匿邻境，以非其管辖，不急往拿及不应竟行拘提，擅给批牌，并邻境该管官不为协缉者，分别议处。捕役借端骚扰，越境诬拿平民，照诬告及诬良为盗各本律例治罪。

一，凡承缉盗案各官，有假借别州县所获之盗指为本案盗首别州县亦扶同搪塞，或先报盗首脱逃后仍在该地方隐匿，或捏报盗首病故后于别案发觉者，将从前假借扶同，隐匿捏报之该地方文武各官交部议处。其邻境他省之文武官有能拿获别案内首盗伙盗质审明确者，该地方文武各官交部分别议叙，兵役分别酌量给赏。若不在伙内之人首出盗首即行拿获者，地方官从优给赏，捕役拿获盗首者亦从优给赏。若盗首不获，将承缉捕役家口监禁勒比。如获盗过半之外又获盗者，地方官亦酌量给赏。若州县贿盗狡供，辗转行查希图销案者，照易结不结例治罪。

一，凡关提人犯，承问官务将紧要缘由、关提月日通报各上司，准关之州县，邻省限文到四个月拿解，邻县限文到二十日拿解，如逾限不发及听信地保差役人等，捏词用空文回覆，该督抚立即严参，照例分别议处外，地保差役人等讯明有无贿纵情形，各按本律本例问拟。审结之时，仍将关到日期扣明程限，声叙明晰，听候部议。如承审官将并非紧要人犯藉称关提不到，该督抚亦即查明，严参议处。关传口供即照关提人犯办理。

一，凡司道提比捕役，除积案久逃之犯仍照旧例遵行，其新报之案，司道不得即行提比，专令该管之府厅比缉，仍将比过各案并捕役姓名报明该道查核，按季汇报臬司，转申督抚查核。傥经年累月总未获报，该府厅有徇隐之处一并奏参，交部议处。

一，凡审办土苗案件，如该犯居土官所辖地方，该土官准州县移会，徇庇不行拿解，经督抚核实奏参，将土官革职，择伊子弟之贤者承袭。若该犯居隔属隔省者，以文到日为始，限四个月拿解，如庇匿不解，交部议处。如果凶犯实系在逃，俱限六个月承缉，限满无获，交部分别议处。

一，内洋失事，仍照例文武官带同事主会勘外，如外洋失事，听事主于随风飘泊进口处，带同舵水赴所在文武衙门呈报。该衙门接据报呈，以事主所指被劫地方为准。倘事主不能指实地名，即将洋图令其指认。如在本县该管洋面被劫者，即行差缉，一面移会交界县分一体缉拿。如所报系在邻县或邻省洋面被劫者，该县一面缉拿，一面将报呈飞移失事地方，并详报该督抚分别咨行，毋庸传同事主会勘。仍令该督抚严饬所属不分畛域，实力奉行。至详报督抚衙门，无论内外洋失事，以事主报到三日内出详驰递，以便据报行查。海关各口将税簿赃单互相较核，有货物相符者，即将盗船伙党姓名呈报关拿。其稽查关口员役，如于未接文檄之先能查出匪船，拿获禀报者分别议叙。吏役酌量给赏。如奉到文檄，能按照单簿据实查出，飞移所在地方，将盗犯拿获者，免其处分。

一，凡捕役串通盗犯，教供妄认别案盗犯以图销案，承审官失于觉察，审出交部议处，捕役照诬良为盗满流例减一等徒三年。如有贿买情弊，以枉法从重论。

一，卑幼擅杀期功尊长，子孙违犯教令致祖父母、父母自尽，属下人殴伤本管官并妻妾谋死本夫，雇工人殴故杀家长等案，承审官限一月内审解府司，督抚各限十日审转具奏。如州县官于正限届满尚未审结，即于限满之日接扣二参限期，州县限二十日，府司、督抚仍各限十日完结，如有迟延，分别初参二参，照例议处。至杀死三命、四命之案，该督抚即提至省城督同速审，其审解限期悉照卑幼擅杀期功尊长之例办理。

断狱上

古律无断狱之目，魏分李悝《囚法》而创为此名，至北齐与《捕律》相合，更名《捕断律》，后周复改为《断狱》，隋唐至今，因之不易。《唐律疏议》云：狱以实囚，造自皋陶，夏曰夏台，殷曰羑里，周曰圜土，秦曰囹圄，汉以来复始名曰狱。此篇错综全部条流以为决断之法，故承诸篇之末，共分二十八章。外国谓之《裁判法》，《日本刑法》

而外有《裁判所构成法》、《监狱法》,即中国《断狱》之别名,虽其制度详略各有不同,要皆平争解纷、恤囚泣罪之意。凡操三尺之法者,更当三复深之。

囚应禁而不禁

凡(鞫狱官于)狱囚应禁而不(收)禁(徒犯以上,妇人犯奸收禁,官犯公私罪、军民轻罪、老幼废疾散禁),应锁杻而不用锁杻及(囚本有锁杻,而为)脱去者,(各随囚重轻论之)若囚该罚金(当该官司)处三等罚,徒罪处四等罚,流遣罪处五等罚,死罪处六等罚。若应杻而锁,应锁而杻者,各减(不锁、杻罪)一等。○若囚自脱去(锁、杻)及管狱官典狱卒私与囚脱去锁杻者,亦如(鞫狱官脱去)之(罪)。有狱官知(自脱与脱之情)而不举者,与(管狱官典狱卒)同罪,不知者不坐。○其(鞫狱官于囚之)不应禁而禁及不应锁杻而锁杻者,(倚法虐民)各处六等罚。○若(鞫狱、管狱、有狱官,典狱卒)受财(而故为操纵轻重)者,并计赃以枉法从重论(有禄人八十两律绞)。

按:此仍《明律》。现改笞杖为罚金,并添入遣罪一项。原律第二句系应枷锁杻而不枷锁杻杖六十,以下系应枷而锁,应锁而枷,雍正三年删去枷字,其小注系顺治三年添入。《唐律》亦有此条,惟文义简略。其应锁而杻,应杻而锁,谓之回易所著,亦无司狱官典等名目。律末受财以枉法论之句亦系明所增添。**此律之意,盖言拘系囚人之法,宽严贵得其平也。**禁谓收禁在狱也,凡男子犯徒罪以上,妇人犯奸及死罪皆应收禁。军民罚以下,妇人流以下及老幼废疾皆散收押禁。官犯私罪,除死罪外徒流锁收,罚以下散禁,公罪自流以下皆散收。锁杻,皆拘禁狱囚之具也。杻施于手,惟死罪重囚用之,轻罪及妇人不用。妇人在狱,当别嫌疑,其饮食便溺不可假手于人,故不押手杻。锁旋于颈,以铁索锁之于柱,轻重罪囚皆用之。首节言囚应禁不禁,应锁杻不锁杻及已锁杻而(于)脱去并应锁而杻,应杻而锁之罪。二节言囚自脱去锁杻,狱官狱卒私(于)脱去,并有狱官知而不举之罪。三节言狱官将不应禁之人而收禁及不应锁杻之人而锁杻之罪。末节总承以上数项,统言鞫狱、司狱、有狱官,典狱卒受财者之罪。凡妇人犯该实遣不准收赎者,应收禁。窃贼无论罪名轻重,概为收禁。如违例管押,以应禁不禁论罪。此皆律无明文,有成案可引也。又《日本刑法》二百七十八条载:逮捕官吏不遵守法律而横行监禁者,处重禁锢十五日以上、三月以下,附加罚金二元以上二十元以下。但监禁日数过十日加一等云云,亦系此意,特罪名轻重不同耳。

一，各处监狱俱分建内外两处，强盗并斩绞重犯俱禁内监，遣流以下人犯俱禁外监，再另置一室以禁女犯。

一，侵欺钱粮数至一千两以上，挪移钱粮数至五千两以上者，令该管官严行收禁监追。其侵欺在一千两以下，挪移不及五千两者，散禁官房严加看守，勒限一年催缴，如逾限不完，即收禁监追。

一，各省招解流罪以上人犯，令各州县酌量地方情形，如有相距在五十里以外不及不收监者，先期拨役前往于寄宿处所，传齐地保人等，知会营汛会同原解兵役支更巡逻防范，往回一体办理，傥有疏虞，地保营汛俱照原解兵役治罪，地方官从重议处。

一，递回原籍人犯，如系奉特旨及犯徒罪以上援免解交地方官管束之犯，经过州县仍照例收监。其犯罚金等轻罪递回安插者，承审衙门于递解票内注明不应收监字样，前途接递州县即差役押交坊店歇宿，仍取具收管，毋得滥行监禁。

一，直省并无监狱地方，该管官遇有解犯到境即行接收，多拨兵役于店房内严加看守，毋致疏虞，如有藉词推诿不收人犯，仅令原解兵役看守致犯逃脱者，该督抚即行严参，交部从重议处。

一，山海关外往来解送人犯住居歇店，该店主即通知该屯领催乡约按户派夫帮同押解兵丁看守支更，如有疏脱，即将押解官兵更夫领催乡约等一并送交该管地方官审讯，分别治罪。

一，各札萨克蒙古徒罪以上应发遣人犯，一面分报理藩部、大理院，一面委员解送应监禁之地方官监禁。

故禁故勘平人

凡官吏怀挟私雠故禁平人者处八等罚。（平人系平空无事，与公事毫不相干，亦无名字在官者，与下文公事干连之平人不同。）因而致死者绞（监候）。有狱官、管狱官、典狱卒知而不举首者与同罪，至死者减一等，不知者不坐。若因（该问）公事干连平人在官，（本）无招（罪而不行保管）误禁致死者处八等罚。（如所干连事方讯鞫）有文案应禁者（虽致死）勿论。○若（官吏怀挟私雠）故勘平人者（虽无伤）处八等罚，折伤以上依凡斗伤论，因而致死者绞（监候）。同僚官及狱卒知情（而与之）共勘者与同罪，至死者减一等，不知情不坐。

按:此仍《明律》,顺治三年添入小注。现改杖为罚,改斩为绞,又删去末后数语。《唐律》无此名目,而有拷囚不得过三度一条:“凡[诸]**拷囚不得过三度,数总不得过二百,杖罪以下不得过所犯之数。拷满不承,取保放之。若拷过三度及杖外以他法拷掠者,杖一百;以故致死者,徒二年。即有疮病,不待差而拷者,亦杖一百;以故致死者,徒一年半。若依法拷决,而邂逅致死者,勿论;仍令长官等勘验,违者杖六十云云。**”均罪止于徒,并无死罪。**此律重在“挟仇”二字,故拷死者亦抵死罪,**又于故勘外添出故禁一语,均较《唐律》为详。此律之意,**盖言囚禁拷讯之法,不得滥及无辜也。**禁谓下狱,若拘锁别处不得谓之禁。勘谓拷讯,若非用官刑者不得谓之勘。禁与勘皆公法也,官吏以执公法之人为报复私雠之事,故特严之。首节定故禁之罪,盖犯人应禁,平人不应禁,官吏挟雠故禁平人八等罚,致死者绞。不知系平人,据原问衙门发下收禁者不坐。若因公事牵连之人到官对证,无罪即当取保释放,如误禁致死者八等罚。至无罪而原系紧要干证,有文案相关涉而应禁者勿论。后节定故勘之罪。官吏挟私故勘平人者亦八等罚,至折伤以上依凡斗论,致死绞候。同僚狱卒知情而上下作奸共勘者同罪,不知情而共勘及虽共勘而依法拷讯者不坐。律止言挟雠故勘,例又补出误执已见刑讯致斃各项,足补律所未备,备录于后以便引用。又《日本刑律》载裁判官收受贿赂陷害被告人者处重禁锢二年以上五年以下,加罚金。虽未收贿赂但徇情挟怨陷害者亦同云云,与中律怀挟私雠之条相类,不过罪名稍有不同。

一,凡内外大小问刑衙门设有监狱,除监禁重犯外,其余干连并一应轻罪人犯交保看管。如有不肖官员影射待质公所名目私立班馆及擅设仓铺所店等名,私禁轻罪人犯及致淹毙者,即行指参,照律拟断。若该书差串通需索陵虐,于陵虐罪囚本律上加一等治罪,赃重者以枉法从重论。

一,承审官吏凡遇一切命案盗案,将平空无事并无名字在官之人怀挟私雠故行勘讯致死者照律拟罪外,倘事实无干,或因其人家道殷实勒诈不遂,暗行贿嘱罪人,诬扳刑讯致死者,亦照怀挟私雠故勘平人致死律拟斩监候。如有将不应刑讯之人误执已见刑讯致毙者,依非法殴打致死律减一等定拟,致毙二命者流二千里。三命以上递加一等,罪止流三千里。若因公事违例刑讯而其人受刑后因他病身死者,止科违例用刑之罪,如有奸徒挟雠诬告平人官吏知情受其嘱托因而拷讯致死者,本犯依诬告律拟抵,官吏照为从律满流。如有诬告平人,官吏不知情,依法拷讯致死者,将诬告之人拟抵,官吏交部议处。若被诬之人不肯招承,因而非法殴打致毙者照非法殴打致死律定拟。均不得删改律文内怀挟私雠字样。混引故勘平人概拟重辟。在外不按实具奏,在内含糊照覆,照官司出入人罪律分别治罪。

淹禁

凡内外问刑衙门于狱囚情犯已完,审录无冤,别无追勘(未尽)事理,(其所犯罚金徒流遣死罪)应断决者,限三日内断决。(系徒流遣)应起发者,限一十日内起发。若限内[外]不断决、不起发者,当该官吏过三日,处二等罚,每三日加一等,罪止六等罚。因(过限不断决、不起发)而淹禁致死者,若囚该死罪处六等罚。流遣罪处八等罚。徒罪处十等罚。罚金以下,徒一年(惟重囚照例监候)。

按:此仍《明律》,顺治三年添入小注,雍正三年删定。现又添易,并改笞杖为罚金。《唐律》无淹禁之名,而有徒流送配稽程一条即是此意:**诸徒、流应送配所,而稽留不送者,一日笞三十,三日加一等,罪止徒二年**。此律罪止六等罚,而因淹禁致死者分别处罚拟徒,与《唐律》稍有不同。此律之意盖言应决放之囚不得留狱也。凡在禁囚犯若审问拟罪已定,则无追赃勘验等事,应断决者限三日内即行断决,应发配者限十日内即行起发,若限外无故不断决起发者,三日二等罚,每三日加一等,罪止六等罚,因而致死者,按囚罪之轻重分别定罪,盖狱囚之罪以次而轻,即淹禁之罪以次而重。《拒捕门》有稽留囚徒一条,彼专指徒流之人,所重在因稽留而逃。此兼五刑通言之,所重在淹禁而死。各有命意,故分载两门。律外又有遇赦躭延及监狱设循环簿之例,与律相辅而行,当并参之。

一,凡遇恩赦,法部将各省死罪已入秋审人犯查核情节分别减免,分单具奏。遣流人犯,限赦到一月内各省造册咨送法部,俟法部核定奏准,即时释放。徒罪人犯应准援免者,各省按照赦款逐一详查,登时释放,另行册报法部查考。如有情罪可疑者,亦限一月内造册咨送法部,俟法部覆核文到之日即时释放,毋得耽延。如逾限未经册报明及将应免轻罪人犯并无辜之人仍滥行监禁者,交该部议处。

一,各直省府厅州县,凡有监狱之责者,除照向例设立循环簿,填注每日出入监犯姓名申送上司查阅外,并令与管狱官各将监禁人犯,无论新收旧管,逐名开载,填注犯案事由,监禁年月,及现在作何审断之处,造具清册,按月申送该管道,该管道认真查核,如有滥禁淹禁情弊,即将有狱官随时参处。仍令该道因公巡历至府厅州县之便，亲提在监人犯，查照清册逐名点验。其有填注隐漏者，将有狱官及管狱官一并参处。并令该道每季将府厅州县所报监犯清册汇送督抚臬司查核。若府厅州县有淹禁滥禁情弊，该道未行揭报，经督抚查出，或别经发觉，即将该道一并交部议处。

陵虐罪囚

凡狱卒（纵肆）非理在禁陵虐殴伤罪囚者，依凡斗伤论（验伤轻重定罪）。克减（官给罪囚之）衣粮者，计（克减之物为）赃以监守自盗论。因（殴伤、克减）而致死者（不论罪囚应死不应死，并）绞（监候）。管狱官及有狱官知而不举者与同罪。至死者减一等。（有不知，坐以不应。）其官典致死监候人犯亦绞（监候）。

按：此仍《明律》，顺治三年添入小注，乾隆五年增修。现又增入末后一语。《唐律》无此专条，而减窃囚食致死拟绞则载于《囚给衣食门》内。此严狱卒陵虐之禁以恤罪囚也。狱囚虽为有罪之人，然各有应得之罪，非狱卒所得肆其陵虐。若非理欺陵殴伤罪囚，依凡人斗殴法科罪。克减狱囚官给衣粮者，计赃以监守自盗论。或因陵虐克减而致死者，不论囚罪应死与否，狱卒均坐绞候。《辑注》云：狱囚虽系应死之犯，狱卒自犯致死之罪，与擅杀应死罪人不同，故照凡斗坐绞。殴伤致死必因本伤，尅减致死必由冻馁，方坐以绞。若因他故致死者，仍止科凡斗、监守之罪。管狱官与有狱官知而不举，与狱卒同罪。不言不知不坐者，官既以狱为职，狱卒之弊所当觉察，不容不知也。《吏部则例》亦有此项：凡陵虐致死，管狱官、有狱官知而不举者，革职。私罪不知者，降二级。与此律不同，当参看之。律外条例亦多，备录于后，均当合参。又，《日本刑法》：司狱官吏不遵守程式而监禁囚人及人应出狱时不放免者，亦处重禁锢云云，即是此意。

一，凡内外问拟死罪监候之犯，每年责令狱官监看剃发一次，遣流人犯每季剃发一次，仍令留顶心一片。

一，监犯不论已结未结，如有患病沈危，医官呈报救治。倘病故及猝然暴病身死，不及呈报救治者，即日派检察官一员，会同有狱官相验殓埋，仍知照原审衙门存案备查。

一，强盗十恶谋故杀重犯用铁锁杻镣各三道，其余斗殴人命等案正凶以及遣流徒罪等犯止用铁锁杻镣各一道。如狱官禁卒任意轻重，将狱官奏参，禁卒革役，照律治罪。受贿者照枉法从重论。有狱官失于觉察，交部议处。

一，徒罪以下人犯患病者，狱官报明承审官即行赴监验看是实，行令该佐领、骁骑校、地方官取具的保保出调治，俟病痊即送监审结。其外解人犯无人保出者，令其散处外监加意调治。如狱官不即呈报及承审官不即验看保释者，俱照淹禁律治罪。若本犯无病而串通狱官医生捏称有病，或病已痊愈而该佐领、骁骑校、地方官不即送监审结者，将本犯及狱官、医生、该佐领、骁骑校、地方官亦俱照诈病避事律治罪。若保出故纵者，将保人治以本犯应得之罪。疏脱减二等，仍将取保不的之该佐领、骁骑校、该地方官议处。若有受贿情弊，计赃以枉法从重论。至督抚具报监毙人犯，将本犯所犯罪名、所患病症及有无陵虐、曾否保释逐一声明，如有朦胧情弊，查出交部分别议处。

一，凡官员擅取病呈致死监犯者，依谋杀人造意律绞监候。狱官禁卒人等听从指使下手者，依从而加功律亦绞监候。未曾下手者，依不加功律流三千里。

一，番役将盗犯及死罪人犯私拷取供者处十等罚。将遣流人犯私拷取供者加一等治罪。将徒罪以下人犯私拷取供者递加一等。如有逼索银钱，计赃以枉法从重论。该犯有诬指捏诳情弊，照诬告律治罪。该管官失察故纵，交部分别议处。

一，监犯越狱及在狱滋事之案，如审有禁卒挟嫌设法陷害本官情事，照恶棍设法诈官实在光棍拟饺例分别首从严办。如有狱官知情徇隐故纵，照私罪严参革职。若止疏于防范，失于觉察，照公罪交部议处。

一，凡犯人出监之日，有狱、管狱等官细加查问，如有禁卒人等陵虐需索者，计赃治罪，仍追赃给还犯人。有狱、管狱等官不行查问，事发之日，亦照失察例议处。

一，内外问刑衙门问发程递人犯，除原有杻镣照旧外，其押解人役若擅加杻镣，非法乱打，搜检财物，剥脱衣服，逼致死伤及受财故纵并听凭狡猾之徒买求杀害者，除实犯死罪外，徒罪以上俱发烟瘴地方安置。

一，凡内外问发程递人犯，佥差官员务选有家业正役解送。如犯人中途患病者，原解即报明所在官司亲身验明，出具印结，即著该地方官留养医治，候病痊起解，仍将患病日期报部。如不行留养致有病故及受贿嘱托捏病迟延者，将该地方官交部议处。其取结后犯人身死者，官役免议。若未取病结，在途身死者，佥差官员交该部照例按名议处，一名解役徒一年，每一名加一等，罪止徒三年。

与囚金刃解脱

凡狱卒以金刃及他物（如毒药之类，凡）可以（使人）自杀及解脱锁杻之具而与囚者，处十等罚。因而致囚在逃及（于狱中）自伤或伤人者，并徒一年。若（致）囚（狱中）自杀者徒二年。致囚反狱（而逃）及（在狱）杀人者，绞（监候）。其囚（脱越、反狱）在逃，（狱卒于）未断（罪）之间能自捕得及他人捕得，若囚已死及自首者，各减一等。○若常人（非狱卒）以可解脱之物与囚人及子孙与（在狱之）祖父母父母，雇工人与（在狱之）家长者，各减（狱卒）一等。○若管狱官典及有狱官知而不举者与同罪，至死者减一等。○若（狱卒、常人及有狱、管狱官典受财者，计赃以枉法从重论（赃重论赃，赃轻论本罪）。○若失于检点（防范），致囚自尽（原非纵与可杀之具）者，狱卒处六等罚，管狱官典各处五等罚，有狱官处四等罚。

按：此仍《明律》，雍正三年改定，其小注系顺治三年添入。现又改杖为罚。《唐律》亦有此条，大致相同，惟《唐律》致囚杀人者与自杀均拟徒二年，此将致囚杀人改重拟绞，又添入致囚反狱一句，则较《唐律》为重。又，《唐律》浑言以解脱之物与囚，不分狱囚他人，即子孙奴婢与者亦同。此律专言狱卒，而他人与者较狱卒减一等，子孙雇工与者亦减一等，则与《唐律》不同。而律末管狱、有狱官受财以枉法论从重一段，亦为《唐律》所无。盖律之意系言脱囚之弊以示防范也。凡狱卒以金刃、他物但可以自杀及解脱锁杻之具而与囚人者，处十等罚。因而致囚在逃，或自伤，或伤人，或自杀，或反狱，或杀人者，狱卒各分别科罪。至囚虽脱逃、反狱，狱卒若于未断罪之间能自捕得或他人捕得，或囚已死或囚自首者，各减罪一等。若常人以可解脱之物与囚及子孙与祖父母父母，雇工与家长者，各减狱卒罪一等。管司狱有狱官知而不举者同罪，若因受财而不举者，计赃以枉法论。若狱囚在禁失于检点，致囚自尽者，狱卒六等罚，管狱官典各减一等。此条与《捕亡门》内不觉失囚一节参看。凡狱卒不觉失囚者，减罪二等，若失死罪囚，则应拟满徒，失流罪囚亦应徒二年半，此因与解脱之物致囚在逃，止问拟徒一年则反轻于本条失囚矣。故囚罪轻者依此条拟徒一年，若囚罪重者仍当照彼条减二等科之。参观互证，自知其妙，此读律所以贵乎贯通融洽，而不可执一以论也。

一，获犯到案并解审发回之时，该管官当堂细加搜检，无有夹带金刃等物方许进监。并严禁禁卒，不许将砖石、树木、铜铁器皿之类混行取入，并不准买酒入监，违者，将禁卒照与囚金刃律治罪。

主守教囚反异（反训翻）

凡管狱官、典、狱卒教令罪囚反异（成案），变乱（已经勘定之）事情及与通传言语（于外人，以改罪人扶同）有所增（入他人）减（去自己之）罪者，以故出入人罪论。外人犯（教令通传有所增减）者，减（主守）一等。○若（狱官典卒）容纵外人入狱及（与囚传通言语）走泄事情，于囚罪无增减者处五等罚。○若（狱官、典、卒、外人）受财者，并计（入己）赃，以枉法从重论。

按：此仍《明律》，顺治三年添入小注。现又添改。盖严教令罪囚之禁以杜乱法之端也。《唐律》：**“诸主守受囚财物，导令翻异；及与通传言语，有所增减者：以枉法论，十五疋加役流，三十疋绞；赃轻及不受财者，减故出入人罪一等。无所增减者笞五十；受财者，以受所监临财物论。其非主守而犯者，各减主守一等云云。”**与《明律》大致相同，而文义略为变通。凡狱官、典卒教令罪囚反异变乱事情及与囚通传言语致有所增减其罪者，以故出入人罪论。外人犯者，减主守一等。若纵容外人入狱及与囚通传言语走泄事情，于囚罪无增减者处五等罚。若狱官、典卒及外人接受囚财而教令反异通传增减者，或狱官、典卒接受外人之财而纵容入狱教令通传者，并计赃以枉法论。盖典狱之责原有专司，若教令通传必致翻更定案，拖累枉滥，为害甚大，故立法不得不严。《辑注》云：翻改已成之案谓之反，在官司伸冤理枉为之翻案者为平反，罪囚**变乱事情**希图翻案者为反异。盖**变乱事情**即反异之注脚，若于囚先自诬服而教之反异，伸冤理枉者乃得事情之实，非变乱也。此不当即科以罪，须合参之。

狱囚衣粮

凡狱囚（无家属者）应请给衣粮、（有疾病者应请给）医药而不请给，患病（重者除死罪不开锁杻外，其余）当脱去锁杻而不（请）脱去，应保管出外而不（请）保管，（及疾至危笃者）应听家人入视而不（请）听，（以上虽非管狱官典狱卒所主，但不申请上司，）管狱官典狱卒处五等罚，因而致死者，若囚该死罪处六等罚，遣流罪处八等罚，徒罪处十等罚，罚金以下徒一年。提牢官知而不举者，与（狱官典卒）同罪。○若（管狱官）已申禀上司（而上司官吏）不即施行者，一日处一等罚，每一日加一等，罪止四等罚。因而致死者，若囚该死罪处六等罚，遣流罪处八等罚，徒罪处十等罚，罚金以下徒一年。

按：此仍《明律》，顺治三年添入小注，雍正三年修改，现又删改。盖系矜恤贫病罪囚之典也。《唐律》谓之囚给衣食医药：**“诸囚应请给衣食医药而不请给，[及]应听家人入视而不听，应脱去枷(号)锁杻而不脱去者，杖六十；以故致死者徒一年。即减窃囚食，笞五十；以故致死者绞云云。”**与《明律》稍有不同，此律无减窃囚食致死拟绞一层，已载入前《陵虐罪囚门》内也。凡狱囚贫苦者应请给衣粮，有病者应请给医药，病重者应脱去锁杻，笞杖轻罪保管出外，重罪[病]听家人入视，此皆狱官典卒之专责也。前节言狱官典卒不禀请之罪，若因不请而致疾病死亡，各视囚罪之轻重以为罪之等差。后节言狱官典卒已禀请而上司不即施行之罪，因不施行而致囚死者亦视囚罪为轻重。盖囚罪愈轻，则坐罪愈重。盖即应死之囚，亦当明正典刑，若淹抑而死，即不足惜，亦为非法，况非应死者乎？至于死罪患病，不开锁杻，旧注本有明文，而《辑注》有云：夫死罪之用杻，恐其脱逃，非欲以此苦之也。今既患重病，必无脱逃之虞，岂忍听其桎梏而死，当酌行之云云。现已照此删改。律外又有数例，足补律所不备，亦当合参。又，《日本刑法》载：司狱官吏如屏去囚人衣食及施其他苛刻之所为者，亦处重禁锢三月以上三年以下，附加罚金。因而致囚死伤者，照殴打创伤各本条加一等。又有当水火震灾之际，官吏懈怠，不解囚人监禁，因致死伤者亦照殴打创伤加一等云云。较中律更为加详，当并究之。

一，凡京外递解各项人犯，有司官照支给囚粮之例按程给与口粮，如遇隆冬停遣，照重囚例每名给与衣帽，傥有官吏兵役侵蚀，以监守自盗论。

一，凡牢狱禁系囚徒年七十以上，十五以下，废疾散收，轻重不许混杂，锁杻常须洗涤，席荐常须铺置，冬设暖床，夏备凉浆。凡在禁囚犯日给仓米一升，冬给絮衣一件，病给医药。看犯支更禁卒，夜给灯油，并令于本处有司在官钱粮内支放，狱官预期申明关给，毋致缺误。有官者犯私罪，除死罪外，徒以上锁收，公罪自流以下皆散收。

一，流罪以上人犯在监及解审发配，俱著赭衣。

一，内外监狱人犯，除未结各案及监禁待质官常各犯均不准亲属探视外，其已结各案，许令犯人祖父母、父母、伯叔、兄弟、妻妾、子孙一月两次入视，其随从入视之使役人等不越两名。有狱管狱官定立号簿，将某日、某案、某犯、某亲属入监探视逐一详讯登记。如有捏称犯属入监教供舞弊情事，一经察觉，严拿本犯究办。将未能查出之有狱管狱各官分别议处，自行查出免议。至犯人亲属有赍送饮食者，管狱官验明，禁子转送。其盗犯妻子家口均不许放入监门探视，违者，将妻子家口照不应重律治罪，有狱管狱官参处，禁卒人等究办。

功臣应禁亲人入视

凡功臣及五品以上（文武）官犯罪应禁者，许令（服属）亲人入视。（犯）徒流遣（应发配）者，并听亲人随行。若在禁及（徒流遣已）至配所或中途病死者，在京原问官，在外随处官司开具（在禁、在配、在途）致死缘由奏闻，一面将（其入视并随行之）亲人发放，违者处六等罚。

按：此仍《明律》，雍正三年改定，现又改易。其小注系顺治三年增入。《唐律》无此专条，盖言优恤之典及于罪人也。功臣著有勋劳者，五品以上官亦班联之贵，或犯罪应禁，许令亲人入监看视。或犯徒流罪应发配，并听亲人随行。若因病而死，在京则原问官，在外则所在有司开具因病致死缘由奏闻，其亲人亦即发放，违者处罚。恐有别故而死非其所也，虽已死而犹矜悯之，皆格外宽恤之意。上条言狱囚患病始听亲人入视，此不患病亦许入视，则优贵之典也。

死囚令人自杀

凡死罪囚已招服罪而囚（畏惧刑戮）使令亲戚故旧自杀，或令（亲故）雇倩（他）人杀之者，亲故及（雇倩）下手之人各依（亲属、凡人斗殴）本杀罪减二等。若囚虽已招服罪，不曾令亲故自杀及虽曾令（亲故）自杀而未招服罪，（其亲故）辄（自）杀讫或雇倩人杀之者，（不令自杀，已有倖生之心。未招服罪，或无可杀之罪），亲故及下手之人各以（亲属、凡人）斗杀伤论（不减等）。〇若（死囚）虽已招服罪，囚之子孙为祖父母父母及雇工人为家长（听令自下手或令雇倩他人杀之）者，皆绞（监候。受雇之人仍依本杀罪减二等。）

按：此仍《明律》，顺治三年添入小注。现改斩为绞，盖言囚虽坐死而不应私杀也。《唐律》谓之死罪囚辞穷竟：**诸死罪囚辞穷竟，而囚之亲故为囚所遣，雇倩人杀之及杀之者，各依本杀罪减二等。囚若不遣雇倩，及辞未穷竟而杀，各以斗杀罪论，至死者加役流。辞虽穷竟，而子孙于祖父母、父母，[部曲]奴婢于主者，皆以故杀罪论**

云云。与《明律》大致相同。首节言囚之亲故及雇倩他人下手之罪。囚已服罪而令亲故自杀或令雇倩他人杀之者，各依凡人斗杀罪减二等。若囚虽已招服罪，不曾令亲故自杀及虽令亲故自杀而尚未招服，其亲故辄自杀讫，或倩他人杀之者，则亲故及下手之人各依亲属、凡人斗杀本律，不在减等之限。末节言囚之子孙及雇工人下手或雇人下手之罪。盖囚虽招服罪，令其自杀，但子孙于祖父母、父母伦常至重，雇工于家长名分攸关，岂得忍心擅杀，故皆坐绞。[受]雇者如系他人，仍依本杀罪减二等。盖子孙杀祖父母、父母，雇工杀家长，皆应拟斩，而此止绞者，因父母家长已犯死罪，自畏刑戮而使令之，则与恶逆有间，故虽坐皆绞，犹得监候也。至于前条子孙以可解脱之物与父母或有自杀，与常人同，止比狱卒减一等拟徒，与此不同者，盖与解脱之物有望其生之心，是可原也。听令而杀有速其死之意，不可逭也。二项合参，均系致亲于死，而科罪各有不同，律理之精微如此，善读者当自知之。

老幼不拷讯

凡应八议之人（礼所当优）及年七十以上（老所当恤），十五以下（幼所当慈），若废疾（疾所当矜）者，（如有犯罪，官司）并不合（用刑）拷讯，皆据众证定罪，违者以故失入人罪论。（故入抵全罪，失入减三等。）其于律得相容隐之人，（以其情亲有所讳）及年八十以上十岁以下，若笃疾（以其免罪有所恃）皆不得令其为证。违者处五等罚（皆以吏为首递减科罪）。

按：此仍《明律》，顺治三年添入小注。现又改易，盖于刑讯中存优恤之仁也。大致一本《唐律》，惟《唐律》尚有若证不足告者不反坐一句，谓证不满三人，告者不反坐，被告之人亦不合入罪，《明律》删去此句。《唐律》末句有违者减罪人罪三等，现又改为处五等罚，其余俱与《唐律》相同。凡七十以上，十五以下及废疾之人，理当优恤，非但不合用刑拷讯，而亦不胜刑讯，故皆据众证定罪。若官司不加体恤而加拷讯，分别故误，以故失出入人罪论。其于律得容隐之人，如同居及大功亲各项并年八十以上、十岁以下，若笃疾皆不得令其为证。盖以容隐之人当为亲讳，老幼笃疾法所难加，皆不足以为据，且恐恃此以罔人，故违律而令其为证者治以罚罪。此与亲属相为容隐一条皆教人亲厚之意。中律之精萃全在于是，非外国所可及矣。律内凡涉老幼疾者皆得宽恤，如老幼疾犯罪者散禁见《狱囚衣食门》内，老幼疾不得告举见《禁囚不得告举他事门》内，故令老幼疾及妇人代告见《越诉门》内，老幼疾收赎后再犯见《名例》，皆与此律互相发明，须并参之。

鞫狱停囚待对

凡鞫狱官推问（当处）罪囚，有（同）起内（犯罪）人伴见在他处官司，（当处）停囚专待（其人）对（问）者，（虽彼此）职分不相统摄，皆听直行（文书）勾取，（他处官司于）文书到后限三日内（即将所勾待问人犯）发遣。违限不发者，一日处二等罚，每一日加一等，罪止六等罚。（当处鞫狱者，无以其不发而中止）仍行移（他处）本管上司问（违限之）罪督（令将所取犯人解）发。若起内应合对问同伴罪囚已在他处州县事发见问者，（是彼此俱属应鞫），听轻囚（移）就重囚，（若囚罪相等者，听）少囚从多囚，若囚数相等者，以后发之囚送先发官司并问。若两县相去三百里之外者，（往返移就，恐致疏虞，）各从事发处归断，（移文知会，如）违（轻不就重，少不从多，后不送先，远不各断）者处五等罚。若违法（反）将重囚移就轻囚，多囚移就少囚者，当处官司随即收问，（不得互相推避）仍申达（彼处）所管上司，究问所属违法移囚（五等罚）之罪。若（当处官司）囚到不受者，一日处二等罚，每一日加一等，罪止六等罚。

按：此仍《明律》，现改笞为罚，其小注系顺治三年添入。盖立拘提就审之法速结案件也。《唐律》亦有此条，分作两门，一为：**“诸鞫狱官，停囚待对问者，虽职不相管，皆听直牒追摄。牒至不即遣者，笞五十；三日以上，杖一百。”**一为：**“诸鞫狱官，囚徒伴在他所者，听移送先系处并论之。违者，杖一百。若违法移囚，即令当处受而推之，申所管属推劾。若囚至不受及受而不申者，亦与移囚罪同云云。”**明合为一条，而文加详，罪亦稍轻。人犯尚未定罪，故曰人伴。勾取，即关提之意。所谓起内者，即同起事内之说也。前节言一事人在两处而事发于一处，若本处官司停囚待对，而彼处官司违限不发遣之罪。后节亦是一事人在两处，而先后同发，若彼处官司违法移囚及当处官司囚到不受理之罪。总之恐案久悬，不令稽迟迁延，使受拖累也。《诉讼门》内告状不受理条有原告就被告论归结之法，当与此参看。律外又有条例以补律所未及，备录以便参考。

一，大理院及各级审判厅取保犯证，由检察厅知照警厅饬区就近取保。由外省提到人证，即令本人自举亲识寓居所在，由检察厅知照警厅饬区就近发保，仍将保人姓名报案查核，如无保可取者，均暂行看守。

一，大理院及各级审判厅承审事件，罚金等罪限十日完结。遣流徒等罪限二十日完结。命盗等案限一个月完结。其斗殴杀伤之犯到案后以伤经平复及因伤身死之日为始,内外移咨行察及提质并案犯患病,以查覆及提到并病愈之日为始,接审者以接审之日为始,傥承问官任意因循,致书役得乘机作弊者,将书役严加治罪,承问官交部分别议处。若内外移咨行察,催文至三次无回文者奏参。

一,大理院及各级审判厅凡逮捕人犯及传集人证行文,该管衙门限文到三日内传获送案,如违,将该管官参处。傥人犯已至,而胥役勒索不行放入,查明照例严加治罪。如徇隐不究,察出,或被首告,将徇隐之员一并参处。

一,凡校尉等有犯应提拿者,移咨銮仪卫提拿,不得差拘。

一,各府州县及审判厅审理徒流以下人犯,除应行关提质讯者务申详该上司批准照例展限外,如无关提应质人犯,该承审官俱遵照定限完结。傥敢阳奉阴违,或经发觉,或经该上司指参,将承问官交部照例分别议处。

一,内外问刑衙门于听断词讼时如供证已确,案内纵有一二人不到,非系紧要犯证,即据现在人犯成招,不得借端稽延,违者议处。

一,直隶各省审理案件,寻常命案限六个月,盗劫及情重命案、钦部事件并抢夺发掘坟墓一切杂案统定限四个月,俱以人犯到案之日起限。其限六个月者,州县三个月解府州,府州一个月解司,司一个月解督抚,督抚一个月奏咨。限四个月者,州县两个月解府州,府州二十日解司,司二十日解督抚,督抚二十日奏咨,仍准扣除封印日期及解府州司院程限。如案内正犯及要证未获,情事未得确实者,奏明展限。按察司(提法司同)自理事件,限一个月完结。府州县自理事件,俱限二十日审结。上司批审事件,限一个月审报。若隔属提人及行查者,以人、文到日起限,如有迟延情弊,该督抚察参。若该督抚徇情不行奏参,察出一并交部议处。

一,凡承审命盗及钦部事件,至限满不结,无论应限六个月、四个月事件,该督抚照例咨部,即于限满之日接算,再限二、参、四个月,仍令州县两个月解府州,府州、臬司、督抚各分限二十日,如逾限不结,该督抚将易结不结情由详查注明奏参,照例议处。至承审官内有升任、革职、降调及因公他往,委员接审者,如前官承审未及一月离任者,接审官准其另起审限。(应分限两月者仍另扣六十日,三月者仍另扣九十日。)一月以上离任者,准其扣限一个月。(无论分限两个月,两个月俱另扣审限三十日,并前官所剩分限日期俱准其扣展。)初参逾分限离任者,准其扣半加展。(分限两个月者,准另扣三十日。三个月者,准另扣四十五日。)初参统限外离任者,无论应限六个月、四个月事件，俱另扣统限四个月审结。至原问官审断未当，及犯供翻易情节，督抚另委贤员，或会同原问官审理，委审之员扣限一个月，该管各上司亦统限一个月核转具奏，(辦)[总]以两个月完结。如官员承审案件借端巧为掩饰，不行速结者，该督抚奏参，交部严加议处。上司徇庇不行奏参及下属已经解审，混行驳查以致承审官违限，并知属官例限将满，借端故为派委，希图展限者，一并交部议处。督抚参迟延时，将何月日解审驳查次数声明，听部查核。

一，审理盗劫及情重命案、钦部事件并一切杂案，无论首犯伙犯缉获几名，如供证确凿、赃迹显明者，一经获犯，限四个月完结。如果虚实情形未分，盗赃未确，或获案止系余犯，因正犯及要证未获，情词未得，或盘获贼犯究出多案，事主未经认赃，必须等候方可审拟，或因隔省行查限内实难完结者，承审官立即据实申详督抚分别奏咨，准其展限。若正犯要证及案内首从人犯已经到案，间有余犯未获者，即将现获之犯据情研审，按限完结，不得藉词展限。若承审期内遇有续获之犯，如到案在州县分限以内者，即行一并审拟，毋庸另展限期。如到案已在州县分限以外，不能并案审拟者，将续获人犯另行展案扣限四个月完结。如间有获犯到案时，在州县分限将满者，不能依限审拟者，准其扣满统限审解。倘承审官有将易结之案藉端迟延，滥请扣展限期，该督抚不遵定例严加查核，漫为奏咨，俱交部分别议处。

一，各省审办无关人命徒罪案件，即照承审一切杂案扣限，依次上详，无须解审，俟督抚批结后，由该臬司按季汇齐，于每季后二十日造册详报该督抚，该督抚于十日内出咨报部，总不得过一月之限，有关人命徒罪案件仍照审理命案例扣限，解审由督抚专案咨部核覆，如有审办逾限及造报迟延者交部议处。

依告状鞫狱

凡鞫狱须依(原告人)所告本状推问。若于(本)状外别求他事，摭拾(被告)人罪者，以故入人罪论。(或以全罪科，或以增轻作重科。)同僚不署文案者不坐。若因其(所)告(本)状(事情)或(法)应掩捕搜检，因(掩捕)而检得(被犯)别罪，事合推理者(非状外摭拾者比)，不在此(故入同论之)限。

按：此仍《明律》，顺治三年添入小注。盖禁问刑官不得事外吹求也。《唐律》亦有此条：**“诸鞫囚[狱]者，皆须依所告状鞫之。若于本状之外别求他事[罪]者，以故入人罪论云云。”**《明律》即本于此而末后一段则系采《疏议》之说纂入。凡鞫狱当依原(状)[告]本状内事情推问虚实以定招案,若于本状外别求他事,摭拾被告人之罪者,是罗织文致,有意为之,故随其轻重以故入人罪论。若所告本状事情或法应搜检,因而检得被告别项情罪,事合推理者,则非状外摭拾可比,如被告藏匿罪人而掩捕时又得窝藏强盗,又如被告收买盗赃而搜检时又得伪造印信,皆合推理者,故曰不在故入之限,当分别观之。

原告人事毕不放回

凡告词讼对问得实,被告已招服罪,原告人别无待对事理,(鞫狱官司当)随即放回。若无(待对事)故稽留三日不放者,处二等罚,每三日加一等,罪止四等罚。

按:此仍《明律》,顺治三年添入小注。现改笞为罚,盖严禁稽留无罪之人,以安民生也。一应词讼,原被对问得实,被告已经招承服罪,则原告即为无罪之人,如无别项待对事理,自当即放回家。如无故稽留在官者,分别按日治罪。律意重在得实二字,若不得实,则原告不能无罪而被告亦未必招服也。《强盗门》内有事主不许往返拖累之例,与此互参。

一,督抚应奏案件有牵连人犯情罪稍轻者,准取的保,俟审结日发落。其重案内有挟雠扳害者,承问官申解督抚详审,果系诬枉,即行释放,不得令候结案。若承问官审系无辜牵连者,不必解审即行释放,止录原供申报。

一,凡内外审奏案件,内有拟以罚金人犯,审结日即先行追取罚金释放,仍于具奏之日声明。

狱囚诬指平人

凡囚在禁诬指平人者,以诬告人(加三等)论。其本犯罪重(于加诬之罪)者,从(原)重(者)论。○若(本囚无诬指平人之意)官吏鞫问狱囚非法拷讯,故行教令诬指平人者,以故入人(全)罪论。○若(官司)追征(逋欠)钱粮逼令(欠户)诬指平人代纳者,计所枉征财物坐赃论,(罪止徒三年,以赃不入己也)其物给(代纳本)主。其被(囚)诬(指)之(平)人无故稽留三日不放(回)者处二等罚,每三日加一等,罪止六等罚。○若(官司)鞫囚而证佐之人(有所偏徇)不言实情故行诬证及通事传译犯人言语(有所偏私)不以实对,致(断)罪有出入者,证佐人减罪人罪二等(证佐不说实情,出脱犯人全罪者减犯人全罪二等。若增减其罪者,亦减犯人所得增减之罪二等之类)，通事与同罪。(谓犯人本有罪，通事扶同传说出脱全罪者，通事与犯人同得全罪。若将犯人罪名增减，传说者以所增减之罪坐通事。谓如化外人本招承六等罚，通事传译增作杖十等罚，即坐通事四等罚。又如犯人本招承十等罚，通事传译减作五等罚，即坐通事五等罚之类。)

按：此仍《明律》，原有小注，顺治三年增修。现又改易。盖禁囚之诬陷而因及证佐通事人之罪也。《唐律》谓之囚引人为徒侣：**诸囚在禁，妄引人为徒侣者，以诬告罪论。即本犯虽死，仍准流、徒加杖及赎法云云**。《明律》即本于此，而添入后三段，更为详密。首节言囚诬指平人之罪。二节言官吏非法拷讯故行教令诬指之罪。三节言官司追征钱粮逼令欠户诬指代纳之罪。不以诬指论而以故入人[罪]论者，以其讬于狱囚之口而非自诬之也。四节言前项被诬之人已经问明无故稽留不放之罪。末节言证人扶同偏庇故行诬证及通事传译番语欺瞒问官不以实对之罪。二者坐罪不同，盖证佐之人难以尽欺，通事之语易于全罔，故罪分轻重也。前《诉讼门》内既有诬告之条，又有禁囚不得告举他事之条，而又设此条者，盖《诬告门》并无犯罪囚诬指平人，至于不得告举他事，止禁其告举而未著罪名，故复增此条以补二律之阙，当合参之。

断 狱 下

官司出入人罪

凡官司故出入人罪，全出全入者以全罪论。(谓官吏因受人财及法外用刑而故加以罪，故出脱之者，并坐官吏以全罪。)○若(于罪不至全入，但)增轻作重，(于罪不至全出，但)减重作轻，以所增减论。致死者坐以死罪。(刑名不同者，从徒入流遣，流遣同比徒一年。从近流入远流，每等比徒半年。遣罪以满徒论，从内遣入外遣，同比徒半年。若从罚金入徒流遣，从徒流遣入死罪，仍以全罪论，减重作轻者亦如之。)○若断罪失于入者各减三等，失于出者各减五等，并以吏典为首，首领官减吏典一等，佐贰官减首领官一等，长官减佐贰官一等科罪。(坐以所减三等、五等)○若囚未决放及放而还获，若囚自死，(故出入，失出入)各听减一等。

按：此仍《明律》，原有小注，顺治三年删定，现又改。《唐律》不用折杖之法。盖言官司科断宜当也。《唐律》：**“诸官司入人罪者，若入全罪，以全罪论；从轻入重，以所剩论；刑名易者：从笞入杖、从徒入流亦以所剩论。从徒入流者，三流同比徒一年为剩；即从近流而入远流者，同比徒半年为剩；从笞杖入徒流、从徒流入死罪，亦以全罪论。其出罪者，各如之。即断罪失于入者，各减三等；失于出者，各减五等。若未决放及放而还获，若囚自死，各听减一等。即别使推事通状失情者，各又减二等；所司已承误断讫，即从失出入法。虽有出入，于决罚不异者，勿论云云。”**《明律》改为流徒折杖之法，现又改复唐之旧法。首节言鞫狱故全入、故全出之罪，或受财枉法，或法外用刑而故加无罪之人，出脱有罪之犯，则官吏并抵全罪。次节言故增轻作重，减重为轻之罪，各以所增减之剩罪坐之。三节言失入、失出之罪。断罪之时，非出有心，因所见错误失于入者，或于失入全罪上及失入增轻作重之剩罪上各减三等。失于出者各减五等，并以承刑吏典为首，承审首领官次之，佐贰官又次之，覆核长官又次之，递减科罪，减尽无科者不坐。若故失出入而囚未决并放而还获及自死者，各于囚罪上减一等。查阅《辑注》有云：故出入罪，注谓因受人财及法外用刑，盖举受财以例一切徇私曲法之故者，举法外用刑以例一切残暴曲法之故者。每有酷虐之吏任意立威，明知非法以锻炼而周内之，虽无受财等情，亦是故也。法外用刑，旧注谓如用火烧烙铁烙人，或冬月用冰水浇身体之类。夫用刑有法，法所不当用即非刑也。五刑之外，古之拷问惟用讯杖。自明至今，改用夹棍、拶指、竹板三项，然亦有定制，如夹棍、拶太短，竹板太大，而叠夹、套拶责过四十以外，均属违制，现在删去各项刑制，除死罪以外不用刑讯矣。此项罪名，如受财者当参用枉法律，法外用刑者当参用故勘平人律，各从其重者论之。律外又有条例较详备，录之以便参考。

一，承审官改造口供，故行出入者革职。故入死罪已决者抵以死罪。其草率定案，证据无凭，枉坐人罪者，究明有无威逼妄供及枉坐罪名轻重分别办理。

一，凡初次供招，不许擅自删改，俱应备录上详。若承问官增减原供，希图结案，按察使（提法司同）依样转详该督抚严察奏参，不行察参，将该督抚交部一并议处。按察使亦不得借简招之名，故为删改。傥遇有意义不明，序次不顺，与情罪并无干碍，既就近核正申转，将改本备案，不得发换销毁。违者，依改造口供故行出入例议处。

一，凡谋反谋叛之罪，承审官不得存心陷害，借言情罪重大，诬指朋党，妄议株连，若于本罪外捏造此等言语，株连父母、兄弟、妻子者，照故入人死罪律治罪。

一，凡驳饬改正之案，大理院即检查该府州县原详，据实核办。如原详本无错误，经上司饬驳致错者，知照法部将上司议处。如原详未奉饬驳，该上司代为承当，除原拟之员仍按例处分外，将该管上司照徇庇例严议。

一，知府直隶州有将各州县审拟错误关系生死出入大案虚公研鞫，究出实情，改拟得当，经上司核定，奏奉大理院核议准行者，交与吏部查明，奏请送部引见。

辩明冤枉

凡内外问刑衙门辩明冤枉，须要开具（本囚）所枉事迹，实封奏闻，委官追问（其冤情）得实，被诬之人依律改正，（所枉之）罪坐原告（诬告）、原问官吏（以故失入罪论）。〇若（罪囚）事（本）无冤枉，朦胧辩明者徒三年。（既曰朦胧，则原告、原问官为其诬矣。）若所诬罪重（于徒三年）者，以故出入人罪论。所辩之（罪）人知情，与（朦辩）同罪（如原犯重，止从重论）。不知者不坐。

按：此仍《明律》，雍正三年改定，现又删改。其小注系顺治三年添入。盖言断罪之当慎，而冤抑之宜伸也。《唐律》无此专条。凡内外问刑衙门，皆有辩明冤枉之责，于审录时如有冤枉，须开具事迹奏闻，候委员追问得实，依律改正。若事情本无冤枉，而问官为之朦辩，即是奏事诈不以实也，应坐满徒。若所辩之罪人与问刑官和同朦辩者，同坐应得之罪。如问刑官自行奏辩而本犯不知者不坐，止坐原犯罪名。前节是辩其冤枉者，故曰被诬之人。后节是辩其不冤枉者，故曰所辩之人。义各有别，故文法不同。律外又有条例，当并参之。

一，法司凡遇一应称冤调问及各衙门奏送人犯，如有冤枉及情罪有可矜疑者，即与辩理，具奏发落，毋拘成案。若明知冤枉，不与辩理者，以故入人罪论。

一，凡处决人犯有临刑时呼冤者，奏闻覆鞫。如审明实有冤抑，立为申雪，将原审官参奏，照例惩治。如系妄行翻异，冀延显戮，除按原犯罪名即行正法。

一，凡审理事件，除事涉两邑，或案情重大，发审之初即委员会审者，仍令会同审详外，其因承审错误，另委别官审理者，专责委员虚心质讯，毋庸原问官会审。至定案后，如原问官果有徇私枉断，故出故入情弊，仍照例参处。或其供情疏漏，或援引拘泥，误出无心，经委员改正者，照审处错误例议处。

一，凡管狱官专管囚禁，如犯人果有冤滥，许管狱官据实申明，如有狱官不准，许即直申上司提讯。

一，各省督抚除事关重大、案涉疑难、应行提审要件，或奉旨发交审办以及民人控告官员营私枉法、滥刑毙命各案，俱令率同司道等亲行研审。并司道等官接受所属控词，遇有前项各情，或经上司批发之案，亦即亲提审办，间有户婚、田土案件头绪纷繁，必须酌派妥员代为查审者，于结案时仍由该司道等官覆勘定拟具详，不得仅委属员承审外，其余上控之件，讯系原问各官业经定案，或案虽未定而有抑勒画供、滥行羁押及延不讯结并书役诈赃舞弊情事，如在督抚处具控，即发交司道审办，或距省较远，即发交该管守巡道审办。如在司道处具控，即分别发交本属知府或邻近府州县审办。如在府州处具控，即由该府州亲提审办，概不准覆交原问官并会同原问官办理。审明后按其罪名，系例应招解者仍照旧招解，系例不招解者即由委审之员详结。其有委审之后覆经上控者，即令各上司衙门亲提研鞫，不得复行委审。若命盗等案尚未成招，寻常案件尚无堂断，而上控呈词内又无抑勒画供、滥行羁押及延不讯结并书吏诈赃舞弊各等情，应即照本宗公事未结绝者发当该官司追问律，仍令原问官审理。该管上司仍照律取具归结缘由勾销。傥有应亲提而委审，或应亲提委审而发交原问衙门者，即令该督抚指名严参，交部照例议处。其所委之员若有瞻徇听嘱等弊，亦即严参治罪。该督抚有违例委审者，亦照例议处。至于刁健之徒本无冤抑，或因负罪受惩，掩饰己非，捏款诬控，或因斗殴、婚姻、田宅等事不赴本管官控理，辄赴上司衙门架词妄控者，仍按律治罪。

有司决囚等第

凡（有司于）狱囚（始而）鞫问明白，（继而）追勘完备，遣流徒罪各从府州县决配。至死罪者，在内法司定议，在外听督抚审录无冤，依律议拟（斩绞情罪），法司覆勘定议，奏闻（候有）回报（应立决者），委官处决。故延不决者处六等罚。○（其公同审录之际）若犯人（自行）反异（原招），（或）家属（代诉）称冤，（审录官）即便（再与）推鞫，事果违枉，（即公）同将原问原审官吏通问改正（同将原问原审之官吏通行提问，改正其罪）。○若（囚犯）明称冤抑，（审录官）不为申理（改正）者，以入人罪故（或受赃挟私）失（或一时不及参究）论。

按：此仍《明律》，雍正三年改定，现改杖为罚，其小注系顺治三年添入。盖言决囚宜详慎也。《唐律》无此名目，此门专载秋审各例。秋审始于康熙年间，从前无此名目，是以律无明文。至于死罪囚过限不决六等罚，见《死囚覆奏待报门》内，与此重复。其律末一段，与前条辩明冤枉条参看。凡狱囚招状已明，应行追勘，事理已完，遣流徒罪详明上司，定地发配报部。惟死罪至重，在内应听法司会勘，在外听督抚具报拟罪，法司覆勘核实，定拟奏闻，请旨定夺。其应立决者，即行委官处决。故延不决者六等罚。至朝审秋审之时，若犯人反异原招，或家属称冤，即便详鞫，其事果有违枉，将初鞫及勘录之原审官吏提问，公同改正其罪名。若囚犯称冤而审录官不为辩理者，以入人分别故失论。律文略举大义，例更详细无遗，须合参之。

一，法部秋审人犯勾到时，先期知照步军统领衙门临时派步军翼尉一负护送，行刑时著给事中及法部侍郎一人监视。

一，每年秋审勾到后，大学士会同法部，将已勾、未勾情节摘叙简明事由奏闻，劄行各省按察司或提法使于处决时揭示通衢晓谕。京师秋审人犯由法部榜示。

一，秋审情实之犯有经十次未勾者，法部查明奏闻，改入缓决，不得擅改可矜。其服制人犯俟两次免勾之后，大学士会同法部堂官将人犯招册覆加详勘，其有实在情节可宽者，摘叙实情确加看语，请旨改入缓决。

一，秋朝审官犯，法部于每年年终汇开清单具奏一次。单内将所犯事由、罪名及监禁年分并该犯年岁详细注明。

一，凡官犯及常犯罪干服制，法部于秋审时，俱各另缮一册，列于各该省常犯之前进呈。

一，每年秋审，新事人犯凡例应情实及实缓矜留未定应归入秋审册内核办者，备叙案由，确加看语以凭核办，并刊刷招册暨旧事情实未勾人犯招册分送给事中、各道存查。至缓决人犯除新事随本拟缓者由法部缮单具奏外，其旧事人犯亦由法部汇齐，摘叙简明略节，缮单具奏，毋庸备册以省繁冗。

一，各省秋审人犯，按察司或提法司定拟情实、缓决、可矜造具秋审后尾，限五月内申送法部。法部就原案加具看语，刊刷招册，咨取给事中、各道各一册，按勾到日期前五日请旨定夺。俟命下日，先后咨行直省，将情实人犯于霜降后冬至前正法。其咨文到地方限期，云南、贵州、四川、广西、广东、福建限四十日。江西、浙江、湖南、甘肃限二十五日。江苏、安徽、陕西、湖北限十八日。河南限十二日。山东、山西限九日。直隶限四日。奉天限十五日。吉林、黑龙江限一个月。限内迟延不到者，该督抚将迟延地方官察明指参。其截止日期，云南、贵州、四川、广西、广东以年前封印日，福建省以正月三十日，奉天、吉林、黑龙江、陕西、甘肃、湖北、湖南、浙江、江西、安徽、江苏以二月初十日，河南、山东、山西以三月初十日，直隶以三月三十日。如有新结重案，俱入次年秋审。

一，凡内外问拟斩绞各犯，察有父祖、子孙阵亡者，除十恶、侵盗钱粮、枉法不枉法赃、强盗、放火，发冢、诈伪、故出入人罪、谋故杀各项重罪外，如所犯系寻常斗殴及非常赦所不原各项死罪，核其情节应入情实者，在内由各审判衙门，在外由各该省于取供定罪后，即移咨八旗、陆军部查取确实简明事绩声叙入本，俟秋审办理。勾到时，法部于进呈黄册内将本犯父祖子孙阵亡事迹粘籤声叙，恭候钦定。其前项人犯应入缓决者，亦照前声叙，准其缓决一次后即予减等一人，优免一次后不准再行声请。

一，各省应入秋审人犯，除例应情实及实缓介在疑似并矜留暂难确定各案仍照旧一体归入秋审册内核办外，其应入缓决毫无疑义者于定案具奏时妥拟确实出语，随本声明酌入缓决，按察司或提法使每年册送后尾时将随本奏准拟缓各案另分一册，法部汇齐此项人犯案由罪名，再行缮单覆奏一次。

一，凡应拟斩绞人犯染患重病，该督抚接到州县通详，即先具文报部，仍责成该督抚详加查核，如有假捏情事，立将承审及核转各员严行参处。傥督抚不行详察，经部核对原咨查出弊窦，知照法部将该督抚一并严参。其前项人犯遇有在监病故，无论曾否结案及已未入秋审情实缓决，该州县立时详报，该督抚据详派员前往相验。若时逢盛暑，或离省窎远之各厅州县，该管道府据报即派邻近之员往验。如病故系新旧事情实人犯，该督抚于接到详文之日先行咨册于秋审册内扣除，总不得过十日之限。其派员相验及研讯刑禁人等有无凌虐情弊，除去程限日期以一月为限。若系缓决及应入次年秋审情实人犯，仍照向例办理。如验报迟逾，分别交部议处。

一，各省官犯于定案时即在按察使（提法司同）衙门收禁，秋审勾本到省，照法部决囚之例，将情实官犯全行押赴行刑场，即令该司监视行刑。奉到谕旨当场开读，按照予勾之犯验明处决。

一，各省每年奏结斩绞重案，法部于次年开印后，分类摘叙简明事由，缮折奏闻。

一，大理院奉特交事件即审明无罪可科，应具折覆奏。如罪至斩绞，即由大理院核拟具奏。其它案件犯该遣流徒等罪，傥非寻常经见之事及酌重酌轻之案，并犯罪文自监生以上，武自骁骑校以上，或本身虽白丁系现任大员子弟犯该断决者，俱详叙供招，不拘件数时日，随结随奏。内有酌重酌轻案件，仍于改拟之处粘贴黄签恭呈御览，俟奉旨之日发落。寻常遣流徒等罪于审结之日先行发落，按季汇奏。

一，大理院覆判各省审奏事件内有余犯拟罪未当，应驳令覆审，而正犯应立正典刑，无庸质讯，其罪又无可加者即决正犯，不必一概驳令覆审。

一，凡审办逆伦重案，除子孙殴伤、误伤、误杀及过失杀祖父母、父母仍各照定例办理外，其子孙殴杀祖父母、父母之案，无论是否因疯，悉照本律问拟，于审明后恭请王命，即行正法。

一，直省处决重囚，部文到日，如州县无同城佐贰，印官公出报府有案，并县在附郭者，仍照定例由府委员监决外，其非附郭首县，如有卒奉调遣不及报府者，部文到日，即准令该吏目典史会同营员代为监决，仍将正印官因何公出，及代为监决缘由具报上司查核，毋庸申请本府另行委员。

一，凡凶盗逆犯干涉军机应行立决及须刑鞫者，均即随时办理，声明咨部，毋庸拘泥停刑旧例。其寻常案件仍照定例月日停刑。

一，凡立决之犯，部文到日，如正印官公出，令同城之州同、州判、县丞、主簿等官会同本城武职遵查不停刑日，代行监决。若该地方无佐贰官，令该知府于部文到时，即委府属之同知、通判、经历等官速至该州县会同武职代行监决。该佐贰等官俟监斩后，将正印官因何事公出，并见委某官于何年月日会同武职某官监决何犯，逐一详报各上司查核。

一，凡各省州县招解逆匪凶盗罪应斩枭立决人犯，该督抚于各州县解犯到省审明具奏后，即留禁省监，俟奉到部文，臬司会同督抚标中军督率府县亲提各犯验明处决。

一，凡扈从车驾官员之跟随仆役，如有在途次殴毙人命等案，该督抚即行具奏，恭候钦派大臣会同行在法司审明，迅速办理，不得拘泥寻常例限，其余日行事件亦不得辗转稽迟。违者将该督抚交部严加议处。

一，凡兵丁因事斥革后，即移明地方官另记年貌册档，严加管束，按季点验稽查。若有作奸犯科，除实犯死罪及罪至外遣仍各照本律例定拟外，犯该安置流徒以下俱照凡人加一等治罪。约束不严之地方官，交部议处。

一，凡祖父母、父母因子孙触犯呈送发遣之案，该州县于讯明后，不必解勘，止详府司核明，转详督抚核咨，俟部覆准即定地起解。若系嫡母、继母及嗣父母呈送发遣，仍照旧解勘。

一，广西东兰州属之挪地土州、凌云县属之天峩哨去州县城在三百里以外及全州属之西延州同西隆州属之八达州同去州城在一百以外之盗案，准令该处分驻州同、州判、县丞会同营汛前往代勘录供，送交该州县承审。如有查勘不实，照例议处。其东兰、凌云去州县不及三百里，全州、西隆州去州不及一百里之盗案，仍由该州县自行往勘。

一，直省州县案犯由府审转解司，直隶州案犯由道审转解司。其湖南直隶靖州、凤凰、乾州、永绥、晃州四厅，四川直隶邛州一应命盗重案径行招解臬司，毋庸解道审转。至各省距道较远之直隶州、直隶厅遇有命盗案犯，亦照此例办理。

一，距省寫远府厅州所属之各厅州县，除命案内之遣流人犯仍各解省覆审外，其寻常之遣流徒及命案拟徒人犯均毋庸解省。如直隶省承德、朝阳、宣化、永平、顺德、广平、大名七府所属，张家口、独石口、多伦诺尔三厅及遵化、赤峰州并所属，江苏省徐州、淮安二府所属及海州并所属，安徽省风阳、颍州二府所属及泗州并所属，江西省南安、赣州二府所属及宁都州并所属，浙江省温州、处州二府及玉环厅并所属，湖北省郧阳、襄阳、宜昌、施南四府所属，湖南省永顺、沅州二府所属靖州及凤凰、永绥、乾州、晃州四厅并所属，河南省汝宁府所属及光州并所属，山西省大同、朔平、平阳、蒲州四府所属，又解、绛二州，口外归化等十二厅并所属，陕西省榆林府、汉中、兴安三府所属，甘肃省庆阳、宁夏二府及泾、阶、肃、安西四州所属并西宁府所属之循化、贵德、丹噶尔三厅、大通一县，四川省宁远、重庆、夔州、绥定四府所属及酉阳、忠二州、叙永、石柱二厅并所属，广东省雷州、琼州、高州、廉州、潮州五府所属，广西省泗城、镇安、太平三府所属广西及思恩府所属之武缘一县并百色厅，云南省昭通、大理、丽江、永昌、顺宁、普洱六府所属，元江州及永北、景东、蒙化、镇沅、镇边五厅并所属，贵州省黎平府本属及所管之古州、下江、开泰、永从、锦屏各处，大定府所属之威宁州、水城厅，解赴各该管道员。其贵州之贵阳、石阡、大定、兴义、遵义、安顺、都匀、镇远、思南、思州、铜仁十一府及平越州所属解赴各该管府州，就近审转，详报院司核办。倘有鸣冤翻异，分别提审解省。其余距省寫远府厅州所属之各厅州县，例内未经赅载者，亦照此办理。

一，滇省审办结盟扰害匪徒，除犯该死罪者仍行解省审办外，其罪应遣流人犯，无论离省道途远近，均令该管府州审转臬司复核详咨，毋庸解省审勘。倘承办之员有故勘及捏饰情弊，以致案犯申诉冤抑者，令各督抚严行究参，提省审办。

一，抢窃及掳人勒赎案内罪应遣流并抢窃逾贯首犯已故、从犯罪止拟流之案，除直隶州所属向例由道审转者，仍由该管各道审转，毋庸解司，及各道所辖直隶州离道较远，仍照旧章径行解司外，其余各厅州县概将人犯解该管府厅州审转具详，由司复核，专案请咨，毋庸转解司道勘转。倘犯供翻异，由该管府厅州就近查提质讯，或发回另审。若内有关系拒捕及陵虐重情，并干碍参处之案，仍分别解司解道以昭详慎。倘承办之员有故勘及捏饰情弊致犯申诉冤抑，仍令各督抚严参提审。

检验尸伤不以实

凡（官司初）检验尸伤，若（承委）牒到托故（迁延）不即检验，致令尸变及（虽即检验）不亲临（尸所）监视，转委吏卒（凭臆增减伤痕），若初（检与）复检官吏相见扶同尸状及（虽亲临监视）不为用心检验，移易（如移脑作头之类）轻重（如本轻报重，本重报轻之类）增减（如少增作多，如有减作无之类）尸伤不实，定执（要害）致死根因不明者，正官处六等罚，（同检）首领官处七等罚，吏典杖处八等罚，仵作行人检验不实，扶同尸状者罪亦如（吏典以八等罚坐）之。（其官吏仵作）因（检验不实）而罪有增加者，以失出入人罪论（失出减五等，失入减三等）。〇若（官吏仵作）受财故检验不以实（致罪有增减）者，以故出入人罪论。赃重（于故出、故入之罪）者计赃以枉法各从重论。（止坐受赃检验不实之人，其余不知情者仍以失出入人罪论。）

按：此仍《明律》，顺治三年添入小注。现改杖为罚。盖言检验不可迟缓疏忽也。《唐律》亦无此名目。凡人命牒到不即检验，致令尸变及检验而不亲临监视，转委吏卒致有增减伤痕，或初检与复检官吏扶同尸状及虽亲临监视不细心查勘，或将伤痕移易其处，或以轻作重、以重作轻，又或增少为多、减有作无以致伤痕不实，与所执致死根因不明，如先勒后缢、先伤后病及伤杖不符之类，正官以下至吏典递加罚罪，仵作扶同捏报亦如吏典之罪。其因检验不实而罪有增减者，以失出入人罪论。若官吏仵作人等受财故作检验不实致罪有增减，以故出入人罪论。受财之赃重于故出入人罪者，计赃以枉法各从重论。若一人受财，其余不知情者仍依失出入人罪论。查验尸之法，详载《洗冤录》一书，凡有检验之责者均当研究。此律所云不过略举大要，《辑注》有云：人命事情报到州县，印官即先检验，然后申报，不待委牒也。人命非身首异处者，究抵全凭尸伤，报到即验，其尸未变，其伤易见。验时仵作报一伤痕，必须与凶器符合，听尸亲看验，取凶犯认供，令干证质证，再查果无遗漏，然后填注尸状，即之尸格也。初检的确，可免日后复检蒸骨之惨然。血肉之伤一至发变即易游移，是伤非伤，与颜色深浅、长阔分寸便难辨别，仵作因而作弊，妄报不实之故往往在此，故此律首言迟延之罪。凡不论初检、复检，古人皆称检验。今人以验尸为相验，以折蒸为检验。又以初视皮肉为验，复行折蒸为检，皆非古法。律外条例甚繁，当合参之。

一，遇呈报人命，检验官立即亲往检验，止许随带仵作或检验吏一名、书手一名、皁隶二名，一切夫马饭食俱行自备，并严禁书役人等需索。其果系自尽，殴非重伤者即于尸场审明定案，将邻证人等释放。如检验官不行自备夫马，取之地方者，照因公科敛律议处。书役需索者，照例计赃分别治罪。至该管上司于州县所报自尽命案，果系明确，不得苛驳，准予立案。若情事未明，仍秉公指驳，俟其详复核夺。

一，凡人命重案必检验尸伤，注明致命伤痕，一经检明即应定拟。若尸亲控告伤痕互异者，许再行覆检，勿得违例三检，致滋拖累。如有疑似之处，委别官审理者，所委之官带同仵作亲诣尸所，不得吊尸检验。

一，凡检验量伤尺寸照部颁工程制尺一例制造备用，不得任意长短，致有出入。

一，地方呈报人命到官，正印官公出，移请不过五、六十里之邻邑印官代往相验。或地处窎远不能朝发夕至，又经他往，方许派同城佐贰官往验，填具结格通报，仍听正印官承审。其原无佐贰及虽有佐贰而不同城者，准令同城、杂职官带领谙练吏仵往验。若距城遥远，往返必须数日处所，该杂职官据报，一面移会该管巡检就近往验，俱写立伤单报明，印官回日，查验填图通报。如印官不能即回，请邻邑印官查验填报。其讯无别故之自尽、病毙等案，准取结殓埋，俱报明印官通详立案。其各省已设检察官专司相验者，不用此例。

一，检验自尽人命，如尸亲远居别属，一时不能到案，检验官即验明立案殓埋。

一，凡州县额设仵作或检验吏，大县三名，中县二名，小县一名，并于额外募一二人跟随学习。每名给发《洗冤录》一部，选派谙练吏仵逐细讲解，每年造具清册申送该管府厅州汇送院司存案。该管府厅州每年随时就近提考一次。如果明白，从优给赏。傥有讲解悖谬，饬令分别革罚，并将州县查参。至仵作工食，每名拨给皁隶工食一份，学习者两人共给一分。若有暧昧难明之事，检验得法，果能洗雪沈冤，从优给赏。若吏仵额缺不行募补，州县官及各上司均交部分别议处。在京检察厅应设吏件，即责成该厅每年照此办理。

一，直省州县命案，如逢盛暑，印官公出不能即回，邻封窎远往返数日者，准杂职官代验，取立伤单，将尸棺殓。其州县未能覆验缘由及原验杂职衔名，俱于原文内声叙。若印官计日即回，邻封相距不远者，仍照旧例行。

一，遇告讼人命有自缢、自残及病死而妄称身死不明，意图诈赖者，究问明确，不得一概发检。其果系谋故斗杀等项当检验者，检验官先详鞫尸亲、证佐、凶犯人等，令其实招以何物伤何致命之处立为一案，随即亲诣尸所，督令仵作或检验吏如法检报，定执要害致命之处，细验其圆长、斜正、青赤、分寸，果否系某物所伤，当众质对明白，各情输服，然后成招。或尸久发变，亦须详辨颜色，不许听凭仵作混报拟抵。其仵作受财增减伤痕，扶同尸状以成冤狱，审实，赃至满数者依律从重科断。（不先究致死根因明确，概行检验者，官吏以违制论。）

一，诸人自缢、溺水身死别无他故，亲属情愿安葬，官司详审明白，准告免检。若事主被强盗杀死，苦主自告免检者，官与相视伤损，将尸给亲埋葬。其狱囚患病责保看治而死者，情无可疑，亦许亲属告免覆检。若据杀伤而死者，亲属虽告不听免检。

一，内外各级审判检察厅吏役有犯命案，本厅官员概令回避，速调别级厅员带领本管吏仵前往相验办理。其各省州县，如本州县吏役有犯命案，即就近禀请该上司，立委别州县带领本管吏仵前往验办。

一，差役奉官暂行看押人犯有在押身死者，无论有无陵虐，均令禀明本管官传到尸亲眼同验明，不得任意私埋。如有私埋情事，经尸亲控告破案者，官为究明致死根由，详请开检，无庸取具尸亲甘结。检明后除讯系差役索诈陵虐致毙者，仍照各本律例从重治罪外，若止系因病身死，即将私埋之差役杖徒一年半。控告之尸亲如有挟雠添砌情节，仍按诬告各本律分别科断。地方官有任听私埋及庇护差役不即开检者，交部分别严加议处。至差役私押毙命之案，应令禀请邻封州县传到尸亲，眼同验明究办。若有私埋匿报以及一切凶徒挟雠谋财致毙人命，私埋灭迹者，经尸亲告发之后，如业将致死根由究问明白，毫无疑义，而尸伤非检不明者，亦即详请开检，按例惩办，均无庸取具尸亲甘结。

一，广西东兰州属之挪地土州、陵云县属之天峩哨地方去州县城在三百里及全州属之西廷州同西隆州属之八达州同去州城在一百里以外之命案，准令该处分驻州同、州判、县丞带领谙练仵作前往代验，填格取结，送交该州县承审。其东兰、陵云去州县不及三百里，全州、西隆州去州不及一百里之命案，仍各照旧例办理。

一，奉天、吉林、黑龙江各府厅州县命案，如距治所在三百里以外者，准杂职官带领谙练吏仵前往代验。如印官公出，无论三百里内外，亦准杂职官前往代验，均填格取结，送交各该府厅州县承审。其讯无别故自尽、病毙等案，准取结验埋，报明各该府厅州县通详立案。其已设审判厅之地，各应报明该管审判厅办理。

一，归化城各厅所属遇有蒙古民人交涉命案呈报到官，即令该厅员星往验明，填格录供通详，仍照例详请该管上司派委蒙古官员会同审拟，毋庸详派会验，致滋稽延。傥该厅员等迟延贻误，该管上司查明参处。其内地商民在厅犯有命案即由该厅员自行审办。

决罚不如法

凡官司于应刑讯之罪囚有非法殴打者处四等罚，因而致死者处十等罚。〇若监临（有司管军）之官，因公事（主令下手者）于人虚怯去处非法殴打，及亲自以大杖或金刃、手足殴人至折伤以上者，减凡斗伤罪二等。致死者徒三年，追埋葬银一十两。其听使下手之人各减一等，并罪坐所由。（如由监临坐监临，由下手坐下手，若非公事，以故勘平人论。）若于（应刑讯之）人臀腿受刑去处依法决打，邂逅致死及（决打之后）自尽者各勿论。

按：此仍《明律》，原有小注，顺治三年修改。现又改易，并删除笞杖。盖言决罚不得任一己之私也。《唐律》原系两条，一为决罚不如法：诸决罚不如法者，笞五［三］十；以故致死者，徒一年。即杖粗长短不依法者，罪亦如之。一为监临以杖捶人：诸监临之官因公事，自以杖捶人致死及恐迫人致死者，各从过失杀人法；若以大杖及手足殴击，折伤以上，减斗杀伤罪二等。虽是监临主司，于法不合行罚及前人不合捶拷，而捶拷者，以斗杀伤论，至死者加役流。即用刃者，各从斗杀伤法云云。明合为一条，而轻重详略亦有互易。凡官司用刑皆有定制，不得妄用重刑殴打。前节言非法殴打及致死之罪。后节定监临官非法酷虐殴人至折伤或至死与听使下手之罪。若于人臀腿受刑去处依法决打，而其人邂逅致死及决打之后怀愤自尽者各勿论。与前故勘故禁平人条合参，凡有听讼之责者各宜书之座右以自警省，此与前条故勘平人不同者，故勘是借公法以行私意，即依法拷讯而故勘之罪不可逭也，故治罪重。此因暴怒而致过差，虽非法殴打，而因公之情犹可原也，故治罪轻。**须细分之，**

上节官司非法殴打系例应刑讯之人，下节监临非法殴打系止为公事之人，且同一致死，上节有“因而”二字，而下节无之，故拟罪轻重不同。律法之细密如此，最当慎思详辨。又，《日本刑法》：裁判官欲令被告人陈述罪状而加暴行，或有凌虐之所为者，处重禁锢四月以上四年以下，附加罚金。因而致死伤者，照殴打创伤各本条加一等云云。**与中律情节相类，而中律照凡斗减一等，彼照凡斗加一等，则不同耳。**

长官使人有犯

凡在外各衙门长官及（在内奉制）出使人员于所在去处有犯（一应公私等罪）者，所部属官等（流罪以下）不得（越分）辄便推问，皆须（开具所犯事由）申覆（本管）上司区处。若犯死罪，（先行）收管听候（上司）回报。所掌（本衙门）印信（及仓库牢狱）锁钥发付次官收掌。若无长官，次官掌印（有犯）者亦同长官，违者（部属官吏）处四等罚。

按：此仍《明律》，顺治三年添入小注。现改笞为罚。盖言印官命使之体宜存也。《唐律》亦无文。凡在外各衙门长官及在京奉命出使人员于所在去处有犯一应公私等罪者，所部属官等不得越分辄使[便]推问，皆须申覆上司，听其区处。若犯该死罪者，许所在官司先行收管，听候上司回报施行。其所掌印信并仓库牢狱锁钥发付以次佐贰官收掌。若本衙无长官而次官掌印，有犯者亦照长官一体申覆上司区处，不得辄行推问，违者所部属拟罚。总之，犯罪固不可纵，而体统亦所当存。汉贾谊有言，大臣犯奸犯贼[赃]不便明言，而曰帷簿不修，簠簋不饰即此意。《名例》已有官员犯罪不许擅勾之条，此专言掌印官与出使人员，故较一切官员特为从重。盖长官有犯，属官不得推问。若使人有犯，虽长官亦不得擅问，当如属官申覆收管而已。此系律外之意，说见《辑注》。

断罪引律令

凡（官司）断罪皆须具引律例，违者（如不具引）处三等罚。若（律有）数事共（一）条，（官司）止引所犯（本）罪者听。（所犯之罪止合一事，听其摘引一事以断之。）○其特旨断罪，临时处治不为定律者，不得引比为律。若辄引（比）致（断）罪有出入者以故失论。（故行引比者，以故出入人全罪及所增减坐之。失于引比者，以失出入人罪，减等坐之。）

按:此仍《明律》,顺治三年添入小注。现改笞为罚。盖言律令宜详引也。《唐律》原系两条,一系断罪引律令:诸断罪皆须具引律、令、格、式正文,违者笞三十。若数事共条,止引所犯罪者,听。一系制敕断罪:诸制敕断罪,临时处分,不为永格者,不得引为后比。若辄引,致罪有出入者,以故失论云云。明合为一条,而文字略为改易。凡科断罪囚皆须具引律例,如摘用其文不合本意者笞三十,若律有数事共在一条,所犯之罪止合一事,则听其摘引,不在具引之限。如一人犯两事,则全引之,若事不共条,自依二罪俱发以重论。如云除其事轻罪不议外,合依某律是也。其有特旨裁断罪名轻重,出于临时处治不为定律者,用法之权也,官司辄引比拟断以致罪有出入者,以故出故入、失出失入科断。《据会》云:引律可摘字,不可增字,即是此意。此与《名例》断罪引新颁律及断狱无正条两门合参,则于引律之道思过半矣。**再者,断罪有例不引律,有章程不引例,必章程与例均无明文方始引律,此亦问案者所当知也。**律外有例,当并参之。

一,承问各官审明定案,务须援引一定律例,若先引一例,复云不便照此例治罪,更引重例及加情罪可恶字样坐人罪者,以故入人罪论。

一,除正律正例而外,凡属成案未经通行著为定例,一概严禁毋得混行牵引,致罪有出入。如督抚办理案件,果有与旧案相合可援为例者,许于本内声明,仍听大理院覆判。

狱囚取服辩(服者心服。辩者辩理。不当则辩,当则服,或服或辩,故曰服辩。)

凡狱囚有犯死罪,(鞫狱官司)唤(本)囚及其家属(到官)具告所断罪名,仍(责)取囚服辩文状(以服其心)。若不服者,听其(文状)自(行辩)理,更为详审,违者处六等罚。○其囚家属(远)在三百里之外(不及唤告者),止取(本)囚服辩文状,不在具告家属罪名之限。

按:此仍《明律》,顺治三年添入小注。现去徒流两项,止留死罪,并改杖为罚。盖欲断狱无冤而使囚心服也。《唐律》谓之狱结竟取服辩:**"诸狱结竟,徒以上,各呼囚及其家属,具告罪名,仍取囚服辩。若不服者,听其自理,更为审详。违者,笞五十;死罪,杖一百云云。"**《明律》即本于此,而文较加详,更添末后数语。分为两节。

前节言断死罪，不取囚及其家属服辩之罪。后节言家属有在三百里外者止取本囚服辩文状，不在具告家属罪名之限。盖刑名一成不变，必究得真情，使人心服无辞，方可结案，《大学》所谓无情者不得尽其辞也。若囚犯及亲属妄诉冤枉，则又以诬告之罪见《诉讼门》内，与此对参。现在竞言变法，拟仿外国**问案重证而不重供**，则此律亦将成虚设，然又不可不知。

赦前断罪不当

凡（官司遇赦但经）赦前处断刑名，罪有不当，若处轻为重（其情本系赦所必原）者，当（依律）改正从轻（以就恩宥）。（若）处重为轻，其（情本系）常赦所不免者，（当）依律贴断（以杜幸免）。若（处轻为重处重为轻系）官吏（于赦前）故出入（而非失出入）者，虽会赦，并不原宥。（其故出入之罪，若系失出入者，仍从赦宥之。）

按：此仍《明律》，顺治三年添入小注。盖专言赦前枉断之罪，遇赦宜更正也。《唐律》亦有此条：**“诸赦前断罪不当者，若处轻为重，宜改从轻；处重为轻，即依轻法。其常赦所不免者，依常律。即赦书定罪名，合从轻者，又不得引律比附入重，违者各以故、失论云云。”**《明律》大致相同，惟删去后数句。凡官司于赦前处断刑名事件，罪有不当，一经遇赦，即须详察原案，若情轻应宥而处作重罪，致遇赦不得免者，则当改从轻，使得原宥。若其情本重却作轻罪，则察其原犯之罪系赦款所不免者，当依律贴断，不使罪人幸免。如系失出失入，则原问官吏免科。若故出故入，则官吏赦前处断之罪虽会赦，并不原宥，盖犹是出入人罪。失者无心枉法，不妨原免。故者有意枉法，仍依法惩治。盖本犯遇赦得免，而官司故出入不得原免者，以出入人罪原在《名例》常赦所不免之内也，须与《名例》常赦不原一条互相参看。律外又有条例，亦可合参。

一，遇直省特差恤刑之时，有审豁者，原问官俱不追究。（恐官虑罪及己不肯辩明冤枉也，则会赦可以类推。）

一，承问官审理事件错拟罪名者，不拘犯罪轻重，错拟官员遇赦免议。

一，奉恩诏以前，直省亏空已结各案，令各督抚分晰造册送部。其案内人犯有罪名而会赦邀免者，俱准释回原旗籍。如案内有不应豁免之项，即行文原旗籍著追，其甫经审奏各案俟已结之日，将并无罪名已结各犯查明任所有无赀财，取结报部，亦令释回原旗籍。傥本案已清，别案有查追事件，清结之日亦即报部释回原旗籍，其奉恩诏以后之案,不在此例。

一,原非侵盗入已照侵盗拟罪之犯,较之实犯侵欺罪情稍轻及亏空军需钱粮系由挪移获罪,或经核减著赔尚与入已军需有间,遇恩赦豁免,行令各该旗省咨报户部查明,会同法部奏请定夺。

闻有恩赦而故犯

凡闻知(将)有恩赦而故犯罪(以觊幸免)者,加常犯一等(其故犯至死者仍依常律),虽会赦并不原宥。〇若官司闻知(将)有恩赦而故论决囚罪者,以故入人罪论。(若常赦所不原而论决者不坐。)

按:此仍《明律》,顺治三年添入小注。原律加常犯一等下系加入于死,雍正三年删去,乾隆五年增入现注。盖言有心倖赦者不可轻宥也。《唐律》亦有此名目:**"诸闻知有恩赦而故犯,及犯恶逆,若部曲、奴婢殴及谋杀若强奸主者,皆不得以赦原。即杀小功尊属、从父兄姊及谋反大逆者,身虽会赦,犹流二千里云云。"**《明律》删去犯恶逆数项,而添入官司闻赦故论决一段。又《唐律》闻赦故犯皆不得赦,《明律》改为加常犯一等,则较为严厉。至恶逆、谋反等项不得赦,原已另有赦款章程,故律文不言。此分两节。前节言闻赦故犯,是使法无所施也。故凡闻知有赦而故犯加常犯之罪一等,虽所犯之事例当赦原,亦不准援赦。盖恶其有心故犯,希图倖免也。其故犯罪至死者,自依常律。后节言官司闻赦故决,是使恩无所逮也。闻将有赦而故决囚罪,不特深刻残忍,其中亦恐有他故,或受财,或受嘱,或徇私,或挟仇,俱不可知,故严其法,以故入人罪科断,不在原宥之限。若常赦所不原者,原不禁其论决也。至官司故将现监不应赦之囚指赦而放免者,亦依故出入人罪论。

妇人犯罪

凡妇人犯罪,除犯奸及实犯死罪收禁外,其余俱责付本夫收管,如无夫者责付有服亲属、邻里保管,随衙听候,不许一概监禁,违者处四等罚。〇若妇人怀孕犯死罪,听令稳婆入禁看视,应拷讯者待产后一百日拷讯。若未产而拷决因而堕胎及致死,或产限未满而拷决致死者徒一年。〇若孕妇死罪已定应行刑者亦待产后百日行刑,未产而决者处八等罚。产讫限未满而决者处七等罚。其过限不决者处六等罚。〇失(于详审而犯)者各减三等。(兼上文诸款而言。如不应禁而禁处一等罚。怀孕不应拷决而拷决因而堕胎或致死及产限未满而拷决致死者处八等罚。及犯死罪不应刑而刑,未产而决者处五等罚。未满限而决者处四等罚。过限不决者处三等罚。)

按:此仍《明律》,顺治三年添入小注。现又改易。盖养犯罪妇人之廉耻而恤其生育也。《唐律》分作两门,一为妇人怀孕犯死罪:**诸妇人犯死罪,怀孕,当决者,听产后一百日乃行刑。若未产而决者,徒二年;产讫,限未满而决者,徒一年。失者,各减二等。其过限不决者,依奏报不决法。**一为拷决孕妇:**诸妇人怀孕,犯罪应拷及决杖笞,若未产而拷、决者,杖一百;伤重者,依前人不合捶拷法;产后未满百日而拷决者,减一等。失者,各减二等云云。**《明律》合为一条,又增入前一段收禁管保数语。再《唐律》未产而决徒二年,产讫未满而决徒一年,明改为杖八十、杖七十,则轻数等。通篇共分三节。首节言妇人不得滥禁,除犯奸死罪外,其余杂犯责付本夫或亲属或邻里保管,在外随衙听候,不许滥禁,违者拟笞。二节言妇人怀孕不可拷决,如有应拷讯之事,俟产后百日方许拷决。若未产拷决而致堕胎因而致死,或已产之后未满百日而拷决致死,分别拟徒。三节言妇人犯死罪产后方决。凡孕妇犯死罪者须产后一百以外方许行刑。盖孕妇虽应死而所孕之子无罪,必产后百日待儿可以哺食存活,然后行刑,仁之至也。若未产而决,产未满限而决与过限不决者各坐罪有差。四节统承以上诸款而言,凡非故意而失于详审者各减三等。再,未产拷决而不堕胎,产限未满拷决不致死,律无明文,当坐不应轻罪。现已纂为通例,《名例》亦有妇人犯罪与此不同者,彼条专言问结断决之事,此条则事犯到官乃收问犯罪妇人之通例,现已合为一条,删除彼条。律外更有详例,当并参考。

一,妇女有犯奸盗人命等重情及别案牵连身系正犯仍行提审。其余小事牵连,提子侄兄弟代审。如遇亏空累赔、追赃搜查家产杂犯等案,将妇女提审永行禁止,违者以违制治罪。

一,凡妇女有犯殴差哄堂及犯系积匪或窝留盗犯多名或屡次行凶讹诈并京城奸媒诱奸、诱拐多次罪坐本妇者,核其罪名如在流置以上者,收入本地习艺所工作十年,遇赦不赦。

一,各直省审理妇女翻控之案,实系挟嫌挟忿图诈图赖,或恃系妇女自行翻控审明实系虚诬罪应流置以上者,将该犯妇收入习艺所工作三年,限满由该管官察看情形,实知改悔,据实结报即行释放。若讯明实因伊夫及尊长被害并痛子情切,怀疑具控及听从主使出名诬控,到官后供出主使之人,俱准罚赎一次。如不将主使之人供明，仍照例收所工作。

一，凡拟徒收赎妇女，除系案内紧要证犯仍行转解质审外，其经该州县审讯明确毋庸解审者，即交亲属收管，听候发落。

一，未产拷决而不堕胎及产限未满拷决不致死者，依不应轻律。

一，犯妇怀孕律应死罪者，除初审证据未确，案涉疑似，必须拷讯者，仍俟产后百日限满审鞫。若初审证据已明供认确凿者，于产后一月起限解审。

死囚覆奏待报

凡死罪囚不待覆奏回报而辄处决者处八等罚。若已覆奏回报应决者，听三日乃行刑，若限未满而刑及过（三日之）限不行刑者各处六等罚。○其犯十恶之罪应死及强盗者虽决不待时，若于禁刑日而决者处四等罚。

按：此仍《明律》，顺治三年删改，并添小注。现改笞为罚。盖于应死之中而寓缓刑之意也。《唐律》：**“诸死罪囚，不待覆奏报下而决者，流二千里。即奏报应决者，听三日乃行刑，若限未满而行刑者，徒一年；即过限，违一日杖一百，二日加一等云云。”**《明律》改徒为杖，则较轻数等矣。其律末一段则系明代采《唐令》续纂为律。首节言应死罪囚不待奏报而即行刑及未限满而行刑与已过限不行刑之罪。末节言犯十恶应死及强盗决不待时之囚而于禁刑日而处决之罪。现在凡一切应决之囚系在京者奉旨即日处决，在外省者奉到钉封亦即日处决，并不拘此听候三日然后行刑之律。又强盗会匪等重罪现章亦有先行正法，然后奏报者，此律必待覆奏回报而后处决，乃通常之法。若先行正法，后始汇奏，乃特别之法，二者原并行不悖，未可执一而论也。又考《唐律》有立春后不决死刑一条：**“诸立春以后、秋分以前决死刑者，徒一年。其所犯虽不待时，若于断屠月及禁杀日而决者，各杖六十。待时而违者，加二等。”又《唐令》：**“立春至秋分，不得奏决死刑。若犯恶逆以上及奴婢杀主者，不拘此令。其大祭祀及致斋、朔望、上下弦、二十四气、雨未晴、夜未明、断屠月日及假日，并不得奏决死刑。《疏议》云：断屠月，谓正月、五月、九月。禁杀日，谓每月十直日，如初一日、初八、十四、十五、十八、二十三、二十四、二十八、二十九、三十等日。其正月、五月、九月有闰者各同正月，亦不得奏决死刑云云。”解释刑禁至为详细，现律末段犯十恶等项于禁刑日而决者一条即本于此，特不如《唐律》明晰，故国朝又纂有条例，虽与《唐律》不甚相同，要皆由《唐律》变通而来，当并参之。

一,凡遇庆贺穿朝服及祭享、斋戒、封印、上元、端午、中秋、重阳等节,每月初一、初二并穿素服日期,俱不理刑名,四月初八日不宰牲,亦不理刑名,内外一体遵行。

一,每年正月、六月俱停刑,内外立决重犯俱监固,俟二月初及七月立秋之后正法。其五月内交六月节及立秋在六月内者亦停正法。

一,凡遇南郊北郊大祀之期前五日、后五日,法部及大理院,凡在京立决重犯俱停止具奏。其核覆外省速议及立决本章,仍止迴避斋戒日期。

一,秋审处决重囚及一应立决人犯,如遇冬至、夏至以前五日为限,俱停止行刑。若文到正值冬至、夏至、斋戒日期,及已过冬至、夏至者,于冬至七日,夏至三日后照例处决。

一,应行立决人犯应在京处决者,如适当雨泽愆期、清理刑狱之时,并祈雨、祈雪期内,法部、大理院将此等应结案牍暂行停止具奏,俟雨泽沾足,再行请旨。如系应在外省处决者,俱照常具奏。

一,凡勾决重囚,向例三次覆奏,今简去二覆,于勾到之后再将原本进呈御览,遵奉施行。

一,各省奉到立决人犯部文,该督抚按程按日计算,如由府厅州转行州县在正月、六月停刑期内者,即将部文密存按察使内署(提法司同),仍按程日计算行至州县已非停刑日期,钉封专差驰递,该州县奉到部文即日处决。

断罪不当

凡断罪应决配而收赎,应收赎而决配,各依出入人罪减故失一等。○若应绞而斩,应斩而绞者处六等罚,(此指故者言也,若系)失者减三等。其已处决讫,别加残毁死尸者,处五等罚(雠人砍毁其尸,依别加残毁)。

按:此仍《明律》,顺治三年添入小注。现删末节反逆缘坐人口入官数语,并改笞杖为罚。盖言断罪之失宜,以补官司出入人罪条所未尽也。《唐律》分作三条,一为断罪决配而收赎:**诸断罪应决配之而听收赎,应收赎而决配之,若应官当而不以官当及不应官当而以官当者,各依本罪,减故、失一等。**一为断罪应绞而斩:**诸断罪应绞而斩,应斩而绞,徒一年;自尽亦如之。失者,减二等。即绞讫,别加害者,处十等罚。**《疏议》云:依令:**"五品以上,犯非恶逆以上,听自尽于家。"若应自尽而绞、斩,应绞、斩而[令]自尽,[亦合徒一年,]故云"亦如之"。**一为缘坐没官放之:**诸缘坐应没官**

而放之，及非应没官而没之者，各以流罪故、失论云云。明合为一条，统谓之断罪不当，而罪名亦稍有变易。首节言应决配而收赎，应收赎而决配之罪，出于有意则减故出入律一等，出于无意则减失出入律一等。二节言应绞而斩，应斩而绞之罪，故者六等罚，失者减三等，其已处决，若无亲族收掩而将死尸别加残毁或纵令牲畜残毁者，坐五等罚。与前因应禁而不禁及官司出入人罪各条参考互证，然后临事方有把握。律后又有条例以补未尽之义，当并究之。

一，凡斩绞案件，如各省拟罪过轻，而大理院覆判从重者，驳令再审。如拟罪过重，而大理院覆判从轻，其中尚有疑窦者，亦当驳令妥拟。傥大理院所见既确，即改拟奏覆，不必展转驳审，致滋拖累。

一，凡各省问刑衙门于一切刑名事件，务各研究确情，毋稍迁就，其由大理院驳审之案，无论失出失入，一经讯得实情，即当据实平反，毋得固执原奏含糊了结。如驳至三次仍执原议，大理院覆判应改正者即行改正，仍知照法部将承审官交部议处。

一，各省审奏案件，遇有不引本律本例定拟，妄行援照别条减等者，大理院即将本案改正，知照法部将该承审官参奏，毋庸再行驳令另拟。

一，卑幼殴死期功尊长之案，于叙案后毋庸添入诘非有心致死句，专用实属有心干犯勘语以免牵混。其例内载明情轻，如被殴抵格无心适伤之类，仍于勘语内声明并非有心干犯，援例双请。倘有声叙未确，经大理院核覆时改正具奏，将承审之员随本附参，交吏部分别从重议处。

一，凡州县审解案件，如供招已符罪名，或有未协，该上司不必将人犯发回，止用檄驳，俟该州县改正申覆，即行招解督抚核覆，分别奏咨完结。

吏典代写招草

凡诸衙门鞫问刑名等项（必据犯者招草以定其罪），若吏典人等为人改写及代写招草，增减（其正实）情节，致（官司断）罪有出入者，以故出入人罪论。若犯人果不识字，许令（在官）不干碍之人（依其亲具招情）代写（若吏典代写，即罪无出入，亦以违制论）。

按：此仍《明律》，顺治三年添入小注。**盖防奸吏出入人罪之弊也。**《唐律》无此名目。凡鞫问刑名，必凭犯人亲笔招草以定罪名，其书吏等系在官承行案件之人，不得干预。若有为犯人改写及代写招草而增减其亲供正实情节，致令问官断罪有出入者，随其所增减事情以故出入人罪论。若犯人系属愚民不识字义，不能亲写，亦当令觅在官不干碍之人代为书写，**即俗所谓代书也**。若吏典代写，即罪无出入，亦当治以违制之罪。**总是防其作奸舞弊之意**。官司出入人罪门有改造口供及增减原供治罪之条，又有改本备案不得改换销毁之条，皆与此律相辅而行。**现在内外衙门革除书吏，而审案亦拟用证而不重供，果能实行，则此弊亦可不禁而息矣。**

一，各有司谳狱时，令招房书手照供录写，当堂读与两造共听，果与所供无异，方令该犯画供，该有司亲自定稿，不得假手胥吏，致滋出入情弊。如有司将供词辄交经承致有增删改易者，许被害人首告，督抚察实奏参，将有司官照失出入律议处。经承、书手照故出入律治罪。受财者，计赃以枉法从重论。

营　　造

按：汉有作《兴律》，魏以擅事附之，名曰《擅兴》，晋仍曰《兴》，齐、梁以后或名《兴擅》，或名《擅兴》，隋唐因之，至明始改名曰《营造》，凡工作之事胥附于此，国朝因而不改。共分九条，现又将有司官吏不住公廨一条删去，止余八条，其详见于《农工商部则例》，此其大略也。

擅造作

凡军民官司有所营造，应申上而不申上，应待报而不待报，而擅起差人工者（即不科敛财物），各计所役人雇工钱，（每日一钱二分五厘，以）坐赃（致罪）论。○若非法（所当为而辄行）营造及非时（所可为而辄行）起差人工营造者，（虽已申请得报，其计役坐赃之）罪亦如（不申上待报者坐）之。○其（军民官司如遇）城垣坍倒，仓库公廨损坏，（事势所不容缓）一时起差丁夫军人修理者，（虽不申上待报，不为擅专，）不在此（坐赃论罪之）限。○若营造计料申请（合用）财物及人工多少（之数于上而）不实者，处五等罚。若（因申请不实，以少计多，而于合用本数之外，或）已损财物，或已费人工，各并计所损物价及所费雇工钱，（罪有）重（于罚五等）者，（以）坐赃（致罪）论。（罪止徒三年。赃不入己，故不还官。）

按：此仍《明律》，顺治三年添入小注，雍正三年增修，现改杖为罚，盖言工役不可擅兴也。《唐律》：**“诸有所兴造，应言上而不言上，应待报而不待报，各计庸，坐赃论减一等。即料请财物及人功多少违实者，笞五十；若事已损费，各并计所违赃庸重者，坐赃论减一等。注云：本料不实，料者坐；请者不实，请者坐。又律：诸非法兴造及杂徭役，十庸以上，坐赃论。注云：谓为公事役使而非法令所听者。”《疏议》曰：**“非法兴造”，谓法令无文；虽则有文，非时兴造亦是云云。《明律》本此而添入中间城垣仓库不在此限一段，且坐赃而不减等，亦较《唐律》为重。此条专指官司，若民间则有礼制服舍违式之条。首节言不申上不待报之罪。虽为当役之时，而又无害于义，为法当造且犹罪之者，恶其专擅，致有假公济私、扰害军民之事也。次节言非法非时而造之罪。非法之役，恶其不义而伤财也。非时之役，恶其妨农而病民也。末节计料不实，乃无心之过，而赃非入己，故拟罪惟轻。若有心冒破而入己者，自有冒破物料之条，应从重以监守自盗论。旧例有在京各处工程，工价银五十两以内，物料银二百两以内，用印文移咨工部修理。工价银五十两以上，物料银二百两以上，启奏，工部差官覆核。各省工程物料银五百两以上，工价银二百两以上者，督抚提报不及前数者，咨明工部定议云云，现在工部并于商部，各处工程均不照例办理，故现将此例删除。

一，各项工程完竣，有应缴盈余银两，承办官不即交库完结者，将该员参革，照例勒限催追。限内全完，准其开复。逾限不完，照侵蚀正项钱粮例治罪。仍著落家产，追银还库。

虚费工力采取不堪用

凡（官司）役使人工采取木石材料及烧造砖瓦之类，虚费工力而不堪用者，（其役使之官司及工匠人役，并）计所费雇工钱，坐赃论（罪止徒三年）。若有所造作及有所毁坏（如拆屋坏墙之类），备虑不谨而误杀人者，（官司人役并）以过失杀人论。（采取不堪，造毁不备）工匠、提调官各以所由（经手管掌之人）为罪。（不得滥及也。若误伤不坐。）

按：此仍《明律》，顺治初年添入小注。盖言庀材鸠工之宜谨也。《唐律》：**“诸役功力有所采取而不任用者，计所欠庸，坐赃论减一等。若有所造作及有所毁坏，备虑不谨而误杀人者，徒一年半；工匠、主司各以所由为坐[罪]云云。”**《明律》本此而文较详明，备虑不谨而误杀，以过失论，亦与《唐律》拟徒一年半者不同。有所毁损如拆屋坏墙之类，止言误杀而不及误伤，则伤自可勿论。各以所由为坐者，止坐经手之人，不得滥及也。

造作不如法

凡（官司）造作（官房器用之类）不如法者，处四等罚。若成造军器不如法及织造段疋粗糙纰薄者（物尚堪用），各处五等罚。若（造作织造各不如法，甚至全）不堪用及（稍不堪用）应（再）改造（而后堪用）者，各并计所损财物及所费雇工钱，（罪）重（于罚四等、五等）者，坐赃论。（罪止徒三年。）其应供奉御用之物，加（坐赃罪）二等。（罪止流二千五百里。）工匠各以所由（造作织造之人）为罪，局官减工匠一等，提调官吏又减局官一等，（以上造作织造不如法、不堪用等项，）并（著工匠、局官、提调官吏）均偿物价、工钱还官。

按：此仍《明律》，顺治初年添入小注，现改笞为罚。盖言工作当遵法制也。《唐律》：**"诸工作有不如法者，笞四十；不任用及应工［更］作者，并计所不任赃、庸，坐赃论减一等。其供奉作者，加二等。工匠各以所由为罪。监当官司各减三等云云。"**《明律》本此，又添入军器缎疋加一等两项，其坐赃论者并不减等，亦较《唐律》稍轻。不如法者，谓大小、长短不合于法，即《王制》所谓不中度量也。而军器、缎疋又造作中之重者，然虽不如法，与粗糙纰薄犹皆堪用，则不必更造也。若全不堪用及应改造，则并计所损过财物、所费过工钱为赃，坐赃论罪。至于御用之物，更当敬谨尽心，若不如法则加二等，赃轻者照四等罚、五等罚罪上加二等，赃重者照坐赃罪上加二等，罪止流二千五百里也。以物料与工钱并作一处，通算其数，故曰各并计。前条计料不实以致损费者，但坐罪而不追赃，其法与此不同者，盖计料出于悬度，恐心思有所不到。造作本有成法，非智力之所不逮，律法之精细如此。

冒破物料

凡造作局院头目、工匠（有于合用数外虚冒）多破物料（而侵欺）入己者，计（入己）赃以监守自盗论，（不分首从并赃论罪。至四十两绞），追物还官。（若未入己，只坐以计料不实之罪）。○局官并（承委）覆实官吏知情扶同（捏报不举）者，与（冒破）同罪（至死减一等），失觉察者减三等，罪止十等罚。

按：此仍《明律》，顺治初年添入小注。现改折为绞，改杖为罚，盖言核实工料以定冒破侵欺之罪也。凡造作局院,一切工作人匠于正用物料之外,虚冒多开破费财物者,谓之多破。若不入己,则系错误,坐以计料不实之罪。如侵剋入己则计入己之数,以监守自盗律论罪。覆实者,谓局院官报销,又委官覆勘其报销之数是否得实也。旧例又有各省收贮军器,若有侵欺物料,挪移掩饰,虚数开报者,以监守盗论,赃重者照侵欺钱粮例治罪。又,京城物料价值,工部会同内务府酌中更定,定例给发。如有赢余,并无别项需用,承办官自行侵蚀,查出参究。又,修造工程,如夫头人等领帑侵蚀及私逃者,照常人盗钱粮律治罪。又,各省修造标营船只,承修之员修不如式,贻误军工及监验查收之员需索措勒,并船上件[什]物不交代清楚,兵丁盗卖残缺者,指名题参,分别著追云云。均足补律未备。现虽删除,亦可合参。

一,各省应修水利地方有动用帑项者,承修各员若侵蚀钱粮,致工程不能坚固,照侵欺河工钱粮例参革治罪。

一,各省修建工程所需物料,须核实估计。倘承办各员浮开揑报,查实照冒销钱粮例治罪。

一,凡修造工程,如夫头人等领帑侵蚀及私逃者,俱照常人盗仓库钱粮律计赃治罪。

带造段疋

凡监临主守官吏将自己物料辄于官局带造段疋者,处六等罚,段疋入官。工匠处五等罚。局官知而不举者与(监守官吏)同罪(亦处六等罚)。失觉察者减三等(则处三等罚。若局官违禁带造,监守官吏亦坐不举失察之罪)。

按:此仍《明律》,顺治初年添入小注,乾隆五年又添若局官以下数语。现又改杖为罚,盖禁用官匠以造私物也。以官局而带造私用缎疋,虽系自已物料,而既有带造,必误官程,以私累公,故拟罚金。若以官之物料造自用缎疋,则照上条冒破物料入己之律从重治罪,不止六等罚而已。至注内局官带造,监临官吏亦坐罪者,因其职当互相觉察也。

织造违禁龙凤文段疋

凡民间织造违禁龙凤文纻丝、纱罗货卖者,处十等罚,段疋入官。机户及挑花、挽花工匠同罪。

按:此仍《明律》,顺治初年添入小注。现律又将小注删去,盖禁民间服用之僭越也。《唐律》无文,《元律》有诸缎疋织造周身大龙者禁之,《明律》似本于此。凡有龙凤文者,皆御用之物,非民间所得私有,故违禁主使织造货卖者处十等罚,货物入官,工匠同罪,此与《礼制门》“服舍违式”条次节吻合,若工匠自首,又须照彼条免罪给赏也。

造作过限

凡各处(每年)额造常课段疋、军器,(工匠)过限不纳齐足者,以(所造之数)十分为率,一分,工匠处二等罚,每一分加一等,罪止五等罚,局官减工匠一等,提调官吏又减局官一等。○若(官司)不依期计拨(额造之)物料(于工匠)者,局官处四等罚,提调官吏减一等。(工匠不坐。)

按:此仍《明律》,顺治初年添入小注。现改笞为罚,盖严额造定期,不使稽缓也。凡额造有定数,常课有限期,过限不纳齐足,则工匠迟慢之罪。若不依期会计派拨物料与工匠,以致过限,则非工匠之过,而官司之罪也。故分别拟罪止于五等罚而已。

修理仓库

凡(内外)各处公廨、仓库、局院(一应)系官房舍(非文卷所关,则钱粮所及),但有损坏,当该官吏随即移文(所在)有司(计料)修理,违者处四等罚。若因(不请修)而损坏官物者,依律科(以四等罚之)罪,赔偿所损之物(还官)。若(当该官吏)已移文有司而失误(施行,不即修理)者,罪坐有司。(亦处四等罚。损坏官物亦追赔偿。当该官吏不坐。)

按:此仍《明律》,顺治三年添入小注。现改笞为罚。盖言官舍宜修理也。《唐律》无文。凡一切官舍各有经管官吏,即各有收掌之物,而修则有司之事也。有损坏而官吏不移文修理,或因不移而损坏官物,则官吏之罪。若已移文而有司失误不修,则有司之罪而官吏不坐。《仓库门》有损坏财物坐赃论之条,与此不同者,彼是主守之人,安置不如法致有损坏,全由人事所致,故罪重。此是不即移修,因损坏房屋而并及官物,半由人事,半出不虞,故罪轻,止于四等罚而已,须分别观之。

一,凡各省督抚提镇及有属员等官到任,其属员派累兵民修理衙署、备办铺设,及州县守御等官到任,其属下人役预为铺设修理衙署派及兵民,并官员每年指称添换器物、修饰衙署派累兵民者，该管上司即行指参，文员照科敛律治罪，武弁照克扣律治罪。再，官员升任或去任，署内官物件俱著清载薄籍，移交接任官员。如被家人毁盗，将家人照毁盗官物律治罪，仍著落旧任官照数赔补。

河　防

历代无河防之律，明始于《唐律·杂律》中提出数节另立此门，名曰《河防》，国朝因之不改。共分四条，均系有关罪名者，其余细则详见《农工商部则例》及《治河全书》。

盗决河防

凡盗决河防者处十等罚。盗决圩岸、陂塘者处八等罚。若（因盗决而致水势涨漫）毁害人家及漂失财物，淹没田禾，计物价重（于罚）者坐赃论（罪止徒三年）。因而杀伤人者，各减斗杀伤罪一等。（各字承河防圩岸陂塘说。）若（或取利或挟雠）故决河防者，徒三年。故决圩岸、陂塘，减二等。漂失（计所失物价为）赃重（于徒）者，准窃盗论（罪止流三千里），因而杀伤人者，以故杀伤论。

按：此仍《明律》，顺治三年添入小注。现又删去首、二句原注官民二字，只论被害之轻重，不分民与官。此律盖保水利，以弭水患也。《唐律》：**"诸盗决堤防者，杖一百；若毁害人家及漂失财物，赃重者，坐赃论；以故杀伤人者，减斗杀伤罪一等。若通水入人家，致毁害者，亦如之。其故决堤防者，徒三年；漂失赃重者，准盗论；以故杀伤人者，以故杀伤论云云。"**《明律》本此，而隄防分别官民，民防减官二等，亦无《唐律》通水入人家一层。河防者，河之隄岸，凡江河近处为隄以防泛滥者皆是。圩岸者，低田之岸，障水以作田者也。陂塘者，湖荡之类，蓄水以溉田者也。盗决者，掩袭而决之，不敢使人知也。故决者，公然而决之，不复畏人知也。犹强盗、窃盗之别。损人之物，其害犹轻；害及人身，其情为重。但因盗决而杀伤，终与身自杀伤者有间，故减一等。因故决而杀伤，则与故杀伤人者无异，故不减等。《辑注》云：上节详看盗字，下节详看故字。盗者如因捕鱼过船之类，其意止于偷水，初无害人之心。若故决，则非求水利，实欲害人，且近于强矣，罪之轻重不同。其说亦为有理，可以备参考。后有条例可与律文合参。

一，故决、盗决山东南旺湖，沛县昭阳湖、蜀山湖，安山积水湖，扬州高宝湖，淮安高家堰、柳蒲湾各堤岸，并河南、山东临河大堤及盗决格月等堤，如但经故、盗决，尚未过水者，首犯流三千里。其已经过水，尚未侵损漂没他人田庐财物者，首犯发极边安置。既经过水，又复侵损漂没他人田庐财物者，首犯发烟瘴地方安置。因而杀伤人者，照故杀伤问拟。从犯各减首犯罪一等。其阻绝山东泰山等处泉源有干漕河禁例，军民俱流二千五百里。闸官人等用草卷阁闸板盗泄水利，串同取财，犯该徒罪以上，于本罪上加一等定拟。

一，若河员有将完固堤工故行毁坏，希图兴修借端侵蚀钱粮者，该兼管河道督抚察访奏闻，于工程处正法。

失时不修堤防

凡不（先事）修（筑）河防及（虽）修而失时者，提调官吏各处五等罚。若毁害人家、漂失财物者处六等罚。因而致伤人命者处八等罚。○若不（先事）修（筑）圩岸及（虽）修而失时者处三等罚。因而渰没田禾者，处五等罚。○其暴水连雨损坏堤防，非人力所致者勿论。

按：此仍《明律》，顺治初年添入小注，现改笞杖为罚金，盖言提调官吏宜预防水患也。《唐律》：“**诸不修堤防及修而失时者，主司杖七十；毁害人家、漂失财物者，坐赃论，减五等；以故杀伤人者，减斗杀伤罪三等。即水雨过常，非人力所防者，勿论。注云：水流漂害于人，人自涉而死者非，**所司不坐云云”。《明律》本此，而罪名轻重不同，且于河防而外添入圩岸一段，则更详细矣。河道隄防关系民生至重，若残损而不及时修筑则有溃决之虞，修筑而失时，则有妨农之害，至于田间圩岸虽次于河防，而农家所关，亦民事之不可缓者，故分别轻重以定其罪。后有详例可与律文互参。

一，凡运河一带用强包揽闸夫、溜夫二名以上，捞浅铺夫三名以上及河上指称夫头包揽代雇勒措良民二名以上者，俱照豪强求索财物律计赃准枉法论。揽当一名不曾用强生事并勒措良民一名者俱照不应为律科罪，各省岁修隄塍如有勒措业户将夫工包折银钱者，亦照此例分别名数定拟。

一，遇河工紧要工程，如有浮议动众以致众力懈弛者，将倡造之人拟绞监候。附和传播者，照违制律治罪。

一，河工承修各员采办料物，如有奸民串保领银侵分入己以致亏帑误工，该兼管河道督抚将承办官参究，仍将亏帑奸民发该州县严查追征。审实，照常人盗仓库钱粮律计赃治罪，应追银两逾限不完，著落原领官名下追赔。

一，凡堤工宜加意慎重以固河防，除已成房屋无碍堤工者免其迁移外，如再违禁增盖者，即行驱逐，照违制律治罪。

侵占街道

凡侵占街巷通路而起盖房屋及为园圃者，处六等罚，各令（折毁修筑）复旧。

按：此仍《明律》，顺治初年添入小注。原律末节有穿墙而出秽污之物于街巷者处四等罚，出水者勿论等语，现以违警已定专律，将此节删除，并改杖为罚。此律盖言侵占官地之罪也。《唐律》：**"诸侵巷街、阡陌者，杖七十。若种植垦食者，笞五十。各令复故。虽种植，无所妨废者，不坐。其穿垣出秽污者，杖六十；出水者，勿论。主司不禁，与同罪云云。"**《明律》本此而治罪较轻。又改《唐律》种植垦食为起盖房屋及为园圃，则有不同，亦无《唐律》主司不禁与同罪一语。凡城市通行之地曰街巷，郊野通行之地曰道路，均系官地，若有侵占，无论盖为房屋，治为园圃，处罚而外，均令拆毁復旧。旧例，京城街道若有作践，掘成坑坎，淤塞沟渠，盖房侵占，或傍城使车，放牲损坏城脚及于大清门前、正阳门外一带作践损坏者，俱问罪，枷号一个月云云，现虽删除，亦可与律互参。

修理桥梁道路

凡桥梁道路，府州县佐贰官（职专）提调，于农隙之时常加点视修理，（桥梁）务要坚完（道路务要）平坦。若损坏、失于修理，阻碍经行者，提调官吏处三等罚。（此原有桥梁而未修理者）○若津渡之处应造桥梁而不造、应置渡船而不置者，处四等罚。（此原未有桥梁而应造置者）

按：此仍《明律》，顺治初年添入小注。现改笞为罚金。盖言官司废驰修造之罪，以便行旅也。《唐律》：**"津济之处，应造桥、航及应置船、筏而不造置及擅移桥济者，杖七十；停废行人者，杖一百云云。"**《明律》后节即本于此，而删去擅移停废二语，殊不详备。凡桥梁道路以通往来之人，务要坚完平坦，利涉便民，亦有司职业之事，若失于修理，则阻滞经行，故分别处罚。但止言佐贰而不及正官者，正官政务繁多，不能常行点视，故专责于原委之佐贰也。又《礼部则例》：士民人等捐修公所及桥梁道路，裨益地方者，督抚具题。其银过千两者，请旨建坊，给予乐喜好施字样。不及千两者，请旨交地方官给匾旌赏云之，与律文可以对参。

自记

旧律《工律》之后尚有《比引律条》数十项，及《督捕则例》数十条，现律已将《比引律条》各项删除，其《督捕则例》一门原系专为旗下家奴及旗人逃走而设，近日旗下逃走之事鲜见，此例无关引用，多成虚设，现已删除，第将其中切要有用者拣择数条，移入各门之内，故讲义概不列入。

宣统二年正月韩城吉同钧石笙氏记于律学馆

跋

龙门斥法家为刻薄寡恩，恶申韩也。汉晋以来，国家立法多取材于儒，故十恶、八议及关系服制诸律皆特重之，刑罚之中隐寓德礼遗意、一王大法，与专家学问固自不侔。泰西刑法根源罗马，始采畏喝，今一以保护法益为主，可见世轻世重，中外无殊！今日我《大清律》之一变为《现行律》也，岂非时势使然欤！惟律文简括，解释为难，非旁搜博览，积学有素，未易得其壸奥。现值研究法学时代，吉先生石笙编授各学堂讲义，汇辑成帙，其文显其旨正，盖撷取各笺箐华而折衷一是者也。法家著述几至充栋，读此可得主要，较之自行涉猎，劳逸悬殊矣。思璘职任校雠，书既成，略识数言于后以质海内之同志者。

宣统二年庚戌秋七月上弦受业吴思璘谨识

跋

读今律而不读古律，可乎？曰：无以知法学之沿革也。读中律而不读外律，可乎？曰：无以辨法学之异同也。然则将取汉唐宋元有明刑罪之全书一一手披而日览乎？将遍德俄法义日本法典之译本一一殚精而研思乎？窃恐卷帙浩繁，条件纷赜，殆非穷年累世不为功也。篆籀虽尊，非所以判公牍；鲽鹣虽异，非所以责常馐。今律未习而古是求，中律未谙而外是务，其失，与不知沿革，不辨异同均也。安得一法律大家综中今、贯中外，俾讲授既亲，一举而三善备乎！吾师石笙夫子知律之名洋溢遐迩，所著讲义撷精挹华，独得的解而又字梳句栉，无义不申，无理不显，篇首必揭明此条系本诸唐根诸宋，或沿诸元明，见源流也。篇末必揭明是条较某国罪轻某国罪重，与某国科罪从同，昭得失也。律学馆同人比年以读律称者，靡不得力于先生是书，文魁亦与有幸焉。今春全册脱稿，适值《现行刑律》告成，先生复逐条参改以规完备，同人亟谋付石印，监督、提调诸先生总司编辑，文魁亦随诸学友任分辑与校勘，藉增学识，欣幸益深已当世志，司法者诚奉是书为宝钥，以求现行律可也，以考古律以采外律亦无不可也。然则如吾夫子，诚所谓综古今，贯中外，卓卓然法学大家哉！

宣统二年庚戌孟秋受业仁和韩文魁谨跋

跋

昔人谓校书至难，讹字如风扫落叶，随扫随落，此殆指钞胥梓匠而言耳！兹集之有舛午，则不尽然。讲义起于旧律，无何而《现行律草案》出矣，无何而核订案语出矣，无何而修正清单而勘误表又相继出矣，其间凡历数变，每值一变，著者辄随时检查，逐条更改。每有更改，分辑、勘误、校对诸馆友辄重检底本，作累日忙，新稿一来，旧者难免成误。旧稿再易，新者又复成讹。诸君乘伏假余暇，襄理此事，或手披，或目览，或口诵，或笔注，虽盛暑炎午不少缀，良以法律关系绝大，故只字不敢放过也。惟原稿已付石者，虽有鱼鲁，实不及弃板再印，谨制正误表附各卷末以便检阅，识者谅之！

庚戌(1910年)七月十日崇芳秋浦再志于律学馆之庶务室